과학교육

사고에서 학습까지

권용주 | 남정희 | 이기영 | 이효녕 | 최경희 공저

북스힐

머리말

과학교육의 핵심은 무엇이고, 또 이 핵심적인 사항을 어떻게 가르쳐야 할까? 이에 대해 수많은 과학교육학자들은 다방면에 걸쳐서 많은 노력을 해 왔으며, 고유한 해결 방안을 제시해 왔다. 그러나 아직까지 모든 사람들이 대체로 만족하는 설명과 적용 방안이 제시되었다고 선언하기는 어렵다. 어쩌면 이것은 아마 당분간 제시되기 어려울 것이다. 다만, 다양한 관점에서 과학교육이라는 주제에 대해서 설명한다면 과학교육의 많은 면이 설명될 수 있을 것이다. 더 나아가, 다양한 관점의 학습자들에게 다양한 견해에서 과학을 교육하는 현상을 설명한다면 이것이야말로 학습자의 특성에 부합하도록 과학을 체계적으로 지도하는 과정의 하나라고 할 수 있다.

이 책은 바로 이러한 필요에 의거해서 과학교육을 학습자의 생각과 경험에 바탕을 두고 진정한 학습이 일어나도록 하는 하나의 방안을 제시하고자 의도한 수많은 노력의 일부라는 생각에서 집필하였다. 이를 위해 이 책은 여러 관점에서 과학교육을 연구하고 가르치는 다섯 명의 저자들이 과학교육의 다양성과 체계성에 대해서 설명하고자 하였다. 특히, 저자들은 과학교육을 보다 심도 있게 이해하기 위해서 과학의 학습과 지도를 철학, 심리학, 사회학, 교육학의 관점에서는 물론이고 신경과학의 관점에서도 분석하고 설명하여야 된다는 신념하에 이 책을 집필하고자 하였다. 이러한 관점과 분석을 바탕으로 이 책에서는 학습자들의 학습 과정에서 설명되고 적용되어야 할 과학의 본성과 철학, 과학교육의 특성, 과학적 사고와 방법, 과학 교육과정, 과학 학습이론, 과학 학습모형, 과학 학습평가, 과학 글쓰기 등의 분야를 망라하여 과학교육의 특성과 적용 방안을 제시하고자 하였다.

제목에서도 제시하였듯이, 과학교육은 학습자의 경험과 사고과정뿐만 아니라 지식이 만들어지는 학습의 과정에 적합한 지도가 이루어져야 한다. 따라서, 이 책은 과학교육을 처음 접하는 예비 과학교사들의 기초입문 과정뿐만 아니라, 현장에서 다양한 경험을 쌓은 과학교사들이 학습자의 관점에서 과학교육을 보다 심화하여 이해할 수 있도록 의도하였다. 또한, 예비 과학교사가 현재와 미래의 과학교육 현장을 접하기 전에 반드시 알아두어야 할 필수적인 내용들을 포함하고자 의도하였다. 더 나아가, 장차 과학교육을 학문으로 전공할 과학교육 대학원생과 과학교육에 대한 장학과 연구에 집중할 중견 과학교사들을 위한 최신의 과학교육 이론과 연구 내용들도 다수 포함하였다.

물론, 일반적인 타 교육학의 영역과 마찬가지로 과학교육 역시 다양한 경험과 생각을 갖는 학습자의 특성에 맞는 다양한 견해와 이론을 바탕으로 과학교육 현상을 설명할 필요가 있다. 이 책의 저자들은 이러한 믿음을 바탕으로 과학교육에 대해서 다양한 관점을 갖는 집필자들의 다양한 견해를 한 권의 책으로 묶어 공동 작업하였다. 그러다 보니 체계와 설명의 일치성에서 여러모로 부족한 면이 많을 것으로 판단된다. 이 점에 대해서는 독자들의 아낌없는 지도편달을 부탁드린다. 부족한 점에 대해서는 향후 개정되는 과정을 통해서 충분히 보완할 것을 약속드린다.

마지막으로, 이 책은 집필자들만의 노력으로는 결코 세상에 나오기 어려웠을 것이다. 무엇보다 이 교재가 출판될 수 있도록 오랜 기간 동안 도움과 수고를 아끼지 않은 북스힐 조승식 사장님과 신문희 편집위원, 그리고 편집 관계자 여러분들께 진실된 마음으로 감사의 인사를 드린다. 또한, 이 책에 소개된 많은 과학교육 연구자들의 학문적 노력에 진정한 경의를 표한다. 그리고, 지금까지 집필자들과 함께 과학을 배우고, 가르치고, 연구해 온 수많은 학생, 교사, 연구자들께 이 자리를 빌려 심심한 감사의 인사를 드린다. 모쪼록 부족한 책이지만, 과학교육을 학습의 과정으로 이해하려는 많은 독자들이게 조금이나마 도움이 되기를 간절히 기원드린다.

2013년 6월

저자 일동

차례

Chapter 1 과학의 본성과 과학교육

Chapter 2 과학 교육과정

Chapter 3 과학적 탐구

Chapter 4 과학 교수-학습 이론

Chapter 5 과학 교수-학습 모형

Chapter 6 과학 교수-학습 방법

Chapter 7 과학교육과 평가

Chapter 8 과학교육과 글쓰기

01장 과학의 본성과 과학교육

과학의 본성에 대한 교육은 과학적 소양을 함양하기 위해 필수적이다. 과학과 그 구성요소가 가지는 본질적 속성은 객관성이 완전하지 않다는 점을 잘 나타내준다. 그럼에도 불구하고 과학은 증명과 검증을 통해 이론을 수정해가며 변화하고 발달해 나간다.

위의 두 사진에서 벽돌과 사이 부분이 어떻게 보이는지 비교해 보자.

왼쪽 사진에서는 들어가 있는 부분이 오른쪽 사진에서는 튀어 나와 있다고 생각할 것이다. 그렇게 생각하는 이유는 무엇일까? 너무나 당연해서 설명할 필요가 없다고 생각할 수도 있겠지만 이러한 추론의 근거를 잘 살펴보면 빛이 비치는 방향에 대한 일상생활의 경험이 우리의 관찰 결과에 영향을 미친다는 것을 알 수 있다. 그렇다면 관찰 사실을 기반으로 하는 과학적 지식은 우리의 경험이나 편견과 무관하게 객관적이고 절대적일 수 있는 것일까?

1 과학이란 무엇인가?

과학교사와 과학교육자의 공통된 목표는 학생에게 과학을 잘 가르치는 것이다. 즉 과학 지식과 과학적 방법을 전수하며 과학에 대한 흥미와 과학적 태도를 유도할 수 있는 다양한 방법과 효과적인 전략을 연구하여 과학교육 현장에서 이를 실행하는 것이다. 그렇다면 학생에게 가르치고자 하는 '과학' 그 자체에 대해 우리는 얼마나 이해하고 있을까?

과학이 철학에서 분화되기 시작한 것은 근대부터이며 19세기에 이르러서야 비로소 '과학(science)'이라는 독립적인 명칭으로 대체되었다. 과학은 오랜 세월에 걸쳐 변화하고 발전되어 왔기 때문에 과학에 대한 정의만으로 과학이 무엇이며 그 본질적인 속성이 무엇인지를 명확히 이해하기 어렵다. 학생에게 과학을 잘 가르치기 위해서는 우리가 먼저 과학에 대해 잘 알고 있어야 하며 이를 위해서는 과학 그 자체에 대한 고찰과 과거의 과학은 어떠하였으며 현대의 과학은 어떠한지에 대한 성찰적 이해가 필요하다.

1.1 과학의 정의와 가치

1) 과학의 정의

과학을 뜻하는 영어단어 'science'는 라틴어 '스키엔티아(scientia)'에서 유래하였다. 스키엔티아는 '안다(to know, I know)'의 명사형으로 '지식(knowledge)'을 뜻한다. 즉 자연의 이치를 탐구하던 고대 자연철학의 산물로서 자연에 대해 알고자 노력한 결과 얻어진 결과물이 곧 과학이라는 것이다(조희형, 최경희, 2005). 좀 더 그럴듯하게 표현하면 '자연세계에서 보편적 진리나 법칙의 발견을 목적으로 한 체계적 지식(과학, 2013b)' 또는 '검증 가능한 방법으로 얻어진 지식의 체계(과학, 2013a)'라고 할 수 있다. 우리나라 표준국어대사전(과학, 2009)에 수록된 정의는 '보편적인 진리나 법칙의 발견을 목적으로 한 체계적인 지식'으로서 넓은 뜻으로는 학문을 좁은 의미에서는 자연과학을 이른다. 여러 사전적 의미를 종합하면 과학은 '보편적 진리나 법칙의 발견을 목적으로 검증 가능한 방법을 통해 얻어진 지식 체계'라고 할 수 있다. 이는 과학의 어원으로서 '지식'이 좀 더 구체화되고 조직화된 하나의 '지식 체계'로 발달된 것이다.

미국의 국립과학학술원(NAS: National Academy of Science, 1999)은 과학을 '세계에 대해 알아가는 특정한 방법'으로 정의하고 세계나 현상에 대한 과학적 설명은 다른 과학자에 의해 검증될 수 있는 관찰과 실험에 기반을 둔 것이어야 하며, 경험적 증거를 바탕으로 하지 않는 설명은 과학이 아니라고 하였다. 정의는 간단하지만 '검증 가능한 관찰과 실험'이나 '경험적 증거'라는 전제를 둠으로써 과학과 마찬가지로 논리적인 과정을 따르지만 경험적 증거를 바탕으로 하지 않는 수학이나 논리학의 영역을 과학과 구분할 수 있도록 한다.

몇몇 과학자는 다음과 같이 과학을 정의하고 있다.

- 과학은 기본적이고 단순한 자연법칙에 의해 탄생하고 통제되는 우주의 규칙성을 탐색하는 활동이다(R. M. Hazen & J. Trefil).
- 과학이란 지식과 탐구과정 모두를 의미하며, 지식은 과학적인 탐구방법 또는 과정을 통해서 얻어진 산물이다(W. Trowbridge).
- 과학은 실험과 관찰의 결과로 서로 연결된 개념 및 그 체계로 정적인 산물과 동적인 과정으로 이루어져있다(J. B. Conant).
- 과학은 보편적 합의가 획득되는 것에 관한 판단의 연구이다(N. R. Campbell).

과학자는 자연이나 현상에 대한 연구를 통해 과학지식을 생산하는 것이 주된 관심이기 때문에 대부분의 정의가 과학적 활동과 그 산물에 초점을 두고 있다. 이에 비해 과학철학자나 과학교육학자는 과학적 연구 활동보다는 과학 그 자체와 후세로 전수하는 것에 보다 큰 관심을 가진다. 따라서 이들이 내리는 과학의 정의는 달라질 수 있다. 예를 들어 과학교육학자는 과학을 학생들에게 가르쳐야 할 하나의 과목으로 이해한다. 즉, 과학을 자연세계에서 현상, 사물, 사건, 그리고 자연의 질서와 규칙성 등을 발견할 목적으로 적용하는 '과정'과 그 과정을 통해 수집한 '과학지식'으로 본다(조희형, 최경희, 2001; Abruscato, 2000).

이러한 과학의 정의에 의해 더 이상 사이비 과학에 현혹되지 않을 수 있을 듯하다. 그러나 실제는 그렇지 않은 경우가 종종 있는데 우리가 과학을 바라볼 때 두 가지 얼굴을 가지고 있을 때 그러하다(그림 1.1). 사이비 과학은 과학적이라고 주장하거나 과학적인 것처럼 보이지만 타당한 과학적 방법론을 따르지 못하며, 증거가 충분하지 못하거나 개연성이 부족하기 때문에 과학으로서의 지위를 얻지 못한다. 사이비 과학의 특징은 모호하고 과장되며 검증될 수 없는 주장을 펼친다는 것인데 이로 인해 소수의 증언에 지나치게 의존하는 경향이 있다. 또한 다른 전문가의 검증에 개방적이지 못하기 때문에 주장하는 이론의 발전 가능성이 떨어질 수밖에 없다(Wikipedia, 2009). 그러한 예로 점성술, 마술, 요술, 미신 등을 들 수 있다. 대부분이 다른 사람을 통해 검증되거나 재연되는 경우가 드물며 그 중에는 검증할 수 있는 방법이 없는 것도 있다.

과학 수업시간에는 논리적이고 합리적인 과학교사도 종종 사이비 과학에 현혹된다. 온 몸에 쇠붙이가 달라붙는 자석 인간을 눈앞에서 직접 본다면 더욱 그러할 수 있다. 그러나 우리가 일상생활에서도 좀 더 회의론적인 관점을 가진다면 자석 인간에게 '온 몸에 파우더를 바르고 다시 한 번 시도해보라'고 요청할 수 있을 것이다. 이는 실제 유명한 심령학자이자 마술사가 엄청난 상금을 걸고 초능력자를 찾는다는 프로젝트에서 한 말이다. 초능력자가 상금을 받기 위해서는 그가 요구하는 테스트를 통과해야만 했는데 그의 테스트를 통과한 초능력자는 현재까지 한 명도 없었다. 왜냐하면 그는 뛰어난 마술사이자 철저한 회의론자여서 웬만한 속임수에는 넘어가지 않았기 때문이다.

▶**그림 1.1** 과학을 바라보는 두 얼굴

과학은 실험실에서만 존재하는 것이 아니며 과학적 사고는 과학자만의 전유물이 아니다. 우리 모두는 일상생활에서 듣고 접하게 되는 상품이나 사건과 현상에 대한 많은 주장들에 회의론적 관점을 가져야 한다. 회의론(skepticism)은 절대적인 지식이나 진리라고 주장하는 모든 것에 의문을 던지는 비판적인 관점을 말한다. 우리는 살을 빠지게 한다거나 암을 치료한다고 광고하는 약품과 식품의 광고에도 의문을 가져야 하며 누군가가 초능력으로 숟가락을 구부릴 수 있다고 하는 말에도 의문을 가져야 한다. 어떠한 상품이나 현상이 과장되게 좋다든가 진리라고 주장될 때 회의론적 태도는 그러한 주장을 뒷받침할 수 있는 증거를 요구한다(Chiappetta & Koballa, 2006).

아인슈타인(Einstein)은 과학을 '감각 경험의 무질서한 다양성을 논리적 일관성을 지닌 체계에 대응시키고자 하는 시도'로 정의하였다. 그에게 과학은 해결되지 않는 자신의 신기한 경험이나 현상을 논리적으로 설명하고자 하는 노력 그 자체였을 것이다. 개인의 경험과 고민을 통해 얻어진 과학의 정의는 저마다 중요하게 생각하는 부분에 따라 다르게 강조될 수 있다. 과학의 정의를 암기하기보다는 과학의 특성을 이해하고 내가 경험한 과학을 나름대로 정의해 보는 것은 어떨까?

2) 과학의 구성요소

과학의 사전적 의미나 과학자와 과학교육자의 경험적, 학술적 정의를 살펴보면, 크게 '지식적인 측면'과 '방법적인 측면'을 공통적으로 언급하고 있음을 알 수 있다. 과학의 탐구대상인 자연현상이나 사건을 설명하기 위해 자료를 수집하고 분석하며 가설을 설정하고 검증하는 방법을 통해 과학지식이 획득되기 때문이다. 학자에 따라서 그리고 가치에 따라서 다양한 측면이 고려되기는 하지만 '과학지식'과 '과학적 방법' 혹은 '산물로서의 과학'과 '과정으로서의 과학'은 이견 없이 공통적인 과학의 구성요소로 간주된다. 여기에 과학이 실제 행해지는 과정이나 현상의 발견을 과학적 방법과 구별하여 '실천으로서의 과학'으로 보는 경우도 있다. 이때의 과학은 지식으로서의 과학, 방법으로서의 과학, 실천으로서의 과학의 세 가지 측면을 가지며 많은 경우에 있어 과학자는 모든 측면에 관여하게 된다(이필렬, 최경희, 송성수, 2004). 이 밖에도 과학은 세계관으로서의 과학, 제도로서의 과학, 문화로서의 과학 등 서로 다른 측면에서 강조될 수 있다.

표 1.1 과학의 세 가지 측면

지식으로서 과학	방법으로서 과학	실천으로서 과학
• 가설(검증되지 않은 지식), 법칙(지금까지 반증되지 않은 지식)들을 의미한다.	• 실험이 대표적이다. • 수학적인 정량적 데이터화를 목적으로 한다.	• 과학이 실제로 행해지는 과정을 가리킨다. • 자연에 존재하는 모든 현상을 발견하거나 새로운 현상을 만들어 내기 위해 과학자들이 행하고 있는 활동을 포함한다.

과학교육에서는 과학지식과 과학적 방법 이외에 과학 태도와 과학자를 중요한 구성요소로 고려한다. 과거에는 과학지식 위주의 교육을 강조하던 시기가 있었으나 과학적 방법과 태도, 그리고 과학이 사회에 미치는 영향이 강조되면서 네 가지 측면 모두 교육해야 할 과학의 구성요소로 자리 잡았다.

(1) 과학지식

과학의 정의를 통해 살펴본 바와 같이 과학지식은 세상에 대한 탐구를 수행하면서 얻게 되는 산물이다. 따라서 다양한 탐구 영역들은 저마다의 독자적인 지식을 형성하게 된다. 대표적인 과학의 영역으로는 물리학, 화학, 생물학, 지구과학 등을 들 수 있는데 이러한 학문 영역은 각각이 하나의 지식 체계라고 할 수 있다.

지식 체계로서의 물리학은 물질들 간의 상호작용에 대한 연구 결과로서 자연계의 모든 상호작용은 네 가지의 기본 상호작용(기본 힘)으로 이루어져 있다고 설명한다. 네 가지 기본 힘으로는 중력, 전자기력, 약한 핵력, 강한 핵력이 있다. 화학의 관심은 세상을 구성하는 물질이 무엇이며 그 구조 및 성질, 조성, 구조 그리고 물질의 변화에 대한 학문이다. 생물학은 이 세상의 생명현상이 무엇인지 설명하는 학문으로서 다양한 생명체와 그 구조 및 기능에 대한 지식 체계이다. 지구과학은 지구를 대상으로 연구하는 포괄적인 학문 영역으로서 지구의 대기, 지표면, 해양, 지구 내부의 현상에 대해 탐구한다. 좀 더 넓은 의미에서는 지구를 포함하는 행성 간 공간에 대한 지식 체계라고 할 수 있다. 관점에 따라서는 천문학, 환경과학 등도 독자적이 과학 영역으로 분류될 수 있다. 각 학문의 지식 체계들은 독자적인 연구내용을 가지지만 거시적으로는 자연이라는 동일한 연구대상을 가지기 때문에 모든 학문 영역이 만나는 경계를 명확히 구분하기는 어렵다. 따라서 현대에 와서는 여러 학문 분야가 함께 참여하여 연구하는 학제 간 연구를 통해 간학문 영역에 대한 지식 체계를 형성하게 되었다.

학문 영역과 무관하게 과학지식은 사실, 개념, 법칙, 원리, 가설, 이론, 모형 등으로 구성되며 이러한 형태의 과학지식은 나름의 역할을 가지고 과학에 기여한다. 또한 각각 특정한 의미를 가지고 있으며 그 의미는 과학의 탐구 과정과 분리하여 이해될 수 없다. 과학의 지식과 방법은 서로 결합되어 있으며 다른 하나를 제외하고 가르치는 경우 학습자의 개념과 과학의 본성에 대한 올바른 이해를 왜곡시키게 된다(Chiappetta & Koballa, 2006). 과학을 교육하는 데 있어서는 학생이 올바른 과학적 개념을 형성하도록 하는 것이 무엇보다도 중요하다. 과학적 개념은 초중등 학생이 필수적으로 학습해야 할 과학지식의 중요한 구성요소로서 반드시 그것이 획득되는 과정 및 방법과 연관해서 교육되어야 한다.

과학지식 체계를 이루는 구성요소와 과학지식이 가지는 본성적 특성에 대해서는 2절 과학지식의 체계와 특성에서 상세히 알아볼 것이다.

(2) 과학적 방법

자연계를 세밀하게 관찰하고 연구하면 그 속에 숨어 있는 자연의 원리를 발견하게 되며 이러한 원리에 대한 연구를 통해 과학지식이 증대된다. 이러한 관찰과 연구는 과학자만이 수행할 수 있는 것일까?

멧돼지가 자주 출몰하여 농작물에 피해를 준다는 마을이 있다. 과학과는 아무런 연관이 없을 것 같은 마을 사람이라도 멧돼지가 주로 나타나는 때가 언제이며 어떤 농작물을 선호하는지에 대해서는 자신 있게 이야기할 수 있을 것이다. 마을 사람들이 그런 사실을 알아내게 된 과정은 그리 어렵지 않았을 것이다. 저녁까지 멀쩡했던 밭이 아침에 나가보면 엉망이 되어 있었을 것이고 이러한 일이 여러 번 발생하다 보면 무언가가 밤이나 새벽에 밭을 망가뜨린다는 일반화를 하게 될 것이다. 그 다음의 문제는 이제 그 정체가 무엇이냐 하는 것인데 그것 또한 늦은 밤부터 새벽까지 며칠 동안 숨어서 기다리다 보면 바로 멧돼지의 소행이었다는 것을 알아낼 수 있게 된다. 마을 사람은 저마다의 피해를 공유하고 마침내는 멧돼지의 행동 패턴을 알아내게 될 것이다.

이러한 과정은 과학자가 세상에 대해 탐구하는 초기의 방법과 매우 닮아 있다. 연구대상에 대한 정보가 부족한 연구의 초기 단계에서는 관찰과 측정을 통해 데이터를 수집하고 수집된 데이터를 분석하여 규칙성을 발견하고 그것을 일반화하는 것이 보편적이다. 동쪽에서 뜬 해가 매일 서쪽으로 지고 위치는 조금 다르지만 별이나 달 또한 그러한 패턴을 보인다면 하늘에 떠 있는 모든 것이 지구를 중심으로 돌고 있다고 생각하게 될 것이다. 그리고 모든 것이 실제는 눈에 보이는 것처럼 작지 않고 지구만큼이나 큰 천체라는 생각에 이르게 되면 우주의 모든 천체들이 지구를 중심으로 돈다는 천동설로 이르게 될 것이다.

그러나 획득된 지식이 학문적으로 인정받기 위해서는 실험과 검증을 통해 공인을 받는 과정을 거쳐야 한다. 즉 여러 번 반복해도 같은 결과가 나와야 한다는 것이다. 과학에서는 원인에 의해 결과가 나타난다는 인과율이 철저히 적용되기 때문에 관찰사실이 있으면 그러한 현상을 일으키는 원인에 대한 의문을 갖게 마련이다. 멧돼지의 사례에서 이러한 의문은 왜 그것들이 숲에 머물지 않고 밭으로 내려오느냐가 될 수 있을 것이고 천동설의 경우에서는 천체들이 어째서 그러한 운동을 하는가의 문제일 것이다. 이에 대한 잠정적인 설명을 제시하고 그 설명이 다시 다양한 실험과 검증을 통해 지지를 받게 되면 하나의 이론 즉, 과학지식으로서 정착하게 된다. 이처럼 과학은 자연이나 사물의 원리에 대해 체계적인 지식을 세우기 위해 '과학적 방법'을 통해 탐색한다.

과학지식을 얻는 과정으로서의 과학적 방법은 귀납법, 연역법 등의 과학적 사고 방법과 관찰, 측정, 가설 설정, 결론 도출 등의 과학적 탐구방법으로 대별될 수 있다. 과학적 사고 방법에 대해서는 3절에서, 과학적 탐구방법에 대해서는 3장에서 좀 더 상세히 알아보고자 한다.

(3) 과학 태도

과학자는 왜 자연에 대해 탐구하는 것일까? 물론 그것이 그들의 직업이기 때문일 테지만 자신의 연구를 통해 지적 성취감을 얻을 수 있기 때문에 그 일을 계속해 나갈 수 있는

▶**그림** 1.2 과학적 태도는 호기심에서 시작된다.

것이다. 그러나 이보다도 더 근본적인 대답이 될 수 있는 것은 '궁금하니까'일 것이다. 그리스 신화에 나오는 판도라가 제우스의 명령을 어기고 상자를 열어 본 것도 궁금한 것을 견딜 수 없었기 때문이며 천동설을 주장한 여러 학자들 또한 매일 뜨고 지는 해와 달의 존재가 궁금해서 그러한 현상이 어떻게 일어나는지 이해하고 싶었을 것이다. 멧돼지 마을 사람들의 궁금증은 이와는 조금 다르게 좀 더 현실적인 데 있다. 멧돼지의 출몰이 자신들의 생계와 직접적으로 연관되어 있기 때문에 더 이상의 피해를 막기 위해서는 멧돼지의 생태를 이해해야만 하는 것이다.

과학을 학습하는 학생의 경우는 어떠할까? 학생에게 과학 수업은 학교에 다니는 동안 어쩔 수 없이 거쳐야 되는 하나의 과정으로 생각될 수도 있다. 그런 학생에게 과학이 지적 성취감을 가져다준다는 '선전'만으로는 과학 학습에 끌어들이기는 힘들다. 과학자가 아닌 학생이 과학적 탐구를 통해 과학지식을 획득하도록 하기 위해서는 판도라나 멧돼지 마을의 사람들처럼 궁금증을 유발할 수 있는 동기가 있어야 한다. 이러한 문제들은 과학 태도와 관련되어 있기 때문에 과학교사와 과학교육자는 과학 관련 태도를 과학의 중요한 구성요소로 고려해야 한다.

과학 태도는 상황에 따라서 '과학에 대한 태도(attitudes towards science)'와 '과학적 태도(scientific attitudes)'의 두 가지로 정의된다. '과학에 대한 태도'는 과학에 대한 흥미나 과학 관련 직업 등에 대해 학생들이 가지는 태도이며, '과학적 태도'는 자연현상이나 일상생활에서 문제해결에 접근하는 방법으로서 개방성, 정직성, 회의성 등의 과학자적 기질이나 특성과 관련되어 있다(Gogolin & Swartz, 1992). 과학 태도 연구는 다양하게 이루어져 왔으며 학자에 따라서는 다차원의 구조(Jones & Butts, 1983)로 보는 경우도 있으나 일반적으로는 두 개의 범주로 나누어 생각한다.

첫 번째, '과학에 대한 태도'에 대해 안트슨(Arntson, 1975)은 과학을 좋아하거나 싫어하는 태도, 과학을 가치 있게 여기거나 무가치한 것으로 여기는 태도, 과학을 지지하고, 지원하거나 반대하고 업신여기는 등의 태도로 정의하였다. 문비(Munby, 1983)의 경우는 과학 활동에 대한 태도, 특정 과학 논점에 대한 태도, 과학 자체에 대한 태도, 과학교육에 대한 태도 등을 언급하였다. 이 외에도 과학, 과학자, 과학직업 등 과학과 관련된 대상에 대한 태도(권재술 외, 1998), 과학에 대한 인식, 과학에 대한 개인적 반응에 대한 흥미 등(정병택, 1997)으로 다양하게 분류되기는 하지만 정의적인 요소를 강조한다는 점이 공통적이다.

두 번째, '과학적 태도'는 사물과 현상을 과학적으로 사고하고, 처리하며, 생활에 과학화를 해나가는 행동의 경향성과 과학을 긍정적으로 생각하고 '과학하는 것(doing science)'에 대한 협조적 자세를 말한다(최종호, 1993). 과학적 태도는 과학탐구에서 탐구를 수행하는 전 과정에 걸친 과학자의 태도라는 점에서 매우 중요하다. 탐구를 특정 환경과 현상에서 지식을 발견하고 구성해 가는 방법과 활동으로 본다면, 호기심, 객관성과 비판성, 인내와 협동 등이 탐구활동의 전 과정에 매우 중요하게 작용한다(성충헌, 1997). 즉, 과학적 태도는 과학적으로 사고하고 행동하려는 경향성의 문제로서 인지적 요소를 강조한다. 따라서 과학에 대한 태도에 비해 과학 성취도와 더 직접적인 연관성을 갖는다.

'과학에 대한 태도'의 범주와 '과학적 태도'의 범주는 각각 정의적 영역과 인지적 영역에 강조점을 두고 있기는 하지만 명백히 분리시켜 생각하기는 어렵다. 과학에 대한 긍정적인 태도는 과학 학습에 임하는 학생에게 동기를 부여함으로써 과학적 태도에 영향을 미치기 때문이다. 과학에 대한 태도와 과학적 태도는 과학 학습의 과정과 결과에 영향을 미칠 수밖에 없다. 그러나 과학지식이나 방법과 마찬가지로 이러한 태도도 학습을 통해 함양될 수 있다. 이와 관련한 구체적인 교수-학습 방법에 대해서는 6장에서 살펴볼 것이다.

(4) 과학자

과학자그리기 검사(DAST: Drawing-A-Scientist Test)라는 것이 있다. 1983년 학생들의 과학자에 대한 인식을 조사하기 위해 챔버스(Chambers, 1983)가 개발한 이후로 수정·변형되어 다양한 학교급의 학생들을 대상으로 시행되었다. 우리나라에서도 유아, 초·중·고·대학생, 예비교사 및 현직 교사를 대상으로 실시되었는데 그림 1.3에 제시된 바와 같이 공통적으로 실험실에서 활동하는 남성의 이미지가 대다수를 차지하였다(김정화, 조부경, 2001;

초등학생 중학생 고등학생 교사

▶**그림 1.3** 과학자의 이미지(임성만 외, 2008)

박경숙, 이효녕, 2010; 임성만 외, 2008). 이러한 이미지는 실제 과학자의 속성을 제대로 반영하고 있는 것일까? 우리는 과학자에 대해 얼마나 잘 알고 있을까?

'과학자(Scientist)'라는 말은 '과학(science)'이라는 용어와 비교해 볼 때 꽤 근래에 만들어졌다고 할 수 있다. 1833년 영국과학진흥협회(BAAS: British Association for the Advancement of Science)가 주최한 학술회의에서 영국의 휴웰(Whewell)이 참석자들을 지칭하기 위해 처음 사용하였는데 '예술가(artist)'에 대응해서 만든 용어이다(Mahoney, 1979). 그러나 실제 그 회의의 참석자 대부분은 과학을 전문적으로 연구하는 과학자가 아니라 과학에 관심을 가지고 있는 자연철학자나 철학자였다(조희형, 최경희, 2008; Bynum, Browne, & Porter, 1981). 전통적 의미의 과학자는 과학지식을 많이 가지고 있는 사람 또는 과학지식을 끊임없이 갈망하는 사람으로, 자연에 대해 순수한 호기심을 가지고 일반인과는 다른 질문을 제기하며 스스로 자연을 탐구할 수 있는 능력이 있기 때문에 질문에 대한 답도 쉽게 찾을 수 있는 사람이다. 그러나 이러한 전통적 의미의 과학자는 과학을 일종의 사회 제도로 정의하는 현대 사회에서는 더 이상 존재하지 않는다(조희형, 최경희, 2001; Resnik, 1998).

현대적 의미의 과학자는 사회의 구성원으로서 직업으로서의 연구 활동을 수행하기 때문에 연구과정에서 지켜야 할 의무가 따르고 연구결과에 대해서도 책임을 지는 사람으로 인식된다(최경희, 2005). 현대에는 과학과 과학의 기술적 응용이 보다 밀접해졌기 때문에 과학자의 연구 성과는 여러 가지 형태로 사회 전체에 큰 영향을 미치게 된다. 예를 들어 전자기학과 이를 응용한 컴퓨터의 발달로 고도의 정보 사회가 실현되었고 핵에너지 연구개발의 결과 핵무기가 탄생되었다. 그리고 정보 사회는 정보에 대한 권리와 정보 이용에서 파생되는 여러 가지 윤리적 문제를, 핵무기의 개발은 인류의 평화와 생존을 위협하는 국제·사회적 문제를 야기하기에 이르렀다. 이로 인해 과학자는 개인으로서나 사회집단의 구성원으로서나 자신이 수행하는 연구의 사회적 의미를 이해하고 연구결과가 사회에 미치는 영향에 대해 책임을 질 수 있어야 한다.

과학자의 사회적 책임을 둘러싼 논의의 결과, 1948년 세계과학자연맹에서 '과학자헌장(Charter for Scientific Workers)'이 의결되었다. 과학자헌장은 크게 과학자의 책임, 지위, 노동조건, 연구조직, 후진국의 과학연구 등 7개 항목으로 이루어져 있다. 국내에서도 과학자의 역할과 사회적인 책임을 인식하고, 2004년 다음과 같은 '과학기술인헌장'을 제정하였다.

- 과학지식 증진과 기술혁신을 추구해 인류의 행복과 평화를 위해 노력한다.
- 지속 가능한 과학기술 발전을 통해 깨끗하고 안전한 자연환경을 만든다.
- 탐구의 자율성을 소중히 여기며 과학기술에 대한 사회적 책임과 윤리의식을 갖는다.
- 과학기술의 발전을 위해 미래세대를 육성하는 데 힘을 기울인다.
- 과학기술에 대한 국민의 관심과 이해를 높이는 데 앞장선다.
- 과학기술을 통해 자랑스러운 전통문화의 발전과 민족 화합에 이바지한다.

3) 과학의 가치와 목적

과학의 가치는 과학지식과 가설을 설정하고 자료를 수집하고 분석하며, 현명하게 의사를 결정할 수 있는 능력, 사회적·개념적인 신념, 객관성, 정직성 등 과학자의 지식, 기술, 태도에 영향을 미치는 요인을 말한다(조희형, 최경희, 2002). 그러나 과학의 가치는 상대적인 개념으로서 자연관과 과학관에 따라 다르다. 또한 바람직한 원리, 기준, 질 등으로 과학의 한 가지 구성요소인 가치관과 태도를 형성함으로써 과학의 본성을 드러내는 근원이자, 궁극적 이상이다(Abruscato, 2000).

현대사회에서 과학은 사회 문화적으로, 학문적으로 중요한 위치를 차지하고 있다. 이러한 과학의 가치는 일반적으로 과학자의 연구 과정을 통해 획득되어 과학지식의 기본적인 토대를 이룬다. 과학의 가치는 크게 사회적 관점과 개인적 관점으로 나누어 생각해 볼 수 있다. 이 중 사회적 관점에서 과학의 가치는 과학자가 과학과 관련된 연구를 수행하거나 과학기술을 개발하는 배경에 관련되어 상황적 가치로서 작용한다. 반면 개인적 관점에서 과학의 가치는 구성적 가치라고 일컬어지며 한 개인의 과학에 대한 인식을 구성하는 하나의 요소로서 작용한다. 과학은 항상 이러한 가치를 내재하고 있기 때문에 그 가치에 의존하고 있는 사회적 특성에 영향을 받는다. 이 과정에서 과학은 사회성을 지니게 되고, 사회적 차원에서는 외적인 측면으로, 개인적 차원에서는 내적인 측면으로 영향을 미치게 된다. 이렇게 과학이 사회에 영향을 받고 가치에 의존하는 특성을 지님으로써 과학의 특징과 속성에 대한 의미도 다각적으로 해석할 수 있게 된다. 이 때문에 과학에 의해 야기되는 사회적 문제에 대해 개인이 취하게 되는 입장은 그 문제가 가지는 사회문화적·윤리적 측면에 대한 개인의 인식에 따라 서로 다르게 결정되게 되는 것이다(Aikenhead, 1985).

과학의 목적에 관해 스티븐 호킹(Stephen William Hawking) 박사는 저서인 《시간의 역사(Hawking, 1996)》에서 '과학의 궁극적인 목적은 우주 전체를 기술하는 하나의 이론을 마련하는 데 있다'고 하였다. 즉 과학은 자연현상을 일어난 그대로 서술하고, 그것이 일어나는 원인을 설명하며, 자연세계를 이해하게 하는 것 등에 근본 목적이 있다는 것이다. 이 밖에도 과학은 자연에서 일어나는 제반 현상에 대한 지식을 획득하고 그것을 바탕으로 새로운 사실을 예측하거나 자연을 통제하기 위해 사용된다(Ziman, 1984). 또한 과학적 법칙 및 이론과 같은 일반화를 구성하기 위해 이용되기도 하며(Chalmers, 1990), 표 1.2에 나타난 바와 같이 사물과 현상의 기술, 설명, 이해, 예상, 통제하는 데에도 그 목적이 있다(Kitchener, 1999).

표 1.2 과학의 목적(조희형, 최경희, 2001; Kitchener, 1999)

과학의 목적	의미
기술	• 관찰이나 측정을 통해 수집한 자료로 자연을 기록하는 행위 • 자연현상에 대한 관찰과 측정의 결과는 과학지식의 기본적인 바탕이 됨
설명	• 자연에서 일어난 현상의 원인을 발견
이해	• 주어진 정보와 자료의 의미를 파악하여 적용하고 분석하거나 다른 의미와 관련짓는 과정 • 기존의 과학지식과 통합하여 체계화하는 것 • 제시된 정보, 자료, 과학지식을 다른 말로 표현할 수 있는 것 • 내·외연을 통해 새로운 의미를 추리해 내는 것
예상과 통제	• 예상은 주로 미래의 현상이나 사건을 다루며, 흔히 다루려는 현상이나 사건이 일어나기 전에 수행 • 어떤 일이나 사건을 통제한다는 것은 그것이 일어나도록, 또는 일어나지 못하도록 억제하거나 어떤 목적에 맞게 조절할 수 있다는 것을 의미 • 순수과학보다는 공학, 농학, 의학 등 응용과학과 기술 분야에서 중요시 됨

1.2 현대 과학의 형성

자연을 통일적·체계적으로 논하려는 최초의 시도는 고대 그리스에서 싹텄으며, 많은 사상가에 의해 자연철학으로 전개되었다. 과학은 물질적 수단을 이용하여 보다 효과적으로 생활을 유지하고 발전시키는 데 필요한 실제적 지식으로서, 문명이 나타나기 이전부터 사람에서 사람으로, 시대에서 시대로 계승되어 축적되어 왔다.

학자에 따라서는 과학의 기원을 고대문명의 발생 시점이나 과학혁명이 완성된 시기, 혹은 20세기 이후, 보다 진보된 기술과 결합된 시기로 다양한 견해를 가진다. 과거 과학이 철학에서 분리되기 이전 초기의 형태에서 현대의 과학으로 발달해온 과정은 인간이 세상을 이해하고자 하는 노력이 얼마나 오랜 시간 동안 무수한 시행착오를 통해 변화해 왔는지를 보여준다. 그리고 현대의 과학이 각 분야의 독자적 지식과 방법의 체계를 구축함과 동시에 학문 간의 교류를 통해 점차 통합적으로 변해가고 있으며, 발전된 기술을 통해 우리 사회에 영향을 미치고 또한 기술과 사회로부터 영향을 받는다는 사실은 일반적으로 인식되고 있다. 이러한 과학에 대한 역사적, 철학적 고찰은 과학의 본성이 임시적이고 잠정적이며 과학지식이 진화적 혹은 격변적으로 발달한다는 것을 이해할 수 있도록 한다.

1) 자연철학에서 물리학으로

물리학의 역사를 살펴볼 때 가장 오래되고 근본적인 질문은 '물체의 움직임' 즉, '물체의 운동'에 대한 궁금증에서 비롯되었다고 볼 수 있다. 그리고 이러한 질문은 당시의 사회적 요구와 배경이 반영된 것이었다.

기원전 2천 년경 메소포타미아인은 천체의 움직임에 깊은 관심을 가지고 있었는데 이는 당시의 사회적 관심사가 농업에 있었기 때문이다. 이들에게는 농업에 직접적인 영향을 끼치는 계절에 관한 지식이 필요하였는데 천체의 운동이 계절과 밀접한 관련이 있음을 경험적으로 깨닫고 천체 관측을 통해 행성과 항성의 주기와 운동을 연구하였다. 이들의 관측 결과는 달력의 제작과 점성술에 주로 이용되었기 때문에 천체의 배치에 대한 기하학적 측면보다는 행성의 위치를 수표로 나타내거나 산술적으로 계산하는 주로 대수적 측면이 강하였다. 이로 인해 천구의 운동이나 이론이 기록되어 있지는 않다(오진곤, 1996).

고대 그리스 철학의 시초가 된 이오니아학파(Ionian school) 역시 당시 사회에서 요구되었던 토목과 건축에 대한 경험적 지식을 기술적인 측면에서 논리적으로 정리하였다. 이들은 현상을 물질과 물리적인 힘으로 설명하는 데 주된 관심을 가지고 도르래와 지레, 빗면, 수레바퀴 등에 관한 정역학적 지식을 다루었다. 이러한 경험적 지식은 피타고라스(Pythagoras)와 아리스토텔레스(Aristoteles)를 거치면서 수학적이고 형이상학적 측면에서 논의되었고 아르키메데스(Archimedes)에 이르러 확고한 지식으로 정립되었다(물리학, 2013). 이오니아학파의 관심은 경험적・기술적 측면에 대한 것만은 아니었다. 이들은 철학적 사색의 측면에서 논리와 추리에 의해 우주와 만물의 근원에 대한 다양한 주장을 제기하였는데 자연현상을 설명함에 있어 신화적이고 주술적인 초자연적 요소를 배제하고 합리적 설명을 시도하였다는 점에서 근대 과학의 기원으로 평가될 수 있다(양승훈 외, 1996; 오진곤, 1996).

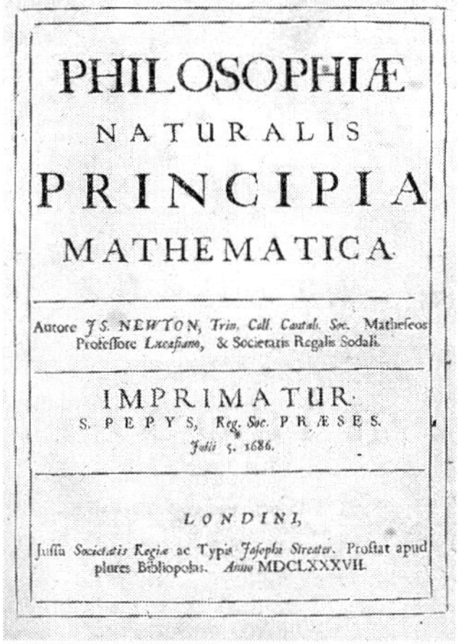

PHILOSOPHIÆ
NATURALIS
PRINCIPIA
MATHEMATICA

Autore J S. NEWTON, Trin. Coll. Cantab. Soc. Matheseos Professore Lucasiano, & Societatis Regalis Sodali.

IMPRIMATUR.
S. PEPYS, Reg. Soc. PRÆSES.
Julii 5. 1686.

LONDINI,
Jussu Societatis Regiæ ac Typis Josephi Streater. Prostat apud plures Bibliopolas. Anno MDCLXXXVII.

▶ **그림 1.4** 뉴턴의 프린키피아

자연에 대한 과학적 인식은 르네상스를 통해 크게 변화하였다. 포탄을 다루는 기술의 발달과 더불어 물리학적 연구도 정지한 물체의 운동을 다루던 정역학에서 움직이는 물체의 운동을 다루는 동역학으로 변화하였으며 이는 운동학적이고 역학적인 자연관의 시초가 되었다. 이 시기에 활약한 레오나르도 다 빈치(Leonardo da Vinc), 갈릴레이(Galilei) 등은 아리스토텔레스의 형이상학을 타파하고, 자연 자체의 필연성에 의해 운동을 설명하고자 노력하였다. 갈릴레이의 운동학은 뉴턴에 의해 처계화되었다. 뉴턴의 역학 체계는 그의 저서 《자연철학의 수학적 원리(프린키피아)》에서 보듯이 갈릴레이 이후의 실험적 과학을 계승함과 동시에 수학적 구성을 갖추었다. 그는 운동에 대한 세 가지 법칙을 확립하고, 다시 미적분법을 확립함으로써 운동의 수리적 해석을 가능하게 하였다. 뉴턴 역학은 이후 유럽에서 오일러(Euler)와 라그랑주(Lagrange), 라플라스에 의해 수학적 해석에 초점을 둔 해석역학(Analytic Mechanics)으로 발전하였다. 한편 라이프니츠(Leibniz)가 제안했던 운동에 대한 불변량으로서 활력의 개념이 일·에너지의 개념으로 일반화되고, 이를 토대로 뉴턴 역학의 유효성이 확인되었다. 뉴턴 역학의 합리성과 유효성을 바탕으로 자연 현상을 설명하고자 한 역학적 자연관은 19세기를 거쳐 20세기 초까지 계승되었다.

▶ **그림 1.5** 아인슈타인 (1879~1955)

20세기 초 소위 고전물리학으로 일컬어지는 역학, 열역학, 광학, 전자기학은 이미 19세기 말경 거의 모든 원리들이 밝혀져 그에 대한 응용만을 남겨놓은 상태였다. 이러한 물리학의 역사에 혁명적인 변화를 가져온 것은 양자론과 아인슈타인 상대론의 출현이었다. 흑체복사나 광전효과 등 고전물리학이 설명하지 못한 문제에 대한 해답으로 제시된 양자론과 기존에 정리된 수학적 결과를 물리 세계에 적용하면서 절대적인 시간과 공간의 개념을 파격적으로 뒤집은 상대론은 고전역학의 패러다임을 깨고 20세기 현대물리학을 태동시키는 계기가 되었다.

2) 연금술에서 화학으로

불과 도구의 사용은 인류의 생존과 편의에 혁신적인 변화를 가져왔으며, 동시에 다양한 화학적 기술과 이론의 발달에 기여하였다. 고대의 화학적 기술은 주로 실용성을 중심으로 발달하였는데 금속공예, 보석세공, 그릇의 제작 과정에서 얻어진 다양한 실용적 지식이 연금술로 이어졌다(Gribbin, 1998). 물질의 관계와 변화에 대한 관심은 만물의 근원에 대한 철학자들의 사고에도 많은 영향을 끼쳤다. 그리고 이들 철학자들의 논의는 다시 원소와 원자라는 화학의 핵심 개념의 발달에 기여하며 화학을 발전시켰다.

물질의 근원에 대한 최초의 철학적 논의는 그리스의 철학자 탈레스(Thales)로부터 시작되었다. 그는 만물의 근원을 물이라고 보았으며 이로부터 지구와 공기, 생물체 등이 파생되었다고 주장하였다. 탈레스는 창조자에 대한 형이상학적 명상을 거부하고 일식과 지진 등의 자연현상을 설명하고자 노력함으로써 '과학의 아버지'라는 칭호를 얻게 되었다. 만물의 근원을 한 가지로 보는 탈레스의 일원론은 엠페도클레스(Empedocles)에 이르러 다원론으로 확장되었다(Bernal, 1971).

엠페도클레스는 물질이 불, 흙, 물, 공기의 네 가지 원소로 이루어져 있으며 원소들은 사랑(인력)과 미움(척력)이라는 두 힘에 의해 결합되거나 분리된다는 이론을 제시하였다. 이러한 4원소설은 아리스토텔레스에 의해 지지되고 발전되었다. 아리스토텔레스는 이들 원소를 만물의 근원인 온, 냉, 건, 습의 조합으로 생기는 정성적인 속성으로 이해하였다. 원자와 같은 정량적 존재로 인식하던 기존의 유물론적 이해를 형이상학적으로 전개시킨 것이다. 그러나 아이러니하게도 성질의 조합으로 만들어지는 원소는 조합의 변화에 따라 다른 원소로 변환이 가능하기 때문에 아리스토텔레스의 형이상학적 원소전환 가설은 이후 중세 연금술의 이론적 근거가 되었다(양승훈 외, 1996; 오진곤, 1996).

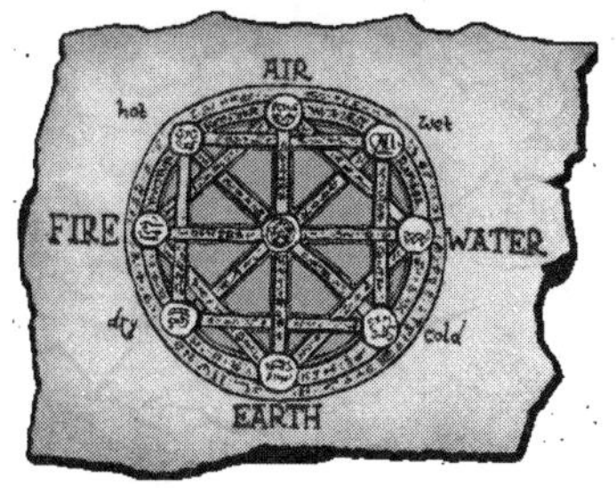

▶ **그림 1.6** 아리스토텔레스의 4원소설

연금술에 대한 최초의 기록은 기원전 3세기경 알렉산드리아 시대로 거슬러 올라간다. 당시의 연금술사는 값싼 금속을 착색 또는 합금함으로써 귀금속처럼 보이게 하거나 금으로 만들기 위한 다양한 장치를 발명하여 사용하였다. 이 과정에서 가열, 용해, 여과, 증류, 승화 등에 대한 지식을 생명과 죽음, 부활, 혼의 정화와 같은 신비주의적 상징으로 기록하고 있다. 고대 그리스의 연금술은 이집트와 시리아, 페르시아를 거쳐 이슬람에 도달하였고, 중국으로부터 전해진 연금술과 결합되어 이슬람 과학의 전성기와 맞물려 발달하였다. 금의 씨앗인 '현자의 돌'에 대한 중세 연금술사들의 천 년간의 열망은 현실과 거리가 멀었지만 그 부산물인 실험기구와 기술, 화학약품의 개발은 화학 혁명으로 불리는 근대 화학의 토대가 되었다. 특히 증류기의 개발과 응용을 통해 얻어진 향료와 다량의 알코올은 근대

화학공업을 태동시켰다(오진곤, 1996).

17세기 후반에서 18세기 화학자들의 관심은 연소의 본질과 화합물의 결합력에 집중되었고, 이를 통해 원소와 화합물에 대한 지식이 크게 발전하였다. 영국의 보일(Boyle)은 《회의적 화학자(The Skeptical Chemist)》라는 저서를 통해 고대 그리스의 4원소 개념을 공격하고 분자의 초기 개념을 제안하였다. 그는 더 나아가 공기의 부피와 압력의 관계를 정량적으로 제시한 '보일의 법칙'을 발견하였다. 그러나 안타깝게도 당시의 지배적인 이론은 연금술에 바탕을 둔 '플로지스톤(phlogiston)'설이었다. 플로지스톤설은 연소에서 열이 발생하는 현상을 온도가 높아질 때 물체로부터 빠져나가는 매우 가벼운 플로지스톤으로 설명하였다. 그리고 연소 후에 재가 남지 않는 물질은 그 자체가 플로지스톤으로 이루어져 있다고 생각하였다. 플로지스톤설이 금속의 산화로 인해 무게가 증가하는 현상을 설명할 수 없었을 때조차도 무게의 반대로서 '가벼움'의 개념을 도입하여 플로지스톤설을 유지하고자 하였다(오진곤, 1996; Gribbin, 1998).

기체화학의 형성기라고 할 수 있는 18세기 후반은 그야말로 새로운 기체발견의 황금기였다. 블랙(Black)의 이산화탄소, 러더퍼드(Rutherford)의 질소, 캐번디시(Czavendish)의 수소, 프리스틀리(Priestley)의 산소 등이 모두 이 시기에 발견되었다. 그럼에도 불구하고 당신의 실험을 이끌었던 많은 과학자들은 여전히 플로지스톤설을 지지하고 있었다. 그러던 중, 라부아지에(Lavoisier)가 실험을 통해 금속의 산화를 정량적으로 보이고 이를 금속과 산소와의 결합으로 설명함으로써 한 세기를 지배하던 플로지스톤설은 뿌리째 흔들리게 되었다. 라부아지에는 더 나아가 알려진 33종의 화학 원소를 수록한 최초의 원소표를 발표하고 정량적 측정을 통해 질량불변의 법칙을 발견함으로써 '정량화학의 아버지'라는 칭호를 얻게 되었다(오진곤, 1996).

19세기 초 돌턴(Dalton)은 보일과 라부아지에의 실험적 발견을 바탕으로, 물질을 이루는 기본 입자에 대한 실증적 가설인 '원자설'을 제안할 수 있었다. 그리고 다른 한편에서는 이탈리아의 아보가드로(Avogadro)가 화학반응에 의한 기체 부피의 변화에 대한 게이뤼삭(Gay-Lussac)의 실험을 바탕으로 '분자설'을 제안하면서, 돌턴의 원자설만으로 설명할 수 없었던 기존의 문제를 해결할 수 있었다. 18세기와 19세기를 거치면서 원자량의 정확한 측정이 가능해졌고 새로운 원소들이 거듭 발견되면서 원자량의 변화에 따른 원소의 주기적 성질이 인식되었다. 이러한 경향성은 19세기 후반 러시아의 멘델레예프(Mendeleev)에 의해 정리되었고 그 결과 원소의 주기율표가 탄생하였다. 주기율표는 이후 발견된 아르곤 등의 비활성 기체와 방사성 원소의 발견으로 계속해서 수정되어져 갔다(Gribbin, 1998).

20세기 화학은 방사성 원소의 원자 붕괴 실험과 양자역학 이론의 발전으로 또다시 혁명

Group / Period	I	II	III	IV	V	VI	VII	VIII
1	H=1							
2	Li=7	Be=9.4	B=11	C=12	N=14	O=16	F=19	
3	Na=23	Mg=24	Al=27.3	Si=28	P=31	S=32	Cl=35.5	
4	K=39	Ca=40	?=44	Ti=48	V=51	Cr=52	Mn=55	Fe=56, Co=59 Ni=59
5	Cu=63	Zn=65	?=68	?=72	As=75	Se=78	Br=80	
6	Rb=85	Sr=87	?Yt=88	Zr=90	Nb=94	Mo=96	?=100	Ru=104, Rh=104 Pd=106
7	Ag=108	Cd=112	In=113	Sn=118	Sb=122	Te=125	J=127	
8	Cs=133	Ba=137	?Di=138	?Ce=140				
9								
10			?Er=178	?La=180	Ta=182	W=184		Os=195, Ir=197 Pt=198
11	Au=199	Hg=200	Tl=204	Pb=207	Bi=208			
12				Th=231		U=240		

▶그림 1.7 멘델레예프의 주기율표

적인 전환기를 맞았다. 이로써 기본입자로서의 원자개념은 폐기되고 원자를 구성하는 더 작은 기본입자에 대한 연구가 이어졌으며 보어(Bohr)의 수소원자 모델을 시작으로 드브로이(de Broglie), 슈뢰딩거(Schrodinger), 하이델베르크(Heidelberg)를 거쳐 현대 양자역학으로 발전하였다. 양자역학의 발전은 원소의 스펙트럼과 전하 및 핵의 전하량 측정 연구를 촉진시켰으며 마침내 현대화학이 정립되기에 이르렀다. 20세기 이후 현대화학은 다양한 기술 분야에 적용되어왔고 생명현상을 화학적으로 설명하는 영역에까지 확장되었다.

3) 박물학에서 생명 과학으로

생물학의 기원은 인류의 생존과 직접적으로 연관이 되는데 크게 두 가지 관점에서 논의될 수 있다. 하나는 인간의 의식주와 관련하여 요구되는 식물과 동물 등 박물에 대한 지식이고, 다른 하나는 질병을 치료하기 위한 의학적 지식이다.

식량의 자급자족이 이루어지기 전까지 모든 식량은 야생 동물과 식물의 포획과 채집을 통해서만 충당이 되었기 때문에 사냥을 위한 동물의 생태학적 지식과 먹을 수 있는 식물과 그렇지 않은 종류를 구분하기 위한 지식이 요구되었을 것이다. 식물에 대한 지식은 기원전 4세기경 식물학의 아버지로 불리는 테오프라스토스(Theophrastos)가 50가지 식물의 종과 번식 방법에 대해 기술하면서 체계화되었는데 그는 아리스토텔레스의 친구이자 제자로 알려져 있다. 아리스토텔레스 역시 540여 종의 동물을 표로 정리하고 50여 종의 동물을 해부하여 분류하였으나 다른 자연철학 분야에 대한 연구가 주로 강조되면서 이러한 업적이 상대적으로 덜 부각되었다. 식물학에 대한 지식은 그리스의 의사이자 약리학자였던 디오스코리데스(Dioscorides)에 의해 더욱 체계화되었는데, 9세기경 저술한 《약물에 대하여(De materia medica)》는 근대 식물 용어의 대표적인 고전서이자 16세기를 선도한 약물 교과서로 평가된다(Pedanius Dioscorides, 2013; Gribbin, 1998).

질병에 대한 연구는 주로 주술 및 점성술과 연관되어 발달하였는데 이는 두려움의 존재인 질병을 악령의 저주나 죄의 대가로 간주하는 믿음 때문이었다. 메소포타미아 시대에는 양이나 염소를 죽이고 간을 꺼내어 나타나는 변화로 환자의 병을 점치기도 하였으며 주술을 통해 병을 치료하고자 하였다. 고대 바빌론에서 만들어진 함무라비 법전에는 외과의사의 치료에 대한 사례금과 배상금이 구체적으로 기재되어 있기도 하다. 생물학은 알렉산드리아 시대에 정점에 이르렀는데 이는 당시의 그리스가 인체의 해부를 허용하였기 때문이다. 인체 해부를 최초로 수행한 사람은 당시 해부학자였던 헤로필로스(Herophilos)였는데 그는 인체조직과 동물조직을 비교함으로써 뇌와 신경계, 동맥과 정맥 등을 연구하여 생리학적 발견에 크게 기여하였다.

그리스의 해부학적 견해와 생리학적 관찰, 임상적 경험을 집대성하고 의학체계를 구축한 사람은 고대 로마의 의학자이자 철학자였던 갈레노스(Galenos)였다. 갈레노스의 업적은 5세기 동안 주류 이론으로서 알렉산드리아(Alexandria)에서 교육되었고, 9세기경 아랍어로 번역되어 수많은 주해까지 달리게 되었다. 그리고 11세기경 다시 라틴어로 번역되면서 그의 업적에 무관심하던 서유럽학자들에게까지 영향을 미쳤다. 갈레노스의 이론을 위기에 봉착하게 만든 것은 아이러니하게도 그의 열혈적인 추종자들이었다. 15세기 후반, 갈레노스의 계승자들은 다른 사람의 주해가 섞이지 않은 순수한 이론을 이해하고자 그리스어 원본을 라틴어로 직접 번역하는 작업을 시작하였고 16세기에는 갈레노스의 실험과 관찰을 기록 그대로 재연하고자 노력하였다. 이러한 분위기 속에서 1543년 베살리우스(Vesalius)가 그의 저서 《인체해부에 대하여》를 통해 갈레노스의 해부가 주로 동물에 대한 것임을 밝히면서 갈레노스와 중세 계승자들이 많은 실수를 범하였음이 분명해졌다. 그럼에도 불구하고 갈레노스의 생리학은 한 세기 동안 더 지속되었으며 르네상스를 통해 그의 이론이 부활되고 전복되는 과정은 현대 과학의 발흥에 중요한 영향을 미

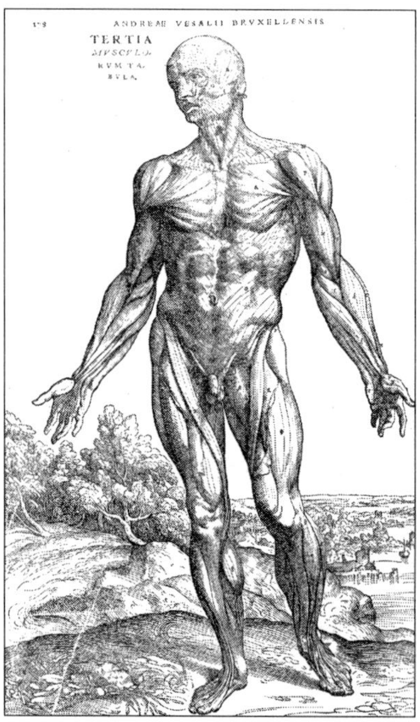

▶**그림 1.8** 베살리우스의 해부도

쳤다(오진곤 외, 1996; Galen of Pergamum, 2013).

17세기 초, 혈액의 순환에 대한 하비(Harvey)의 연구는 실험적 증거를 통해 수 세기를 지배하던 갈레노스 전통에 반기를 들었다. 신성한 원운동이 인간의 몸에서 일어날 수 없다고 보았던 종래의 형이상학적 가설을, 혈액량과 심박수의 측정을 바탕으로 한 정밀계산과 40여 종의 동물 혈관에 대한 조사를 통해, 심장의 수축작용에 의한 순환이라는 실험적 가설로 대치시킨 것이다. 하비는 혈액이 심장의 펌프 작용으로 인해 폐를 지나 동맥으로 순환하며 심장과 정맥, 동맥을 혈액 운반의 역학체계로 보는 기계론적 설명을 제시하였다. 하비가 발견하지 못한 동맥과 정맥의 연결 부위인 모세혈관은 1650년 새로 발명된 현미경을 사용한 말피기(Malpighi)에 의해 발견되었다. 17세기 현미경의 발명은 생물학의 연구범위에 변화를 가져왔다. 훅은 기존의 현미경을 개량하여 최초로 식물의 세포 구조를 발견하였으며 동식물의 가장 기본적인 구성 요소인 '세포(cell)'라는 명칭을 처음 사용하였다. 레벤후크(Leeuwenhoek)는 자체 제작한 현미경으로 세균과 원생생물을 관찰하였으며 스왐메르담(Swammerdam)은 개구리의 혈액에서 적혈구를 발견하였다. 이로써 생물학은 미시 세계라는 생물학적 신세계를 발견할 수 있었다(오진곤 외, 1966; Gribbin, 1998).

17세기가 현미경의 시대였다면 18세기는 탐험가와 채집가, 분류가의 시대였다. 르네상스 이래 유럽과 신대륙에서 새로운 식물이 다량으로 발견됨에 따라 채집된 식물의 분류에 대한 필요성이 증대되었지만 통일된 규칙이 없어 이를 목록화하는 작업에는 심한 혼란이 따랐다. 동식물과 광물 등에 대한 이전의 박물학을 분류학이라는 새로운 체계로 바꾼 사람은 스웨덴의 린네(Linne)였다. 린네는 영국과 서유럽을 일주한 후 그의 저서 《자연의 체계(The System of Nature)》를 통해 논리정연한 생물분류법을 제시하였다. 린네는 이전까지 무시되었던 수꽃술과 암꽃술의 수를 기준으로 식물을 강과 목으로 구분하고 더 세밀하게 속명과 종명을 부여하였다. 인간을 호모속 사피엔스종 즉, 호모 사피엔스로 최초로 분류한 사람도 바로 린네이다. 그는 18세기 말 분류체계와 재료를 훨씬 단순화한 분류법을 적용하였으며 이는 후세의 수정을 거쳐 오늘날의 동식물 분류법으로 사용되고 있다(오진곤 외, 1998; Bernal, 1971).

19세기, 생물학사에 일대 파란을 일으킨 사건은 '종의 기원'에 대한 논쟁이다. 혹자는 프랑스혁명의 경신주의에 대한 반작용이 '동식물이 특정한 날 제각기 창조'되었다는 성서의 기록을 그대로 인정하도록 요구하였고, 이로 인해 '하나의 공통된 조상'에 대한 이론이 50년 이상 지연되었다고 한다. 그럼에도 불구하고 이런 논쟁을 지속한 사람이 있었는데 식물학자인 라마르크(Lamarck)였다. 그는 이전 시대의 종이 환경에 적응하고자 하는 속성이 다음 시대 종의 속성에 변화를 가져왔다고 보는 초기 진화론인 소위 '용불용설'을 제안하였다. 그러나 압도적인 증거를 제시하기 전까지는 고대 종교의 높은 벽을 넘을 수 없었다. 이에 대한 최초의 시도는 다윈(Darwin)에 의해 이루어졌는데 그는 갈라파고스 제도의 여러 섬에 서식하는 생물의 점진적 변화를 통해 '자연도태'라는 메커니즘을 제안하였다. 다윈은 충분한 증거를 확보하기 위해 20여 년을 소비하였으며, 화석과 세계 각지의 동물 분포, 가축 개량을 위한 육종 실험 등에서 사례를 수집한 다음, 마침내 1858년 왈라스(Wallace)와 함께 진화론을 발표하게 된다. 그리고 이듬해 《종의 기원(Origin of Species)》이 출판되면서 그의 이론은 널리 알려지게 되었다(오진곤 외, 1998; Bernal, 1971).

격렬한 찬반 논쟁에도 불구하고 진화론은 결국 과학계에 받아들여졌고 이로써 현대적인 의미의 생물학의 시대가 시작되었다. 다윈의 진화론은 방대한 관찰과 상식으로부터 도출되었기 때문에 개체의 변이에 대한 증거와 변이가 교배에 미치는 영향 등을 보일 수 있었다. 그러나 다른 한편으로는 관찰과 상식에 주로 의존하였기 때문에 그러한 변이가 왜, 어떻게 일어나며 왜 다음 후손에게 바로 반영되지 않는지 등은 설명할 수 없었다. 이 문제는 1860년대 멘델(Mendel)에 의해 연구되었는데, 그는 부모의 어떤 특징이 자손에게 나타나는지를 완두교배를 통해 관찰하였으며 이 과정에서 현대 유전학의 기초가 되는 유전 법칙을 발견할 수 있었다.

19세기가 세포생물학의 시대였다면 20세기는 분자생물학의 발달로 특징 지워진다. 20세기 초 동식물 세포에 있는 염색체 발견을 시작으로 염색체의 분열과 복제가 잇달아 관찰되었다. 그리고 1953년, 왓슨(Watson)과 크릭(Crick)이 DNA 구조를 발견함으로써 마침내 분자생물학과 분자유전학의 시대가 새로이 열리게 되었다. X선의 회절과 전자현미경 등 현대 장비를 활용한 세포의 초미세구조 연구는 세포의 기능에 대한 새로운 개념을 구성함으로써 20세기 생물학에 가장 큰 영향을 미쳤다. 이러한 시도는 생물의 특성을 넘어 생명현상의 원리를 이해하기 위한 것으로써, 생물학을 과거 동식물에 대한 박물학에서 생명과학이라는 현대과학으로 자리매김할 수 있게 만들었다. 그리고 생명현상을 더 깊이 이해하고자 하는 노력은 생명과학과 다른 과학영역이 함께하는 융합과학을 이끌어내었다(biology, 2013; Gribbin, 1998).

4) 암석학에서 지구계 과학으로

지구과학의 연구 범위는 크게 지질, 대기, 해양으로 구분할 수 있을 것이다. 과거에는 바다 속에 대한 정보가 매우 부족하였기 때문에 대부분의 논의는 지질과 대기에 집중되어 있었다. 초기의 지질 혹은 지리에 대한 관심은 가치가 높은 광물과 연료를 더 쉽게 찾아내기 위한 경제적 측면에서 출발하였다. 즉, 철제 도구의 사용은 철광석 채굴에 대한 지식을 요구하였고 이로 인해 암석에 대한 지식이 축적될 수 있었다. 학술적 측면에서는 지구의 나이에 대한 궁금증이 다양한 사변적 논의를 불러일으켰다. 지구의 나이에 대한 초기의 연구는 오랫동안 신학자들에 의해 수행되었는데 그들은 지구 자체의 구조보다는 선지자들의 성스러운 기록을 조사하면서 저마다의 이론을 제시하였다. 따라서 그 해답은 짧게는 수천 년에서, 길게는 무한대에 이르기까지 다양하였다. 히브리와 기독교식 계산에서는 1만 년이 안 된다고 하였으나 힌두교에서는 20억 년에 조금 못 미친다고 보는 식이었다. 대기 현상을 설명하고자 하는 노력은 밀레토스 학파에 의해 시도되었는데, 아낙시만드로스(Anaximandros)는 천둥, 번개, 벼락, 태풍을 모두 바람에 의한 현상으로 설명하였다. 이후 아리스토텔레스는 기상학에 대한 4권의 저서를 통해 구름의 모양과 크기, 바람과 낙뢰, 눈의 생성, 서리와 얼음 등에 대한 설명을 제공하였다. 그는 지진에 대해서도 최초의 과학적 이해를 시도하였는데, 지진을 지하의 광혈에서 공기가 빠져나가면서 생기는 현상으로 설명하였다(Gregory, 2001; Gribbin, 1998).

▶그림 1.9 암석에 관하여

기원전 3세기 말, 아리스토텔레스가 죽은 뒤 그가 설립한 리케이온은 테오프라스토스(Theophrastos)를 새로운 학원장으로 맞았다. 테오프라스토스는 암석과 광물에 대한 가장 오래된 논문으로 알려진 《암석에 관하여(De lapidibus)》를 저술하였다. 이 논문은 광물에 대한 체계적인 기술보다는 주로 분류에 더 초점을 두고 있었음에도 70여 가지 광물에 대한 기록은 2천 년 동안이나 최고의 광물 연구로 간주되었다. 이후 리케이온의 3대 학원장이 된 스트라톤(Straton)은 모든 광물이 땅의 내부에서 나오며 뜨겁고 건조한 연기와 차갑고 습한 증기의 상호작용으로 형성된다는 설명을 덧붙였다. 천문학의 특수 분야로서 수행된 자연지리에 대한 연구는 기원전 3세기 중반, 에라토스테네스에 의해 통합적으로 논의되었다. 그는 지구가 둥글다는 가정하에 두 도시 사이의 거리와 태양의 고도를 측정함으로써 지구 둘레를 계산해 내었다. 그리고 전해져 오는 기록과 실제 자신이 조사한 내용을 토대로 최초의 세계지도를 그렸는데 우리가 현재 사용하는 경도와 위도선, 그리고 한대와 온대, 열대 지방의 구분도 그의 아이디어였다. 그는 땅의 형성과 여러 나라의 자연환경을 각각 기술하고 물, 불, 화산활동에 의한 대류 작용을 논함으로써 이론과 실제의 통합을 시도하였다(오진곤 외, 1998; Earth sciences, 2013).

자연지리에 대한 고대 그리스인의 업적은 이슬람에 전파되면서, 비록 이론적 진보를 얻어내지는 못하였지만, 실제적인 측면에서 논리적이고 합리적으로 기술되었다. 다양한 천문 관측 기구들이 항해에 사용되었으며, 이를 통해 지도와 해도가 제작되고 위도의 측정이 행해졌다. 12세기 나침반의 발명은, 연안에만 머물고 있던 항해 범위를 원양항해와 대양 및 신대륙 탐험으로 확대시켰다. 이로 인해 종래 독자적인 역사와 문화를 가진 지역이 다른 지역과 접촉하며 상호교류를 시작하였다. 15세기 유럽의 각 국가는 서아프리카 항해부터 대서양 횡단, 세계일주 등을 통해 세계 각지와 접하게 되었고, 이로 인해 조선술에 필수적인 철, 석탄, 금, 은 등 광물의 채굴에 대한 관심이 더욱 확대되었다(오진곤 외, 1998; Bernal, 1971).

광업은 르네상스 시대 경제를 지탱하는 산업으로서 새로운 화학적 발견과 더불어 발전해 나갔다. 16세기 독일의 의사였던 아그리콜라(Agricola)는 광산의 중심지에 정착하여 광물의 채굴과 야금에 대한 20년간의 경험을 12권의 《광물학(De re metallica)》으로 출판하였는데 이 책은 한 세기 동안 광물학 연구의 지침서가 되었다. 아그리콜라의 뒤를 이는 사람은 17세기 '지층누중의 법칙'을 발견한 덴마크의 지질학자 스테노(Steno)였다. 그는 지질학의 기초가 되는 지질 단면도를 이용하여 산악지대의 형성을, 지구 내부 화산의 힘과 물의 작용으로 설명하였다. 그리고 결정학과 화석에 대한 연구도 발전시켰는데 화석의 생성 과정에 대한 신화적, 초자연적인 힘을 배제하고 고대의 생물이 죽어서 돌이 된 것이 화석이라는 주장을 펼쳤다(오진곤 외, 1998).

18세기 산업혁명과 함께 금속과 연료의 수요가 증대하면서 지질학에 대한 연구도 발전하였다. 당시 대부분의 지질학자들은 지각변동의 원인을 화산의 힘으로 간주하고 지구 내부에 고열의 상태가 지속되고 있다고 보는 화성론을 주장하였다. 이에 반해 독일의 지질학자들은 지표면의 암석이 물속에서 생성되었다고 보는 수성론을 주장함으로써 지층의 형성에 대한 이론적 대립이 시작되었다. 수성론을 주장하던 베르너(Werner)는 지층을 창조된 것으로 보지 않고, 연속적으로 생성, 발전한 것이라는 주장을 펼쳤지만 화산의 열과 압력에 대한 영향을 반대하고 물과 침전작용의 영향만을 인정하였다. 이러한 화성론과 수성론의 논쟁은 18세기 후반까지 지속되었다(오진곤 외, 1998; Gribbin, 1998).

19세기 초까지만 해도 암석의 나이가 그 구성이나 광물의 성분과 무관하다고 알려져 있었다. 이로 인해 암석의 나이를 추정하기 위한 대안으로서 화석의 가치가 새로이 부각되었다. 그러던 중 영국의 측량기사 스미스(Smith)가 수로 단면 조사 중에 발견된 다량의 화석을 통해 암석 지층 사이의 상관성을 발견하였다. 그의 견해는 지질학자들에게 영감을 주었고 이로써 특정 종류의 암석은 어느 시대에나 형성될 수 있는 반면, 특정 화석은 지구 역사상 특정 시기에만 형성될 수 있다는 사실이 인식되었다. 지구과학은 다른 어떤 분야의 과학보다도 더 시간의 흐름에 영향을 받는다. 지구과학의 근간이 되는 지질학은 지구에서 발생한 일련의 사건과 그것이 일어난 시대를 추정하는, 즉 시간을 구분하는 과학이며 모든 지질학적 사건은 언젠가는 과정에서 역사로, 현재 사건에서 역사적 사건으로 변화한다. 시간의 상대적인 척도로서 화석은 곧 지질학적 시간의 단위가 되었다(Gribbin, 1998).

19세기 말, 지질학자들의 관심은 화석을 통해 암석의 나이를 추정하는 데서 지구 자체의 나이를 찾는 것으로 옮겨갔다. 특히 당시 사회적 이슈가 되었던 진화론으로 인해 화석에서 관찰되는 진화가 오랜 세월을 거쳐 이루어질 수 있다는 생각이 퍼지면서 그 관심은 더욱 증대되었다. 대부분의 지질학자들은 지구 전체에 걸쳐 두꺼운 퇴적암층이 발견된다는 사실로부터 지구의 나이가 수십 억 년에 이를 것으로 추정하고, 지층에서 발견되는 다양한 화석을 근거로 주장을 뒷받침하였다. 흥미롭게도 지구의 나이에 대한 고대의 신학적 논쟁과 유사한 일이 당시에도 벌어지고 있었다. 물리학자였던 캘빈(Kelvin)은 다양한 깊이에서 지구 내부 온도를 측정하고 열손실률을 통해 지구의 나이가 약 1억 년이라는 계산 결과를 내놓았다. 당시 명성을 얻고 있던 그의 주장은 다른 많은 학자들의 지지를 받았고 유사한 방식으로 혹은 '소금시계' 등의 새로운 아이디어로 다양하게 계산되었다. 캘빈의 추종자들이 계산한 지구의 나이는 대략 2천5백만 년에서 1억 년 사이였다(Gribbin, 1998).

X선의 발견은 켈빈 이론의 몰락을 예고하였다. 20세기 초 러더퍼드가 방사성 원소의 붕괴를 지질학적 시계로 사용할 수 있음을 제안하면서 방사능연대측정을 이용한 지구 나이의 계산이 활발하게 진행되었다. 여기에 방사능연대측정이 불가능한 퇴적암의 연대측정에 벤토나이트라는 암석의 식별법이 연구되면서 소위 '화산시계'와 '방사성시계' 기술이 통합될 수 있었다. 이 외에도 지구와 지층의 나이를 추정하는 방법으로 '자기시계'와 '화석나침반' 등의 기술이 개발되어왔다(Gribbin, 1998). 그리고 한때 한 덩어리였던 초대륙이 점차 이동하여 현재 대륙의 모습이 되었다는 베게너의 '대륙이동설'과 대륙이동의 원동력을 설명하기 위한 '판구조론'이 발전되면서 마침내 현대적 의미의 지구과학이 형성되었다. 지구과학은 최근 교육적 측면에서 지구계(Earth System)를 주제로 거시적인 관점에서 물리, 화학, 생물, 지구과학을 통합하는 것이어야 한다는 움직임과 함께 '지구계 과학(Earth System Science)'으로 거듭나게 되었다(조규성 외, 2006).

5) 간학문 과학과 STS

현대에 이르러 과학 분야는 학문과 학문 사이에 새로운 분야를 개척함으로써 기존 학문이 자신의 틀 속에 갇혀서 충분히 보지 못했던 연구 주제를 발굴하고, 이를 통해 새로운 지식을 생성해 내는 방향으로 변화·발전하고 있다. 20세기 자연과학의 역사는 바로 이러

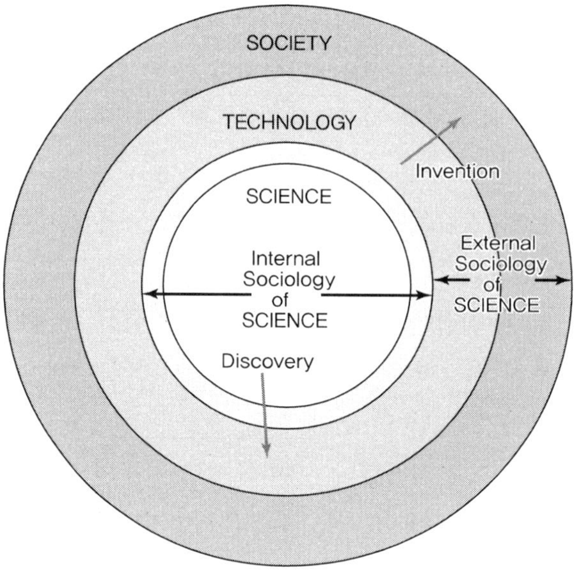

▶**그림 1.10** STS의 구조(Ziman, 1984)

한 학제 간 연구를 통해 이루어진 간학문의 역사라고 할 수 있다. 화학과 물리학 사이에서 만들어진 물리화학, 생물학과 물리학의 혼합 학문인 생물물리학과 분자생물학, 화학과 생물학의 간학문인 생화학 등이 이러한 예이다(홍성욱, 2008).

이처럼 현대과학의 분야는 독자적 영역을 가지고 있으면서도 그 경계를 명확히 하기 어려운 속성이 있다. 또한 과학기술이 사회에 미치는 영향이 증대되면서 과학과 기술과 사회의 관계가 과학교육의 중요한 이슈로 떠오르게 되었다. 과학·기술·사회의 관계를 나타내는 용어인 STS(Science: Technology and Society)는 과학적 활동이 사회적 과정의 일환임을 강조하기 위하여 영국의 과학철학자 자이만(Ziman, 1980)이 처음으로 사용한 말이다.

STS는 1970년대 이후 과학철학의 상대주의, 합리론, 관념주의 등을 기반으로 형성된 새로운 과학관으로, 과학교육학에서는 새로운 심리학적 견해 또는 그에 바탕을 둔 교수–학습법으로 받아들여진다(조희형, 최경희, 1998). 이는 과학의 본질을 파악하기 위해서는 그와 관련이 있는 기술과 사회를 분석하고, 그것을 효과적으로 교수–학습하기 위해서는 기술적, 사회적 소재를 활용해야 함을 암시한다.

STS는 과학과 기술, 과학과 사회, 기술과 사회, 그리고 과학–기술–사회의 관계를 통칭한다. 바이비(Bybee, 1985)는 과학, 기술, 사회에 대한 개별적 정의에 더해 이와 같은 세부 관계에 대한 정의를 다음과 같이 제시하였는데 그 내용에는 과학기술의 사회·문화적 측면과 사회와의 상호작용이 포함되어 있다.

- **과학**은 자연과 인간세계를 이해하기 위한 체계적이고 객관적인 연구를 의미하며, 지속적인 탐구활동을 통해 형성된다.
- **기술**은 현실적 문제를 해결하고자 하는 인간의 목표 달성을 위한 과학지식의 응용을 의미하며, 문화에 의해 발달하고 자원 활용 및 상품 생산을 통해 삶의 질을 높인다.
- **사회**는 지역적, 국가적, 세계적 범위에 걸친 인간의 종합적 상호작용을 의미하며, 인간의 사회 환경과 과학기술은 상호 영향을 미친다.
- **과학-기술의 관계**는 과학에서 파생된 지식이 기술을 발달시키고, 새로운 기술은 다시 과학에 영향에 준다는 것을 의미한다. 기술은 과학문제의 해결방법을 결정하거나 해결 그 자체에 이용되며 기술의 발달은 과학연구 방법의 향상을 가져온다.
- **과학-사회의 관계**는 과학에서 파생된 지식과 과학자가 사용하는 탐구과정이 우리 자신은 물론 다른 사람과 자연환경에 대한 우리의 세계관에 영향을 미친다는 것을 의미한다. 과학적 지식은 사회에 긍정적인 영향과 부정적인 영향을 동시에 끼치는데, 이러한 영향은 개인 및 사회 구성원, 지역과 시대에 따라 다르게 나타난다. 사회의 문제가 때로는 과학연구를 위한 아이디어와 질문을 제공하기도 한다.
- **기술-사회의 관계**는 기술이 인간의 생활수준 및 행동 양식은 물론 지역적, 국가적, 세계적 상호관계에도 영향을 미친다는 것을 의미한다. 기술의 변화는 정치 · 경제 · 사회적 변화에 영향을 받으며 새로운 기술이 다시 사회에 끼치는 영향은 항상 이롭거나 항상 해롭게 나타나지는 않는다. 사회적 요구와 태도, 가치관은 기술이 나아갈 방향에 영향을 미친다.
- **과학-기술-사회의 관계**는 여러 사회 계급의 역사에 걸쳐 과학기술이 사회 발전에 영향을 미친다는 것을 의미한다. 가장 직접적인 상호작용은 기술-사회 사이에 존재하지만 기술은 과학지식에 의해 발달한다. 과학-기술은 서로 구별되지만 서로 얽혀있기 때문에 과학-기술-사회의 실제 상호작용은 과학과 기술과 사회 모두를 포함에서 이루어진다.

현대적 의미의 STS는 사회뿐 아니라 정치 · 경제 · 윤리적 맥락에서의 과학으로 확장되었다. 이는 과학기술이 다시 정치 · 경제 · 윤리적 변화에 영향을 미치며 이러한 변화가 또 다시 과학기술의 발달에 영향을 끼치는 순환의 고리로 해석될 수 있다. STS는 과학적 방법과 과학지식의 사회적 속성을 특별히 강조하면서 과학적 방법이 민주적 절차를 따르는 합의의 과정이며, 그런 과정을 통해 형성된 과학지식은 잠정적, 가설적 특성과 실용성을 지니고 있음을 강조한다. STS로 정의되는 과학은 과학의 고유한 가치는 물론이고 기술적,

사회적, 경제적 가치도 개재되어 있는 학문으로서, 외적인 요인의 영향을 받으며 여러 과학자들의 협동에 의하여 이루어지기 때문에 개인보다는 집단에 의해서 수행되는 경우가 많다. 마찬가지로 현대 과학기술 정책에 대한 결정이나 평가 역시, 소수의 전문가나 행정가가 아니라 모든 이해 관계자의 참여를 통해 이루어진다. 따라서 STS 교육은 과학기술과 관련된 사회적 문제에 대해 합리적인 의사결정을 내릴 수 있는 미래 시민의 양성을 목표로 한다(최경희, 1996).

1.3 과학의 본성

과학의 본성이란 과학이 가지고 있는 본질적 속성으로서 과학이 무엇이고 어떻게 구성되고 변화되어 왔으며 어떠한 속성과 가치를 지니는지에 대한 총체적인 이해를 포괄한다. 따라서 과학의 본성에 대해 제대로 이해하기 위해서는 과학에서 한 걸음 물러나 혹은 좀 더 통합적으로 과학을 바라볼 필요가 있는데 이러한 관점을 메타(meta)적 관점이라고 한다. 과학에 대한 메타적 관점으로 과학 자체를 연구하는 메타 과학(meta science)은 과학의 본성을 이해할 수 있도록 하며 이는 과학의 본성에 대한 철학적, 사회적, 심리학적, 역사적 통찰을 요구한다.

맥코마스와 올슨(McComas & Olson, 1998)은 미국, 오스트레일리아, 영국, 뉴질랜드, 캐나다 다섯 개국의 국가과학교육기준에서 추천하고 있는 과학의 본성의 내용을 분석하여 표 1.3과 같이 철학적, 사회학적, 심리학적, 역사적이라는 네 가지 측면에서 그 요소를 분류하였으며 각각의 내용은 다음과 같다.

첫째, 과학은 자연현상을 설명하고자 하는 인간의 시도이기 때문에 창의적이지만 근원적인 한계를 가질 수밖에 없다. 과학지식의 형성 과정은 관찰이나 실험적 증거, 과학자들 사이의 논리적 논의와 회의론에 의존한다. 이러한 과정을 통해 형성된 과학지식은 시간과 더불어 변화하기 때문에 가변적이며 잠정적이라는 특성이 있지만 지식이 채택되어 인정받는 일정 시기 동안은 안정성을 가진다. 과학의 본성에 대한 이러한 과학철학적 진술은 과학의 목적 및 과학지식의 형성과 특성을 나타낸다.

둘째, 과학자들의 개인적 경험과 문화적 배경은 그들이 수행하는 과학에 영향을 주기 때문에 과학자는 새로운 지식을 명확하고 개방적으로 보고하여야 하며, 다른 과학자가 검토하고 그 연구 과정을 반복해볼 수 있도록 정확하게 기록하고 보관하여야 한다. 이러한 과학의 본성에 대한 사회학적 진술은 과학자의 연구 방법에 관련된 윤리적 의사 결정의 측면을 나타낸다.

표 1.3 과학의 본성에 대한 분석

관점	과학의 본성
철학적 통찰	• 과학은 자연현상을 설명하려는 시도이다. • 과학지식은 전적으로는 아니지만 주로 관찰과 실험적 증거에 의존한다. • 과학지식은 논리적 논의와 회의론(skepticism)에 바탕을 두고 있다. • 과학지식은 안정성이 있으나 잠정적 성격을 갖는다. • 과학에서 법칙과 이론은 다른 특성을 가지며 다양한 증거가 확보된다고 해서 이론이 법칙으로 변화되지는 않는다. • 과학적 활동에는 유일한 방법이 없기 때문에 공통적인 과학적 과정이나 방법도 없다.
사회학적 통찰	• 과학은 인간의 노력(human endeavor)이다. • 과학은 과학 활동이 수행되는 문화의 영향을 받는다. • 과학에는 사회적 · 문화적 배경이 다양한 모든 사람이 기여한다. • 과학자들은 서로 협력하여 연구한다. • 과학자들은 동료과학자의 검토와 반복성을 위하여 데이터를 정확하게 기록하고 보관해야 한다. • 새로운 과학지식은 명확하고 개방적으로 보고되어야 한다.
심리학적 통찰	• 과학자들은 새로운 아이디어에 개방적이어야 하며 지적으로 정직해야 한다. • 과학자들은 창의적이다. • 관찰은 이론 의존적(theory-laden)이다.
역사적 진술	• 과학은 진화적으로 즉 점진적으로 발달한다. • 과학은 격변적으로 발달한다. • 과학은 사회적 · 문화적 전통의 한 부분이다. • 과학적 사고는 과학자들의 사회적 · 역사적 환경에 영향을 받는다.

셋째, 과학자는 과학지식의 형성에 창의성을 가지며, 새로운 아이디어에 대해 열린 마음을 가져야 하며 언제나 지적으로 정직하여야 한다. 또한 관찰에는 언제나 본질적인 편견이 존재한다는 사실을 인정해야 한다. 이러한 과학의 본성에 대한 심리학적 측면은 과학자의 품성에 관해 진술한다.

끝으로, 과학은 사회적 · 문화적 전통의 한 부분이며 기술의 발달에 중요한 역할을 한다. 또한 사회적 · 역사적 맥락이 과학의 발달에 영향을 미친다. 이는 과학의 본성이 가지는 역사적 측면을 진술한다.

과학철학, 과학사회학, 과학사, 과학심리학이 과학의 본성에 어느 정도 기여하는가를 원의 상대적인 크기와 위치로 나타내면 그림 1.11과 같다. 이처럼 과학의 본성은 이들 여러 학문 영역의 공통 영역에 바탕을 두고 있다(McComas & Olson, 1998).

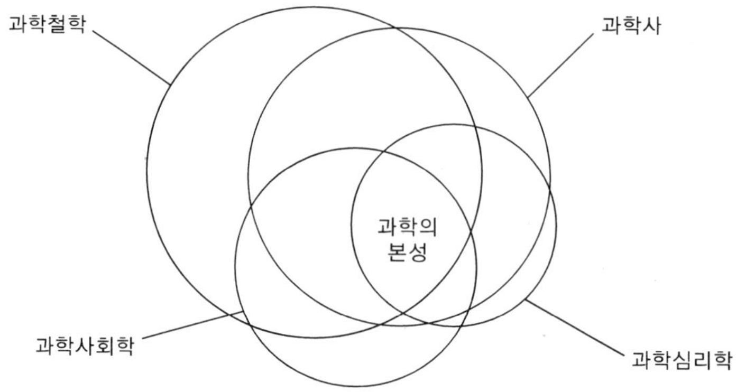

▶**그림 1.11** 과학의 본성에 대한 학문의 상대적인 기여(McComas & Olson, 1998)

2 과학지식의 체계와 특성

과학의 산물인 과학지식은 과학의 역사와 함께 변화하고 발전해 왔으며 과학지식의 발달에 대한 관점 또한 시대에 따라 변화해 왔다. 과학지식을 체계적으로 분석한 최초의 사람은 아리스토텔레스일 것이다. 비록 과학적 지식(episteme)을 의견이나 상식(doxa)과 구별하지는 않았지만, 아리스토텔레스는 과학적 지식을 정의하고 과학지식의 중요한 속성을 기술하였으며 참인 과학지식에 도달하는 방법(methods)을 분석하였다. 아리스토텔레스에 의하면, 과학적 지식(또는 과학적으로 안다는 것)은 보편타당하고 필연적인 사물의 속성에 대한 지식이며 이는 드러나 있는 변화의 속성에 내재되어 있는 사물의 불변하는 근본 속성이다(Galik, 2006). 아리스토텔레스의 말처럼 과학지식은 언제나 보편타당하고 불변하는 것일까? 이 절에서는 현대적 관점의 과학지식을 이루고 있는 체계와 과학지식이 가지는 특성에 대해 살펴보고자 한다.

2.1 과학지식의 체계

과학지식의 체계(body of knowledge)는 과학지식을 이루는 구성요소라고 할 수 있다. 과학지식은 사실, 개념, 법칙, 원리, 이론 등으로 구성되며 각각이 고유한 역할을 통해 상호 연관성을 가진다. 과학지식의 전수는 학교에서 이루어지는 과학교육의 중요한 목표 중 하나로서 과학교육의 내용과 방법을 결정하는 기준이 된다. 과학지식의 체계를 이루는 각 구성요소의 특징과 구성요소들 사이의 관계에 대해 알아보도록 하자.

1) 사실

과학에서 사실(fact)은 실제로 일어난 사건이나 현상으로서 우리가 감각을 통해 인지한 신뢰성이 있는 자료로 간주된다. 일반적인 사실을 과학적 사실이라고 정의하기 위해서는 '직접적으로 관찰 가능'하여야 하며, '언제든지 증명'될 수 있어 한다. 예를 들어 '진달래꽃은 붉은빛이 강한 자주색을 띠고 겉에 털이 있으며 끝이 5개로 갈라져 있다.' '진공튜브에서 쇠공과 깃털을 떨어뜨렸더니 같은 속도로 낙하하였다.'와 같은 사실은 누구나 직접적으로 관찰이 가능하며 같은 조건에서 다시 관찰하였을 때 같은 결과를 얻을 수 있다. 이처럼 과학적 사실은 관찰을 원하는 모든 사람에게 공개될 수 있어야 한다. 물론 화산 폭발처럼 일회성의 사건에 관한 사실적인 정보의 경우 되풀이되지 않기 때문에 이러한 조건이 절대적으로 유지되는 것은 아니다. 게다가 사실의 측정에는 불확실성과 한계가 따르는데 이러한 오류의 가능성 때문에 관찰 자료는 절대적으로 순수하거나 명료한 사실이라고 할 수 없다(Chiappetta & Koballa, 2006).

이러한 불완전성과 비절대성에도 불구하고 사실은 개념과 법칙 그리고 이론을 위한 토대가 된다. 관찰 사실에서 나타는 공통점, 반복성, 규칙성을 통해 개념과 법칙이 만들어지며 관찰 사실을 설명하기 위해 이론이 만들어진다. 전통적 과학관을 깨고 과학적 방법론을 채택함으로써 최초의 과학자로 인정받는 갈릴레이 역시 관찰과 실험에 기초한 것을 사실로 간주하였으며 논리적 사고방법을 통해 사실에 맞는 이론을 세우고자 하였다(Gribbin, 2004).

2) 개념

개념(concept)은 공통적으로 특정한 성질이나 속성을 가진 사건이나 사물 또는 현상을 추상적으로 나타낸 것이다. 달리 말하면 물체나 성질, 현상, 사건 등에 대해 여러 사람이 공통적으로 공유하는 관념이라고도 할 수 있다. 움베르토 에코의 소설 《장미의 이름》에서도 나타나듯이 '우리집 장미', '하얀 그 장미', '빨간 저 장미'와 같이 개별적이고 구체적인 실체로서의 장미는 존재하지만 우리가 통상 사용하는 '장미'의 이름 즉, '장미 좋아하세요?'라는 물음에서 장미는 실제 존재하는 특정한 장미가 아니라 장미들이 가지는 공통적인 속성을 포괄하는 관념으로서 장미를 의미하는데 이러한 의사소통이 가능한 것도 우리가 장미에 대해 가지고 있는 개념을 통해서라고 할 수 있다.

과학에서 개념은 과학적 사실을 통해 형성될 수 있다. 과학에 있어서 사실은 다듬어지지 않은 재료와 같이 그 자체로는 거의 의미가 없다. 사실이 의미를 지닌 생각이나 관계를 형성하기 위해서는 검증되어야 하는데 양식을 확인하고 자료 간의 관계를 구성하기 위해서는 사고나 추론이 필요하며 이러한 관계를 형성하는 것이 바로 '개념'이다. 과학 분야에서 많은 단어들이 개념을 나타내며 이 단어들은 카테고리를 형성하고 있는 경우가 많다. 예를 들어 생물학에서 나무, 풀, 곤충, 원숭이, 유전자, 효소 각각은 공통적인 특성을 공유한 실체들의 종류를 나타낸다. 화학에서는 원소, 분자, 화합물, 혼합물, 산, 염기, 중성 등이 개념으로 간주될 수 있으며, 물리 개념에는 전자나 양성자, 중성자, 파동, 고체, 그리고 X선 등이 있다(Chiappetta & Koballa, 2006).

3) 법칙과 원리

법칙(law)은 개념들 사이의 보편적 관계를 진술하는 것으로 일반적으로 진리로 받아들여진다. 개념이 사실에 근거한다는 관점에서 보면 법칙은 관찰 사실이 반복적으로 나타남으로서 규칙성을 가지고 이러한 반복적인 규칙성을 일반화한 것으로서 그것을 위반하는 사례가 관찰되지 않는 한 법칙으로서 지위를 유지할 수 있다. 이러한 예로는 '관성의 법칙'이 있다. 관성의 법칙은 '외부로부터 힘이 작용하지 않으면 물체의 운동 상태는 변하지 않는다.'는 것으로서 보편타당하게 성립하며 위반하는 사례가 발견되지 않았다.

법칙 중에서는 특정 조건하에서만 타당한 것도 있는데 멘델의 법칙인 '우열의 법칙'과 '분리의 법칙', '독립의 법칙'이 그러한 예가 될 수 있다. 멘델은 순종의 둥근 완두콩과 주름진 완두콩을 교배시켰을 때 잡종 제1대에는 항상 우성인 둥근 완두콩이 나타나는 것에서 '우열의 법칙'을 발견하였으며 앞서 얻는 잡종 제1대의 둥근 완두콩을 자가교배 했을 때 우성과 열성이 3대 1로 분

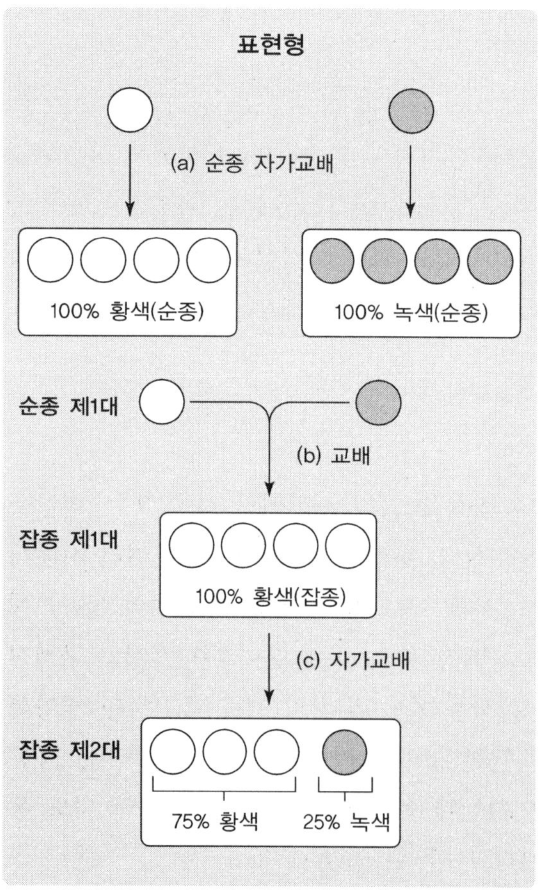

▶그림 1.12 멘델의 유전 법칙

리되어 나타난다는 사실에서 '분리의 법칙'을 찾아낼 수 있었다. 그리고 두 유전법칙이 서로 독립적으로 작용한다는 '독립의 법칙'을 발견함으로써 멘델의 세 가지 유전법칙이 완성되었다. 우열의 법칙과 분리의 법칙은 '중간 유전'이라는 예외를 가지고 있었지만 그것은 단순한 예외로만 받아들여졌다. 이후 유전학의 발달과 함께 멘델의 유전법칙은 특정 상황에서는 보편타당하게 성립한다는 것이 밝혀졌다. 즉 독립의 법칙은 각 형질의 유전자들이 서로 다른 염색체에 있을 때에만 성립한다는 것인데 다른 형질의 유전자가 같은 염색체에 있는 경우 중간 유전과 같은 예외를 가진다는 것이다. 이러한 결과와 몇몇 다른 증거로 인해 멘델이 그 당시 데이터를 조작했을 것이라는 주장이 있지만 여기서는 다루지 않도록 하겠다. 법칙을 규정하는 데 있어서 멘델의 법칙이 시사하는 바는 어떤 법칙은 특정 전제를 그 성립 조건으로 한다는 것이다.

이처럼 법칙을 보편타당하게 성립하는 진리로 보기에는 여러 가지 문제가 따른다. 그러나 법칙은 관찰 사실을 설명하고 이론을 구성하는 근거이자 새로운 사실을 예상하는 바탕이 됨으로써 과학지식을 구성하는 핵심적인 요소로 작용한다.

원리(principle)는 법칙과 마찬가지로 개념의 일반화된 범주로 구분되며 종종 유사하게 사용되곤 한다(Chiappetta & Koballa, 2006). 엄밀하게 구분하기는 어려운 경우도 있지만 일반적으로 법칙은 관찰사실로부터 도출되기 때문에 구체적인 사실이나 사건, 현상 등을 바탕으로 하지만, 원리는 관찰 사실과 직접적인 연관이 없다. 원리는 그 현상이 왜 일어나며 어떻게 작용되는지를 설명할 수 있는 보다 보편적인 과학법칙이라고 할 수 있다. 따라서 원리는 새로운 관찰 증거로 인해 기각되지 않는다는 특성을 가지며 주로 논리적 관계나 수학적 공식으로 진술된다. 예를 들어 양자역학의 기본원리 중 하나인 불확정성 원리는 미시 세계에서 하나의 입자의 위치와 운동량을 동시에 정확하게 측정할 수 없다는 것으로서 $\Delta x \cdot \Delta p \geq \hbar/2$로 나타낼 수 있다.

4) 이론

이론(theory)은 일련의 관찰 사실이나 자연현상을 설명하기 위해 고안된 분석 체계로서 법칙과 원리를 포함하여 구성된다. 과학이론은 과학적이고 합리적인 방법을 통해 자연현상과 법칙 및 원리를 설명한다. 과학자는 자신의 경험이나 자연현상을 설명하기 위해 관찰과 실험 및 계산을 하며 이를 통해 발견한 규칙성과 원리를 바탕으로 양자론, 상대론, 진화론, 판구조론 등의 이론을 정립한다.

이론은 법칙과 원리를 바탕으로 하지만 또한 과학자의 창의적인 상상력을 필요로 한다. 흑체복사(black body radiation)를 설명하기 위해 제안된 양자론은 빛의 에너지가 연속적이지 않고 불연속적으로 양자화되어 있어야 한다는 창의적인 양자 가설로부터 발전하였다. 연속적인 양으로서 고려되던 빛의 에너지를 어떤 양을 가진 알갱이(quantum)로 설명하고자 하는 시도가 없었다면 현재의 양자론은 정립되기 어려웠을 것이다. 양자론은 원자나 전자의 미시적인 행동을 잘 기술해준다. 양자론의 의하면 입자의 상태는 파동함수로 기술될 수 있고 우리가 관측하는 물리량은 확률로써 주어진다. 이러한 특성으로 인해 고전역학으로는 설명할 수 없었던 터널 효과(tunneling effect)나 전자의 간섭 현상 등도 설명할 수 있게 되었다. 현대의 과학기술의 발달과 함께 양자론은 그 중요성이 더욱 커지고 있다. 컴퓨터나 핸드폰 등이 점점 소형화되고 다기능화 되어감에 따라 작은 회로 안에 수많은 소자들을 조합하게 되면서 이러한 회로의 설계에도 양자 효과를 고려해야 하기에 이르렀다.

과학이론은 하나의 설명 체계이기 때문에 오랜 시간 동안 특정 이론이 받아들여졌다고 하더라도 이후의 발견되는 현상을 설명하는 더 나은 이론이 발견된다면 대체될 수 있는 임시적인 특성을 갖는다. 예를 들어 고대의 대표적인 우주관인 천동설은 서기 2년경 프톨레마이오스(Ptolemaeos)에 의해 체계적으로 정리된 이후 16세기 코페르니쿠스가 지동설을 주장하기 전까지 천오백 년 이상을 지배하였다. 천동설은 지동설이 제기된 이후에도 오랜 동안 지지받았지만 제기되는 문제나 새롭게 관측되는 현상을 설명하는 데 있어서 지동설보다 더 나은 설명을 제공하지 못했기 때문에 결국은 지동설로 대체되기에 이르렀다.

그러나 모든 이론이 새로운 이론에 의해 대체되는 것은 아니다. 앞서 법칙과 원리에서 서술한 것처럼 현대물리학의 핵심이론인 상대론과 양자론이 정립되면서 고전역학은 그 위상이 낮아지거나 폐기될 위기에 놓인 것처럼 보였다. 그러나 우리가 살아가는 거시세계는 복잡한 상대론과 양자론을 적용하는 것보다는 고전역학 이론으로 설명하는 것이 더 단순하기 때문에 고전역학이 가지는 오차를 무시할 수 있는 범위에서는 여전히 좋은 이론으로 받아들여진다.

2.2 과학지식의 특성

과학지식의 특성에 대한 현대적 관점은 과학이론이 자연 그 자체와 동일한 것이 아니라 자연이나 현상을 이해하기 위한 하나의 설명이라는 것이다. 즉 과학지식은 절대불변의 진리가 아니라 시대에 따라 변화해 왔으며 앞으로도 변화할 가능성을 가진다. 과학지식을 구성하는 관찰 사실 또한 생각만큼 객관적이지 않을 수도 있다. 이는 관찰 사실을 해석하는 것이 저마다 다른 경험과 주관성을 가진 인간이기 때문이다. 과학지식의 중요한 본성인 가변성과 관찰의 이론의존성에 대해 알아보도록 하자.

1) 과학지식의 가변성

과학지식이 신뢰할 수 있고 영속성이 있더라도 절대적이거나 확신할 수 있는 것은 아니다. 사실이나 이론, 법칙을 포함한 과학지식은 변화한다. 과학적 주장은 사고와 기술의 진보를 통해 가능하게 된 새로운 증거에 의해 변화하며, 존재하는 증거들은 새로운 이론적 증거들에 의해 재해석되고, 사회·문화적 영역에서 변화하거나 확립된 연구 프로그램의 경향에서 이동하게 된다. 과학에서 임시성은 과학지식이 추론적이고 창의적이며 사회·문화적으로 깊게 새겨져 있다는 사실과 연관되어 있다. 임시성의 개념을 차용하는 것은 논리적인 증명이 필요하다. 실제로 일반적인 신념과 반대로, 과학적 가설, 이론, 법칙은 경험적인 증거에 의해 지지되는 가치들과 상관없다고 절대적으로 증명될 수는 없다(Popper, 1963). 예를 들어 증명된 하나의 법칙은 기술할 수 있다고 주장하는 현상의 모든 사례들을 설명해야만 한다. 이와는 반대로 우리가 예견할 수 없는 미래의 어떤 순간에 이를 반증할 수 있는 사실이 발견된다면 논리적으로 변론될 수 없다. 따라서 법칙은 절대적으로 입증된 상태를 획득할 수 없으며 이것은 이론의 경우에도 동일하다. 과거 평평하다고 믿었던 지구가 구의 형태라는 것을 받아들이고 우주의 중심이었던 지구가 태양 주위를 공전하는 여러 행성 중 하나일 뿐이라는 것이 밝혀졌다. 더 나아가 우리의 태양 또한 유일한 것이 아니라 우리은하의 여러 태양 중 하나이며 우주에는 은하들이 마치 별처럼 무수히 존재한다는 사실을 받아들이기까지 자연에 대한 인간의 관점과 이론은 변화에 변화를 거듭해 왔다.

이처럼 과학지식은 원칙적으로 항상 수정이 가능한 상태에 있다. 즉 기존의 과학지식을 구성하는 핵심적 개념이나 이론은 더 나은 설명과 해답을 가진 새로운 이론으로 끊임없이 대체되면서 진화된다. 현대에 인정받는 많은 과학이론은 현재까지 존재하는 다양한 설명 중에 많은 것을 잘 설명하며 새로이 발견되는 현상이나 문제를 해결하는 데 효과적일 때까지는 어느 정도 안정성을 가지며 받아들여질 것이다. 그러나 새로이 발견되는 문제의 해결에 실패하고 그러한 현상이 누적되는 가운데 더 나은 설명을 제시하는 이론이 나타난다면 얼마든지 대체될 가능성을 가지고 있다. 과학지식은 절대적인 진리가 아니기에 끊임없이 변화되고 수정되는 것이다.

2) 관찰의 이론 의존성

과학철학자 핸슨(Hanson, 1971)은 동일한 그림이 하나 이상의 다른 대상 또는 사건으로 보일 수 있다는 형태주의 심리학의 연구 성과를 받아들여 그것을 과학적 관찰의 경우로 확장시켰다. 그가 든 예 중에서 지구 중심설을 옹호했던 티코 브라헤(Tycho Brahe)와 태양 중심설을 주장했던 케플러(Kepler)의 가상 대화는 매우 잘 알려져 있다.

(두 사람이 아침 산책을 나와 푸른 들판의 지평선에서 무엇인가 환하게 떠오르는 모습을 보고 있다.)

티코 브라헤: 태양이 떠오르고 있군.

케플러: 지구가 회전하고 있는 것이죠.

핸슨은 이러한 예를 통해 과학적 관찰의 경우에도 관찰자의 관찰보고는 그가 어떤 이론을 받아들이고 있느냐에 따라서 결정된다고 말한다. 이와 비슷한 사례들은 우리 주위에서 드물지 않게 찾을 수 있다. 예를 들어, 우리와 같이 의학적 지식이 없는 사람들은 엑스레이 사진을 아무리 들여다보아도 어디에 무엇이 붙어 있고 어떤 부분에 이상이 있는지 전혀 알 수 없지만, 의사나 방사선 전문가의 눈에는 우리가 보았던 동일한 음영이 특정한 의미를 가지며 우리의 관찰 사실과는 매우 다른 이야기를 한다. 우리와 그들의 차이는 의학적 지식을 가지고 있느냐 없느냐의 차이이다. 이런 사례들에 근거하여 과학철학자는 과학적 관찰이 관찰자의 배경 믿음, 다시 말해 그 과학자가 가지고 있는 이론에 의존한다는 이른바, '관찰의 이론 의존성' 논제를 제시하기에 이른다.

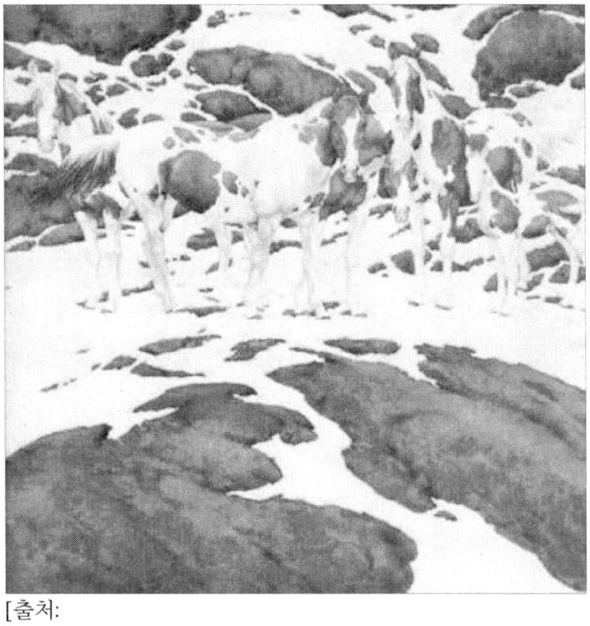

[출처: http://worldtruth.tv/the-world-of-optical-illusion]

[출처: http://www.ebaumsworld.com/pictures/view/66572]

▶**그림 1.13** 보는 관점에 따라 다르게 보이는 그림의 예

1쪽의 그림은 똑같은 사진 두 장을 뒤집어놓은 것이다. 사진의 방향에 따라 벽돌과 그 사이 부분의 음영이 달라져 보이는 것은 왜일까? 그것은 빛의 방향에 대한 우리의 상식 때문이다. 우리가 살고 있는 세상은 일반적으로 빛이 위에서 아래로 비춰지는 경우가 많다. 태양이나 형광등 모두 물체보다 위에 있는 경우가 많기 때문에 우리는 알게 모르게 빛의 방향에 대한 고정관념을 가지게 된 것이다.

밤에 플래시를 아래에서 비추었을 때 나타나는 친구의 모습이 매우 낯설게 느껴지는 것도 이 때문이다. 똑같은 사진이 보는 방향에 따라 다르게 보일 수 있다는 것은 과학지식을 구성하는 관찰 사실 또한 우리가 가지고 있는 경험이나 이론에 따라 다르게 해석될 수 있다는 점을 시사해준다.

▶**그림 1.14** 관찰의 이론 의존성

과학자의 이론적, 학문적인 수행, 신념, 사전 지식, 훈련, 경험, 그리고 예상은 사실상 그의 연구에 영향을 미친다. 이러한 모든 배경 요인들은 과학자가 연구하는 문제와 연구를 처리하는 방법, 관찰하는 사물, 그리고 관찰을 해석하는 방법에 영향을 미치는 하나의 사고방식을 형성한다. 이러한 개인적이거나 집단적인 특성이나 사고방식은 과학지식의 산출에서 이론의 역할을 설명한다. 일반적인 신념과는 반대로 과학은 결코 중립적인 관찰에서 시작되지 않는다(Popper, 1992). 관찰이나 연구는 언제나 특정한 이론적 관점으로부터 시작된 문제나 질문에 의해 의미를 획득하고, 동기를 부여받고, 안내된다(Lederman et al., 2002).

3 과학적 방법과 과학지식의 발달

과학의 과정으로서 과학적 방법은 과학적 사고 방법과 과학적 탐구 방법으로 나누어 생각할 수 있다. 과학교육에 있어서 과학적 사고와 과학적 탐구는 매우 중요한 과학의 요소로 고려된다. 이 중 과학적 탐구에 대해서는 3장에서 상세히 다루도록 하고 이 절에서는 과학적 사고 방법과 이러한 방법에 의해 과학지식이 발달되어온 과정에 대한 다양한 철학적 견해에 대해 알아보고자 한다.

3.1 과학적 사고 방법

과학적 사고 방법은 주로 논리적 사고에 기인한다. 전제에서 결론을 이끌어내는 논리적 과정은 크게 연역추론과 귀납추론으로 나눌 수 있다. 이 두 가지 대표적인 추론 방법은 전개과정이 매우 상이하며 이에 따라 과학에 있어서의 역할에도 차이가 있다. 귀납적 사고는 데이터의 축적을 통한 일반화, 즉 경험적 관찰 사실의 축적을 통한 법칙의 발견에 기여한 반면, 연역적 사고는 이상화된 사고 실험을 하거나 기존에 알려진 과학 또는 수학의 원리가 참이라는 전제하에 새로운 현상을 예측하는 데 있어 중요한 역할을 해왔다. 그러나 귀납과 연역을 통한 사고의 문제점이 제기되면서 이에 대한 해결방안으로 가설-연역법이 제시되었다. 과학적 사고 방법으로서의 귀납법, 연역법, 가설-연역법의 특징과 한계, 그리고 과학에의 기여에 대해 알아보도록 하자.

1) 귀납법

귀납법(inductive method)은 특수사례에서 나타나는 반복성을 바탕으로 일반적인 원리를 이끌어내는 논리적 추론 방법으로서 과학지식의 객관성과 합리성을 보장해주는 방법으로 가장 먼저 제시된 방법론이다. 과학적 방법론으로서의 귀납법은 관찰과 실험을 통해 축적된 자료를 바탕으로 충분히 반복적으로 발생하는 사건이나 현상에 대한 일반화를 통해 법칙을 발견한다.

〈귀납 추론의 예〉

전제 1: 두 물체 사이의 거리를 2배로 증가시켰을 때 만유인력은 4분의 1이 되었다.
전제 2: 두 물체 사이의 거리를 4배로 증가시켰을 때 만유인력은 16분의 1이 되었다.

결론: 만유인력은 두 물체 사이의 거리의 제곱에 반비례한다.

위에 제시한 과학에서의 귀납추론의 예를 보면, 거리가 2배 증가되었을 때 측정된 만유인력은 4분의 1, 즉 2의 제곱분의 1이 되었고 거리가 4배로 증가되었을 때의 만유인력은 4의 제곱인 16분의 1로 측정되었다. 그리고 이어지는 관찰에서 거리가 6배일 때는 36분의

1로 거리가 증가함에 따라 만유인력이 거리의 제곱분의 1로 감소된다면 만유인력이 물체 사이 거리의 제곱에 반비례한다는 일반화를 할 수 있을 것이다. 이것이 바로 만유인력의 법칙이다.

귀납법의 기본적인 생각은 경험으로부터의 학습이다. 우리는 경험에서 어떠한 패턴, 공통점 또는 규칙성 등을 찾아내면 그것을 다른 경우에 투영한다. 그러나 이러한 귀납적 방법론에서 문제점들이 발견되었다. 전제들이 참이라고 해서 결론의 참이 늘 보장되지는 않는다는 것이다. 결론을 이끌어내는 일반화의 과정에서 항상 전제에는 없는 내용의 증가가 일어나기 때문이다. 경험적 일반화의 단계에서 이른바, '귀납의 문제'가 발생한다. 철학자 러셀은 귀납의 문제를 다음과 같이 희화적으로 표현하였다.

> 어떤 사람이 칠면조를 기르고 있었다. 그는 하루도 거르지 않고 매일 아침 칠면조에게 먹이를 갖다 주었다. 그래서 칠면조는 '주인은 아침마다 내게 먹이를 가져다주는구나'라고 생각했다. 그렇게 한 지 100일째 아침, 칠면조는 음식을 가져다줄 주인을 기다리고 있었다. 그런데 주인은 그날 아침, 먹이 대신 칠면조의 목에 칼을 들이대었다. 그날이 바로 추수감사절이었기 때문이다. 99일 동안 먹이를 가져다주었다는 사실로부터 100일째 되는 그날에도 먹이를 가져다줄 것이라는 기대로 나아가는 것은 이렇게 위험이 따를 수 있다.

이 외에도 귀납의 과정에서 '객관적인'사실들을 수집하라는 요구는 성취 가능하지 않으며 효율적이지도 못하다. 실제 과학자는 자신이 잠정적으로 가지고 있는 가설을 바탕으로, 그리고 그것의 영향을 받아서 사실들을 수집하기 때문이다. 그러나 과학지식은 많은 경우 귀납의 과정을 통해 발달해 왔다. 자연현상이나 실험에서 관찰된 사실의 규칙성을 바탕으

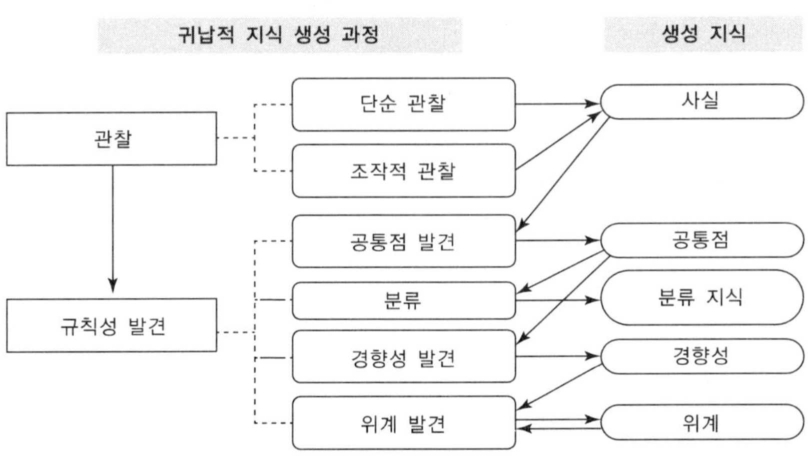

▶**그림 1.15** 귀납적 방법에 의한 과학지식의 생성 과정(권용주 외, 2003)

로 멘델의 법칙, 보일－샤를의 법칙, 뉴턴의 운동법칙, 케플러의 법칙 등 많은 법칙들이 발견되었다. 학교에서 수행되는 과학실험에서는 저항의 변화에 따른 전류의 변화를 측정할 수 있다. 실험의 과정과 결과를 통해 학생들은 일정한 전압하에서 전류의 세기가 저항의 크기에 반비례한다는 법칙성을 발견할 수 있으며 그러한 법칙이 옴의 법칙이라는 것을 학습한다.

2) 연역법

연역법(deductive method)은 이미 알고 있는 명제를 전제로, 명확하게 규정된 논리적 형식에 근거하여 새로운 명제를 결론으로 이끌어내는 논리적 추론 과정으로서, 일반적인 사실이나 원리에서 개별적이고 특수한 사실이나 원리를 이끌어내는 것으로 정의된다(과학적 방법, 2009). 논리경험주의자에 의하면 연역추리는 과학법칙과 이론들로부터 자연현상을 설명하거나 예측할 때 사용하며 설명이나 예측의 형태가 연역적인 구조를 가진다고 하였다. 과학자가 보편적인 법칙이나 이론을 이해하고 있다면 그는 그 법칙이나 이론으로부터 다양한 현상에 대한 설명과 예측을 이끌어낼 수 있다. 과학적 설명과 예측의 과정은 연역논리에 기반하고 있으므로 연역추론은 과학적 활동에서 중요한 부분을 차지하고 있다. 자연현상을 설명하는 경우에는 자연현상이 일어났을 때 왜 그런 현상이 일어났는지를 전제 1과 전제 2를 통해 설명하게 되는데 이때 설명의 형태는 다음과 같다. 헴펠(Hempel, 1966)은 전제 1과 전제 2를 '설명하는 것(explanans)', 그리고 결론에서의 자연현상을 '설명되는 것(explanandum)'이라고 하여 설명은 바로 이 두 가지로 이루어진다고 하였다.

〈연역적 추론의 구조〉

전제 1: 법칙과 이론들
전제 2: 초기 조건들

결론: 자연현상의 설명이나 예측

연역적 추론을 통해 자연현상을 설명한 좋은 예는 수성궤도의 세차운동에 대한 설명이다. 1843년 프랑스의 천문학자인 르베리에(Le Verrier)는 수성이 태양 주위를 공전할 때 타원 궤도의의 축이 조금씩 회전하는 현상을 관측하였다. 이는 고전역학으로는 설명되지 않는 현상이었다. 과학자들은 이 현상을 설명하기 위해 많은 노력을 기울였음에도 불구하고 모두 실패했다. 급기야는 수성의 공전궤도 안쪽에 '불칸(Vulkan)'이라는 미지의 행성이 존재할 것이라는 가설까지 내놓았지만 결국 새로운 행성 불칸은 발견되지 않았다. 그러나 아인슈타인은 일반 상대성이론을 통해 불칸이 없어도 수성이 세차운동을 할 수 있다는 것을 훌륭하게 설명할 수 있었다. 이 사례에서 나타난 연역추론의 과정을 살펴보면 다음과 같다.

〈연역적 추론 과정을 통한 자연현상의 설명〉

전제 1: 일반 상대성이론(중력은 주변 공간을 휘게 한다.)
전제 2: 태양의 질량, 수성과 태양과의 거리, 수성의 공전 속도

결론: 수성 공전궤도의 세차운동을 설명

전제 1은 일반 상대성이론으로서 질량을 가진 물체는 주변의 공간을 휘게 한다는 것이다. 그리고 전제 2는 수성이 휘어진 공간의 영향을 얼마만큼 받는지에 대한 초기 조건으로서 태양의 질량 및 수성과 태양 사이의 거리 등이 이에 해당한다. 태양은 다른 항성에 비해 질량이 큰 편은 아니어서 지구에서는 공간이 휘어진 효과가 거의 나타나지 않지만 수성은 태양에 매우 가까이 있기 때문에 그 영향을 받게 된다. 이러한 전제 1과 전제 2를 통해 얻은 결론은 수성이 타원궤도로 태양 주위를 공전할 때 근일점과 원일점에서의 공간이 휘어진 정도가 다르기 때문에 공전궤도가 틀어지게 되어 세차운동이 일어난다는 것이다.

연역적 추론은 전제가 거짓인 경우 결론 또한 신뢰할 수 없게 되며 전제로 하는 이론의 옳고 그름을 검증할 수 없다는 연역의 문제를 가진다. 또한 결론의 내용이 이미 전제 속에 포함되어 있기 때문에 전제에 없었던 새로운 사실적 지식의 확장을 가져다주지는 못한다. 즉 이미 전제 속에 포함되어 있는 정보를 명확하고 새롭게 도출해낼 뿐이라는 것이다. 이러한 한계에도 불구하고 연역적 추론(deductive inference)은 논리적 일관성과 체계성을 가지고 있어 일상생활에서도 널리 적용되어 나타난다. 개별 행위에 대한 윤리적 판단에 있어서 보편적 규범에 기초하여 옳고 그름을 가리는 경우가 그러한 예이다. 그리고 수학의 많은 분야들도 연역적 추론에 의존하고 있으며 상대론과 같이 과학적 가설과 수학적 법칙을 전제로 하는 연역적 추론의 결과로 이론이 만들어지는 경우도 있다.

3) 가설-연역법

가설-연역법은 귀납적 추론 과정과 연역적 추론 과정을 모두 포함하여 새로운 가설을 검증하는 논리적 추론 방법이다. 가설-연역의 과정에서 귀납적 추론은 새로운 현상이나 문제에 대해 관찰이나 실험을 통해 자료를 수집한 후 이를 바탕으로 현상의 설명이나 문

제의 해답이 될 수 있는 가설을 세우는 데에서 나타난다. 그다음 가설이 옳다는 전제하에 나타날 수 있는 현상이나 결과를 예측하는 연역의 과정이 따른다. 마지막으로 실험 등을 통해 가설을 검증하고 획득된 결과를 통해 가설을 채택하거나 기각하게 된다. 이러한 과정을 도식적으로 나타내면 그림 1.16과 같다.

예를 들어 금속판에 일정한 진동수 이상의 빛을 쪼였을 때 전자를 방출하는 광전효과를 설명하기 위해 아인슈타인은 빛이 입자의 성질을 가지는 광양자(photon)로 되어있다는 광양자 가설을 제시하였다. 왜냐하면 빛을 파동으로 고려했을 때는 설명되지 않는 여러 가지 문제들이 발견되었기 때문이었다. 광양자설은 흑체복사를 설명하기 위해 플랑크가 제기한 양자 가설에서 힌트를 얻어 에너지가 양자화되어 있는 것처럼 빛도 양자화되어 있다고 제안하였다. 빛의 양자가설은 이후 콤프턴 효과(compton effect)를 통해 실험적으로 검증되었다.

한편, 가설－연역법은 가정을 바탕으로 한 설명과 예측과 증거를 갖는 추론의 가정 부분을 가설로, 예측과 증거의 제시를 통한 검증을 연역적인 부분으로 보고 이들을 통합한 의미로 생각할 수도 있다(Lewis, 1988).

가설－연역법은 귀납법과 연역법을 통합함으로써 귀납법과 연역법이 가지는 문제점과 한계를 극복한 듯이 보였다. 그러나 귀납의 과정을 통해 설정된 잠정적인 이론으로서 가설은 귀납의 문제로 인해 여전히 오류가능성을 포함한다. 또한 이러한 가설을 바탕으로 예상에 대해 전제가 되는 가설이 틀린 경우 결론을 신뢰할 수 없다는 연역법의 한계도 고스란히 가지게 되었다. 결국 가설－연역법은 귀납의 문제도 연역의 문제도 모두 떠안게 되었지만, 자연현상을 인과적으로 설명하는 과학지식은 많은 경우 가설－연역적 방법을 통해서

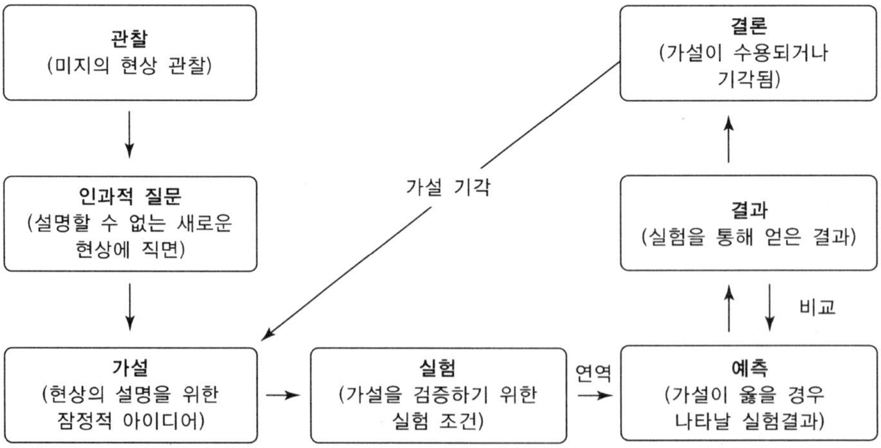

▶**그림 1.16** 가설-연역의 단계(Lawson, 1995 수정)

생성되며 과학자들의 사고 과정 역시 가설－연역적인 방법에 따라 이루어진다(Lawson, 2000). 가설－연역적 방법이 과학에서 널리 적용된 이유에 대하여, 메이어(Mayr, 1982)는 절대적 진리는 없으며 결론과 이론들이 연속적으로 검증되기 때문이라고 하였다. 또한 새로운 상대주의와 관련해서 가설－연역적 방법은 새로운 이론을 계속해서 생성해내고, 새로운 이론을 확인하거나 반박하는 새로운 관찰과 실험을 찾게 해주기 때문이라고 설명하였다.

4) 사회적 합의

쿤(Kuhn, 1962)에 의하면, 서로 경쟁하는 정치 제도의 선택에서와 마찬가지로, 경쟁 패러다임의 선택은 양립할 수 없는 사회생활 방식 중 하나를 선택하는 것이다. 따라서 한 패러다임의 선택은 특정 패러다임에 의존하는 평가과정으로는 결정될 수 없다. 여러 패러다임들이 경쟁하는 경우, 각 집단은 자신을 방어하는 주장으로 자기 고유의 패러다임을 사용하기 때문에 제자리를 도는 논쟁의 순환을 피하기 어렵다. 한 패러다임의 지지자가 매우 매력적이고 설득력 있는 주장을 제시한다고 하더라도 그것은 여전히, 그리고 단순히 설득 중인 논쟁일 뿐이다. 이로 인해 두 경쟁적인 패러다임 그룹이 공유하는 전제와 가치라도 전체 패러다임 논쟁을 포괄하기에는 충분하지 않다. 패러다임의 선택 문제도 정치 혁명과 마찬가지로, 해당 집단의 찬성보다 상위의 기준이나 표준은 존재하지 않는다. 따라서 과학혁명이 어떻게 영향을 받는지 즉, 패러다임의 선택이 어떻게 이루어지는 지를 밝혀내기 위해서는 자연현상과 논리적 증거뿐 아니라 과학자 사회를 구성하는 특수 집단에게 효과적인 설득적 논쟁 기법을 검토해야 한다.

사회적 합의를 과학자 사회가 아닌 전체 사회로 확장하기 위해서는 현대 사회에서 발생하는 여러 과학기술적 논쟁들을 살펴볼 필요가 있다. 과학의 기능, 효율성, 그 가치 등은 사회적 합의 과정을 통해 판단되기 때문이다(조희형, 최경희, 2001). 국내에서도 1980년대 후반을 지나면서 핵폐기물처리장, 쓰레기 소각장 등 각종 위해시설의 입지, 지역사회나 노동현장에서의 유해 화학 물질 등을 둘러싼 논쟁이 시작되었다. 또한 최근에는 전자주민카드, 유전자조작식품과 생명복제, 부안 핵폐기장, 제주 해안기지 선정을 둘러싼 논쟁들이 사회적 이슈가 되었다.

과거의 과학기술정책의 결정 과정에 대한 참여가 과학기술 엘리트로 국한되는 것에 비해, 현대 사회에서는 '합의회의(Consensus Conference)'라는 사회적 합의 방식으로 참여의 폭이 확장되고 있다. 합의회의는 '선별된 시민들이 정치적으로나 사회적으로 논쟁이 되거나 관심을 불러일으키는 과학기술에 관련된 주제에 대해 전문가에게 질의하고 그에 대한 전문가의 대답을 청취한 다음 이 주제에 대한 내부의 의견을 수렴하여 최종적으로 자신들의 의견을 발표하는 하나의 포럼'으로 정의된다(Joss & Durant, 1995). 사회 각 분야의 다양한 일반 시민이 특정 과학기술과 관련된 논쟁에 대해 해당 분야 전문가와 계획화된 토론을 진행하고, 그런 다음 시민 내부의 충분한 논의를 통해 의견을 모아서 정책결정자에게 전달하는 방식이다. 이러한 과정을 통해 과학기술 정책의 의사결정 과정에 일반 시민들의 참여 가능성을 높일 수 있다(이영희, 2008).

우리나라 과학기술정책연구원(STEPI)은 세계적으로 경쟁력을 지닌 독일 과학기술의 원동력이 과학기술계, 정부, 산업계, 일반국민이 만든 '사회적 합의주의'라고 분석하고 있다. 독일 정부는 공공연구기관에 직접적으로 개입하는 대신 전문가 그룹에 의한 사업평가를 실시해 국가의 장기적 목표와 연구 방향을 합치시키고 있으며 이와 같은 정교한 제도적 설계는 긍정적인 영향을 미치고 있다(성지은, 2008).

3.2 과학지식의 발달

과학지식은 과학적 방법을 통해 오랜 세월 변화하고 발전해 왔다. 과학지식의 발달에 대한 관점은 어떠한 철학적 견해를 가지고 있느냐에 따라 달라질 수 있기 때문에 현대 과학철학에서 주요한 논쟁이 되고 있다. 과학지식의 발달에 대한 관점은 크게 세 가지로 누가적, 진화적, 격변적 모형으로 분류된다. 과학지식이 과거의 지식에 누적되어 가면서 발달해 간다는 누가적 모형으로는 경험주의와 실증주의가 있다. 경험주의 철학은 귀납적 방법론을 주장하는 점에서 귀납주의로 불리며 실증주의는 연역적 방법론을 주장한다. 진화적 모형은 과학지식이 점진적으로 진화해 나간다는 모형으로서 칼 포퍼(Karl Popper)와 라카토스(Lakatos) 등에 이론적 근거를 둔다. 격변적 모형은 과학지식이 기존의 이론에서 새로운 이론으로 혁명적으로 교체되어 발달한다고 주장하며 대표적인 학자로는 쿤이 있다. 아래에서는 귀납주의, 포퍼의 반증주의, 현대 과학철학적 관점을 대표하는 쿤의 과학혁명, 라카토스의 연구프로그램에 대해 살펴보고자 한다.

1) 귀납주의

귀납주의의 입장은 과학지식이 귀납적 추론 즉, 구체적인 관찰 데이터의 수집을 통한 일반화를 통해 발달해 나간다고 주장한다. 철학적 방법론으로서 귀납주의는 인식론적인 관점에서는 경험주의를 따르며 실증주의와 함께 과학지식이 누가적으로 발달한다는 관점을 가진다. 이러한 관점에서 보면 현재 일반적으로 받아들여지고 있는 코페르니쿠스의 지

자료 수집의 단계	⇨	경험적 일반화의 단계	⇨	가설의 정당화 단계
관찰과 실험으로부터 객관적인 사실들을 수집한다.		수집된 사실들을 귀납 추론을 통해 일반화한다.		추론된 경험적 일반화로부터 새로운 관찰과 실험 결과 등을 연역적으로 이끌어내어 이를 경험에 비추어 시험해 본다.

▶**그림 1.17** 귀납적 방법의 단계

동설도 프톨레마이오스의 천동설이 있었기에 확립될 수 있었으며 경험 데이터의 축적과 더불어 많은 시행착오를 통해 새로운 사실, 개념, 법칙, 이론들이 발견되고 형성된다.

귀납적 방법론자는 귀납적 방법이 자료수집, 경험적 일반화, 가설 정당화라는 세 가지 단계를 거친다고 주장한다(그림 1.17). 첫 번째 자료 수집의 단계에서는 관찰과 실험으로부터 객관적인 사실들이 수집되어 누적됨으로써 객관성이 확보된다. 두 번째 단계에서는 수집된 사실로부터 귀납적 추론을 통해 일반화가 이루어지고 이를 통해 논리적 합리성이 보장된다. 세 번째 단계에서는 추론된 일반화로부터 새로운 관찰과 실험 결과 등을 연역적으로 이끌어내어 이를 다시 경험에 비추어 실험함으로써 가설을 정당화하는 단계이다.

첫 번째 단계에서 두 번째 단계는 귀납법적 추론이 사용되며 세 번째 단계에서는 연역적 추론이 사용된다는 것이다. 이것은 일종의 가설－연역적 추론으로서 방법론으로 귀납의 한계와 연역의 한계를 모두 가질 수밖에 없다. 또한 과학사의 사례를 살펴보면 귀납의 원리를 통해 많은 과학의 법칙이 발견되었지만 법칙에 경험적 데이터가 추가됨으로써 이론으로 발전된 사례는 없다. 따라서 귀납주의는 방법론인 면에서는 귀납의 오류와 논리적 모순을 가지며 마찬가지 이유에서 과학지식의 발달을 충분히 설명하지 못한다는 점에서 전통적 과학철학으로 분류된다.

2) 반증주의

포퍼(Popper)는 "과학적 지식은 반증의 과정만을 통해 성장한다."라고 주장하며 과학적 방법으로 반증주의를 내세웠다. 즉 과학이론을 확증해 주는 귀납 과정은 존재하지 않으며, 귀납은 확증 이론을 뒷받침하는 어떠한 역할도 하지 못한다는 것이다. 칼 포퍼는 과학적 이론이란 자연현상을 설명하고 기존의 이론이 해결하지 못한 문제를 해결하기 위해 구성된 잠정적인 가설로 본다. 그는 과학지식은 절

▶**그림 1.18** 포퍼(1902~1994)

대적 진리가 아니며, 확률적으로도 검증될 수 없고 오직 그 반증만이 가능하다고 보았다(조희형, 박승재, 2001). 또한 이론이 과학적이기 위해서는 반증 가능해야 한다고 하였으며 과학이론 중에서 반증될 가능성이 높은 이론일수록 더 좋은 이론이라고 주장하였다. 이론은 포괄적이거나 명확할수록 반증 가능성이 높다고 생각할 수 있다. 차머스(Chalmers, 1982)는 다음과 같은 주장을 예로 들어 반증 가능성을 설명하였다.

주장 1: 지난 수요일에는 비가 오지 않았다.

주장 2: 빛이 평면거울에서 반사될 때, 입사각과 반사각의 크기는 동일하다.

주장 3: 비가 오거나 오지 않거나 둘 중 하나이다.

주장 4: 유클리드 기하학에서 원주상의 모든 점이 중심에서 같은 거리에 있다.

주장 1은 지난 수요일에 비가 내렸다는 사실을 관찰함으로써 반증될 수 있고, 주장 2도 거울에 비스듬히 입사한 광선이 수직 방향으로 반사될 경우(반사의 법칙이 참이라면 이러한 일이 일어나지 않겠지만), 반증 가능하다. 그러나 주장 3을 반박할 수 있는 관찰은 논리적으로 존재하지 않는다. 주장 4 역시 유클리드 기하학의 원의 정의에 따라 필연적으로 참이므로 반증 가능하지 않다.

반증주의자가 생각하는 과학의 진보는 과학자가 문제를 해결하기 위해 반증 가능한 가설을 내놓는 것에서 시작한다(Chalmers, 1982). 그림 1.19에서 보는 바와 같이, 과학자는 해결해야 될 문제(PS1: problem solving 1)에 부닥치면 이때 잠정적인 해결로서 가설(잠정적 이론, TT1: tentative theory 1)이 제시되고 이것이 비판되며 비판되는 과정에서 오류는 제거(EE1: error elimination 1)된다(신중섭, 1992). 이러한 가설−연역적 방법을 통해 어떤 가설은 제거되며 어떤 가설은 성공적인 가설로 증명된다. 이후 더 엄격한 비판과 시험 과정을 성

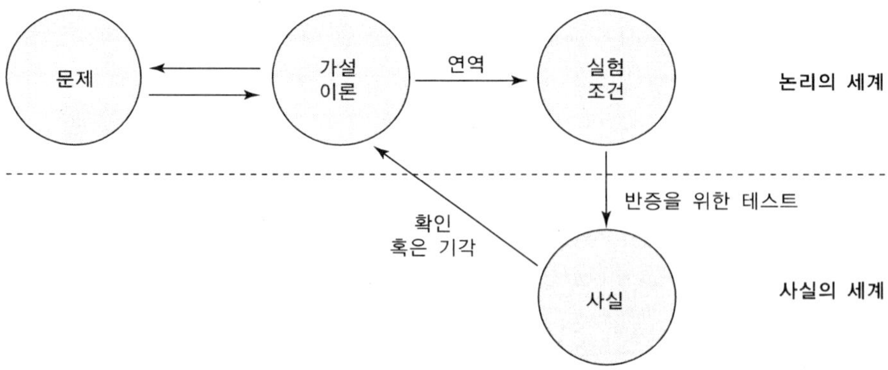

▶그림 1.19 반증주의의 가설−연역적 방법(신중섭, 1992)

공적으로 통과한 가설이 반증을 받게 되면 이전에 해결된 문제점이 아닌 새로운 문제가 나타난다. 이 새로운 문제는 새로운 가설의 고안을 필요로 하게 되고, 새로운 가설은 다시 새로운 비판과 시험 과정을 거쳐야 한다.

반증주의적 관점에서 과학은 엄격한 비판과 시험 과정을 통해 검증된 가설에 의해서 과학자가 문제를 해결하려는 시도이다. 따라서 우리는 어떠한 경우에도 절대적 진리에 도달할 수는 없고 지속적인 논의에 의해 그것에 보다 가까이 접근해갈 뿐이다. 따라서 새로운 가설은 이전 가설에 비해 진보하고 성장한 이론이며, 반증주의자는 우리가 이를 판단할 수 있는 보편적인 기준을 가지고 있다고 말한다.

그러나 반증주의 또한 귀납주의가 가지는 관찰의 이론 의존성 문제를 가지며 이로 인해 반증의 오류 가능성 또한 가지게 된다. 또한 과학이론을 검증하는 실제 상황은 매우 복잡하여 하나의 증거로 반증되거나 폐기되기 어렵다는 문제가 있다. 과학사의 사례는 과학이론이 즉각적으로 반증되고 그로 인해 폐기되지 않았음을 잘 나타내 준다.

3) 과학혁명 이론

물리학자이자 과학철학자인 토머스 쿤(Thomas Kuhn)은 기존의 귀납주의적 과학관(과학적 사실의 누적으로 과학지식이 발전한다는)을 부정하고 패러다임(paradigm)의 혁명적 교체와 변화 과정을 통해 과학이 변화하고 발전해 왔다고 주장한다. 그의 저서 《과학 혁명의 구조(The structure of scientific revolutions)》는 과학적 패러다임이 어떻게 형성되고 채택되는지, 그리고 어떻게 또다시 대체되는지의 과정을 제시함으로써 과학혁명의 필연성을 설명하고 있다. 과학 패러다임은 이론, 가정, 방법, 도구 등 과학의 여러 구성요소들의 총체적 조직체로써 다음과 같은 특징을 가진다(Klee, 1997).

- 과학사회에 전형적인 문제와 해답을 제시하는 과학연구의 성과를 중심으로 구성된다.
- 문제해결에 필요한 절차와 기술, 도구 등을 제안한다.
- 교과서와 강의 등에 제시된 이론의 예시를 제공한다.
- 성공적인 과학연구의 성과와 실행의 기준을 설정한다.
- 이론과 도구, 방법의 관계를 명시한다.

▶그림 1.20 토머스 쿤(1922~1996)

- 형이상학적 세계관을 구성한다.
- 정확한 규칙이나 문장으로 특징화할 수 없다.
- 이론을 포함하지만 이론이 아니다.

우리가 익히 알고 있는 천동설과 지동설, 뉴턴 역학과 상대론, 진화론 등의 이론 체계와 더불어 개별 이론의 연구 수행과 관련된 도구(method)와 방법(methodology) 등을 포괄하는 개념적·방법론적·실체론적 체계를 패러다임이라고 할 수 있다(Riggs, 1992). 쿤이 주장하는 과학의 발달은 그림 1.21과 같이 전과학(pre-science), 정상과학(normal science), 과학혁명(scientific revolution)의 단계를 거쳐 다시 새로운 정상과학으로 변화하는 불연속적인 과정을 통해 이루어진다.

전과학 단계는 과학 패러다임이 체계를 갖추지 못하고 여러 패러다임이 경쟁하고 있는 상태이다. 빛의 입자성과 파동성에 대한 추리만 있을 뿐 어떠한 과학적 증거도 제시하지 못하였던 시기를 광학에서는 전과학 단계로 볼 수 있을 것이다. 이 시기에는 입자설에 대한 패러다임과 파동설에 대한 패러다임의 경쟁이 지속되지만 우세하는 패러다임이 채택되기까지는 무수한 순환적 논쟁이 되풀이된다. 빛의 반사와 굴절 현상이 파동설에 의해 설명되면서 파동설이 우세한 패러다임의 위치를 선점하지만 이후 사회적 권위를 가진 뉴턴이 입자설을 주장하면서 다시 열세로 돌아선다. 그러다가 19세기 영(Young)의 이중슬릿 실험 이후 편광, 회절 등의 현상이 파동설에 의해 설명되고 맥스웰 방정식(Maxwell's equations)이 정립되면서 전과학의 단계가 종료되고 정상과학의 단계가 시작되었다.

전문가 집단이 시급하게 느끼는 몇 가지 문제를 푸는 데 한 패러다임이 다른 경쟁 패러다임에 비해 훨씬 성공적인 지위를 획득하면 이 패러다임은 정상과학의 지위를 차지한다. 사회적으로 의미가 있다고 평가되는 사실에 대해 지식을 확장하고 그러한 지식들이 패러다임의 예측과 일치하게 되면 패러다임은 더욱 명료화되고 이를 통해 정상과학이 수립된다. 정상과학 단계는 패러다임이 이미 제공한 현상과 이론을 더 넓은 범위에 적용하고 명료화하는 단계이다. 한 패러다임이 채택되면 이 패러다임은 이전보다 새롭고 더 엄격한 조건 아래에서 명료화되고 특성화되어야 한다.

정상과학으로 설명되지 않는 변칙 사례들이 발견되고, 정상과학이 이를 설명하는 데 계

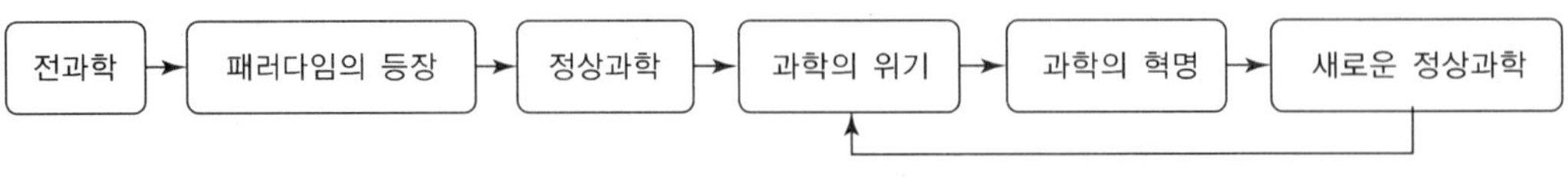

▶**그림 1.21** 과학혁명에 의한 과학의 발달 과정

속해서 실패하게 되면 정상과학은 위기(crisis)를 맞이한다. 특히 정상과학이 아닌 다른 패러다임에 의해 변칙 사례들이 설명이 된다면 위기는 더욱 심화된다. 이러한 과정이 지속되다가 새로운 패러다임이 기존 이론을 뒤엎고 새로운 정상과학으로 자리 잡게 되는 변화의 과정이 바로 과학혁명이다. 과학혁명은 기존 과학체계의 단순 축적이 아닌 패러다임의 대체라는 혁명적 변화로 나타난다. 빛의 속성에 대한 패러다임에서는 빛이 파동성과 입자성의 두 가지 성질을 모두 가진다는 빛의 이중성에 대한 패러다임이 새로운 정상과학으로 자리 잡았다. 새로운 정상과학의 단계가 시작되면 패러다임의 위기와 혁명과 대체의 과정이 반복되면서 과학은 점차 발전해 나갈 수 있다(Kuhn, 1962).

쿤의 과학혁명은 그 자체가 하나의 새로운 과학철학 패러다임으로서 기존의 경험론적 귀납적 패러다임을 혁명적으로 뒤집었다고 볼 수 있다. 과학을 절대적으로 보지 않고 과학자 사회의 합의에 의해 선택되고 대체된다고 보는 상대적인 관점은 과학뿐 아니라 과학교육에도 적용될 수 있다. 교실에서 권위를 가진 교사가 제시하는 지식과 방법이 수업에서는 정상과학의 위치를 차지한다. 학생들이 개별적 경험을 통해 형성한 지식과 방법은 과학 수업 이후 교사가 제시한 패러다임으로 대체되는 경우가 많으나 학생을 충분히 설득하지 못한 경우 학생은 자신의 기존 지식을 여전히 정상과학으로 유지하게 된다. 따라서 교실에서의 교사-학생, 학생-학생 상호작용에서의 사회적 합의는 학생의 과학 개념 변화에 중요한 위치를 차지하게 된다.

4) 연구프로그램

라카토스(Lakatos, 1974)는 포퍼의 반증주의를 개선하고, 그에 대한 반론을 극복하기 위해 과학적 연구 프로그램의 방법론을 제시하였다. 그의 이론에 따르면 하나의 연구 프로그램은 견고한 핵과 이를 보호하는 보호대로 이루어져 있다. 핵은 그 프로그램의 정의적 특성을 가리키며 매우 일반적인 이론적 가설의 형태를 취하고 있다. 또한 핵은 프로그램이 전개되어 나갈 때 기본적인 원리의 역할을 한다. 예를 들어, 코페르니쿠스의 천문학에서 견고한 핵은 지구와 행성은 고정된 태양을 중심으로 공전하고, 지구는 지축을 중심으로 하루에 한번 자전한다고 하는 가정이며, 뉴턴 역학의 견고한 핵은 뉴턴의 운동 법칙과 만유인력의 법칙으로 구성되어 있다. 이처럼 한 프로그램의 핵은 그 프로그램을 지지하는 사람의 방법론적인 결단에 의해 반증될 수 없는 것으로 간주된다. 완성된

▶그림 1.22 라카토스(1922~1974)

연구 프로그램과 관찰 사례들 간의 불일치는 견고한 핵을 구성하는 가정에 귀속되지 않고 이론적인 구조의 다른 어떤 부분에 귀속되는데 이 부분이 '보호대'이다. 보호대는 견고한 핵을 보충하는 보조 가설과, 초기조건과 관찰언명을 기술할 때 토대가 되는 가정으로 이루어져 있다(Chalmers, 1982). 프톨레마이오스가 천동설이라는 견고한 핵을 수정하지 않기 위해 사용한 주전원의 개념은 보호대의 부정적인 예로 많이 언급된다.

이러한 라카토스의 연구 프로그램은 향후 진행되는 연구에 대해 긍정적 발견법(positive heuristic)과 부정적 발견법(negative heuristic)이라는 두 가지 방법론적 규칙을 가진다(그림 1.23). 긍정적 발견법은 '과학자는 자신이 지지하는 연구 프로그램의 견고한 핵으로서의 이론을 보호하기 위해 보조 가설로서의 보호대를 구성해야 한다'와 같이 연구 프로그램이 어떻게 진행되어야 하는지에 대한 지침으로서 '과학자가 해야 할 것'을 제시한다. 즉 긍정적인 발견법의 발달은 이미 알려진 현상을 설명하고 새로운 현상을 예측하기 위한 보조 가설, 초기 조건 등의 부가적 전제를 견고한 핵에 첨가하여 핵을 보호하는 작업을 포함한다. 부정적 발견법은 '연구 프로그램의 견고한 핵은 거부되거나 수정될 수 없다'와 같이 연구 프로그램의 기본 전제가 되는 규정을 포함함으로써 '과학자가 하지 말아야 할 것'을 제시한다. 연구 프로그램이 전진적(progressive)인가 퇴행적(degenerating)인가 하는 것은 긍정적 발견법과 부정적 발견법을 통해 새로운 현상의 발견을 유도하는 데 성공하는가 아니면 계속 실패하는가에 의해 결정된다(Chalmers, 1982).

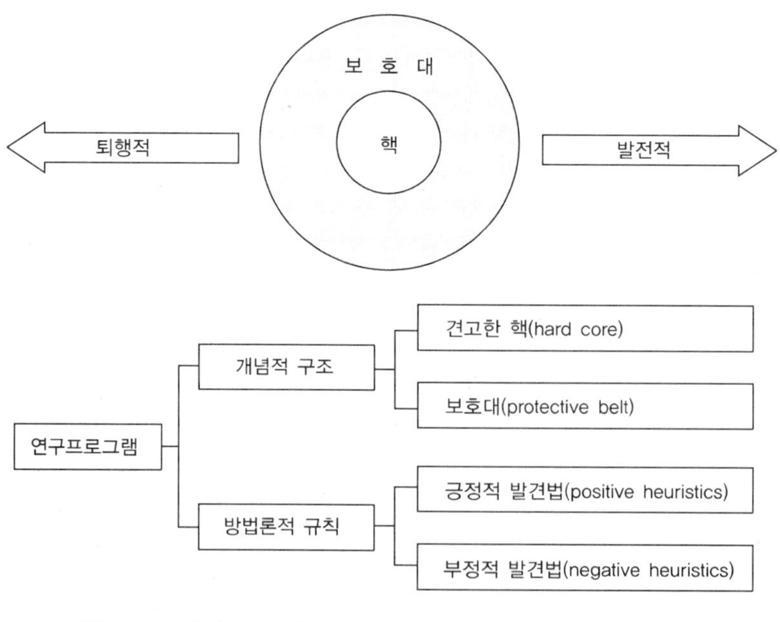

▶**그림 1.23** 라카토스 연구 프로그램의 구조(조희형, 최경희, 2001)

한 연구 프로그램 안에서 행해지는 연구에는 규약적인 요소가 제시되어 있으며, 과학자는 그 프로그램의 견고한 핵을 받아들이는 것에 대해 결단이 필요하다는 점에서 라카토스의 입장은 포퍼의 입장과 공통점을 가지고 있다. 그러나 포퍼의 관점에서 결단은 오직 관찰 언명의 수용에 관련되어 있는 반면에 라카토스의 경우는 이러한 것이 견고한 핵을 구성하고 있는 보편 언명에까지 적용될 수 있도록 그것을 확장했다는 점에서 차이가 있다.

4 과학과 과학교육

이제까지 과학 자체가 가지는 본성을 이해하기 위해 과학의 구성요소로서 과학지식과 과학적 방법, 과학 태도, 과학자에 대해 알아보았다. 또한 과학지식 체계와 과학적 사고방법 및 과학지식의 발달에 대한 철학적 관점에 대해서도 살펴보았다. 이 절에서는 이러한 과학의 본성을 교육하는 것에 대해 좀 더 실제적인 접근법을 제시하고자 한다. 이를 위해 과학교과의 특성, 과학의 본성을 바탕으로 하는 과학적 소양과 과학교육, 과학의 본성 교육을 위한 교수-학습 방법 등에 대해 알아볼 것이다.

4.1 과학교과의 특성

표 1.4에서 제시된 바와 같이, 과학교육은 일반적으로 '교육을 통한 과학'과 '과학을 통한 교육'이라는 두 가지 의미로 인식되며 어떤 의미로 사용하느냐에 따라 강조점이 달라진다(Holbrook & Rannikmae, 2007). 과학교과는 다른 교과와는 달리 주로 자연현상을 다룬다는 점이 가장 큰 특징이다. 자연현상은 인간의 행위에 영향을 받지 않기 때문에 객관성이 높다. 다시 말해 사회현상과는 달리 자연현상은 같은 조건에서 같은 반응을 한다. 만일 같은 조건에서 다양한 반응을 나타낸다면 그것은 객관성을 상실하게 되고 과학으로 인정받기가 어렵다.

자연현상을 탐구하는 방법에서도 과학교과의 특성을 찾을 수 있다. 인문·사회과학이나 예술은 독창적인 기술이나 재능 등을 중시한다. 과학은 자연현상을 탐구함으로써 지식을 얻는 과정을 수행하기 때문에 지식과 함께 탐구방법을 중요시한다. 탐구방법에 있어서 절차상의 오류나 객관성 결여는 이론이나 원리로 인정받을 수 없다.

자연과학의 또 다른 특징 중의 하나는 반증 가능성이 항상 열려 있다는 점이다. 사회현

표 1.4 교육을 통한 과학과 과학을 통한 교육의 강조점 비교

교육을 통한 과학(science through education)	과학을 통한 교육(education through science)
• 기본적인 과학지식, 개념, 이론, 법칙에 대해 학습한다.	• 사회 · 과학적인 이슈를 이해하고 다루기 위해 중요한 과학지식과 개념을 학습한다.
• 과학자가 되기 위한 학습의 한 부분으로써 탐구 학습을 통해 과학의 과정을 수행한다.	• 사회 · 과학적인 이슈에 관련된 과학적인 배경을 보다 잘 이해하기 위해 과학적인 문제해결 연구를 수행한다.
• 과학자의 관점으로 과학의 본성에 대해 판단한다.	• 사회적인 관점에서 과학의 본성에 대해 판단한다.
• 과학자의 업적을 평가하고 실질적인 연구를 수행한다.	• 창의적, 독창적이고 신중한 작업에 관련된 개인적인 기술을 개발한다.
• 과학과 과학자에 대한 긍정적인 태도를 개발한다.	• 사회적, 과학적인 노력을 개발하기 위한 주요 요소인 과학에 대한 긍정적인 태도를 개발한다.
• 과학 학습 읽기, 쓰기와 상징, 표와 그래프 형식과 연관된 의사소통 능력을 획득한다.	• 사회적인 맥락에서 과학적인 생각을 표현하기 위해서 읽기와 쓰기, 상징, 표, 그래프 형식과 관련된 의사소통 능력을 획득한다.
• 과학적 이슈에 대한 논쟁에서 의사를 결정한다.	• 사회에서 발생한 이슈와 관련된 사회과학적인 의사 결정을 수행한다.
• 과학자에 의한 윤리적인 이슈를 판단하고 사회적으로 과학을 적용한다.	• 책임 있는 시민이 되기 위한 사회적인 가치를 개발하고, 직업과 연관된 과학을 수행한다.

상이나 인문학에서는 옳고 그름을 판단하기 어려운 경우가 많이 있다. 예를 들어 정의, 용기, 사랑 등은 조작적으로 정의되기 어렵다. 그러나 자연과학에서는 조작적 정의가 가능한 용어로 이론이 구성되어 있기 때문에 조작적으로 오류가 있거나 반증될 경우 해당 자연과학 이론은 폐기될 수밖에 없다.

자연과학은 다른 분야에 비해 지식 체계의 내적 타당성이 높다. 비록 자연과학에도 검증되지 않은 가설이나 가정은 존재하지만 관찰 사실로부터 얻은 개념과 법칙들이 서로 인과적 관계를 이루고 있다. 따라서 이들을 다루는 교과는 다른 교과에 비해 이론체계가 비교적 논리적으로 연계되어 있다고 할 수 있다.

4.2 과학적 소양과 과학교육

'과학적 소양(scientific literacy)'이라는 용어는 1847년 윌킨슨(Wilkinson)의 '모든 이를 위

한 과학(science for all)'이라는 강의에서 처음으로 사용되었다. 코넌트(Conant, 1946)는 과학에 대하여 최소한의 수준에서 지적으로 의사소통이 가능한 사람을 과학적 소양이 있는 사람이라고 설명하였다. 과학과 기술이 발달하고 그에 따라 사회가 급변함으로써 과학적 소양이 점차 과학교육의 궁극적 목표로 인식되고 있다. 과학적 소양은 과학과 기술, 그리고 사회를 포함하는 포괄적인 의미를 지니며, 그만큼 다양한 측면으로 구성되어 있다. 과학적 소양은 크게 다음과 같은 측면으로 이루어져 있다(AAAS, 1989).

- 자연세계와 친숙해지고 그에 나타나는 통일성을 경외한다.
- 수학, 기술, 과학이 상호작용하는 방식을 인식한다.
- 과학의 주요한 개념과 원리를 이해한다.
- 과학적으로 사고할 수 있는 능력을 가진다.
- 수학, 기술, 과학이 인간의 산물이라는 것과 그것의 장단점을 안다.
- 과학지식과 사고방식을 개인 및 사회생활에 이용할 줄 안다.

그러나 과학적 소양은 과학교육의 목적으로 제시되고 있으나, 어떻게 과학을 가르쳐야 할지에 관해서는 구체적으로 말해주지 못한다. 과학적 소양은 각 구성요소를 바탕으로 과학교육의 목표를 설정하고 그런 목표를 달성함으로써 길러진다. 한 연구의 결과에 의하면 과학적 소양을 기르기 위한 과학 학습지도 목표로 과학과 사회의 상호관계, 과학자를 통제하는 윤리, 과학의 본성, 과학 개념, 과학과 기술 사이의 차이, 과학과 인간의 상호관계 여섯 가지 속성이 자주 거론되고 있다(Simpson & Anderson, 1981).

미국과학진흥협회(AAAS: American Association for the Advancement of Science)는 1985년 과학적 소양의 성취를 위한 장기간의 교육개혁안 'Project 2061'을 시작하였다. Project 2061의 보고서 '모든 미국인을 위한 과학(science for all Americans)(AAAS, 1998)'에 제시된 과학적 소양인이란 "과학, 수학, 기술이 장단점을 가진 상호의존적인 인간의 시도임을 알고, 주요한 과학 개념과 원리를 이해하며, 자연 세계와 친근하고 자연 세계의 다양성과 통일성을 인식하며, 개인 및 사회적 목적을 위한 과학적 지식과 과학적 사고 방법을 사용할 줄 아는 사람"으로 정의되고 있다. 이 밖에도 다양한 학자나 문헌에서 과학적 소양의 범주를 제시하고 있는데 이를 정리하면 표 1.5와 같다.

이러한 과학적 소양에 대한 연구로서 과학교육 문헌에 나타난 '과학적 소양'의 개념은 과학의 구성요소이자 과학교육의 목표 네 가지에 대한 본성적 요소를 포함하고 있다(Norris & Phillips, 2003).

표 1.5 과학적 소양의 범주

출처	과학적 소양의 범주	출처	과학적 소양의 범주
Harms & Yager (1981)	• 개인적 필요 • 사회적 논제 • 학문적 교육 • 직업 인식	NAEP (1985~1989)	• 과학지식 • 과학의 본성 • 과학사
AAAS (1989)	• 과학의 본성 • 과학지식의 본성 • 과학사의 지식 • 마음의 습관	Chiappetta 등(1991)	• 지식의 골격으로서의 과학 • 조사하는 방법으로서의 과학 • 사고하는 방법으로서의 과학 • STS 간의 상호 작용
Hethenington (1992)	• 실용적 · 과학적 소양 • 시민의 소양 • 문화적인 과학적 소양 • 과학, 기술의 역사와 본성	NRC (1996)	• 과학에서의 개념과 과정의 통합 • 탐구로서의 과학 • 물리 과학, 생명 과학, 지구 및 우주 과학 • 과학기술 • 개인과 사회적 견지에서의 과학 • 과학의 역사와 본성

표 1.6 과학교육 문헌에 나타난 '과학적 소양'의 개념(Norris & Phillips, 2003).

- 기본적인 과학 개념들의 이해
- 과학과 그 산물에 대한 이해
- 과학의 존재에 대한 지식: 비과학으로부터 과학을 구별해내는 능력
- 독립적이고 지속적인 과학 학습자가 되기 위한 능력과 바램
- 문제 해결에 과학지식을 사용하기 위한 능력
- 과학의 본성에 대한 이해
- 과학에 기반한 사회적인 이슈에서 지적인 참여를 위해 필요한 지식
- 호기심과 놀라움을 포함한 과학적인 태도
- 과학의 이점과 위험성에 대한 지식
- 과학적인 전문 지식을 다루고 과학에 대해 비판적으로 생각하기 위한 능력

4.3 과학의 본성 교육을 위한 교수-학습 방법

현대사회에서는 일상생활에서 접하게 되는 다양한 문제들에 대해 합리적인 의사결정을 내리고 이들 문제를 과학지식과 과학적 방법을 이용하여 해결하는 능력을 중요시한다. 그

리고 과학의 본성에 대한 이해는 이러한 능력을 기르기 위한 필수적인 요소이다(AAAS, 1993; NRC, 1996). 즉 과학의 본성에 대한 이해는 과학적 소양의 결정적인 요소라 할 수 있다(Bybee, 1997; De Boer, 1991). 과학의 본성은 과학의 인식론, 학습방법으로써의 과학 또는 과학지식의 발전에 대한 고유의 가치 및 신념과 관련된다(Lederman, 1992). 루돌프(Rudolph, 2000)는 과학의 본성을 구성하는 요소에 대한 논쟁에도 불구하고 과학교육 과정에서 과학의 본성을 강조할 것을 주장하였다.

미국과학교사협회(NSTA: National Science Teachers Association, 2000)는 과학의 본성에 대한 입장을 제시한 성명서에서 과학의 방법, 과학적 사실, 일반화를 포함한 과학이 과학 수업에서 주요한 초점이 되어야 한다고 언급하였다. 이러한 측면에서 교사와 학생은 다음과 같은 사항을 이해하여야 함을 강조한다.

- 과학적 지식은 신뢰성이 있는(누구나 과학적 지식에 대해 신뢰할 수 있다) 동시에 임시적이다(새로운 증거나 이전 증거의 재개념화로 인한 변화를 받아들여야 한다).
- 유일한 과학적 방법은 존재하지 않으나, 경험적인 증거에 의해 지지되는 과학적 사실로서 과학에 대한 과학적인 접근의 특성들이 공유되며, 자연계에 대한 분석이 가능하다.
- 창의성은 과학지식 발전의 역할을 담당한다.
- 이론과 법칙 간의 관계가 존재한다.
- 관찰과 추리는 관계가 있다.
- 과학이 객관성을 획득하기 위해 노력할지라도 과학지식의 발전에는 항상 주관적인 요소가 존재한다.
- 사회 문화적인 맥락 또한 과학지식의 발전에서 역할을 수행한다. 왜냐하면 교사는 최근 연구의 초점이 되어온 과학의 본성의 요소들을 그들의 학생에게 가르칠 수 있어야 할 필요성이 있기 때문이다.

이러한 과학의 본성에 대한 이해의 중요성에 따라 이에 대한 연구가 다양하게 이루어지고 있으며, 과학의 본성의 측면들(Lederman et al., 2002; Osborne et al., 2003), 교사와 학생들의 과학의 본성에 대한 인식(김준예 외, 2007; 남정희 외, 2007; Abell et al., 2001; Cobern & Loving, 2002), 과학의 본성에 대한 인식에 영향을 미치는 요인(Abd-El-Khalick & Akerson, 2004; Lederman, 1999; Schwartz & Lederman, 2002), 과학의 본성에 대한 교수 방법(강석진 외, 2004; Abd-El-Khalick et al., 1998; Bell et al., 2003; Khishfe & Abd-El-Khalick, 2002), 과학의 본성에 대한 이해를 향상시키기 위한 수업 전략(강석진 외, 2004; 김경순 외, 2008; 박종원, 김

두현, 2008; Bartholomew et al., 2004) 등 다양한 측면으로 연구되어 오고 있다. 이 중 과학의 본성에 대한 관점에 대한 연구 결과, 학생들의 관점은 대체적으로 과학의 본성에 대한 현대적인 관점과는 차이가 있는 것으로 나타났다. 따라서 과학의 본성을 가르치기 위한 방법으로 과학사를 접목시킨 프로그램을 이용한 연구들이 시행되어 왔으며 이러한 프로그램들은 과학의 본성에 대한 인식을 긍정적인 방향으로 변화시키는 것으로 나타났다(강석진 외, 2004; Irwin, 2000; Solomon et al., 1992). 과학의 본성에 대한 인식을 조사하는 평가 도구로는 표 1.7에 일부 제시된 바와 같이 VOSTS(views on Science Technology Society) 등이 있다(Aikenhead et al., 1992).

각급 학교에서 이루어지고 있는 과학의 본성에 대한 교수-학습 방법은 흔히 네 가지로

표 1.7 과학의 본성에 대한 검사지의 예(Aikenhead et al., 1992)

90111. 유능한 과학자들에 의한 과학적인 관찰들은 일반적으로 그 과학자들이 다른 이론을 믿고 있다면 서로 다를 수 있다.

(M) A. 그렇다. 과학자들은 서로 다른 방법으로 실험을 하고, 다른 것을 인지할 것이기 때문이다.
(I) B. 그렇다. 과학자들은 다르게 생각하고 이것은 그들은 관찰 결과를 변경시킬 것이기 때문이다.
(N) C. 과학적인 관찰들은 과학자들이 서로 다른 이론을 믿더라도 거의 달라지지 않을 것이다. 과학자들이 실제로 유능하다면 그들의 관찰은 거의 비슷할 것이다.
(N) D. 아니다. 관찰은 가능한 정확하기 때문이다. 이것은 과학자들이 진보할 수 있는 방법이다.
(N) E. 아니다. 관찰은 정확히 말하면 우리가 본 것이며 그 이상은 없다, 관찰한 것은 사실이다.

90211. 연구 과정에서 사용되는 많은 과학적 모형들(열, 뉴런, DNA, 또는 원자 모형 등)은 실체의 복사본이다.

위 설명에 동의하는 경우:
(N) A. 과학자들이 사실이라고 말하며, 그것들은 사실이어야 하기 때문이다.
(N) B. 많은 과학적 증거들이 그것들이 사실이라고 증명해 주기 때문이다.
(N) C. 모형은 현실에서 사실이기 때문이다. 그들의 목적은 우리에게 실체를 보여주거나 그것에 대해 우리에게 무엇인가를 가르치는 데 있다.
(N) D. 과학적 모형들은 실체의 복사본에 가깝다. 그들은 과학적인 관찰과 연구에 기반을 두고 있기 때문이다.

위 설명에 동의하지 않는 경우:
(I) E. 모형은 제한적인 조건 내에서 알기 쉽게 학습하고 설명하는 데 유용하기 때문이다.
(I) F. 모형은 이론이 그러하듯이 우리의 지식의 시간적 공간적 상태에 따라 변화한다.
(N) G. 이러한 모형들은 사실적으로 실체를 볼 수 없기 때문에 아이디어나 학습된 추측들임에 틀림없기 때문이다.

나뉜다. 즉, 과학의 본성에 대한 교수-학습 방법은 과학의 본성을 과학적 방법에 관한 교수-학습에 삽입하는 방법, 과학의 내용에 삽입하는 방법, 과학자와 같이 과학적 과정을 수행하게 하는 방법, 그리고 공식적인 과정에 따른 방법으로 이루어진다. 각 방법은 교수-학습 목적에 따라 장단점을 가진다(McComas, Clough & Almazroa, 1998).

첫 번째 방법은 과학적 방법에 관한 교수-학습 과정에서 과학의 본성을 다루는 방법이다. 이 방법을 적용할 경우 과학적 방법의 본성을 교수-학습하는 과정에서 과학적 탐구를 수행하는 과정과 절차, 그 결과로 형성되는 과학지식의 출처와 종류, 그것을 적용하는 과학자의 역할과 책임 등을 교수-학습 과정에서 다루게 된다. 이 방법의 경우 교육과정과 교육적인 연계가 즉각적으로 논의될 수 있기 때문에 효율적이며, 과학의 본성의 맥락과 더불어 교수-학습에 포함된 이론적 해석이 함께 이루어지게 된다. 그러나 과학의 본성을 지나치게 강조함으로써 과학적 방법을 경시하는 단점도 지닐 수 있으며, 지도하는 교사의 기술과 지식에 의존하기 때문에 특정 과학의 본성에 대한 개념들이 어떻게 설명되느냐에 따라서 과학의 본성이 다른 기능적인 생각과 과학적인 맥락에서 통합되지 않을 수 있다.

두 번째 방법은 과학적인 내용을 교수하는 과정에서 과학의 본성을 다루는 방법이다. 이 접근 방법은 과학 내용 교수에 긴밀하게 연관된 과학의 본성에 주의를 기울이고 있는데 주로 대학 이전의 과정에서 추천되는 경향이 있다. 이 방법은 학생들이 과학의 본성을 유용한 범위로서 합리적으로 학습할 수 있고 과학의 본성에 대한 적용을 확인할 수 있다는 점에서 효과적이지만 과학 교사가 과학의 본성에 관해 논의하는 방법에 대해 알지 못할 경우에는 활용이 어렵다. 또한 과학 교사가 수업에서 과학의 본성을 통합하여 지도할 수 있는 효과적인 전략을 찾기 어렵다는 것 역시 단점이라 할 수 있다.

세 번째 방법은 교사가 과학자의 입장에서 과학의 본성을 교육하는 방법이다. 이 방법은 과학적인 연구를 수행함으로써 과학의 본성에 대해 개인적으로 학습할 수 있고, 직접적인 경험을 토대로 과학의 본성에 대해 권위와 열정을 가지고 논의할 수 있다는 장점이 있다. 그러나 정확한 의사소통을 하기 위해서는 반드시 과학의 본성에 대한 충분한 지식을 가지고 있어야 하며, 실제 연구 작업을 통해 과학의 본성에 대한 지식에 효과적으로 동화될 수 있다는 것을 보여주는 실질적인 연구 결과가 아직 없다는 것이 한계로 지적된다.

네 번째 방법은 공식적인 교육과정이나 단원으로서 과학의 본성을 교수-학습하는 방법이다. 이때 과학의 본성에 대한 구체적인 교육과정이나 단원은 과학 분야에만 국한되지 않도록 과학사나 과학 철학, 과학사회학, 심리학 등과 효과적으로 연계되어 제시되어야 한다. 그러나 이와 같은 구체적인 교육과정에는 부가적인 시간이 요구되며, 실질적인 과학 내용으로부터 분리되어 진행될 수 있다는 단점이 있다.

요약 | 1장 과학의 본성과 과학교육

1 과학이란 무엇인가?

1.1 과학의 정의와 가치

1) 과학의 정의

- 보편적 진리나 법칙의 발견을 목적으로 검증 가능한 방법을 통해 얻어진 지식 체계.
- 인류가 경험주의와 방법론적 자연주의에 근거하여 실험을 통해 얻어낸 자연계에 대한 지식.
- 자연세계에서 현상, 사물, 사건, 그리고 자연의 질서와 규칙성 등을 발견할 목적으로 적용하는 '과정'과 과정을 통해 수집한 '과학지식'.

2) 과학의 세 가지 측면

- **지식으로서의 과학:** 가설(검증되지 않은 지식), 법칙(지금까지 반증되지 않은 지식) 등.
- **방법으로서의 과학:** 수학적인 정량적 데이터화를 목적으로 하며 실험이 대표적.
- **실천으로서의 과학:** 과학이 실제로 행해지는 과정으로 과학자들의 활동.

3) 과학의 구성 요소

- **과학지식:** 세상에 대한 탐구를 수행하면서 얻게 되는 산물. 물리학, 생물학, 지구과학, 화학 등.
- **과학적 방법:** 자연의 원리에 대해 체계적인 지식을 세우는 방법. 귀납법. 연역법. 가설－연역법, 과학적 탐구.
- **과학 태도:** 자연에 대해 호기심을 가지고 탐구하고자 하는 태도. 과학에 대한 태도, 과학적 태도.
- **과학자:** 이론적 또는 실험적 연구를 통하여 과학지식을 탐구하는 사람.

4) 과학의 가치와 목적

- **과학의 가치:** 사회적 차원에서는 과학자가 과학과 관련된 연구를 수행하거나 과학기술을 개발하는 배경에 관련되어 상황적 가치로서 작용. 개인적 관점에서는 한 개인의 과학에 대한 인식을 구성하는 한 요소로서 작용, 구성적 가치.
- **과학의 목적:** 자연현상을 일어난 그대로 서술하고, 그것이 일어나는 원인을 설명하며, 자연세계를 이해, 자연에서 일어나는 제반 현상에 대한 지식을 획득하고 그것을 바탕으로 새

로운 사실을 예측하거나 자연을 통제. 기술, 설명, 이해, 통제.

1.2 현대 과학의 형성

1) 자연철학에서 물리학으로

- 그리스 철학의 경험적 · 기술적 지식을 토대로 발달. 르네상스를 통해 운동학적이고 역학적인 자연관으로 변화. 갈릴레이 운동학에서 근대 뉴턴 역학으로 체계화. 역학, 열역학, 광학, 전기기학 등의 고전물리학이 설명하지 못한 문제에 대한 해답으로 현대물리학인 양자론과 상대론이 출현.

2) 연금술에서 화학으로

- 고대의 화학적 기술은 실용성을 중심으로 발달하여 연금술로 이어짐. 연금술의 부산물인 실험기구와 약품 등의 개발은 근대 화학공업을 태동시킴. 17~18세기 원소와 화학물에 대한 지식의 발전으로 다양한 기체가 발견되고 기체화학이 형성. 18~19세기 원자량의 정확한 측정과 새로운 원소의 발견으로 원자량의 변화에 따른 원소의 주기적 성질을 정리한 주기율표가 탄생. 20세기 양자역학의 발전으로 스펙트럼과 전하량 측정연구가 촉진되면서 현대화학이 정립. 생명현상을 화학적으로 설명하는 영역까지 확장.

3) 박물학에서 생명 과학으로

- 인류의 생존을 위한 필요에서 출발하여 다양한 동식물에 대한 박물 지식이 축적. 질병에 대한 연구는 주술 및 점성술과 함께 발달하여 해부학으로 발전. 17세기 현미경의 발견으로 세포연구가 활발해지고 18세기 체계화된 분류학이 등장. 19세기 '종의 기원'에 대한 논쟁 끝에 '진화론'이 인정되고 '유전법칙'이 발견됨. 19세기 세포생물학을 거쳐 20세기 분류생물학으로 발달. X선의 회절과 전자현미경을 활용한 세포의 초미세구조 연구를 통해 생명현상의 원리를 이해하는 현대 생명과학으로 자리매김. 다른 영역의 과학과 함께하는 융합과학을 이끌어냄.

4) 암석학에서 지구계 과학으로

- 광물과 연료의 채굴을 위한 경제적 필요성과 지구 나이에 대한 학술적 호기심에서 암석과 광물에 대한 지식이 발달. 12세기 나침반의 발명으로 원양항해와 신대륙탐험이 활발해지면서 15~16세기 광업이 발달하고 지질과 화석에 대한 이론이 등장. 18세기 지질학에 대한 관심으로 암석의 '화성론'과 '수성론'이 논쟁. 19세기 화석이 지질학적 시간의 단위로 사용. X선의 발견으로 20세기 방사능연대측정이 가능해지고 '화산시계'와 '방사성시계' 기술이 통합됨. 대륙이동설과 판구조론의 등장으로 현대적 의미의 지구과학이 형성. 지구과학은 교육적 측면에서 물리, 화학, 생물, 지구과학을 통합하는 거시적 관점의 지구계 과학으로 거듭남.

5) 간학문 과학과 STS

- **간학문:** 물리화학, 생화학, 분자생물학처럼 학제 간 연구를 통해 이루어진 학문.
- **STS:** 과학 · 기술 · 사회가 상호 영향을 미치는 관계를 나타내며 현대에는 정치적, 경제적, 윤리적 상황에서의 과학이라는 의미로 확장. 과학교육의 중요한 목표 중 하나로 인식됨.

1.3 과학의 본성

- 과학이 가지고 있는 본질적 속성. 과학의 정의, 구성요소, 역사에 대한 총체적인 이해를 포괄.
- 철학적, 사회학적, 심리학적, 역사적 측면 등이 있음.
- 과학철학, 과학사회학, 과학심리학, 과학사의 공통적인 주제.

2 과학지식의 체계와 특성

2.1 과학지식의 체계

1) 사실

- 실제로 일어난 사건이나 현상으로서 우리가 감각을 통해 인지한 신뢰성이 있는 자료로 간주.
- 직접적인 관찰이 가능하여야 하며, 언제든지 증명될 수 있어야 함.

2) 개념

- 사건이나 사물 또는 현상의 공통적인 특징이나 속성을 추상적으로 나타낸 것.
- 물체나 성질, 현상, 사건 등에 대해 여러 사람들이 공통적으로 공유하는 관념.
- 이름, 정의, 속성, 가치, 예시의 5가지 주요 요소를 지님.

3) 법칙과 원리

- 법칙은 관찰 사실의 반복적인 규칙성을 일반화한 것.
- 일반적으로 보편타당한 법칙, 특정 조건하에서만 타당한 법칙, 보편타당하지 않으나 유효한 법칙이 있음.
- 원리는 현상이 왜 일어나며 어떻게 작용되는지를 설명할 수 있는 보다 보편적인 과학 법칙.
- 원리는 새로운 관찰 증거로 인해 기각되지 않으며 주로 논리적 관계나 수학적 공식으로 진술.
- 법칙과 원리 모두 개념의 일반화된 범주로 구분되며 개념들 사이의 보편적 관계를 진술.
- 법칙은 구체적인 사실이나 사건, 현상 등을 바탕으로 하지만 원리는 관찰 사실과 직접적인 연관이 없음.

4) 이론

- 일련의 관찰 사실이나 자연현상을 설명하기 위해 고안된 분석 체계.
- 과학적이고 합리적인 방법을 통해 자연현상과 법칙 및 원리를 설명.
- 이론의 구성은 법칙과 원리를 바탕으로 하며 과학자의 창의적 상상력이 요구됨.
- 과학이론은 하나의 설명 체계로서 특정 시기 동안 인정받았다고 하더라도 더 나은 설명을 제공하는 이론이 나타나면 대체될 수 있는 임시적인 특성을 가짐.

2.2 과학지식의 특성

1) 과학지식의 가변성

- 사실이나 이론, 법칙을 포함한 과학지식은 새로운 증거에 의해 변화하며 재해석 됨.
- 과학지식은 원칙적으로 수정이 가능한 상태에 있으며 기존의 이론은 더 나은 설명과 해답을 가진 새로운 이론으로 끊임없이 대체되면서 발전함.
- 과학지식의 가변성으로 인해 이론은 새로운 이론으로 대체되기까지 임시성을 가짐.
- 현재 인정받는 과학이론은 많은 것을 잘 설명하며 새로 발견되는 현상이나 문제의 해결에 효과적인 한 안정성을 가짐.

2) 관찰의 이론 의존성

- 과학적 관찰이 관찰자의 배경 믿음, 즉 관찰자의 이론에 의존.
- 과학적 관찰도 관찰자가 가진 이론에 의해 다르게 보고될 수 있음.
- 개인의 다양한 경험의 차이로 인해 발생하기도 함.

3 과학적 방법과 과학지식의 발달

3.1 과학적 사고 방법

1) 귀납법

- 특수 사례에서 나타나는 반복성을 바탕으로 일반적인 원리를 이끌어내는 논리적 추론 방법.
- 축적된 관찰·실험 자료를 바탕으로 충분히 반복적으로 발생하는 사건이나 현상에 대한 일반화를 통해 법칙을 발견하는 과정.
- 전제들이 참이라고 해서 결론의 참이 늘 보장되지는 않는 문제를 가짐.

2) 연역법

- 이미 알고 있는 보편적인 명제를 전제로 하여 새로운 명제를 결론으로 이끌어내는 논리적 추론 과정.

- 과학법칙과 이론들로부터 자연현상을 설명하거나 예측하는 과정.
- 전제가 거짓인 경우 결론을 신뢰할 수 없으며 전제의 옳고 그름을 검증할 수 없다는 문제를 가짐.

3) 가설–연역법

- 귀납적 추론 과정과 연역적 추론 과정을 모두 포함하여 새로운 가설을 검증하는 논리적 추론 방법.
- 새로운 현상·문제에 대한 잠정적인 해답으로서 가설을 설정하고 가정을 검증하는 과정.
- 귀납법과 연역법의 문제를 모두 가지고 있음.

4) 사회적 합의

- 경쟁하는 패러다임들 사이의 선택은 과학자 사회의 양립되지 않는 양식 사이에서의 선택임.
- 과학자 사회의 합의를 사회적 합의로 확장시킬 필요가 있음.
- 현대 사회에서는 과학기술정책 결정과정에 사회적 합의가 요구됨.

3.2 과학지식의 발달

1) 귀납주의

- 과학지식이 귀납적 추론 즉, 관찰 데이터의 수집을 통한 일반화를 통해 누가적으로 발달해 나간다는 철학적 관점.
- 비판: 방법론에서 귀납법이 지니는 논리적 모순을 가짐. 관찰의 이론의존성. 과학이론은 단순한 데이터의 수집만으로 이루어지지 않음.

2) 반증주의

- 과학지식은 절대적 진리가 아니며, 확률적으로도 검증될 수 없고 오직 그 반증만이 가능하다고 보는 철학적 관점. 방법론으로 가설–연역적 방법을 사용.
- 이론이 과학적이기 위해서는 반증 가능해야 하며 과학이론 중에서 반증될 가능성이 높은 이론일수록 더 좋은 이론이라고 주장.
- 비판: 관찰의 이론의존성과 반증의 오류 가능성. 이론 검증의 실제 상황은 매우 복잡. 과학사의 사례는 이론이 반증에 의해 폐기되는 것이 아님을 보여줌.

3) 과학혁명 이론

- 과학은 연구와 관련된 패러다임이 교체되는 과정, 사회적 과정을 통해 발달한다는 과학철학 이론.
- **패러다임:** 과학적 법칙, 이론, 응용, 도구 등으로 이루어진, 한 시대를 지배하는 인식론적, 형이상학적, 방법론적 체계.

- **과학혁명:** 과학사회가 기존의 패러다임을 버리고 새로운 패러다임을 수용.
- 과학은 전과학 → 패러다임의 등장 → 정상과학 → 과학의 위기 → 과학혁명 → 새로운 정상과학 → … → 의 과정으로 발달한다고 봄.

4) 연구프로그램

- 과학 연구프로그램은 하나의 핵과 핵을 보호하는 보호대로 이루어짐.
- 연구프로그램은 방법론적 규칙으로서 긍정적 발견법과 부정적 발견법을 제시.
- 전진적 연구프로그램은 방법론적 규칙을 따르며 새로운 현상을 발견하는 데 성공. 그렇지 못하는 경우 퇴행적 연구프로그램이 됨.
- **비판:** 견고한 핵과 보호대의 경계가 모호. 퇴행적 이론이 전진적 이론으로 바뀔 수 있음.

4 과학과 과학교육

4.1 과학 교과의 특성

- 과학교육은 일반적으로 교육을 통한 과학과 과학을 통한 교육이라는 두 가지 의미로 인식
- **교육을 통한 과학:** 기본적인 과학지식, 개념, 이론, 법칙에 대해 학습.
- **과학을 통한 교육:** 사회 · 과학적인 이슈를 이해하고 다루기 위해 중요한 과학지식과 개념을 학습.

4.2 과학적 소양과 과학교육

- 과학교육의 목적으로 '과학적 소양'의 함양을 강조함.
- 과학적 소양의 함양을 위해 과학지식의 획득, 과학적 탐구방법의 습득, 과학태도의 형성, 과학자를 포함하는 과학, 기술, 사회의 관계 인식을 과학교육의 주요 목표로 설정.

4.3 과학의 본성 교육을 위한 교수 - 학습 방법

- 현대 사회에서는 일상생활의 문제에 합리적인 의사 결정을 내리고, 과학지식과 과학적 방법을 이용하여 해결하는 능력을 중요시. 과학의 본성에 대한 이해는 이러한 능력을 기르기 위한 필수적인 요소.
- **과학의 본성에 대한 교수 - 학습 방법:** 과학이 본성을 과학적 방법에 관한 교수-학습에 삽입하는 방법, 과학의 내용에 삽입하는 방법, 과학자와 같이 과학적 과정을 수행하게 하는 방법, 공식적인 과정에 따른 네 가지 방법이 있음.

기출문제

1. 지구과학사를 살펴보면, 지구과학지식은 (1) 움직이지 않는 대륙 → 대륙이동설 → 판구조론, (2) 지구중심설(천동설) → 태양중심설(지동설) 등과 같이 발달되어 왔다. 이러한 사례로부터 짐작할 수 있는 과학적 지식의 특성을 2줄 이내로 쓰시오. (2005 지구과학)

2. 다음은 과학이론 변화의 과정을 보여준 사례이다. (2006 생물)

(가) 니담은 고기스프를 병에 넣고 강한 불로 충분히 가열한 후 코르크마개로 막아서 한동안 두었다가, 현미경으로 관찰하여 작은 생물들이 많음을 발견함 → 자연발생설 주장

(나) 스팔란짜니는 니담이 모두 멸균될 만큼 고기스프를 충분히 끓이지 않았거나 완전히 밀봉하지 못해서 미생물이 생겼다고 주장하면서, 고기스프를 충분히 끓여서 밀봉한 병에서는 미생물이 관찰되지 않음을 보여줌 → 자연발생설 반박

(다) 니담은 생명력이 작용하기 위해서는 생명의 기(氣)가 있는 공기가 필요한데 밀봉된 병을 가열할 때 이것이 다 빠져 나갔기 때문이라고 스팔란짜니의 실험을 공격함 → 자연발생설을 다시 주장

(라) 파스퇴르는 S자형 플라스크에 고기스프를 넣고 밀봉하지 않은 채 충분히 끓였다가 냉각시켜 오랫동안 두었지만, 미생물이 발견되지 않음 → 자연발생설 재반박

니담의 자연발생설 주장에서 라카토스 연구 프로그램의 '핵'과 '보호대'에 해당하는 것을 윗글에서 찾아 쓰고, 윗글에서 포퍼의 반증주의의 문제점을 나타내는 사례 2가지만 그 이유와 함께 제시하시오.

■ 핵 :

■ 보호대 :

■ 반증주의 문제점 사례와 이유 :

3. 다음 2가지 사례는 과학의 본성의 각기 다른 측면을 보여준다. (2007 생물)

> (가) 1956년까지는 생물 교사들이 사람의 체세포에 48개(24쌍)의 염색체가 있다고 가르쳤다. 그러나 1956년 사람 체세포의 염색체 수가 46개(23쌍)라는 사실이 밝혀졌다.
> (나) 핵융합에 의한 에너지 생산이 가능하려면 핵융합이 일어날 수 있는 극초고온 상태를 만들어야 하는데, 이는 현재의 기술로는 불가능하다고 한다. 일부 학자들이 상온에서 핵융합 반응을 성공시켰다고 보고하였지만, 다른 학자들이 동일한 연구 결과를 얻지 못하여 처음 연구 결과를 발표한 학자들은 자신의 주장을 철회해야 했다.

각 사례가 과학의 본성 중 어느 측면에 가장 가까운지 쓰고, 그 이유를 내용과 관련하여 각각 1줄 이내로 설명하시오.

(가)의 과학의 본성 : ....

이유 : ....

(나)의 과학의 본성 : ....

이유 : ....

4. 다음은 세 명의 학생이 각자 선정한 탐구 문제에 대한 가설을 진술한 것이다. (2008 물리)

> 학생 A: 저는 태양계 밖 세계, 특히 외계인의 존재 여부에 관심이 있어서, "태양계 밖 우주에는 지적인 생명체가 존재하지 않을 것이다."라는 가설을 세워 자료 조사를 통해 증명해 보려고 합니다.
> 학생 B: 물체를 놓으면 밑으로 떨어지잖아요? 이때 물체마다 떨어지는 시간이 조금씩 다른 것 같아요. 그래서 "물체가 무거우면 낙하시간이 짧아질 것이다."라는 가설을 세워 질량이 다른 여러 물체의 낙하시간을 측정해 보려고 합니다.
> 학생 C: 온도를 변화시켜 가며 1기압에서 순수한 물 100 mL의 밀도를 측정하였더니, 4 °C에서 가장 컸어요. 순수한 물의 양을 달리하면서 실험을 해봤더니 역시 4 °C에서 밀도가 가장 컸어요. 따라서 "순수한 물은 4 °C에서 밀도가 가장 크다."라는 가설을 세웠습니다.

위 학생들이 진술한 내용 중 과학적 가설로 성립되지 않는 두 경우를 고르고, 그 이유를 각각 쓰시오.

학생	이유

5. 다음 (가)~(다) 중 귀납주의에 해당하는 것을 고르고, 이를 가설 연역적 실험으로 바꾸어 쓰시오. (2008 공통과학)

(가) 학생 A는 학교 건물 뒤의 음지에는 이끼가 많지만 아스팔트길에는 없는 것을 관찰하고 햇빛이 이끼의 생장에 영향을 미친다고 생각하였다.
(나) 학생 B는 미지의 액체에 돼지고기, 쇠고기, 빵 및 양배추 한 조각씩을 넣어서 일정 시간 간격으로 관찰하였더니 크기와 모양이 전부 달라진 것을 보고, 이 미지의 액체가 음식물을 변화시킨다고 생각하였다.
(다) 학생 C는 어떤 질병에 걸렸던 닭들이 얼마 지나지 않아 회복되었으며, 그 사이에 사육사가 바뀌어 먹이가 바뀌었다는 것을 알아내고, 새로운 먹이 속에 이 질병을 고치는 물질이 존재한다고 생각하였다.

■ 귀납주의 사례 :

■ 가설 연역적 실험 :

6. 다음 글을 읽고 옳은 것을 〈보기〉에서 모두 고른 것은? (2009 화학)

러더퍼드는 1911년 금박에 α 입자를 충돌시키는 실험을 하였다. 그 결과 대부분의 α 입자는 금박을 통하여 직진하였으나, 일부 입자는 휘어지거나 다시 튀어 나오는 현상을 관찰하였다. 이로써 그는 원자 내의 대부분이 빈 공간이며, 양전하 부분은 원자의 중심에 모여 있다는 것을 알아내었다.

〈보 기〉

ㄱ. 쿤의 이론에 따르면, 러더퍼드의 실험결과는 톰슨 원자모형의 '변칙사례'에 해당한다.

ㄴ. 포퍼의 이론에 따르면, 러더퍼드의 실험으로 '원자의 내부는 대부분 빈 공간'이라는 주장이 반증되었다.

ㄷ. 러더퍼드의 원자모형에서 'α입자는 양전하의 특성을 가진다'는 라카토스 이론의 '견고한 핵'에 해당한다.

① ㄱ ② ㄴ ③ ㄱ, ㄴ

④ ㄴ, ㄷ ⑤ ㄱ, ㄴ, ㄷ

02장 과학 교육과정

교육과정(curriculum)이란 말은 고대 그리스 전차 경주 트랙인 *currere*에서 유래된 것으로 '달리다(run)'라는 의미를 가지고 있다. 이러한 어원으로 볼 때 교육과정이란 전차 경주의 트랙과 같이 특정 교육의 목적을 달성할 수 있도록 설계된 활동의 프로그램으로, 의도되고 계획된 목표와 내용의 체계를 의미한다.

교육과정의 설계나 지속적인 교육과정의 개선을 위해서는 교육의 목표가 무엇인지 분명히 인식하고 있는 것이 필요하다. 교육의 목표란 선택의 문제이고, 학교를 책임지고 있는 사람들의 가치 판단의 문제이다. 또한 가치 판단에 있어서 필요한 종합적인 교육 철학의 문제이기도 하다.

이 장에서는 먼저 과학 교육과정의 근거가 되는 과학 교육의 목표에 대해 살펴보고, 과학 교육과정의 변천 과정, 그리고 각 나라의 과학 교육과정에 대해 알아본다.

1 과학 교육의 목표

시대에 따른 교육과정의 변천에 따라 과학 교육의 목표 또한 변화되어 왔다. 과거 산업 사회에서 과학 교육의 목표는 과학자와 과학기술자를 양성하는 것이었지만, 현대 지식 정보 사회에서 과학 교육은 전 국민의 과학적 소양(scientific literacy) 함양을 목표로 하고 있다.

현대 과학 교육 목표의 핵심을 한마디로 표현하면 과학적 소양의 함양이라고 할 수 있다. 다시 말해, 과학 교육의 목표는 과학, 기술, 사회가 서로 어떻게 영향을 미치고 있는가에 대해 이해하고, 일상생활의 의사결정에 있어 과학지식을 사용할 줄 아는 과학적 소양을 지닌 개개인을 양성하는 것이다.

과학 교육에서 과학적 소양의 함양을 목표로 하는 이유는 과학에 대한 이해를 통해 개인적으로 성취감과 즐거움을 갖게 하며, 합리적인 의사결정을 내리기 위해 과학 정보와 과학적 사고방식을 필요로 하는 문제들이 늘어나고 있고, 과학에 대한 이해와 능력은 학생들이 장차 의미 있고 생산적인 직업에 종사할 수 있는 자질을 길러줄 수 있기 때문이다.

과학적 소양에는 과학지식(knowledge)뿐만 아니라 탐구능력(process skills)과 태도(attitude), 그리고 과학의 본성에 대한 이해(understanding about nature of science)도 포함된다(조희형 외, 2011). Enger & Yager(2001)는 표 2.1과 같이 과학적 소양의 영역을 6개로 나누어 제시하였다.

표 2.1 과학적 소양의 영역 및 내용 요소

영역	내용 요소
개념	과학적 사실, 법칙 또는 원리, 이론, 내면화된 지식
과정	관찰, 공간과 시간의 이용, 예상 등 SAPA II에 제시된 탐구 과정
적용	비판적 사고의 이용, 개방적 질문의 이용, 과학적 과정을 이용한 일상적 문제의 해결, 과학의 통합, 다른 분야와 과학의 통합, 과학지식을 이용한 개인적 문제에 대한 의사결정, 과학의 발달에 관한 대중매체 보도의 이해와 평가, 과학지식과 과학적 탐구 과정을 이용한 과학기술 문제 해결, 과학기술 산물에 포함된 과학과 과학기술 원리 이해
태도	감정의 탐색, 개인적 느낌의 건설적 표현, 개인적 가치에 대한 의사결정, 사회적·환경적 논쟁거리에 대한 의사결정, 과학일반에 대한 적극적 태도 개발, 자신에 대한 적극적 태도 개발, 다른 사람에 대한 감성과 존경
창의성	시각화·정신적 영상, 발산적 사고, 개방적 질문, 대안적 견해 고려, 비상례적 관념의 생성, 은유 사용, 독창성, 문제해결, 설계, 의사소통 방식
과학의 본성	연구문제 또는 질문 형성, 과학적 연구의 방법, 협동, 경쟁 측면, 과학·기술·경제·정치·역사·사회학·철학 사이의 상호작용, 과학적 관념의 역사

치아페타, 코발라, 콜레트(Chiappetta, Koballa, & Collette, 1998)는 과학적 소양의 속성을 다음과 같은 8가지로 제시하였다.

- 과학적 사실, 개념, 이론의 지식과 그런 지식을 적용할 수 있는 능력
- 과학적 정신과 과학의 본질에 관한 지식
- 과학과 기술의 가치에 대한 긍정적인 태도
- 사회에서의 과학과 기술의 가치, 과학 · 기술 · 사회 간에 영향을 미치는 방식에 관한 인식
- 문제 해결과 일상적인 의사결정에 과학의 과정을 이용할 수 있는 능력
- 과학과 관련된 사회적 문제에 대해 올바른 가치관을 가지고 합리적으로 의사결정을 내릴 수 있는 능력
- 직장, 여가 생활, 사회에 적용할 수 있는 과학의 과정 및 기능
- 과학 수업의 결과로 얻어진 환경에 대한 보다 나은 견해와 이해

표 2.2는 몇 개 국가들의 과학 교육 목표들을 비교한 것이다.

우리나라의 과학 교육 목표는 크게

- 과학의 기본 개념 이해,
- 과학적 탐구 능력 신장,
- 자연 현상에 대한 흥미와 호기심 신장 및 과학적으로 문제를 해결하려는 태도,
- 과학이 기술의 발달과 사회의 발전에 미치는 영향 인식으로 구분할 수 있다.

목표의 내용을 볼 때, 인지적 영역, 탐구 능력 영역, 정의적 영역, 과학의 본성(STS)이 모두 포함된 목표라고 할 수 있으며, '과학적 소양'을 기르는 것이 궁극적인 목적으로 명시되어 있음을 알 수 있다.

미국의 과학 교육 목표를 보면, 모두 과학적 소양과 관계가 깊은 내용들로 구성되어 있음을 알 수 있으며, '과학적 소양'을 기르는 것이 과학 교육의 궁극적인 목적이라고 명시하고 있다. 구체적인 과학 교육 목표를 제시할 때도 과학 지식이나 과학 탐구를 배우는 궁극적인 목적이 결국은 과학적 소양인이 되기 위한 것임을 명확하게 제시하고 있다.

일본의 과학 교육의 목표는 STS와 관련된 목표가 명시적으로 제시되어 있지 않은 것을 제외하면, 자연에 대한 흥미 신장, 관찰, 실험 등을 행하며 과학적으로 조사하는 능력과 태도 신장, 사물과 현상에 대한 이해, 과학적인 견해와 사고 육성으로 우리나라와 미국의 과학 교육 목표와 매우 유사함을 알 수 있다.

싱가포르의 과학 교육 목표에서는 과학 지식을 습득하는 목적에 과학적 소양의 함양과

관련된 것이 포함되어 있으며, '의사소통'과 '안전'을 중요시하며, STS와 IT에 대한 내용이 포함되어 있음을 알 수 있다.

몇 개국의 과학 교육 목표를 살펴볼 때, 나라별로 큰 차이가 없으며 대부분의 나라에서 과학적 소양을 기르는 것을 궁극적인 목표로 하고 있음을 알 수 있다. 또한 과학 지식의 습득, 과학 탐구 능력 함양, 과학에 대한 흥미와 호기심과 관련된 내용은 모든 나라의 교육과정의 목표 속에 공통적으로 포함되어 있다.

표 2.2 과학 교육 목표의 국제 비교(이범홍 외, 2005 수정)

국가	대상학년	과학 교육의 목표
우리나라 (2009 개정 교육과정)	3~9	자연 현상과 사물에 대하여 흥미와 호기심을 가지고 탐구하며, 과학의 기본 개념을 이해하고, 과학적 사고력과 창의적 문제 해결력을 길러 일상생활의 문제를 해결할 줄 아는 과학적 소양을 기른다. 가. 자연 현상을 탐구하여 과학의 기본 개념을 이해한다. 나. 자연 현상을 과학적으로 탐구하는 능력을 기른다. 다. 자연 현상에 대한 흥미와 호기심을 가지고, 문제를 과학적으로 해결하려는 태도를 기른다. 라. 과학, 기술, 사회의 관계를 인식한다.
미국	K~12	· 자연 세계에 대해 알고 자연 세계를 이해하는 일의 소중함과 즐거움을 경험한다. · 개인적인 의사 결정 과정에서 적절한 과학적 과정과 원리를 사용한다. · 과학과 기술이 관련된 문제에 대한 공적인 대화와 토론에 지적으로 참여한다. · 자신의 직장에서 과학적 소양인으로서의 지식, 이해, 기능을 활용하여 경제적 생산성을 높인다.
일본	중학교 이과	자연에 대한 관심을 높이고, 목적의식을 가지고 관찰, 실험 등을 행하며, 과학적으로 조사하는 능력과 태도를 기름과 동시에 자연의 사물과 현상에 대한 이해를 심화하고, 과학적인 견해와 사고방식을 기른다.
싱가포르	중등학교	· 다음과 같은 목적을 위하여 과학 지식을 습득한다. — 기술 사회에 잘 적응할 수 있고, 과학, 기술, 사회와 관련된 문제에 대해 흥미를 가지는 시민이 되기 위하여 — 문제를 조사하고 해결하는 데 있어서 과학적 방법의 유용성과 한계를 인식하기 위하여 — 상위 과정의 과학 학습 준비를 위하여 · 다음과 같은 능력과 기능을 개발한다. — 과학 연구에 적절한 능력과 기능

<table>
<tr><td></td><td></td><td>– 일상생활에 유용한 능력과 기능
– 효과적인 의사소통 능력과 기능
– 안전에 대한 자각과 안전 생활을 위한 능력과 기능
· 과학을 공부하는 데 적절한 다음과 같은 태도를 개발한다.
– 정밀도에 대한 관심, 객관성, 호기심, 솔선수범, 혁신성, 통합성, 보존성, 비판적 분석
· 다음을 격려한다.
– 과학과 탐구 방법에 대한 호기심, 흥미와 즐거움
– 환경에 대한 흥미와 관심
· 다음과 같은 인식을 제고한다.
– 과학을 공부하는 것은 협동적이고 누적적인 활동이며, 사회, 경제, 기술, 윤리, 문화에 의해 영향을 받는다.
– 일반적으로 과학을 응용하는 것은 유용하다. 그러나 과학 지식의 남용은 해롭다.
– 의사소통과 자료 수집 및 분석을 위한 도구로서 IT 활용의 중요성</td></tr>
</table>

2 과학 교육과정의 변천

2.1 과학 교육과정의 역사

표 2.3은 과학 교육과정의 변천을 나타낸 것이다. 과학 교육과정의 역사는 과학 교육 사상의 변화와 맥을 같이 하며, 시대에 따라 크게 교과 중심 교육과정, 생활 중심 교육과정, 학문 중심 교육과정, 인간 중심 교육과정으로 구분해 볼 수 있다(교육부, 2000; 이명제, 2001).

표 2.3 과학 교육과정의 변천

유형	교과 중심	경험 중심	학문 중심	인간 중심
시대	1920년대 ~	1930년대 ~	1960년대 ~	1970년대 ~
배경철학	고전주의	진보주의	실증주의	구성주의
정의	교수요목	지도된 경험	구조화된 지식	경험의 총체
교육주체	교사	학습자	교사	학습자
개념의 넓이	대단히 넓다	넓다	좁다	대단히 넓다

교과 중심 교육과정은 1890년 이전에서 1930년까지 근대 교육의 형태를 갖추기 시작하면서 나타난 교과 교육의 유형이다. 교과 중심 교육과정에서는 학습자의 요구나 필요성, 심리적 변화는 무시되며 교과의 논리와 체제만을 중시하여 실생활과의 관계가 없다. 또한, 형식에 입각한 전달식 교육방법(암기, 반복 등)에 의해 기존 지식, 고전 등을 주입하며 교수 방법으로는 전달식 또는 주입식(learning by practice)을 사용한다.

하지만, 이러한 교과 중심 교육과정은 아동들이 보고 느끼고 좋아하는 것과 교육 내용과는 유기적인 관계가 없어 산 교육, 의미 있는 교육, 가치 있는 교육이 되기 어려우며, 주로 외적 동기에 치중되어 있어 내적 동기가 결여된다는 문제점을 안고 있었다. 또한, 형식적인 절차나 논리적인 형식만을 강조하여 제시하다 보니, 아동이 지식을 얻게 되는 경험적인 기작과 일치하지 않게 되고, 아동이 이해할 수 없는 무의미한 것이 되고마는 즉, 심리학적인 과학성이 결여되는 문제점이 있었다.

경험(생활) 중심 교육과정은 1930~1950년 전후 교과 중심(고전주의) 교육에 반발하여 존 듀이(John Dewey)가 제창한 것으로, 실용주의적인 철학 사상을 기조로 한 진보주의 교육 사상의 영향을 받은 교육과정이다. 경험 중심 교육과정에서는 아동에게 친숙한 내용을 생활 주변에서 찾았으며, 아동의 흥미와 학습동기를 유발할 수 있는 경험을 내포한 실생활에 유용한 주제를 교육 내용으로 선정하여, 아동의 지적 준비성과 흥미를 고려하여 조직하였다.

하지만 이러한 경험 중심 교육과정은 아동의 구체적 경험을 너무 강조해 아동의 지적 발달 메커니즘을 무시하고, 아동의 지적 발달과 형성과정을 너무 단순화시킨다는 비판을 받았으며, 실용성만 강조해 학문의 지식 구조나 발달 과정을 소홀히 하여 결과적으로 아동의 지적 발달의 저하와 기초 학력의 저하라는 문제점을 드러내었다.

학문 중심 교육과정은 1950년~1977년 동안의 혁신기 교육과정으로 진보주의 교육 철학에 대한 교육적 반성으로 대두되었다. 학문 중심 교육과정에서는 교육의 질적 향상과 교육 내용과 방법의 개혁을 주도하였으며, 폭발적인 지식 사회에 적응시키고 국가발달을 도모하기 위해서는, 지식의 본질과 기본 개념의 효과적인 습득을 통하여 학생의 학습능력을 개발시켜야 하고, 과학의 산물인 지식을 가르치는 것보다는 지식이 성립되는 과정을 능동적으로 학습하도록 해야 한다고 주장하였다.

학문 중심 교육과정이 등장하게 된 시대적 배경을 미국을 중심으로 살펴보면, 2차 세계대전에서 수학, 과학적 능력의 저하가 확인되었으며, 미소냉전에서 과학 인재들에 대한 요구가 증가하였고, 과학적 지식의 양이 급격히 팽창했다는 것이다. 이와 같은 시대적 요구에 따라 미국은 다음과 같은 일련의 교육과정 개혁을 진행하였다.

· 1950년 미국에서 국립과학재단(NSF: National Science Foundation) 설립
· 1956년 물리 과학 연구 위원회(PSSC: Physics Science Study Committee) 발족
· 1954년~1975년 53개의 교과 교육과정 개발 프로젝트 진행

이 시기에 개발된 과학 교육과정에는 다음과 같은 것들이 있다.

· 초등학교
 - Elementary Science Study(ESS)
 - Science Curriculum Improvement Study(SCIS)
 - Science A Process Approach(SAPA) 등
· 중학교
 - Introductory Physical Science(IPS)
 - Earth Science Curriculum Project(ESCP)
 - Intermediate Science Curriculum Study(ISCS) 등
· 고등학교
 - Physical Science Study Committee(PSSC), Project Physics
 - Chemical Bond Approach(CBA), Chemical Education Material Study(CHEM)
 - BSCS(Yellow, Green, Blue version) 등

학문 중심 교육과정의 특징으로는, 1950년대까지 현장 교사와 교육학자들에 의해 이루어진 교육과정 개발에 과학자들이 주도적으로 참여하였으며, 과학 교육의 목적을 과학 학문의 진수를 교육하는 것으로 보았다는 점이다. 여기서 '학문의 진수(essence of discipline)'란 각 학문 분야를 대표할 수 있는 지식의 구조와 그 지식을 창출해내는 과정 및 방법을 의미하며, '지식의 구조(structure of knowledge)'는 학문 분야의 지식의 근간이 되는 기본 개념의 조직을 의미한다. 또한, 학생들이 본질적으로 흥미를 가질 수 있다고 가정하고 아동의 필요보다는 학문 내용에 의해 교육과정을 조직하였으며, 과학의 과정에 초점을 두고 탐구 과정 또는 과학적 문제 해결 방법을 강조하였다.

학문 중심 교육과정에서는 과학자들의 참여로 과학적으로 타당한 정보가 포함되고, 교육 내용이 기본 개념을 중심으로 조직됨으로써 지식의 전체 구조를 쉽게 통찰할 수 있고 기본 개념의 이해를 촉진할 것으로 기대되었다. 또한, 발견적 탐구를 학생들이 독립적으로 수행함으로써 탐구 능력이 향상될 것으로 기대하였다. 하지만, 지식의 기본 구조를 추출하고 작성하는 일이 어려우며, 교과의 기본 구조만을 지나치게 강조하여, 교과 간의 통합이

어렵다는 문제점을 안고 있었다. 또한, 지나치게 지적 능력만을 강조함으로써 학생들을 충분히 동기화시키지 못하며, 과학자 양성을 위한 과학 교육을 강조함으로써 일상생활에서의 과학 역할을 고려하지 않는다는 비판에 직면하게 되었다.

이와 같은 학문 중심 교육과정의 문제점을 해결하고자 등장한 것이 인간 중심 교육과정이다. 인간 중심 교육과정에서는 학습자 개개인의 참된 인간 교육을 강조하였다. 또한, 개인적 개발을 통한 자아실현과 사회적 의식 함양을 통한 사회 구성원으로서의 역할과 상호관계를 강조하였다. 학문 중심의 과학 교육의 대안으로 '모든 사람을 위한 과학(science for all)', '과학적 소양(scientific literacy)'을 포함하는 '과학과 기술과 사회(STS: Science, Technology & Society)' 교육 운동이 일어났다.

2.2 우리나라 과학 교육과정의 변천

1) 과학 교육과정 체제의 변천

누구나 긍정하며, 시금석(試金石)이 되는 교육과정을 만드는 것은 오랫동안 우리나라 교육의 화두였다고 해도 과언이 아닐 정도로 많이 협의되고 바뀌어 왔다.

표 2.4는 우리나라 과학 교육과정 체제의 변천과 교육과정별 주요 특징을 정리한 것이며, 표 2.5은 교육과정별 고등학교 과학 과목의 편제와 단위를 정리한 것이다.

표 2.4 우리나라 과학 교육과정 체제의 변천(윤현진 외, 2009 수정)

교육과정	교육사조	주요특징	개정의 주요 내용	주요목표
교수요목기 (1946~1954)	본질주의, 항존주의, 실재론, 관념론, 행동주의	과목중심		
제1차 교육과정 (1954~1963)	본질주의, 항존주의, 실재론, 관념론, 행동주의	교과중심, 생활중심	-교과중심, 생활중심	- 과학적 지식: 과학의 원리, 원칙의 응용에 관한 것 - 과학적 능력: 사물의 과학적 처리능력 - 과학적 태도와 습관
제2차 교육과정 (1963~1973)	진보주의, 실용주의, 행동주의	진보주의 생활중심, 경험중심	-최초의 진정한 의미의 교육과정	- 과학 발달 과정의 인식과 원리, 법칙의 이해 - 과학 교육과정을 통한 과학적 능력 - 과학의 일상생활에 활용, 미지의 것 탐구 태도 - 자원의 애호, 이용, 인류경험, 과학자 업적 존중

교육과정	교육사조	주요특징	개정의 주요 내용	주요목표
제3차 교육과정 (1973~1981)	학문 중심 교육사상, 실증주의, 발달심리학, 인지론	학문 중심	-과학지식과 탐구를 중요시	- 과학적 기본 개념의 체계적 이해 - 과학적 탐구 방법의 체득 - 과학적 개념의 발전 과정에 대한 이해 - 과학 탐구 과정에서 흥미와 즐거움을 가짐
제4차 교육과정 (1981~1987)	인간중심, 구성주의, 과학철학, 심리학	인간 중심	-전인교육강화 -학습량 수준 축소 조정 -국민학교 1, 2학년 교과 통합 운영	- 기본개념의 이해 - 탐구 능력의 배양 - 자연의 규칙성에 대한 흥미와 과학의 학습 의욕 - 문제를 과학적으로 해결하려는 태도 함양
제5차 교육과정 (1987~1992)	인간중심, 구성주의, 과학철학, 심리학	인간 중심	-STS 소개	- 과학적 사실, 개념, 원리의 이해 - 과학적 탐구 방법의 습득 - 과학적 태도 함양 - 기본적인 실험실습 기능 향상 - 과학의 사회 발전에 미치는 영향 인식
제6차 교육과정 (1992~1997)	STS, 구성주의, 과학철학, 심리학	절충, 통합	-공통과학 개설 -STS 강화	- 기본적인 탐구 방법의 습득으로 문제 해결 - 탐구 활동으로 기본적 과학 지식 이해 - 자연 현상, 과학 학습에 흥미, 계속 탐구하려는 태도 육성 - 과학의 사회 발전에 미치는 영향 인식
제7차 교육과정 (1997~2007)	STS, 구성주의, 과학철학, 심리학	학습자 중심	-국민공통기본교육과정 -탐구 강조 -고등학교 선택 중심 교육과정 구성 -수준별 교육과정 도입	- 기본 개념 이해와 실생활에의 활용 - 과학적 탐구 능력 신장 - 자연현상과 과학 학습에 흥미와 호기심 - 과학이 기술과 사회의 발전에 미치는 영향 인식
2007개정 교육과정 (2007~2009)	STS, 구성주의, 과학철학, 심리학	학습자 중심	-창의성 강조 -자유탐구의 도입 -유사내용의 통합	- 기본 개념 이해와 실생활에의 활용 - 과학적 탐구 능력 신장 - 자연현상과 과학 학습에 흥미와 호기심 - 과학이 기술과 사회의 발전에 미치는 영향 인식
2009개정 교육과정 (2009~)	STS, 구성주의, 과학철학, 심리학	학습자 중심	-창의적 체험활동 도입 -과목별 집중이수제 -10학년 융합형 과학교과 신설(선택 과목에 포함시킴)	- 기본 개념 이해 - 과학적 탐구 능력 신장 - 자연현상에 대한 흥미와 호기심, 과학적으로 문제를 해결하려는 태도 - 과학, 기술, 사회의 관계 인식

표 2.5 교육과정별 고등학교 과학 교과 편제 및 단위

<table>
<tr><th colspan="2">제1차</th><th colspan="2">제2차</th><th colspan="2">제3차</th><th colspan="2">제4차</th><th colspan="2">제5차</th><th colspan="2">제6차</th><th colspan="2">제7차</th><th colspan="2">2007 개정</th><th colspan="2">2009 개정</th></tr>
<tr><th>편제</th><th>단위</th><th>편제</th><th>단위</th><th>편제</th><th>단위</th><th>편제</th><th>단위</th><th>편제</th><th>단위</th><th>편제</th><th>단위</th><th>편제</th><th>단위</th><th>편제</th><th>단위</th><th>편제</th><th>단위</th></tr>
<tr><td rowspan="4">물리, 화학, 생물, 지학</td><td>8</td><td>물리 I (인) II(자)</td><td>6 12</td><td rowspan="4">물리, 화학, 생물, 지학</td><td>8-10</td><td>물리 I 공 II 자</td><td>4-6 4</td><td>과학 I</td><td>10 (공통)</td><td>공통 과학</td><td>8</td><td>과학</td><td>6</td><td>과학</td><td>8</td><td>과학 (융합형)</td><td>5</td></tr>
<tr><td>8</td><td>화학 I (인) II(자)</td><td>6 12</td><td>8-10</td><td>화학 I 공 II 자</td><td>4-6 4</td><td>과학 II</td><td>8(인)</td><td rowspan="3">물리, 화학, 생물, 지구과학, 각 I, II</td><td rowspan="3">I 4 II 8</td><td>생활과 과학</td><td>4</td><td rowspan="3">물리, 화학, 생물, 지구 과학, 각 I, II</td><td rowspan="3">I 6 II 6</td><td rowspan="3">물리, 화학, 생물, 지구 과학, 각 I, II</td><td rowspan="3">I 5 II 5 (집중 이수 제)</td></tr>
<tr><td>8</td><td>생물 I (인) II(자)</td><td>6 12</td><td>8-10</td><td>생물 I 공 II 자</td><td>4-6 4</td><td>물리, 화학</td><td>8(자) 8(자)</td><td rowspan="2">물리, 화학, 생물, 지구 과학, 각 I, II</td><td rowspan="2">I 4 II 6</td></tr>
<tr><td>8</td><td>지구 과학 (공통필수)</td><td>4</td><td>8-10</td><td>지구 과학 I 공 II 자</td><td>4-6 4</td><td>생물, 지구 과학</td><td>6 택 1(자) 6 택 1(자)</td></tr>
<tr><td colspan="2">택 2</td><td colspan="2">I은 인문계 II는 자연계 필수</td><td colspan="2">인문계는 택2 자 연계는 전부 이수</td><td colspan="2">I은 공통필수 II는 자연계 필수</td><td colspan="2">자연계 물리, 화학 필수 생물, 지구과학 중 택 1</td><td colspan="2"></td><td colspan="2"></td><td colspan="2"></td><td colspan="2"></td></tr>
</table>

교수요목기에서는 가르쳐야 할 내용(syllabus)만 선정하여 교과명, 학년, 총 이수시간별로 나열하였다. 전기, 통신, 라디오, 세탁, 가축, 약용식물, 회충, 지혈법 등 일상생활이나 생물과 관련된 내용이 많았다.

제1차 교육과정에서는 '교과과정(course of study)'이라는 용어를 처음 사용하였으며, 국민학교에 자연, 중학교에 과학 과목을 배정하였다. 고등학교에서는 물리, 화학, 생물, 지학 중 1과목을 선택하고 나머지는 선택 과목으로 이수하도록 하였다. 또한 중학교 과학은 생물과 물상(physical science) 과목을 병렬로 설정하였다.

제2차 교육과정에서는 '교육과정(curriculum)'이라는 용어가 처음 사용되었으며, 국민학교에서는 자연 과목에서 과학을 다루었고, 중학교에서는 주당 3~4시간의 과학 과목을 개설하였다. 고등학교에는 물리 · 화학 · 생물이 I과 II로, 지구과학은 지학 1과목으로 편성되었다. 또한 고등학교의 공통과목에는 생물 I을 넣고, 인문계 과정은 물리 I, 화학 I, 지학을 이수하고, 자연계 과정은 물리 I, 화학 II, 생물 II, 지학을 이수하도록 규정하였다(조희형 외, 2011).

제3차 교육과정에서는 과학적 능력의 함양과 과학적 탐구 정신이 강조되었다. 중학교는

1, 2차 교육과정과 마찬가지로 주당 3~4단위가 과학 과목에 편성되었으며, 고등학교에서는 물리·화학·생물·지구과학의 4과목 가운데에서 2과목을 선택하여 공통교과목으로 이수하고, 자연계는 나머지 2과목을 선택과목으로 이수하도록 편성되어 있다. 즉, 인문계는 2과목을 선택하고, 자연계는 4과목 모두를 이수하도록 하였다.

제4차 교육과정에서는 다시 고등학교 과학 교과를 물리·화학·생물·지구과학 I, II로 나누고 I 과목을 공통 필수로, II 과목은 자연계에서 필수로 이수하도록 규정하였다.

제5차 교육과정에서는 초등학교에 3~4단위로 과학 과목을 편성하였으며, 중학교는 4~5단위를 이수하도록 편성하였다. 고등학교에는 과학 I, 과학 II, 물리, 화학, 생물, 지구과학 6개 과목이 편성되었다. 공통 필수로 과학 I을 10단위 이수하고, 인문·사회 과정은 과학 II를 필수로 이수하도록 하였으며, 자연과정은 물리와 화학을 필수로 그리고 생물과 지구과학 가운데 1과목을 선택하여 이수하도록 편성하였다.

제6차 교육과정에서는 초등학교에서 과학을 3학년부터 이수하도록 편성하였으며, 고등학교에는 공통과학을 새롭게 편성하였다. 공통과학 과목은 탐구 과정을 강조하여 탐구 활동 중심으로 구성하였으며, STS를 강조하여 실생활 문제와 과학의 기본 개념을 연관 지을 수 있도록 하였다.

제7차 교육과정에서는 3학년부터 10학년까지를 '국민공통기본교육과정'으로 설정하고 여기에 과학 과목을 필수로 이수하도록 포함시켰다. 고등학교에는 일반선택 과목으로 생활과 과학이, 심화선택 과목으로 물리·화학·생물·지구과학 I, II의 8과목이 편성되었다. 단계형 수준별 교육과정인 수학과 영어 교과와는 달리 과학은 심화·보충형 교육과정으로 편성하여 동일 학급 내에서 동시에 심화학습과 보충학습이 이루어지도록 하였다. 탐구과정과 활동을 강조하여 표 2.6과 같이 학년별로 활용 빈도를 교육과정에 명시하였다.

2007 개정 교육과정은 국민공통기본교육과정과 고등학교 선택중심교육과정으로 구성되

표 2.6 제7차 교육과정에 제시된 탐구과정과 활동

탐구		활동 \ 학년	3~5	6~7	8~10
탐구 과정	기초탐구	관찰, 분류, 측정, 예상, 추리 등	○○○	○○○	○○○
	통합탐구	문제 인식, 가설 설정, 변인 통제, 자료 변환, 자료 해석, 결론 도출, 일반화 등	○	○○	○○○
탐구활동		토의, 실험, 조사, 견학, 과제 연구 등	○○○	○○○	○○○

○: 학습 활동 시 활용 빈도

어 있다. 과학은 국민공통기본교육과정의 교과로 3학년부터 10학년까지 편성되어 있다. 초등학교 3~6학년은 3단위, 중학교 1학년은 3단위, 2~3학년은 4단위, 고등학교 1학년은 4단위를 이수하도록 편성되었다. 고등학교 과학 선택과목은 물리 · 화학 · 생물 · 지구과학 I, II 모두 3단위로 이수하도록 하였다.

2009 개정 교육과정에서는 기존에 3~10학년으로 편성되어 있던 공통교육과정을 3~9학년으로 편성하였으며, 과학, 물리 · 화학 · 생물 · 지구과학 I, II의 9과목을 모두 5단위의 선택과목으로 편성하였다. 특히, 융합 과학의 성격을 가진 '과학' 과목은 학교 사정에 따라 4단위 범위 내에서 증감할 수 있도록 하였다. 초등학교 과학은 실과와 한 교과군으로 분류되고, 중학교 과학은 과학/기술 · 가정 교과군으로 분류되었다. 고등학교 과학 9개 과목은 사회 교과와 함께 탐구 영역으로 분류하여 인문 · 사회 과정은 15단위 이상, 자연 과정은 35단위 이상 이수하도록 규정하고 있다.

2) 과학 교육과정 내용의 변천

표 2.7은 교육과정의 변천에 따른 중학교 과학과 내용 체계 변화를 나타낸 것이다. 제1차 교육과정에서는 학년별로 6개 주제로 구성되어 있었고, 제5차 교육과정까지는 학년별 주제 수의 변화가 있었다. 제6차 교육과정부터 2007년 개정 교육과정까지는 물리, 화학, 생물, 지구과학 영역을 각각 '운동과 에너지 또는 에너지', '물질', '생명', '지구 또는 지구와 우주' 4개 분야로 나누어 구성하였으나, 2009 개정 교육과정에 따른 중학교 과학 교육과정은 '물질과 에너지'와 '생명과 지구' 2개 분야로 통합되었다.

표 2.8, 표 2.9, 표 2.10은 각각 중학교 7, 8, 9학년 과학 교육과정 내용의 변화를 교과 영역별 및 주제별로 정리한 것이다(윤현진 외, 2009 수정).

표 2.7 중학교 과학 교육과정 내용 체계 변천(김헌수, 2012)

<table>
<tr><th>차시
영역</th><th>제1차</th><th>제2차</th><th>제3차</th><th>제4차</th><th>제5차</th><th>제6차</th><th>제7차</th><th>2007 개정</th><th>2009 개정</th></tr>
<tr><td>물리</td><td rowspan="4">1학년: 6 주제
2학년: 6 주제
3학년: 6 주제</td><td rowspan="4">1학년: 6 주제
2학년: 6 주제
3학년: 8 주제</td><td rowspan="4">1학년: 5 주제
2학년: 6 주제
3학년: 7 주제</td><td rowspan="4">1학년: 4 주제
2학년: 4 주제
3학년: 5 주제</td><td rowspan="4">1학년: 4 주제
2학년: 4 주제
3학년: 5 주제</td><td>운동과 에너지</td><td>에너지</td><td>운동과 에너지</td><td rowspan="2">물질과 에너지</td></tr>
<tr><td>화학</td><td>물질</td><td>물질</td><td>물질</td></tr>
<tr><td>생물</td><td>생명</td><td>생명</td><td>생명</td><td rowspan="2">생명과 지구</td></tr>
<tr><td>지구과학</td><td>지구</td><td>지구</td><td>지구와 우주</td></tr>
</table>

표 2.8 7학년 과학 교육과정 내용의 변화

학년	영역	제1차 교육과정	제2차 교육과정	제3차 교육과정	제4차 교육과정	제5차 교육과정	제6차 교육과정	제7차 교육과정	2007 개정 교육과정
7학년	물리				라) 힘과 운동 (1) 여러 가지 힘 (2) 힘과 운동과의 관계 (3) 여러 가지 운동	라) 힘과 운동 (1) 여러 가지 힘 (2) 힘과 운동의 관계	(4) 힘과 운동 여러 가지 힘, 힘의 크기와 방향, 힘의 합성과 평형, 힘과 물체의 변형, 힘과 물체의 속력 변화, 힘과 물체의 운동 방향, 여러 가지 운동	(10) 힘 - 여러 가지 힘 - 힘의 크기와 방향 - 힘의 합성 (2) 빛 - 빛의 반사와 굴절 - 빛의 분산과 합성 (12) 파동 - 파동의 성질 - 소리의 높이와 세기 - 파동의 전달	(7) 힘과 운동 - 중력, 전기력, 자기력, 탄성력, 부력 - 두 힘의 합력 - 여러 가지 운동의 시간 위치 (9) 정전기 - 전기의 성질 - 전기력 - 정전기 유도 현상
	화학	2. 물과 공기 (1) 물의 이용 - 물의 종류, 정화 (2) 물의 성질 -표면장력, 모세관, 전기분해, 수소&산소 만드는 법, 원소, 원자, 용해도, 물의 끓음, 바닷물의 성질 (3) 공기의 성질 -공기 성분, 산소 역할	1. 물 (1) 물과 우리의 생활 (2) 물의 성질 압력, 밀도, 비중, 부력, 표면장력, 모세관 현상, 용액 (3) 물의 성분 수소, 산소, 원자, 분자, 원소, 화합물, 용액 2. 공기 (2) 공기의 성분 공기의 조성, 산소 3.불 (1) 연소 (3) 열의 작용 열팽창, 상태 변화 (4) 연료	3. 화학물과 원소 (1) 물의 전기분해 (2) 화합물 (3) 일정성분비의 법칙 (4) 원소 1. 물질의 특성 (1) 질량, 밀도 (2) 녹는점과 끓는점 (3) 용해 2. 물질의 분리 (1) 기체의 분리 (2) 액체의 분리 (3) 분별 증류 (4) 부분결정	다) 물질의 특성과 분리 (1) 물질의 특성 (2) 물질의 분리	(다) 물질의 성질 (1) 물질의 특성 (2) 혼합물의 분리	3. 물질의 특성과 분리 -물질의 특성 -혼합물의 분리	(5) 분자의 운동 -증발, 확산 -보일의 법칙 -샤를의 법칙 (4) 물질의 세 가지 상태 -분자, 분자 모형, 분자 배열 -여러 가지 상태 변화 (7) 상태 변화와 에너지 -상태 변화와 열에너지 -상태 변화와 분자 운동	(1) 물질의 세 가지 상태 -물질의 상태에 따른 분자 배열의 차이 비교, 모형 사용의 중요성과 제한점 -여러 가지 상태 변화 (2) 분자의 운동 -증발과 확산 -보일과 샤를의 법칙 (3) 상태 변화와 에너지 -상태변화와 열에너지 -상태 변화에서의 에너지의 출입과 분자의 운동

학년	영역	제1차 교육과정	제2차 교육과정	제3차 교육과정	제4차 교육과정	제5차 교육과정	제6차 교육과정	제7차 교육과정	2007 개정 교육과정
7학년	생물	5. 식물은 어떻게 살고 있나? 1) 식물은 어떻게 생겼나? 2) 식물은 어떻게 살고 있나? 3) 식물은 어떤 곳에서 사나? 4) 식물은 어떻게 이용하나? 5) 식물은 어떻게 분류하나? 6. 동물은 사람과 어떤 관계? 1) 동물은 어떻게 살고 있나? 2) 동물은 어떤 곳에서 사나? 3) 동물과 인생과의 관계? 4) 동물은 어떻게 분류하나?	5. 주변의 식물 (1) 식물체의 기관과 작용 꽃식물(눈, 꽃과 씨, 잎, 줄기, 뿌리), 민꽃식물 (2) 환경과 식물 환경과 적응, 군락, 식물의 상호관계, 식물 분포 (3) 분류 분류의 터전, 간단한 식물, 복잡한 식물 (4) 식물과 인생 유용 식물, 유해 식물 6. 주변의 동물 (1) 동물체의 구조와 작용 등뼈 동물, 곤충, 기타 동물 (2) 환경과 동물 환경과 적응, 집단, 동물의 분포, 동물의 상호관계 (3) 분류 분류의 터전, 하등 동물, 고등 동물 (4) 동물과 인생 가축과 애완동물, 유해 동물, 유익 동물	5) 생물의 종류 가) 육지의 생물 나) 수중의 생물 다) 생물의 분류	나) 주변의 생물 (1) 식물의 종류와 생활: 종자식물, 고사리류, 이끼류, 균류, 조류, (2) 동물의 종류와 생활: 척추동물, 극피동물, 절지동물, 연체동물, 환형동물, 편형동물, 강장동물, 원시생물 등	(나) 주변의 생물 (1) 식물의 생활: 종자식물, 양치식물, 선태식물, 균류, 조류, (2) 동물의 생활: 척추동물, 극피동물, 절지동물, 연체동물, 환형동물, 편형동물, 강장동물, 원생동물	(2) 주변의 생물 · 생물의 구조와 생활양식 · 식물의 분류 종자식물, 양치식물, 선태식물, 균류, 조류, · 동물의 분류 척추동물, 절지동물, 연체동물, 환형동물, 원생동물	(6) 생물의 구성 (가) 현미경 사용, 동물 세포와 식물 세포 (8) 소화와 순환 (가) 영양소의 종류와 작용 (나) 소화 기관, 소화, 흡수 (다) 혈액의 조성과 기능, 사람의 심장 구조, 혈액의 흐름 (9) 호흡과 배설 (가) 사람의 호흡기 구조 기체의 교환과 이동, 호흡과 에너지 (나) 사람의 배설기 구조, 노폐물 배출	(4) 생물의 구성과 다양성 (가) 세포의 기본 구조와 기능 (나) 식물과 동물 세포 (다) 식물체와 동물체의 유기적 구성 단계 (라) 주변의 생물 분류 (6) 식물의 영양 (가) 뿌리의 구조와 기능 (나) 줄기의 구조와 기능 (다) 잎의 구조와 기능 (라) 증산 작용 (마) 광합성 (바) 양분의 전환 및 이동

학년	영역	제1차 교육과정	제2차 교육과정	제3차 교육과정	제4차 교육과정	제5차 교육과정	제6차 교육과정	제7차 교육과정	2007 개정 교육과정
7 학년	지구 과학	· 지구의 구조 · 천체와 우리생활 · 물과 공기와 우리 생활	· 지표와 그 변화 – 암석 – 풍화작용 – 침식작용 – 바다 – 지각의 변동 · 공기 – 공기와 우리 생활 – 공기의 성질 – 공기의 성분 – 공기의 이용	· 지구의 구성 물질과 지표의 변화 · 태양 에너지와 일기 변화 – 태양 에너지 – 대기와 운동 – 대기 중의 물 – 일기의 변화	· 대기와 물의 순환 – 태양 에너지 – 대기와 해수의 운동 – 물의 순환 – 일기와 기후	· 대기와 물의 순환 – 열과 태양 에너지(열과 온도, 열의 이동, 지구의 복사 평형) – 대기와 해수의 운동(대기의 조성, 기압, 기압과 바람, 해륙풍과 계절풍, 대기의 순환) – 물의 순환과 일기의 변화(지구에서의 물의 분포, 해수의 성질과 운동, 물의 상태 변화와 순환, 일기의 변화)	· 지각의 물질과 변화 – 지각의 물질 – 지표와 지각 변동 – 지질시대의 환경	· 지구의구조 – 대기권의 구조 – 지구내부 구조 (지진파포함) · 지각의 구성 물질 – 8대 원소와 조암 광물 – 암석의 생성과 순환 – 지표의 변화 · 해수의 성분과 운동 – 해수에 녹아있는 성분 – 염분비 일정의 법칙 – 해수의 운동(난류와 한류의 성질과 분포와 조류)	· 지각의 물질과 변화 – 8대 원소와 조암광물 – 암석의 생성과 순환 – 지표의 변화 – 토양생성과정 · 지각 변동과 판구조론 – 지구내부 구조와 층상구조의 조사 방법 – 판구조론 발전과정 – 판의 운동과 화산과 지진 – 지진의 피해

표 2.9 8학년 과학 교육과정 내용의 변화

학년	영역	제1차 교육과정	제2차 교육과정	제3차 교육과정	제4차 교육과정	제5차 교육과정	제6차 교육과정	제7차 교육과정	2007 개정 교육과정
8학년	물리	※ 불과 열(熱) 불과 열의 성질, 열의 이동, 연료, 열과 물질 변화, 열의 전도, 난방법 ※전기(電氣) 전기 및 정전기의 기초 지식, 전류의 열작용, 화학작용, 자기작용, 전류와 저항과 전압 사이의 관계, 발전과 송전, 전기의 실생활 응용, 나침반, 피뢰침, 전기분해와 전기도금, 전파와 X선 ※ 빛(光) 빛의 기초적인 성질, 광학 기계의 종류, 구조, 원리와 그 용도, 현미경과 망원경, 영화와 사진	6. 힘과 운동 (1) 힘 힘, 속도, 여러 가지 힘, 탄성, 힘의 합성, 사면과 마찰 (2) 여러 가지 운동 낙하 운동, 흔들이의 운동, 운동 법칙 (3) 소리 소리결, 소리결의 성질, 공명, 악기음, 축음기 (4) 일 일, 일의 원리, 지레의 원리, 동력의 전달, 재료의 강도 2. 자석과 전기 (1) 전기 발생 마찰 전기, 기전기, 전지 (2) 전류와 전압 오음의 법칙, 도체와 절연체 (3) 전류 작용 열작용, 화학 작용, 자기 작용 (4) 자석 자석, 전자석, 나침반 (5) 교류 전자 유도, 교류, 전기의 이용	(2) 열에너지 (가) 열량, 비열 (나) 상태 변화 (다) 열의 이동 (3) 전기 에너지 (가) 전하량 (나) 전류 회로 (다) 전류와 전압 (라) 전류의 열 작용 (마) 전류의 자기 작용	라) 전기 (1) 전하와 전류 (2) 전기 저항과 전압 (3) 전류와 자기장	(라) 전기 (1) 전화와 전류 (2) 전압과 전기 저항 (3) 전류의 작용	(4) 전기와 자기 전기의 발생, 전압과 전류·저항의 관계, 저항의 연결, 전기 에너지와 그 이용, 전류에 의한 자기장, 자기장에서 전류가 받는 힘, 전자기력의 이용	(1) 여러 가지 운동 - 여러 가지운동 - 관성 - 힘이 작용할 때 물체의 운동 (7) 전기 - 마찰전기, 정정기 유도 - 전류와 전하량보존 - 옴의 법칙	(1) 열에너지 - 열평형 - 비열과 열용량 - 열팽창 빛과 파동 - 빛의 반사법칙, - 상이 생기는 원리 - 빛의 분선과 합성 - 파동의 발생과 전파 - 종파와 횡파 - 소리

학년	영역	제1차 교육과정	제2차 교육과정	제3차 교육과정	제4차 교육과정	제5차 교육과정	제6차 교육과정	제7차 교육과정	2007 개정 교육과정
8학년	화학	1. 건강유지 (2) 의복손질 - 세탁방법, 의복 원료 2. 불과 열 (2) 연소 (3) 열과 물질 - 기체, 액체, 고체 팽창 (5) 연료	3. 산, 알칼리, 염 (1) 산 (2) 알칼리 (3) 중화와 염	1. 원자와 분자 (1) 원자모델 (2) 분자모델 (3) 화학 반응에서의 양적 관계 (4) 분자운동 6. 자연과 인생 (1) 환경오염	다) 물질의 입자 (1) 화합물과 원소 (2) 원자와 분자 (3) 이온	(가) 물질의 구성 (1) 화합물의 원소 (2) 원자와 분자	1. 물질의 구성 - 화합물 - 원소 - 물질 구성의 규칙성	(2) 물질의 특성 - 끓는점, 녹는점, 밀도, 용해도 등 물질의 성질 (8) 혼합물의 분리 - 혼합물과 순물질 - 혼합물 분리	(2) 물질의 구성 (가) 원소 개념의 과학사적 발달 (나) 원소 기호, 금속과 비금속 구분 (다) 원자를 구성하는 원자핵과 전자를 모형으로 나타내기 (라) 이온 (3) 우리 주위의 화합물 (가) 순물질과 혼합물 구분 (나) 화합물과 원자 간 전자의 공유나 이동 (다) 화합물과 이온, 분자 (라) 화합물을 원소 기호로 나타내기
	생물	5. 우리의 몸? 1) 들이마신 공기는 어떻게 되나? 2) 염통은 무슨 일을 하나? 3) 사람의 몸 안에서 음식물 변화? 4) 몸의 기능 조	4. 식품과 영양 (1) 동식물의 먹이 (2) 사람의 영양소 (3) 식품의 보존 5. 인체 (1) 먹이의 소화 소화 기관, 소화 과정, 양분의 흡수 (2) 피의 순환 피의 조성, 피의 작용,	5) 생물과 환경 가) 생물의 군집 나) 생물과 환경 다) 생태계 (1) 물질의 순환 (2) 자연의 평형 6) 자연과 인생 가) 환경, 오염 나) 자연의 보존	나) 물질 대사 (1) 식물의 영양: 식물의 양분, 식물체에 필요한 양분의 흡수와 이동, 광합성 (2) 동물의 영양: 3대 영양소의 분해와 흡수 및	(나) 생물체의 구조와 기능 (1) 식물체의 구조와 기능: 뿌리, 줄기, 잎, 꽃의 구조와 기능 (2) 동물의 구조와 기능: 소화기관, 순환 기관, 배설 기관, 호	(2) 생물의 구조와 기능 · 식물의 구조와 기능 세포의 구조와 기능, 뿌리, 줄기, 잎, 꽃 구조 기능, 물과 무기 양분의 흡수와 이동, 광합성 · 동물의 구조와 기능	(4) 식물의 구조와 기능 (가) 뿌리의 구조, 물과 양분이 흡수되는 과정, 식물 생장에 필요한 주요 원 (나) 줄기의 단면을 관찰, 줄기 구조와 기능, 쌍떡잎식물과 외떡잎식물의 차이점 (다) 잎의 단면, 증산 작	(4) 소화와 순환 (가) 영양소의 종류와 기능 (나) 소화 기관을 통한 음식물의 소화, 흡수와 이동 (다) 혈액의 구성과 각 성분의 기능 (라) 심장과 혈관의 구조 및 기능

학년	영역	제1차 교육과정	제2차 교육과정	제3차 교육과정	제4차 교육과정	제5차 교육과정	제6차 교육과정	제7차 교육과정	2007 개정 교육과정
8학년	생물	절? 6) 몸의 위험 방지? 6. 생물은 자연계에서 음식물을 어떻게 얻나? 1) 우리 음식물 원료? 2) 식물은 어떻게 양분을 만드나? 3) 동물은 먹이를 어떻게 얻는가? 4) 식물과 동물의 먹이 얻는 관계? 5) 우리들의 음식물 성분과 기능? 6) 건강을 유지에 필요한 음식량? 7) 필요한 영양(榮養) 얻기?	염통과 혈관, 림프 (3) 호흡 호흡기, 호흡운동, 호기 흡기 (4) 배설 콩팥과 오줌, 땀 (5) 근육과 뼈 뼈, 뼈의 연결, 근육의 구조와 작용, 운동과 몸의 변화 (6) 감각 기관 눈과 시각, 귀와 청각, 몸의 평형, 맛과 냄새 감각, 피부 감각 (7) 몸의 기능 조절 골과 등골, 골 신경, 자율신경, 반사, 호르몬		배설, 혈액의 구성과 작용 및 순환 (3) 생물 에너지: 생물의 호흡, 생물 에너지	흡기관, 생식 기관, 운동 기관, 감각 기관, 신경계 구조와 기능	영양소, 소화와 흡수, 혈액 순환, 호흡과 가스 교환, 노폐물의 배설, 자극의 감각과 반응, 신경계 · 건강	용, 광합성, 호흡 (라) 꽃의 구조와 기능, 수정, 열매의 속 구조 (5) 자극과 반응 (가) 자눈, 귀, 코, 혀, 피부 감각 기관의 구조, 자극에 대한 반응 (나) 뉴턴 및 신경계의 구조와 기능, 자극에 더한 반응 경로 (다) 약물의 오·남용 (라) 사람의 주요 호르몬 기능, 호르몬 과잉·결핍 질병 청소년기의 신체적 변화와 호르몬	(마) 혈액이 순환하면서 하는 일, 혈액의 순환 경로 (7) 호흡과 배설 (가) 호흡 기관의 구조와 기능, 호흡 운동의 원리 (나) 외호흡과 내호흡 (다) 동물이 에너지를 얻는 과정 (라) 배설 기관의 구조와 기능 (마) 소화, 순환, 호흡, 배설

표 2.10 9학년 과학 교육과정 내용의 변화

학년	영역	제1차 교육과정	제2차 교육과정	제3차 교육과정	제4차 교육과정	제5차 교육과정	제6차 교육과정	제7차 교육과정	2007 개정 교육과정
9학년	물리	※기계와 연모 에너지, 동력, 일의 의의, 기계의 원리, 마찰, 일상생활의 기계와 연모, 농업과 공업과 수산업에서의 기계와 원리 ※ 교통 열기관, 자동차, 기차, 전차, 비행기의 중요구조, 마찰과 저항, 부력 양력, 도로 · 항만 · 터널 · 다리에 관한 지식 ※ 통신(通信) 소리의 성질, 축음기의 원리, 전화 라디오의 원리, 각종 통신 기기	2. 에너지 (1) 에너지 일과 에너지, 에너지 보존 법칙 (2) 열 에너지 일의 일당량, 열의 본성, 열기관, 냉동기 (3) 전기 에너지 전류의 에너지, 전력 (4) 원자 에너지 원자 구조, 원자력, 원자로, 원자력의 이용 3. 교통과 통신 (1) 교통 기관 교통 기관, 로켓, 제트 기관 (2) 교통 시설 도로, 교량, 철도, 비행장, 항만 (3) 유선 통신 전신, 전화, 교환국 (4) 전파와 라디오 진공관과 그 작용, 전파, 라디오, 텔레비전 1. 빛 (1) 빛의 진로 광선과 그림자, 광원과 광도	(2) 힘과 운동 (가) 힘과 가속도 (나) 등가속도 운동 (다) 운동의 법칙 (3) 에너지의 전환 (가) 열과 일 (나) 일과 에너지 (다) 위치 에너지 (라) 운동 에너지 (마) 에너지의 보존	가) 에너지 (1) 일과 에너지 (2) 열에너지 (3) 에너지의 전환 마) 자연 보존 (1) 생태계의 평형 (2) 환경 오염 (3) 자연과 자원의 보존	가) 일과 에너지 (1) 일 (2) 위치 에너지와 운동 에너지 (3) 에너지의 보존 (마) 자연 환경과 우리 생활 (1) 자연 환경의 구성 (2) 환경 오염과 우리 생활 (3) 자연과 자원의 보존	(1) 일과 에너지 일의 원리, 일률, 일과 에너지의 관계, 위치에너지, 운동에너지, 역학적 에너지의 보존, 열과 역학적 에너지의 관계, 에너지의 전환과 보존, 에너지의 이용 (5) 자연 환경과 우리 생활 환경 요소, 환경과 생물의 상호 작용, 생태계의 평형, 인구 문제, 자원의 이용, 자연 보존, 쾌적한 환경	(2) 일과에너지 – 일의 정의, 일과 역학적에너지 – 역학적에너지 보존 (6) 전류의 작용 전류의 열작용 –전류의 자기작용	(3) 일과 에너지 – 일의 정의 – 일과 에너지 – 일의 원리 – 운동에너지와 위치에너지 – 역학적에너지 – 에너지 전환과 보존 (5) 전기 – 전류 – 도체와 절연체 – 옴의 법칙 – 전기에너지 – 안전한 전기

학년	영역	제1차 교육과정	제2차 교육과정	제3차 교육과정	제4차 교육과정	제5차 교육과정	제6차 교육과정	제7차 교육과정	2007 개정 교육과정
			(2) 빛의 반사 반사법칙, 구면경 (3) 빛의 굴절 굴절 법칙, 렌즈 (4) 색 스펙트럼, 물체의 색 (5) 광학 기계 사진기, 환등기, 망원경, 현미경						
	화학	2. 천연 자원 (4) 금속의 이용 (5) 석탄과 석유 (6) 목재 – 펄프, 섬유, 고무, 옻 (7) 비료, 산, 알칼리 (8) 천연자원에서 얻는 공업약품	4. 화학변화 (1) 기체의 생성 (2) 침전의 생성 (3) 산화와 환원 5. 위생 (3) 공중위생 상수도, 하수도, 오물 처리 6. 자원의 개발과 관리 (2) 천연자원의 화학공업	1. 물질의 변화 (1) 이온 반응 (2) 산화와 환원 (3) 반응열	나) 물질의 변화 (1) 산과 염기 (2) 산화와 환원 (3) 화학 변화와 열	(다) 물질의 변화 (1) 전해질 용액 (2) 산과 염기의 반응 (3) 산화와 환원 반응	2. 물질의 반응 – 전해질, 이온 – 산 · 염기 – 산화 · 환원	(3) 물질의 구성 (가) 물질의 입자 개념 (나) 원소 기호, 화학식 (다) 원자 모형 (5) 물질 변화에서의 규칙성 – 화학 반응 실험, 분자 모형 – 질량보존의 법칙 – 일정 성분비 법칙	(2) 물질의 특성 (가) 크기 성질과 세기 성질 (나) 끓는점, 녹는점, 밀도, 용해도 등 (다) 혼합물 분리 (6) 전해질과 이온 (가) 전해질과 비전해질 (나) 이온화 (다) 앙금
	생물	5. 우리는 어떻게 병을 막아 낼 수 있나? 1) 미생물(微生物) 불어나는법? 2) 미생물을 어떻게 죽이나? 3) 미생물의 침입에 대한 몸 저항? 4) 전염병을 예방?	5. 위생 (1) 미생물 부패와 발효, 미생물 종류, 번식, 살균법, 전염병과 예방 (2) 기생충 기생충, 기생경로, 예방과 구충 (3) 공중 위생 하수도, 오물 처리	6) 생명의 연속성 가) 세포 나) 생식과 발생 다) 유전과 진화 7) 물질 대사 가) 광합성 나) 생물 에너지 다) 생물체 내에서의 물질 대사	라) 생명 연속성 (1) 세포 분열 : 세포 분열 (2) 생식과 발생: 무성 생식, 유성 생식, 동물 발생과정 (3) 진화 멘델 유전법칙,	(나) 생명의 연속성 (1) 세포 분열: 세포 분열 (2) 생식과 발생: 무성 생식, 유성 생식, 수정, 발생, (3) 유전과 진화: 멘델의 유전 법칙, 변이, 사람	(3) 유전과 진화 체세포 분열, 감수 분열, 생식, 수정과 발생, 유전 법칙, 돌연변이, 사람의 유전, 진화의 증거, 진화설	(1) 생식과 발생 (가) 염색체, 체세포 분열과 생식 세포 분열 (나) 무성 생식과 유성 생식, 사람의 생식 기관 (다) 속씨식물과 척추동물의 수정 및 그 발생 과정, 사람의 임신과 출산 과정	(1) 자극과 반응 (가) 감각 기관의 구조와 기능. (나) 뉴런 및 신경계의 구조와 기능, 자극에 대한 반응 경로. (다) 신경계와 관련된 약물이 인체에 미치는 영향. (라) 사람의 주요 호르몬

학년	영역	제1차 교육과정	제2차 교육과정	제3차 교육과정	제4차 교육과정	제5차 교육과정	제6차 교육과정	제7차 교육과정	2007 개정 교육과정
		5) 건강 유지하고 증진법률? 6) 우리나라 사람에 많은 전염병? 6. 과학의 발달로 어떻게 생물개량? 1) 재배식물과 사육동물의 특징? 2) 식물과 동물의 품종 개량? 3) 좋은 품종은 어떻게 보존시키나? 4) 생물 유전에 대하여 과학발견?	6. 자원의 개발과 관리 (1) 생물 자원의 보호와 개발 농산 자원, 축산 자원, 수산 자원, 임산 자원, 천연 기념물 7. 생물의 발달 (1) 생물의 번식 번식의 방법, 식물의 발생, 동물의 발생 (2) 유전과 변이 유전 법칙, 유전의 얼개, 유전과 환경, 돌연 변이, 사람의 유전 (3) 품종 개량 품종 개량, 품종 보존 (4) 지구의 역사와 생물 진화 지구의 역사, 진화의 사실, 현재의 생물과 과거의 생물		변이, 사람의 유전, 진화의 증거, 진화설 마) 자연 보존 (1) 생태계 평형: 생태계 구성원, 생태계 기능, 생태계 평형, 인구 문제 (2) 환경의 오염: 환경오염, 생태계의 파괴 (3) 자연과 자원 보존: 자연 보존, 자원의 보존	의 유전, 진화의 증거, 진화설 (마) 자연 환경과 우리 생활 (1) 자연 환경의 구성: 환경의 요소, 생태계에서의 물질의 순환과 에너지의 흐름, 생태계의 평형, (2) 환경 오염과 우리 생활: 인구 문제, 쾌적한 환경, 대기 오염, 수질 오염, 토양 오염, (3) 자연과 자원의 보존: 자연 보존, 자원 보존	(5) 자연 환경과 우리 생활 환경 요소, 환경과 생물의 상호 작용, 생태계의 평형, 인구 문제, 자원의 이용, 자연 보존, 쾌적한 환경	(8) 유전과 진화 (가) 멘델의 유전 법칙, 중간 유전 (나) 사람의 유전을 연구하는 방법, 여러 가지 유전 현상, 가계도 (다) 생물 진화 증거	의 기능, 청소년기의 신체적 변화를 호르몬과 관련 (마) 체내외 환경 변화에 대한 신경과 호르몬의 조절 작용 (8) 생식과 발생 (가) 체세포 분열과 생식세포 분열의 특징 비교 (나) 식물과 동물의 수정과 발생 과정 (다) 사람의 생식 기관의 구조와 기능 (라) 사람의 생식 주기에서 각 시기의 특징 (마) 사람의 임신과 출산 과정
	지구 과학		· 태양계와 우주 - 지구와 달 - 태양과 행성 - 계절과 책력 - 우주와 우주여행	· 태양계와 우주 - 지구의 운동 - 태양계 천체들 - 별과 별의 집단 · 지각의 변화와 지구의 역사 - 지구 내부	· 지구와 우주 - 지구와 달 - 태양계 - 별과 우주	· 지구와 우주 - 지구와 달 (크기와 운동) - 태양계(구성과 탐사, 행성과 그 운동) - 별과 우주(별	· 지구와 우주 - 지구의 운동 - 달의 운동과 위상변화 - 지구, 달, 태양 (일식과 월식, 조석)	· 태양계의 운동 - 지구의 자전과 공전 (일주, 연주 운동) - 달의 운동과 위상변화 - 일식과 월식 - 각 행성의 공전	· 대기의 성질과 일기변화 - 지구의 열수지와 복사평형 - 대기의 구조와 대기 조성 - 이슬점과 상대습도의 관계

학년	영역	제1차 교육과정	제2차 교육과정	제3차 교육과정	제4차 교육과정	제5차 교육과정	제6차 교육과정	제7차 교육과정	2007 개정 교육과정
				- 지각의 변화 - 지구의 역사		의 거리와 밝기, 별의 색깔과 온도, 은하와 우주)	- 행성의 운동과 특징 - 별(거리와 밝기 및 색) - 성단과 성운 - 은하, 우주	주기와 궤도 크기 · 물의 순환과 날씨변화 - 증발과 응결 (이슬점, 포화·수증기량 및 상태 습도) - 구름의 생성 - 구름의 모양과 분류 - 강수 과정 - 기압(기압의 분포와 바람) - 날씨 변화(고기압, 저기압, 기단, 전선에서의 기상현상) - 일기도와 일기 기호	- 구름의 생성과 강수 과정 - 기압과 바람 - 대기 대순환의 원인 - 대기 대순환에 따른 위도별 기상 현상의 특징 - 기단, 전선, 고기압과 저기압에서의 날씨 - 일기도 해석 - 일기예보와 기상재해 · 해수의 성분과 운동 - 물의 분포와 중요성 - 수자원의 수요와 공급원 - 수온과 염분에 영향을 미치는 요인 - 수온의 연직 분포 - 염분비 일정의 법칙 - 세계적인 해수의 표층 순환 분포와 대기 대순환과의 관련성 - 우리나라 주변의 해류와 조석 - 해저지형의 특징과 우리나라 주변의 해저지형 - 해양 오염의 원인과 대책

3 현행 우리나라 과학 교육과정

현행 2009 개정 교육과정은 2007 개정 교육과정이 일부 학교급 일부 학년에서 적용되자마자 개정된 것으로 2013년부터 중·고등학교에 전면적으로 적용된다. 표 2.11은 2009년 이후 학교급 및 학년별 과학과 교육과정 적용 년도를 나타낸 것으로, 최근 몇 년 사이에 매우 급박하게 교육과정의 개정이 이루어진 과정을 보여준다.

표 2.11 학교급 및 학년별 과학과 교육과정 적용 년도(정지숙, 2010)

학교 \ 학년 \ 년도		2009년	2010년	2011년	2012년	2013년
중학교	1학년	제7차	2007개정	2009개정	2009개정	2009개정
	2학년	제7차	제7차	2007개정	2009개정	2009개정
	3학년	제7차	제7차	제7차	2007개정	2009개정
고등학교	1학년	제7차	제7차	2009개정	2009개정	2009개정
	2학년	제7차	제7차	제7차	2009개정	2009개정
	3학년	제7차	제7차	제7차	제7차	2009개정

2009 개정 교육과정에서 '과학'은 3학년부터 9학년까지 공통교육과정으로 편성하고, 과학의 기본 개념을 이해하고 과학 탐구 능력과 과학적 태도를 함양하여 창의적이고 합리적으로 문제를 해결하는 데 필요한 과학적 소양을 기를 수 있도록 하였다.

공통 교육과정의 '과학' 내용은 '물질과 에너지'와 '생명과 지구'의 2개 분야로 구성하며, 기본 개념과 탐구과정이 학년군과 분야 간에 연계되도록 하였다. 특히, 과학을 기술, 공학, 예술, 수학과 관련지어(STEAM) 통합적이고 창의적으로 사고할 수 있는 능력을 신장시키도록 하였다.

표 2.12는 공통 교육과정의 과학 교육과정 내용 체계를 정리한 것이다(김헌수, 2012).

중학교 1~3학년군에서는 도입 단원으로 '과학이란' 영역을 포함시켜 학생들이 과학에 흥미와 호기심을 갖고, 과학이 우리 생활과 밀접한 관련이 있음을 알게 하여, 미래의 직업 선택에 유용한 정보를 제공한다. 또한 마지막 단원에 '과학과 인류 문명' 영역을 포함시켜 과학의 발전이 인류에 미치는 영향과 과학 원리가 첨단 과학 기술에 응용된 사례를 알고, 과학과 과학 이외의 분야와의 관계를 이해할 수 있도록 하였다.

표 2.12 2009 개정 과학과 공통 교육과정의 내용 체계

학년군 분야	초등 3~4학년군		초등 5~6학년군	
물질과 에너지	물체의 무게 물체와 물질 액체와 기체 소리의 성질	자석의 이용 혼합물의 분리 거울과 그림자 물의 상태 변화	온도와 열 용해와 용액 산과 염기 물체의 빠르기	전기의 작용 여러 가지 기체 렌즈의 이용 연소와 소화
생명과 지구	지구와 달 동물의 한살이 동물의 생활 지표의 변화	식물의 한살이 화산과 지진 식물의 생활 지층과 화석	날씨와 우리 생활 식물의 구조와 기능 태양계와 별 우리 몸의 구조와 기능	지구와 달의 운동 생물과 환경 생물과 우리 생활 계절의 변화

학년군 분야	중학교 1~3학년군				
물질과 에너지	과학이란?	힘과 운동 열과 우리 생활 분자 운동과 상태 변화	물질의 구성 빛과 파동 물질의 특성 일과 에너지 전환	전기와 자기 화학 반응에서의 규칙성 여러 가지 화학 반응	과학과 인류 문명
생명과 지구		지구계와 지권의 변화 광합성 수권의 구성과 순환	기권과 우리 생활 소화·순환·호흡·배설 자극과 반응	태양계 생식과 발생 유전과 진화 외권과 우주개발	

고등학교 과학 교과목은 선택 교육과정으로 과학, 물리Ⅰ·Ⅱ, 화학Ⅰ·Ⅱ, 생명과학Ⅰ·Ⅱ, 지구과학Ⅰ·Ⅱ로 편성하였다.

'과학'은 민주주의의 구성원으로서 갖추어야 할 최소한의 과학적 소양을 갖출 수 있도록 학생들이 이해하기 쉽고 실생활과 연계한 주제 중심의 융합 과목으로 편성하였다(김희준 외, 2010).

표 2.13은 2009 개정 고등학교 '과학' 교육과정의 내용 체계를 나타낸 것이다. 여기서는 '우주와 생명'과 '과학과 문명' 2개 영역으로 구분하고, 각 영역을 세부 영역으로 구분하여 물리, 화학, 생명과학, 지구과학의 기본 개념들이 적절하게 균형을 이루면서 자연스럽게 융합되도록 구성하였다(교육과학기술부, 2009).

제1부에서는 우주의 탄생에서부터 태양계의 형성 및 생명체의 출현에 이르는 과정에 관한 주요 과학 개념의 이해를 바탕으로, 이 과정을 밝혀내기 위하여 과학자들이 가졌던 의문과 해결 방안을 탐색하게 함으로써 과학의 본성을 이해하게 한다.

표 2.13 2009 개정 고등학교 '과학' 교육과정 내용 체계

영 역			내용 요소
우주와 생명	우주의 기원과 진화	우주의 기원	우주의 팽창, 허블의 법칙, 선스펙트럼, 우주의 나이
		빅뱅과 기본입자	기본입자, 양성자, 중성자, 원자핵의 형성
		원자의 형성	수소와 헬륨 원자, 우주배경복사
		별과 은하	별의 탄생과 진화, 무거운 원소의 합성, 은하의 구조, 성간 화합물, 공유 결합, 반응속도
	태양계와 지구	태양계의 형성	태양계 형성 과정, 태양 에너지, 지구형 행성, 목성형 행성
		태양계의 역학	케플러의 법칙, 뉴턴의 운동법칙, 행성의 운동, 지구와 달의 운동, 자전, 공전
		행성의 대기	탈출속도, 행성 대기의 차이, 분자 구조와 성질
		지구	지구의 진화, 지구계, 지구의 원소 분포, 지자기
	생명의 진화	생명의 탄생	원시 지구, 화학 반응과 화학적 진화, 탄소 화합물, 생명의 기본 요소, DNA, 단백질, 세포막의 구조
		생명의 진화	원시 생명체의 탄생, 광합성과 대기의 산소, 화석, 지질 시대, 원핵세포, 진핵세포, 생물의 다양성
		생명의 연속성	유전자와 염색체, 유전 암호, 세포 분열, 유전자의 복제와 분배, 생식을 통한 유전자 전달
과학과 문명	정보통신과 신소재	정보의 발생과 처리	정보의 발생, 센서, 디지털 정보처리
		정보의 저장과 활용	저장 매체, 디스플레이, 정보처리의 응용
		반도체와 신소재	반도체 특성, 반도체 소자, 고분자 소재
		광물 자원	광물의 유형, 생성과정, 탐사, 활용
	인류의 건강과 과학기술	식량 자원	육종, 비료, 식품 안전, 생태계와 생물 다양성
		과학적 건강관리	영양, 물질대사, 질병과 면역, 물의 소독, 세제, 천연 및 합성 의약품, 건강검진
		첨단 과학과 질병치료	첨단 영상 진단, 암의 발생과 진단, 치료
	에너지와 환경	에너지와 문명	에너지의 종류·보존·전환, 에너지보존 법칙, 에너지 효율, 화석 연료
		탄소 순환과 기후변화	지구 에너지의 균형, 온실 효과와 기후 변화, 탄소 순환, 광합성과 이산화탄소의 환원
		에너지 문제와 미래	에너지 자원의 생성과 고갈, 신재생에너지, 핵에너지, 지속가능 발전과 에너지

제2부에서는 첨단 과학기술을 기반으로 하는 현대 사회에 대한 과학의 기여를 이해하고, 정보통신과 신소재, 인류의 건강과 과학기술, 에너지와 환경 등에 관련된 기초적인 과학 개념을 학습함으로써 올바른 의사소통과 판단능력을 갖추도록 한다.

물리, 화학, 생명과학, 지구과학으로 나눠진 분과형 심화과목에서는 물리, 화학, 생명과학, 지구과학의 Ⅰ과목에서는 2007년 개정 교육과정에서 시도되었던 주제 중심의 접근을 포기하는 대신 Ⅱ의 내용을 일부 이동하고, Ⅱ 과목에는 어렵더라도 실생활에 꼭 필요한 내용을 추가해서 분과별 지식의 완성도를 높여 이공계 대학으로 진학하는 학생들에게 도움이 되도록 하였다(조희형 외, 2011).

표 2.14는 고등학교 과학 심화과목의 내용 체계를 정리한 것이다.

표 2.14 2009년 개정 과학 교육과정 분과형 심화과목의 과목별 내용 체계

영 역			내용 요소
물리 Ⅰ	시공간과 우주	시간, 공간, 운동	시간의 측정과 표준, 길이의 측정과 표준, 뉴턴 운동법칙, 운동량과 충격량, 역학적 에너지 보존 법칙
		시공간의 새로운 이해	중력의 발견, 상대성 이론, 블랙홀과 중력렌즈, 우주 모형, 4가지 상호작용과 기본입자
	물질과 전자기장	전자기장	전기장과 전기력선, 정전기 유도와 유전 분극, 자기장과 자기력선, 유도전류와 패러데이 법칙
		물질의 구조와 성질	에너지 준위와 빛의 방출, 에너지띠 이론, 반도체, 신소재
	정보와 통신	소리와 빛	음파와 초음파, 화음과 소음, 마이크와 전기신호, 광전효과와 광센서, 색채 인식과 영상장치
		정보의 전달과 저장	전자기파의 스펙트럼, 안테나와 무선통신, 광케이블, 교류와 신호조절, 정보저장장치
	에너지	에너지의 발생	기전력, 전기 에너지, 발전기, 핵발전, 핵융합과 태양에너지, 태양전지, 여러 가지 발전
		힘과 에너지의 이용	힘의 전달과 돌림힘, 힘의 평형과 안정성, 유체의 법칙, 열역학 법칙과 열기관, 열전달, 상태변화와 기상현상, 전기에너지 이용
물리 Ⅱ	운동과 에너지	힘과 운동	위치벡터, 힘과 운동법칙, 포물선과 원운동, 운동량 보존, 가속좌표계와 관성력, 단진동
		열에너지	절대온도, 기체운동론, 이상기체 상태방정식, 내부에너지, 열역학 과정, 엔트로피
	전기와 자기	전하와 전기장	전위, 전기쌍극자, 평행판 축전기, 전기용량, 유전체
		전류와 자기장	전류에 의한 자기장, 자기선속과 패러데이 법칙, 로렌츠 힘, 자기쌍극자, 자성체, 상호유도, 자체유도, RLC 회로

영 역			내용 요소
물리 II	파동과 빛	파동의 발생과 전달	호이겐스 원리, 정상파와 공명, 굴절과 반사, 회절과 간섭, 도플러 효과와 충격파
		빛의 이용	거울과 렌즈, 광학기기, 엑스선과 감마선, 마이크로파, 레이저, 편광
	미시세계와 양자 현상	물질의 이중성	플랑크의 양자설, 빛의 입자성, 드브로이 물질파와 입자의 파동성, 전자현미경
		양자물리	불확정성원리, 슈뢰딩거 방정식, 파동함수, 원자모형, 에너지 준위, 양자터널 효과
화학 I	화학의 언어		원소, 화합물, 원자, 분자, 원자량, 분자량, 몰, 화학 반응식
	개성 있는 원소	원자의 구조	원자의 구성 입자, 보어 모형, 오비탈, 스핀, 에너지 준위
		주기적 성질	주기율표, 전자 배치, 원자 반지름, 이온화 에너지, 전기 음성도
	아름다운 분자 세계	분자 세계의 건축 예술	분자 구조의 다양성, 구조와 기능
		화학 결합	화학 결합, 옥텟 규칙, 쌍극자 모멘트, 결합의 극성
		분자의 구조	전자쌍 반발 이론, 분자 구조, 탄소 화합물
	닮은꼴 화학반응	산화 환원	광합성과 호흡, 철의 제련, 암모니아의 합성, 산화수
		산과 염기	염산, 암모니아, 아미노산, 핵산, 중화 반응
화학 II	다양한 모습의 물질	물질의 상태	분자 간 상호작용, 기체, 이상 기체 상태 방정식, 액체와 고체, 상변화
		용액	용액의 농도, 증기압, 총괄성
	물질 변화와 에너지	반응열	에너지, 엔탈피, 에너지 보존, 헤스의 법칙
		반응의 자발성	자발성, 엔트로피, 자유 에너지
	화학 평형	평형의 원리	화학 평형, 평형 상수, 평형의 이동, 상평형, 용해 평형, 헨리의 법칙
		평형의 이용	산-염기 평형, 화학 전지, 연료 전지, 전기 분해
	화학 반응 속도	반응 속도	반응 속도식, 반응 차수, 반감기, 에너지 장벽
		촉매	촉매의 종류, 효소, 촉매의 이용
	인류 복지와 화학		의약품 개발, 녹색 화학, 물의 광분해

영 역			내용 요소
생명 과학 I	생명과학의 이해		생명의 특성(생명체의 구성 체제 포함)
	세포와 생명의 연속성	세포와 세포분열	세포 주기와 세포 분열, 유전자, 염색체
		유전	멘델 법칙, 사람의 유전 형질, 유전 형질의 발현(염색체 이상과 유전자 이상)
	항상성과 건강	생명활동과 에너지	세포의 생명활동, 소화계, 순환계, 호흡계, 배설계의 통합
		항상성과 몸의 조절	신경계의 기능, 흥분의 전도와 전달, 자극과 반응의 경로, 근수축 운동, 체온 조절, 혈당량 조절, 삼투압 조절
		방어 작용	병원체, 항원, 항체, 면역
	자연속의 인간	생태계의 구성과 기능	생물과 환경의 상호 관계, 개체군과 군집, 물질의 순환과 에너지 흐름
		생물의 다양성과 환경	생물 다양성 보전, 생물자원의 이용, 환경과의 연계, 지속가능한 발전
생명 과학 II	세포와 물질대사	세포의 특성	핵, 원핵세포와 진핵세포의 비교, 세포질, 세포막, 확산, 삼투, 능동 수송, 효소의 구조와 특성
		세포와 에너지	생체막을 통한 에너지 전환, 발효, ATP, 미토콘드리아의 구조와 기능, 해당 과정, TCA 회로, 전자 전달계, 엽록체의 구조와 기능, 명반응, 암반응
	유전자와 생명공학	유전자와 형질 발현	유전정보의 특성, DNA의 복제, 유전 형질의 발현, 유전자 발현의 조절
		생명공학	생명공학의 기술과 이용
	생물의 진화	생명의 기원과 다양성	생명의 기원, 생물 분류 체계
		진화의 원리	변이, 자연선택, 유전적 평형, 종의 분화
지구 과학 I	소중한 지구	행성으로서의 지구	생명체를 위한 최적 환경 지구, 지구계의 상호작용
		지구의 선물	지하자원, 토양자원 대기, 수자원, 자원의 보고로서의 해양 관광자원으로서의 지구 환경, 미래 친환경 에너지
		아름다운 한반도	한반도의 지질과 지형 한반도의 지질 명소

영 역			내용 요소
지구 과학 I	생동하는 지구	고체 지구의 변화	지진·화산과 판구조론, 풍화 작용, 사태, 지질 재해의 피해와 대응책
		유체 지구의 변화	기상·해양 정보와 생활, 대기·해수의 순환과 기상 현상, 태풍, 황사, 해일, 기타 악기상 등, 기상·해양 재해의 피해와 대응책
	위기의 지구	환경 오염	대기 오염, 해양 오염, 토양 오염, 수질 오염, 우주 쓰레기
		기후 변화	지구 역사 속 기후의 변화, 기후 변화의 원인, 엘니뇨, 온실효과, 지구 온난화, 사막화, 오존홀 등, 지구 환경 변화 해결을 위한 방안
	다가오는 우주	천체 관측	별자리 관측과 계절에 따른 별자리 변화, 천체의 운동과 좌표계, 태양 관측, 태양의 표면과 대기의 특징, 행성 관측과 행성의 운동, 달의 위상변화, 일식과 월식
		우주 탐사	우주 탐사선, 태양계 천체들의 특징, 우주 망원경의 종류와 특징, 외계 행성과 생명체 탐사, 최신 우주 탐사 계획
지구 과학 II	지구의 구조와 지각의 물질	지구의 구조	지구의 내부 구조(지진파), 지구의 중력장, 지구의 자기장
		지각의 물질	조암 광물, 암석의 생성과정과 특징
	지구의 변동과 역사	지구의 변동	지구내부 에너지, 조륙운동과 지각평형설, 판구조론, 지각변동(지진, 화산, 조산운동), 지질구조
		지구의 역사	지사학의 주요 원리와 적용, 상대연령과 절대연령, 화석, 지질시대
		우리나라의 지질	지질조사와 지질도, 우리나라의 암석, 우리나라의 화석, 한반도의 형성
	대기와 해양의 운동과 상호작용	대기의 운동과 순환	단열변화, 대기의 안정도, 안개와 구름, 정역학 평형, 지균풍, 경도풍, 지상풍, 지구의 에너지 평형과 대기 대순환, 편서풍 파동과 제트류, 전선 저기압의 발생과 이동, 편동풍 파동과 열대 저기압, 태풍
		해수의 운동과 순환	해수의 수온과 염분, 밀도, 용존산소량, 정역학 평형, 해파와 조석, 에크만 수송과 취송류, 지형류, 경계류, 심층 순환과 심층 해류
		대기와 해양의 상호작용	대기의 대순환과 해양의 표층 순환의 관계, 해양의 표층 순환과 대양의 해류, 용승과 침강, 엘니뇨와 라니냐, 남방진동, 해양의 변화에 따른 기후 변화
	천체와 우주	별의 특성	별까지의 거리, 별의 운동, 별의 물리량, H－R도, 별의 에너지원, 별의 내부 구조, 별의 진화
		우리 은하	우리 은하의 구조, 우리 은하의 물리량, 성간 물질의 관측적 특성, 성간 물질의 종류
		은하와 우주	허블의 은하 분류법, 특이은하, 우주의 거대구조 허블 법칙, 우주 배경 복사, 빅뱅 우주(급팽창, 가속팽창우주), 암흑 물질, 암흑 에너지

4 외국의 과학 교육과정

4.1 미국의 과학 교육과정

미국의 과학 교육과정은 '국가과학교육기준(NSES: National Science Education Standards)'에 근거하고 있다. 국가과학교육기준은 과학 교수 기준, 과학교사교육 기준, 평가 기준, 과학내용 기준, 과학교육프로그램 기준, 과학교육체계 기준으로 나누는데, 이 중 과학 내용 기준은 표 2.15와 같다. 이 내용 기준(content standards)에서는 '과학의 통합 개념과 과정(unifying concepts and processes)', '탐구로서의 과학(Science as Inquiry)', '물상과학(Physical science)', '생명과학(Life science)', '지구 및 우주 과학(Earth and Space science)', '과학과 기술(Science and Technology)', '개인적 사회적 관점에서의 과학(Science in personal and social perspectives)', '과학의 역사와 본성(History and Nature of Science)'이라는 8개의 범주로 구분하여 내용을 제시하고 있다.

'과학의 통합 개념과 과정' 범주는 유치원에서 12학년(K~12)까지 공통으로 제시되어 있으며, 나머지 7개 영역은 3개의 학년군(K~4, 5~8, 9~12)으로 나누어 제시되어 있다. 학년군별 내용은 과학 영역, 학생들의 발달 수준과 학습 능력, 실용성의 3개 준거에 따라 선정되고 조직되었다.

현행 우리나라의 과학 교육과정이 3~9학년까지의 과학 내용을 '에너지', '물질', '생명', '지구'의 네 영역으로 나누어 제시하고 있어 과학 영역 간의 구분이 뚜렷한 데 비해 미국의 과학 내용 기준은 전통적인 내용 영역 외의 다양한 영역을 과학 교육 내용 체계 안에 포함하고 있음을 알 수 있다(표 2.15).

내용 기준의 특징을 정리하면 다음과 같다.

- 각 기준은 다른 기준의 지식과 기능을 전제로 하며 학생들의 이해와 능력은 탐구 경험을 바탕으로 한다.
- 탐구는 다른 내용 기준의 이해와 능력의 발달을 위한 기반이며, 탐구로서의 과학 범주로부터 과학의 역사와 본성이라는 범주로 가면서 과학의 개인적, 사회적 측면이 강조된다.
- 과학을 적용하기 위해서는 물상과학, 생명과학, 지구 및 우주 과학에 대한 견고한 지식과 이해가 필요하다.
- 다양한 범주의 내용을 포함하고 있으며, 이 중에서 '과학의 통합 개념과 과정' 범주는 학문 중심적인 관점을 보완하는 포괄적인 통합 개념과 과정을 제시하고 있다.

표 2.15 미국 국가과학교육 기준의 내용 기준

범주	수준		
	K~4	5~8	9~12
과학의 통합 개념과 과정	체계, 질서, 조직, 증거 · 모형 · 설명, 변수 · 상수 · 측정, 진화와 평형, 형식과 기능		
탐구로서의 과학	과학적 탐구에 필요한 능력 과학적 탐구에 대한 이해	과학적 탐구에 필요한 능력 과학적 탐구에 대한 이해	과학적 탐구에 필요한 능력 과학적 탐구에 대한 이해
물상과학	물체의 성질과 물질 물체의 위치와 운동 빛 · 열 · 전기 · 자기	물질의 성질과 성질의 변화 운동과 힘 에너지의 전달	원자의 구조 물질의 구조와 성질 화학 반응 운동과 힘 에너지 보존과 무질서의 증가 에너지와 물질의 상호작용
생명과학	생물의 특성 생물의 생활사 생물과 환경	생물체계의 구조와 기능 재생과 유전 조절과 행동 개체군과 생태계 생물의 다양성과 적응	세포 유전의 분자적 기초 생물학적 진화 생물계의 물질 · 에너지 · 조직 생물의 행동
지구와 우주 과학	지구물질의 성질 하늘의 물체 지구와 하늘의 변화	지구의 구조 지구의 역사 태양계의 지구	지구의 에너지 지질화학적 순환 지구의 기원과 진화 우주의 기원과 진화
과학과 기술	자연물과 인공물의 구분 능력 기술적 설계 능력 과학과 기술에 관한 이해	기술적 설계 능력 과학과 기술에 관한 이해	기술적 설계 능력 과학과 기술에 관한 이해
개인적 · 사회적 관점에서의 과학	개인적 건강 인구의 특성과 변화 자원의 형태 환경의 변화 지역의 과학과 기술	개인적 건강 인구 · 자원 · 환경 자연의 위험 위험과 이익 사회의 과학과 기술	개인적 · 사회적 건강 인구성장 자연자원 환경의 질 자연적 · 인공적 위험 지역적 · 국가적 · 세계적 과학과 기술
과학의 역사와 본성	인간 노력으로서의 과학	인간 노력으로서의 과학 과학의 본성 과학의 역사	인간 노력으로서의 과학 과학지식의 본성 역사적 관점

• 탐구로서의 과학과 과학의 역사와 본성을 독립된 내용 기준으로 포함하고 있다.
• 과학과 기술 기준은 기술과 관련된 문제를 확인하고 진술하며, 비용과 이익에 대한 분석을 거쳐 해결책을 고안하고, 이를 수행 · 평가하는 능력을 발달시키도록 요구하고 있다.
• 개인과 사회적 견지에서의 과학 기준은 학생들의 의사결정 능력의 계발을 요구하고 있다.

최근 미국은 기존의 과학교육기준이 고등학교를 졸업하는 학생들을 위한 공통적인 비전을 제시하지 못하며, 분질화된 내용들을 세세하게 목록화하고 있어 "넓게는 배우나 깊이 배우지 못한다는(a mile wide and an inch deep)" 비판을 수용하여 새로운 과학 교육과정의 틀(framework)인 차세대과학교육기준(NGSS : Next Generation Science Standards)을 개발하였다.

차세대과학교육기준은 크게 3개의 차원으로 구성되며, 각각의 차원은 다음과 같은 내용들을 포함하고 있다(National Academy of Sciences, 2012).

차원 1: 과학적 및 공학적 실행(scientific and engineering practice)	
1. 질문 제기(과학)와 문제 정의(공학)	5. 수학의 이용 및 수치적 사고
2. 모형 개발 및 이용	6. 설명의 구성(과학)과 해결책 설계(공학)
3. 탐구 계획 및 수행	7. 증거를 토대로 한 논증 참여
4. 자료 분석 및 해석	8. 정보 수집, 평가 및 교환

이 차원은 실제 과학자와 공학자들이 사용하는 모델링, 설명 또는 해결책 구안, 논쟁 등의 실행을 강조한 것으로, 기존의 과학교육기준에서는 중요하게 다뤄지지 않은 것이다.

과학적 실행을 통해 학생들은 과학적 지식들이 어떻게 만들어지는지 이해하게 될 것이며, 공학적 실행을 통해 공학자들이 무슨 일을 하는지, 공학과 과학이 어떻게 연관되는지 이해하게 될 것이다.

차원 2: 모든 분야에 적용되는 공통 개념(crosscutting concepts that have common application across fields)	
1. 패턴	5. 에너지와 물질: 흐름, 순환, 보존
2. 원인과 결과: 기작과 설명	6. 구조와 기능
3. 척도, 비율, 양	7. 안정과 변화
4. 시스템과 시스템 모형	

이 차원의 7개 공통 개념들은 다양한 학문 분야들로부터 만들어진 지식들이 일관된 과학적 관점으로 연결되는 방식을 제시한다. 이러한 공통 개념에 대한 이해는 차원 3의 '4개 과학 분야의 핵심 개념'을 통해 더욱 강화될 것이며, 차원 1의 '과학적 및 공학적 실행'을 통해 이 공통 개념들을 적용해보게 될 것이다.

차원 3: 4개 학문 분야의 핵심 개념(core ideas in four disciplinary areas)

물상과학

PS1. 물질과 상호작용
PS2. 운동과 안정성: 힘과 상호작용
PS3. 에너지
PS4. 파동과 정보 전달 기술에의 응용

지구 및 우주과학

ESS1. 우주에서 지구의 위상
ESS2. 지구계
ESS3. 지구와 인간활동

생명과학

LS1. 분자부터 유기체까지: 구조와 과정
LS2. 생태계: 상호작용, 에너지, 역학
LS3. 유전: 유전형질과 특성의 변이
LS4. 생물학적 진화: 통일성과 다양성

공학, 기술, 그리고 과학의 적용

ETS1. 공학적 설계
ETS2. 공학, 기술, 과학, 사회 간의 연결

이 차원은 기존의 과학 교육기준에 전형적으로 포함된 물상과학, 생명과학, 지구 및 우주과학의 핵심개념들을 포함하고 있다. 하지만 최소한의 개념들만을 제시함으로써 교사와 학생들이 충분한 시간적 여유를 가지고 이들 개념들을 심도 있게 탐구할 수 있도록 하고 있다.

공학과 기술 분야를 포함시킨 것은 인류가 건설한 세계에 대한 이해의 중요성을 반영하고, 과학, 공학, 기술을 통합한 교수-학습의 가치를 인식하게 하기 위함이다.

미국은 차세대과학교육기준을 통해 길러진 학생들이 고등학교를 졸업했을 때 과학과 공학에 대한 충분한 지식을 가지고 과학 관련 이슈에 참여하고, 일상생활과 관련된 과학정보들에 대한 비판적 소비자가 되며, 현재 세계에 대한 우리의 과학적 이해가 인류의 창조적인 노력의 산물임을 깨닫게 하고자 한다. 그러므로 이 기준은 대학을 진학하거나 과학, 공학, 기술 관련 분야에 종사하는 사람들만을 위한 것이 아니라 모든 사람들이 갖추어야 할 기본적인 소양으로 간주된다.

차세대과학교육기준을 통해 미국은 학생들이 과학, 공학, 기술이 현대 생활의 모든 측면에 깊숙이 관여되어 있음을 깨닫게 하고, 과학과 공학의 지식들이 대중 정책을 이해하고 참여하는 데 필수적인 요소임을 이해하게 되길 기대하고 있다.

4.2 영국의 과학 교육과정

영국의 과학 교육과정은 1988년 5~16세 공립학교 학생들을 위해 도입되어 수정 보완되고 있는 '과학국가교육과정(Science in National Curriculum)'에 근거하고 있다. 과학국가교육과정은 영국 중등교육자격시험(GCSE)에 관한 것으로, 영국의 정부가 시행하는 교육의 기준으로서 모든 학생들에게 가르칠 내용과 학생들이 학습을 통해 도달해야 할 목표를 명시하고자 작성된 교육과정이다(조희형 외, 2011).

영국의 교육체제는 4개의 주단계(Key Stage)로 구성되며, 각각의 주단계에 따라 성취목표와 수준이 제시되어 있다.

- KS1: 5~7세, 1~2학년
- KS2: 7~11세, 3~6학년
- KS3: 11~14세, 7~9학년
- KS4: 14~16세, 10~11학년

영국의 과학 교육과정 체계는 크게 학습 프로그램(Programme of Study)과 성취 목표(Attainment Target)로 구분된다. 학습 프로그램은 학습 내용을 기술한 지식, 기능과 이해(Knowledge, Skills, and Understanding)와 학습 내용을 가르칠 맥락을 기술한 학습의 폭(Breadth of Study)으로 구성된다. 또한, 학생의 능력과 성숙도를 고려하여 8단계의 성취 수준(level description)과 그 이상의 수준인 '탁월한 수행(Exceptional Performance)'으로 나누어 제시하고 있다.

내용 영역은 다음과 같이 4개의 중핵 영역으로 구분되며, 각 영역에는 가르쳐야 할 세분화된 내용들이 포함되어 있다.

- Sc1. 과학 탐구(Scientific Enquiry): 공통
- Sc2. 생명 활동 과정과 생물(Life Processes and Living Things)
- Sc3. 물질과 그 성질(Materials and Their Properties): 지질학, 기상학 포함
- Sc4. 물리적 과정(Physical Process): 천문학 포함

표 2.16은 영국의 과학 교육과정에서 주단계에 따른 학습 프로그램과 성취 목표를 나타낸 것이다.

표 2.16 주단계 성취 목표별 내용

주단계	성취 목표			
	과학적 탐구	생명 과정과 생물	물질과 그 특성	물리적 과정
1	관념과 과학의 증거 조사 기능: 계획 수립, 증거 수집과 제시, 증거 고려 및 평가	생명 과정 인간과 다른 동물 녹색 식물 변이와 분류 환경 속의 생물	물질의 유목화 변하는 물질	전기 힘과 운동 힘과 소리: 빛과 어둠, 소리 만들기와 검출
2	관념과 과학의 증거 조사 기능: 계획 수립, 증거 수집과 제시, 증거 고려 및 평가	생명 과정 인간과 다른 동물: 영양, 순환, 운동, 생장과 재생, 건강 녹색 식물: 생장과 영양, 재생 변이와 분류: 환경 속의 생물: 적응, 먹이 관계, 미생물	물질의 유목화와 분류 변하는 물질 혼합물의 분리	전기: 단순 회로 힘과 운동: 힘의 종류 빛과 소리: 생활의 빛 효과, 진동과 소리 지구와 그 밖: 태양, 지구, 달, 주기적 변화
3	관념과 과학의 증거 조사 기능: 계획 수립, 증거 수집, 증거 고려, 평가	세포와 그 기능 생물로서의 인간: 영양, 운동, 재생, 숨쉬기, 호흡, 건강 생물로서의 녹색식물: 영양과 생장, 호흡 변이, 분류, 유전 환경 속의 생물: 적응과 경쟁, 먹이 관계	물질의 분류: 고체, 액체, 기체, 원소, 화합물, 혼합물 변하는 물질: 물리적 변화, 지질학적 변화, 화학적 변화 행동의 양상: 금속, 산과 염기	전기와 자기: 회로, 자기장, 전자기 힘과 운동: 힘과 직선 운동, 힘과 회전, 힘과 압력 빛과 소리: 빛의 행동, 듣기, 진동과 소리 지구와 그 밖: 태양계 에너지 자원과 전이: 에너지 자원, 에너지 보존
4 (단일 과학)	관념과 과학의 증거 조사 기능: 계획 수립, 증거 수집, 증거 고려, 평가	세포 활동 생물로서의 인간: 영양, 순환, 신경계, 호르몬, 항상성, 건강 변이, 유전, 진화 환경 속의 생물: 적응과 경쟁	물질의 분류: 원자 구조 변하는 물질: 유기물의 산물 행동의 양상: 주기율표, 화학 반응, 반응률, 효소 관련 반응	전기: 회로, 본선 전기 파동: 파동의 특성, 전자기 스펙트럼, 소리와 초음파 지구와 그 밖: 태양계와 우주 에너지 자원과 전이: 에너지 전이, 전자기 효과 방사능

<table>
<tr><th rowspan="2">주단계</th><th colspan="4">성취 목표</th></tr>
<tr><th>과학적 탐구</th><th>생명 과정과 생물</th><th>물질과 그 특성</th><th>물리적 과정</th></tr>
<tr><td>4
(이중
과학)</td><td>관념과 과학의 증거
조사 기능: 계획 수립, 증거 수집, 증거 고려, 평가</td><td>세포 활동
생물로서의 인간: 영양, 순환, 숨쉬기, 호흡, 신경계, 호르몬, 항상성, 건강
생물로서의 녹색 식물: 영양, 호르몬, 흐름과 물의 관계
변이, 유전, 진화
환경 속의 생물: 적응과 경쟁, 에너지와 영양의 흐름</td><td>물질의 분류: 원자 구조, 결합
변하는 물질: 유기물의 산물, 광물과 암석의 산물, 공기의 산물, 정량 화학, 지구와 대기의 변화
행동의 양상: 주기율표, 화학 반응, 반응 속도, 효소 관련 반응, 가역 반응, 반응의 에너지 흐름</td><td>전기: 회로, 본선 전기, 전하
힘과 운동: 힘과 가속도, 힘과 비등속 운동
파동: 파동의 특성, 전자기 스펙트럼, 소리와 초음파, 시진파, 파동
지구와 그 밖: 태양계와 우주
에너지 자원과 흐름: 에너지 흐름, 일·힘·에너지, 전자기 효과
방사성</td></tr>
</table>

영국 과학 교육과정의 특징을 정리하면 다음과 같다.

- 주단계별(학년별)로 목표가 제시되어 있다.
- 내용 영역별로 목표가 제시되어 있어 학습목표가 학습 프로그램과 밀접하게 연계되어 있다.
- 구체적 내용을 포함하는 상세한 목표가 제시되어 있다.
- 내용 영역을 과학 탐구, 생명 활동 과정과 생물, 물질과 그 성질, 물리적 과정으로 나누어 제시하고 있다.
- 과학 탐구는 내용 영역 내에서 가르치도록 명시하고 있다.
- '지식, 기능과 이해'에서 학습 내용을, '학습의 폭'에서 어떻게 배워야 하는지 기술하고 있다.
- KS4에서 단일과학(single science)과 이중과학(double science)으로 나누어 제시하고 있다. 단일 과학은 다른 교과를 위해 시간을 많이 할애해야 할 학생을 위한 것으로, 학습자 요구와 특성이 반영되어 있다.

4.3 일본의 과학 교육과정

일본의 과학 교육과정은 문부과학성에서 제정한 국가교육과정에 근거하며, 각급 학교 과학 과목의 목표와 각 분야의 목표 및 내용으로 구성되어 있다. 일본의 과학 교육과정의 내용 체계는 우리나라 과학 교육과정과 유사하며, 중학교 과학 및 고등학교 이과 기초 및 종합은 합본과학으로 간주된다.

표 2.17은 일본 과학 교육과정의 중학교와 고등학교 과학의 분야별 내용을 나타낸 것이다.

표 2.17 일본의 중학교와 고등학교 과학의 분야별 내용

<table>
<tr><th>과목</th><th>분야</th><th>영역</th><th>내용</th></tr>
<tr><td rowspan="14">중학교 과학</td><td rowspan="7">제 1 분야</td><td>A. 주변의 물리 현상</td><td>· 빛과 소리 · 힘과 압력</td></tr>
<tr><td>B. 주변의 물질</td><td>· 물질의 모양 · 수용액 · 상태변화</td></tr>
<tr><td>C. 전류와 그 이용</td><td>· 전류 · 전류와 자기장</td></tr>
<tr><td>D. 화학 변화와 원자 · 분자</td><td>· 물질의 성장 · 화학 변화
· 화학변화와 물질의 질량</td></tr>
<tr><td>E. 운동의 에너지</td><td>· 운동의 규칙성 · 역학 에너지</td></tr>
<tr><td>F. 화학 변화와 이온</td><td>· 수용액과 이온 · 산 · 알칼리와 이온</td></tr>
<tr><td>G. 화학기술과 인간</td><td>· 에너지 · 과학기술의 발전
· 자연환경 보전과 과학기술의 이용</td></tr>
<tr><td rowspan="7">제 2 분야</td><td>A. 식물의 생활과 종류</td><td>· 생물의 관찰 · 식물의 성장과 운동
· 식물의 무리</td></tr>
<tr><td>B. 대지의 성장과 변화</td><td>· 화산과 지진 · 지층의 모양과 과거의 모습</td></tr>
<tr><td>C. 동물의 생활과 생물의 변환</td><td>· 생물과 세포 · 동물의 성장과 운동
· 동물의 무리 · 생물의 변환과 진화</td></tr>
<tr><td>D. 기상과 변화</td><td>· 기상관측 · 날씨의 변화 · 일본의 기상</td></tr>
<tr><td>E. 생물의 연속성</td><td>· 생물의 성장과 번식 · 유전의 규칙성과 유전자</td></tr>
<tr><td>F. 지구와 우주</td><td>· 천체의 운동과 지구의 자전 · 공전
· 태양계와 항성</td></tr>
<tr><td>G. 자연과 인간</td><td>· 생물과 환경 · 자연의 은혜와 재해
· 자연한경의 보전과 과학기술의 이용</td></tr>
<tr><td rowspan="12">고등학교 과학</td><td rowspan="4">이과 기초</td><td>A. 물질의 성립</td><td>· 원자, 분자의 탐구 · 물질의 합성에의 길</td></tr>
<tr><td>B. 생명 탐구</td><td>· 세포의 발견과 세포설 · 진화의 사고</td></tr>
<tr><td>C. 에너지의 사고</td><td>· 에너지의 사고의 형성 · 전기 에너지의 이용</td></tr>
<tr><td>D. 우주 · 지구 탐구</td><td>· 천동설과 지동설 · 판구조론</td></tr>
<tr><td rowspan="4">이과 종합 A</td><td>A. 자연의 탐구</td><td>· 자연을 보는 방법 · 탐구의 방법</td></tr>
<tr><td>B. 자원 · 에너지와 인간 생활</td><td>· 자원의 개발과 이용 · 여러 가지 에너지</td></tr>
<tr><td>C. 물질과 인간 생활</td><td>· 물질의 구성과 변화 · 물질의 이용</td></tr>
<tr><td colspan="2">D. 과학기술의 진보와 인간 생활</td></tr>
<tr><td rowspan="4">이과 종합 B</td><td>A. 자연의 탐구</td><td>· 자연관 · 탐구의 일</td></tr>
<tr><td>B. 생명과 지구의 변화</td><td>· 지구의 변동 · 생물의 변동</td></tr>
<tr><td>C. 다양한 생물과 자연의 조화</td><td>· 지표의 모양과 대기 · 생물과 환경</td></tr>
<tr><td colspan="2">D. 인간의 활동과 지구 환경의 변화</td></tr>
</table>

일본 과학 교육과정의 특징을 정리하면 다음과 같다.

- 중학교 과학은 제1분야(물리와 화학), 제2분야(생물과 지구과학)로 구분된다.
- 고등학교 이과기초는 물리(에너지의 사고), 화학(물질의 성립), 생물(생명의 탐구), 지구과학(우주 · 지구 탐구)이 통합되어 있다.
- 고등학교 이과종합은 이과기초에 비해 포괄적이고 실용적인 내용을 다루며 A, B로 구분된다. 이과종합 A는 물리와 화학의 통합이며, 이과종합 B는 생물과 지구과학의 통합으로 볼 수 있다.

요약 | 02장 과학 교육과정

1 과학 교육의 목표

1.1 과학 교육의 목표

1) 과학적 소양 함양

- 과학 지식(knowledge)
- 탐구 능력(process skills)
- 태도(attitude)
- 과학의 본성에 대한 이해(understanding about nature of science)

2) 우리나라 과학 교육의 목표

- 인지적 영역: 과학의 기본 개념 이해
- 탐구능력 영역: 과학적 탐구 능력 신장
- 정의적 영역: 자연 현상에 대한 흥미와 호기심 신장 및 과학적으로 문제를 해결하려는 태도
- 과학의 본성 영역: 과학이 기술의 발달과 사회의 발전에 미치는 영향 인식

2 과학 교육과정의 변천

2.1 과학 교육과정의 역사

1) 교과 중심 교육과정

- 시기: 1890년 이전에서 1930년까지, 고전주의 교육 사조의 영향
- 특징: 학습자의 요구나 필요성, 심리적 변화가 무시되며 교과의 논리와 체제만을 중시, 실생활과는 무관
- 비판: 내적 동기의 결여, 심리학적 과학성 결여

2) 경험(생활) 중심 교육과정

- 시기: 1930~1950년 전후, 진보주의 교육 사조의 영향
- 특징: 행함을 통한 학습, 경험을 통한 학습, 아동의 지적 준비성과 흥미를 고려
- 비판: 학문의 지식 구조나 발달 과정 소홀, 아동의 지적 발달과 기초 학력의 저하

3) 학문 중심 교육과정

- 시기: 1950년~1977년, 실증주의 교육 사조의 영향
- 특징: 학문의 진수, 지식의 구조, 탐구과정 및 과학적 문제 해결 강조
- 비판: 학생 동기화 결여, 일상생활에서의 과학 역할을 고려 못함

4) 인간 중심 교육과정

- 시기: 1970년대 이후, 구성주의 교육 사조의 영향
- 특징: 학습자 개개인의 참된 인간 교육을 강조, 사회 구성원으로서의 역할과 상호관계를 강조, '모든 사람을 위한 과학(science for all)', '과학적 소양(scientific literacy)'을 포함하는 '과학과 기술과 사회(STS: Science, Technology & Society)' 교육 운동

2.2 우리나라 과학 교육과정의 변천

1) 교수요목기

- 가르쳐야 할 내용(syllabus)만 선정

2) 제1차 교육과정

- 교과과정(course of study) 용어 처음 사용
- 중학교 과학을 생물과 물상(physical science) 과목으로 병렬 설정

3) 제2차 교육과정

- 교육과정(curriculum) 용어 처음 사용
- 고등학교: 물리 · 화학 · 생물이 I과 II로, 지구과학은 지학

4) 제3차 교육과정

- 과학적 능력의 함양과 과학적 탐구 정신 강조
- 고등학교: 물리 · 화학 · 생물 · 지구과학

5) 제4차 교육과정

- 교육과정(curriculum) 용어 처음 사용
- 고등학교: 물리 · 화학 · 생물 · 지구과학 I, II

6) 제5차 교육과정

- 고등학교: 과학 I, 과학 II, 물리, 화학, 생물, 지구과학

7) 제6차 교육과정

- 고등학교: 공통과학 새롭게 신설, 탐구과정 및 STS 강조

8) 제7차 교육과정

- 3학년부터 10학년까지를 '국민공통기본교육과정'으로 설정, 과학 과목 필수 이수
- 고등학교: 생활과 과학, 물리 · 화학 · 생물 · 지구과학 I, II
- 심화 · 보충형 교육과정으로 동일 학급 내에서 동시에 심화학습과 보충학습이 이루어지도록 함
- 탐구과정과 활동 강조

9) 2007 개정 교육과정

- 국민공통기본교육과정과 고등학교 선택중심교육과정으로 구성

10) 2009 개정 교육과정

- 공통 교육과정을 3~9학년으로 편성
- 고등학교: 융합과학 성격의 '과학' 신설
- 중학교 과학은 과학과 기술 · 가정 교과군으로 분류
- 고등학교 과학 9개 과목은 사회 교과와 함께 탐구 영역으로 분류: 인문 · 사회 과정은 15단위 이상, 자연 과정은 35단위 이상 이수

3 현행 우리나라 과학 교육과정

3.1 중학교 과학 교육과정

- 공통 교육과정의 '과학'의 내용은 '물질과 에너지'와 '생명과 지구'의 2개 분야로 구성
- 기본 개념과 탐구과정이 학년군과 분야 간에 연계되도록 함
- 과학을 기술, 공학, 예술, 수학과 관련지어(STEAM) 통합적이고 창의적으로 사고할 수 있는 능력 신장
- 중학교 1~3학년군 도입 단원으로 '과학이란'과 마지막 단원으로 '과학과 인류 문명' 포함

3.2 고등학교 과학 교육과정

- 선택 교육과정으로 과학, 물리 I · II, 화학 I · II, 생명과학 I · II, 지구과학 I · II로 편성
- '과학'은 '우주와 생명'과 '과학과 문명' 2개 영역으로 구분하고, 각 영역을 세부 영역으로 구분하여 물리, 화학, 생명과학, 지구과학의 기본 개념들이 적절하게 균형을 이루면서 자연스럽게 융합되도록 구성

기출문제

1. 학문중심주의 과학 교육과정에 대한 설명으로 적합하지 않은 것은? (1994)

① 탐구학습을 강조한다.
② 지식의 구조 혹은 개념 체계를 강조한다.
③ 교양으로서의 과학(scientific literacy)을 강조한다.
④ "모든 학생을 과학자로 만들 것인가?"라는 비판을 받았다.

2. 1992년 교육부에서 고시한 제6차 과학 교육과정의 특성을 제5차 과학교육 과정과 비교하여 설명한 것 중 잘못된 것은? (1994)

① 탐구 활동을 강조하였다.
② 학습 내용을 심화시켰다.
③ '공통과학'이라는 과목이 신설되었다.
④ 과목 선택의 자율권이 확대되었다.

3. BSCS, ESCP, CHEM study 등의 내용이 도입되어 우리나라의 과학 교육과정에 가장 큰 영향을 준 것은? (1995)

① 제1차 교육과정 ② 제2차 교육과정
③ 제3차 교육과정 ④ 제4차 교육과정

4. 〈보기〉에서 과학 교육의 사조와 특징이 바르게 연결된 것을 모두 고르면? (1996)

〈보 기〉

㉠ 학문중심주의 – 학문의 진수를 학생들에게 교육하는 것
㉡ 생활중심주의 – 실용성과 학생의 흥미 강조
㉢ 형식주의 – 학습자 중심의 입장 고려

① ㉠, ㉡ ② ㉠, ㉢
③ ㉡, ㉢ ④ ㉠, ㉡, ㉢

5. 다음은 1997년에 교육부 고시로 개정된 제7차 과학과 교육과정에 대한 질문이다.(2000 공통과학)

1) 제7차 교육과정은 학년에 따라 교육과정의 체제를 두 가지로 구분하여 제시하고 있다. 과학과에서 제시하고 있는 교육과정의 체제와 그 해당 학년을 다음 표에 쓰시오.

체제	해당 학년

2) 제7차 교육과정에서 '과학' 과목의 내용을 학교 급별로 구분하지 않고, 위와 같이 구성함으로써 얻을 수 있는 장점을 한 가지만 쓰시오.

6. 아래의 글은 제7차 과학과 교육 과정에 대해 기술하고 있다. (2002 공통과학)

> (A) 학문 중심 교육 과정 이후에 과학 교육에 대한 반성, 과학의 역기능에 대한 회의, 변화된 사회의 요구 등으로부터 (B) 새로운 과학 교육 사상이 싹트게 되었다. 이 때부터 많은 과학 교육 학자들은 과학을 생활과 사회 속에서 찾으며, 과학과 기술의 밀접한 관계를 새롭게 자각하였다. 또한 교실현장에서 학생들을 과학적인 소양을 가지고 건전한 민주 시민으로서의 자질을 갖춘 사람으로 키워야 한다는 사상이 반영되었다.
> 이러한 사상은 교실 현장에 큰 변화를 줄 것으로 기대된다.
> 우리도 과학을 할 수 있고, 과학이란 어려운 것이 아니고 우리 주변에서 일어나는 다양한 현상들에 호기심을 갖고 접근하는 것임을 알게 된다. 뿐만 아니라 평소에 문제로 느끼는 것을 해결하는 과정에서 자신의 경험과 지식을 활용하고 새로운 지식을 찾아 적용함으로써 과학이 재미있고 나도 할 수 있다는 자신감을 얻을 수 있다.

1) 밑줄 친(A)의 '학문 중심 교육 과정'에서 강조하였던 내용을 2가지만 쓰시오.

①

②

2) 밑줄 친 (B)의 '새로운 과학 교육 사상'을 일컫는 용어를 쓰시오.

3) 제7차 과학과 교육 과정이 지향하는 과학 교육의 목적을 위 글에서 찾아 쓰시오.

7. 다음은 제7차 과학과 교육 과정에 제시된 내용의 일부이다. 물음에 답하시오. (2003 공통과학)

> 1. 성격
> 국민 공통 기본 교육 과정의 '과학'은 3학년부터 10학년까지의 학생을 대상으로 하며, 국민의 기본적인 (①)을(를) 기르기 위하여 자연을 과학적으로 탐구하는 능력과 과학의 기본 개념을 습득하고, 과학적인 태도를 기르기 위한 과목이다.
> '과학'의 내용은 에너지, 물질, 생명, 지구 등의 지식과 탐구 과정 및 탐구 활동으로 구성한다.
>
> 2. 목표
> 자연 현상과 사물에 대하여 흥미와 호기심을 가지고, 과학의 지식 체계를 이해하며, 탐구 방법을 습득하여 올바른 자연관을 가진다.
> 가. 자연의 탐구를 통하여 과학의 기본 개념을 이해하고, 실생활에 이를 적용한다.
> 나. 자연을 과학적으로 탐구하는 능력을 기르고, 실생활에 이를 활용한다.
> 다. 자연 현상과 과학 학습에 흥미와 호기심을 가지고, 실생활의 문제를 과학적으로 해결하려는 태도를 기른다.
> 라. (②)을(를) 바르게 인식한다.

1) 위 내용의 (①)에 적합한 용어를 쓰시오.

2) 목표의 '라' 항을 완성하기 위해 (②)에 적합한 내용을 쓰시오.

8. 다음은 제7차 과학과 교육과정 내용체계표의 일부이다. 7~9학년의 분야별 내용을 참조하여 물음에 답하시오. (2004 공통과학)

분야 \ 학년		7	8	9
지식	①	파동	…	전류의 작용
	②	분자의 운동	혼합물의 분리	…
	③	…	자극과 반응	유전과 진화
	④	지각의 물질	…	태양계의 운동
탐구	탐구과정	○○○	○○○	
		○○	○○○	
	⑤	○○○	○○○	

※ ○는 학습 활동 시 빈도

1) 지식 분야의 ①~④를 모두 쓰시오.

① ______________________ ② ______________________

③ ______________________ ④ ______________________

2) 탐구 분야의 ⑤을 쓰시오.

⑤ ______________________

9. 다음은 과학 수업에 대한 두 교사의 대화 내용을 정리한 것이다. (2006 공통과학)

A교사: 요즘 수업하기 참 힘들죠. 학생들이 과학을 어렵다고 쉽게 포기해버려서 과학을 공부하려고 노력조차 하지 않는 것 같아요. 사실 과학자가 되지 않더라도 일상생활에서도 과학이 필요한데... B교사: 저도 똑같은 것을 느낍니다. 저는 학생들에게 '과학을 몰라도 잘 살 수 있지만 알면 더 잘 살 수 있다'는 것을 강조하는데 과학을 자기 삶과 동떨어진 것으로 생각하는 학생들이 많습니다. A교사: 아마 이런 현상이 나타난 이유 중의 하나가 과학 수업이 실험실 상황에서 과학의 개념이나 원리 습득 위주로만 진행된 결과가 아닐까 합니다. B교사: 그래서 저도 그 문제점을 인식하고 제7차 과학과 교육과정의 성격에 나와 있는 정신을 받아들여 놀이동산의 과학이나 부엌의 과학 등을 소재로 하여, 학생들 주변에서 제기된 의문을 탐구해서 해결책을 찾아낼 수 있도록 수업을 진행했습니다.

제7차 과학과 교육과정은 '성격', '목표', '내용', '교수·학습 방법' 및 '평가'로 구성되어 있는데, 이 중 '<u>성격</u>'에서 B교사가 추구하는 과학교육의 방향과 직접적으로 관련된 것을 3줄 이내의 문장으로 쓰시오.

____

____

____

10. 다음 학생들의 대화 내용을 읽고 물음에 답하시오. (2007 공통과학)

> 학생 A : (1) 튀김을 할 때 튀김옷을 입히는 것은 튀김을 맛있게 하려는 것 말고 뭔가 다른 이유가 있을 거야. 튀김옷 속에 있는 야채 같은 것을 잘 익히려는 걸 거야.
>
> 학생 B : 튀김옷을 입히는 것은 기름이 튀지 않게 하려는 거야. 튀김을 하고 나서 벽에 기름이 많이 붙어 있는 것을 보면 기름이 튀는 것임에 틀림없어.
>
> 학생 C : 정말 기름이 튀는 걸까? (2) 물은 100 °C에서 끓고 기름은 이보다 훨씬 높은 온도에서 끓지. 그러니까, (3) 물이 먼저 증발할 텐데 왜 기름이 튈까?

학생들의 대화 (1), (2), (3)이 제7차 과학과 교육과정의 4가지 목표 중 어느 것과 관련이 가장 깊은지 각각 쓰시오. (단, 하나의 목표는 한 번만 씀.)

(1) ....

(2) ....

(3) ....

11. 우리나라 과학교육에 대한 설명으로 옳지 않은 것은? (2009 공통과학)

① 제2차 과학과 교육과정은 생활중심과 경험중심 학습을 강조하였다.

② 학문중심 교육사상의 영향을 받은 제3차 과학과 교육과정은 학생들의 의사결정력과 창의력 함양에 초점을 두었다.

③ STS 과학교육은 과학적 소양의 함양과 과학기술의 사회적 책임을 강조한다.

④ 1990년대의 과학교육은 인간 중심 교육사상과 구성주의의 영향을 받았다.

⑤ 제7차 과학과 교육과정에서 3학년부터 5학년은 기본과정, 6학년부터 10학년은 기본과정과 심화·보충과정으로 구성된다.

12. 2007년 개정 과학과 교육과정의 내용을 설명한 것으로 옳은 것을 〈보기〉에서 모두 고른 것은? (2010 공통과학)

〈보 기〉

ㄱ. 7학년의 '물질의 세 가지 상태'에서는 기화, 액화, 응고, 융해, 승화와 같은 여러 가지 상태 변화, 물질의 상태에 따른 분자 배열의 차이, 모형 사용의 중요성과 제한점을 다룬다.

ㄴ. 8학년의 '전기'에서는 직류와 교류의 차이, 도선의 길이 및 단면적과 저항의 관계, 온도에 따른 저항의 변화, 저항에서 발생하는 열량과 전압, 전류, 저항의 관계를 다룬다.

ㄷ. 8학년의 '호흡과 배설'에서는 호흡 기관의 구조와 기능, 호흡 운동의 원리, 외호흡과 내호흡에서 기체 교환 과정, 동물이 체내에서 에너지를 얻는 과정, 배설 기관의 구조와 기능을 다루고, 소화, 순환, 호흡, 배설의 관계를 통합적으로 다룬다.

ㄹ. 9학년의 '해수의 성분과 운동'에서는 해수의 설질, 해류의 원인, 해류에 작용하는 힘, 지형류, 해수의 표층 순환과 심층 순환, 용승과 침강, 해파, 해일의 발생 원인을 다룬다.

① ㄱ, ㄴ　② ㄱ, ㄷ　③ ㄴ, ㄹ
④ ㄱ, ㄷ, ㄹ　⑤ ㄴ, ㄷ, ㄹ

13. 2009 개정 과학과 교육과정의 고등학교 「과학」에 관한 설명으로 옳은 것만을 〈보기〉에서 있는 대로 고른 것은? (2012 공통과학)

〈보 기〉

ㄱ. '목표'에는 우주와 생명, 그리고 현대 문명과 사회를 이해하는 데 필요한 과학 개념을 통합적으로 이해하는 것이 포함되어 있다.

ㄴ. '내용 체계'에서는 물리 및 화학 분야와 지구 과학 및 생명 과학 분야로 나누어, 제1부 '우주와 생명'에서는 지구 과학 및 생명 과학 분야를 다루고, 제2부 '과학과 문명'에서는 물리 및 화학 분야를 다루도록 하였다.

ㄷ. '학습 지도 계획'에는 과학적 소양 함양을 위해 특정 내용이나 개념의 도입이 필요하다면 학생들의 선수 학습이 다소 부족하더라도 흥미를 느끼면서 이해할 수 있도록 이야기 형식 등으로 제시하는 것이 포함되어 있다.

ㄹ. '평가의 주안점'으로 과학에 대한 흥미와 가치 인식, 과학 학습 참여의 적극성, 협동성, 과학적으로 문제를 해결하는 태도, 창의성 등을 평가하는 것이 포함되어 있다.

① ㄱ, ㄴ　② ㄱ, ㄹ　③ ㄴ, ㄷ
④ ㄱ, ㄷ, ㄹ　⑤ ㄴ, ㄷ, ㄹ

03장 과학적 탐구

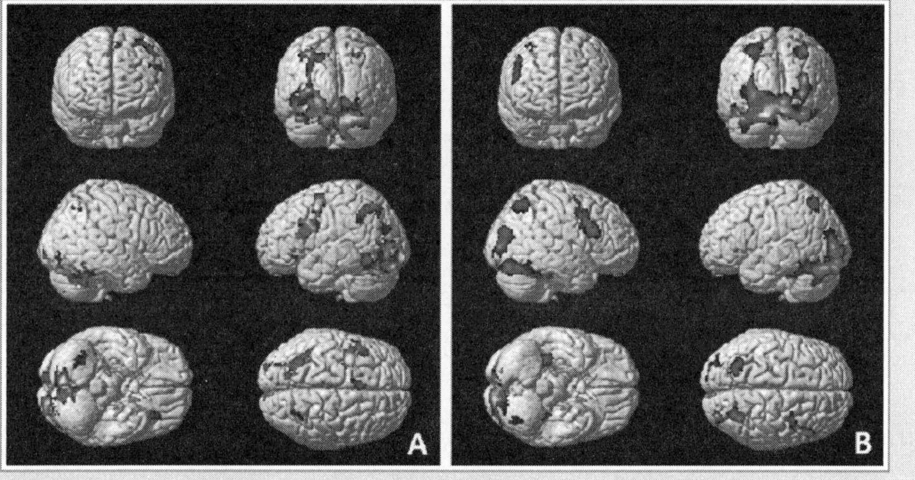

사진 A와 B 중 어떤 것이 탐구적으로 가설을 만들어내는 두뇌의 활성 영상일까? 그리고 A와 B 영상의 차이는 무엇인가? 이 차이가 학습자의 탐구 능력 발달에 어떤 시사점을 제공해주는가?

위의 A와 B 영상 사진에서 A는 가설을 직접 탐구해서 만들어내는 학습의 두뇌영상이고, B는 다른 사람이 알려주는 학습의 두뇌영상이다. 특히, 가설을 얻는 두 가지 학습 방법은 전두엽 부근의 두뇌 활성에서 뚜렷한 차이를 보여준다. 이러한 차이점은 두뇌의 인지 기능, 즉 탐구 능력의 차이로 연결될 수 있다.

따라서 만약 주변의 다른 사람이 가설을 알려주는 학습 방법이 지속적으로 활용된다면, 그 학습자는 가설을 탐구해서 만드는 두뇌 기능의 발달이 제한적일 수밖에 없을 것이다. 이러한 설명은 다른 과학적 탐구활동(예: 관찰, 분류, 실험 설계, 자료해석 등)에도 적용될 수 있다. 그러므로 과학적 탐구를 체계적으로 배우고 가르치는 것이 학습자의 탐구 능력뿐만 아니라 탐구적 두뇌의 발달에 매우 중요하다.

그러면, 과학적 탐구란 무엇이고, 과학적 탐구는 어떤 과정으로 전개되는가? 이 장은 바로 이러한 의문에 대한 설명을 탐구적으로 얻고자 한다.

1 과학적 탐구란 무엇인가?

과학적 탐구란 무엇인가? 이에 대한 한 가지 설명은 자연현상에 대한 지식을 생성하고 조직하는 과정으로 볼 수 있다는 것이다(권용주, 2003; Gallagher, 1971; NRC, 1996). 그러나 이 정의들은 학자들의 연구 결과로 정의된 설명 지식이지 이 책을 읽는 학습자가 탐구를 통해서 직접 경험하는 설명 지식은 아니다. 그러면 과학적 탐구의 정의와 과정에 대한 설명 지식을 학습자가 직집적인 탐구를 통해서 생성하고 조직하는 것이 불가능한 것인가? 아닐 것이다. 즉, 과학적 탐구에 대한 정의 역시, 다른 사람이 탐구해 놓은 결과를 받기만 하는 것이 아닌, 학습자의 직접적인 탐구활동 과정을 통해서 그 정의에 대한 설명 지식을 얻는 것이 가능할 수 있다. 그렇게 한다면 '과학적 탐구'라는 개념에 대해서 공부하면서 다른 사람이 정의한 지식을 그대로 주입 받기만 하는 '비탐구적 학습'이 아닌, 자신의 탐구활동을 통해서 직접 그 개념에 대한 설명 지식을 얻는 '탐구적 학습'이 될 수 있을 것이다.

그러면, 어떻게 과학적 탐구의 정의와 과정에 대한 지식을 직접적인 탐구를 통해서 얻을 수 있을까? 그 방법의 하나는 학습자가 직접 과학적 탐구를 경험한 후 그 탐구활동을 분석하여 과학적 탐구의 정의와 과정에 대한 지식을 얻을 수 있다. 또 다른 방법은 과학자가 수행한 과학적 탐구활동에 대해서 학습자가 탐구적 방법으로 분석하여 지식을 얻을 수 있다. 그런 다음, 이렇게 직접적인 탐구를 통해서 만들어낸 지식을 학자들이 제시한 지식과 비교하고 분석해서 정리한다면 과학적 탐구의 정의와 과정에 대한 지식을 체계적으로 조직할 수 있다.

따라서 이 절에서는 학습자가 과학적 탐구에 대해서 자신의 직접적인 경험과 다른 과학자의 탐구에 대한 간접적인 경험을 바탕으로 과학적 탐구에 대한 지식을 생성하고 조직하고자 한다.

1.1 과학적 탐구의 분석 – 학습자의 직접적인 탐구활동

과학적 탐구란 무엇이고 어떻게 수행하는가? 이러한 의문에 답하기 위해서는 학자들의 정의를 인용하여 미리 결론적 정의를 내리기보다는, 직접 탐구활동을 수행하면서 그 내용과 과정을 분석하여 설명 지식을 얻을 수 있다. 또한 이런 분석 활동은 학자들의 정의를 인용하는 것보다 훨씬 탐구적인 분석이 될 수 있다. 그래서 여기서는 먼저 구체적인 탐구

활동을 수행한 다음, 수행한 탐구활동 내용을 추출하고, 추출한 탐구활동 내용이 어떤 탐구 요소로 제시될 수 있는지 분석해 보자. 그리고 분석한 탐구 요소의 연결 관계를 구성하여 과학적 탐구의 과정을 만들어보자. 그런 다음, 마지막으로 이 활동을 바탕으로 과학적 탐구의 정의에 대해서 설명해보자.

1) 전분 탐구활동의 수행

이 탐구는 주변에서 쉽게 구할 수 있는 전분 가루를 이용하여 다양한 탐구를 수행하는 활동이다. 먼저, 전분 가루에 물을 부어 반죽한 후, 이 반죽을 활용하여 다양한 탐구를 수행해 보자.

[탐구의 수행 방법]

[준비물]

① 전분 가루(전분 90 % 이상)와 밀가루
② 반죽용 그릇(1회용 스티로폼 그릇)
③ 물
④ 비닐장갑

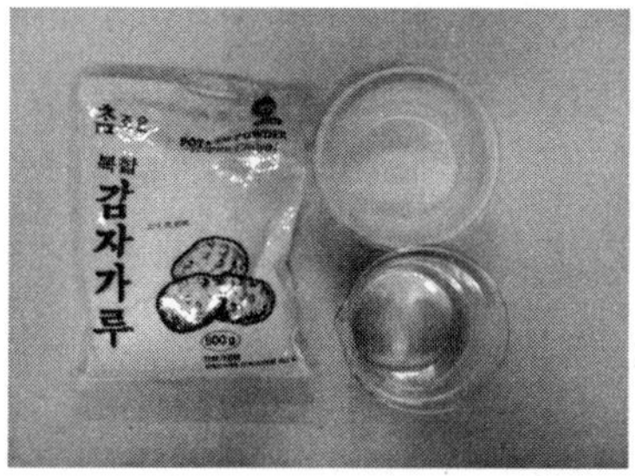

[탐구활동의 과정]

① 전분 가루를 그릇에 넣고 물을 조금씩 붓는다.
② 비닐장갑을 낀 손으로 직접 반죽을 한다.
③ 전분 반죽을 강하게 쥐어보거나, 서서히 놓아 보면서 일어나는 현상들을 관찰한다.
④ 이러한 현상들에 대해서 다양한 탐구를 수행해 본다.
⑤ 밀가루에 대해서도 이러한 과정의 탐구를 수행해 본다.
⑥ 탐구한 내용을 기록한다.

2) 전분 탐구활동의 분석

수행한 탐구활동에 대해서 탐구의 내용과 요소를 추출한다. 그런 다음, 표 3.1과 같이 분석된 요소의 연결 관계를 구성하여 탐구의 과정을 추출한다.

표 3.1 전분 탐구활동의 내용, 요소, 탐구과정 분석표

탐구활동의 내용	탐구요소 추출	탐구과정 추출

3) 과학적 탐구의 정의 설명

탐구활동의 내용, 요소, 과정에 대한 분석 결과를 바탕으로 과학적 탐구의 정의에 대해서 설명해보자. 특히, 표 3.2에 따라서 누가, 무엇에 대해서, 어떤 방법으로, 어떤 결과를 얻고자 하는지에 대한 범주가 포함되도록 설명해보자.

표 3.2 전분 탐구를 통한 과학적 탐구의 정의 분석틀

설명 범주	설명 내용
탐구 주체	
탐구 대상	
탐구 방법	
탐구 과정	
탐구 결과	
종합 설명	

1.2 과학적 탐구의 분석 – 과학자의 탐구활동

과학자들은 과학적 탐구 수행의 전문가들이다. 따라서 과학자들이 수행한 탐구활동을 직접 분석하여 그에 대한 설명 지식을 얻는 것도 유용한 탐구적 과정이 될 수 있다. 그래서 여기서는 과학자들의 구체적인 탐구활동을 조사한 후, 그들의 탐구활동 내용은 무엇이고, 이 내용이 어떤 탐구 요소로 제시될 수 있는지 분석해 보자. 그리고 분석한 탐구 요소의 연결 관계를 구성하여 과학적 탐구의 과정을 고안해보자. 그런 다음, 이 활동을 바탕으

로 과학적 탐구의 정의에 대해서 설명해보자.

1) 공룡에 대한 과학자들의 탐구활동 자료 조사

이 탐구는 지구상에서 가장 불가사의한 존재의 하나인 공룡의 멸종 원인에 대해서 탐구하는 과학자들의 탐구를 분석하는 활동이다. 먼저, 공룡의 멸종 원인에 대한 과학자들의 탐구활동을 기술해놓은 2가지 자료(김선영, 2001)를 살펴보자.

[부록 1: 공룡에 대한 과학자들의 탐구 자료 1]

▶그림 3.2 미국 애리조나의 운석 크레이터

[부록 2: 공룡에 대한 과학자들의 탐구 자료 2]

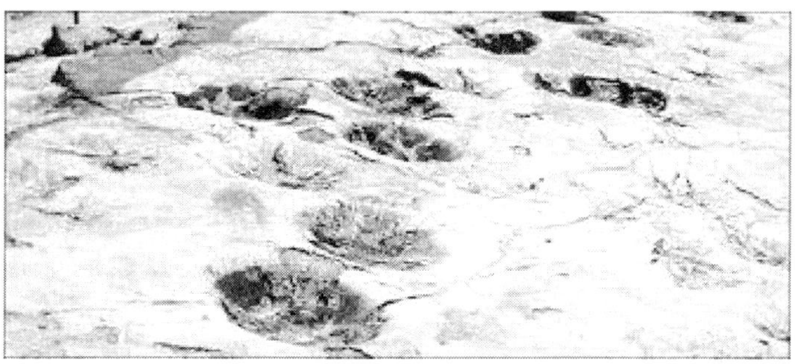

▶그림 3.3 땅끝마을 공룡발자국 화석

2) 공룡에 대한 과학자들의 탐구활동 분석

조사한 과학자들의 탐구활동 자료를 분석하여 탐구활동의 내용과 요소를 추출한다. 그런 다음, 표 3.3과 같이 분석된 요소의 연결 관계를 구성하여 탐구의 과정을 고안한다.

표 3.3 과학자의 공룡 탐구활동의 내용, 요소, 탐구과정 분석표

탐구활동의 내용 추출	탐구요소 추출	탐구과정 고안

3) 과학적 탐구의 정의 설명

과학자들이 수행한 탐구활동의 내용, 요소, 과정에 대한 분석 결과를 바탕으로 과학적 탐구의 정의에 대해서 설명해보자. 특히, 표 3.4에 따라서 탐구의 주체, 대상, 방법, 기간, 결과의 범주가 포함되도록 설명해보자.

표 3.4 과학자들의 공룡 탐구활동에 대한 분석을 통한 과학적 탐구의 정의 분석틀

설명 범주	설명 내용
탐구 주체	
탐구 대상	
탐구 방법	
탐구 과정	
탐구 결과	
종합 설명	

1.3 과학적 탐구란 무엇인가?

과학적 탐구에 대한 직접적인 경험과 과학자들의 과학적 탐구활동을 분석한 결과를 종

합해보면 다음과 같은 결론을 얻을 있다. 먼저, 전체적으로 위의 두 가지 탐구 사례에서 과학적 탐구란 '탐구를 수행하는 주체'가 어떤 특정한 '탐구의 대상'에 대해서 다양하고 논리적인 '탐구의 방법'을 사용하여 탐구를 수행하는 과정인 특정한 '탐구의 흐름'으로 탐구의 목표인 '탐구의 결과'를 만들어내는 활동이라고 할 수 있다. 이러한 각각의 관점인 과학적 탐구의 주체, 대상, 흐름, 결과 등에 대해 구체적으로 설명하면 다음과 같다.

먼저 과학적 탐구란 무엇인가를 설명하기 위해서는 탐구를 수행하는 주체가 누구인가에 대한 설명이 있어야 한다. 위의 두 가지 사례에서 탐구를 수행하는 주체는 크게 두 종류로 구분할 수 있다. 첫 번째 탐구인 '전분 탐구'에서는 바로 '여러분 자신'이 탐구를 수행하는 주체였다. 즉, 여러분은 전분에 관련된 과학 지식을 얻으려고 탐구를 수행하였다. 그러므로, 첫 번째 탐구 사례에서 탐구의 주체는 '과학에 대한 지식을 얻으려는 학습자'로 규정할 수 있다. 이러한 규정은 일상생활의 문제 해결자, 학습과정의 학습자, 과학적 연구를 수행하는 과학자 등이 모두 포함될 수 있으므로, 탐구 주체에 대한 광의의 정의가 될 수 있다. 두 번째 탐구인 '공룡 탐구'에서는 공룡에 대한 전문적인 과학 지식을 소유한 '과학자들'이 탐구를 수행하는 주체였다. 즉, 이들 과학자들은 공룡에 관련된 다양한 의문에 대한 과학 지식을 얻으려고 탐구를 수행하였다. 그러므로 두 번째 탐구 사례에서 탐구의 주체는 '과학자'로 규정할 수 있다. 이러한 규정에서는 과학을 전문적으로 연구하는 연구자로 한정하여 정의하므로, 탐구 주체에 대한 협의의 정의가 될 수 있다.

다음으로, 과학적 탐구에 대한 설명에는 탐구의 대상이 존재해야 한다. 위의 탐구 사례에서 탐구의 대상은 전분에 관련된 다양한 현상이나 공룡이라는 존재에 관련된 다양한 현상이 탐구의 대상이 될 수 있다. 즉, 전분이나 공룡에 관련된 다양한 현상은 물질 자체, 생명체 자체, 물질과 생명체의 상호작용에 관련된 모든 사물이나 사건이 그 현상이 될 수 있다. 그러므로 과학적 탐구에서 물질, 생명체, 물질과 생명체의 상호작용에 관련된 현상(즉, 사건과 사물)이 탐구의 대상이 될 수 있다.

또한 과학적 탐구에서는 탐구를 수행하는 방법이 필요하다. 탐구의 방법에 대해서는 다양한 기준과 관점에서 여러 종류가 제시될 수 있다. 예를 들면, 탐구의 행동, 설계, 논리적 사고, 결과 적용, 의사소통 등과 같이 다양한 기준과 관점에서 여러 가지 방법이 제시된다. 이외에도 탐구의 방법에는 여러 가지 형태의 방법이 사용될 수 있다.

한편, 과학적 탐구에서는 탐구를 수행하는 특정한 흐름의 과정이 필요하다. 구체적으로, 위의 탐구활동을 살펴보면 탐구의 흐름은 '과학적 관찰 및 측정' ⇒ '과학적 의문 생성' ⇒ '잠정적 설명(가설, 예측, 추측, 목적론적 설명 등) 제시' ⇒ '설명의 검증 방법 고안' ⇒ '실험 또는 검증 결과(자료) 수집' ⇒ '결과(자료) 해석' ⇒ '결론 진술'의 순서로 탐구의 과정이 진행되는 것을 볼 수 있다. 또한 과학적 관찰 및 측정 후에 과학적 의문이 생성될 수도 있지만, 과학적 규칙성이 생성될 수도 있다. 이러한 탐구의 흐름은 시작과 끝을 어떻게 선정하는가에 따라서 직선적인 과정으로 진행된다고 설명할 수도 있고, 한편으로는 특정한 과정이 여러 번 반복되는 순환적 과정으로 진행된다고 설명될 수도 있다. 즉, 탐구는 비순환적인 한 방향 과정이 아니라 전체 단계는 물론이고 모든 세부단계에서조차 순환적인 과정으로 진행될 수 있다고 설명할 수 있다. 더 나아가, 탐구의 흐름은 이렇게 계속 정(positive)의 방향으로 과학 지식과 증거를 축적해가는 과정뿐만 아니라, 이전의 지식에 대해서 반(negative)의 방향으로 반박하는 과정을 통해서 과학 지식을 생성하는 경향도 갖고 있다. 공룡의 멸종 원인에 대한 과학자들의 탐구 과정이 그 좋은 예이다.

마지막으로, 탐구는 기술적(descriptive) 지식, 설명적 지식, 매개적 지식, 방법적 지식이라는 결과를 얻는다. 위에서 살펴본 두 가지 탐구의 사례에서도 전분과 공룡에 관련된 현상에 대한 기술적 지식, 설명적 지식, 방법적 지식에 대한 다양한 결과의 생성이라는 탐구의 수행을 살펴볼 수 있다. 여기서 기술적 지식이란 자연의 사건이나 사물 등의 현상에 대한 사실을 묘사한 지식이며, 설명적 지식이란 이러한 자연 현상에 대한 잠정적인 또는 과학적인 원인, 예상, 추측, 목적론적 설명에 대한 지식이다. 또한 매개적 지식이란 기술적, 설명적, 방법적 지식을 얻기 전에 이들의 생성을 유도하는 의문과 같은 지식이며, 방법적 지식은 검증 방법, 실험 방법, 사고 방법과 같은 지식이 포함된다.

이상에서 설명한 과학적 탐구를 종합하여 설명해보면 과학적 탐구란 학습자가 과학 현상에 대해서 과학적 탐구 방법을 적용한 과정에 따라 탐구의 결과를 만들어내는 활동으로 정의할 수 있다. 이에 대해서 설명 범주별로 설명 내용을 정리하면 아래 표 3.5와 같다.

표 3.5 과학적 탐구의 의미에 대한 하위 범주별 정리 내용

설명 범주	설명 내용
탐구 주체	과학 지식을 얻으려는 학습자, 과학자
탐구 대상	물질 현상, 생명 현상, 물질과 생명체의 상호작용 현상
탐구 방법	행동, 탐구의 설계, 논리적 사고, 결과의 적용, 의사소통
탐구 과정	직선적 과정, 순환적 과정, 정반합 과정
탐구 결과	기술적 지식, 설명적 지식, 매개적 지식, 방법적 지식
종합 설명	탐구 주체가 과학에 관련된 특정한 탐구 대상에 대해 다양하고 논리적인 탐구 방법을 사용하여 탐구적인 과정인 탐구 흐름으로 탐구의 목표인 탐구 결과를 만들어내는 활동

이상의 분석 내용은 분석자에 따라서 더 다양해질 수 있다. 그러므로, 다음 절에서는 과학적 탐구의 의미와 과정에 대한 보다 다양한 견해를 살펴보자.

2 과학적 탐구의 의미와 과정

▶ **그림 3.4** 존 듀이(1859~1952)

탐구의 기원을 찾는다면, 소크라테스(Socrates)의 저서 《Prior Analytics》에 등장하는 '삼단논법(syllogism)'을 언급할 수도 있을 것이다. 그러나 '탐구(inquiry)'는 1909년 미국의 철학자 존 듀이(John Dewey)가 미국과학진흥회(AAAS: American Association for the Advancement of Science)에서 과학적 과정과 사고의 중요성을 제시한 이래 과학 교육에서 가장 중요한 주제 중의 하나로 논의되어 왔다. 이후 과학에서 탐구의 정신은 1960년대와 1970년대의 '과학교육의 황금기'를 지나면서 과학교육에서 더욱더 많이 논의되고 강조되는 주제가 되었다. 그래서 '과학적 탐구(scientific inquiry)'라는 단어는 과학교육 연구 분야와 국내외의 교육과정에서 매우 빈번하고도 오랫동안 사용되어 왔기 때문에 우리에게는 익숙한 용어가 되어 버렸다.

하지만, 과학적 탐구는, 과거 1960년대와 1970년대는 물론이고 그 이전과 이후에도 그랬던 것처럼, 그 의미에서 다소 논의의 여지가 남아 있다. 특히 우리나라 학교의 과학교육 현장에서는 '교사나 교과서에 의해 주어진 탐구의 의문과 가설에 대해서 교과서에 제시된 실험 과정에 따라 검증을 수행하는 활동'을 '과학적 탐구'로 알고 있는 경우가 많다. 이런 경우는 '뇌가 수행하는 사고의 탐구'는 거의 없고 '손이 수행하는 조작의 탐구'가 대부분의 학습 활동이 되어 버린다. 이런 학습 활동에서는 물론 탐구의 주체와 대상은 존재하지만, 탐구의 주체가 수행한 '과학적 탐구'는 탐구의 방법, 과정, 결과에서 지극히 일부분적인 활동에 국한될 뿐이므로 진정한 '과학적 탐구'로 보기는 어렵다. 특히, 이런 학습 활동에서는 탐구 문제인 의문을 이끌어내고, 의문에 대해서 인지적 활동을 통한 잠정적 설명을 생성하고, 이 설명의 검증을 위한 방법 설계 등 과학적 탐구의 핵심에 해당되는 사고 측면의 탐구는 거의 이루어지지 않는다.

그러나 과학적 탐구의 의미에 대한 논의에 따르면, 과학적 탐구는 그것이 갖는 과정상의 조작적 수행보다는 조작적 수행을 위한 다양한 인지적 활동과 그것을 둘러싸고 있는 관련 환경과 상호작용 및 산출물의 관계에서 많은 논의가 이어지고 있다. 예를 들어 권용주 등(2003)의 논의에 따르면, 과학적 탐구는 주요 탐구 과정 요소에 따라서 그 과정을 조작하는 것에 머물지 않고, 그러한 조작의 수행을 위한 사고 활동을 통해서 학습자 스스로 다양한 탐구 과정상의 과학 지식을 생성하는 활동이 매우 중요함을 강조하고 있다.

따라서 이 절에서는 앞 절에서 과학적 탐구를 통해서 얻어낸 '과학적 탐구'의 개념에 대해서 이와 관련된 과학교육자들의 설명을 추가하여 보다 심화된 측면에서 논의하고자 한다. 즉, 앞 절에서 얻은 과학적 탐구의 의미에 관련된 범주인 탐구의 주체, 대상, 방법, 과정, 결과 등의 측면을 관련 연구 결과를 추가하여 보다 심층적으로 연관시켜 설명하고자 한다. 또한 이 절에서는 이러한 과학적 탐구의 정의를 바탕으로 과학적 탐구의 과정에 대해서도 이전의 선형적 과정은 물론이고, 아울러 최근 제시된 입체적 과정의 접근도 소개하여 설명하고자 한다.

2.1 과학적 탐구의 의미

18세기의 과학학습은 밝혀진 과학적 사실을 학습자에게 일방적으로 전달하는 것에 지나지 않는다고 여겨졌다. 또한, 과학적 탐구와 같은 과학의 과정은 과학자의 몫이며, 학습자는 과학자의 활동 결과물인 지식을 교사가 전달하는 대로 습득하는 것이기 때문에 과학탐구의 주체는 학습자가 아닌 과학자에 한정되어 있었다(Deboer, 1991).

20세기 들어 듀이는 과학학습은 과학적 지식을 교사가 전달하는 것이 아니라, 학습자 스스로 반성적 사고를 통해 문제해결의 과정을 경험하여야 한다고 주장하였다. 문제해결의 과정 즉, 과학의 과정을 경험해야 한다는 주장은 과학학습의 중심이 교수자에서 학습자로 변화되는 전환점을 마련해주었다. 듀이 이후 인지심리학에 기반을 둔 피아제(Piaget)의 인지심리학과 브루너(Bruner)의 교과 일반구조에 대한 학습이론은 학습자 중심의 과학학습이 정착되는 기틀을 제공하였으며, 쉬웝(Schwab)에 의해 과학적 탐구가 과학학습의 중심원리로써 자리 잡게 되었다고 볼 수 있다.

이러한 탐구의 의미는 탐구를 어떤 관점에서 보느냐에 따라 다양하게 정의되고 있다. 먼저, 탐구의 목적에 따라서 탐구는 학습자가 과학자의 활동을 경험하는 것 또는 학습자의 개념을 변화시키는 것으로 구분할 수 있다. 또한 탐구의 사고 방법에 따라서 탐구를 귀납적, 귀추적, 연역적 사고의 과정으로 구분하여 정의하기도 한다. 마지막으로, 탐구의 결과에 따라서 탐구는 선언적 지식을 생성하는 활동과 절차적 지식을 생성하는 활동으로 설명하기도 한다.

1) 탐구의 목적에 따른 구분

탐구의 주체를 학습자로 볼 때, 탐구는 그 목적에 따라 과학자의 활동을 경험하는 것과 학습자의 개념을 변화시키기 위한 것이라는 두 가지 관점으로 설명될 수 있다.

(1) 과학자의 활동 경험

과학자의 활동은 자연세계를 연구하고 증거를 바탕으로 연구에 대한 설명을 제안하는 일련의 활동을 의미한다. 즉, 관찰수행, 의문생성, 정보탐색, 연구계획수립, 계획에 따른 실험, 자료수집 및 분석, 결과 예측, 연구결과를 전달하기 위한 의사소통 등 과학자가 대상이나 현상을 탐구하기 위해 수행하는 모든 활동을 포괄하는 것이다(NRC, 1996).

과학학습의 전략인 탐구에 대해 듀이(1971)는 특정 문제 상황에서 안정된 상황으로 나아가는 통제와 변형의 작용을 경험하는 것이라고 제시하였으며, 과학적 방법만이 신뢰할 수 있는 것이라고 하였다. 또한, 반성적 사고를 통해 특정 사실들로부터 이끌어낼 수 있는 새로운 사실에 대해 객관적 자료를 바탕으로 전후 관계를 논리적으로 검증하며 결론을 도출하는 과정이 탐구라고 제시하였다. 이와 같은 관점은 과학적 방법을 통해 과학학습이 이루어져야 한다는 것이며, 신뢰할 수 있는 과학적 방법이란 과학자의 활동을 의미하는 것이라 볼 수 있다.

과학적 탐구가 과학자의 활동을 경험하는 것이라고 보는 관점에서 브루너(1963)는 과학학습을 위한 교육과정이 해당 교과의 구조를 학습할 수 있도록 구성되어야 한다고 주장하였다. 특히, 과학자가 하는 활동이나 학습자가 과학실에서 하는 활동이 모두 동일한 것이며, 단지 수준의 차이만 있을 뿐이라고 가정하였다. 또한, 과학 교과의 일반적인 구조 즉, 과학의 과정을 학습하는 것이 학습의 일반적 전이(轉移)를 담보할 수 있는 것이라고 주장함으로써 과학자가 하는 활동을 학습자가 경험하는 것이 중요하다고 주장하였다.

따라서 과학학습의 전략으로써의 과학적 탐구는 과학적 방법을 통해 이루어져야 하며, 최선의 과학적 방법은 과학자의 활동을 경험하는 것이라고 볼 수 있다. 이런 관점에서 호드슨(Hodson, 1992)은 과학을 학습하는 가장 효율적인 방법은 학습자에게 지원과 비평, 조언을 제공해줄 수 있는 전문가와 함께 과학 활동을 하는 'doing science'이어야 한다고 주장함으로써 교사가 과학자의 활동을 명확히 이해하고 수행할 수 있어야 한다고 주장하였다.

(2) 학습자의 개념 변화 과정

과학적 탐구가 과학자의 활동을 경험하는 것이라는 관점과 달리 학습자에게 문제해결을 위한 과정을 제시함으로써 학습자의 개념을 과학적 지식으로 변화시키는 데 과학적 탐구의 목적을 두는 관점이 존재한다(Erickson, 1979; Nussbaum & Novick, 1982; Karplus, 1977; Osborne & Freyberg, 1983; Renner & Lawson, 1973). 특히 학습자의 개인차를 중시하고 학습자의 개별적인 활동과 지식의 구성과정을 중요시하는 구성주의적 관점의 확산과 함께 학습자의 개념을 변화시키기 위한 탐구학습 모형들이 그림 3.5와 같이 제안되었다(Osborne & Freyberg, 1983).

오수벨(Ausubel, 1968)은 학습에 있어 가장 중요한 요소가 학습자의 사전개념이라고 하였으며, 이러한 개념을 발견하고 그에 따라 학습이 이루어져야 한다고 주장하였다. 이와 유사한 관점에서 드라이버(Driver, 1980)는 학습자의 개념을 발견하고 과학적 지식과 상충되는 개념을 변화시키기 위해 학습자의 개념 습득 방법에 따라 과학적 탐구활동이 수행되어야 한다고 주장하였다. 과학적 탐구에 있어 학습자는 개념의 습득을 위해 외부의 정보로부터 유의미하다고 인식되는 것을 활동적으로 구성하며 생성한다는 관점은 과학자의 활동을 경험하는 것보다 학습자가 외부 정보를 어떻게 처리하고 구조화하는 과정이 과학적 탐구가 되어야 한다고 주장한다(Gagne & White, 1978; Kamil & De Vries, 1978; Wittrock, 1974).

이러한 주장에 따르면 탐구란 학습자 스스로 이전 개념과 다른 현상에 대한 문제를 제기하고 잠정적 설명인 가설을 생성하며, 가설을 검증하기 위한 실험을 설계하고 자료수집을 통해 가설을 검증함으로써 개념을 변화시키는 활동이라고 볼 수 있을 것이다(Gallagher, 1971; Taba, 1966).

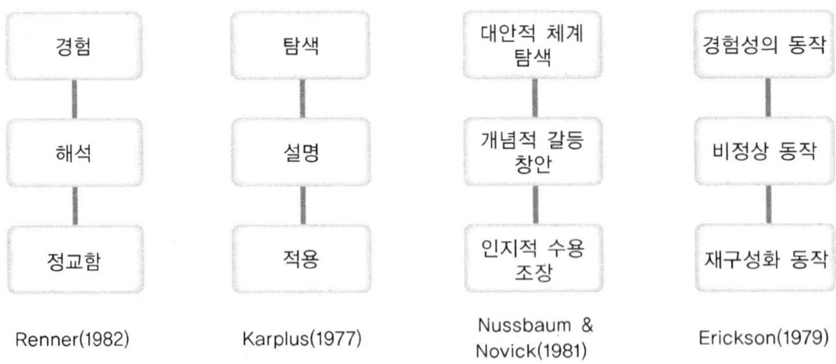

▶ **그림 3.5** 학습자의 개념을 변화시키기 위한 탐구학습 모형

2) 탐구의 사고 방법에 따른 구분

과학교육에서 의미하는 과학적 탐구는 찰스 샌더스 퍼스(Charles Sanders Peirce), 윌리엄 제임스(William James), 존 듀이(John Dewey)를 통해 체계화된 프래그머티즘에서 제시한 과학적 탐구의 모델에서 처음 등장하였다고 볼 수 있다. 특히, 퍼스는 과학적 탐구를 문제해결의 방법인 '탐구(inquiry)'라는 장르에 속하는 하나의 범주로 간주하였으며, 탐구를 귀납(induction), 연역(deduction), 귀추(abduction)의 사고 활동으로 설명하였다(Fisher, 2001).

(1) 귀납적 사고 활동

귀납적 과학지식은 개개의 구체적인 사례나 현상의 관찰로부터 일반화에 이르는 귀납적 사고과정을 통해 생성되는 것이다(Thurston, 1938; Sternberg & Gardner, 1983). 또한, 귀납적 사고는 과학적 상황뿐만 아니라 일상생활에서 지식체계를 구성하거나 활용하는 데 광범위하게 사용되고 있다(Hamers et al., 1998).

귀납적 추론는 특정 사실로부터 일반적인 결론으로 나아간다. 그리고 그것은 일반화 또는 과학적 법칙에 도달하기 위해 과학자들에 의해 사용되는 주요한 추론 과정이다(Wadsworth, 1996). 개인들은 그들이 특정한 대상들과 현상들 사이의 유사성과 차이점들을 추출할 때 귀납적으로 추론한다. 그리고 일반화 또는 결론에 도달한다. 이러한 결론은 그들이 새로운 경험에 적용함으로써 테스트되거나, 미래의 특정 예를 예측하기 위해 사용된다. 개인은 그들의 일반화가 효율적인 한 유지한다. 그리고 그들이 갈등을 일으키는 증거를 경험할 때 수정할 수도 있다(She & Liao, 2010). 따라서 귀납적 사고 활동은 과학에서 탐구의 특성을 잘 반영하는 활동이라고 할 수 있다.

(2) 귀추적 사고 활동

실용주의 철학자 퍼스는 새로운 아이디어를 고안해내는 논리 과정을 귀추적 사고 과정이라고 하였다(Fisher, 2001). 더 나아가 퍼스는 귀추적 사고가 과학적 지식의 생성을 위한 탐구에서 핵심적인 사고 활동이라고 하였다. 귀추란 현재의 의문 상황을 이미 알고 있는 다른 경험 상황과의 유사성을 바탕으로 경험 상황의 설명자를 차용하여 현재의 의문 상황을 설명하는 탐구적 사고의 한 유형이다(Peirce, 1898; Hanson, 1958; Lawson, 1995; 권용주 등, 2000). 탐구의 가장 중요한 목표인 자연 현상에 대한 미지의 설명 지식을 얻어내기 위해서는 이러한 귀추적 사고 방법이 가장 핵심적인 역할을 수행한다고 할 수 있다.

특히, 권용주 등(2000)은 의문에 대한 잠정적 설명인 가설이 귀추적 방법을 통해 얻어짐을 제시하고, 이러한 귀추적 사고를 통한 잠정적 설명을 생성하는 탐구 과정을 제안했다.

권용주 등에 따르면, 잠정적 설명을 생성하는 귀추적 탐구의 처음 단계는 현재의 상황에 존재하는 의문을 발상하고, 이러한 현재의 '의문 상황'을 구성하는 정성적 하위 요소들을 동정하는 단계로 시작된다고 하였다. 귀추적 탐구의 두 번째 단계는 현재의 '의문 상황'과 이미 갖고 있는 인지구조의 '경험 상황'에 대해서 정성적 확률에 바탕을 둔 유사성 정도의 분석으로 유사성 정도가 높다고 판단되는 과거의 '경험 상황'을 구분해 내는 단계이다. 세 번째 단계는 '경험 상황'의 설명자인 이미 알고 있는 경험 상황의 '원인적 설명자'를 구분해 내는 단계이다. 네 번째 단계는 이러한 '원인적 설명자'들 중에서 현재의 의문 상황을 가장 효과적으로 설명한다고 판단되는 단수 또는 복수의 '원인적 설명자'를 선택 및 조합하여 '가설적 설명자'를 구성하여 잠정적 설명을 생성하는 단계이다. 권용주 등은 이러한 귀추적 사고 과정이 탐구의 가장 중요한 특성의 하나라고 제안하였다.

(3) 연역적 사고 활동

연역적 추론은 하나 혹은 그 이상의 알려진 일반적인 언명(statement)으로부터 논리적으로 어떤 결론에 도달하기 위해 사용되는 추론의 과정이다(Johnson－Laird, 2000; Rips, 1999). 이는 많이 알려진 일반적인 언명으로부터 이 언명의 특별한 적용에 이르는 추론 과정을 포함한다. 또한 워즈워스(Wadsworth, 1996)는 연역적 추론은 전제로부터 결론 또는 일반적인 것에서 특별한 것으로 추리하는 것이라고 하였다. 연역적 추론에 기초한 결론이 사실이기 위해서는 전제가 사실이어야 한다. 개인이 연역적으로 추론할 때 후자가 전자로부터 따라오는 것인지 알아내기 위해 그들은 일반적인 개념(전제)로부터 특별한 사례(결론)으로 나아간다. 연역은 만약 전제가 참이고 결론이 논리적으로 전제로부터 따라온다면 타당한 것이라고 할 수 있다(Johnson－Laird, 1985). 존슨 레어드와 번(Johnson－Laird & Byrne, 1991)은 연역적 추론이 가장 중요한인 지적 능력의 하나라고 하였다. 즉, 계획을 수립하기 위해, 대안적 활동을 평가하기 위해, 가정과 가설의 결론을 알아내기 위해, 설명을 해석하고 표현하기 위해, 규칙을 개발하고 원리를 생성하기 위해, 논쟁과 협상을 지속하기 위해, 증거를 가늠하고 자료를 평가하기 위해, 경쟁 이론 사이에서 결정하기 위해, 그리고 문제해결을 위해서 연역적 사고 활동 역시 탐구의 중요한 특성으로 고려된다.

3) 탐구의 결과에 따른 구분

과학적 탐구는 과학 지식이라는 결과물로 산출된다. 따라서 과학 지식은 그림 3.6과 같이 과학에 관련된 선언적 지식과 절차적 지식으로 구분될 수 있다(권용주 등, 2003). 권용주 등에 따르면 선언적인 과학 지식은 사실, 법칙, 이론 등과 같은 과학적 탐구의 결과 생성

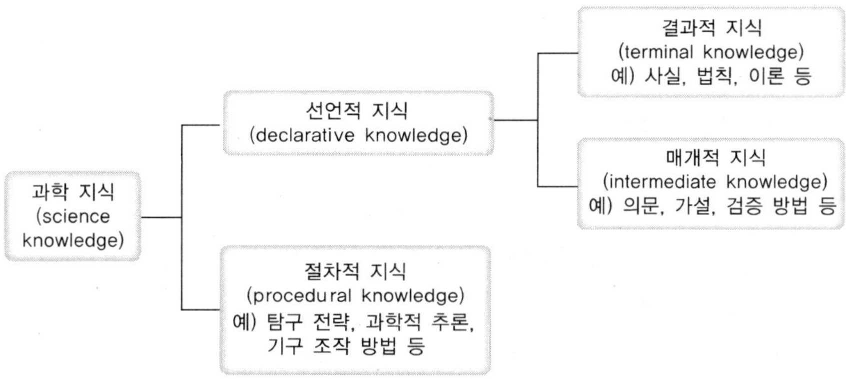

▶ **그림 3.6** 과학 지식의 구분(권용주 등, 2003)

되는 '결과적 지식(terminal knowledge)'과, 의문, 의문에 대한 임시적인 설명인 가설, 가설 평가를 위해 고안된 검증 방법, 평가기준 등과 같이 과학적 탐구의 과정에서 발생되는 '매개적 지식(intermediate knowledge)'으로 다시 구분될 수 있다.

사실, 지금까지의 과학 개념에서 과학 지식은 대체로 결과적 지식에 국한하여 설명되어 왔다. 그러나, 이러한 결과적 지식을 생성해 내기 위한 과학 탐구에서 중간적 지식의 존재 없이는 결과적 지식의 생성은 거의 불가능하다. 그러므로, 과학 탐구에서 중간적 지식의 중요성이 결과적 지식의 중요성에 비해서 결코 덜하다고 하기는 어렵다(권용주 등, 2003). 예를 들어, DNA 이중나선 구조를 밝힌 왓슨과 크릭의 연구에서도 'DNA의 구조는 무엇일까?'라는 의문 지식에 대한 설명으로 결과적 지식인 DNA 이중나선 구조를 제시하였다. 더 나아가, 왓슨과 크릭은 이러한 의문 지식에 대해서 다양한 잠정적 설명 지식과 자신들의 잠정적 설명을 확인할 수 있는 여러 가지 검증 방법 지식들을 고안하였다. 이러한 중간적 지식들의 매개 활동을 통해서 결과적 지식인 'DNA 이중나선 구조'라는 지식이 생성되었다. 따라서 중간적 지식은 결과적 지식에 앞서 반드시 선행되어야 할 중요한 과학 지식이며, 중간적 지식의 생성이라는 관문의 통과 없이는 결과적 지식의 생성이라는 목표의 도달도 불가능하다. 그러므로, 과학 탐구에서 결론적 지식에 못지않게 중간적 지식도 매우 중요한 지식이다.

과학 탐구의 절차적 지식 역시 선언적 지식을 생성하는 데 필수적이다. 즉, 과학 탐구에서 인지 구조에 이미 존재하는 절차적 지식과 선언적 지식의 상호작용을 통해서 새로운 선언적 지식이 생성된다(Anderson, 1995; Solso, 2001). 과학 탐구에서 사실, 이론, 의문, 가설, 검증 방법 등의 선언적 지식을 산출하기 위해서 탐구 전략, 과학적 추론, 실험 기구 조작 방법 등의 암묵적 지식이 반드시 표상되어야 한다(권용주 등, 2003). 이때 표상된 탐구

전략, 과학적 추론, 실험 기구 조작 방법 등의 암묵적 지식이 절차적 지식에 해당된다.

2.2 과학적 탐구의 과정

과학적 탐구의 요소는 제시하는 연구자 및 교육프로그램이 견지하는 관점에 따라 매우 다양한 형태로 표현되고 있었다. 그러나 학습자가 과학적 지식을 생성하는 과정을 경험하도록 하기 위해 과학적 탐구의 과정을 세분하였다는 공통된 목적과 의의를 지니고 있다고 볼 수 있다. 특히, 최근에는 과학적 탐구의 과정에 대해서 이전에 제시해왔던 선형적 과정의 설명을 넘어서 입체적 과정의 설명도 제시하고 있다. 그래서 여기서는 지금까지 설명되어온 과학적 탐구의 과정을 먼저 선형적 과정의 접근에서 설명하고, 그런 다음 이안나 등(2007)에 의해 제시된 입체적 과정의 설명도 아울러 제시하고자 한다.

1) 과학적 탐구의 과정 설명 - 선형적 과정의 접근

▶ **그림 3.7** Anton Lawson's Science Teaching and the Development of Thinking

탐구과정은 학습자의 문제해결과정이라는 관점에서 타미르 등(Tamir et al., 1982)은 학생들이 가설설정, 변인통제, 실험설계, 정보수집과 분석, 결론도출의 과정을 통해 과학적 탐구를 수행한다고 주장하였다(Gott et al., 1999). 또한, NSES에서는 과학수업에서 이루어지는 탐구의 과정이 호기심 나열, 현재 지식으로부터 의문 정의, 임시적 설명 혹은 가설 제안, 간단한 조사 계획 및 구성, 관찰을 통해 증거 수집, 증거기반 설명, 다른 설명들 고찰, 설명 전달, 설명 검증의 순서로 이루어진다고 제시한다(NRC, 2000).

또한 로슨(Lawson, 2005)은 과학적 탐구의 과정이 가설-연역적 과정을 통해 이루어지며 관찰, 가설생성을 위한 유추적추론이나 귀추, 가설검증을 위한 활동제안, 검증방법창안, 예상결과와 관찰결과 비교, 생성된 가설의 검증으로 이루어진다고 하였다. 또한, 가설의 검증여부와 다른 현상에 의해서 지지되는지의 여부에 따라 다시 대안적 가설을 검증하고 거절하는 순환적 과정으로 이루어진다고 제시하였다.

학습자의 문제해결 과정과 철학적 인지심리학적 측면의 연구를 통해 제시된 과학적 탐구과정 이외에는 실제 과학자의 과학적 탐구과정을 제시한 경우도 있다. 과학적 탐구에 대해 과학자의 과학적 지식생성 활동을 경험함으로써 학습자의 개념을 변화시키는 활동이라고 정의한다면 과학적 탐구의 과정은 과학자가 수행하는 문제해결의 과정과 유사한 것이

되어야 할 것이다. NSES는 과학자의 탐구과정이 관찰, 호기심 나열, 배경지식으로부터 의문정의, 공학 및 수학 이용하여 증거수집, 이전 연구사용, 가능한 설명제안, 증거기반 설명제시, 새로운 증거고찰, 설명 추가로 이루어진다고 제시한다(NRC, 2000).

Rezba 등(1995)은 과학탐구과정을 실험활동에서 나타나는 탐구요소를 중심으로 제시하고 있다. Rezba 등이 제시한 탐구 과정은 관찰에서 출발하여 추리, 예상, 분류, 측정, 의사소통이 이루어지며, 의사소통과 측정결과를 바탕으로 자료정리, 자료변환, 두 변인 사이의 관계 규명이 이루어진 후에 실험이 이루어진다고 하였다. 또한, 분류활동 후에는 변인규명, 변인의 조작적정의, 자료수집 및 처리활동의 순서로 진행되며, 예상 활동 후에는 가설설정, 실험설계, 실험, 탐구과정 분석 등의 과정으로 구성된다고 제시하였다(그림 3.8).

학습자가 수행하는 문제해결과정이라는 관점과 달리 학습자의 문제해결에서 나타나는 인지적 측면에 초점을 맞추어 과학적 탐구과정을 제시하기도 한다(박종원, 2004; Lawson, 2005). 박종원(2004)은 과학적 탐구의 과정에 대해 관찰을 통해 가설이 제안되고 검증을 통해 과학적 지식이 생성되는 과정, 관찰을 통해 규칙성을 발견하거나 일반화된 법칙을 생성하는 과정, 이론이나 법칙을 통해 설명 · 예측 · 적용하는 과정으로 구분하여 그림 3.9와 같이 제시하였다.

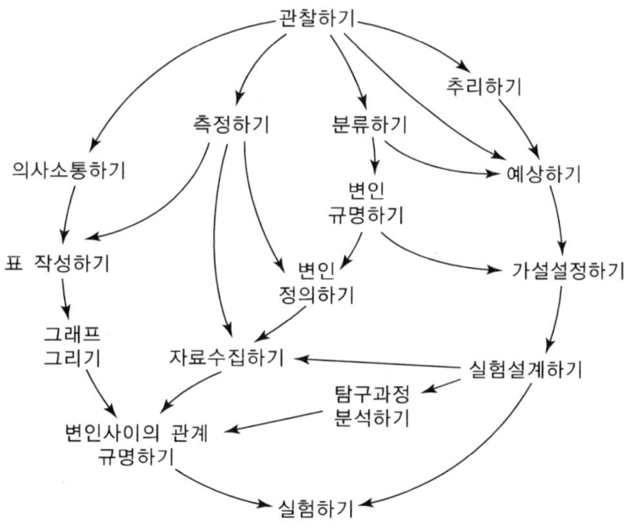

▶ **그림 3.8** Rezba의 과학탐구과정(Rezba et al., 1995)

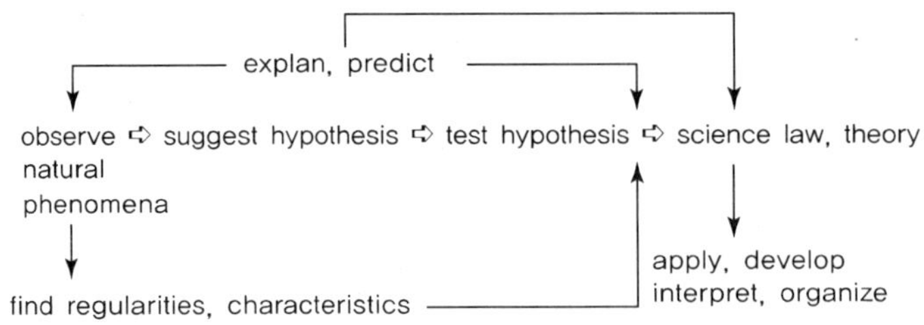

▶ **그림 3.9** 박종원의 과학적 탐구의 과정(박종원, 2004)

권용주 등(2003b)은 과학적 탐구는 선언적 과학지식이 생성되는 과정이라고 보는 관점에서 탐구과정을 설명하였다. 즉, 권용주 등은 과학적 사고방법인 귀납, 귀추, 연역에 대한 철학적 분석을 통한 사고방법 차원과 함께 사고 방법에서 이루어지는 인지심리학적 분석의 지식생성 차원의 설명을 통해 과학적 탐구의 과정을 표 3.6과 같이 제시하였다.

표 3.6 과학적 사고방법에 따른 지식 생성 과정(권용주 등, 2003b)

과학적 사고방법	지식 생성 과정
귀납	관찰(단순관찰, 조작관찰) → 공통성 발견 → 분류 → 위계 관찰(단순관찰, 조작관찰) → 공통성 발견 → 경향성 발견 → 위계
귀추	의문 생성 → 의문상황 분석 → 경험상황 동정 → 원인적 설명자 동정 → 가설적 설명자 동정
연역	(가설의) 검증방법 고안 → (가설의) 평가기준 고안 → 결과 수집 → 가설 평가 → 결론 진술

더 나아가, 권용주 등(2003b)은 이와 같이 차원의 확장적 설명을 보다 체계적으로 표현하기 위해서 과학적 사고 방법과 지식 생성 방법을 결합한 과학적 탐구과정을 상세화한 모델을 제시하였다. 권용주 등의 모델에 따르면, 귀납을 통해서는 사실, 공통성, 분류, 경향성, 위계의 지식이 생성되고, 귀추를 통해서는 의문, 의문상황, 경험상황, 원인적 설명자, 가설적 설명자와 같은 지식이 생성되며, 연역을 통해서는 검증 방법, 평가 기준, 결과, 결론과 같은 지식이 생성된다. 이렇게 탐구의 사고 방법, 지식 생성, 탐구 결과 차원에서 과학적 탐구의 과정을 설명한 것을 모식도로 제시하면 그림 3.10과 같다.

2) 과학적 탐구의 과정 설명 - 입체적 과정의 접근

한편, 이안나 등(2007)은 이전의 선형적 설명을 각 범주에서 다시 하위 범주를 입체적으

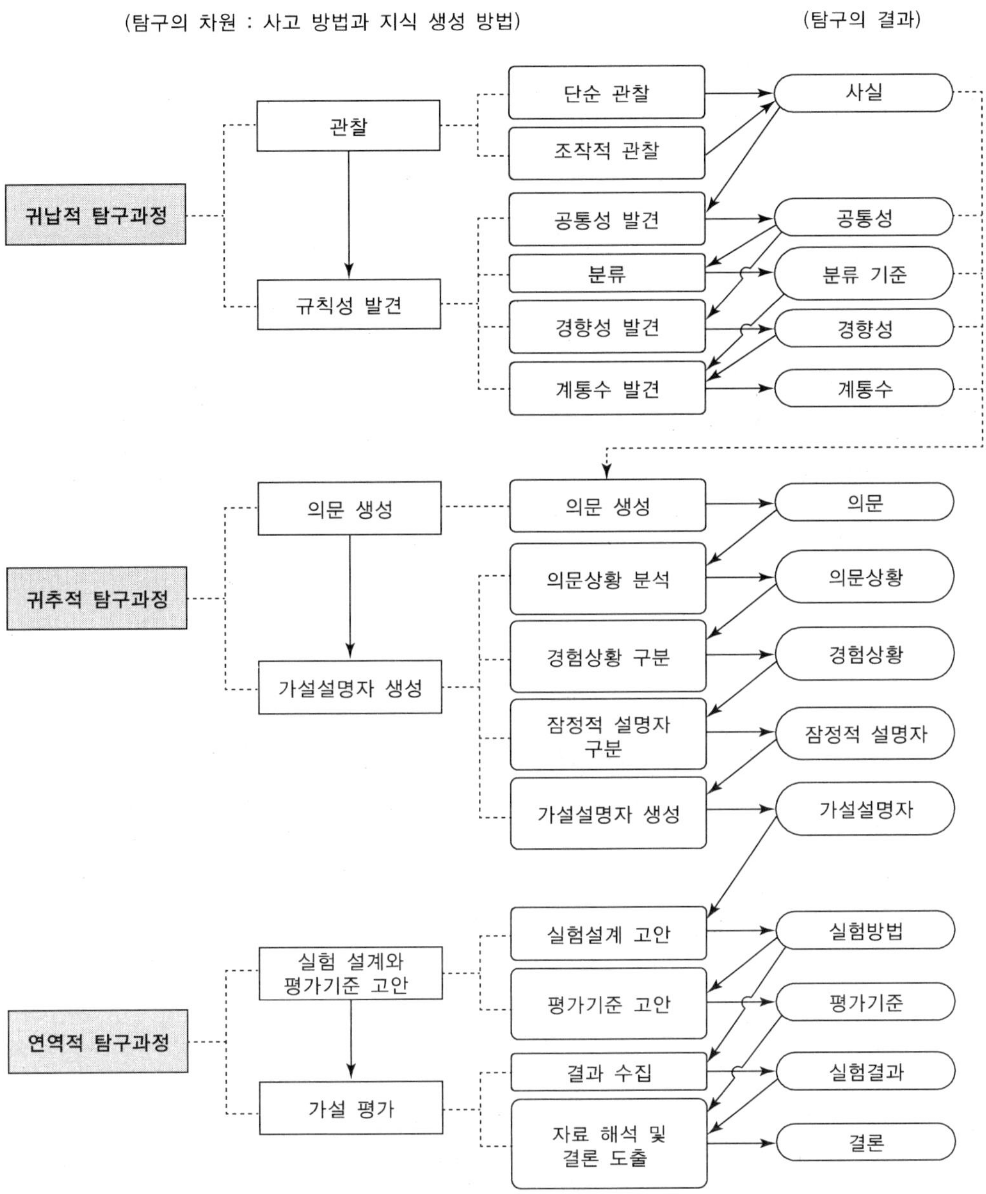

▶ **그림 3.10** 과학적 사고 방법과 지식 생성 방법을 결합한 과학적 탐구의 과정(권용주 등, 2003b)

로 표현하여 설명한 과학적 탐구과정을 제시하였다. 즉, 이전의 탐구과정에 대한 설명은 직선적 형태로 탐구가 진행되는 과정을 설명하거나, 또는 조금 더 발전하여 직선적 과정에서 일부 과정이 이전 과정으로 다시 환류되는 과정을 표현한 선형적 접근의 설명을 제시하였다. 그러나 입체적 과정의 접근은 과학적 탐구의 과정 범주를 다시 하위 범주 차원으로 심화하여 전체적으로 탐구의 과정을 입체적으로 설명하고자 시도하였다.

더 나아가, 이안나 등(2007)은 권용주 등(2003b)의 설명을 바탕으로 탐구의 과정을 여러 차원의 범주로 보다 입체화하여 설명하고자 하였다. 즉, 이안나 등은 생물학자의 탐구과정에 대한 분석을 통해 탐구의 과정을 탐구 분야 선정, 탐구 주제 설정 및 가설 생성, 검증방법 고안, 결과 수집 및 해석으로 구분하여 제시하였다. 탐구 분야 선정단계에서 나타나는 사고과정을 탐구 상황 인식, 탐구 분야 선택, 예비 탐구대상 표상, 탐구대상 선택으로 세분하였다. 탐구 주제 설정 및 가설생성 단계는 관찰방법 고안, 사실 표상, 의문생성, 의문분석, 유사경험 표상, 잠정적 설명자 탐색, 잠정적 설명구성으로 세분하였다. 마지막으로 검증방법고안 단계는 설명인식, 설명요소동정, 실험변인동정, 조작방법고안, 평가기준고안으로, 결과 수집 및 해석은 결과수집, 기준－결과비교, 설명판단, 결론도출로 구분하였다. 이러한 탐구의 단계와 사고의 흐름, 행동 양식과 생성되는 지식에 따라 이안나 등은 그림 3.11과 같은 모형을 제시하였다.

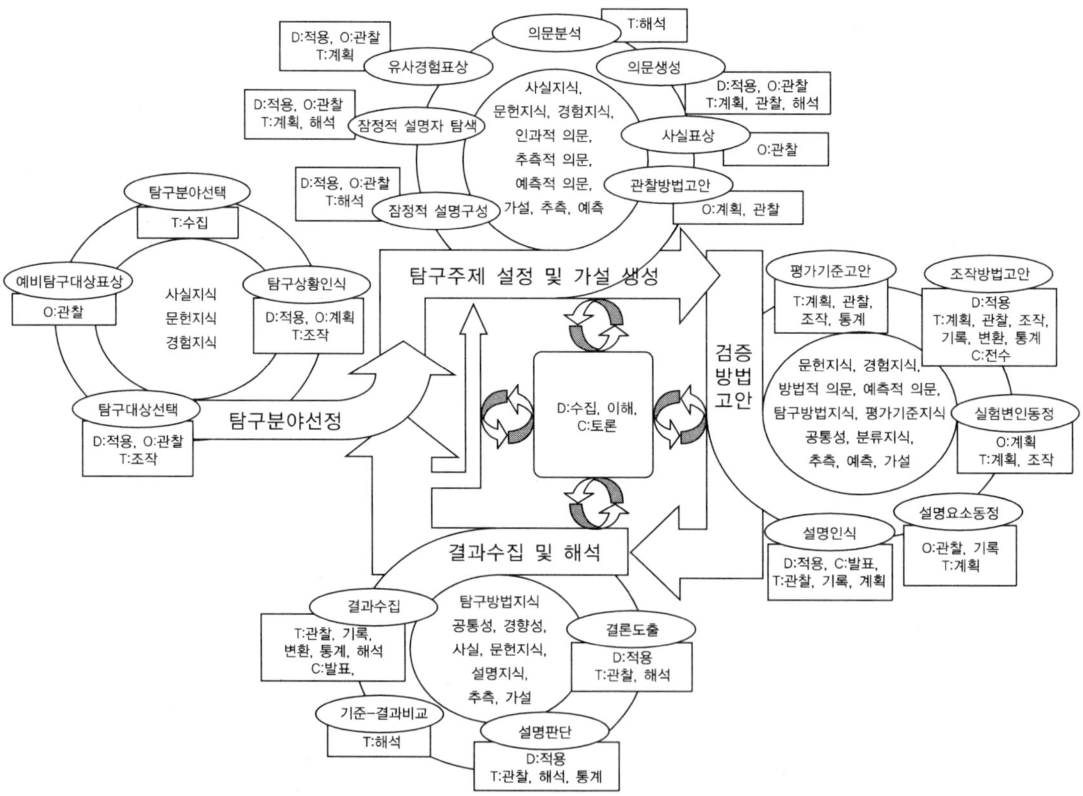

▶ **그림 3.11** 동물 행동학자의 탐구 과정 모형(이안나 등, 2007)

3 과학적 탐구의 요소

과학적 탐구를 구성하는 요소가 무엇인지에 대한 해답은 과학적 탐구의 정의가 다양한 것에 기인하며, 연구자와 교육과정에 따라 서로 다르게 제시하고 있다. SAPA(Science－A Process Approach)에서는 과학탐구 과정의 요소를 분류, 의사소통, 변인통제, 조작적정의, 실험설계, 모델구성, 가설생성, 추론, 해석, 측정, 관찰, 예상, 의문 만들기, 수 사용하기, 시공간 관계 이용하기와 같이 15가지로 제시하였다(AAAS, 1967). 이후 SAPA Ⅱ에서는 관찰, 시공관계의 이용, 분류, 수의 사용, 측정, 의사소통, 예측, 추론을 기초탐구과정으로, 변인통제, 자료해석, 조작적정의, 가설설정, 실험을 통합탐구과정으로 제시하였다(AAAS, 1990). 국내의 많은 과학탐구 관련 연구들은 SAPA와 SAPA Ⅱ에서 제시하는 탐구과정 요소를 차용하거나 수정하여 사용하고 있다(권재술과 김범기, 1994; 김수경 등, 2007; 송경혜 등, 2004; 심규철 등, 2004; 우종옥과 이항로, 1995; 유모경과 조희형, 2003; 이봉우, 2005; 정완호와 허명, 1993; 허명, 1984).

AAAS에서 제시하는 탐구과정 요소와 달리 ASE(Association of Science Education, 1987)는 탐구의 기능을 사고기능, 실험기능, 의사소통기능으로 구분하였으며 각각의 기능에 대해 하위 내용을 제시하였다. 사고기능에는 가설설정, 가설 검증을 위한 상황고안, 증거로부터 결론 이끌어내기, 적절한 원리와 이론으로 현상 설명하기, 문제 해결하기, 증거와 관련지어 특정 주장 평가하기를 포함하였다. 실험기능은 체계적이고 조심스럽게 관찰하고 측정하기, 실험을 안전하고 확실하게 수행하기, 주위 여건을 실험상황에 맞게 개선하기로 제시하였다. 또한, 의사소통기능은 관찰사실, 설명, 해답, 내용 등을 설명하기, 다른 사람의 설명이나 지도 내용을 이해하기, 여러 가지 정보원으로부터 관련 내용을 선택하여 적용하기로 제시하고 있다.

탐구의 과정 요소에 대해 NSES(National Science Education Standards)는 문제 확인, 의문 생성, 연구 설계, 관찰수행 및 기록, 자료해석, 설명 창안, 모델개발과 논의로 제시하였다(NRC, 1996). 또한, NAEP(The National Assessment of Educational Progress)는 탐구과정으로 관찰, 측정, 실험, 의사소통을 제시하였으며, 사고과정으로 자료해석, 일반화, 내삽과 외연, 가설설정, 비유에 의한 논증, 종합, 귀납과 연역에 의한 논증, 모델설정을 제시하였다.

제7차 교육과정과 7차 개정 교육과정 역시 과학과 학습지도 방법으로 탐구를 강조하고 있으며, 탐구의 요소를 기초 탐구 과정(관찰, 분류, 측정, 예상, 추리 등)과 통합 탐구 과정(문제 인식, 가설 설정, 변인 통제, 자료 해석, 결론 도출, 일반화 등)으로 제시하고 있다(교육인적자원부, 2007). 교육과정에서 제시하고 있는 탐구의 요소들을 '~등'으로 표현하고 있는 것은 연구자들마다 탐구의 요소를 다양하게 구분하기 때문이라고 볼 수 있을 것이다. 이것은 연구자들마다 탐구과정의 구성요소를 다양하게 제시하고 있으며, 동일한 용어를 사용하더라도 그 의미 역시 다양한 관점에 따라 서술되기 때문이라고 할 수 있다.

다양한 연구들에서 제시하는 탐구의 요소를 살펴보면, 과학적 탐구의 과정을 구성하는 요소들은 관찰, 측정, 문제인식, 분류, 가설설정, 실험설계, 변인통제, 추론, 예상, 자료해석, 자료변환, 관계해석, 결론, 일반화, 의사소통으로 대표될 수 있다(권용주 등, 2003c; 권재술과 김범기, 1994; 김수경 등, 2007; 송경혜 등, 2004; 심규철 등, 2004; 우종옥과 이항로, 1995; 유모경과 조희형, 2003; 이봉우, 2005; 정완호와 허명, 1993; 허명, 1984; AAAS, 1967; NRC, 1996; NRC, 2000; Rezba et al., 1995; Yager, 2000). 연구자들마다 다양하게 제시되는 탐구의 요소들 중 교육과정에서 제시하고 있는 탐구요소들은 필수적인 요소에 해당한다고 볼 수 있다. 그러므로 이 단원에서는 7차 교육과정과 2007년 개정 교육과정에서 제시하고 있는 기초탐구요소(관찰, 분류, 측정, 예상, 추리 등)와 통합탐구요소(가설설정, 변인통제, 자료해석, 결론도출, 일반화 등)들을 위주로 살펴볼 것이다. 이들 탐구과정 요소에 대해서 더 상세히 살펴보면 다음과 같다.

3.1 관찰

1) 관찰의 의미와 유형

과학적 관찰과 관련된 많은 연구들에서 과학적 관찰은 과학에 있어 기본적 활동이며, 과학적 탐구의 다른 단계에도 영향을 미칠 수 있기 때문에 중요하다고 인식되어 있다(권용주 등, 2003c; 권용주 등, 2005; 박종원과 김익균, 1999; Lederman, 1992; Norris, 1987; Segal, 1966; Tomkins & Tunnicliffe, 2001). 이러한 인식을 바탕으로 과학적 관찰은 7차 교육과정과 외국의 교육과정 및 개정 교육과정에서 기초탐구의 영역으로 고르게 제시됨으로써 과학교육 현장에도 과학적 관찰의 중요성이 반영되고 있다고 할 수 있다(교육인적자원부, 2007).

과학적 관찰은 오감과 인지구조의 상호작용을 통해 사물이나 현상에 대한 모든 정보를 수집하는 활동이라고 정의된다(권용주 등, 2005). 이러한 정의를 바탕으로 과학적 관찰에 대한 연구들은 관찰의 특성과 유형을 세부적으로 밝히기 위해 노력해왔다(권용주 등, 2005; 박명희 등, 2005; 박종원과 김익균, 1999; 신동훈 등, 2006).

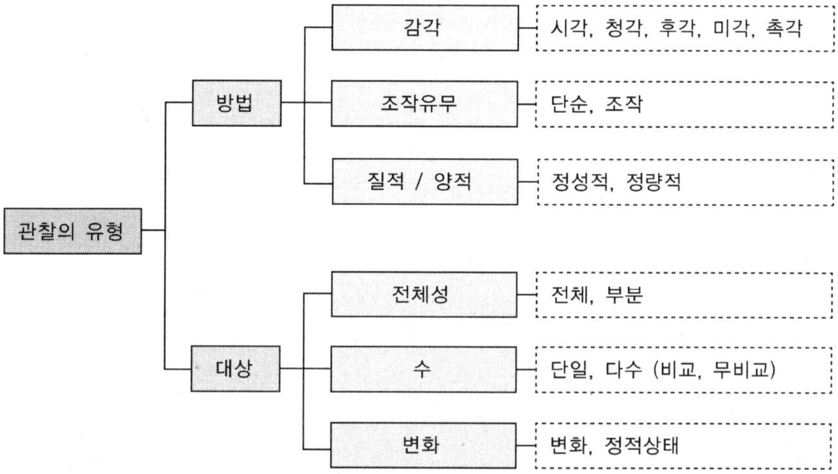

▶ **그림 3.12** 과학적 관찰의 유형과 구조(권용주 등, 2005)

관찰의 유형에 대해 박종원과 김익균(1999)은 초보적 관찰, 해석적 관찰, 조작적 관찰, 간섭적 관찰로 구분하여 제시하였으나 관찰의 유형이 관찰대상과 방법에 따라 다르게 나타나는 것을 설명하지 못한다. 이에 대해 권용주 등(2005)은 관찰의 대상과 방법에 따라 그림 3.12와 같이 제시하였다.

이러한 관찰의 유형과 구조는 방법에 따라 세로 방향으로, 대상에 따라 가로 방향으로 배열되고 각각의 차원에서 다시 3차원의 하위 구조로 세분될 수 있다. 권용주 등(2005)은 이것을 표 3.7과 같은 분류틀로 제시하였다.

2) 관찰의 과정

관찰과 관련하여 많은 연구들은 과학적 관찰에 의해 생성된 관찰지식이 관찰자의 인지구조 혹은 이론(theory)에 따라 서로 다를 수 있다는 관점을 제시한다(권용주 등, 2005; 박종원과 김익균, 1999; Martin, 1985; Tomkins & Tunnicliffe, 2001). 또한, 박명희 등(2005)과 Tomkins & Tunnicliffe(2001)은 동적 대상을 이용한 지속적인 관찰과제에 대한 연구에서 관찰은 학습자가 지닌 정보와 경험의 해석에 의해 관찰사실이 변화될 수 있다고 주장하였다. 뿐만 아니라, 미경험 대상에 대한 관찰사실의 다양성은 관찰경험이 누적되면서 부분적으로 감소하는 반면, 관찰사실의 정교성은 증가되었다는 결과를 보여준다. 이러한 결과를 바탕으로 관찰자가 지니고 있는 지적틀(intellectual framework) 혹은 이론은 고정된 것이 아니라 관찰사실의 영향으로 인해 계속적으로 변화될 수 있는 가능성을 지니고 있는 것이다(변정호 등, 2009), 그러므로 관찰을 단순히 정보가 유입되는 과정이라고 볼 수 없으며, 관찰을 통해 생성된 관찰사실은 관찰자의 지적틀을 구성하는 새로운 요소로 작용한다고 볼 수 있다(변정호 등, 2009). 또한, 관찰자에 의해 생성된 관찰사실은 추론에 의해 변환되어 다시 관찰자의 지적틀을 형성하는 요소로써 작용하여 관찰행동에 영향을 미칠 수 있으므로, 관찰의 구조는 그림 3.13과 같이 표현할 수 있다.

표 3.7 과학적 관찰의 분류틀(권용주 등, 2005)

관찰 대상 / 관찰 방법			정적상태 관찰				변화 관찰				합계
			비교 관찰		무비교 관찰		비교 관찰		무비교 관찰		
			전체	부분	전체	부분	전체	부분	전체	부분	
시각	단순관찰	정성관찰									
		정량관찰									
	조작관찰	정성관찰									
		정량관찰									
청각	단순관찰	정성관찰									
		정량관찰									
	조작관찰	정성관찰									
		정량관찰									
후각	단순관찰	정성관찰									
		정량관찰									
	조작관찰	정성관찰									
		정량관찰									
미각	단순관찰	정성관찰									
		정량관찰									
	조작관찰	정성관찰									
		정량관찰									
촉각	단순관찰	정성관찰									
		정량관찰									
	조작관찰	정성관찰									
		정량관찰									
합 계											

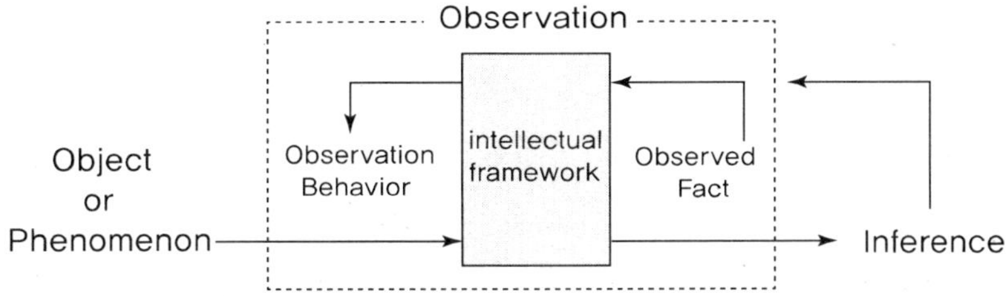

▶**그림 3.13** 과학적 관찰의 구조(변정호 등, 2009)

이러한 관찰의 구조와 앞에서 논의한 관찰의 유형을 바탕으로 관찰자가 실제로 관찰하는 과정의 사례를 순서적으로 제시해보면 그림 3.14 과학적 관찰의 과정과 같다.

전체대상 인식 ⇨ 관찰요소 추출 ⇨ 단순관찰 ⇨ (조작, 비교, 변화 관찰) ⇨ 관찰결과 수집
⇩
부분대상 인식 ⇨ 관찰요소 추출 ⇨ 단순관찰 ⇨ (조작, 비교, 변화 관찰) ⇨ 관찰결과 수집

▶ **그림 3.14** 과학적 관찰의 과정

3.2 측정

1) 측정의 의미와 유형

측정은 관찰과 함께 탐구의 과정에 있어 과학적 지식의 검증에 요구되는 증거자료를 수집하는 활동이므로 탐구의 기본적인 요소로 인식되고 있다(PSSC, 1996). 측정을 탐구의 요소로 제시하는 연구들은 측정의 의미에 대해 도구사용을 통해 양적자료를 수집하는 것이라고 정의한다(권재술과 김범기, 1994; 교육인적자원부, 2007; 이봉우, 2005; SAPA, 1967). 그러나 측정은 단순한 도구의 사용법뿐만 아니라 측정의 방법과 과정을 의미한다고 볼 수 있다(Gott & Duggan, 1995). 따라서, 측정을 탐구의 요소로 고려한다면 측정은 도구 사용을 통한 정량적 자료수집과 도구를 사용하지 않은 정성적 자료수집을 포함하는 활동이라고 정의할 수 있다.

측정은 관찰을 수량화하는 활동으로 측정 도구의 선택과 사용, 단위 선택, 측정 범위와 구간, 어림셈, 오차와 정확도, 반복 가능성(신뢰성) 등에 대한 이해를 필요로 한다(교육인적자원부, 2002). 이러한 측정 활동은 학교 과학 실험 목적과 관련하여 학생들이 지식 주장을 할 때 근거가 되는 자료 수집 및 학생들의 표준 실험 도구를 사용하는 능력 발달과 직접적인 관계가 있다.

과학에서 측정의 유형에는 길이 측정, 부피 측정, 무게 혹은 질량 측정, 시간 측정, 그리고 온도 측정의 다섯 가지 기본 요소가 있다(Martin, 1997). 길이 측정이란 두 지점 사이의 거리를 정량화하는 것을 의미한다. 부피 측정은 사물이 차지하는 공간을 정량화하는 것을 의미한다. 이러한 부피 측정은 길이 단위나 혹은 부피 자체의 고유한 단위로 측정된다. 무게와 질량은 다르다. 무게 측정은 어떤 물질에 중력이 끌어당기는 정도를 양적으로 나타내는 것이고, 질량 측정은 물질의 고유한 양을 정량화하는 것을 의미한다. 무게와 질량은 다른 방법으로 측정되며 단위도 다르다. 무게는 장소에 따라 변하지만 질량은 변하지 않는다. 미터 단위계에서 질량의 가장 보편적인 단위는 kg이다. 무게의 보편적인 단위는 우리나라에서는 근(600 g), 관(3.75 kg)이고, 외국에서는 온스(28.35 g), 파운드(453.59 g)이다. 특정 순간의 시점이나 일정한 간격 동안 시간적 기간을 정량화한 것이 시간 측정이다. 온도 측정은 사물의 열의 양을 정량화하는 것이다. 온도는 섭씨온도(미터 단위) 또는 화씨온도(관습 단위)로 측정할 수 있다. 화씨로 표현되든 섭씨로 표현되든 온도는 같다. 섭씨 체계와 화씨 체계의 주요 차이점은 해수면에서의 물의 어는점과 끓는점이다. 물의 어는점은 섭씨 0도 또는 화씨 32도이다. 물의 끓는점은 섭씨 100도 또는 화씨 212도이다.

2) 측정의 과정

측정의 과정은 측정 유형과 도구 선정, 측정의 범위 결정, 측정 수행, 수집된 자료의 해석, 측정과정에 대한 평가가 포함되며, 이러한 과정은 과학적 탐구결과에 대한 증거의 신뢰성과 관련된다고 볼 수 있다(Gott & Duggan, 1995). 측정이 증거의 신뢰성에 깊이 관련되어 있음으로 인해 도구의 선택과 사용, 자료의 분석과 같은 기능이 주요한 구성요소라 할 수 있으나, 어림짐작과 같은 정성적 기능 역시 측정에 포함된다. 이러한 관점에서 이봉우 등(2007)은 측정의 과정을 어림하기, 측정설계, 측정대상, 측정단계, 측정도구 사용, 측정결과활용, 측정자로 구분하였다. 또한, 측정대상은 측정도구와 관련하여 세분하였으며, 측정단계는 조작유무에 따라 구분하였다. 특히 측정도구 사용에 도구제작을 포함시켰으며, 측정결과 활용에 오차와 불확실도라는 하위 항목을 제시함으로써 7차 교육과정의 평가요소에 포함되지 않았던 내용을 추가하였다.

3.3 분류

1) 분류의 의미와 유형

일반적으로 분류는 사물이나 사건, 사람들을 일정한 기준에 따라 구분하고, 범주화된 것들 사이에 일정한 질서를 세우는 활동을 의미한다(권용주 등, 2007). 포괄적 맥락에서 분류 활동은 학문적 영역뿐만 아니라 일상생활 중에서 이루어지는 활동이라고도 할 수 있다(Bowker & Star, 1999). 과학탐구의 한 영역으로써의 분류는 관찰한 대상들로부터 발견한 공통적 속성을 분류기준으로써 선택하고 선택된 분류기준을 관찰대상에 적용하며, 분류기준을 바탕으로 위계를 설정하는 활동까지 포함한다(권용주 등, 2007; 조은미 등, 2005). 또한, 다양한 대상을 관찰하고 공통점과 차이점을 찾아 위계를 설정함으로써 탐구활동을 수행하는 데 있어 다양한 정보를 제공해준다(우건석 등, 1997: 이종욱 등, 1993: Mayr, 1997). 특히, 생물학 탐구에 있어 다양한 생물 대상을 특정 기준에 따라 범주화함으로써 정보들을 일목요연하게 제공해줄 수 있기 때문에 정보의 교환을 가능하게 해준다(Honey & Paxman, 1986; Magulis, 1981).

분류의 유형을 제시한 연구들을 살펴보면 명칭에서 부분적인 차이가 존재하지만 동일한 유형을 제시하고 있다고 볼 수 있다. 분류의 유형은 분류기준 설정의 방법적 측면에서 한 가지 특성에 따라 대상을 구분하는 이원분류와 복합 특성에 따라 대상을 구분하는 다원분류로 제시되며(권용주, 2007; 권재술과 김범기, 1994; 김희경 등, 2007; Ostlund, 1992), 분류기준 속성의 기원에 따라 표 3.8과 같이 구분될 수 있다.

표 3.8 단위분류의 유형(권용주 등, 2007)

<table>
<tr><th colspan="2">구 분</th></tr>
<tr><td rowspan="2">기준속성이 분류대상 내에서 추출되지 않은 경우</td><td>이원분류(단순분류)</td></tr>
<tr><td>다원분류(복합분류)</td></tr>
<tr><td rowspan="2">기준속성이 분류대상 내에서 추출된 경우</td><td>이원분류(단순분류)</td></tr>
<tr><td>다원분류(복합분류)</td></tr>
</table>

2) 분류의 과정

클라우어와 피에(Klauer & Phye, 1994)는 귀납적 추론의 구조를 속성과 관계, 유사성과 상이성에 따라 구분하였으며, 귀납적 사고과정을 통해 공통성, 경향성, 분류지식이 생성될 수 있다고 하였다. 귀납적 추론을 통해 생성되는 분류지식은 단순히 대상을 범주화하는활동뿐만 아니라 대상들의 속성과 관계에 따라 위계를 설정하는 과정까지 포함한다(조은미 등, 2005).

이러한 관점에 따라 분류의 과정은 먼저, 분류를 하기 전에 분류기준을 고안하고, 그 기준에 따라 분류하게 된다. 분류기준을 고안하는 과정에서는 일부 관찰 대상에서 공통점과 차이점을 찾는 과정이 있었다. 결국 분류의 사고 과정은 대상관찰 → 분류기준 고안(일부 대상의 공통점 찾기와 차이점 찾기) → 분류기준 선택 → 분류의 과정으로 진행됨을 알 수 있었다. 또한 피험자들은 분류한 집단에서 분류기준을 고안하고 선택하여 집단 분류를 하고, 분류된 집단을 위계적으로 배열하여 여러 번에 걸친 분류와 위계화 활동을 진행하였다. 그러므로 위계의 과정은 크게 집단 분류와 위계적 배열로 나눌 수 있고, 집단 분류는 다시 집단 분류기준 고안(집단 내 대상의 공통점 찾기와 차이점 찾기) → 집단 분류기준 선택의 과정으로 진행됨을 알 수 있었나. 이러한 분류 대상의 선정과 고안에서 계동수를 고안하는 분류의 과정은 그림 3.14와 같이 나타낼 수 있다.

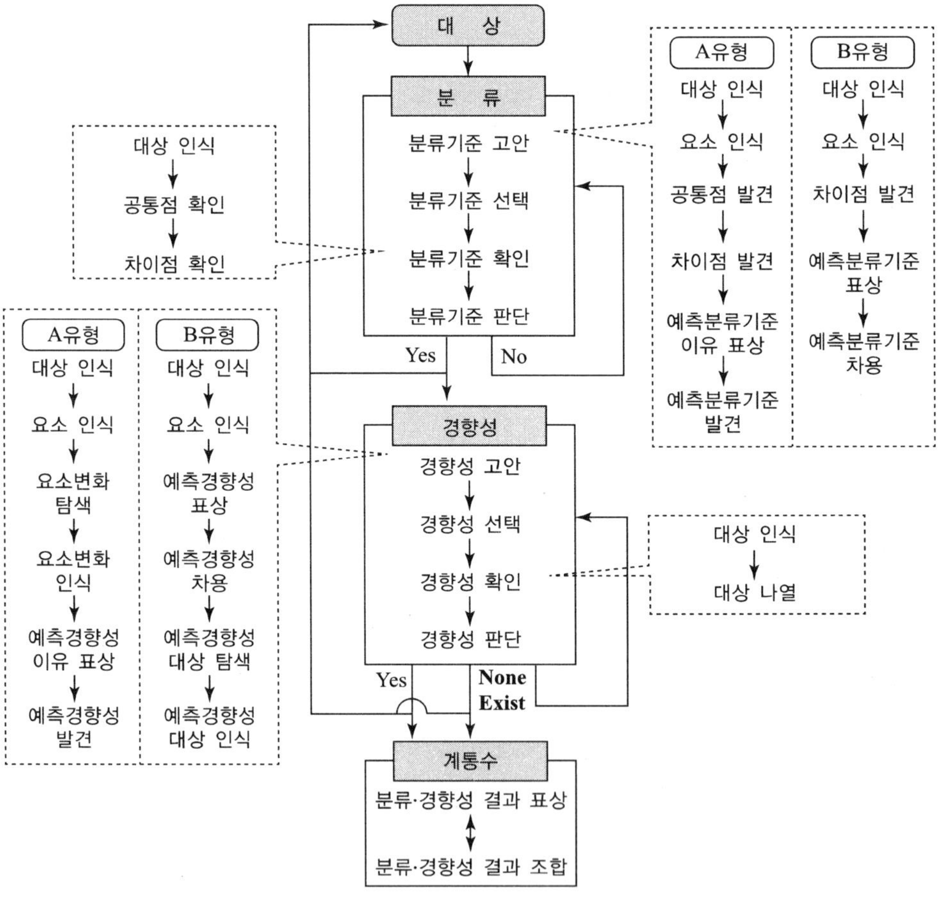

▶ **그림 3.14** 분류－계통수 지식의 생성과정모형(조은미, 2005)

이러한 분류 지식 생성의 과정에 따라 분류 지식을 생성하는 단계적인 방법을 보다 체계적으로 설명해보면 표 3.9와 같다.

표 3.9 분류 지식의 생성 과정(권용주 등, 2011)

고안 과정	과정의 설명
관찰 사실의 요소 찾기	• 관찰 사실을 구성하는 요소를 구분하여 찾는다.
공통성 및 차이점 요소 찾기	• 관찰 사실의 요소에서 전체 관찰 대상에 공통적으로 나타나는 요소를 찾는다. • 관찰 사실의 요소에서 전체 대상에서 차이를 보이는 요소를 찾는다.
차이점을 분류기준으로 선택하기	• 관찰 대상별 차이를 보이는 요소 중에서 가장 특징적인 요소를 분류기준으로 선택한다.
분류기준에 따라 분류하기	• 분류기준에 따라 각 대상들을 나눈다.
분류기준 선택과 분류하기 과정을 계속하기	• 한번 분류한 대상들에서 다시 분류기준을 찾아서 선택한다. • 한번 분류한 대상들에 대해서 새로 선택한 분류기준에 따라 각 대상들을 나눈다. • 이 과정을 계속 반복하여 수행하면서 분류가 가능할 때까지 분류한다.
경향성에 따라 분류하기	• 분류한 집단에서 나타나는 경향성을 발견하여 경향성에 따라 집단을 구분하여 배열한다.
위계에 따라 분류하기	• 분류한 집단에서 나타나는 위계(진화적 특성, 발달적 특성 등)를 발견하여 위계에 따라 집단을 구분하여 배열한다.

3.4 의문 생성

1) 의문의 의미와 유형

과학에서 의문에 대한 정의는 학자들에 따라 다양하지만, 일반적으로 자연 현상을 관찰하고 현재의 지식으로는 설명할 수 없는 불안정한 문제, 의심, 불확실성 등을 인식했을 때 갖게 되는 궁금증이나 알고자 하는 것을 의미한다(Simpson & Anderson, 1981; Christenbury & Kelly, 1983; Lawson, 1995; Spargo & Enderstein, 1997). 의문은 또한 문제라고 표현되기도 한다. 이러한 의문의 생성은 과학 탐구의 방향과 가치를 결정짓는 핵심적인 과정일 뿐만 아니라, 과학 학습에서 학생들의 학습 의욕을 자극함으로써 능동적인 탐구로 유도하는 매우 중요한 과정이다(권용주 등, 2003a; Christenbury & Kelly, 1983; Gott & Duggan, 1995). 즉, 과학적 의문은 관찰된 현상으로부터 발생되는 궁금증을 의미하며, 의문의 유형에 따라 생성되는 잠정적 설명지식의 유형을 결정짓는 탐구의 기본 요소라 할 수 있다(이혜정 등, 2004).

더 나아가, 이혜정 등(2004)은 과학적 의문의 유형을 크게 추측적 의문, 인과적 의문, 예측적 의문, 방법적 의문, 적용적 의문으로 구분하였으며, 이를 정리해 보면 표 3.10과 같다.

표 3.10 과학적 의문의 유형

의문의 유형	의문 유형의 정의
추측적 의문	관심을 두고 있는 대상의 명칭이나 성분, 구조, 기능 등에 대한 의문
예측적 의문	현재의 관찰사실에 어떤 변인을 달리했을 때 나타나게 될 현상이나 일련의 사건에 대한 의문
인과적 의문	관찰사실을 근거로 어떤 현상이 일어난 원인에 대한 의문
방법적 의문	어떤 활동을 수행할 때 필요한 계획이나 도구, 방법 등에 관한 의문
적용적 의문	대상의 용도, 쓰임새 등에 대한 의문

2) 의문 생성의 과정

표 3.11 의문의 생성 과정(이혜정 등, 2005)

과정 단계	정의	사고의 유형	
		설명자 탐색	설명자 확인
1	관찰 상황을 구성하는 요소들과 관찰하고 있는 현상의 특성에 대한 사고가 표현됨	관찰현상 추출	관찰현상 추출
2	관찰현상을 구체적으로 분석하는 사고가 표현됨	관찰현상 분석	관찰현상 분석
3	현재의 관찰 상황과 유사한 경험이나 지식 등을 전체적으로 머릿속에 떠올리는 사고가 표현됨	경험상황 표상	경험상황 표상
4	경험상황을 구성하는 요소들이 표현됨	경험현상 추출	경험현상 추출
5	경험현상을 구체적으로 분석하는 사고가 표현됨	경험현상 분석	경험현상 분석
6	경험현상을 원인적으로 설명한 내용이 표현됨	원인적 설명자 표상	원인적 설명자 표상
7	관찰현상을 경험현상과 비교하는 사고가 표현됨	현상 비교	현상 비교
8	경험현상의 원인적 설명자가 관찰현상을 설명해 줄 수 있는지를 판단하는 사고가 표현됨	설명자 판단	설명자 판단
9	경험현상의 원인적 설명자를 관찰현상의 가설적 설명자로 차용하는 사고가 표현됨		설명자 차용

과학 탐구에서 의문은 어떤 과정으로 만들어지는가? 이러한 의문에 대해서 이혜정 등(2005)은 설명자를 탐색하는 의문과 설명자를 확인하는 의문의 생성 과정으로 구분하여 설명하였다. 먼저 설명자를 탐색하는 의문이 만들어지는 과정에 대해서 이혜정 등은 관찰현상 추출 → 관찰현상 분석 → 경험상황 표상 → 경험현상 추출 → 경험현상 분석 → 원인적 설명자 표상 → 현상 비교 → 설명자 판단 → 의문생성으로 제시하였다. 또한, 설명자를 확인하는 의문이 만들어지는 과정은 관찰현상 추출 → 관찰현상 분석 → 경험상황 표상 → 경험현상 추출 및 분석 → 원인적 설명자 표상 → 현상 비교 → 설명자 판단 → 설명자 차용 → 의문생성으로 제시하였다. 이를 순서적 과정으로 나타내면 표 3.11과 같다.

3.5 가설 생성

의문에 대해서 임시적인 설명을 잠정적 설명자라고 한다(권용주 등, 2006). 권용주 등에 따르면, 의문에 대한 이러한 잠정적 설명자들은 그림 3.15와 같이 가설, 예측, 추측, 목적론적 설명으로 구분된다고 논의하였다.

1) 가설의 의미와 유형

가설은 특정 현상이 일어나는 원인으로서 설명되는 제안된 명제나 명제들의 집합으로 정의된다(권용주 등, 2000; Barnhart, 1953). 또한, 가설은 과학적 탐구활동에 의해 생성되는 설명지식 중 현상의 원인에 대한 임시적 설명으로 고안된 명제에 해당한다(권용주 등, 2003, 2006; Lawson, 1995). 즉, 가설이란 현재시점 현상의 원인이 되는 과거의 설명자를 잠정적으로 고안하여 진술한 명제라고 할 수 있다. 그러므로 가설을 생성하는 것은 관찰된 현상의 원인에 대한 잠정적인 명제를 제안하기 위한 활동이라고 볼 수 있다.

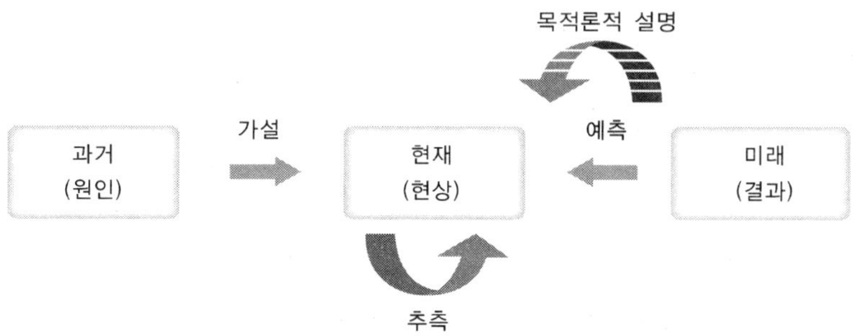

▶ **그림 3.15** 의문에 대한 잠정적 설명자들의 관계(권용주 등, 2006)

가설의 유형에 대한 연구에서는 직접적으로 조작할 수 있고, 그 원인이 바로 우리의 가까이에 존재하는 속성을 원인으로 제시하는 경우를 근접적 가설(proximate hypothesis)이라고 표현한다(권용주 등, 2000; Alcock, 1989; Nesse & Williams, 1994). 근접적 가설은 생물체에 대한 가설인 경우 행동, 생리, 구조에 대한 설명을 원인으로 제시하며, 구체적이고 직접 조작 및 관찰될 수 있고 우리 주변에 존재하는 원인에 해당한다고 하였다. 또한, 가설의 조작성 속성에 따라 조작적 가설(manipulative hypothesis) 혹은 현상적 가설(phenomenal hypothesis)로 표현되기도 한다.

조작적 가설에서는 가설과 검증에 사용되는 독립변인이 동일한 것과 달리 가설과 가설을 검증할 때 조작하는 독립변인이 서로 다른 경우가 존재하며, 이러한 가설을 이론적 가설(theoretical hypothesis) 혹은 진화적 가설(evolutionary hypothesis)이라 한다(권용주 등, 2000; Alcock, 1989; Drian, 1995; Nesse & Williams, 1994). 이론적 가설은 눈으로 볼 수 없는 사물과 사건 또는 진화적인 원인을 설명하며, 직접 관찰 및 조작될 수 없는 이론적 설명을 원인으로 제시한다. 그러므로 이러한 가설을 검증하기 위해서는 가설과 관련된 조작이 가능한 다른 독립변인을 제시하여 검증을 실시하는 조작 불가능한 가설의 연역적 검증과정의 고안이 요구된다.

2) 가설 생성의 과정

가설은 과학적 지식 생성과정에 의해 얻어지는 선언적 지식 중 중간적 지식에 해당하는 것으로 귀추적 사고과정에서 나타나는 탐구의 요소에 해당한다(권용주 등, 2003b; 박종원, 2003). 가설이 귀추적 사고에 의해 생성된다는 관점에 따르면, 그림 3.16과 같이 가설 생성은 의문을 불러일으키는 현재의 의문 상황과 유사한 경험 상황을 표상하고 의문의 원인에 해당하는 원인적 설명자를 동정함으로써 가설적 설명자로 고안하는 과정으로 볼 수 있다(권용주 등, 2000; 2003; 2007).

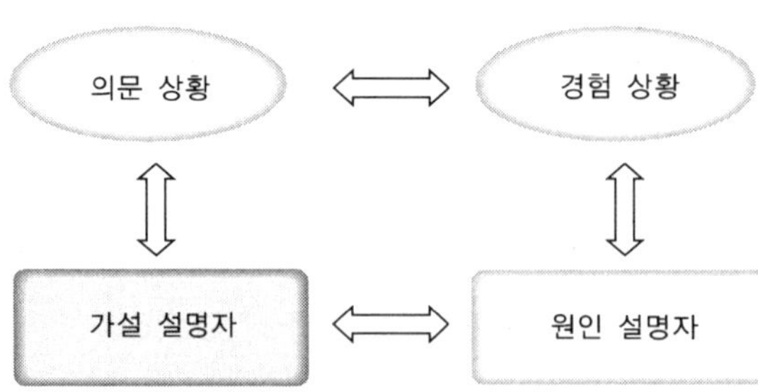

▶ **그림 3.16** 과학적 가설의 귀추적 생성 과정 모형(권용주 등, 2003b)

이러한 가설 생성의 과정에 따라 가설을 생성하는 단계적인 방법을 보다 상세하게 설명해보면 표 3.12와 같다.

표 3.12 가설 지식의 생성 과정(권용주 등, 2011)

고안 과정	과정의 설명
의문 상황 요소 찾기	• 의문에서 대상 요소를 찾는다. • 의문에서 변화 요소를 찾는다.
의문 상황의 요소에 대응하는 경험 상황 찾기	• 의문의 대상 요소와 유사한 경험 상황의 요소를 찾는다. • 의문의 변화 요소와 유사한 경험 상황의 요소를 찾는다.
경험 상황의 설명자 찾기 I	• 경험 상황의 요소를 설명하는 설명자를 탐색한다. • 의문 상황과 유사성이 큰 경험 상황의 설명자를 찾는다.
의문 상황을 상세하게 분석하기	• 의문의 대상 요소와 유사한 경험 상황의 요소를 타당하게 찾지 못할 경우 의문 상황을 상세하게 분석한다. • 의문 상황 상세 분석을 바탕으로 유사성이 큰 경험 상황을 찾는다.
경험 상황의 설명자 찾기 II	• 상세 분석한 의문 상황과 유사성이 큰 경험 상황의 설명자를 찾는다.
가설의 구성	• 유사성이 큰 설명자들을 종합하여 가설을 구성한다.

3.6 추리와 예상

1) 추리와 예상의 의미

탐구의 요소 중 추리를 제시하고 있는 연구들에서는 관찰사실 혹은 자료에 근거하여 알 수 없는 사실 혹은 현상을 논리적으로 추론해 내는 것이 추리라고 정의하고 있다(권재술과 김범기, 1994; 김범기, 1997; 김수경 등, 2007; 송경혜 등, 2004; 우종옥과 이항로, 1995; 유모경과 조희형, 2003; 정완호와 허명, 1993). 그러나, 추리의 정의 이전에 과학적 방법인 추론(reasoning)과 과학적 탐구의 요소에 해당하는 추리(inference)는 동일하지 않다는 관점 아래에서 탐구요소로써의 의미를 확인해야 할 필요가 있다.

추론(reasoning)은 특정 원리로부터 새로운 결론을 생성해내는 사고의 과정에 해당하며(Wason & Johnson-Laird, 1972), 수집된 자료로부터 새로운 결론을 이끌어내거나 이미 제시된 결론을 평가하는 사고과정을 포함한다(Anderson, 1990; She & Liao, 2010). 특히, 추론의 유형은 분류, 근거, 추리와 평가로 구분될 수 있다(Ennis, 1987; Schunk, 1999; She &

Liao, 2010). 추리는 추론의 하위 영역으로써 귀납적 혹은 연역적인 과정에 의존하는 과학적 추론과 동일하지 않다(She & Liao, 2010). 이것은 귀납이 관찰과 특정 예시에 대한 지식으로부터 규칙, 원리, 그리고 개념을 생성과정에 해당하며, 연역이 알려진 일반적인 언명으로부터 논리적으로 결론에 도달하기 위해 사용되는 추론 과정이기 때문이다(Johnson－Laird, 2000; Pellegrino, 1985; Rips, 1999). 즉, 추리는 주어진 정보를 통해 현재 알지 못하는 단일 정보를 이끌어내는 과정이며, 추론과 같은 연속적이고 논리적인 사고과정을 요구하지 않는다고 볼 수 있다.

따라서 추리는 대상에 대한 설명적 지식 중 알지 못하는 것에 대한 설명인 잠정적 설명지식을 생성하는 과정에 해당한다. 또한, 추리를 잠정적 설명지식 생성의 과정으로 본다면, 잠정적 설명지식인 가설, 추측, 예측이 추리의 결과에 해당하는 것이라고 할 수 있다(그림 3.15). 그러나 탐구의 요소로써 추리를 제시하고 있는 연구들에서의 정의를 살펴보면 가설이나 예측보다는 추측과 관련된 것으로 생각해 볼 수 있다(권재술과 김범기, 1994; 김범기, 1997; 김수경 등, 2007; 송경혜 등, 2004; 우종옥과 이항로, 1995; 유모경과 조희형, 2003; 정완호와 허명, 1993; SAPA, 1965). 가설은 현재시점에서 현상의 원인이 되는 과거의 설명자를 잠정적으로 고안하여 진술한 명제이며, 예측은 현재의 정보를 바탕으로 미래의 현상을 설명하는 예언적 명제이다. 결국 가설과 예측은 현재의 관찰사실에 대해서 관찰되지 않는 과거의 원인이나 앞으로 발견될 사실에 대한 명제이다. 반면, 추측은 현재시점에서 현상을 자세히 설명하는 현재의 설명자를 잠정적으로 고안하여 진술한 명제이므로 현재시점의 관찰사실을 바탕으로 현재 관찰되지 않은 사실에 대한 설명이다.

예상을 탐구능력 평가의 요소로 제시하고 있는 연구들에 따르면 예상은 관찰 혹은 측정된 자료에 근거하여 아직 발생하지 않은 미래사건을 예측하는 것이라고 정의하고 있다(권재술과 김범기, 1994; 김범기, 1997; 김수경 등, 2007; 송경혜 등, 2004; 우종옥과 이항로, 1995; 유모경과 조희형, 2003; 이봉우, 2005). 또한, 현재의 자료에 근거하여 미래에 일어날 사건이나 조건에 관한 최선의 추리 혹은 예언이라고 정의되기도 있다(Carin, 1997; Martin et al., 1997). 그러므로 예상을 통한 예측의 정확성은 기반 자료의 정확성과 추리의 논리적 개연성에 따라 달라질 수 있으며, 현재의 자료에서 나타나는 규칙적인 현상을 예측할 수도 있다(조희형과 최경희, 2001).

아직 관찰되지 않은 미래의 현상을 예측하는 것을 예상이라고 정의하는 관점에 따르면, 예상의 결과는 잠정적인 설명지식에 해당한다고 볼 수 있을 것이다. 예상의 결과는 특정 사건이나 현상에 대한 설명을 제공하기 위해 아직 확인되지 않은 지식을 생성하는 활동으로 미래에 대한 잠정성을 지니고 있기 때문이다(권용주 등, 2006). 예상의 유형에 대해 가벨

(Gabel, 1993)은 관찰을 통한 예상과 경향성을 통한 예상을 제시하였으며, 예상의 과정에 대한 연구는 미비한 편이다.

2) 추리와 예상의 과정

추리와 예상의 과정을 구체적으로 제시한 연구 결과는 찾아보기 어렵다. 그러나 추리를 추측의 과정으로, 예상을 예측의 과정으로 설명한다면 추리와 예상의 과정에 대해서 부분적으로 이해할 수 있다. 추측과 예측은 가설과 마찬가지로 잠정적 설명 지식에 속한다. 따라서 잠정적 설명인 가설을 생성하는 과정의 측면에서 추측과 예측의 과정을 설명한다면 그림 3.17처럼 나타낼 수 있다. 즉, 추측과 예측의 생성 과정은 그림 3.16의 가설 생성의 과정에서 논의하였던 귀추적 과정에 의한 설명자의 생성 과정으로 설명될 수 있다. 즉, 설명자를 가설 설명자 대신 추측과 예측 설명자로 놓고 설명하면 된다.

3.7 실험 설계

1) 실험 설계의 의미와 유형

새로운 과학지식의 생성에서 핵심적인 과정 중의 하나가 고안한 가설을 검증하는 실험을 설계하는 과정이다(McPherson, 2001). 즉, 과학적 지식은 탐구의 논리적 사고방법 중 귀납적·귀추적 사고과정을 통해 잠정적 지식이 생성되며, 연역적 사고과정을 통해 과학적 지식으로 검증된다고 볼 수 있다(권용주 등, 2003b). 과학적 탐구과정 중 과학적 지식을 검증하는 단계는 현상을 설명할 수 있는 설명지식에 대한 정당화의 과정이라고 할 수 있다(정진수와 권용주, 2007; McPherson, 2001). 이러한 탐구과정은 가설에 의해 예측된 결과의 확인을 통해 가설을 검증하는 일련의 실험 과정이며, 이러한 실험을 설계하는 탐구과정은 잠정적 설명지식을 정당화해주는 매우 중요한 탐구이다(Hempel, 1966; Lawson, 1995; Rachelson, 1977).

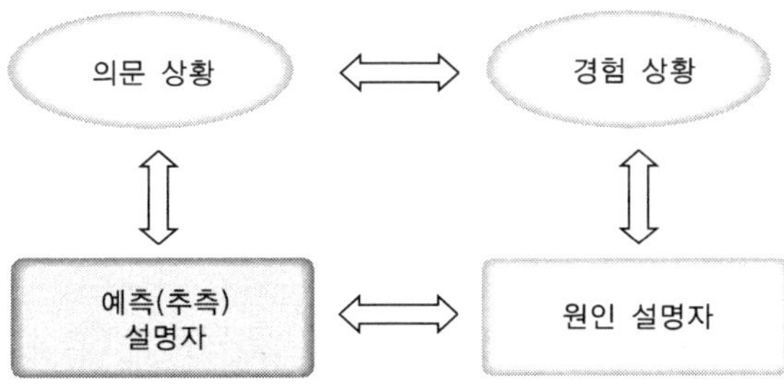

▶ 그림 3.17 예측과 추측 설명자의 생성 과정

라플린(Laughlin et al., 1999)은 가설 검증을 위한 실험설계 전략으로 긍정검증과 부정검증을 제시하고 있으며, Barker & Dunbar(2000)는 실험조건과 통제조건이 포함된다고 하였다. 이러한 논의를 바탕으로 박순화 등(2004)은 실험 설계의 유형을 크게 5가지로 구분하였다; 직접 관찰법, 유사현상 비교법, 긍정 비교법, 긍정－부정 비교법, 비례 비교법.

박순화 등(2004)에 따르면, 직접 관찰법은 실험을 통한 검증이라기보다는 제시된 의문현상에서 그 현상의 원인을 관찰하여 검증하는 설계이다. 유사현상 비교법은 가설을 검증하기 위해서 가설과 유사한 현상을 보여주어서 검증하는 설계이다. 긍정 비교법은 가설에 포함된 원인을 실험에 투입하여 의문을 갖게 한 현상의 새현 동해서 검증하는 설계이다. 긍정－부정 비교법은 원인이 가해진 현상과 원인이 가해지지 않은 현상의 차이를 비교함으로써 그 원인과 현상의 인과관계를 검증하는 설계이다. 비례 비교법은 원인의 연속적인

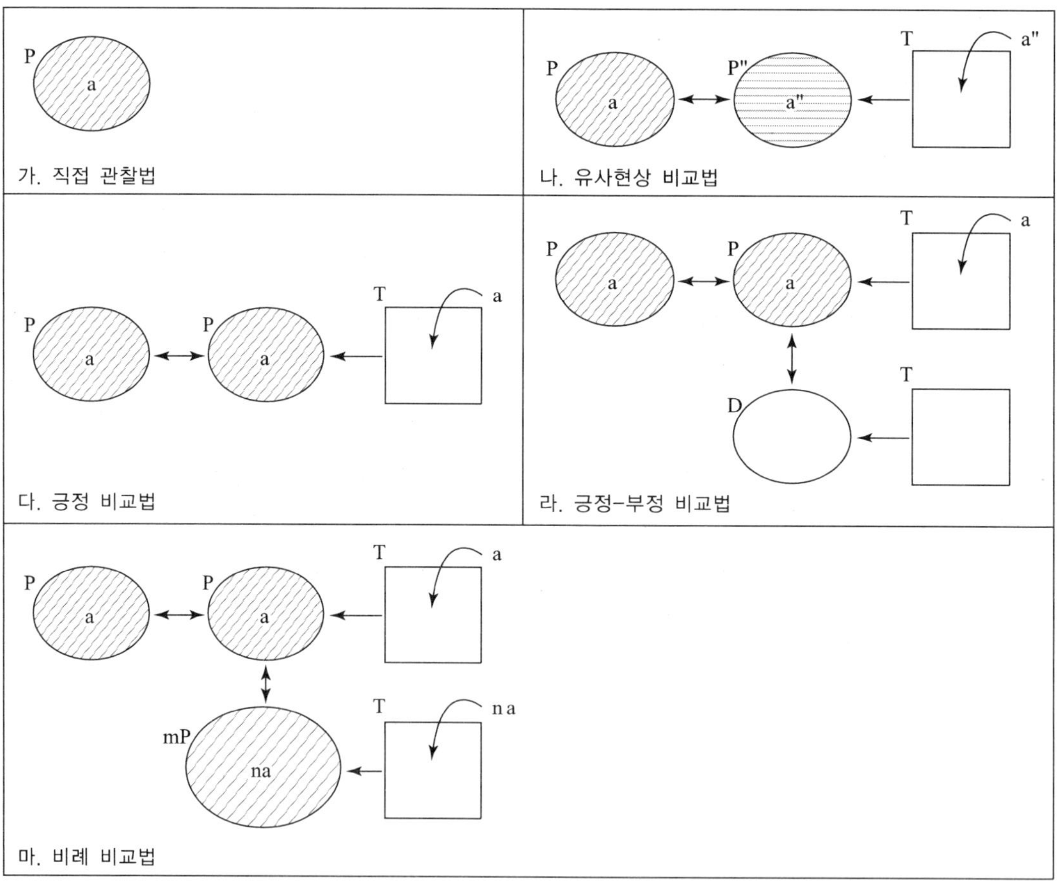

▶ **그림 3.18** 과학적 탐구에서 실험 설계의 유형(박순화 등, 2004)
(P: 현재 현상, P″: 유사 현상, T: 가설 검증 상황, D: 현재의 현상과 다른 현상, a: 현상의 원인, a″: 유사 원인, n∝m)

변화에 따라 나타나는 현상의 연속적인 변화를 비교하여 검증하는 실험 설계이다. 이상에서 설명한 실험 설계의 5가지 유형은 그림 3.18과 같이 나타낼 수 있다.

2) 실험 설계의 과정

권용주 등(2003a)은 실험을 설계하는 과정이 가설 속에 포함된 변인들을 추출하고 변인들을 조작하는 실험방법을 고안하는 과정으로 이루어진다고 설명하였다. 특히, 이 과정에서 실험의 결과에 영향을 미칠 수 있는 변인들을 확인하고 적절히 통제하는 과정은 실험 설계의 가장 필수적인 과정의 하나라고 주장하였다(권용주 등, 2003, 2008; 박종원, 1998; Hempel, 1966; Laudan, 1977; Lawson, 2000; Popper, 1963; Chen & Klahr, 1999). 이는 실험설계가 잠정적인 가설을 검증하는 과정이라고 보는 관점에서 변인통제는 가설의 잠정성을 확인하기 위한 하위과정에 해당하기 때문이다. 더 나아가, 이안나 등(2007)은 생물학자의 연구과정에 대한 심층 분석을 바탕으로 실험 설계를 통한 가설의 검증 방법 고안 과정을제시하였다. 이러한 검증 밥법 고안 과정을 통제 고안과 잠정적 설명의 평가기준 고안을 포함한 체계적인 실험 설계의 과정으로 모식화하면 그림 3.19와 같다(권용주 등, 2008).

이 중 실험의 변인동정은 설명을 검증하기 위한 실험적 변인을 추출하는 사고이며, 실험의 변인인 독립변인, 종속변인, 조작변인, 통제변인을 동정하는 과정이다. 또한, 변인의 조작과 통제방법 고안은 생성한 설명의 검증을 위한 조작저인 검증방법을 고안하는 사고과정에 해당한다. 그러므로 변인통제 혹은 변인조절로 제시되어 있는 탐구의 요소들은 실

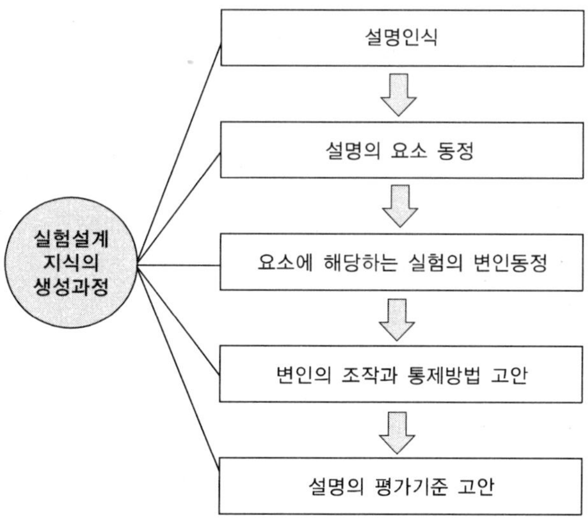

▶ **그림 3.19** 실험설계의 과정 모형(권용주 등, 2008)

험설계의 하위요소에 포함된다고 볼 수 있으며, 실험의 수행은 실험설계를 통해 설명지식을 검증하기 위한 과정에 내포된 당연한 과정에 해당한다. 결국 실험설계는 잠정적 설명지식인 가설을 검증하기 위해 필요한 설명요소를 인식하고 이에 해당하는 변인을 동정, 조작 및 통제함으로써 실험을 수행하며, 설명의 평가기준을 고안하는 활동이 포함되는 과정이다.

이러한 실험 설계의 과정에 따라 실험을 설계하는 단계적인 방법을 보다 상세하게 설명해보면 표 3.13과 같다.

표 3.13 실험 설계의 생성 과정(권용주 등, 2011)

고안 과정	과정의 설명
가설의 요소 찾기	• 가설에서 원인 요소를 찾는다. • 가설에서 결과 요소를 찾는다.
가설의 요소에 대응하는 검증 변인 찾기	• 원인 요소에 대응하는 변인을 찾는다. • 결과 요소에 대응하는 변인을 찾는다. • 기타 변인을 찾는다.
변인의 조작과 통제, 관찰 방법 고안	• 변인을 조작하는 방법을 고안한다. • 변인을 통제하는 방법을 고안한다. • 변인을 관찰하는 방법을 고안한다.
가설의 평가 기준 고안	• 가설의 진위를 평가할 수 있는 기준을 고안한다.

3.8 자료해석과 결론도출

1) 자료해석과 결론도출의 의미와 유형

과학적 탐구에서 생성된 가설 등의 잠정적 설명을 설계한 실험 방법에 따라 검증하는 과정은 자료의 수집과 해석, 그리고 결론의 진술과정으로 진행된다. 먼저 자료의 수집이란 실험에서 관찰되거나 측정되어진 산출결과인 원 자료(raw data)를 수집하는 것을 의미한다(이혜정 등, 2008). 자료의 해석은 수집된 결과 자료에서 변인의 관계를 비교하여 그래프나 표와 같은 형태로 전환하고, 이를 바탕으로 수집된 자료가 가설과 같은 잠정적 설명과 일치하는지 여부를 판별하는 활동으로 정의한다(이혜정 등, 2008). 이러한 자료해석에서는 정성적 자료와 정량적 자료의 해석을 포괄하여 의미한다. 또한 결론도출은 수집된 결과를 바탕으로 가설의 진위여부를 논리적으로 추론하여 진술한 명제들이라고 정의할 수 있다(이혜정 등, 2008). 이러한 자료의 수집과 해석, 그리고 결론 진술의 세부 내용은 표 3.14와 같이 제시할 수 있다.

표 3.14 과학적 탐구에서 자료의 수집과 해석, 그리고 결론도출의 탐구 분석틀(이혜정 등, 2008)

활동유형		정의
상위	하위	
자료 수집	원 자료 수집	실험 수행 결과 얻어지는 가공하지 않은 자료를 모으는 탐구
	자료 선정	가설평가에 이용할 자료를 결정하는 탐구
	자료 비교	선정한 자료들을 견주어 유사점과 차이점을 밝히는 탐구
	자료 변환	선정한 자료를 표, 그림, 그래프와 같은 다른 형태로 바꾸는 탐구
자료 해석	자료 재인	선정한 자료를 되새기는 탐구
	검증방법 재인	고안한 검증방법을 되새기는 탐구
	평가기준 재인	고안한 평가기준을 되새기는 탐구
	평가기준-자료 비교	평가기준과 자료를 견주어 일치 여부를 판단하고 단위 결론을 생성하는 탐구
	외부지식 차용	가설, 검증방법, 평가기준 고안에 이용한 것 이외의 지식을 채택하여 자료와 평가기준의 일치 여부를 확인하는 탐구
	현상 확인	의문 현상이나 실험 현상을 되새겨 자료와 평가기준의 일치 여부를 확인하는 탐구
결론 도출	가설 재인	생성한 가설을 되새기는 탐구
	단위결론 재인	생성한 단위 결론을 되새기는 탐구
	결론 통합	단위 결론들을 통합하여 최종 결론을 생성하는 탐구
	결론 판단	최종 결론과 가설을 비교하여 일치 여부를 결정짓는 탐구
	결론 확인	최종 결론이 의문 현상을 설명하였는지 여부를 확인하는 탐구

이러한 자료 수집과 해석, 그리고 결론도출은 과학적 탐구에서 잠정적 설명의 정당성을 부여하는 매우 중요한 과학적 탐구의 과정이다. 이러한 중요성을 바탕으로 권용주 등(2003a)은 과학적 탐구과정 중 가설 설정과 검증 과정이 중요한 과정임을 강조함으로서 학습자가 과학 지식을 생성하기 위해서는 어떠한 부분의 학습이 필요한지와 어떠한 방식의 학습이 이루어져야 하는지를 제시하였다. 그리고 Klahr와 Dunbar(1988)는 가설 검증 과정이 아이디어 수준으로 생성된 가설에 정당성을 부여하는 과정으로 설명적 과학 지식 생성의 핵심 과정이라고 강조하며, 과학 지식 생성을 위해 가설 검증 과정의 학습이 꼭 필요하다고 언급하였다.

2) 자료해석과 결론도출의 과정

위에서 제시한 자료 수집과 해석, 결론도출의 탐구 과정은 그림 3.20과 같은 과정으로 진행된다. 이때 이들의 탐구 과정은 단선적으로 진행되는 과정이 아니라 다른 탐구의 과정과 같이 탐구 상황에 따라 순환적으로 진행되는 사고과정이다.

자료수집의 하위사고는 원 자료 수집, 자료 선정, 자료 비교, 자료 변환으로 구성되어 있으며, 대부분의 하위요소 간 양방향의 상호작용으로 탐구가 진행된다. 자료해석은 자료 재인, 검증방법 재인, 평가기준 재인, 평가기준–자료 비교, 외부지식 차용, 현상 확인의 6가지 사고로 나타났다. 각각의 하위사고는 모두 양방향의 상호작용을 하며, 이들 하위사고도 시계방향의 순서로 진행된다. 결론도출과 관련된 사고과정 연구에서는 결론도출의 하위사고를 가설재인, 단위결론 재인, 결론 통합, 결론 판단, 결론 확인의 5가지로 진행되며, 역시 각각의 하위사고는 모두 양방향의 상호작용을 한다.

이러한 과정에 따라 자료를 해석하고 결론을 도출하는 구체적인 내용을 단계적인 방법에 따라 보다 상세하게 설명해보면 표 3.15와 같다.

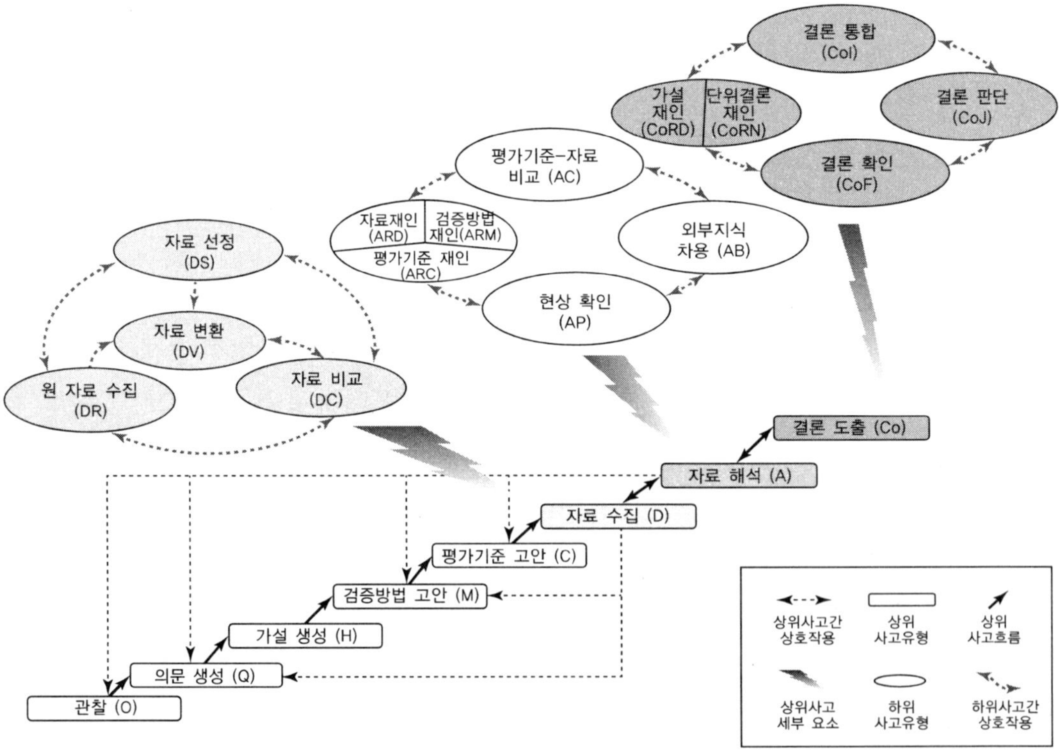

▶ **그림 3.20** 자료해석과 결론도출의 과정 모형(김유미 등, 2008)

표 3.15 결론의 생성 과정(권용주 등, 2011)

고안 과정	과정의 설명
자료 수집하기	• 실험 과정을 수행하면서 원 자료를 수집한다. • 수집한 자료에서 이용할 자료를 선정한다. • 선정한 자료를 표, 그림, 그래프 등의 형태로 변환한다.
자료 해석하기	• 실험설계에서 고안한 평가기준을 확인한다. • 평가기준과 변환한 자료를 비교하여 분석한다. • 다른 외부 지식을 활용하여 분석 결과를 확인한다.
결론 도출하기	• 분석 결과를 가설과 비교한다. • 의문 현상에 대한 최종 설명을 도출한다.

요약 | 3장 과학적 탐구

1 과학적 탐구란 무엇인가?

1.1 과학적 탐구의 분석 - 학습자의 직접적인 탐구활동

1) 전분 탐구활동의 수행
- 전분 반죽의 특성 탐구
- 밀가루와 전분 반죽의 탐구 수행

2) 전분 탐구활동의 분석
- 탐구활동의 내용 추출
- 탐구 요소 추출
- 탐구 과정 추출

3) 과학적 탐구의 정의 설명
- 탐구활동의 분석 결과를 바탕으로 탐구의 주체, 대상, 방법, 과정, 결과, 설명 분석

1.2 과학적 탐구의 분석 - 과학자의 탐구활동

1) 공룡에 대한 과학자들의 탐구활동 자료 조사
- 공룡에 대한 과학자들의 탐구 자료 1
- 공룡에 대한 과학자들의 탐구 자료 2

2) 공룡에 대한 과학자들의 탐구활동 분석
- 탐구활동의 내용 추출
- 탐구 요소 추출
- 탐구 과정 추출

3) 과학적 탐구의 정의 설명
- 탐구활동의 분석 결과를 바탕으로 탐구의 주체, 대상, 방법, 과정, 결과, 설명 분석

1.3 과학적 탐구란 무엇인가?

- 탐구 주체: 과학 지식을 얻으려는 학습자나 과학자
- 탐구 대상: 물질 현상, 생명 현상, 물질과 생명체의 상호작용 현상
- 탐구 방법: 행동, 탐구의 설계, 논리적 사고, 결과의 적용, 의사소통
- 탐구 과정: 직선적 과정, 순환적 과정, 정반합 과정
- 탐구 결과: 기술적 지식, 설명적 지식, 매개적 지식, 방법적 지식

2 과학적 탐구의 의미와 과정

2.1 과학적 탐구의 의미

1) 탐구의 목적에 따른 구분

- 과학적 탐구는 과학자의 활동을 경험하는 과정
- 과학적 탐구는 학습자의 개념 변화를 경험하는 과정

2) 탐구의 사고 방법에 따른 구분

- 귀납적 사고의 과정
- 귀추적 사고의 과정
- 가설-연역적 사고의 과정

3) 탐구의 결과에 따른 구분

- 선언적 결과 지식의 생성 과정
- 선언적 매개 지식의 생성 과정
- 절차적 지식의 생성 과정

2.2 과학적 탐구의 과정

1) 과학적 탐구의 과정 설명 - 선형적 과정의 접근

- 관찰-의문발상-가설설정-실험설계-자료수집과 분석-결론도출의 과정 중심 모형

2) 과학적 탐구의 과정 설명 - 입체적 과정의 접근

- 탐구 단계, 사고 과정, 행동 양식, 생성된 지식을 입체적으로 설명한 모형

3 과학적 탐구의 요소

3.1 관찰

1) 의미

- 오감과 인지구조의 상호작용을 통해 사물이나 현상에 대한 모든 정보를 수집하는 활동

2) 유형

- 방법 유형으로는 감각, 조작유무, 질적/양적 특성에 따라 구분
- 대상 유형으로는 전체성, 수, 변화 특성에 따라 구분

3) 과정

- 관찰자가 가진 지적틀을 바탕으로 관찰 정보를 재구성하는 과정

3.2 측정

1) 의미

- 관찰을 수량화하는 활동

2) 유형

- 길이 측정, 부피 측정, 무게 혹은 질량 측정, 시간 측정, 온도 측정

3) 과정

- 측정 유형과 도구 선정, 측정의 범위 결정, 측정 수행, 수집된 자료의 해석, 측정 과정에 대한 평가

3.3 분류

1) 의미

- 관찰한 대상으로부터 발견한 공통적 속성을 분류기준으로서 선택하고, 선택된 분류기준을 관찰 대상에 적용하여 관찰 대상의 위계를 설정하는 활동

2) 유형

- 이원분류와 다원분류

3) 과정

- 대상 관찰－분류기준 고안－분류기준 선택－분류의 과정－경향성 및 위계 고안

3.4 의문

1) 의미

- 자연 현상을 관찰한 후 현재의 지식으로 설명할 수 없는 불안정한 문제, 의심, 불확실성 등을 인식했을 때 갖게 되는 궁금증

2) 유형

- 추측적, 예측적, 인과적, 방법적, 적용적 의문

3) 과정

- 관찰 현상– 경험 상황 표상과 추출–경험 현상 분석–원인적 설명자 표상 및 판단–의문 생성

3.5 가설

1) 의미

- 과학 탐구활동에서 의문 현상에 대한 잠정적 원인으로 고안된 명제나 명제들의 집합

2) 유형

- 근접적 가설, 이론적 가설

3) 과정

- 의문 상황–경험 상황 표상–원인적 설명자 표상–가설적 설명자 구성

3.6 추리와 예상

1) 의미

- 추리: 알 수 없는 사실이나 현상에 대해서 자료에 근거하여 논리적으로 추론하는 것
- 예상: 관찰 혹은 측정된 자료에 근거하여 미래 사건을 설명하는 것

2) 과정

- 의문 상황–경험 상황 표상–추측(예측)적 설명자 표상–가설적 설명자 구성

3.7 실험 설계

1) 의미

- 고안한 가설지식을 검증하는 일련을 실험을 설계하는 과정

2) 유형

- 직접관찰법, 유사현상비교법, 긍정비교법, 긍정－부정비교법, 비례비교법

3) 과정

- 설명인식, 설명요소 동정, 실험 변인 동정, 변인의 조작과 통제방법 고안, 평가기준 고안

3.8 자료해석과 결론도출

1) 의미

- 자료해석: 수집된 자료를 잠정적 설명과 비교하여 판별하는 활동
- 결론도출: 수집된 결과를 바탕으로 가설의 진위여부를 논리적으로 추론하여 진술한 명제

2) 과정

- 자료수집: 원 자료 수집, 자료 선정, 자료 비교, 자료 변환
- 자료해석: 자료 재인, 검증 방법 및 평가 기준 재인, 평가기준과 자료 비교, 외부지식 차용, 현상 확인
- 결론도출: 가설 재인, 단위 결론 재인, 결론 통합, 결론 판단, 결론 확인

기출문제

1. 생물학자가 수행한 다음의 연구과정을 읽고 물음에 답하시오. (2004 생물)

> 카로 박사는 케냐의 밀림에서 포식자와 피식자 사이의 관계를 연구하였다. 그러던 중 이곳에 서식하는 가젤이란 동물이 이상한 행동을 하는 것을 관찰하였다. 가젤은 두 다리를 아래로 쭉 뻗고 공중으로 뛰어오르는데, 이 때 엉덩이의 털이 커다란 흰 헝겊 조각처럼 보이게 된다. 이들은 치타와 같은 포식자가 나타날 때마다 이러한 행동을 보였다. 카로 박사는 '포식자인 치타가 나타나면 가젤은 뜀뛰기를 한다'고 결론을 내렸다.(A) 카로 박사는 그 후 가젤이 이런 행동을 하는 이유에 의문을 품었다.(B) 가젤이 이와 같이 눈에 띄는 행동을 함으로써 포식자에게 잡아먹힐 기회가 증가한다고 생각했기 때문이다. 카로 박사는 다른 동물이 새끼를 보호하기 위해 이상한 행동을 보이는 예와 관련시켜 다음과 같은 가설을 생각했다.(C)
>
> '가젤은 치타로부터 자신의 어린 새끼들을 보호하려고 뜀뛰기 행동을 한다.'
>
> 카로 박사는 자신의 가설을 검증하기 위해 새끼가 있는 가젤과 없는 가젤을 관찰하기로 하였다. 그리고 가설이 옳다면 다음과 같은 현상을 관찰할 수 있을 것으로 예상하였다.(D)
>
> 예상 1 : 새끼가 없는 가젤은 뜀뛰기 행동을 하지 않을 것이다.
>
> 예상 2 : 새끼에게서 멀리 떨어져 있는 가젤은 뜀뛰기 행동을 하지 않을 것이다.

1) 카로 박사는 연구과정에서 연역적 사고와 귀납적 사고 이외에 귀추적 사고(알고 있는 다른 경험 상황의 설명을 빌어서 현재의 인과적 의문을 설명할 때 나타나는 사고)를 하고 있다. 귀납적 사고와 귀추적 사고가 나타난 과정을 위의 사례의 (A), (B), (C), (D) 중에서 찾아 쓰시오.

■ 귀납적 사고 : ....

■ 귀추적 사고 : ....

2) 카로 박사의 가설 검증을 위한 실험과정에서 조작변인과 종속변인을 쓰시오.

■ 조작변인 : ....

■ 종속변인 : ....

2. 힘, 질량, 운동 사이의 관계를 알아보기 위해 다음 그림과 같이 장치하고 실험하였다.

〈실험과정〉

단계 1 : 위 그림과 같이 실험장치를 한 다음 용수철 저울의 눈금이 1 N을 가리키도록 수레를 끌면서 운동을 종이테이프에 기록하였다. 그런 다음, 같은 수레를 당기는 힘을 2 N, 3 N, …으로 증가시키면서 이 과정을 반복하였다.

단계 2 : 용수철 저울의 눈금을 1 N으로 유지하고, 수레의 질량을 2배, 3배, …로 증가시키면서 수레를 끌어 그 운동을 종이테이프에 기록하였다.

단계 3 : (　　　　)

단계 4 : 자료해석을 통하여 물체에 작용한 힘과 질량과 물체의 운동 사이의 관계를 도출하였다.

다음 단계 1과 단계 2를 수행할 때 공통으로 요구되는 탐구과정을 쓰고, 단계 3에서 수행해야 할 활동과 그 활동에 해당되는 탐구과정을 쓰시오. (단, 탐구과정은 제7차 과학과 교육과정에 명시된 용어를 쓰되, 관찰과 측정은 제외한다.) (2005 물리)

■ 단계 1, 2에서 공통으로 요구되는 탐구과정 :

■ 단계 3에서 수행해야 할 활동 :

■ 단계 3에서 활동에 해당하는 탐구과정 :

3. 다음 그림은 감자즙에 들어있는 카탈라아제에 의해 과산화수소가 분해되어 산소가 생성되는 과정을 알아보기 위한 실험 장치이다.

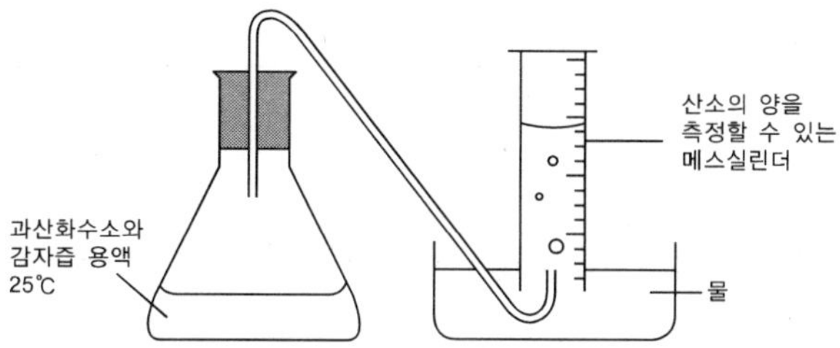

다음은 위의 실험을 수행하는 4가지 단계를 나타낸 것이다. 각 단계와 관련된 탐구 과정을 제7차 과학과 교육과정에 제시된 것으로 (　) 안에 쓰시오. (2005 생물)

<table>
<tr><th>실험 단계</th><th>탐구 과정</th></tr>
<tr><td>메스실린더에 산소가 모아지는 과정을 보면서 다음 표를 작성한다.
<table>
<tr><th>시간(초)</th><th>발생된 산소의 양(mL)</th></tr>
<tr><td>30</td><td></td></tr>
<tr><td>60</td><td></td></tr>
<tr><td>90</td><td></td></tr>
<tr><td>120</td><td></td></tr>
<tr><td>180</td><td></td></tr>
</table></td><td>(　　　　)</td></tr>
<tr><td>위 표를 그래프로 그린다.</td><td>(　　　　)</td></tr>
<tr><td>210초에 생성되는 산소의 양을 말한다.</td><td>(　　　　)</td></tr>
<tr><td>반응 시간에 따라 발생되는 산소량의 변화 양상을 말한다.</td><td>(　　　　)</td></tr>
</table>

4. 영철이는 반응물질의 농도와 온도가 반응속도에 미치는 영향을 알아보기 위해서 〈보기〉와 같이 탐구실험을 설계하였다.

〈보 기〉

탄산구리에 질산을 넣으면 이산화탄소 기체가 발생된다.

$$CuCO_3(s) + 2HNO_3(aq) \rightarrow Cu(NO_3)_2(aq) + H_2O(l) + CO_2(g)$$

일정량의 탄산구리에 다음 표와 같이 2 M 질산과 물을 각각 가한다.

	실험1	실험2	실험3	실험4
질산의 부피(mL)	50	100	50	50
물의 부피(mL)	0	0	50	0
온도(℃)	20	20	20	60

위의 탐구실험 설계에서 농도나 온도가 반응속도에 미치는 영향을 판단하려면, 각 실험들을 서로 비교해야 한다. 이 과정에서 적용되는 탐구과정 요소를 쓰시오. (2005 화학)

6. 다음은 '반응 시 열의 출입' 실험을 수행하고, 실험에 대한 조별 토론 결과를 정리한 것이다. 각 조에서 결론을 도출하는 과정에서 범한 오류와 그렇게 판단한 이유를 쓰시오. (2006 화학)

[실험 과정]

1. 수산화바륨 수화물 40 g과 염화암모늄 20 g을 삼각플라스크에 함께 넣는다.
2. 스포이트를 사용하여 얇은 나무판의 중앙에 물 5～10방울을 떨어뜨리고 삼각플라스크를 올려놓는다.
3. 삼각플라스크 안의 두 물질을 유리막대로 잘 섞어주면서 일어나는 변화를 관찰한다.

[조별 토론 결과]

1조: 실험하면서 관찰해보니까 자극적인 냄새가 나고, 또 플라스크가 나무판에 달라붙은 것을 보았어. 그래서 이 실험은 화학반응에서 열이 발생하는 것을 보여주는 실험이라고 생각해.

2조: 플라스크 안에서 무엇인가 생기면서 냄새가 나고, 나무판에 플라스크가 달라붙은 것을 관찰했어. 플라스크를 나무판에서 떼어 냈더니 물이 얼어 있었어. 이것은 플라스크로 열을 빼앗겼다는 것을 의미해. 이것으로 보아 화학반응에서는 항상 열이 흡수된다고 결론지을 수 있지.

■ 오류 : ....

■ 이유 : ....

7. 다음은 '과산화수소수와 감자의 반응'을 탐구하는 수업과정이다.

과정 1. '과산화수소수에 감자 조각을 넣으면 어떤 반응이 일어날까'라는 질문으로 수업을 시작한다.
과정 2. 다음과 같은 통제된 실험과정을 고안하여 실험을 실시한다.
첫째, 얼음물, 35℃의 물, 끓는 물이 담긴 비커에 3mL의 과산화수소수를 넣은 시험관을 각각 2개씩 담근다.
둘째, 각각의 시험관에 생감자 조각과 삶은 감자 조각을 넣어 기포가 발생하는지 관찰하고, 기포가 발생하는 정도를 기록한다.
과정 3. 실험 결과를 그래프로 변환하여 해석한다.
과정 4. 이 해석을 바탕으로 결론을 내리고, 관련된 과학지식으로 일반화한다.

제7차 과학과 교육과정의 통합탐구과정 요소 중 위의 수업에서 명시되지 않은 것을 쓰시오. 또한 이 요소에 해당하는 탐구내용을 위 실험의 학습내용과 관련지어 구체적으로 제시하시오.

(2007 생물)

■ 명시되지 않은 통합탐구과정 요소 : ____________________

■ 학습내용과 관련된 탐구내용 : ____________________

8. 다음은 세 명의 학생이 각자 선정한 탐구 문제에 대한 가설을 진술한 것이다.

학생 A : 저는 태양계 밖 세계, 특히 외계인의 존재 여부에 관심이 있어서, "태양계 밖 우주에는 지적인 생명체가 존재하지 않을 것이다."라는 가설을 세워 자료 조사를 통해 증명해 보려고 합니다.
학생 B : 물체를 놓으면 밑으로 떨어지잖아요? 이때 물체마다 떨어지는 시간이 조금씩 다른 것 같아요. 그래서 "물체가 무거우면 낙하시간이 짧아질 것이다."라는 가설을 세워 질량이 다른 여러 물체의 낙하시간을 측정해 보려고 합니다.
학생 C : 온도를 변화시켜 가며 1기압에서 순수한 물 100mL의 밀도를 측정하였더니, 4℃에서 가장 컸어요. 순수한 물의 양을 달리하면서 실험을 해봤더니 역시 4℃에서 밀도가 가장 컸어요. 따라서 "순수한 물은 4℃에서 밀도가 가장 크다."라는 가설을 세웠습니다.

위 학생들이 진술한 내용 중 과학적 가설로 성립되지 않는 두 경우를 고르고, 그 이유를 각각 쓰시오. (2008 화학)

학생	이유

9. 다음은 식물의 생태에 대한 탐구 내용을 나타낸 것이다.

여러 지역의 다년생 식물을 조사한 결과, 지역에 따라 일부 다년생 식물이 서식하지 않음을 알게 되었다. 그래서 그 원인을 알아보기 위하여 관찰한 지역의 월평균 기온과 강수량을 조사하였다.

지역	서식식물	기온/강수량 \ 월	1	3	5	7	9	11
A	㉠	기온(°C)	27	27	26	24	28	28
		강수량(cm)	25	21	5	1	5	15
B	–	기온(°C)	8	7	5	3	5	7
		강수량(cm)	4	9	30	26	2	8
C	㉠, ㉡	기온(°C)	25	26	31	31	31	27
		강수량(cm)	2	1	3	0	3	3
D	㉡	기온(°C)	−10	−4	7	15	10	−5
		강수량(cm)	2	1	1	2	7	2

B 지역에서 식물 ㉠과 ㉡이 서식하지 않는 이유를 추리하여 쓰고, 위 탐구 내용을 아래의 과학 가설 생성 단계에 맞추어 정리하시오. (2008 생물)

단계 1 : 어떤 현상 P가 관찰되었다.
단계 2 : 만일 가설 H가 참이라면, 현상 P가 설명된다.
단계 3 : 그러므로 가설 H가 참일 가능성이 있다.

■ 이유 : ....

....

■ 단계 1 :

■ 단계 2 :

■ 단계 3 :

공룡은 운석충돌에 의하여 멸종하였다!!

중생대 트라이아스기 중엽에 나타나서 약 1억 6천만 년 동안이나 지구상에 군림하던 공룡은 약 6천 5백만 년 전인 중생대 백악기 말에 멸종하였다. 이 시기에는 공룡뿐만 아니라 암모나이트 등 동식물의 반 이상이 지구상에서 갑자기 사라져버렸는데, 이 대규모의 멸종사건은 운석충돌에 의한 것이었다.

대	기	공룡 생존기간	
신생대	제4기		
	제3기		→ 6천 5백만 년 전
중생대	백악기	■	
	쥬라기	■	
	트라이아스기	■	

■ 공룡 생존기간

우주 공간을 떠돌던 운석들은 지구 근처에 오면 지구 중력에 이끌려 지구로 떨어지게 된다. 지금도 하루에 수백 톤의 운석이 지구에 떨어지고 있지만, 그 크기가 비교적 작아 지구 대기권을 통과하면서 타버리게 되므로 지상에 큰 피해를 주지는 않는다. 그러나 과거 지구에는 비교적 큰 운석이 떨어진 경우가 있었으며, 이런 큰 운석은 대기권을 통과하는 동안 다 타버리지 못하고 그 일부가 지표에 떨어져 크레이터(운석이 지표에 충돌하여 생긴 둥근 구덩이)를 만들었는데, 현재 지구에서는 약 200여 개의 크레이터가 발견되고 있다.

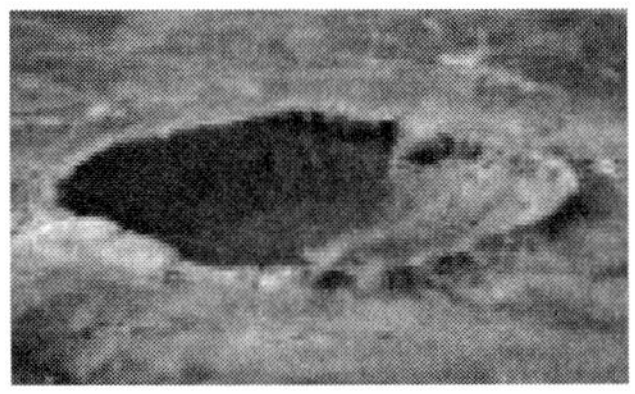

운석충돌로 생긴 크레이터

공룡이 운석충돌에 의해 멸종했다는 이론은 1970년대 말 노벨상 수상자인 미국의 물리학자 알바레즈(Alvarez)에 의해 주장되었으며, 그는 공룡을 비롯한 백악기 말의 대규모의 멸종을 다음과 같이 설명하고 있다.

중생대 말에 지름 10 km 이상의 운석이 지표에 충돌하였다. 충돌시의 열과 압력으로 운석 물질과 충돌지점의 암석들은 기체상태의 먼지로 변하여 대기 중으로 흩어졌으며, 대기 대순환을 타고 지구 전체에 퍼지게 되었다. 대기권 전체에 퍼진 먼지는 햇빛을 가려 지구는 수개월 동안 칠흑 같은 암흑 속에 묻히게 되었다. 지구가 암흑 속에 묻히자 광합성에 의존하는 식물이 멸종하게 되었고, 이어서 초식공룡과 육식공룡이 멸종하게 되었다. 암흑은 또한 여러 해 동안 지구에 '충돌 겨울(impact winter)'을 가져왔는데, 이는 핵전쟁의 결과로 발생하는 '핵의 겨울'과 같은 것으로 공룡을 비롯한

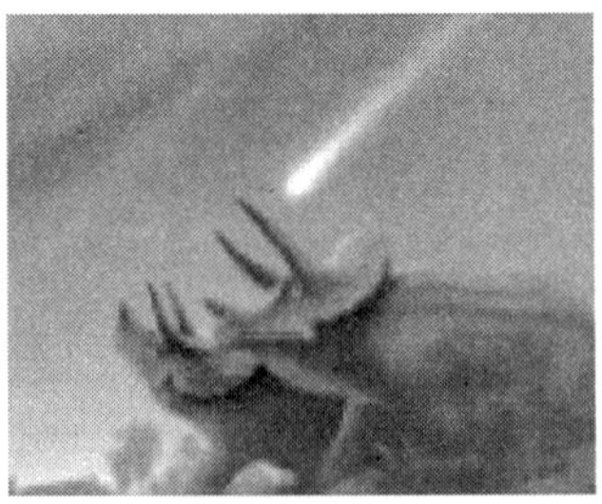

많은 생물들이 추위 속에서 죽어가게 되었다.

[공룡을 멸종시킨 운석이 떨어진 지점(○표시)]

'운석충돌설'이 발표된 이후, 많은 과학자들이 공룡을 멸종시킨 운석이 떨어진 크레이터를 찾기 시작했으며, 1991년 인공위성에 의해 멕시코 유카탄 반도에서 공룡의 멸종 시기에 생성된 크레이터가 발견되었다. 이 크레이터는 지름이 310 km이며 육지와 바다에 걸쳐서 둥근 모양을 이루고 있다.

신생대	제4기	
	제3기	
		► 'KT 경계층' (K: 백악기 T: 제3기)
중생대	백악기	
	쥬라기	
	트라이아스기	

운석충돌설을 증명하는 증거들은 많이 있다. 지질기록에서 공룡이 번성했던 중생대 백악기와 포유류가 번성하기 시작하는 신생대 3기 사이의 경계층을 'KT 경계층'이라고 하는데, 과학자들은 세계 여러 곳에서 KT 경계층을 찾아냈으며, 이 층에 대한 조사로 운석충돌설을 뒷받침하는 증거들을 많이 수집하였다.

운석충돌설을 증명하는 가장 강력한 증거로 '이리듐'이라는 원소가 있다. 이 원소는 지구의 지각에는 별로 들어있지 않으며 보통 운석에서 많이 발견되는데, KT 경계층에는 이 원소가 다른 지층에 비해 10~100배 정도 더 많이 들어있다는 것이 밝혀졌다. 따라서 KT 경계층에 들어있는 이리듐은 이 시기에 운석충돌이 있었다는 것을 증명해준다. 많은 과학자들이 전 세계 여러 지점의 KT 경계층에서 다량으로 들어있는 이리듐을 발견하였다.

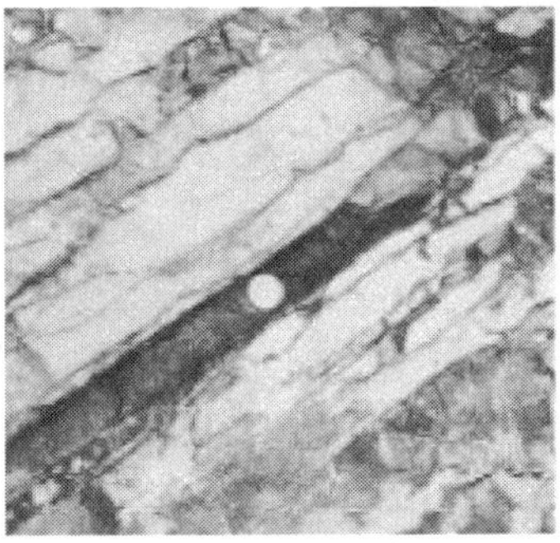
KT 경계층: 검은 부분

KT 경계층에서는 또한 많은 양의 검댕(그을음)들이 발견되는데, 이것은 운석이 지구에 충돌할 때 발생한 대규모의 화재에 의한 것이며, 그 양으로 미루어볼 때 충돌한 운석의 크기는 10 km 정도로 추정된다고 한다. 지름 10 km의 거대한 운석이 충돌할 때 발생하는 에너지는 충돌지점으로부터 반지름 1000 km에 달하는 지역의 식물을 태워버리기에 충분하며, 이 때 발생한 검댕이 대기 중에 섞여 들어가면 햇빛을 더욱 효과적으로 차단하므로 지구에 심각한 추위를 가져올 수 있다. 이외에도 KT층에서 발견되는 지름 수 mm 정도의 둥근 모양의 광물은 운석 충돌시의 고열에 의해 만들어진 것이며, 변형구조를 보이는 석영결정들은 운석 충돌시의 엄청난 압력조건에서 만들어진 것이다. 이러한 증거들은 모두 운석충돌에 의해 공룡이 멸종했다는 운석충돌설을 강력하게 뒷받침하고 있다.

[김선영(2001)에서 수록]

| 부록 2 |

공룡은 운석충돌에 의해 멸종한 것이 아니다!!

공룡을 비롯한 백악기 말의 대규모의 멸종은 정말 운석충돌에 의한 것일까?

운석충돌설을 증명하는 것으로 제시된 여러 증거들이 사실은 운석충돌에 의한 것이 아니라는 주장이 만만치 않다.

그 주장 중의 하나가 '화산온실설'로서 1970년대 말 미국의 지질학자 맥린(McLean)에 의해 주장되었다. 맥린은 공룡을 비롯한 백악기 말의 대멸종은 화산활동시에 방출된 많은 양의 이산화탄소에 의해 지구가 온난화되었기 때문에 발생했다고 주장하면서, 화산온실설을 다음과 같이 설명하고 있다.

공룡이 멸종한 시기인 중생대 말 인도에서는 10만년~100만년에 걸쳐 대규모의 화산활동이 있었는데, 이 화산분출로 남한면적의 20배에 달하는 광대한 '데칸 고원'이 형성되었다. 이 대규모의 화산활동으로 대기 중에는 이산화탄소가 과도하게 방출되었으며, 증가된 이산화탄소는 온실효과를 가중시켜 지구의 평균온도를 상승하게 하였다. 이러한 지구의 온난화는 지구 생태계에 많은 영향을 주었으며, 특히 척추동물의 생식 능력을 손상시켜 생물의 멸종이 서서히 진행되게 되었다. 이 시기에는 해양 생물도 대규모로 멸종하게 되는데, 이는 화산활동시에 방출된 이산화탄소가 바닷물에 녹아 바닷물이 산성화되고, 산성화된 바닷물이 석회질 껍질을 가진 해양생물을 멸종시켰기 때문이다.

[인도의 데칸고원(○표시)]

맥린은 운석충돌설의 증거라고 제시된 KT 경계층의 다량의 이리듐은 운석충돌에 의한 것이 아니라, 화산폭발에 의한 것이라고 주장한다. 이리듐은 지구의 지각에는 별로 들어있지 않지만 지구 내부에는 많이 들어있는데, 마그마가 분출할 때 지구 내부의 이리듐이 함께 방출되어 KT 경계층에 다량으로 쌓이게 되었다는 것이다. 데칸고원을 형성했던 마그마의 근원지는 현재 아프리카 동쪽 리유니온(Reunion) 화산에 위치하고 있는데, 지금도 여전히 이리듐이 방출되고 있으며, 하와이의 킬라우에아를 비롯한 다른 화산활동에서도 이리듐이 방출되는 것으로 밝혀졌다.

KT 경계층

KT 경계층에서 발견되는 지름 수 mm 정도의 둥근 모양의 광물은 운석충돌에 의한 것이 아니라, 보통 화산분출시에 형성된 암석에서 발견되는 것이다. 또한 높은 압력에 의해 변형되어 줄무늬를 보이는 석영결정도 데칸 화산활동 초기의 폭발적인 분출에 의한 강한 압력으로 생성된 것이다. 약 7만 5천년 전 인도네시아의 수만트라에서 있었던 폭발적인 화산 분출에서도 이러한 변형의 특징이 발견되었다. 또한 KT층에서 발견되는 많은 양의 검댕(그을음)도 데칸의 화산활동시에 대규모의 화재가 발생하여 생성된 것이다.

변형된 석영결정

운석출돌설이 주장되자, 맥린은 운석충돌설의 증거들을 면밀히 검토하여 그 근거가 빈약함을 발견하였다. 또한 백악기 말의 대멸종에는 생태계의 여러 상호작용이 복합되어 있음에도 불구하고 운석충돌설에서는 운석의 충돌로만 너무 단순하게 설명한다고 비판하였다.

운석충돌설에서는 무엇보다도 운석이 떨어진 시기, KT 경계층이 형성된 시기, 그리고 생물들의 멸종 시기가 합리적으로 연결되지 않는다. 북아메리카에서 산출된 공룡 화석의 분석에 의하면, 공룡은 운석이 충돌하고 나서 멸종한 것이 아니라 운석충돌 이전에 이미 쇠퇴하고 있었으며, 중생대의 대표적인 화석인 암모나이트류도 이미 서서히 감소하고 있었다.

과거 지질시대 동안 지구에는 여러 번의 생물 대멸종이 있었는데, 그 시기가 지구 역사상의 주요 화산활동 기간과 잘 들어맞는다. 데칸 화산활동에 의한 중생대 말의 대멸종뿐만 아니라, 고생대 말에 있었던 대규모의 멸종사건도 시베리아지역에서의 광범위한 화산활동과 같은 시기에 일어났다.

이와 같은 사실들은 운석충돌설에서 주장하는 대멸종의 여러 증거들이 실제로는 다른 원인에 의한 것일 수도 있으며, 따라서 공룡은 운석충돌에 의해 멸종한 것이 아니라는 것을 말해준다.
[김선영(2001)에서 수록]

04장 과학 교수-학습 이론

부엉이는 자신보다 위쪽의 사물을 볼 때 머리를 아래로 돌려서 쳐다본다. 부엉이는 왜 이렇게 위를 사물을 볼 때 사람과 다르게 볼까? 이러한 부엉이의 정보 획득 방법이 우리의 학습에 대한 설명에 시사하는 바는 무엇인가?

부엉이 같은 맹금류는 대부분이 자신보다 위쪽에 있는 사물을 볼 때 고개를 아래로 돌려서 쳐다본다. 이들은 왜 이렇게 어렵게(?) 볼까? 부엉이 같은 맹금류들은 하늘을 비행하며 지상 또는 자신보다 아래쪽에서 비행하는 먹잇감을 찾는다. 그러므로 아래쪽 빛 자극은 대부분 망막의 위쪽 절반에 수용기를 자극한다. 따라서, 아래쪽을 잘 보기 위해서는 망막의 위쪽 부분에 시각 수용기와 이를 연결하는 시신경이 매우 밀집하여 분포한다. 이러한 비대칭적인 시각 수용기와 시신경의 분포로 인하여 위쪽의 물체를 잘 보기 위해서는 사진과 같이 고개를 돌려서 보게 된다. 이처럼 생명체는 정보를 감지할 때는 자신의 정보 획득 기관의 특성에 의존하여 정보를 얻고 활용한다.

그러면 우리가 과학 지식이라는 정보를 구성하는 과정인 학습을 할 때는 어떤 과정으로 할까? 우리는 사물을 지각하는 기관과 정보를 합성하는 기관을 어떻게 활용하여 학습할까? 이 장은 바로 이 의문에 대한 설명을 제공하고자 한다.

1 과학학습이란 무엇인가?

학습은 일반적으로 인지적, 감성적, 환경적 영향과 학습자의 인지구조를 통해 지식을 구성하는 과정으로 정의된다(변정호 등, 2011). 그러나 학습에 대한 정의는 고정된 것이 아니라 계속적으로 변화하는 과정에 놓여 있다(Bush, 2006). 즉, 학습에 대한 정의는 학습을 바라보는 관점에 따라 다양하게 나타난다.

학습에 대한 정의는 학습의 주체인 학습자가 주어진 자극에 반응하며, 자극에 따라 동일하고 관찰 가능한 행동결과를 나타내는 과정으로 나타낼 수 있다(Skinner, 1968). 또한, 학습자가 제공된 정보들의 집합을 능동적으로 처리함으로써 지식의 구조를 발견하는 과정으로 정의되기도 한다(Bush, 2006; Miller, 1956). 심지어 학습은 지식구성의 과정뿐만 아니라, 학습자가 학습자의 외적 요소들과 상호작용을 통해 능동적으로 지식을 구성하는 과정으로 정의될 수도 있다(Osborne, 1996; Steffe & Gale, 1995; Vygotsky, 1978; Wood, 1995). 과학학습에 대한 정의 역시 학습에 대한 정의에서 학습의 대상을 '과학'이라는 것으로 생각하여 설명할 수 있다. 지금까지 과학학습에 대해서 과학학습 자극에 대한 행동 반응의 결과라는 설명, 제공된 과학학습 정보를 인지구조에서 종합하여 그 정보의 구조를 발견하는 과정이라는 설명, 또는 인지구조와 주변 환경과의 상호작용에 의한 학습자의 능동적인 과학 지식의 구성이라는 설명 등으로 제시되어 왔다.

이처럼 학습이나 과학학습에 대한 정의가 다양화되는 것은 결국 학습에 대한 관점의 차이에서 의한 것이며, 이러한 관점의 차이는 바탕이 되는 학습이론의 차이에 기인한다고 볼 수 있다. 따라서 이 절에서는 학습자가 학습하는 과정에 대한 분석을 바탕으로 과학학습이란 무엇인지에 대해서 설명하고자 한다.

1.1 학습자의 학습과정 분석

학습이란 무엇인가? 이 의문에 답하기 위한 최선의 방법 중 하나는 우리가 직접 '학습'을 경험해 보는 것이다. 여기 새로운 자극 상황이 한 가지 있다. 이 상황에서 '학습'을 수행해보자. 그런 다음, 학습이란 무엇인지에 대해서 분석하여 보자.

1) 거울보고 글씨쓰기 학습 활동

이 탐구는 거울을 보고 거울상에서 자신의 이름이 바르게 나타나도록 글씨를 쓰는 활동이다. 즉, 그림 4.1과 같이 거울을 앞에 놓고 거울만 보면서 아래에 놓은 종이에 자기 이름을 써보자. 단, 이때 반드시 거울만 보고 글씨를 써야 한다. 손이나 아래에 놓인 종이는 보지 말고, 오직 거울에 비친 글씨만을 가지고 판단하여 자신의 이름을 써보자. 다만, 거울을 보고 이름을 쓸 때 가능한 한 이름을 잘 쓸 수 있는 기술을 학습하여 보도록 하자.

[거울보고 글씨쓰기 학습 활동]

[준비물]

① 그림과 같은 거울과 종이

② 펜

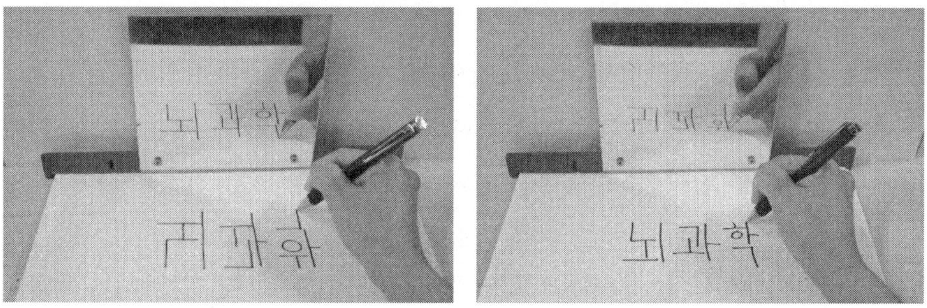

A B

▶ **그림 4.1** 거울보고 글씨쓰기 학습 활동 모습

[학습 활동의 과정]

① 그림과 같이 거울과 글씨를 쓸 수 있는 종이와 펜을 준비한다.

② 거울만 보면서 자신의 이름을 쓴다.

③ 거울을 보면서 글씨를 쓸 때 배운 학습 결과와 전략은 어떤 것이 있는지 제시해 보자.

④ '거울보고 글씨쓰기'를 학습할 때 관련된 학습 요소를 분석해 보자.

⑤ '거울보고 글씨쓰기' 학습 결과와 전략을 배운 과정을 분석하여 보자.

⑥ 분석한 내용을 기록하고 발표한다.

2) 거울보고 글씨쓰기 학습 활동의 분석

수행한 학습 활동에 대해서 학습한 내용, 학습전략, 학습요소, 학습과정을 분석하여 추출하여 보자. 거울보고 글씨를 쓸 때 여러분이 학습한 결과들은 어떤 것이 있는가? 또 이러한 결과를 얻을 때 사용한 전략 또는 기술에는 어떤 것들이 있는가? 그리고, 이 학습을 하기 위해서 관련된 학습요소는 어떤 것들이 있는가? 더 나아가, 이러한 학습을 수행하는데 어떤 과정으로 수행하였는가? 이에 대해서 표 4.1에 기록해 보자.

표 4.1 거울보고 글씨쓰기 학습 활동 과정의 분석틀

설명 범주	설명 내용
학습결과	
학습전략	
학습요소	
학습과정	

'거울보고 글씨쓰기 학습 활동'에 대한 직접적인 경험을 분석한 결과를 종합해보면 다음과 같다. 먼저, 처음 시도할 때는 '그림 4.1 A'와 같이 종이를 보고 글씨를 쓰는 방식과 같은 전략을 사용해서 썼다. 그러나 그렇게 썼을 때 거울에 글씨가 바르게 보이지 않음을 확인한 뒤, 우리는 다른 전략인 '그림 4.1 B'와 같이 글씨를 쓰는 전략을 생각하여 사용하였다. 그런데, 처음부터 바른 전략을 사용하지 않고 왜 '틀린' 전략을 사용하였는가? 그리고 처음 '틀린' 전략에서 '바른' 전략으로 어떻게 변화를 시켰는가? 변경한 '새로운' 전략이 바른 전략이라는 것을 어떻게 알아냈는가? 이 의문들에 대한 대답이 바로 학습이라는 활동을 이해하는 핵심요소가 될 수 있다. 이에 대해서 보다 구체적으로 분석해보면 아래와 같다.

1.2 과학학습이란 무엇인가?

1) 과학학습의 과정

거울보고 글씨쓰기 학습에서 학습자는 먼저 학습 상황에 대해 자신에게 익숙한 전략을 적용한다. 그러나 이렇게 적용한 전략이 학습에 그다지 효과적이지 않다는 것을 확인한다. 그런 다음, 학습자는 학습 상황에 관련된 정보나 패턴을 능동적으로 탐색하고, 이 정보를 자신의 경험 상황과 관련시킨다. 그리고 난 후, 경험 상황에서 학습 상황과 관련된 문제점을 해결할 수 있는 전략을 고안하여 확인하는 활동이 이루어진다. 이렇게 얻은 학습 결과 경험과 해결 전략 경험은 미래에 직면하게 될 새로운 학습 상황에 또다시 적용될 수 있는 경험 상황이 된다. 학습은 이러한 과정을 통해서 새로운 학습의 결과 지식 발달되고, 이런 학습을 통해서 사건과 사물에 대한 이해를 얻는 새로운 방법적 또는 과정적 지식이 더 많이 향상되고 정교화된다. 이를 표로 정리하면 표 4.2와 같다.

표 4.2 거울보고 글씨쓰기 학습 활동의 분석 결과

설명 범주	설명 내용
학습결과	1. 종이에서는 바른 글씨로 보이지만, 거울에서는 거꾸로 된 글씨로 나타남 2. 종이에서는 틀리게 보이지만, 거울에서는 '바른 글씨'로 나타남 등
학습전략	1. 처음에는 평소 종이에 쓰던 방식대로 글씨를 쓰는 전략 2. 거울에서 사물이 바르게 보일 수 있도록 글씨를 거꾸로 쓰는 전략 등
학습요소	1. 글씨 쓰는 방법, 거울에서 사물이 거꾸로 보인다는 현상의 개념, 문제해결 전략의 새로운 고안 등에 대한 인지 기능 2. 문제해결에 실패했을 때 바르게 수행하려는 학습 의욕 3. 학습재료나 학습환경 등
학습과정	1. 익숙한 해결 전략의 적용 (e.g., 'A' 전략) 2. 이 전략의 효과 검증 (e.g., 검증결과: 비효과적) 3. 새로운 해결 전략의 탐색과 고안 (e.g., 'B' 전략의 고안) 3. 새롭게 고안한 해결 전략의 효과 검증 4. 검증된 전략의 적용과 정교화 5. 이러한 과정의 순환을 통한 학습

과학학습 역시 거울보고 글씨쓰기 학습 활동에서 보이는 과정과 유사한 과정으로 일어난다고 할 수 있다. 먼저, 학습자는 과학학습 상황으로 인식한 자연현상에 대해 자신이 가지고 있는 설명 지식을 적용하여 설명하고자 한다. 그러나 이렇게 적용한 설명 지식이 자연현상에 대한 학습에 효과적일수도 있고 효과적이지 않을 수도 있다는 것을 확인한다. 만약 효과적이지 않을 경우 학습자는 과학학습 상황인 자연현상에 관련된 정보나 패턴을 능동적으로 탐색하고, 이 정보를 자신의 경험 상황과 관련시킨다. 그리고 난 후, 경험 상황에서 과학학습 상황과 관련된 문제점을 해결할 수 있는 설명 지식을 고안하여 확인하는 활동이 이루어진다. 이렇게 얻은 과학학습의 결과 경험과 설명 지식 경험은 미래에 직면하게 될 새로운 과학학습 상황에 또다시 적용될 수 있는 경험 상황이 된다. 과학학습은 이러한 과정을 통해서 새로운 학습의 결과 지식 발달되고, 이런 과학학습을 통해서 자연현상에 대한 설명 지식을 얻는 새로운 방법적 또는 과정적 지식이 더 많이 향상되고 정교화된다.

2) 학습을 보는 다양한 관점

학습이론은 사람과 동물이 학습하는 방법과 학습이 이루어지는 과정에 대한 설명체계로 볼 수 있다(Illeris, 2002). 따라서, 학습이론은 학습을 설명하는 패러다임으로 보아도 무방하다. 그런데, 이러한 학습의 패러다임은 심리학과 철학의 역사적 과정과 학습을 설명하기

위한 관점의 변화에 따라 그 해석이 고정되기보다는 지속적인 변화의 과정에 놓여 있다. 예를 들어, 1950년대 경험주의 교육에 대항하여 학습자의 관찰되지 않는 부분은 학습이라고 판단할 수 없다는 관점이 미국을 중심으로 등장하게 되었으며, 이러한 패러다임을 행동주의(behaviorism)라고 부른다. 또한, 1970년대 행동주의 패러다임에서 배제하였던 학습자의 관찰 불가능한 부분은 관찰된 행동결과를 바탕으로 추론 가능하다는 관점에서 학습을 설명하는 인지주의(cognitivism)가 등장하였다. 이후 1980년대 인지주의에서 제시하는 지식의 과정 혹은 지식의 구조뿐만 아니라 상호작용의 중요성을 제시하며 구성주의(constructivism) 패러다임이 등장하였다. 더 나아가, 최근의 학습뇌과학의 발달에 힘입어 학습은 신경세포의 연결망에 대한 가소성의 변화로 설명하는 신경주의(neuronism) 패러다임도 제안되고 있다. 결국 학습에 대한 설명체계인 학습 패러다임은 고정되지 않고 변화해 왔으며, 지금도 변화의 선상에 놓여있다고 볼 수 있을 것이다.

그러므로, 학습에 대한 설명체계는 학습을 바라보는 관점에 따라 매우 다양하게 존재한다고 볼 수 있으며, 이러한 관점들은 서로 중첩되는 부분을 지니고 있기 때문에 학습패러다임에 대해서 모두가 동의하는 정형화된 분류는 제시하기가 어렵다(Bush, 2006). 그러나 일반적으로 동의할 수 있는 학습에 대한 설명체계는 표 4.3과 같이 크게 네 가지 패러다임으로 구분해 볼 수 있다(변정호 등, 2011; 이일선 등, 2012; Kwon et al., 2009). 과학학습 역시 이러한 학습 패러다임의 체계에 관련되어 설명되어 왔다.

표 4.3 네 가지 학습 패러다임의 학습 결과와 과정

범주	행동주의	인지주의	구성주의	신경주의
학습의 결과	행동으로 표출	인지구조 변화	개념의 변화	신경 연결망 변화
학습의 주된 과정	자극의 체계적 제공	성숙과 물리적 경험	사회적 상호작용	뇌 기능 기반 학습 활동

이 장에서는 네 가지 주요한 학습패러다임에 대한 고찰을 통해 과학 교수–학습에 적용될 수 있는 원리와 요소들을 살펴보도록 하였다.

2 행동주의 학습이론

1900년대 초기에 학습에 대한 해석을 객관적이고 구체적으로 진행해야 한다는 관점의 설명 체계가 등장하였다. 즉, 이 설명 체계는 학습을 행동의 변화로 바라보았다. 이러한 관점은 학습에 있어 자극과 반응 사이의 관련성과 강화 효과의 관련성이 실험적 증거를 통해 확인되었기 때문이며, 경험주의 학습이론에 대한 반성에서 출발하였다. 행동의 변화가 학습이라는 이러한 관점을 행동주의(behaviorism)라 부르며, 유기체의 행동만이 관찰 및 측정이 가능하므로 학습에 대한 연구대상으로써 가치가 있다고 하였다. 또한, 행동주의적 관점은 모든 학습자가 적절한 환경적 요인이 주어지면, 동일하게 이해하고 학습할 수 있다는 가정에서 출발한다(Bush, 2006). 그러므로 행동주의는 동물과 사람의 학습을 동일한 것으로 바라보며, 객관적으로 관찰 가능한 행동에 초점을 맞추고 측정이 불가능한 사고활동은 배제한다(Nagowah, 2009).

행동주의적 관점에서 바라보는 학습에 대한 기본적인 가정은 다음과 같다. 첫째, 학습자에게 주어지는 지식은 절대적인 것이며, 상대적이지 않다고 하였다(Marton & Booth, 1997). 또한, 학습을 경험과 연습의 직접적 결과로써 인식하며, 학습의 결과인 행동은 보상 또는 벌과 같은 정적피드백 혹은 부적피드백에 의해 수정 가능하다고 가정한다(Pintrinch & Schunk, 2002). 둘째, 학습의 정도는 관찰 가능한 행동의 측정을 통해 가능하다고 가정한다. 학습을 통해 획득되는 행동은 외부로 드러날 수 있는 것이며, 이러한 행동은 관찰 가능하고 측정 가능한 것이어야 한다. 그러므로 학습은 새로운 행동 습득 이상의 것이 아니며, 관찰과 측정이 불가능한 사고의 과정 혹은 마음은 '블랙박스(black box)'이므로 행동주의에서는 사고과정을 완전히 배제한다(Meesing, 2004; Skinner, 1974). 스키너는 과학적 방법으로는 내적과정(inner processes)을 입증할 수 없기 때문에 원인-결과 관계(cause-and-effect relationship)에서 관찰에 의해 입증할 수 있는 것에만 관심을 두어야 한다고 하였다(Hung, 2001). 이와 같은 행동주의는 객관주의(objectivism)로 동정될 수 있으며, 인간 행동의 분석 측면에 있어 가장 중요한 것을 외적 사건에 대한 관찰이라고 보는 환경결정론(environmentalism)에 해당한다고 할 수 있다(Bullock, 1982).

행동주의 학습이론은 크게 자극-반응 이론과 동기 이론으로 구분될 수 있으며, 이러한 차이는 학습의 심리적 메커니즘을 설명하는 방법에 기인한다(Nagowah, 2009). 파블로프(Ivan Pavlov), 손다이크(Edward Lee Thorndike), 왓슨(John Broadus Watson), 스키너(Burrhus Frederic Skinner), 거스리(Edwin Ray Guthrie), 헐(Hull)의 행동주의는 연합이론에 해당하며,

연합이론은 유기체가 자극과 반응을 연합시키는 과정을 학습이라고 바라본다(Nagowah, 2009). 반면, 켈러(John M. Keller)는 동기에 의해서 학습 반응이 일어난다고 보는 견해이다. 또한, 가네(Gagne, 1985)는 학습내용의 단계적 조직을 통해서 행동변화를 일으킬 수 있다고 주장하였다. 행동주의 학습이론에 대해서 보다 구체적으로 살펴보면 다음과 같다.

2.1 파블로프의 고전적 행동주의

▶ **그림 4.2** 파블로프(1849~1936)

파블로프(1927)는 개가 먹이를 제시할 때는 침을 흘리며, 종소리를 들려주고 먹이를 제시하는 과정을 반복함으로써 종소리만 들려주어도 침이 분비된다는 사실을 확인하였다. 종소리라는 조건에 대해 반응하는 과정을 조건화의 성립이라고 하였으며, 이러한 과정을 학습이라고 설명하였다.

파블로프(1927)의 실험에서 먹이는 학습이 결과가 아닌 무조건반응(UCR: unconditioned response)인 침 분비를 유발하는 무조건자극(US: unconditioned stimulus)에 해당하며, 종소리는 학습이 결과인 조건반응(CR: conditioned response)인 종소리에 대한 침 분비를 유발하는 조건자극(CS: conditioned stimulus)에 해당한다고 하였다. 결국 학습과정은 자극(stimulus)과 반응(response) 사이에 이루어지는 조건(conditioning) 형성의 과정에 해당한다고 보았으며 조건화는 조건자극에 대한 조건반응의 결합이라고 하였다.

파블로프(1927)는 조건화 성립 후 조건자극만 제시하게 되면 조건반응이 사라지는 소거(extinction)현상이 나타난다고 하였다. 그러나 소거로 인해 성립된 조건화는 사라지지 않으며, 조건자극에 의해 조건반응이 회복되는 자발적 회복도 나타난다고도 하였다. 반면, 소거현상 후 조건자극과 무조건자극을 같이 제시하면 처음 조건화보다 신속하게 조건화가 형성되는 재조건(reconditioning) 성립이 이루어진다고 하였다.

파블로프(1927)는 조건화를 통한 학습이 일어나기 위해서는 조건자극이 무조건자극보다 시간적으로 앞서거나 동시에 제시되어야 하며, 무조건자극이 조건자극보다 강한자극을 주어야 효과적이라고 하였다. 또한, 조건자극은 일관되게 주어져야 하며, 자극과 반응의 결합은 반복되는 횟수가 증가할수록 조건화 성립이 효과적으로 형성된다고 하였다.

2.2 신행동주의

1) 손다이크의 시행착오 이론(연합이론)

▶ **그림 4.3** 손다이크(1871~1933)

손다이크는 자극과 반응을 연결하는 연합이론을 제시한 행동주의 심리학자이다. 손다이크(1923)는 학습에 대해 설명하기 위한 실험으로 문제상자에 고양이를 가둔 후, 상자 밖에 먹이를 놓아두고 고양이가 상자를 탈출하는 방법을 학습하는 과정을 관찰하였다. 관찰결과 고양이의 탈출은 느리게 일어나지만, 시행착오를 거치면서 탈출에 소요되는 시간이 감소하는 현상을 발견하였다. 그러나 이러한 시행착오에 의한 탈출 소요시간은 처음에는 급격히 감소하지만 나중에는 천천히 줄어들게 된다. 결국 학습은 자극과 반응 사이의 결합으로 이루어지며, 시행착오적 반응 자체만으로는 자극과 반응의 결합이 불가능하고 먹이와 같은 강화조건이 존재해야만 가능하다고 하였다(Thorndike, 1923).

시행착오의 반복과정을 통해 자극과 반응이 연결되는 것을 학습으로 보았던 손다이크는 학습과 관련된 연습의 법칙, 효과의 법칙, 준비성의 법칙을 제시하고 있다. 연습의 법칙에 의하면 자극과 반응의 결합이 연습에 의해 강화되며, 반응이 나타나는 빈도는 반응이 나타나도록 시도하는 횟수에 따라 증가한다고 설명한다(Thorndike, 1923; Thorndike & Gates, 1929). 이러한 연습의 법칙은 빈도와 관련된 것으로 연습의 횟수나 빈도가 증가할수록 자극과 반응의 결합이 강화된다는 것을 의미한다.

효과의 법칙에 의하면 연습에 의한 자극과 반응의 결합이 만족상태를 이끌어내게 되면 강화될 수 있지만 반대의 경우에는 오히려 약화된다고 설명한다. 즉, 보상과 같은 만족을 동반하는 반응은 학습되지만, 그렇지 못한 반응은 학습되지 않는 것을 의미한다. 그러므로 학습은 자극과 반응의 단순한 결합 이상의 것이며 반응의 결과에 따라 달라진다는 것을 의미한다.

준비성의 법칙에 따르면 학습의 효과는 학습자의 준비성에 따라 달라질 수 있다고 설명한다. 즉, 학습자의 성숙도나 사전경험이 학습의 결과에 영향을 미치며 효과의 법칙에서 제시한 만족-불만족은 학습자의 준비성에 의해 결정된다고 한다. 그러므로 학습자가 자극과 반응의 결합이 이루어질 수 있는 준비가 된 상황에서는 만족상태가 나타나, 보상으로 작용하며 결합이 강화되지만, 반대의 경우에는 불만족 상태가 나타나 오히려 벌로써 작용하여 결합이 약화된다고 하였다(Thorndike, 1923).

2) 스키너의 작동적 조건화 이론

스키너(1950)는 실험을 통해 조건화 형성에 대해 작동적 조건(operational conditioning) 혹은 조작적 조건이라는 이론을 제시하였다. 자극에 대한 강화는 반응 이후에 형성되는 것이며, 유기체의 능동적 반응 자체가 강화로써 작용한다고 하였다. 즉, 작동적 조건화는 반응 자체가 강화조건으로 작용하여 반응 자체가 강화되는 것을 의미한다.

▶ **그림 4.4** 스키너(1904~1990)

스키너(1950)는 보상을 통한 행동의 변화 과정이 학습이라고 보았으며, 행동이 무의식적으로 나타나는 것보다는 자발적으로 혹은 의식적으로 일어나는 반응에 초점을 맞추었다. 그러므로 유기체가 능동적으로 특정 반응을 나타내도록 하는 조작적 행동과 수동적으로 나타나는 반응을 구별해야 한다고 하였다. 결국, 파블로프의 조건반사는 유기체의 능동적 조작에 의해 나타나는 반응이 아닌 수동적인 반응에 해당한다. 반면, 작동적 조건화는 능동적인 반응을 통해 반응 자체가 새로운 자극으로서 작용하여 강화를 가능하게 하므로 파블로프의 조건화와 스키너의 조건화는 구분될 수 있다.

작동적 조건화에서 제시하는 강화는 반응이 일어난 직후 보상으로 작용할 수 있는 자극을 제시함으로써 해당 반응의 강도가 강해지도록 하는 것을 의미한다(Skinner, 1985). 그러므로 파블로프가 제시한 조건형성을 위한 강화는 조건자극이 무조건자극과 동시에 주어지거나 직전에 주어짐으로써 조건반응이 나타날 확률을 증가시키는 것임에 반해, 작동적 조건화에서의 강화자극은 반응 직후에 주어져야 한다는 점에서 구별된다.

강화의 종류는 크게 정적강화(적극적 강화)와 부적강화(소극적 강화)로 구분된다. 정적강화는 쾌감을 주어 해당 반응을 촉발하는 자극에 해당하며, 부적강화는 행동이 일어난 직후 제거하거나 감소되었을 때 해당행동이 나타날 확률을 증가시키는 자극에 해당한다. 강화의 종류 중 부적강화는 벌과 구별되어야 하는데, 부적강화와 벌이 모두 불쾌자극에 관련되어 있지만, 강화는 행동이 나타날 확률을 증가시키며, 벌은 행동이 일어날 확률을 감소시킨다는 점에서 구분된다. 특히 벌은 불쾌 자극을 제공하는 제1유형의 벌과 쾌 자극을 제거하는 제2유형의 벌이 존재하기도 한다(Skinner, 1974).

스키너의 학습에 대한 이러한 관점이 프로그램 교수(PI: programmed instruction) 운동에 대한 움직임을 촉발하였다고 할 수 있다(Bullock, 1982). 프로그램 교수는 행동주의에 기초를 두고 있으며, 분석, 설계, 평가와 같은 단계로 구성된다. 각 단계는 가설생성, 실험설계, 가설검증과 같은 일반적인 과학적 접근 방법과 유사하다. 스키너의 강화에 대한 관점을 적용하면, 학습을 통해 목표 행동의 출현 가능성을 증가시킬 수 있다. 또한, 초기의 강화는 학습자에게서 자발적으로 발생되는 것(intrinsic)으로 볼 수 있으며, 외적 강화(extrinsic)는 교정적 또는 유도적(motivational) 피드백으로 사용될 때 효과적일 수 있다(Bullock, 1982).

2.3 가네의 위계학습 이론

학습은 어떤 과정으로 일어나는가? 수업에서 어떤 효과적인 교수활동이 학습결과를 극대화시킬 수 있는가? 가네는 이런 의문에 대한 설명을 제공하고자 외적 교수 자극과 학습결과의 관계를 파악하고자 하였다. 따라서 가네(1985)의 학습이론은 행동주의 학습이론에서 제시하는 자극에 대한 반응이나 보상 등으로 구성된 강화와 같은 단순한 외적 자극보다는 위계적인 단계 및 과제로 이루어진 교수 설계가 학습에 효과적이라고 주장하였다. 더 나아가, 가네는 교수활동의 목적이 학습을 도와주기 위한 것이므로, 교수활동의 내용이 인지구조와 밀접한 관련을 가져야 한다고 주장하였다(박성익, 2007). 이러한 가네의 학습이론은 행동주의 학습이론에 배경을 두고 인지주의의 학습이론의 일부를 절충한 구성이라고 할 수 있다. 이러한 가네의 학습이론에서 학습의 종류, 학습의 과정, 학습의 단계별 상황에 대해서 살펴보면 다음과 같다.

1) 학습의 의미와 형태

가네(1985)에 따르면 학습이란 학습자가 학습하는 동안 겪는 내적인 인지과정과 외적인 교수 상황의 자극이 연관되어 학습자의 행동 변화를 일으키는 활동이라고 하였다. 학습자는 이러한 학습 활동을 통해서 언어정보, 지적기능, 운동기능, 태도, 인지적 전략과 같은 학습 결과를 얻는다. 이러한 학습 결과에 대한 구분 내용은 표 4.4와 같다.

그런데 가네(1985)는 이러한 학습에도 다양한 형태가 있으며, 크게 기본적 학습과 고차원적 학습으로 구분된다고 하였다. 기본적 학습이란 단순한 자극−반응의 연합을 통해서 일어나는 학습이며, 다시 신호 학습, 조작 학습, 언어연합 학습, 연쇄 학습으로 구분된다. 고차원적 학습은 복잡한 연합과 연쇄의 구성을 통해서 일어나는 학습이며, 변별 학습, 개

표 4.4 학습결과의 유형별 정의, 수행 방식, 사례(Gagne, 1985)

학습결과 유형	정의	수행 방식	사례
언어 정보	저장된 정보의 재생(사실, 명칭, 담화)	어떤 방식으로 정보를 진술 또는 의사소통하기	애국심의 정의를 바꿔 설명하기
지적 기능	학습자에게 환경의 개념화에 반응하도록 하는 정신적 조작	상징을 사용하여 환경과 상호작용하기	빨간색과 파란색 구별하기, 삼각형의 면적 계산하기
인지 전략	학습자의 사고와 학습을 지배하는 집행적 통제 과정	기억, 사고, 학습을 효율적으로 관리하기	기말고사를 위해 일련의 학습노트를 개발하기
운동 기능	일련의 신체적 운동 수행을 위한 능력과 '실행 계획'	운동의 순서나 행동을 시범 보이기	구두끈 매기, 접영 보여주기
태 도	사람, 사물, 사건 등에 대한 정적·부적 행동의 성향	사람, 사물, 사건을 지향 또는 지양하는 개인의 행동 방향 선택	미술관 관람 선택, 락 콘서트 피함

표 4.5 가네의 학습이론에서 제시하는 학습의 형태(Gagne, 1985)

대범주	소범주	학습의 정의
기본적 학습	신호 학습	학습자의 타고난 반사기능을 통해 자극에 대한 무조건적 반응으로 유발되는 학습
	조작 학습	보상 및 강화에 의해 유발되는 행동 결과로 표현되는 학습
	언어연합 학습	단어나 언어로 주어지는 자극에 의해 언어적 반응이 일어남으로써 언어와 언어가 연합되어 일어나는 학습
	연쇄 학습	신체적 반응의 연쇄적 연합에 의해서 일어나는 학습
고차원적 학습	변별 학습	일련의 자극들 중 한 자극의 독특한 특징을 지각하고, 특징에 따라 다르게 반응하는 학습
	개념 학습	일련의 자극을 같은 부류의 자극으로 인식하고 어느 자극에나 동일하게 반응하는 학습으로, 구체적 개념학습과 정의적 개념학습으로 구분 ① **구체적 개념 학습:** 피상적으로는 다르게 보이는 일군의 현상적 사물에 대해 그 사물에 공통적 속성에 따라 동일하게 반응할 때의 학습 ② **정의적 개념 학습:** 정의에 의해 개념이 획득되어 일어나는 학습
	규칙 학습	학습자가 행동을 통제한 다음 현상들 사이의 관계를 파악하는 여러 단계의 과정으로 이루어지는 학습
	문제해결 학습	이미 학습한 몇 개의 규칙을 이용하여 새로운 상황에서 문제를 해결하고, 상위적 규칙을 획득하는 학습

념 학습, 규칙 학습, 문제해결 학습으로 구분된다. 특히, 이러한 학습의 형태는 기본적 학습에서 고차원적 학습으로 전개되면서 일련의 위계적 단계로 구성되어 있다. 이들 학습의 형태에 대한 구체적인 설명은 표 4.5와 같다.

2) 학습의 내적 과정

학습을 내적 인지과정과 외적 교수상황의 관계맺기를 통해서 일어난다고 설명한 가네(1985)는 학습이 일어나는 내적인 인지과정을 정보가 처리되는 일련의 과정으로 설명하였다. 이러한 학습의 내적 과정은 감각수용체로부터 자극의 수용이라는 단계에서 반응생성기의 행동 결과에 이르기까지 그림 4.5와 같은 일련의 단계적 과정을 거쳐서 진행된다.

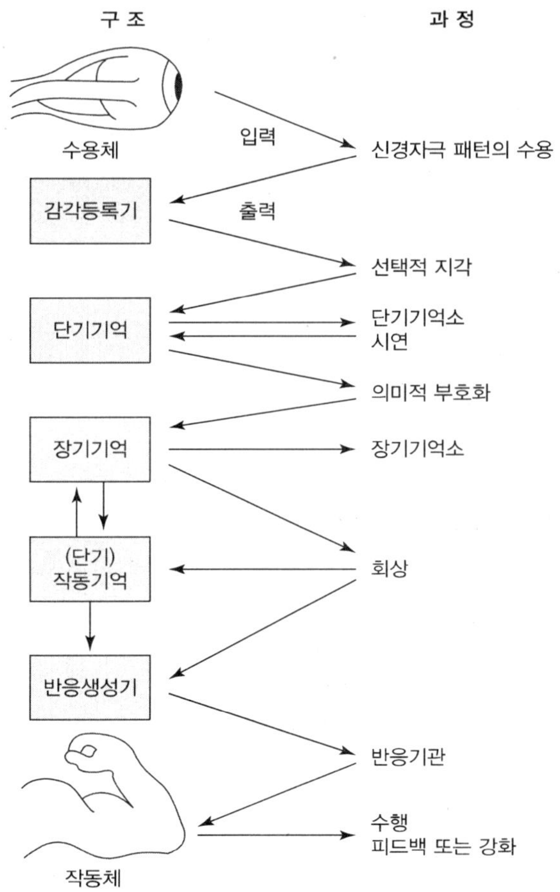

▶ **그림 4.5** 학습 단계의 구조와 과정(Gagne, 1985)

3) 학습의 단계별 외적 상황

더 나아가 가네(1985)는 학습이 일어나는 내적 인지과정은 외적인 교수조건이나 교수 상황에 의해 유발될 수 있다고 주장하였다. 그런 다음, 가네는 내적 인지과정, 즉 학습이 일어나기 위한 외적인 교수 상황을 9가지 단계로 제시하였다. 즉, 그는 학습이 순차적인 순서로 진해되어야 9단계의 학습과정을 표 4.6과 같이 제시하였다.

표 4.6 가네의 9단계 학습과정

학습 단계	학습 활동
1. 주의 획득	학습자의 주의력 획득
2. 기대감	학습자에게 학습의 목표와 기대감 주기
3. 회상 자극	선수 학습의 회상을 자극
4. 자극 제시	학습 활동에 필요한 학습내용 제시
5. 의미적 부호화	학습 자극들을 통합과 부호화 및 저장하기
6. 재생과 반응	학습한 저장 정보를 학습했는지 확인하는 증명하기
7. 강화	학습 목적의 달성 여부에 대한 강화 및 피드백 제공하기
8. 재생의 단서 제공	다음 단계의 학습이 가능한지를 결정하는 평가 실시
9. 일반화	새로운 학습이 다른 상황으로 일반화되거나 전이 되는 경험 제공

2.4 켈러의 ARCS 동기전략 이론

교수-학습을 설계하기 위해서는 먼저 큰 틀에서 학습환경을 설계하고, 학습환경의 범주 안에서 수업을 설계한다(Keller, 2010). 그런데, 수업의 설계에서 핵심적으로 고려할 요소는 학습자의 동기를 설계하는 활동이다. 이들의 관계를 다이어그램으로 표현하면 그림 4.6과 같다.

동기 설계란 학습자의 학습하고자 하는 목표를 지향하는 행동을 자극하고 유지시키기 위한 전략, 원리, 과정을 고안하는 활동이다(Keller, 2010). 학습에서 학습효과를 높이는 데 가장 필요한 요소는 학습자 자신의 학습 의지이다.

학습자의 학습동기를 향상시킨다는 것은 쉽지가 않다. 다행히 교육현장에서 학습동기를 향상시키는 학습전략이 다양하게 제시되어 왔는데, 특히, 켈러(1979, 2010)는 심리학을 비롯한 동기 관련 문헌들을 종합하고 현장에서의 교사행동을 관찰하여 학습상황에서 ARCS (주의집중, 관련성, 자신감, 만족감)라는 네 가지 요인의 상호작용 전략으로 동기를 증진시킬

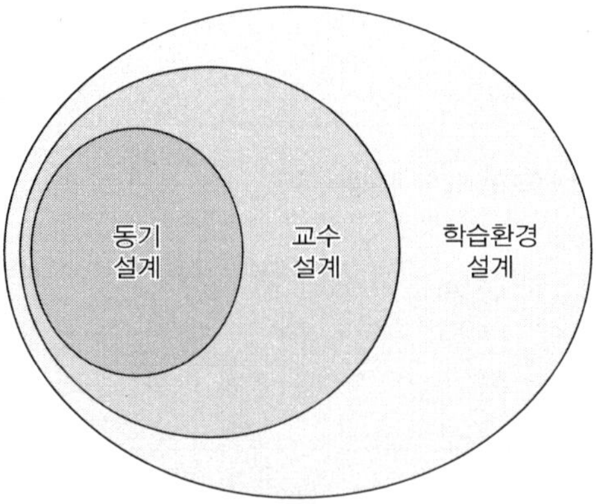

▶ **그림 4.6** 교수 설계, 학습환경 설계, 동기 설계의 관계(Keller, 2010)

수 있다고 설명하였다. 이러한 켈러의 ARCS 모델은 크게 학습동기에 대한 설명, 동기전략, 동기설계의 과정과 같은 세 가지로 구성되어 있다. 이들에 대해서 살펴보면 다음과 같다.

1) ARCS 모델에서 학습동기에 대한 설명

켈러(1979, 2010)는 ARCS 모델에서 동기를 간단히 특정한 경험 또는 목적을 향해 접근하고 회피하는 것에 대한 선택인 동시에 얼마만큼의 노력을 쏟아야 할지에 대한 행동의 방향과 세기라고 정의하였다.

▶ **그림 4.7** 켈러

따라서 동기는 곧 학생이 선택하여 투입하는 노력의 방향과 세기라도 할 수 있다. 이러한 ARCS 모델에서 켈러는 동기의 방향과 세기는 네 가지 동기요소, 즉 주의집중(Attention), 관련성(Relevance), 자신감(Confidence), 만족감(Satisfaction)의 상호작용에 의해 결정된다고 주장하였다. 이러한 관점에서 켈러는 ARCS의 상호작용을 바탕으로 동기 증진 방안을 제시하였다. 켈러(2010)는 그의 ARCS 모델에서 동기의 네 가지 요소를 표 4.7과 같이 주요 개념과 질문 사항으로 구분하여 설명하였다.

학습자의 동기와 학업성취도는 그림 4.8과 같이 '역방향 곡선 관계'이다(Keller, 2010; Yerkes & Dodson, 1908). 즉, 학습자의 흥미도나 의지가 낮아지고 학습자가 학습을 지루해하면 학습동기가 저하되면서 학업성취도 낮아진다. 하지만, 학습자의 학습동기가 적절하게 증가되면 학습자의 학업성취도는 높아지게 된다. 그런데, 학습동기가 계속 높아진다고 학

표 4.7 켈러의 학습동기 이론에서 네 가지 요소의 개념과 질문 사항(Keller, 2010)

학습동기의 요소	주요 개념	과정 질문
주의집중	학습자의 흥미와 호기심 유발	어떻게 학생들의 흥미를 유발하고 호기심을 자극할까?
관련성	학습자의 필요와 목적	어떻게 학습을 학생들의 가치 있는 경험과 관련시킬까?
자신감	학습자의 성공에 대한 믿음	어떻게 학생들에게 성공하게 된다는 느낌을 줄까?
만족감	보상을 통한 학습자의 성취에 대한 강화	계속적인 학습을 위해 어떻게 학생들의 성취를 강화해 줄까?

업성취도가 계속 높아지는 것은 아니다. 적절한 학습동기를 과도하게 넘어서는 학습의욕은 학습에 대한 불안과 강박증으로 전환하게 되고, 이러한 불안과 강박증은 그림 4.8에서와 같이 궁극적으로 학업성취도를 저하시킨다. 이러한 점을 고려하여 교사는 수업 전에 주의집중, 관련성, 자신감, 만족감의 측면에서 학생들의 동기 상태를 파악하고, 그 결과를 '역방향 곡선 관계'에 비추어 수업 활동에서 적절한 동기전략을 고려할 필요가 있다.

2) ARCS 모델의 동기전략

더 나아가, ARCS 모델은 주의집중, 관련성, 자신감, 만족감의 요인들과 하위 요인들에 대해서 기본적인 동기전략을 제공한다(Keller, 2010). 먼저, 주의집중 요소는 지각적 각성, 탐구적 각성, 다양성 전략으로 구성된다. 지각적 각성 전략은 새롭고 놀라우면서 기존의 것과 모순되거나 불확실한 정보를 수업에 사용함으로써 학습자의 주의를 유발하고 유지하

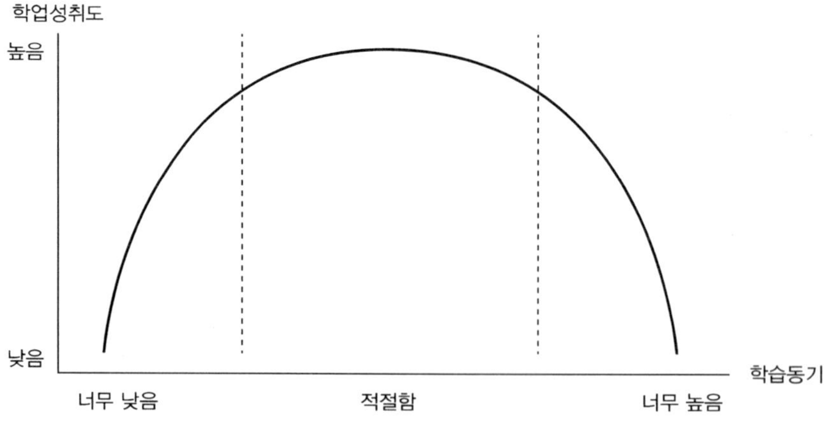

▶ **그림 4.8** 학업성취와 학습동기의 역방향 곡선 관계(Yerkes & Dodson, 1908)

는 전략이다. 탐구적 각성 전략은 질문을 하고 이에 대한 답을 찾게 함으로써 동기를 유발하는 전략이다. 다양성 전략은 수업의 요소를 변화시킴으로써 학습자의 흥미를 지속시키는 것이다.

다음으로 관련성 요소는 목표 지향성, 동인 맞추기, 친밀성 전략으로 구성된다. 목표 지향성 전략은 수업의 목표와 유용성을 제시하는 진술이나 예문을 제공하고, 성취를 취한 목표를 제시하거나 학습자들이 그 목표를 정의하게 하는 것이다. 모티브 일치성 전략은 학습자들이 필요나 동기와 결합될 수 있는 교수 전략을 활용하는 것이다. 친밀성 전략은 학습자의 경험이나 가치에 관계가 있는 구체적 용어, 보기 및 개념들을 활용하는 것이다.

자신감 요소는 학습 조건, 성공 기회, 개인적 통제 전략으로 구성된다. 학습 조건 전략은 학습자에게 수행의 요구사항과 평가 기준을 제시하면서 학습자가 과제의 본질과 성공 가능성을 평가할 수 있도록 한다. 성공 기회 전략은 학습자는 새로운 지식이나 기능을 학습할 때 대체로 자신이 잘 해낼 수 있으리라고 믿거나, 적어도 노력을 통해 해낼 수 있으리라고 믿는 경우에 더 잘 동기화된다. 개인적 통제 전략은 학습의 단계와 과정은 학습자의 능력이나 노력에 의해 성공할 수 있는 기회들을 만들어 주는 방식으로 구성되고 이루어져야 한다. 그렇게 함으로써 학습자에게 개인적 통제감의 획득 기회를 제공해줄 수 있어야 하며, 이것이 성공과 결합될 때 비로소 자신감과 자기 존중감으로 이루어질 수 있다.

마지막으로 만족감 요소는 내적 강화, 외적보상, 공정성 전략으로 구성된다. 내적 강화 전략은 학습자의 내적 동기를 유지시키려는 것으로, 학습자가 새롭게 습득한 지식이나 기능을 실제 또는 모의 상황에 적용해볼 수 있는 기회를 제공하는 것이다. 외적보상 전략은 바람직한 행동을 계속 유지시킬 수 있도록 강화와 피드백을 제공하는 것이다. 즉, 학습자의 성공에 대한 언어적 또는 물질적 보상을 해주는 것이다. 공정성 전략은 학습자의 학업 성취에 대한 기준과 결과가 공정하게 평가된다는 것을 인식하는 것이다.

이들 하위요소 전략을 종합한 ARCS 모델의 동기전략을 요약하면 표 4.8과 같다.

3) 과학학습에서 ARCS 동기전략 모델의 적용

ARCS 모델은 학습동기를 유발하고 지속시키기 위하여 학습환경의 동기적 측면을 설계하는 문제해결 접근법이다(Keller, 1979, 2010). 이 모델은 두 가지 주요 부분으로 구성되어 있다. 첫째는 동기의 구성요건을 분류해 놓은 것으로, 이는 인간 동기에 대한 연구결과를 통합한 결과물이다. 둘째는 특정 대상에 적절한 동기 향상방법을 구안하는 체계적 설계과정이다.

표 4.8 ARCS 모델의 네 가지 학습동기 요소의 하위요소 전략(Keller, 2010)

주요소	하위요소	주요 동기전략
주의집중	지각적 각성	학습자의 흥미나 호기심을 불러일으킬 수 있는 내용이나 전략
	탐구적 각성	학습자의 탐구 태도를 자극할 수 있는 방법
	다양성	학습자의 주의를 끌고 유지시킬 수 있는 다양한 방법
관련성	목표 지향성	학습자가 가장 필요로 하는 무엇을 제공하는 것
	동인 맞추기	학습환경을 학습자의 개인적인 동인 구조에 맞추어 가는 것
	친밀성	학습환경을 학습자의 경험 및 환경에 친밀하게 만드는 것
자신감	학습 조건	성공에 대한 긍정적인 기대감 형성을 도와주는 것
	성공 기회	성공에 대한 학습자의 믿음을 강화시켜주는 학습 경험을 제공하는 것
	개인적 통제	학습자의 성공이 노력을 통한 성취라는 인식을 깨닫게 해주는 것
만족감	내적 강화	학습에 대한 성취가 좋은 결과를 가져온다는 것을 알게 하는 것
	외적보상	성공에 대해서는 보상이 제공되는 것
	공정성	성취에 대해서는 공정한 평가가 제공된다는 것을 알게 하는 것

먼저, ARCS 모델에서는 동기전략들이 동기 관련 개념과 이론의 네 가지 범주 및 그 하위범주로부터 체계적으로 선택된다. 주의집중, 관련성, 자신감, 만족감의 네 가지 주요 범주는 거시수준의 준거체제를 제공해주며, 각각의 하위범주는 좀 더 구체적으로 동기전략의 사용을 안내한다. 둘째로, ARCS 모델은 문제해결 접근법이라는 점이다. ARCS 모델의 전체적 과정은 학습자 동기분석과 같은 체계적 설계과정을 통해 이루어진다. 하지만 전략의 최종 선택은 그 수와 형태 측면에서 주어진 대상자가 누구냐에 따라 달라지며 그것은 곧 문제해결과정이라고 할 수 있다. 즉 교사들이 할 일은 우선 행동의 방향과 세기를 네 가지 요인의 측면에서 진단하는 것이며, 다음으로 발견된 동기문제를 해결할 동기전략을 설계하여 실시하면 되는 것이다.

이러한 켈러(2010)의 ARCS 동기전략 모델은 과학학습에도 학습자의 동기 증진에 적용할 수 있다. 앞에서 설명한 네 가지 동기전략을 바탕으로 고등학교 생명과학 과목에서 '순환과 호흡'의 7가지 주제에 대해서 ARCS 전략을 적용하면 표 4.9와 같은 수업활동을 설계할 수 있다(김형자 등, 2012).

표 4.9 켈러의 ARCS 전략을 적용한 '순환과 호흡'의 수업활동 설계 사례(김형자 등, 2012)

단원	ARCS 전략을 적용한 수업활동						
	순환				호흡		
	1차시	2차시	3차시	4차시	5차시	6차시	7차시
수업 단계	**혈액의 구성 성분과 기능**	**ABO식 혈액형 판정 실험**	**심장의 구조와 기능**	**혈액의 순환 경로**	**호흡기관의 구조와 호흡운동**	**산소의 운반**	**흡연이 건강에 미치는 영향**
주의집중 (5′)	• 건강검진－혈액검사 동영상 제시를 통해 주의집중 • 혈액검사를 통해 어떻게 충수염이라는 진단이 내려졌을까? **－생각 발표하기**	• 혈액형 이야기 동영상 제시를 통해 주의집중 • 각자의 혈액형은 어떻게 결정된 것일까? **－생각 발표하기**	• 돼지의 심장 해부 동영상 제시를 통해 주의집중 • 개구리의 심장은 떼어내도 스스로 박동한다. 이유는 무엇일까? **－생각 발표하기**	• 혈액순환송 영상을 통해 주의집중 • 나의 심장 박동이 멈춘다면 나에게 무슨 일이? **－생각 발표하기**	• 자! 숨을 참아보자. 얼마나 참을 수 있는가? • 공기는 호흡기관을 어떻게 드나들까? **－생각 발표하기**	• 뉴스 소개로 주의집중 **－질식사 사연** • 질식사로 죽은 이유는 무엇일까? **－생각 발표하기**	• 담뱃갑 경고문 사진자료제시로 주의집중 • 유해한 담배를 왜 계속 필까? **－생각 발표하기**
관련성 (20′)	• 혈액 관찰 실험 동영상을 통해 혈구 간접 관찰 • 혈액의 구성성분과 기능 • 학습지의 그림자료와 동영상 연관지어 학습내용 정리	• ABO식 혈액형 판정 실험 동영상을 통해 실험 과정 제시: 응집반응(항원－항체반응)원리 설명 • ABO식 혈액형 판정 실험을 직접 수행함으로써 자신의 혈액형을 판정	• 심장 모형 제시－내 심장과 연관 짓기 • 심장의 구조와 기능 • 심장박동의 자동성	• 혈액순환 모형을 제시－나의 몸과 연관 짓기 • 체순환과 폐순환 • 혈액순환의 의의 • 혈액순환 관련 질환소개	• 호흡기관구조 모형 제시－나의 몸과 연관 짓기 • 호흡기관 구조와 기능 • 호흡운동의 원리 모형제시－실제로 숨 쉬어보며 모형 관찰하기 • 호흡운동 원리	• 동영상제시 '산소의 필요성' • 사람의 혈액색깔과 곤충의 혈액색깔이 다른 이유는? • 헤모글로빈의 산소해리곡선	• 흡연 시 폐의 모습과 흡연 실험 동영상 • 담배연기 속 유해물질의 특성 • 흡연이 인체에 미치는 영향
자신감 (20′)	• 탐구보고서 작성 • 사람 몸에서 혈액이란? **－생각 발표하기**	• 탐구보고서 작성 • A형 혈액과 B형 혈액을 섞으면 어떤 결과가 나타날까? **－생각 발표하기**	• 심장 구조 그림 그리기 • 인공심장의 박동 원은? **－생각 발표하기**	• 모둠별로 혈액 순환과 관련된 질병의 종류와 원인 분석하여 발표하기	• 날숨과 들숨 시 자신한테 일어나는 변화 설명하기 • 과식하면 왜 호흡이 평상시와 다르게 힘들어질까? **－생각 발표하기**	• 특정 상황을 설정하여 헤모글로빈의 산소해리곡선을 이용한 문제 만들기 • 짝꿍과 만든 문제 바꿔풀기	• 청소년기의 흡연이 특히 해로운 이유와 흡연을 줄일 수 있는 방안에 대해 토의하고 발표하기
만족감 (5′)	• 혈액의 구성성분과 기능 바르게 짝짓기 • 외적보상 －칭찬스티커	• 4가지의 ABO식 혈액형 타입을 구분하는 원리 설명하기 • 외적보상 －칭찬스티커	• 판막의 기능과 심장 박동원에 대해 설명하기 • 외적보상 －칭찬스티커	• 체순환과 폐순환의 차이점 설명하기 • 외적보상 －칭찬스티커	• 들숨 시 일어나는 변화 설명 • 외적보상 －칭찬스티커	• 산소포화도와 해리도 계산하기 • 외적보상 －칭찬스티커	• 담배의 중독성에 대해 설명하기 • 간접흡연이 더 해로운 이유 설명하기 • 외적보상 －칭찬스티커

2.5 행동주의 학습이론의 과정

행동주의 패러다임은 자극과 반응의 연합을 이용하여 학습에 대해 설명하는 관점으로 이들이 공유하는 이론적인 틀은 지식의 절대성과 관찰 가능한 행동의 측정이다. 이에 대해 각 설명체계 사이의 차이는 거의 없으나, 학습자의 능동성, 강화자극의 사용, 강화의 방법에 있어서는 다소 차이를 보인다.

파블로프의 설명체계는 학습자를 수동적인 존재로 간주하며, 강화자극을 사용하지 않고 자극들 간의 시간적 연관을 중요시 한다. 반면, 손다이크의 설명체계는 학습자의 능동성을 부분적으로 인정함으로써 보상을 통한 강화를 조건화에 사용하고 있으나 먹이와 같은 자극을 강화자극으로 제시하였다. 또한, 스키너는 강화를 위해 제시하는 보상이 행동의 변화를 유발할 수 있으며, 학습자의 행동이 자극에 의해 유발되는 것이 아니라 의식적으로 나타나는 작동적 조건화를 제시하였다. 그러므로 스키너가 '블랙박스(black box)'로 제시한 학습자의 내적영역은 존재 자체를 부정한 것이 아니라, 행동결과를 통해 명확히 내적영역을 분석하기 어렵다는 의미로 해석될 수 있다. 더 나아가, 학습사의 내적영역에 의해 행동이 변화될 수 있기 때문에 자극제시자에 의해 제시된 자극에 대한 행동의 발생 빈도를 증가시키기 위해 사용되는 강화의 종류를 구분하였다.

한편 가네는 이러한 행동주의 학습이론에 바탕을 두면서 학습의 외적 자극이 학습자의 내적 인지과정과 관계될 수 있어야 된다고 주장하였다. 학습에 대한 이러한 해석에 기초하여 가네는 학습의 형태나 과정이 위계적으로 구성되어야 한다고 주장하면서 학습에서 단계적인 교수활동의 구성 방안을 제시하였다. 비록 가네 역시 학습의 과정에서 내적인 인지과정의 관련성을 제시하였음에도 불구하고, 여전히 그는 학습에서 인지구조의 구체적인발달과 조작 과정은 설명하지 못하고 교수활동의 단계적 구성만을 설명하였다. 이에 비해 켈러는 학습에서 내적인 동기의 중요성을 강조하면서 동기 증진을 위한 상세화된 ARCS 전략을 제시하였다. 그러나 이러한 내적인 동기증진 전략 역시 정신적 활동에 대한 향상된 행동의 결과를 얻기 위한 자극의 제시 방법을 구체화하는 데 제한되어 있다. 따라서, 학습활동이 일어나는 인지구조 내에서 일어나는 구체적인 과정과 조작 방법에 대해서는 여전히 제한적인 설명에 그치고 있음을 알 수 있다.

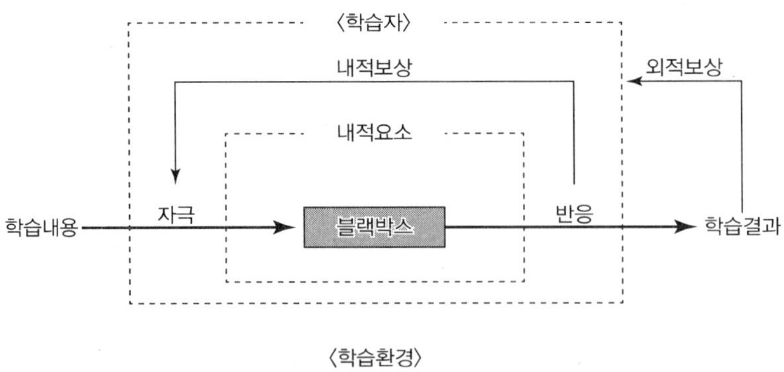

▶ **그림 4.9** 행동주의 패러다임에서 제시하는 학습의 요소와 과정(변정호 등, 2011)

이상의 논의를 종합해보면, 행동주의 패러다임에서 제시하는 학습의 영역은 학습자와 학습환경으로 구분되며, 학습의 구성요소는 학습내용에 해당하는 자극, 학습결과에 해당하는 반응(행동), 학습자 내적요소로 대표될 수 있다. 또한, 학습내용인 자극은 학습자의 내적 영역을 거치면서 학습결과인 반응으로 나타나는 일련의 과정을 학습이라 할 수 있다. 학습의 성공여부를 결정짓는 조건화의 형성을 위해 학습내용 제시자에 의해 학습결과가 평가되고 이에 따라 제시되는 외적보상이 강화자극으로 작용한다. 또한, 학습내용에 대한 학습자의 반응 자체가 강화자극으로 작용하는 경우 내적보상의 피드백 루프를 형성하여 조건화나 동기화가 이루어질 수 있을 것이다. 이를 도식화하면 그림 4.9와 같다(변정호 등, 2011).

3 인지주의 학습이론

행동주의 학습 패러다임의 등장 이후 학습을 행동변화를 통해 설명하려는 시도가 다방면에서 이루어졌다. 반면, 일부 연구에서는 행동주의 패러다임으로 설명되지 않는 실험적 결과들이 제시되었다. 톨만(Tolman, 1948)은 쥐를 이용한 미로 실험을 통해 학습이 자극과 반응의 연합을 통해서만 이루어지는 것이 아니며, 인지적 지도와 잠재적 학습에 대한 증거를 제시하였다. 톨만의 실험결과와 주장은 학습에 대한 관점이 행동주의에서 인지주의로 전환되는 시발점이 되었다. 더 나아가 피아제(1952)의 인지발달 이론은 학습을 설명하는 새로운 패러다임의 등장을 가져오게 하였다. 톨만(1948)의 실험은 행동주의의 자극-반응 연합으로는 관찰되거나 측정되지 않는 행동의 변화가 존재한다는 사실을 제시한 연구이다. 또한, 행동주의적 관점에서는 배제하였던 부분인 학습자의 사고과정의 설명에 대한 탐색이기도 하였다(Bush, 2006). 또한 피아제(1952)는 학습자가 주변 세계를 어떻게 감각하는지에 대한 연구를 통해 지식이 획득되는 방법에 대한 인식의 전환점을 마련하였으며, 인지주의 패러다임 형성에 큰 영향을 주었다. 특히 인지적 발달의 여부가 학습에 영향을 미친다는 주장을 통해 학습자의 인지적 발달을 고려한 학습이 이루어져야 한다는 인식의 전환을 마련하였다(Inhelder & Piaget, 1958).

학습에 대한 이러한 인지주의적 관점은 학습내용의 조직에 가장 큰 관심을 갖는 행동주의와 기본적인 차이점을 지니고 있다. 특히 학습자의 능동적인 사고과정을 학습에 있어 주요한 요인으로 강조하며, 서로 다른 유형의 학습은 다른 형태의 인지과정을 유발한다고 바라본다. 그러므로 행동주의에서 제시한 자극-반응의 연합이나 조건화가 유효하더라도 인지주의적 관점에서는 고정된 연합이 아니라 서로 다른 연합과 조건화가 필요하다는 것을 의미한다. 또한, 학습자는 학습에서 주어지는 정보를 능동적으로 선별하여 처리하며, 인지과정을 통해 학습이 이루어진다고 본다(Bruner, 1960; Bush, 2009; Miller, 1956).

그러나 두 패러다임의 관점이 서로 다른 큰 차이점을 지니고 있지만, 학습자에게 제시되는 정보나 지식은 절대적 혹은 객관적인 것이며, 학습자에게 전달되는 것이라는 관점에서는 동일하다고도 볼 수 있다(Nagowah, 2009). 또한, 인지주의 역시 외형적으로 드러나는 행동을 관찰 및 측정함으로써 연역적으로 학습과정에서 이루어지는 사고과정 혹은 인지구조를 확인한다는 점에서 행동주의적 연구방법과 유사한 측면을 지니고 있다(Gage & Berliner, 1988). 학습에 대한 이와 같은 인지적 관점의 연구 결과들은 관찰되지 않는 영역에 대한 설명을 행동주의적 관점의 제한에서 벗어나도록 해주었으며, 이러한 움직임은 촘스키(Chomsky)의 언어-인지 연구와 밀러(Miller)의 정보처리이론으로 확장되었다. 당시의 상황에서 MIT와 하버드 및 많은 심리학자들은 심리학 연구가 행동주의적 관점에서 탈피하여 사고에 대한 연구로 확장되어야 한다는 데에 동의하고 있었다. 더 나아가 학습에 있어 학습자의 사고과정을 중요한 요인으로 보는 관점인 인지주의는 정보처리 이론과 맥락을 같이 할 수 있다(Schunk, 2004). 그러므로, 학습자의 사고과정을 컴퓨터의 정보처리와 유사한 과정으로 인식하며, 학습에 있어 기억, 조직화, 신경적 연결과 같은 과정을 중요한 연구대상으로 삼기도 한다(Bush, 2006).

인지주의 학습이론은 크게 톨만의 기호인식형 학습이론, 피아제의 인지발달 지향형 학습이론, 그리고 오수벨과 브루너의 인지구조 동화형 학습이론으로 구분될 수 있다. 이러한 인지주의 학습이론에 대해서 보다 구체적으로 살펴보면 다음과 같다.

3.1 톨만의 기호학습이론

톨만(1948)은 학습이란 자극-반응의 연합 강화가 아니라 기호-형태의 인식을 통해 상호 간의 의미 관계를 파악하고 인지지도를 형성하는 과정이라고 주장하였다. 즉, 학습은 행동을 숙달하는 것이 아니라 반응이 일어나도록 하는 목적과 수단의 관계를 인식하는 과정에 해당한다. 그러므로 학습과정은 자극-반응의 연합이 아니라 자극-자극의 의미 관계 파악이라고 생각하였다.

톨만(1948)은 쥐 실험을 통해, 기호-의미라 할 수 있는 의미관계의 파악이 학습에 개입된다는 것을 발견하였다. 실험상황에서 쥐는 특정 표식이 목표를 나타내는 기호로써 인지

한다고 하였으며, 실험에서 발견한 행동을 설명하기 위해 관찰되지 않는 과정인 기호인식이라는 개념을 사용하였다. 인지적 요인이라는 행동주의에서 배격하였던 요소를 학습의 설명체계로 사용하였기에 톨만은 인지주의적 관점으로 학습을 바라본다고 할 수 있을 것이다.

▶ 그림 4.10 톨만(1886~1959)

톨만(1948)은 두 집단의 쥐를 미로상자에 놓고 목적지점에 도착하는 실험을 수행하였다. 한 집단은 목표지점에 도착할 때마다 강화자극을 제시하고, 다른 집단은 강화자극을 제시하지 않았다. 실험결과 강화자극을 제시한 집단이 목표지점에 도달하는 능력이 더 높다고 할 수 있었다. 그러나 강화를 제시하지 않았던 집단에 다시 강화자극을 제시할 경우 처음 강화자극을 제시한 집단보다 목표지점에 도달하는 능력이 더 증가하였다. 이에 대해 톨만은 행동주의적 관점으로는 설명이 어려우며 강화자극을 제시하지 않아도 학습이 이루어질 수 있다고 주장하였다. 또한, 이러한 근거를 통해 잠재적 학습이라는 개념을 도입하여, 학습이 이루어지기 이전에 학습내용을 경험할 경우 그렇지 않은 경우보다 학습효과가 더 증가될 수 있다고 하였다.

톨만(1948)은 학습의 과정을 조건화 대신 기호와 형태 인식이라는 개념을 통해 설명하며, 동일한 학습상황에서는 이미 인식된 기호와 형태를 통해 문제상황을 해결한다고 주장하였다. 또한, 학습과 관련하여 학습의 목적은 목표 도달에 있다고 가정하였으며, 다른 실험을 통해 학습자의 반응 직후 제시되는 혐오자극은 학습과정을 방해한다고 하였다. 학습에 대한 톨만의 관점은 인지주의 대두의 시발점이 되었으며, 이후 등장하게 된 발달이론과 함께 인지주의의 근간을 이루어 학습자의 사고과정에 대한 관심을 불러일으켰다.

3.2 피아제의 인지발달 이론

피아제(1952, 1966)는 인식론적 관점에서 지식이란 발견되기를 기다리고 있으며, 인지요소와의 상호작용 과정을 통해 획득되고 구성된다고 하였다. 또한, 문제해결을 위한 인지구조에 초점을 맞추어 논리적 사고의 사용과 지식의 발전으로 특징 지워지는 지적 추론의 네 가지 인지발달 단계(감각운동기, 전조작기, 구체적조작기, 형식적 조작기)를 제시하였다. 각각의 인지발달 단계에서는 학습자가 수행 가능한 사고과정과 그렇지 못한 사고과정이 존재하며, 학습은 인지적 발달의 단계에 적합하게 이루어져야 한다고 주장하였다.

학습과 관련하여 피아제는 학습자가 도식(schema)으로부터 인지적 표상을 구성하며, 인지적 모델로써 도식을 통해 현상을 평가하고 외계로부터 유입된 정보를 해석한다고 하였다. 도식은 선지식이 없으며 불완전한 상태일 수 있고, 학습자가 도식을 통해 개념을 표상하기도 하기도 하지만 현재 지니고 있는 오개념을 드러내기도 한다고 하였다.

▶ **그림 4.11**
피아제(1896~1980)

또한, 피아제(1970)는 학습자가 경험과 환경에 존재하는 대상들과의 상호작용 및 탐색을 통해 스스로 지식을 구성한다고 주장하였다. 지식을 구성하는 과정은 조직화, 적응, 평형화를 통해서 일어난다고 설명하였다. 조직화는 신체적 운동 또는 인지적 행동을 통합하거나 조직화하여 더 상위적인 정합적 체제를 구성하는 경향을 말한다(Bybee & Sund, 1982). 피아제에 따르면 인간은 자신의 사고 과정을 심리적 구조로 '조직화'하는 경향을 가지고 태어난다. 조직화란 유기체가 일관성 있는 체계를 형성하도록 통합하는 기능으로서, 심리적인 구조를 보다 높은 수준의 체계로 통합시키는 것을 의미한다. 이러한 심리적 구조는 세계에 대한 이해와 상호작용을 위한 체계로 되어 있고, 단순한 구조들은 계속적으로 더 정교하게 결합되고 조정됨에 따라서 더 효율적이 된다. 피아제는 이러한 구조에 '도식'이라는 특별한 명칭을 붙였다. 도식은 사고의 기본 단위로서 우리가 세상에서 사물과 사건에 대해 정신적으로 표상하거나 '생각해 보도록' 하는 조직화된 행동 또는 사고의 체계이다. 인간의 사고 과정이 더욱 조직화되고 새로운 도식이 발달할수록 행동은 보다 정교하게 되고 환경에 더욱 적합해진다.

1) 인지발달과 평형화 과정

피아제(1952, 1966)에 따르면, 인간은 심리적 구조를 조직화하기 위해 환경에 '적응'하는 경향을 가지고 태어난다. 적응이란 인간이라는 유기체와 환경 간의 효과적인 상호작용을 의미한다. 적응에는 두 가지의 기본적 과정이 있는데, 그것은 동화와 조절이다(Piaget, 1952, 1966). '동화'란 현재의 인지적 도식이나 구조로 주변 세계를 이해하는 과정을 말한다. 즉 우리가 이미 알고 있는 것에 맞춰서 주변 세계나 대상을 이해하려고 노력하는 것이다. 예를 들어 네 발을 가진 움직이는 동물은 '멍멍이'라는 도식을 가진 어린아이가 있다면 개, 고양이, 호랑이 등을 '멍멍이'로 인식하는 것이 동화이다. 동화는 학습자가 지닌 도식과 지적 모델에 적합하도록 새로운 정보를 사용하고 지식의 변환을 포함하는 과정이다. 조절과정을 통해서는 새로이 지각된 지식을 수용하기 위해 인지적 모델이 대체되고, 수정되거나 변화한다. '조절'은 현재의 인지적 도식이나 구조로 주변 세계를 이해할 수 없을 때, 주변 세계를 이해할 수 있도록 현재의 인지적 도식이나 구조를 변화시키는 과정을 말한다. 만일 정보가 어떠한 기존의 도식과 맞지 않는다면 더 발달된 적절한 구조가 있어야 한다. 즉 우리의 사고에 정보를 적응시키는 대신 우리의 사고를 새로운 정보에 맞게 적응시키는 것이다. 예를 들어 고양이는 '멍멍이'와는 다르기 때문에 '야옹이'라는 새로운 도식을 만들어 냈다면 그것이 조절에 해당한다. 인간은 기존의 도식을 사용하거나(동화), 새로운 어떤 것이 필요할 때 그들의 도식을 수정하고 첨가함으로써(조절) 복잡해지는 환경에 효과적으로 적응한다.

피아제(1952, 1966)에 따르면 동화와 조절은 서로 다른 시간에 기능하는 것이 아니라 동시에 나타나며, 외계의 정보와 인지적 구조 사이의 상호작용이 유지되는 상태를 평형(equilibrium)이라고 하였다. 반면, 학습자가 지닌 도식 또는 인지적 구조에 적합하지 않은 새로운 현상을 경험할 때 평형관계가 무너지며, 그림 4.12와 같은 비평형(disequilibrium) 상태가 나타나게 되어 인지적 갈등(cognitive conflict)을 경험한다고 하였다(권재술 등, 2012).

피아제(1952, 1966)에 따르면 비평형과 인지적 불일치의 발생은 부정적이라고 볼 수 없으며, 조절과 동화를 통해 개념변화가 일어나기 위해서는 비평형을 유발할 수 있는 새로운 개념에 직면할 필요성이 있다고도 하였다. 학습자의 인지구조는 이러한 비평형 상태에서 평형 상태로 발달하면서 평형과 과정이 진행된다고 하였다. 즉, 환경에서 들어온 정보와 개인이 가지고 있는 도식 간에 정신적 균형을 추구하는 것을 평형화라고 하고, 도식이 만족스런 결과를 생산하지 않으면 불평형 상태가 존재한다. 피아제의 이론에서 불평형 상태는 개인이 자신의 현재 사고방식으로는 문제를 해결하거나 상황을 이해할 수 없다는 것을 인식할 때 발생하는 '균형이 깨진 상태'를 말한다. 만약 불평형이 생기면 아동에게는 평형을 추구하려는 동기가 유발된다. 따라서 평형화란 평형 상태, 즉 균형을 향한 계속적인 추구(drive)라고 할 수 있다.

이상에서 살펴본 바와 같이 피아제의 주장은 인지주의의 기반을 마련함과 동시에 환경

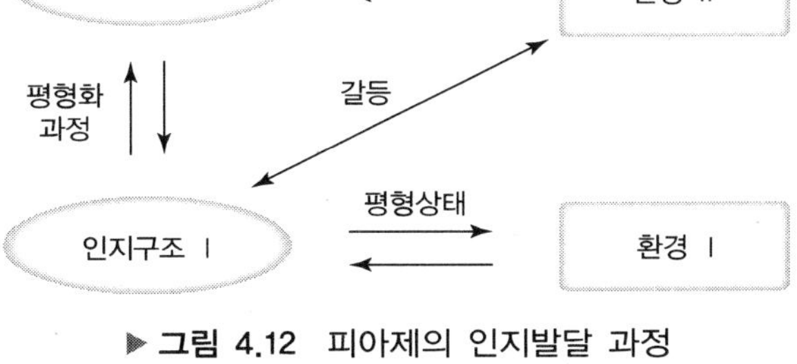

▶ **그림 4.12** 피아제의 인지발달 과정

과의 상호작용의 중요성에 대한 인식을 환기시킴으로써, 다른 한편으로는 구성주의 패러다임의 기초를 마련하는 데 영향을 주었다고 볼 수 있다.

2) 과학학습에서 동화의 과정

피아제(1952, 1966)에 따르면, 학습자는 이미 가지고 있는 인지구조에 따라 주어진 정보의 의미를 해석하거나 그 인지구조의 수준에 맞게 정보를 조정한다. 동화는 인지구조를 통해 환경에 반응하는 과정, 새로운 정보를 기존의 인지구조에 통합하는 과정, 외부의 실체에 관한 정보를 기존의 설명체계에 맞추어 변형하는 과정 등을 지칭한다(Piaget, 1952, 1966). 이러한 동화의 과정을 모식도로 나타내면 그림 4.13과 같이 제시할 수 있다.

학습자의 동화 과정에 해당되는 사례를 예로 들면, 3쌍의 다리, 머리-가슴-배 구조, 체절과 날개의 특징을 갖는 동물을 '곤충'이라고 알고 있는 학습자가 잠자리를 관찰한 다음 잠자리가 3쌍의 다리, 머리-가슴-배 구조, 그리고 체절과 날개를 갖추고 있으므로 '곤충'이라는 동물 집단이라고 해석하면 이것이 '동화'의 사례에 해당된다.

또한 동화는 자료변형이나 자료해석과 같은 과학적 탐구과정에 특히 잘 나타난다. 표로 제시된 자료를 그래프로 나타내는 것, 표나 그래프가 보여주는 경향성을 말하는 것, 문장에 담겨진 의미를 찾아 자신의 말로 표현하는 것 등이 동화의 예이다. 예를 들어, 압력의 크기에 따라서 주사기 안의 공기의 부피를 측정한 결과를 표로 정리한 후, 이 자료를 가지고 그래프로 나타내는 것은 동화의 한 예이다(그림 4.14).

또 다른 동화의 사례는 표나 그래프가 보여주는 경향성을 말하는 사례인데, 예를 들어 질량이 50 g인 물과 100 g인 물을 똑같이 가열하여 시간에 따른 물의 온도변화 그래프를 이해한 학습자가 질량에 따른 필요한 열용량의 경향성을 알아내는 과정이다. 그림 4.15에서 학습자는 물체의 온도를 1 ℃ 올리는 데 필요한 열량인 열용량은 질량에 따라서도 달라진다는 경향성을 이해하는 것은 동화의 한 예이다.

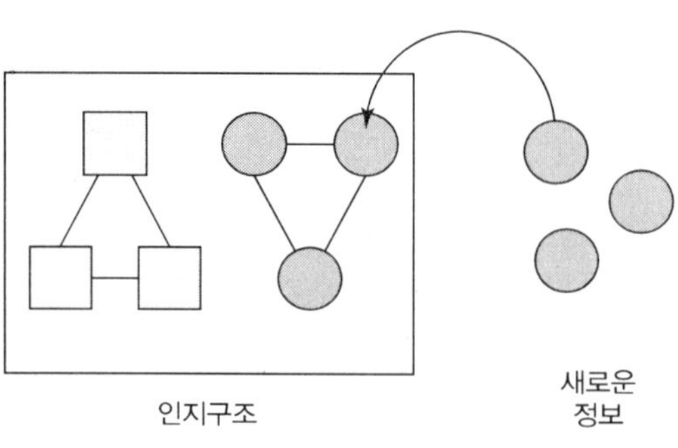

▶ **그림 4.13** 동화 모형

1. 압력에 따른 주사기 안의 공기 부피

압력(기압)	1.0	1.2	1.4	1.6	1.8	2.0
부피(mL)	40	33.1	28.5	25	22.2	20

2. 표로 제시된 자료를 그래프로 나타내는 것

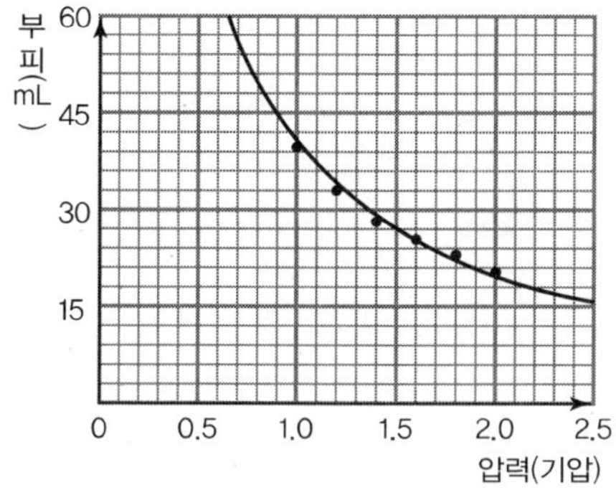

▶ **그림 4.14** 표로 제시된 자료를 그래프로 나타내는 활동

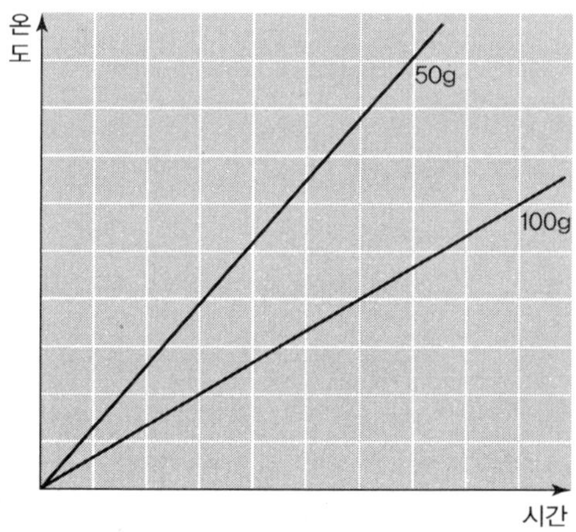

▶ **그림 4.15** 물체의 질량과 열용량 관계 그래프

3) 과학학습에서 조절의 과정

조절은 정보를 통합하기 위해 그 정보에 맞추어 기존의 인지구조를 구조적으로 변화시키는 과정이다(Piaget, 1952, 1966). 주어진 정보가 인지구조의 수준을 넘거나 그 범위를 벗어나면, 그 인지구조는 그 정보를 해석하거나 이해할 수 있도록 변한다. 피아제에 따르면,

조절 과정에서 학습자는 주어진 정보를 수용할 수 있도록 정보가 요구하는 인지적 수준과 범위에 맞게 인지구조를 변화시킨다. 이러한 조절의 과정을 모식도로 제시하면 그림 4.16과 같이 제시할 수 있다.

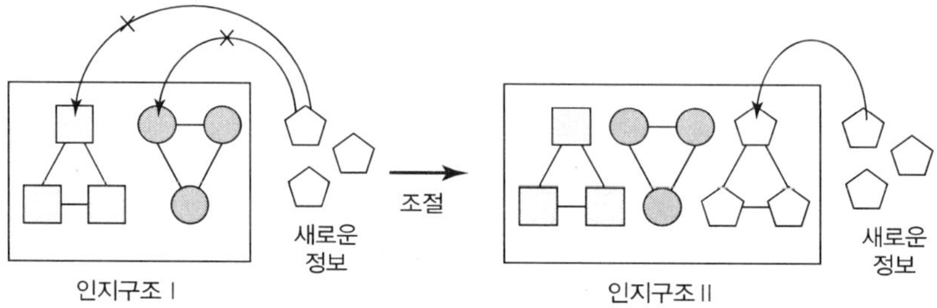

▶ **그림 4.16 조절 모형**

조절에 해당하는 학습 사례로는 이 장의 시작에서 수행한 '거울보고 글씨쓰기' 활동에서 알아볼 수 있다. 즉, 처음 학습자는 '거울보고 글씨쓰기' 과제에서 '바르게 쓰기 전략(평소 종이에 글씨를 직접 보면서 쓸 때 사용하는 전략)'의 인지구조를 사용해서 글씨를 쓴다. 그러나 이 전략으로 글씨를 썼을 때 거울에 나타나는 상은 '제대로 된 글씨'가 아니다. 이때 학습자는 갈등을 겪게 된다. 그런 다음, 학습자는 갈등을 해소(거울에서 바르게 보이는 글씨 쓰기)하기 위해서 글씨 쓰는 전략(즉, 초기 인지구조)을 변화시켜 새로운 인지구조(거울에서 바르게 보이는 글씨를 쓰는 전략)를 발달시켜야 한다. 이렇게 해서 학습자는 새롭게 '상하 대칭 구조 쓰기 전략(종이에는 상하가 반대 구조로 보이지만, 거울에는 바르게 보이는 글씨쓰기 전략)'이라는 새로운 인지구조를 발달시켜 과제를 해결할 수 있다. 이렇게 이전의 인지구조로는 해결할 수 없는 상황에서 과제를 해결할 수 있는 전략이라는 새로운 인지구조를 발달시키는 과정이 바로 조절 과정에 해당되는 사례이다.

조절의 또 다른 사례로는 학습자의 직관적 사고나 일상적 경험을 통해 획득된 선개념이 과학적 개념으로 바뀌는 과정도 조절의 한 유형이다. 예를 들어, '쓸개즙은 쓸개에서 만들어 진다'라는 선개념을 갖고 있던 학습자가 '쓸개즙은 쓸개가 아닌 간에서 생산되어 십이지장으로 분비되며, 일부는 쓸개에 저장되었다가 분비되는 것이다'라는 과학적 개념을 구성하는 과정도 조절 과정의 한 사례에 해당된다.

3.3 오수벨의 유의미 학습이론

피아제는 학습자의 인지구조가 평형화 과정을 통해 어떻게 단계적으로 발달하는지에 대한 설명과 인지구조의 단계가 학습에 어떤 역할을 수행하는지에 대한 설명을 제공하고자 하였다. 그러나 피아제는 인지구조 단위라는 거시적 관점의 인지발달에 대한 설명을 제공하는 데는 효과적이었지만, 개념과 같은 작은 단위들 간의 관계성 발달에 대한 세부적인 설명에는 다소 미흡하였다. 이러한 피아제의 학습이론에서 미흡했던 개념 단위의 동화와 조절 및 평형과 비평형의 인지구조 간의 관계를 실제 학습상황에서 체계적으로 설명한 것이 오수벨의 유의미 학습이론이라고 볼 수 있다.

오수벨(1960)에 따르면, 학습이란 학습자에게 개념 간의 의미 있는 인지적 관계를 형성함으로써 이루어진다고 하였으며, 유의미한 관계의 형성은 학습자가 지닌 이전의 개념과 새로운 지식 사이에서 형성되고 포섭(subsumption)되는 과정이라고 하였다. 즉, 의미 있는 학습은 새로운 정보가 현재 학습자가 지니고 있는 이전의 개념들과 연결 혹은 동화될 때 발생한다고 보았다(Novak, 1977; 1998). 그러므로 학습에 영향을 주는 중요한 요소들 중 하나는 학습자가 이미 알고 있는 그 무엇인 인지구조이므로, 학습은 학습자가 이미 알고 있는 것인 선개념 구조를 규명하고 그에 따라 가르쳐야 한다고 하였다(Ausubel et al., 1978).

오수벨(1960)은 인지구조란 포괄적인 개념들이 위계적으로 조직화되어 있는 것이며, 각 개념들은 하위개념들과 관련된 정보를 포괄한다고 주장하였다. 또한, 학습에 있어 중요시되는 포섭은 포괄적인 상위개념이 덜 포괄적인 하위개념을 포함하는 과정이라고 보았으며, 이러한 과정을 통해 새로운 정보가 인지구조 내부로 동화될 수 있다고 하였다. 포섭을 통해 인지구조로 동화된 정보는 카테고리의 해당 위치에 저장되며 이후의 학습과정 혹은 포섭에 사용될 수 있도록 파지(retention)가 가능해진다고 보았다. 반면, 인지구조의 카테고리로 위치하지 못한 정보는 파지되지 못하고 망각될 수 있다고 하였다. 포섭을 통해 인지구조 내의 각 카테고리 내에 조직화된 정보는 명료한 인지구조를 구성하는 반면, 무질서한 인지구조는 학습을 저해하기 때문에 정보를 조직화하는 것이 학습에 있어 매우 중요하다고 제시하였다.

▶ **그림 4.17** 오수벨

오수벨은 이러한 설명을 바탕으로 학습의 요소, 범주, 조건, 과정들을 설명하였으며, 이에 대한 구체적인 설명은 다음과 같다.

1) 학습의 요소와 범주

오수벨(1960)에 따르면, 학습이 일어나는 과정에서는 학습자의 인지구조, 포섭 과정, 정착 과정이 중요한 역할을 수행한다고 설명하였다. 먼저, 오수벨은 지식이 조직화되는 과정에서 학습자의 지적인 인지구조는 위계적인 구조로 구성되었다고 가정하였다. 즉, 지식은 피라미드와 같은 구조로 조직화되며, 가장 포괄적인 개념은 상부에 위치하며, 구체적이고 덜 포괄적인 개념은 하부에 위치한다(Ausubel et al., 1978). 또한 포괄성이 큰 개념은 포괄성이 작은 개념에 비해 지식의 위계 내에서 우세하고 오래 지속된다. 그러므로 새로운 정보는 학습자의 인지구조 내에 존재하고 있는 상위개념의 하부로 조직화된다(Ausubel, 1960).

한편, 오수벨(1960)은 새로운 정보가 인지구조 내부로 유입될 때는 학습자의 인지구조에 존재하는 포괄적인 개념의 하위로 분류되어 유입되며, 이러한 과정을 포섭이라고 하였다. 이때 이미 존재하는 포괄적인 개념은 가능한 한 새로운 정보를 포괄하여 인지구조 내로 포함시킨다. 그러므로 포섭은 학습을 가능하게 하는 중요한 요인으로 제시될 수 있다.

아울러, 오수벨(1960)에 따르면 인지구조 내에서는 이전에 포섭된 개념들이 새로운 정보에 대한 정착지로써 유의미하게 작용할 수 있으며, 이러한 과정을 정착(anchoring)이라고 한다. 선행학습을 통해 획득된 개념은 일반적으로 정착지로써 기능하여 명확하고 안정적인 조직화를 이루게 한다(Ausubel et al., 1978). 그러므로 정착이 명료하거나 안정적으로 이루어지지 못하면 정보가 인지구조 내에 적절히 조직화되지 못할 수 있다.

오수벨은 학습의 스펙트럼을 크게 두 범주로 나누어 설명하였다. 먼저, 지식의 인지구조 통합 방식에 따라 암기 학습에서 유의미 학습으로 스펙트럼을 제시하였고, 지식의 획득 방식에 따라 수용 학습에서 발견 학습으로 스펙트럼을 제시하였다(Ausubel et al., 1978). 이러한 학습 유형의 스펙트럼에 따라 학습을 구분해보면 크게 그림 4.18과 같은 9가지 학습유형으로 구분할 수 있다.

오수벨 등(1978)에 따르면 유의미 학습은 잠재적이고 논리적인 의미를 가진 학습내용이 학습자의 인지구조 속에 동화되어 개별화된 심리적 의미 상태로 전환되는 것을 의미하고, 만약 제공된 학습내용이 인지구조에 유의미하게 관련되지 않고 임의적으로 독립되어 연결되는 학습을 의미한다. 또한 발견 학습은 필수적인 학습내용이 학습자에 의해 스스로 발견되는 학습 상황이고, 수용 학습은 학습과제 내용이 학습자에게 최종적 지식 형태로 제시됨으로서 학습자가 이를 받아들이는 학습 상황을 의미한다. 오수벨 등은 암기 학습이나 수용 학습이 단절되어 존재하는 것은 아니고 암기 학습은 유의미 학습으로, 수용 학습은 발견

▶ **그림 4.18** 학습의 범주와 해당 학습 활동(Novak & Gowin, 1984)

학습으로 연결될 수 있다고 주장하였다. 즉, 각각의 학습 범주는 서로 단절된 관계가 아니고 상호 관련된 연속적인 관계임을 뜻한다.

2) 유의미 학습의 조건

오수벨 등(1978)은 유의미한 학습을 위한 세 가지 조건을 제시하고 있다. 그 첫째는 학습과제가 유의미해야 한다는 것이다. '학습과제가 유의미하다'라는 말은 학습과제가 논리적 유의미성(logical meaningfulness)을 갖는다는 말이다. 논리적 유의미성을 갖는다는 것은 실사성(substantiveness)과 구속성(nonarbitrariness)이 있는 과제를 뜻한다. 실사성은 어떤 명제를 어떻게 표현해도 명제의 의미가 변하지 않는 것이다. 예를 들어 '포유류는 태반을 갖는다'는 어떤 용어를 어떻게 표현하더라도 포유류가 태반을 갖는다는 의미는 변하지 않는다. 구속성은 임의적으로 맺어진 관계가 하나의 관습으로 굳어져서 변할 수 없는 것을 의미한다. 이러한 구속성은 문화가 바뀌면 바뀔 수 있다. 예를 들면, '세포'나 'cell'은 그 문화에서 특정 용어로 관습적으로 불릴 때 구속성이 있는 것이다. 그러나 이 표현(용어)은 문화나 상황에 다르게 표현될 수 있다.

유의미 학습의 두 번째 조건은 잠재적 유의미성(potential meaningfulness)을 가져야 한다는 것이다(Ausubel et al., 1978). 즉, 논리적 유의미성을 지닌 학습과제라 할지라도 유의미한 학습이 일어나기 위해서는 그 학습과제가 학습자의 인지구조와 관계를 맺을 수 있어야 한다. 즉, 유의미한 학습이 일어나기 위해서 학습과제는 학습자의 인지구조에 정착이 되는 포섭(subsumption)이 일어나야 한다. 포섭이란 학습과제가 학습자의 인지구조 속에 존재하는 개념과 관련되어지는 과정을 의미한다. 따라서 잠재적 유의미성을 논리적 유의미성을 가진 학습과제가 인지구조 속에 존재하는 개념과 연결되어질 수 있을 때, 이 학습과제에 내재된 가치를 의미한다.

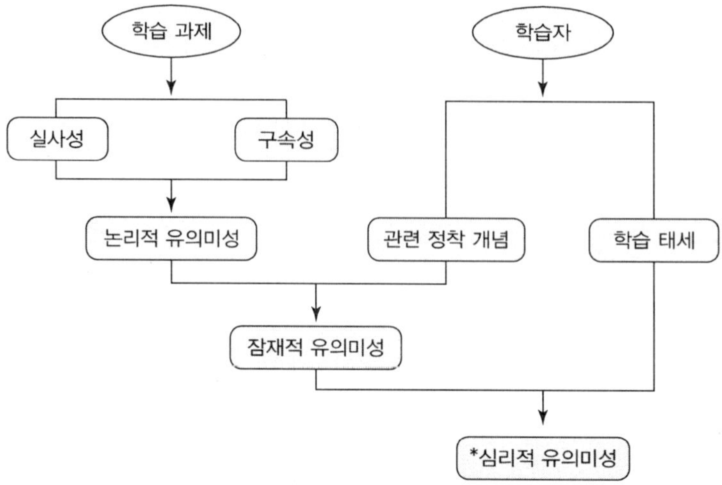

▶ **그림 4.19** 유의미 학습의 조건(Ausubel et al., 1978)

유의미 학습의 세 번째 조건은 학습자가 심리적 유의미성(psychological meaningfulness)을 가져야 한다는 것이다. 학습과제가 논리적 유의미성을 가지고 학습자의 인지구조와 연결되는 잠재적 유의미성을 갖고 있더라도 학습자가 그 학습과제를 자신의 인지구조와 관련시키려는 자세가 없으면 유의미 학습은 일어나지 않는다. 즉, 유의미한 학습이 일어나기 위해서는 학습자의 인지구조와 연결되는 잠재적 유의미성을 갖는 학습과제라 할지라도 학습자가 그 학습과제를 학습하려는 마음가짐인 학습 태세를 갖도록 하는 가치인 심리적 유의미성이 있어야 한다.

이러한 유의미 학습의 세 가지 조건 간의 관계를 요약해서 나타내면 그림 4.19와 같다.

3) 유의미 학습의 원리와 과학교육적 적용

오수벨(1960)에 따르면, 학습은 전진적 분화(progressive differentiation), 통합적 조정(intergrative reconciliation), 그리고 선행조직자 과정을 통해서 유의미하게 이루어질 수 있다고 설명하였다. 먼저, 오수벨은 개념의 분화는 가장 일반적이고 포괄적인 요소가 처음 제공되고, 이어서 구체적인 개념이 소개될 때 잘 이루어진다고 설명하면서, 이것이 전진적 분화의 원리라고 제시하였다. 전진적 분화란 학습에서 가장 일반적이고 포괄적인 개념이 먼저 제시되고 특수한 것이 점차적으로 분화되어야 한다는 원리이다. 즉, 전진적 분화는 일련의 위계를 갖는 조직자를 설정함으로써 가능해진다. 가장 포괄적인 것으로부터 시작하여 상대적으로 덜 포괄적인 것의 순서로 제시하되, 제시된 각 조직자 다음에는 그 조직자에 따른 세부적이며 분화된 개념이나 실제적 자료를 제시하는 방식으로 점진적 분화를 구성하는 것이다. 이는 하향식으로 구성되는 교과나 인지 구조의 유사성에 기초한 생각이라고 할 수 있다. 이러한 전진적 분화의 원리를 반영한 학습의 형태로는 종속적 학습의 과정과 설명선행조직자를 제시하는 학습의 과정이 이에 해당된다.

이어서 오수벨(1960)은 새로 학습되는 개념이나 내용은 앞서 학습된 내용과 일치되고 통합되어야 의미 있는 학습이 된다고 설명하였으며, 이를 통합적 조정의 원리라고 제시하였다. 따라서, 새로 학습되는 내용과 이미 학습된 단원의 내용을 의미 있게 관련짓기 위해서는 교수-학습의 순서를 구조화하여야 하며, 새 내용은 이전 내용을 바탕으로 학습되어야 한다. 그러므로 이 통합적 조정의 학습과정은 학습자의 인지구조와 관련이 있는 내용들 간의 유사성을 연결시켜주는 형태로 전개되어 진다. 그런데, 학습자의 인지구조와 관련이 부족한 개념이 학습과제로 제시될 경우에는 학습과제와 관련된 개념을 비교선행조직자로 제시하여 개념의 통합적 조정이 일어날 수 있도록 해줄 수 있다.

더 나아가, 오수벨(1960)은 이전에 학습자가 보유하고 있는 지식과 학습과정에 있는 새로운 정보 사이에 다리 역할을 하는 선행조직자(advanced organizer)를 제시하였다. 선행조직자란 새로운 학습과제를 수행할 때 이 학습과제보다 추상성, 포괄성, 일반성의 정도가 높은 자료로서, 새로운 학습과제를 제시하기 전에 먼저 제시하는 자료를 의미한다(Ausubel, 1960; Ausubel et al., 1978). 오수벨 등에 따르면, 유의미 학습이 일어나기 위해서는 현재의 인지 구조와 새로운 개념 사이의 관련성을 최대로 높여야 한다. 따라서, 학습과제가 인지구조에 효과적으로 정착되기 위해서는 학습과제와 관련성이 높은 적절하고 포괄적인 자료를 제공해야 하며, 이러한 포괄적인 자료가 바로 선행조직자라고 제시하였다. 예를 들어 다이어그램과 같은 시각적 자료, 개념들 사이의 관계를 나타내는 개념도, 일반적인 용어로 진술한 포괄적 원리의 문장 등이 선행조직자의 사례로 제시될 수 있다. 따라서, 선행조직자는 기존의 인지구조와 새로운 학습과제 사이 또는 새로운 학습과제 사이의 관련성을 높이는 매개체 역할을 수행하여, 새로운 학습과제가 학습자의 인지구조에 잘 정착되도록 도와주는 역할을 수행하는 것이다.

선행조직자는 그 제공 방식에 따라 설명 선행조직자와 비교 선행조직자의 두 가지로 구별된다. 설명 선행조직자는 학습과제와 인지구조 사이에 관련성이 없을 때 사용하는데, 보다 구체적인 내용을 설명하기 전에 일반적인 관계를 설명함으로써 개념의 정착 근거지를 마련해 준다. 즉, 설명 선행조직자는 새로 학습될 자료의 안정적 정착을 위한 비계 설정(scaffolding) 역할을 제공한다. 예를 들어, 겉씨식물과 속씨식물에 대한 학습에 앞서 일반적 종자식물이란 무엇이며 어떤 특성을 갖는지 설명함으로써, 이를 설명 선행조직자로 사용할 수 있다(그림 4.20).

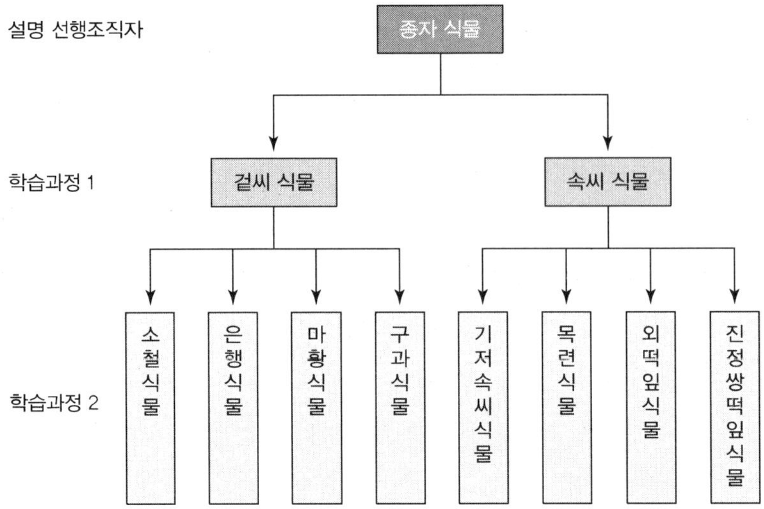

▶ **그림 4.20** 설명 선행조직자의 구조와 기능

한편, 비교 선행조직자는 새로 학습할 과제와 인지구조 간에 어떤 유사성이 있을 때 사용하는데, 양자 간의 유사성과 차이점을 지적하고, 전후 과제 간의 상호 변별력을 증대시킬 목적으로 사용된다. 즉, 이때 선행조직자는 인지구조 내에 친숙한 관련 개념이 존재할 때 이 선개념과 새로운 학습과제를 연결할 수 있도록 도와주는 연결다리(bridge)의 역할을 수행한다. 이러한 학습과정을 통해서 학습자는 인지구조 내에 존재하던 기존 개념과 새로운 학습과제를 비교 선행조직자의 연결다리 역할로 통합적 조정을 시도할 수 있다(그림 4.21).

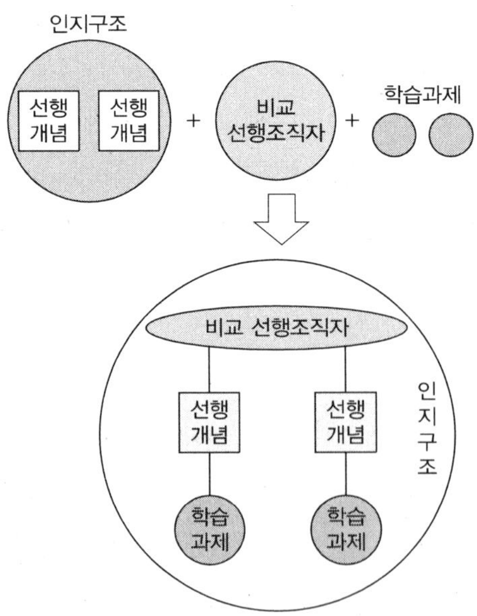

▶ **그림 4.21** 비교 선행조직자의 구조와 기능

이러한 선행조직자 원리를 항상성 개념에 관련된 과학학습 과정에 적용한 사례를 살펴보면 그림 4.22와 같이 적용할 수 있다.

1. 설명 선행조직자를 통한 과학학습 과정

1) 학습자가 항상성 개념에 대해서 생소하다.
2) 먼저 '음성피드백을 통한 항상성 조절 원리'를 설명 선행조직자로서 제시
3) 그런 다음, '시상하부의 항이뇨 호르몬'과 '이자의 인슐린 및 글루카곤'의 작동 방식은 '음성피드백을 통한 항상성 조절 원리'를 바탕으로 작동됨을 제시한다.
4) 이어서 학습과제인 '배설 과정에서 수분 항상성 조절'과 '포도당 항상성 조절'은 각각 '시상하부의 항이뇨 호르몬'과 '이자의 인슐린 및 글루카곤'의 기능과 연결되어 있음을 제시하여 개념의 전진적 분화가 일어나도록 시도한다.
5) 이 학습과정에서는 '설명 선행조직자'가 관념적 부착지가 되어서 하위개념들인 학습과제가 기존 인지구조에 포괄적으로 이해 또는 동화되는 전진적 분화의 과정을 거친다.

2. 비교 선행조직자를 통한 과학학습 과정

1) 학생들은 '시상하부의 항이뇨 호르몬'과 '이자의 인슐린 및 글루카곤'이라는 개념에 대해서는 비교적 친숙하다. 그러나 학습자는 두 개념 사이의 관계성 파악에서의 어려움이 있다.
2) '배설 과정에서 수분 항상성 조절'과 '포도당 항상성 조절' 과제를 제시한다.
3) 학습과정에서는 먼저 '음성피드백을 통한 항상성 조절 원리'를 비교 선행조직자를 제시한다.
4) 그런 다음, '시상하부의 항이뇨 호르몬'과 '이자의 인슐린 및 글루카곤'의 작동 방식은 '음성피드백을 통한 항상성 조절 원리'가 공통적으로 적용됨을 제시한다.
5) 학습과제인 '배설 과정에서 수분 항상성 조절'과 '포도당 항상성 조절'은 각각 '시상하부의 항이뇨 호르몬'과 '이자의 인슐린 및 글루카곤'의 기능과 연결되어 있음을 제시하고, 비교 선행조직자인 '음성 피드백을 통한 항상성 조절'이라는 원리를 바탕으로 통합적 조정을 시도한다.
6) 이 학습과정에서는 '비교 선행조직자'가 기존의 선개념들을 연결시키는 다리가 되어 학습과제가 기존의 인지구조에 통합되는 통합적 조정의 과정을 거친다.

▶ **그림 4.22** 비교 선행조직자의 구조와 기능

4) 유의미 학습의 형태와 과학교육적 적용

오수벨 등(1978)은 포섭되는 새로운 개념과 기존 인지구조의 선개념 간의 관계에 따라 하위적 학습(subordinate learning), 상위적 학습(superordinate learning), 병위적 학습(combinatorial learning)으로 구분하여 제시하였다(그림 4.23). 먼저 하위적 학습이란 포섭이 일어날 때 새로운 학습과제가 인지구조 안에 있는 포섭자의 개념 수준보다 하위개념일 때는 학습

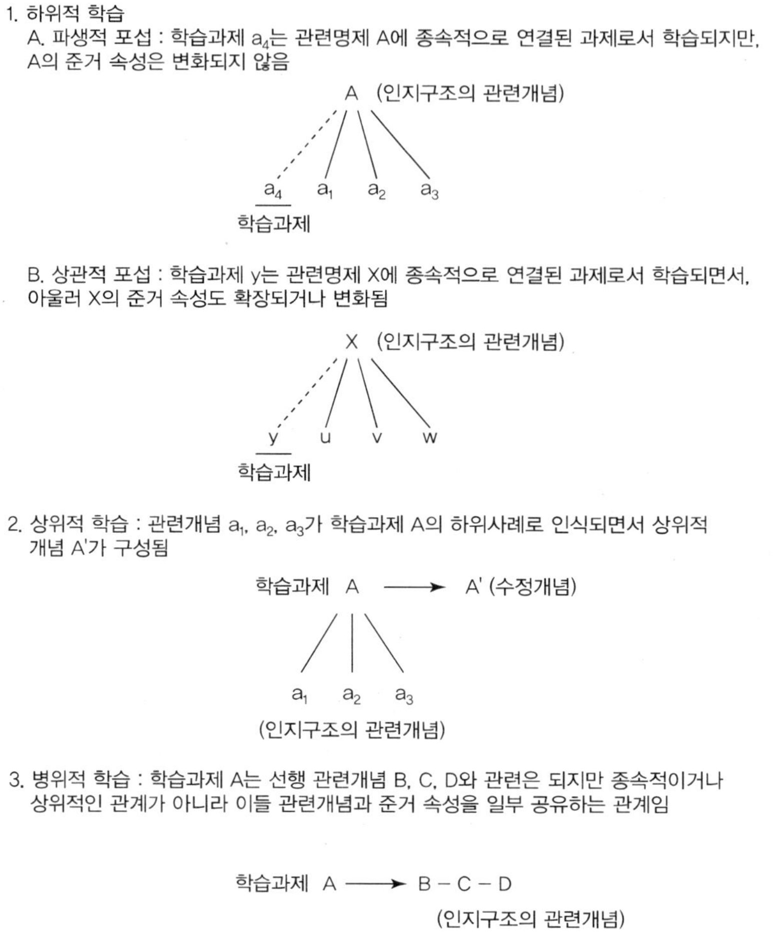

▶ **그림 4.23** 동화설에 따른 유의미 학습의 형태(Ausubel et al., 1978)

과제가 인지구조에 종속되는 학습을 의미한다. 하위적 학습에는 다시 파생적 포섭(derivative subsumption)과 상관적 포섭(correlative subsumption)으로 구분할 수 있다. 파생적 포섭이란 학습과제가 인지구조의 관련 개념의 사례에 해당되므로, 인지구조의 관련 개념 또는 명제에 대한 준거 속성이 변화되지 않고 학습과제가 인지구조의 관련개념에 동화되는 것이 가능한 학습이다. 과학교육의 사례를 살펴보면, 우리가 에너지를 얻기 위해 숨쉬기를 통해 얻은 산소로 포도당을 분해하는 과정을 호흡이라고 생각하는 학습자가 개가 고양이가 가쁘게 숨쉬기 하는 활동도 호흡의 한 과정이라는 것을 학습하는 과정은 파생적 포섭이라고 할 수 있다. 상관적 포섭이란 학습과제가 인지구조의 관련 개념 또는 명제에 대한 준거 속성을 확장하거나 수정하는 과정을 거치면서 일어나는 포섭의 학습과정이다. 예를 들면, 앞서 예를 든 호흡의 개념에서 동물이 숨쉬기를 통해 얻은 산소로 포도당을 분해하여 에너지를 얻는 과정을 호흡이라고 알고 있던 학습자가 식물이 산소를 이용하여 포도당을 분해하여 에너지를 얻는 과정도 호흡이라는 개념을 학습하게 되는 포섭의 과정이다. 이때 학습자의 인지구조에서 호흡 개념에 대한 준거는 '동물이 숨쉬기를 통해 얻은 산소로 포도당을 분해하여 에너지를 얻는 과정'에서 '생물이 산소를 이용하여 포도당을 분해하여 에너지를 얻는 과정'으로 확장되거나 수정된다. 하위적 학습을 통해서 인지구조의 관련 개념은 점점 분화되어 가는데, 이러한 학습과정은 전진적 분화에 의해 일어난다고 할 수 있다.

상위적 학습이란 학습과제가 인지구조에 있는 여러 개념들보다 상위개념일 때 이 개념들을 포괄적으로 통합하여 보다 상위의 개념 또는 명제가 학습되는 과정의 학습이다. 과학교육적 사례를 들어보면, 대리암, 편마암, 규암의 특성을 아는 학생이 '변성암'이라는 상위의 새로운 개념을 학습할 경우 상위적 학습이 일어난다. 상위적 학습을 통해서 인지구조는 변화 및 재구성을 통해 통합적 조정을 한다.

병위적 학습이란 학습과제가 인지구조에 있는 관련 개념 또는 명제와 일반성과 포괄성 수준에서 같은 위계에 해당될 때 학습과제와 인지구조의 관련 개념이 관계를 맺어 일어난다. 과학교육적 사례를 들어보면, 학습자가 화성암과 퇴적암에 대한 개념을 갖고 있는 학습자가 변성암을 학습하는 경우와 외떡잎식물에 대한 개념을 갖고 있는 학습자가 쌍떡잎식물을 학습한다면 이는 병위적 학습에 해당된다. 병위적 학습의 경우도 인지구조는 변화 및 재구성을 통해 통합적 조정을 시도한다.

3.4 브루너의 학습이론

▶ **그림 4.24** 브루너

브루너(1960)는 피아제의 관점에 기반하여 학습자의 인지구조를 변화시키는 것이 학습이며, 학습을 통해 형성되는 인지구조는 지식의 구조와 동일한 것이어야 한다고 주장하였다. 특히 브루너는 1959년 Woods Hole Conference에서 교육과정은 교과 전문가가 학습자에게 제시되어야 하는 것이 무엇인지 판별해야 한다고 하였다. 또한, 교과의 내용적 측면뿐만 아니라 교과의 구조 즉, 일반적인 원리나 활동을 학습함으로써 다양한 영역으로 학습의 일반적 전이가 이루어질 수 있다고 주장하였다.

특히 학습에 관련해서 브루너(1960)는 학습자가 교과의 일반적 구조를 학습하여야 하며, 이때 제시되는 교과자료는 학습자의 준비성을 고려하여 제시되어야 한다고 주장하였다. 또한, 면밀한 검증을 가능하게 하는 분석적 사고와 사고의 도약을 이끌어내는 통찰적 사고의 상호작용을 반영하여 통찰적 사고가 가능하도록 학습이 조직되어야 한다고도 하였다. 그러나 무엇보다도 학습자의 학습동기가 중요하며, 이를 위해 발견의 방법이 유용할 수 있다고 하였다. 마지막으로 학생들의 경험범위를 확장하고 학습의 내재된 구조를 이해할 수 있도록 도와주는 교구가 계열화되어 제시될 때 학습효과를 극대화할 수 있다고 하였다.

더 나아가, 브루너(1960)는 교과의 일반적인 구조를 학습자가 효과적으로 학습하고, 학습의 내재적 동기를 제공하는 것이 중요하며, 이러한 브루너의 학습이론의 핵심원리인 지식의 구조, 탐구와 발견, 나선형 교육과정과 함께 이들을 과학교육에 적용하는 방안에 대해서 보다 자세히 살펴보면 다음과 같다.

1) 지식의 구조의 의미

브루너(1960)에 따르면 지식의 구조란 교과의 여러 요소들이 상호 관련성을 가지면서 구성하고 있는 교과의 전체적인 구조를 의미한다. 따라서 브루너 이전의 교육내용은 지식이 생활의 문제를 해결하는 데 도움이 되는 기능으로 주로 구성되어 있었던 반면, 브루너가 주장한 지식의 구조가 강조되는 교육내용은 지식 자체가 갖고 있는 내용 요소와 이들 요소 간의 상호 관련성을 교육의 내용으로 강조하였던 것이다. 그러므로 물리학의 '힘', 화학의 '결합', 생명과학의 '진화', 지구과학의 '물의 순환'이 포함하는 개념은 과학 지식의 구조를 구성하는 부분이 될 수 있는 것이다.

이홍우(1988)는 지식의 구조를 우산의 구조에 비유하여 설명하고 있다. 예를 들어 우산의 구조라는 것은 '가운데에 대가 있고, 팔방으로 살이 나 있으며, 그 위에 천이 덮여 있고, 대 끝에는 손잡이가 달려 있다...'는 식으로 설명한다. 그러나 우산의 구조를 '비를 막는 것'이라고 설명하는 것은 적절하지 못하다. 따라서 구조를 말하는 것은 사물의 '안'을 기술하는 것이다. 즉, 구조라는 것은 사물을 하나의 온전한 전체, 독립적으로 존재하는 완결된 실체로 표현하는 것이며, 이것을 구조의 전체성이라고 표현한다. 우산의 경우를 보더라도 우산의 구조를 파악한다는 것은 우산을 그 자체로서 완결된 물체로 파악하고, 독립된 실체로서 봐야 우산의 구조를 이해할 수 있다는 것이다. 과학학습의 예로서 'DNA 이중나선 모형'에서 지식의 구조를 설명해보면, 먼저 'DNA 이중나선 모형'이 우산에 해당되고, 'DNA는 두 가닥의 당－인산 골격이며, 이 골격은 나선형으로 오른쪽 방향으로 감겨 올라가며, 질소함유 염기들은 수소결합으로 이중나선 안쪽에 쌍으로 이루고 있다'는 내용이 우산의 '가운데에 대가 있고, 팔방으로 ...'라는 내용에 해당된다. 그리고, DNA 이중나선 모형으로 'DNA 복제', 'RNA 복제', '오늘날의 분자생물학' 등 여러 가지 생명공학 현상들을 설명하는 기능은 우산이 '비를 막는 기능'에 해당된다.

더 나아가 이홍우(1988)는 지식의 구조를 구성하는 요소에 대해서 두 가지 유의점을 제시하였다. 첫째, 지식의 구조에서 요소들은 아무렇게나 존재하는 것이 아니라 반드시 그 요소들 상호 간에 일정한 관계를 맺고 존재한다. 즉, 요소들 간의 관계가 성립된다는 것은 구조가 '조직'의 의미를 갖는다는 것을 알 수 있다. 예를 들어, DNA의 경우에서 보면 당－인산 골격과 질소 포함 염기 간 또는 염기와 염기 간에 관계를 맺고 '조직'되어야 DNA 구조가 될 수 있다는 것을 의미한다. 지식의 구조를 구성하는 요소의 두 번째 유의점은 요소가 갖는 의미는 구조와의 관계 속에서 구조에 의하여 규정된다는 것이다. 즉, 구조가 먼저 있고, 그 구조에 의하여 요소들의 의미가 존재한다는 것이다. 예를 들어, DNA의 경우에서 당－인산 골격이나 질소 포함 염기 요소들은 DNA 이중나선 구조에서 의미가 있지, 그것이 독립적으로 존재할 때는 단순한 분자 형태에 불과하다는 것이다. 따라서, 지식의 구조라는 것은 요소들이 조직되어 전체적인 형태로 구성될 때 하나의 '지식'이라는 창발적 특성을 갖는 시스템을 이룬다는 것이다. 이러한 의미를 고려할 때, 지식의 구조란 지식을 구성하는 요소들과 그 요소들 간의 상호작용으로 조직되어 있는 지식의 완결된 전체라고 할 수 있다.

지식의 구조의 이러한 특성으로 인해서 브루너(1960)는 지식의 구조를 보다 구체적으로 일반적 원리, 기본 개념, 기본적 아이디어 등으로 표현하기도 하였다. 그 이유는 구조가 이러한 것들과 동의어라기보다는, 원리나 개념, 아이디어 등이 구조를 이루는 요소이기 때문이며, 이 내용은 대체로 구조에 관해서도 타당하다고 여겨지기 때문이다(이홍우, 1988). 따라서, 지식의 구조는 교과의 일반적 원리나 개념, 아이디어 등의 요소가 조직된 전체라고 표현될 수 있으며, 학습자는 지식의 구조를 학습함으로서 장차의 학습에서 '전이' 가능성이 효과적인 지식을 학습한다고 할 수 있다. 지식의 구조를 학습한다는 것은 지식을 이루는 구성요소인 기본적 개념, 원리, 아이디어의 상호 관련성에 대한 핵심적 부분을 학습한다고 할 수 있다. 그리고 지식의 구조를 학습한다는 것은 개념이나 원리들 간의 상호 관련성을 학습한다는 것을 의미한다. 즉 구조에는 그것을 구성하는 요소들이 있다. 구조는 '요소와 요소 간의 관계'로도 정의된다. 생물학습에서(생명과학 I)의 유전이라는 지식을 학습하기 위해서 멘델 법칙, 사람의 유전 형질, 유전 형질의 발현에 관한 지식의 구조들의 상호 관련성을 알아야 한다. 따라서 전이에 효과적인 교과의 기본적인 구조를 가르친다는 것은 바로 '지식의 구조'를 가르치는 것이라고 할 수 있다.

일생 동안 학습자는 학습내용을 접할 기회가 어쩔 수 없이 제한되어 있다. 그렇기 때문에 지식의 구조를 잘 가르쳐야 한다는 것이다. 또한 지식의 구조의 중요성은 지적 희열이다. 학습자가 학습에서 얻은 지식을 학습 상황 이외의 다른 상황에서도 활용할 수 있음을 알고, 그 지식이 알 가치가 있음을 느끼도록 해주는 것이다. 이러한 의미에서 지식의 구조는 학습에서 다음 표 4.10과 같은 이점을 제공해 줄 수 있다(이홍우, 1988).

표 4.10 학습에서 지식의 구조의 이점

범주	내용
기억	구조화된 형태의 지식은 인지구조에 오래 기억된다. 전체적인 개념으로 학습되면 세부적인 내용은 잊혀질 수 있지만 기본적인 구조는 오래 기억된다.
이해	어떤 개념에 대해서 기본적이고 일반적인 지식으로 조직된 전체적인 구조는 이해가 용이하다.
적용	전체적인 구조가 파악된 학습 개념은 후속학습이나 새로운 개념에 적용되는 것이 매우 용이하다.
교육과정	지식의 구조를 이해하는 것은 그에 관련된 기초적인 지식과 고등 지식 사이의 간격을 좁힐 수 있으므로, 학습과제를 구성하는 데 유용하다. 이러한 원리는 나선형 교육과정으로 구현될 수 있다.

2) 지식의 구조의 표현 방식

브루너(1960)에 따르면, 하나의 개념이나 아이디어를 표현하는 양식은 크게 세 가지로 나눌 수 있다. 그 세 가지는 작동적 표현양식, 영상적 표현양식, 상징적 표현양식이다. 첫 번째, 작동적 표현양식이란 한 사건에 대하여 적절한 신체적 반응이나 그것으로부터 어떤 결과를 얻기 위한 일련의 활동으로 표현하는 방법이다. 즉 신체적 반응이나 동작들에 의해 과학 지식을 표현하는 한 가지 방법이다. 두 번째, 영상적 표현양식이란 지식이 함축하고 있는 의미를 그림, 도표, 사진을 이용하여 표현하는 방법이다. 세 번째, 상징적 표현양식이란 언어나 형식적 또는 논리적인 명제와 같은 상징적인 매개체를 이용하여 지식을 훨씬 더 간결하고 추상적으로 나타내는 방법이다. 예를 들면, 개념을 정의하는 글, 부호로 표현된 지식 등이 상징적 표현양식에 해당된다.

어떤 개념이나 아이디어든지 아동의 사고방식에 알맞게, 그리고 되도록 지적으로 올바르게 어려서부터 일찍 가르칠 수 있으며, 그 아이디어는 고학년에서 그 수준의 사고방식에 맞는 표현 방법을 빌려서 몇 번이고 다시 가르쳐야 한다. 과학학습에서도 하나의 개념이나

표 4.11 '자극과 반응' 지식의 구조의 세 가지 표현양식

표현양식	정의	생물학습에서의 적용	수업 방법
작동적 표현양식	한 사건에 대해 적절한 신체적 반응이나 일련의 활동으로 표현하는 방식	날아오는 축구공을 보고 직접 피하는 동작으로 자극과 반응을 학습한다. 	실험, 현장조사, 과제연구, 견학 등
영상적 표현양식	사물에 대한 경험을 영상을 통해서 나타내는 표현 방식	날아오는 축구공을 보고 피하는 반응경로와 동영상을 보며 학습한다. 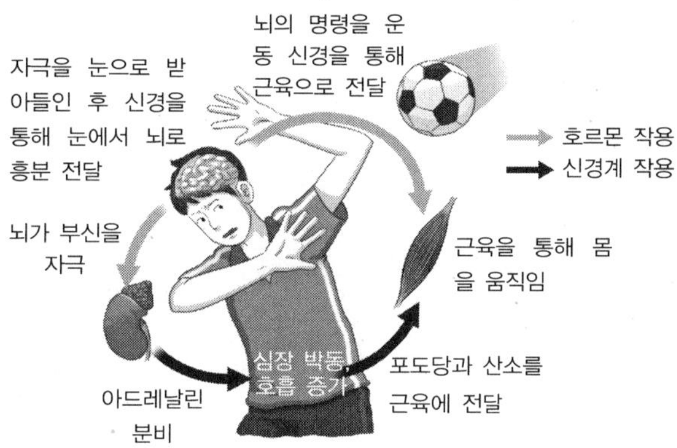 	동영상, 사진, 그림 등
상징적 표현양식	사물이나 사건을 상징적 언어나 형식적·논리적 명제를 이용한 추상적 기호체계로 나타내는 방식	뉴런을 통한 자극의 전달경로는 자극→감각기관→감각신경→연합신경→운동신경→운동기관→반응이다.	공식, 문장, 기호 등

아이디어에 대해서 표현양식을 달리하여 적용할 수 있다. 예를 들어, 표 4.11과 같이 '자극과 반응'이라는 지식을 학습할 때 작동적, 영상적, 상징적 표현이 모두 가능하다.

3) 발견 학습의 특성

지식의 구조는 어떻게 하면 효과적으로 학습할 수 있을까? 이에 대해서 브루너(1960)는 지식의 구조의 '내용'과 그것을 배우는 '방법'을 연결시켜 주어야 한다고 주장하였다. 지식

의 구조에 해당하는 내용과 그것을 학습하는 방법을 연결시켜준다는 것은 무엇을 의미하는가? 생명과학을 예로 들면 그것은 곧 생명과학이라는 내용을 공부하는 방법으로 학습이 이루어져야 하며, 이는 생명과학자가 생명과학을 탐구하는 과정과 마찬가지로 학습자도 그렇게 해야 된다는 것이다. 즉, 생명과학 학습자는 생명과학자가 공부하는 내용을 생명과학자가 공부하는 동일한 방법으로 학습해야 된다는 것이다. 이것을 브루너는 탐구 또는 발견으로 설명하였다(이홍우, 1988). 따라서, 생명과학에서 지식의 구조를 가르친다는 것은 생명과학의 관람자라기보다는 참여자로서 생명과학의 발견 또는 탐구 과정을 직접 수행하도록 가르쳐야 한다는 것이다.

브루너(1960)에 따르면, 발견 학습이란 학습자에게 가르쳐야 할 내용을 최종적인 형태로 제공하는 것이 아니라, 그 최종 형태를 학습자 스스로 조직하는 과정으로 구성된 학습이라고 하였다. 따라서, 발견 학습은 과학의 개념이나 원리를 발견 또는 탐구하는 과정을 학습자에게 체험시킴으로써 과학의 개념과 탐구의 과정을 전체적으로 학습하는 교육 방법이다. 이러한 과정을 통해 학습자는 사물이나 사건에 대한 관찰을 통하여 그들 사이에 존재하는 규칙성을 발견한다. 이러한 발견 학습의 특성을 살펴보면 표 4.12와 같다.

표 4.12 발견 학습의 특성

발견의 범주	발견의 내용
발견의 목표	발견 학습은 규칙성의 발견이나 귀납적 개념 형성을 주요 목표로 제시하고 있다.
발견의 방법	발견은 학습자 스스로 참여자의 입장에서 자발적인 과정으로 일어나야 한다.
수업의 주체	발견 학습에서 수업의 주체는 학습자이어야 한다.
교사의 역할	발견 학습에서 교사는 계획과 준비를 철저히 하여 학습자가 적절한 개념을 형성하는데 효과적인 안내를 제공하여야 한다.

4) 나선형 교육과정과 과학교육적 적용

브루너(1960)는 어떤 교과 내용이든 간에 적절한 형태로만 제공된다면 이 교과 내용은 어떤 발달 단계에 있는 아동에게도 효과적으로 가르칠 수 있다고 주장하였다. 이러한 그의 주장은 피아제의 생각과는 다소 달랐다. 피아제는 아동의 학습 능력은 아동의 인지 수준에 의존한다고 보았다. 그러나 브루너는 적절한 형태로만 학습내용이 제공된다면 아동은 항상 학습할 준비가 되어 있다고 생각했다. 예를 들어, 고등학교 1학년 때에 생명과학을 공부하게 된다면, 그전에는 생명과학이 너무 어렵기 때문에 아무것도 배우지 말아야 할까?

그렇지는 않을 것이다. 만약 고등학교 1학년 때 생명과학을 배워야 한다면, 그전에 적어도 생명과학에 대한 기초적이고 필수적인 실험 등을 통하여 주요 개념을 학습할 수 있을 것이고, 이것이 나중에 고등학교 1학년 때 생명과학을 학습하는 데 훨씬 도움이 될 것이다(Bruner, 1960). 따라서, 교육과정의 계획은 단속형의 학습 제공보다는 나선형의 학습 제공이 보다 효과적인 교육이 될 수 있다.

이러한 나선형 교육과정은 오늘날 대부분의 교육과정에서 채택하고 있다. 2009 개정 과학과 교육과정에서 나선형 교육과정의 원리가 적용되고 있다. 예를 들어, 2009 개정 과학 교육과정에서 '광합성' 일부 개념에 대한 나선형 교육과정의 사례는 표 4.13과 같은 것이 있다.

표 4.13 '광합성' 일부 개념에 대한 2009 개정 과학과 교육과정의 나선형 교육과정

학교급	단원	교육과정 내용
초등학교	식물의 구조와 기능	▪ 실험을 통해 광합성에 햇빛이 필요하다는 것과 산소, 녹말이 산물이라는 것을 안다.
중학교	광합성	▪ 광합성과 호흡의 과정을 설명한다. 광합성이 일어나는 장소와 광합성 결과 생긴 양분의 이동과정을 이해한다. - 광합성: 물 + 이산화탄소 → 포도당 + 산소 - 호흡: 양분 + 산소 → 물 + 이산화탄소 + 에너지
고등학교	세포와 에너지	▪ 세포호흡의 전자전달계와 광합성의 명반응 과정을 안다. - 광합성: $6CO_2 + 12H_2O \rightarrow C_6H_{12}O_6 + 6H_2O$ - 호흡: $C_6H_{12}O_6 + 6O_2 + 6H_2O \rightarrow 6CO_2 + 12H_2O$ + 에너지

3.5 인지주의 학습이론의 과정

인지주의 패러다임은 인지적 처리과정을 규명함으로써 학습을 설명하는 관점으로 공유하는 이론적인 틀은 지식의 객관성, 학습자의 능동성, 학습자의 인지적 처리과정이다(변정호 등(2011). 인지주의 학습 패러다임에서는 외부에서 유입된 정보를 단순히 인식하고 기존정보와 대조하는 과정과 함께 외부 정보를 받아들이기 위해 인지구조를 수정하는 과정이 일어난다는 것을 제시한다. 이 과정이 조절과 동화의 과정이며, 인지적 비평형에서 평형으로 나가는 과정을 통해서 일어난다. 이러한 인지구조의 평형화 과정은 학습에 영향을 미치고, 학습 결과는 다시 인지구조에 영향을 주어 학습자의 인지구조는 변화될 수 있는 것이다.

인지주의 학습이론에 따르면, 학습자는 수많은 상황에서 학습자가 학습한 것과 동일한 방식으로 다른 형태의 학습을 수행할 수 있다(변정호 등, 2011). 따라서 학습으로 형성된 학습자의 인지구조는 다른 학습에서도 동일하게 사용될 수 있는 전이의 효과를 갖게 된다(Bruner, 1956; Gage & Berliner, 1988). 그러나 학습자의 개인차에 의해 동일한 과제라 하더라도 동일한 결과를 산출하지 않을 수 있으며, 학습 방법이 다를 수 있다. 이것은 특정 학습방법 혹은 인지구조가 특정 학습자에게서는 의도했던 것과는 다른 결과를 도출하게 할 수 있으며, 심지어는 효율성이 더 낮을 수도 있다는 것을 의미한다(Nagowah, 2009).

이와 같은 분석을 바탕으로 살펴보면, 인지주의 패러다임에서 제시하는 학습의 영역 역시 학습자와 학습환경으로 구분될 수 있으며, 학습의 구성요소는 학습내용에 해당하는 정보, 학습결과에 해당하는 행동(인지구조), 학습자 내적영역(인지구조)으로 대표될 수 있다(변정호 등, 2001). 이 중 학습결과인 행동의 분석을 통해 학습자의 내적영역을 유추하게 되므로 학습결과는 학습자의 내적영역을 반영하는 것이라 할 수 있다. 그러므로 학습내용인 외부 정보는 학습자의 내적영역인 인지구조 내에서 인지적 처리과정을 거쳐 인지구조를 반영하는 학습결과인 행동으로 나타나는 일련의 과정을 통해 학습이 이루어진다는 것을 알 수 있다. 또한, 학습의 성공을 위해서는 학습자의 인지구조와 인지적 처리과정이 형성되어야 하므로 이를 위해 전이의 기회가 제공된다. 따라서 학습결과가 다른 학습 상황에도 적용되는 전이가 이루어지게 되면 피드백 루프를 통해 학습의 결과는 학습자의 인지구조가 변화될 수 있는 것이다. 이를 도식화 하면 그림 4.25와 같이 나타낼 수 있다(변정호 등, 2011).

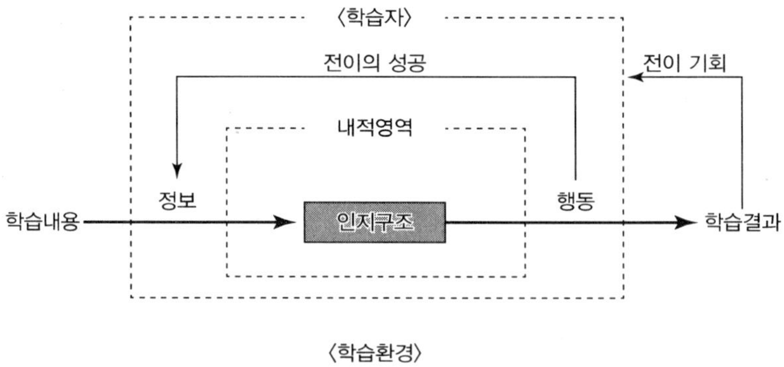

▶ **그림 4.25** 인지주의 패러다임에서 제시하는 학습의 요소와 과정(변정호 등, 2011)

4 구성주의 학습이론

행동주의와 인지주의 학습 패러다임은 외형적으로는 근본적인 차이를 지니고 있으나, 학습자에게 전달되는 지식의 절대성에 대한 입장은 동일하다고 볼 수 있다. 이러한 패러다임들의 발달 이후, 심리철학적인 관점과 철학적 관점을 통해 통합적인 관점으로 교육을 바라보는 구성주의가 새로운 패러다임으로 등장하였다. 특히 구성주의는 학습자의 인지구조와 학습의 과정에서 영향을 미치는 요인들 사이의 상호작용을 학습자와 학습내용의 외적인 요인까지 확장시켰다고 볼 수 있다. 즉, 구성주의에서는 학습자가 외적 환경에 존재하는 요소에 대해 자신의 인지구조 내에서 의미를 지니는 것들과의 상호작용 과정으로 학습을 바라본다. 그러므로 학습은 단순한 지식의 습득, 혹은 인지구조의 형성 이상의 것이며, 지식은 학습자의 내적 및 외적 요소들 간의 상호작용을 통해 능동적으로 구성되는 것이라고 하였다(Brunning et al., 1999; Matthews, 2000; Osborne, 1996; Vygotsky, 1978; Wood, 1995).

따라서 이 절에서는 먼저 구성주의 개념을 살펴본 다음, 구성주의에서 사회/문화적 요소를 강조한 비고츠키(Vygotsky)의 학습이론과 과학학습을 인지구조에 존재하는 개념의 변화 과정으로 설명한 개념변화 학습이론을 좀 더 구체적으로 살펴보겠다.

4.1 학습의 구성주의적 관점

구성주의적 관점에서 학습자는 학습자의 경험 외적인 대상들을 사고과정을 통해 능동적으로 구성하며, 학습자마다 독특한 규칙과 사고모델을 통해 외적 대상을 판단하고 이것은 새로운 경험을 통해 일어난다고 본다(Bruning et al., 1999). 그러므로 구성주의에서 말하는 학습은 새로운 경험을 수용하기 위해 학습자의 사고모형을 스스로 조정하는 과정이라고 할 수 있으며, 문제해결을 위해 요구되는 다양한 방법을 발견하면서 해결해나가는 과정이라고 가정한다(Nagowah, 2009).

구성주의적 관점은 매우 다양한 배경적 원류를 지니고 있으며 이에 따라 다양하게 구분이 가능하므로, 구성주의를 단일한 하나의 형태로 정의하는 것은 매우 어려우나 일반적으로 학습자의 상호작용을 기준으로 급진적(radical) 또는 인지적(cognitive) 구성주의와 사회적(social) 구성주의로 구분해 볼 수 있다(Roth, 1995). 특히 급진적 구성주의는 학습자의 인지적 특성에 있어 개인차가 존재할 수 있으며, 인지적 요소들의 상호작용이 중요하다고 강조하는 관점이라고 볼 수 있다(Matthews, 2000). 반면, 사회적 구성주의는 개인과 사회의 관련성에 기초하여 지식은 개인의 문화적 요소와 사회의 문화적 요소들 사이의 상호작용이 중요하다고 강조하는 관점에 해당한다(Matthews, 2000). 그러나 급진적 구성주의와 사회적 구성주의 모두 학습의 주요 원리로 학습자 스스로의 활동적 주도권과 개인적 지식의 구성을 중요하게 제시하고 있는 점은 동일하다(Järvelä & Niemivirta, 1999).

이러한 관점은 피아제(1972)가 제시한 바와 같이 학습자는 수동적으로 지식을 습득하는 것이 아니라, 능동적으로 이전 지식과 경험에 기초하여 지식을 구성한다는 것과 유사한 것이라고 볼 수 있다. 사실, 구성주의 학습이론의 등장은 1960년대 피아제의 인지발달 이론으로부터 큰 영향을 받았다. 그것은 피아제의 인시발달 이론이 개인의 인지구조가 주변 환경과의 상호작용을 바탕으로 평형화과정을 통해서 발달이 이루어진다고 설명하였기 때문이다. 즉, 과학개념을 구성하려는 학습자는 이미 자신의 고유한 개념체계로 구성된 인지구조를 갖고 있으며, 이 개념체계와 상호작용이 가능한 학습과제를 능동적으로 자신의 인지구조에 적합하게 구성한다는 구성주의 학습이론은 피아제의 인지발달 이론의 영향을 받았다고 할 수 있다. 더 나아가 구성주의에서는 피아제의 인지발달 단계보다는 학습이 이루어지기 전에 이미 형성되어 있는 보다 구체적인 선개념과 학습자의 사회·문화적인 학습환경을 학습자가 학습과정에서 어떻게 능동적으로 조작하는지를 더욱 상세하게 설명하고 있다. 특히, 비고츠키는 개인의 인지발달이 물리적 경험이나 성숙보다는 사회–문화적인 요인에 의해서 주로 발달한다고 주장하였으며, 이는 사회적 구성주의의 바탕이론이기도 하다. 이러한 피아제와 비고츠키의 인지발달 이론에서 나타나는 차이를 정리해보면 표 4.14와 같이 제시할 수 있다.

그러나, 구성주의 학습 패러다임과 인지주의 학습 패러다임은 학습에서 강조되는 일부 요소의 차이가 존재하지만, 결과적으로 학습자와 학습자 외적 요소들의 상호작용에 대해 강조하는 측면에서는 동일한 기본적 관점을 지닌다고 보아야 한다. 이 점에서 구성주의가 피아제의 영향을 크게 받았다고 할 수 있었던 것이다. 또한, 구성주의 학습 패러다임은

표 4.14 피아제의 인지발달 이론과 비고츠키의 인지발달의 요소

요소	피아제	비고츠키
발달의 주요 요인	물리적·생물학적	사회적·문화적
상호작용 대상	아동과 구체적 사물	아동과 교사, 유능한 동료
발달과 학습의 관계	발달이 학습을 주도	학습이 발달을 주도
발달의 과정	인지적 비평형 기반 학습	ZDP 기반 학습

학습자 스스로의 지식 구성과정에서 학습자의 경험과 주변의 사회적 상호작용을 매우 중요시하기 때문에 구성주의 패러다임에 기반을 둔 학습방법으로 협동학습, 협동실험, 개념과 원리가 내포된 학습자의 활동을 통해 학습이 이루어지는 형태를 지닌다(Bruning et al., 1999).

또한 구성주의적 관점에 따르면, 학습자의 학습활동은 이전 개념을 활성화시키도록 구성되어야 하며, 새로운 지식과 연관되어야 하므로, 학습환경은 문제해결과 같은 상황에서 새로운 개념을 이해하고 검증할 수 있는 기회가 제공되어야 한다(Järvelä & Niemivirta, 1999). 이러한 관점은 급진적 구성주의에 따른 것으로 학습자에 의해 구성된 지식과 경험을 통해 개발된 지식이 주요한 원리로 작용한다. 그러므로 급진적 구성주의는 사회적 구성주의에 비해서 인지적 측면에 강조점을 두고 있다고 볼 수 있다. 반면, 사회적 구성주의 관점에 따르면, 학습을 통해 구성되는 지식은 학습의 맥락과 문화의 사이에 위치해 있다고 바라본다. 그러므로 지식은 문화와 사회적 과정을 통해 구성되고 의사소통될 수 있다. 사회적 구성주의의 이러한 관점에 대해 급진적 구성주의는 지식이 사용되고 학습되는 상황으로부터 지식을 분리하는 것 자체는 학습 외적인 상황으로 이끌게 된다고 비판하였다(Brown et al., 1989). 결국 구성주의 패러다임은 지식구성이 개인의 인지적 상호작용에 의해 구성되는지, 사회적 상호작용에 의해 구성되는지에 따라 구별된다고 할 수 있다(Anderson et al., 1996). 이러한 구성주의 학습이론의 유형별 차이를 정리해보면 표 4.15와 같이 제시할 수 있다.

표 4.15 급진적 구성주의와 사회적 구성주의의 학습관

요소	급진적 구성주의	사회적 구성주의
학습의 주체	능동적 개인	능동적 개인과 사회
학습의 수단	개인의 인지적 상호작용	개인의 사회·문화적 상호작용
학습의 결과	개인의 경험을 통한 지식의 구성	공동체 문화와 사회적 과정을 통한 지식의 구성
상호작용 요소	개인의 인지적 요소 간의 상호작용	개인의 문화적 요소와 사회의 문화적 요소 간의 상호작용
효과적 학습 형태	인지적 갈등과 갈등해소를 통한 개별학습	사회적 상호작용을 통한 협동학습
바탕 이론	피아제의 인지발달 이론	비고츠키의 사회·문화적 인지발달 이론

4.2 비고츠키의 학습이론

비고츠키는 1896년 피아제가 태어난 바로 그 해에 서부 러시아의 오르샤(Orsha)에서 태어났다. 비고츠키는 인간의 고등정신 능력이 개인과 사회와의 상호작용을 통하여 발전한다고 생각하였다. 이러한 그의 생각을 체계화한 이론이 바로 고등정신의 사회문화적 발달이론이다. 비고츠키(1978)에 따르면, 인간은 문화의 상징체계를 상속받으며, 그것들에 의해 사고기술이 발달된다. 더 나아가, 비고츠키는 문화의 다양성이 정신 발달의 수준 차이를 가져온다고 하였다.

▶ 그림 4.26 비고츠키

비고츠키(1978)는 개인의 고등정신 기능의 발달에서 인적 환경과 이것의 사회적 영향력의 중요성과 역할을 강조하였다. 교사와 부모는 비고츠키가 강조하는 가장 대표적인 인적 환경이라고 할 수 있다. 또한, 학습자의 진짜 중요한 발견은 혼자서 하는 것이 아니라, 교사나 부모와 학습자 간의 언어적 및 행동적 상호작용을 통해서 일어난다고 보았다. 초보 학습자도 이러한 상황을 거치면서 필요한 지식과 행동을 내면화해 나간다. 학습자가 속한 사회의 문화를 선경험하고 정교화한 교사의 역할을 비고츠키가 강조하는 이유는 바로 교사가 학습자의 사회·문화적인 환경이기 때문이다. 심지어 샤퍼(Schaffer, 1996)의 연구에 따르면, 이 둘을 비교하는 실험에서 비고츠키의 교실상황이 피아제의 교실상황보다 더 효과적이라는 연구내용이 보고되기도 하였다.

비고츠키는 아동의 발달 수준을 아동이 도움을 받지 않고 완수할 수 있는 과제에 기초하여 평가하던 기존의 경향에 주목했다. 그는 이러한 생각에 이의를 제기하며 아동이 독립적으로 완수할 수 있는 과제들은 아동이 이미 획득된 발달 수준만을 나타낼 뿐이라고 말하였다. 이를 바탕으로 비고츠키(1978)는 교육은 발달을 이끄는 학습의 과정을 창조하는 것으로 생각해 근접발달영역(ZPD: Zone of Proximal Development)이라는 개념을 제시하였다. 근접발달영역은 아동이 현재 스스로 과제를 해결할 수 있는 실제적 발달수준과 자신보다 인지적으로 유능한 성인이나 또래의 도움을 받아 과제를 해결할 수 있을 실제적 발달수준 사이의 거리로 정의된다(Vygotsky, 1978). 도움을 받는 문제해결은 성인의 안내나 동료와의 협력을 통해 이루어진다. 이때 중요한 것은 근접발달 영역이 성인과 아동 간의 상호작용 속에서 창조된다는 것이다. 그러므로 교사는 아동의 언어와 활동에 민감해야 하고, 아동이 그들의 발달 능력을 사용할 수 있도록 과제를 구조화할 수 있는 능력이 있어야 한다.

더 나아가, 비고츠키(1978)는 교육을 발견 학습이나 직접 교수법이라기보다 '도움을 받은 발견'이라고 제시하였다. 즉, 교육에서 학습자가 자신의 현재 지식을 보다 높은 수준으로 향상시키려고 노력할 때 적절한 도움을 제공해 주면 학습자는 더욱 적극적으로 탐색하고 대안을 찾아 높은 수준으로 나아가게 된다고 주장하였다. 특히 ZPD 내에서 이루어지는 학습에 관련된 다양한 도움과 지원체제는 비고츠키의 사고를 기초로 한 여러 학자들에 의해 확장되어 '비계 설정(Scaffolding)'이라는 개념으로 발전하였다(Berk et al., 1995).

이러한 비고츠키의 교수–학습 원리를 정리하면 그림 4.27과 같다(Gredler, 2008).

1) 근접발달영역

비고츠키(1978)는 학습자의 발달수준을 둘로 나누었다. 하나는 '독립적으로 문제를 해결할 수 있는 실제적 발달 수준'이고, 다른 하나는 '성인의 안내나 더 능력 있는 동료와의 협동을 통해서 문제해결을 하는 더 높은 잠재적 발달 수준'이다. 그래서 근접발달영역은 이 두 발달수준 간의 거리로 정의했다. 비고츠키에 따르면 교육의 방향을 제시하는 데 있어서 실제적 발달수준도 중요한 정보이지만, 잠재적 발달수준도 매우 중요한 정보라고 하였다. 왜냐하면 잠재적 발달수준은 아동이 혼자서 해결할 수는 없지만, 교사나 동료가 도와주면 성공적으로 학습할 수 있는 수준이기 때문이다. 따라서 실제적 발달수준과 잠재적 발달수준 간의 사이 영역인 근접발달영역(ZPD)은 아동의 특성과 주변 교육환경의 특성에 따라서 그림 4.28에 나타낸 것과 같이 매우 역동적이고 변화 가능성이 크다고 할 수 있다(Bodrova & Leong, 1996).

1. 기본 가정

(1) 문화 내에서의 사회적 관계 구조가 개인의 정신 구조를 결정한다.
(2) 학습은 발달에 선행하며, 발달에 최대의 영향을 미친다.
(3) 학교는 상호작용을 통해 아동의 정신 기능을 발달시키는 데 결정적인 역할을 한다.

2. 고등정신 기능의 발달을 위한 학습이론

(1) **근접발달영역** : 좋은 학습은 발달을 앞당기는 것이며, 아동이 독자적으로 문제를 해결할 수 있는 실제적인 발달 수준과 안내를 받아 완수할 수 있는 문제해결 수준 사이의 거리이다.
(2) **스캐폴딩(비계)** : 아동이나 초보자가 개인의 노력으로는 가능하지 않은 문제를 가능하게 하는 교사의 역할을 나타내며, 복잡한 과제 수행 시 꼭 필요한 도움의 정도를 감소시켜주며 초기 학습단계에서 실수를 줄일 수 있도록 하는 '조형'의 개념과 유사하다.

▶ **그림 4.27** 비고츠키의 학습이론

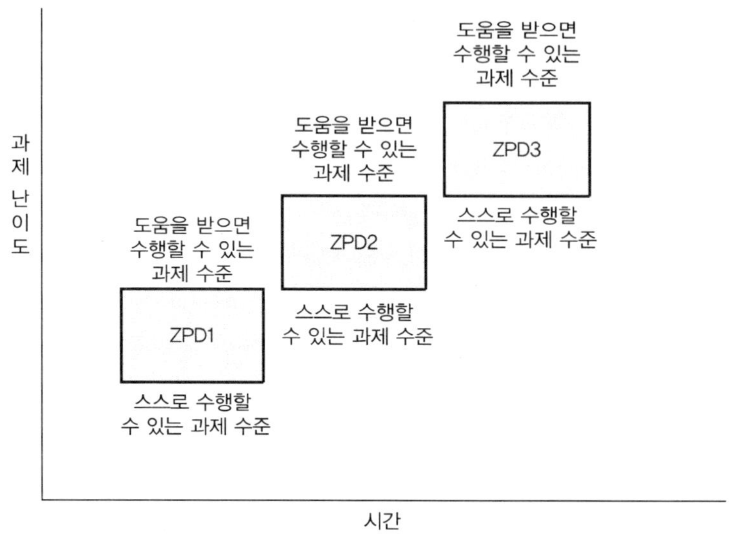

▶ **그림 4.28** 비고츠키의 근접발달영역(ZPD)의 역동성(Bodrova & Leong, 2007)

대체로 학습자는 처음에 스스로 학습할 수 있는 능력이 매우 낮다(Vygotsky, 1978). 하지만, 교사나 동료의 도움으로 학습과제를 수행할 수 있는 수준은 이보다 높다. 이때의 근접발달영역을 ZPD1으로 제시하였다. ZPD1에서 학습자가 도움을 받으면 학습과제를 수행할 수 있는 수준에 도달하면 이는 곧 ZPD2에서 학습자가 스스로 학습과제를 수행할 수 있는 수준에 해당되는 것이다. 이어서 ZPD2에서 교사나 동료의 도움을 받아서 학습과제를 수행할 수 있는 수준에 도달하면 이것은 곧 ZPD3에서 스스로 과제를 수행할 수 있는 수준이 되는 것이다. 이런 학습과정으로 학습자는 과제를 해결할 수 있는 능력이 단계적으로 발달하게 된다.

과학학습에서도 근접발달영역을 통해 학습자의 학습능력은 역동적으로 발달할 수 있다. 예를 들면, 학습자는 가벼운 물체가 물에 뜬다는 것을 어릴 때부터의 경험을 통해 알고 있다. 그런데, 과학 수업 시간에 아주 작은 금속 구슬은 물에 가라앉는데, 거대한 유조선 같은 무거운 철판으로 만들어진 배는 물에 뜬다는 것을 영상으로 관찰한다. 이러한 관찰을 한 뒤, 질량 20 g짜리 작은 유리구슬을 물에 넣었을 때는 가라앉지만, 속이 비어있고 뚜껑이 닫혀 있는 300 g짜리 유리병은 물에 넣었더니 물에 뜬다는 것을 관찰하였다. 이 관찰을 통해 학습자는 물체가 물에 뜨는 것은 물체의 질량에 의해서만 결정되는 것이 아니라 물체의 질량/부피의 비율에 의해서 결정된다는 것을 학습하게 된다. 이때 근접발달영역에 해당되는 것은 물체의 질량/부피의 비율이다. 이런 학습과정을 통해서 학습자는 스스로 과제를 수행할 수 있는 과학적 과제 해결 수준이 단계적으로 발달하게 된다.

2) 비계 설정

근접발달영역(ZPD)에 포함되는 과제수행은 학습자의 인지적 발달을 촉진하는 역할을 한다. 그런데, 학습자는 혼자서 학습할 수 있는 과제는 많지 않지만, 교사나 동료의 도움이 있으면 해결이 가능한 근접발달영역에서는 많은 과제를 학습할 수 있다. 이때 교사와 동료가 힌트를 주고, 격려하며, 시범을 보이는 것은 학습자가 과제를 시작할 수 있는 발판인 비계 설정(scaffolding)의 기능을 제공하는 역할을 한다. 따라서 발판을 제공하는 것은 근접발달영역에 속한 과제를 수행하는 데 많은 공헌을 하게 되며, 이러한 발판의 제공을 통하여 학습자는 점차 높은 수준의 과제를 수행할 수 있는 능력을 갖게 된다(Wood & Middleton, 1975).

비계는 건물을 지을 때 콘크리트를 붓고 건축재료를 부착하기 위해 설치한 발판틀인데, 이는 교육에서 학습자가 새로운 능력을 발달시키고 구축하는 도움 체계를 의미한다고 할 수 있다. 개략적인 형태만 제시되었던 비고츠키의 도움주기 유형의 활동은 이후 학습활동에서 비계 설정이라는 개념으로 더 정교화되어 왔다. 따라서 효과적인 비계를 설정하기 위해서 교사는 학습자의 현재 지식 및 기능과 새로운 과제의 요구 간에 다리를 제공하여야 하며, 학습자의 활동 맥락에서 교수와 도움을 제공함으로써 학습자의 문제해결을 지지할 구조를 제공하여야 한다(한순미, 1999). 더 나아가 김지현(2000)은 학습에서 비계 설정의 공통적인 속성을 다음과 같이 요약하여 제시하였다. 첫째, 교사와 학생 사이에서 효과적인 상호작용이 일어나기 위해 공동으로 참여하는 활동적 과제가 필요하다. 둘째, 학습자가 이미 알고 있는 수준에서 아직 모르는 수준 사이의 다리 놓기 활동이 필요하다. 셋째, 교사는 자신과 학습자의 주관성을 충분히 이해하는 것이 필요하다. 넷째, 학습의 상호작용에서 교사는 학습자에게 따뜻하고 긍정적인 반응을 주는 것이 필요하다. 다섯째, 학습자가 근접발달영역 안에 머물도록 조절하는 것이 필요하다. 여섯째, 학습자는 스스로 자기 조절의 정도를 점차 증가시켜야 한다. 이러한 특성을 바탕으로 한 효과적인 비계 설정은 학습자의 선행지식을 새로운 과제 해결에 연결시켜 능동적으로 문제해결에 참여하게 함으로써, 교사와 동료의 도움을 점차 줄여서 학습자가 스스로 과제를 해결하는 능력을 발달시키도록 해준다.

3) 비계 설정의 유형

비계를 설정하는 활동은 다양한 형태로 제시될 수 있으며, 학습에서의 비계 설정은 구체적인 활동으로 제시될 수 있어야 한다. 학습에서 활동될 수 있는 비계 설정의 다양한 유형에 대해서 살펴보면 다음과 같다.

먼저, 우드 등(Wood et al., 1976)은 비계 설정의 유형을 다음과 같은 6가지로 제시하였다. 첫째 흥미 유발하기, 둘째 학습자가 과제를 완성할 수 있도록 안내 또는 간접적인 도움 제공하기, 셋째 학습목표 유지시키기, 넷째 과제의 주요 특성 환기시키기, 다섯째 좌절하는 것을 감소시키기, 여섯째 과제의 해결에 대한 시범과 모델 보이기이다. 룈러(Roehler)와 Cantlon(1997) 역시 사회적 구성주의 수업에서 개념 이해를 위한 비계 설정의 5가지 전략을 제시하였다. 이러한 비계 설정의 전략은 학습에서 정보를 공유하는 것에서 출발하여 점차적으로 학습자의 자율성과 자기조절 능력이 향상되도록 구성하였다. 룈러가 제시한 비계 설정의 전략은 다음과 같다. 첫째 과제에 대해서 교사가 학습자에게 적합한 설명을 계속 제공하기, 둘째 학습자들에게 학습과정에 직접 참여하도록 기회를 제공하기, 셋째 교사는 학습자가 보여주는 이해도를 확인하고 부족한 것을 명료화 해주기, 넷째 학습자가 느끼고 생각하고 기대하는 방법을 행동 시범으로 보이기, 다섯째 학습자가 학습과제에 대한 자신의 아이디어를 적극적으로 제안하도록 권유하기이다. 타프와 갈리모어(Tharp & Galimore, 1988) 역시 어떻게 도움을 주느냐에 대한 비계 설정의 방법을 다음과 같은 6가지 전략으로 제시하였다. 첫째 모방할 행동을 제공하는 모델링 과정, 둘째 학습 행동에 따라 적절하고 다양한 정적 및 부적 보상을 제공하는 과정, 셋째 학습자의 학습 수행에 대한 피드백 제공, 넷째 학습자의 학습 수행에 도움을 주는 적절한 교수활동 제공, 다섯째 학습을 자극시키기 위한 적절한 질문 제공, 여섯째 학습자의 경험들을 구조화하는 데 도움주기이다.

이러한 비계 설정 활동은 과학학습에도 직접적으로 적용해볼 수 있는 유용한 전략이 될 수 있다. 위에서 제시한 여러 가지 유형의 비계 설정 활동을 교사와 학습자의 상호작용 강화를 위해서 교실에서 이루어지는 다양한 과학학습 상황에 적용하여 수업을 진행할 수 있다.

4.3 개념변화 학습이론

구성주의 학습이론에서 학습이란 학습자의 인지구조에 존재하는 선개념과 사회적 경험들의 상호작용에 의해서 구축되는 개별적인 인지적 과정이다. 따라서, 학습자는 사회적 참여를 통한 지속적인 과정을 통해 자신의 선개념에 대해서 구성과 재구성을 반복하므로, 학습이 일어난다는 것은 학습자의 선개념이 구성과 재구성을 반복하여 지속적으로 변화되는 과정이라고 할 수 있다. 과학학습 과정도 마찬가지이다. 예를 들어, 학습자는 학교에서 과학을 학습하기 전에 이미 자신의 인지구조에 자연에 관한 선개념을 갖고서 학습과정을 수행한다. 학생들이 수업 전에 가지고 있던 개념은 학습과정을 통해서 과학적 개념으로 변화하거나 다른 형태의 개념으로 변화한다.

이렇게 학습과정에서 개념 변화의 특성을 중요하게 여겨온 과학교육학자들은 과학학습에서 개념이 변화하는 과정을 보다 체계적으로 설명하고자 하였다. 먼저 웨스트와 파인즈(1985)는 개념 변화에 영향을 미치는 두 가지 경험 지식을 제안하였다. 먼저 하나는 학교에서 학습한 아래로 자라는 지식이고, 다른 하나는 자발적 경험으로 학습한 위로 자라는 지식이다. 웨스트와 파인즈는 이러한 두 가지 경험 지식의 갈등 여부에 따라서 개념을 구성하는 모형을 그림 4.29와 같이 제시하였다.

웨스트와 파인즈(1985)는 마치 포도나무 덩굴이 서로 엉켜서 하나로 되듯이 여러 개념도 인지구조 속에서 이와 같이 얽히고설킨다는 뜻으로 포도 덩굴모형이라 이름하고, 상반되는 두 가지 형태의 지식을 바탕으로 개념 변화의 과정을 네 가지로 설명하였다. 그 하나는 갈등 상황으로서 자발적으로 경험하는 위로 자라는 지식과 학교에서 학습하는 아래로 자라는 지식 사이의 충돌이 일어날 때이다. 두 번째는 형식-기호적 상황으로 학교에서 학습한 지식은 있지만, 자발적으로 학습한 지식인 선개념이 존재하지 않은 상황이다. 세 번째는 자연발생적 상황으로 자발적으로 학습한 선개념만 존재하고 학교에서 학습한 지식이 존재하지 않은 상황이다. 마지막은 조화 상황으로서 자발적 경험과 학교에서의 학습상황이 서로 상충되지 않고 상보적으로 조화를 이루어 학습이 이루어지는 경우이다.

웨스트와 파인즈(1985)의 개념변화 과정은 과학학습 상황에서 적용하여 설명할 수 있다. 예를 들어, 갈등 상황의 사례는 오리너구리를 조류라고 생각하는 학습자에게 학교 생물수업에서 포유류라고 학습하는 상황이다. 그런데, 오리너구리에 대해서 들어본 적이 없는 학생이 학교에서 오리너구리의 새끼가 젖을 빨아 먹는 포유류라고 배우는 경우는 형식-기호적 상황에 해당된다. 또한 오리너구리가 젖을 빨아 먹는 포유류라는 것을 수업시간에 배우지 못하고 단지 오리너구리의 주둥이 모양만을 보고 오리너구리를 조류로 계속 알고 있는

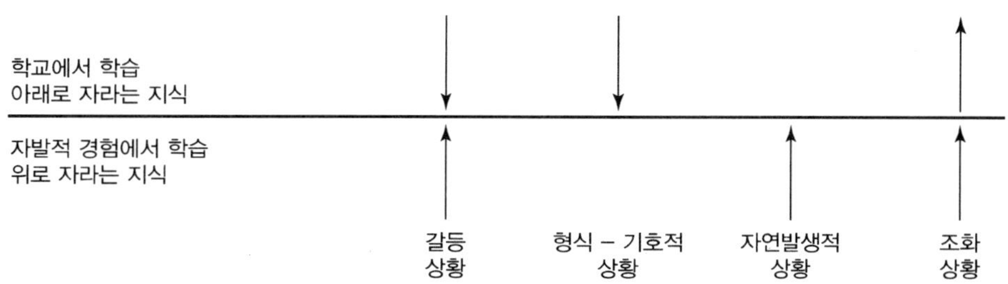

▶ **그림 4.29** 웨스트와 파인즈의 개념변화 과정 모형(West & Pines, 1985)

경우는 자연발생적 상황이다. 그리고 마지막으로 TV에서 오리너구리 새끼가 젖을 빨아먹는 장면을 시청한 학생이 학교에서 오리너구리를 포유류로 학습하는 경우는 조화 상황에 해당된다.

이러한 네 가지 학습 상황에서 학습자의 선개념을 과학적 개념으로 변화시키는 학습과정을 고안하는 데 유용하게 활용할 수 있는 모델이 갈등 상황이다. 특히, 하슈웨(Hashweh, 1986)는 갈등 상황을 세부적으로 분석하여 학습자의 선개념과 과학적 개념 사이의 갈등 상황을 모델로 제시하였다. 먼저, 하슈웨는 두 종류의 갈등을 제시하였는데, 하나는 학습자의 선개념과 학습내용과의 갈등, 다른 하나는 학습자의 선개념과 새로 학습하게 될 과학개념과의 갈등이다(그림 4.30). 이 모형에 따르면 R_1은 C_1에 의해서 쉽게 설명할 수 있는 자연현상 혹은 학습내용이다. 그러나 C_1으로 쉽게 설명될 수 없는 새로운 현상 R_2라는 학습내용이 제시되면 학습자는 갈등(1)을 겪게 된다. 만약 갈등(1)을 해소하기 위해서는 새로운 개념 C_2가 도입되어야 한다. 다른 한편 학습자의 선개념 C_1은 새로운 과학개념 C_2와 다르므로 새로운 갈등(2)를 겪게 된다. 이 모형의 특징은 개념 변화 과정에서 인지구조 속에 모순되는 개념들이 상존할 수 있다는 가능성을 보여주는 데 있다.

이 모형을 다음과 같이 '오리너구리' 수업에서 적용해 볼 수 있다. 오리너구리가 조류라는 선개념(C_1)을 가진 학습자에게 오리너구리의 주둥이 모습 사진(R_1)을 보여준 경우에는 갈등 상황이 일어나지 않는다. 그러나 오리너구리 새끼가 젖을 빨아먹는 TV 영상(R_2)을 보고 나면 이 학습자는 오리너구리가 조류라는 선개념(C_1)을 가지고 R_2를 설명하지 못하므로 갈등(1) 상황에 직면한다. 이때 오리너구리가 포유류라는 과학적 개념(C_2)을 도입하면 R_2를 잘 설명할 수 있게 된다. 다만, 이때 오리너구리가 포유류라는 과학적 개념(C_2)은 오리너구리가 조류라는 선개념(C_1)과 다르므로 새로운 갈등(2)을 겪게 된다.

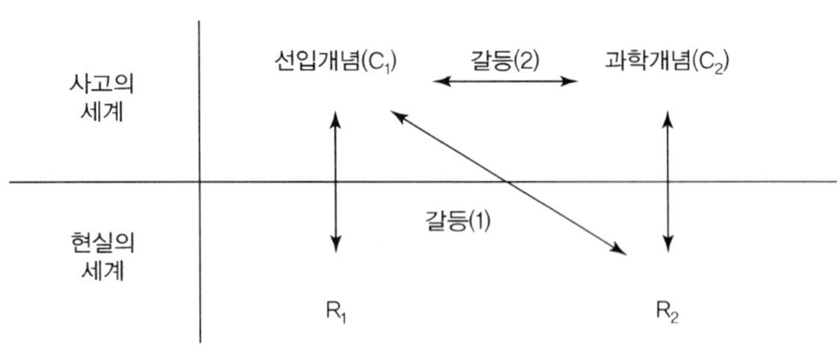

▶ **그림 4.30** 하슈웨의 인지갈등 모형(Hashweh, 1986)

4.4 구성주의 학습이론의 과정

구성주의 패러다임은 학습자를 능동적인 지식의 구성자로 간주하며, 학습자의 상호작용을 통해 지식이 구성됨으로써 변화된 학습자의 내적영역이 형성된다는 점을 공유하고 있다(변정호 등, 2011). 그러나 상호작용 측면에서 학습자의 인지적 상호작용에 의해 지식이 구성되는지, 사회적 상호작용에 의해 구성되는지에 따라 차이를 나타내었다. 결국 학습자에게 제공되는 지식은 학습자의 인지적 요소 혹은 사회문화적 요소와 관련된 경험이며, 새로이 구성된 지식은 피드백에 의해 학습자의 내적 요소들을 변화시키는 새로운 경험으로 기능한다. 따라서 학습의 내용인 지식은 학습자와 관련된 경험으로 볼 수 있으며, 학습자가 지니게 되는 경험은 다음에 제공되는 지식과 관련성을 판단하게 되는 학습자의 내적 요인으로서 존재하게 된다.

그러므로 구성주의 패러다임에서 제시하는 학습의 영역은 학습자와 학습환경으로 구분될 수 있으나 학습환경은 인지적 경험을 제공하는 교수 환경과 사회문화적 환경으로 구분될 수 있다(변정호 등, 2011). 또한, 학습의 구성요소는 학습내용에 해당하는 지식, 학습결과에 해당하는 구성된 지식(경험), 학습자 내적영역(인지적 경험과 사회문화적 경험)으로 범주화될 수 있다. 구성주의 패러다임에서 제시하는 지식의 구성과정은 학습자의 내적영역에서 이루어지는 인지적 상호작용과 사회문화적 상호작용으로 인해 가능해진다. 학습자에 의해 구성된 지식은 학습결과로 나타나고 새로운 구성 경험으로 학습자에게 다시 제공될 수 있다. 또한, 구성된 지식은 새로운 경험으로 기능하여 학습자 이전 경험과의 관련성에 따라 피드백되어 학습자의 내적영역을 변화시킴으로서 학습이 이루어진다. 이러한 학습의 구성요소들에 의한 학습의 과정을 도식화 하면 그림 4.31과 같이 나타낼 수 있다(변정호 등, 2011).

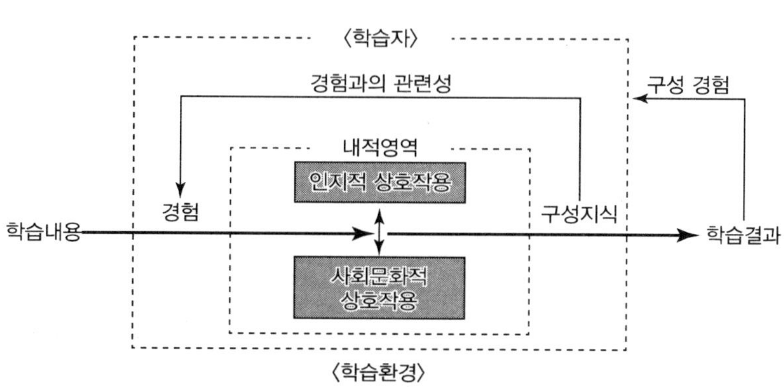

▶ **그림 4.31** 구성주의 패러다임에서 제시하는 학습의 요소와 과정(변정호 등, 2011)

5 신경주의 학습이론

학습자의 학습과정 전반에 대한 설명체계인 학습 패러다임은 고정되어 있는 것이 아니라, 지금도 변화의 선상에 놓여 있다(변정호 등, 2011). 이는 현재 많은 사람들이 선호하는 패러다임인 구성주의뿐만 아니라 과거의 이론으로 인식되기도 하는 행동주의와 인지주의 패러다임이 학습에 대해 많은 부분을 설명하고 있는 것을 통해 충분히 공감할 수 있을 것이다. 그러나 아직까지도 학습자의 학습과정을 현행 패러다임이 명쾌하게 설명하고 있지 못하며, 좀 더 근원적인 원인에 대한 설명은 제한적으로 이루어지고 있다. 특히, 기존의 설명은 학습이 행동으로 나타나기 전의 과정인 두뇌 수준에서 일어나는 신경생리적 활동이나 과정 등을 설명하는 데는 한계를 갖는다(Ansari & Coch, 206; Kwon et al., 2009). 따라서 학습에 대한 체계적인 설명을 위해서는 전통적인 행동 결과에 대한 설명뿐만 아니라, 그림 4.32와 같이 개체 시스템의 하위 구조로 구성된 신경생리학적 설명도 함께 요구된다.

학습을 포함한 인간의 정신활동이 뇌에서 이루어진다는 대전제에 대해서는 이견이 없다. 더 나아가, 학습자의 모든 학습 결과가 뇌 안에서 구성된다는 것을 고려한다면 모든 교육은 뇌기반 교육의 하위 범주라고 해도 과언이 아니다. 따라서, 인간의 사고 및 학습에 대한 보다 과학적이고 체계적인 설명이 필요하다면, 학습과정에서 학습자의 뇌 활동을 체계적으로 이해하는 것이 반드시 필요하다(Kwon et al., 2009; Sũzcs & Goswami, 2007). 즉, 두뇌내부의 신경활동을 외부행동으로 나타난 간접적 정보를 가지고 이해하는 기존의 학습 패러다임으로는 학습자의 뇌에서 일어나는 학습활동을 체계적으로 설명하기에는 한계가

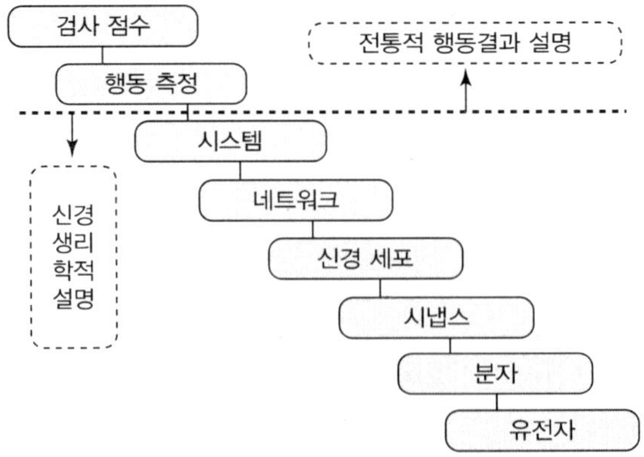

▶ **그림 4.32** 정신활동에 대한 단계적 설명 체계(Ansari & Coch, 2006)

있다. 그러므로, 보다 체계적이고 효과적인 학습을 위해서는 이제 두뇌내부의 신경활동에서 나타나는 직접적인 정보를 바탕으로 학습 활동을 이해하고 처방하는 교육 패러다임이 필요하다(Ansari & Coch, 2006; Kwon et al., 2009; Sũzcs & Goswami, 2007). 이 절에서는 바로 신경과학적 정보를 바탕으로 학습자의 학습과정이 어떻게 일어나는지에 대해서 설명하고자 한다.

5.1 뇌의 시냅스 연결망 발달

1) 뉴런의 시냅스 연결망

인간 두뇌의 각 부분을 구성하는 신경세포들은 각각 개별적으로 존재하는 것이 아니라, 신경신호의 전달과 수용이라는 목적을 위해 시냅스를 이루고 있다. 이러한 시냅스가 신경세포들 사이에서 시스템의 형태로 연결되어 있는 것을 두뇌 연결망(brain connectivity)이라 부른다. 두뇌 연결망은 크게 구조적, 기능적 측면으로 구분해 볼 수 있다.

두뇌의 구조적 연결(anatomical connectivity)은 뉴런들 사이에서 이루는 구조적 연결성,시냅스의 연결을 반영한다. 이러한 시냅스들의 존재는 시냅스 전 뉴런의 축색과 시냅스 후 뉴런의 수상돌기 사이의 실질적인 연접으로 인해 형성되는 것으로 대부분 유전적인 요소에 의해 결정된다(그림 4.33).

이러한 이론의 가장 오래된 근거 중 하나는 신생아의 시냅스보다 성인의 시냅스가 더 다양하다는 사실이다. 신생아의 경우 유전자의 영향으로 기본적인 시냅스가 형성되지만, 성장과정에서 외부 환경 자극에 대한 반응으로써 기능하는 뉴런들 간의 연합은 물리적인 시냅스를 형성한다. 특히, 뉴런들 간의 물리적인 연결인 시냅스는 출생 이후 지속적인 발

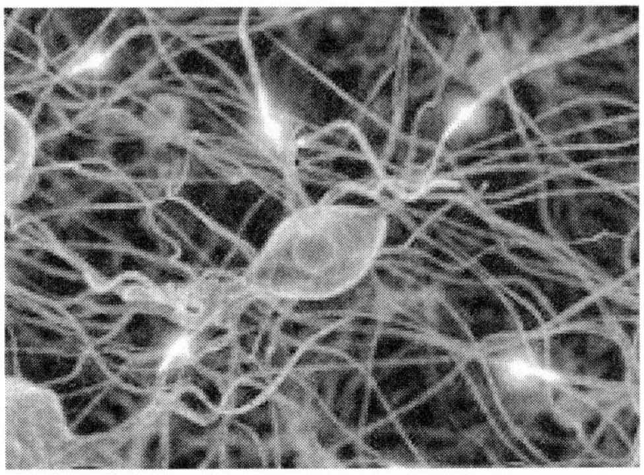

▶ 그림 4.33 뉴런의 시냅스 연결망

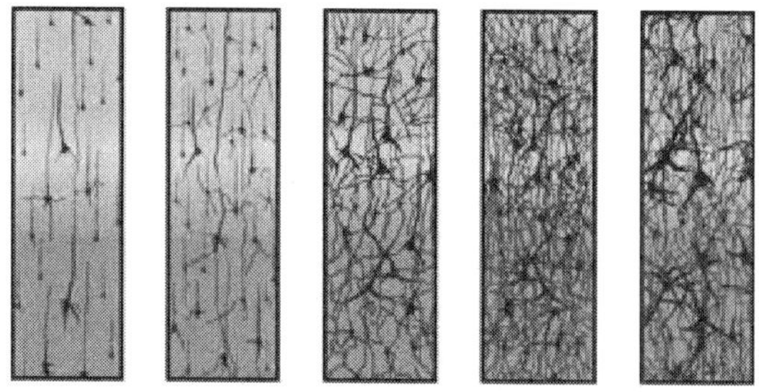

▶ **그림 4.34** 시냅스의 발달과 분화(Corel, 1975)

달과 퇴행, 분화 과정을 거친다. 시냅스는 발달과 분화 과정을 통해 그림 4.34와 성숙할수록 특정 두뇌기능을 담당하는 시냅스 연결망의 밀도가 조밀해진다. 그림 4.34에서 보듯이 성인의 시냅스 밀도는 2년차의 시냅스 밀도보다 조밀하다(Corel, 1975).

2) 시냅스 연결망 발달의 과정

유전자의 영향으로 형성된 구조적 연결은 출생 이후 지속적으로 유지되거나 변화하지 않는 것이 아니라, 신경신호의 전달과 수용이라는 원인에 의해 변화 가능한 것으로 알려져 있다. 특히 특정한 두뇌 기능을 수행하는 데 있어 동기화된 신경활성을 나타내는 뉴런들에서는 이러한 연결이 가속화된다. 반면, 비동기화된 신경활성을 나타내는 뉴런들에서는 구조적 연결이 퇴행하는 현상들이 나타난다. 이러한 관점에서 에델만(Edelman, 1992)은 뉴런들 간의 구조적 연결을 특정 두뇌기능을 위해 동기화된 뉴런들 사이의 시냅스가 강화되고 비동기화된 뉴런들 사이의 시냅스가 퇴행하는 '신경다윈주의(Neural－Darwinism)'로 설명한다. 신경다윈주의에서 신경 선택은 크게 3단계로 진행되는데, 처음 발생 선택(developmental selection)이 일어나고, 다음으로 경험 선택(experimental selection), 전체 지도화(global mapping)의 과정을 거친다.

먼저, 발생 선택은 뇌의 해부학적 구조가 발생의 과정에서 맨 처음 어떻게 시작되었는지에 대한 문제이다(Edelman, 1992). 발생 선택은 모든 생명체가 겪게 되는 발생 초기의 역동적인 과정을 통해 특정 종 고유의 신경해부학적 구조가 형성되는 것이다. 그러나 이들의 신경망은 발생 동안 다른 신경과의 연결망이 만들어지고, 거대한 변이에 의해서 서로 다르게 형성되는 것이다. 특정한 뇌 부위에서 생겨나는 다양한 뉴런 집단의 개체군은 체성선택 과정에 의해 발생하는 신경망을 포함하는데 이를 '1차적 레퍼토리'라고 한다. 처음에는 완전하지 않던 뉴런들이 시간이 지남에 따라 서로 연결되어 레퍼토리를 형성한다. 우리의 뇌

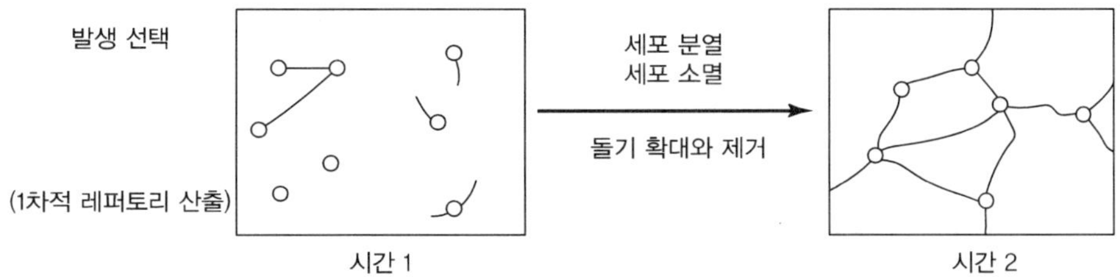

▶ **그림 4.35** 발생 선택을 통한 시냅스 연결망의 발달 과정(Edelman, 1992)

는 초기에 변형된 뉴런 그룹에서 거대한 개체군으로 자라지만, 처음 발생 시에는 훨씬 더 많은 연결이었던 것이 생애 첫 해에 많은 비율을 잃어버리게 되며, 그들 중에서 어떤 것은 유지되고 어떤 것은 소멸하게 된다고 주장한다(Edelman, 1992).

다음으로, 경험 선택은 반응의 양식이 경험을 거치며 이 해부학적 구조로부터 어떻게 특별히 선택되는지에 관한 문제이다(Edelman, 1992). 경험 선택이란, 생명체가 어떠한 행동의 결과로 시냅스 개체군이 선택적으로 강화되거나 약화되어 다양한 회로, 즉 뉴런 집단의 '2차적 레퍼토리'를 형성한다. 어떠한 행동을 하는 도중 해부학적 구조의 시냅스 연결이 특수한 생화학적 과정에 의하여 선택적으로 강화되거나 약화되는 것이다.

1차적 레퍼토리와 2차적 레퍼토리를 만들어가는 메커니즘은 어느 정도 서로 혼합되어 있고, 특정한 시간과 공간에서의 1차적 레퍼토리의 형성이 활동 의존적인 연결 짓기에서처럼 변화하는 시냅스의 강도에 의존하기 때문이다. 때로는 완성된 뇌에서도 출아 현상이 일어나, 새로운 신경 돌기들이 추가 시냅스를 형성할 수도 있다(Edelman, 1992).

마지막으로, 전체 지도화란 뇌의 최종적 지도들을 연결시키는 신호들이 그 처리 과정에서 어떻게 행동적인 중요한 기능을 만들어 내는지에 관한 중요한 문제이다(Edelman, 1992). 뇌의 지도는 '재입력'이라고 불리는 과정 안에서 그 각각과 상호작용을 한다. 이 이론은 진화 과정 중에 생기는 뇌의 여러 부위들이 어떻게 서로 조화를 이루며 새로운 기능을 낳게 되는지를 설명해 준다. 즉, 재입력이란 고등한 뇌에서 편재하는 대량의 평행섬유(축색돌

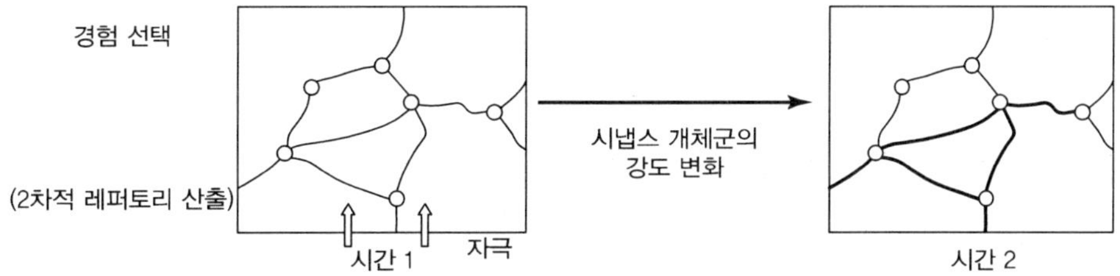

▶ **그림 4.36** 경험 선택을 통한 시냅스 연결망의 발달 과정(Edelman, 1992)

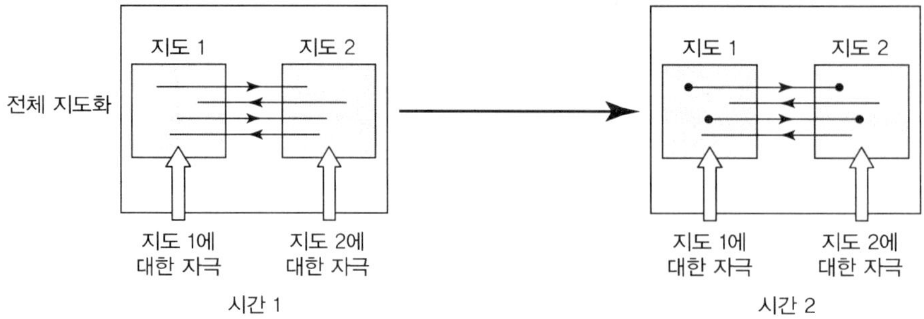

▶ **그림 4.37** 전체 지도화를 통한 시냅스 연결망의 발달 과정(Edelman, 1992)

기)를 통해 뇌의 서로 다른 영역을 왕복하는 연속적인 신호의 흐름을 통해 우리의 신경 작용을 시간적, 공간적으로 조정하는 전체화를 의미한다. 우리의 뇌는 재입력으로 인하여 통일성 있는 행동이 가능하다(Edelman, 1992).

우리 뇌의 1차적 레퍼토리와 2차적 레퍼토리는 큰 규모의 평행적이고 상호적인 연결점으로 이어져 있다. 예를 들어 원숭이의 시각계는 위치 찾기, 색깔, 움직임 파악 등을 위한 기능상의 분리를 위해 30개 이상의 서로 다른 지도로 되어 있는데, 재입력 신호는 이러한 연결에 의해 일어난다. 하나의 지도 내에서 뉴런 집단이 선택되면 재입력에 의해 연결되나, 서로 다른 지도 내의 여러 집단들이 동시에 선택될 수도 있다. 그와 같은 선택 활동의 상호 관계와 조정은 재입력 신호에 의해 일어나며, 아주 짧은 시간 내에 지도들 간의 상호 연결이 강화된다.

신경선택 이론의 가장 중요한 기본 전제는 행동의 기본이 재입력에 의해 일어나는 뉴런 집단 간의 상호 연결이 갖는 복잡한 양식에 대한 선택적 조정이라는 사실이다.

3) 두뇌 가소성 발달

두뇌 가소성이란 두뇌의 신경망이 학습이나 경험과 같은 외부 자극에 의해 구조적, 기능적으로 변화되고 재형성됨을 의미한다. 이러한 변화는 태어남과 동시에 일생동안 지속적으로 일어나게 된다(Azari & Seitz, 2000). 앞 절에서 소개한 신경망 이론과 마찬가지로 두뇌 가소성 역시 구조적인 측면과 기능적인 측면의 가소성으로 구분 지을 수 있다.

구조적인 측면의 가소성은 실제 뉴런 간 연결망의 구조적인 변화를 의미한다(Azari & seitz, 2000). 구조적 가소성에 대한 기본적인 접근은 시냅스 가지치기에서 확인할 수 있다. 뉴런들 간의 연결은 어떻게 사용되는지에 따라 제거되거나 재생성된다. 특정한 기능과 관련된 뇌 영역의 신경망 연결은 외부 환경과 자극에 의해 시냅스의 연결을 제거하거나 재조직화하게 된다.

학습과 같은 외부자극에 의한 신경망의 재조직화 과정은 뉴런 간 연결정도의 변화(a-b), 기존 수상돌기와 축색 간의 새로운 시냅스 형성에 의한 변화(a-c), 축색의 생장으로 인한 새로운 시냅스 형성에 의한 변화(a-d)의 3가지로 구분된다(그림 4.38). 또한 최근의 연구들에 의하면 수상돌기나 축색의 생장 및 변화 이외에도 새로운 뉴런이 생성되어 두뇌를 구조적으로 변화시킴을 확인하였다(Gogos, Osbome, Nemes, Mendelsohn, & Axel, 2000). 새로운 뉴런이나 교세포로 발달될 수 있는 미분화된 줄기세포들이 뇌의 내부에서 발견되기도 하였다(Gage, 2000). 이러한 시냅스의 구조적인 변화나 새로운 뉴런의 생성은 결국 대뇌피질의 두께나 부피와 같은 구조적인 변화를 일으킬 수 있다.

기능적 측면의 가소성은 특정 과제에 대한 기능을 수행하는 뇌 활성 영역 간 기능적 네트워크의 변화를 의미한다. 두뇌의 두께나 부피와 같은 구조적 변화와는 달리 특정 과제에 대한 기능적 연결의 강도 및 방향성 측면의 변화로 접근한다. 앞 절에서 소개한 바와 같이 대부분의 두뇌에서 일어나는 사고 활동은 특정한 영역에서만 이루어지지 않고 여러 영역들 간 기능적인 네트워크를 형성하며 이루어진다. 이러한 네트워크는 학습이나 훈련과 외부자극에 의해 그 연결 강도나 연결 방향의 효율성이 변할 수 있다.

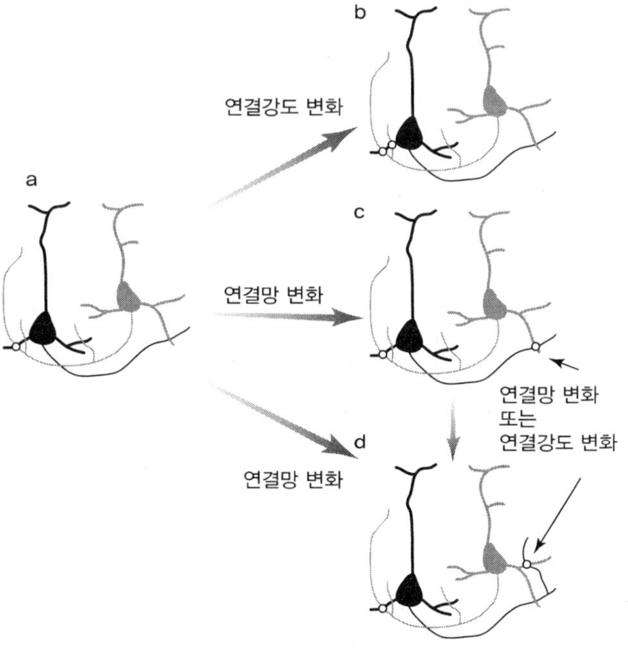

▶ **그림 4.38** 신경망의 구조적 변화(Chklovskii, Mel & Svoboda, 2004)

이와 같이 우리 두뇌는 고정되거나 불변의 신경망을 갖고 있는 것이 아니다. 뇌는 학습이나 훈련을 통해 실제 신경망의 물리적인 연결의 재조직화 및 기능적인 연결의 효율성 증가가 가능한 것이다.

5.2 두뇌의 학습 시스템

1) 과학학습의 두뇌 시스템

두뇌의 특정 영역들이 시스템으로 구성되어 있다는 이론은 기능적 분리(functional segregation)와 기능적 통합(functional integration)에 기반을 두고 있다(이일선 등, 2010). 두뇌 시스템은 해부학적 연결 또는 기능적 상호작용 영역의 집단으로 정의된다(Horwitz et al., 1999). 또한, 두뇌 시스템 또는 두뇌 연결(brain connectivity)은 다양한 두뇌 영역들 간의 상호작용으로 설명되기도 한다(Song et al., 2008). 이 중 기능적 연결은 거시적 수준에서 EEG, MEG, PET, fMRI로부터 얻은 자료들로 두뇌의 상호작용을 설명할 수 있는 증거들을 제시해준다(Boccalettia et al., 2006). 특히, 학습기능을 수행하는 두뇌 시스템은 크게 인지관련 시스템, 동기관련 시스템, 감성관련 시스템으로 구분될 수 있다(이준기 등, 2010). 이러한 두뇌의 학습 시스템 구성과 이에 관련된 기능들 중 먼저 인지관련 두뇌 시스템을 살펴보면 다음과 같다.

최근 뇌과학 연구의 비약적인 발전과 뇌과학에 대한 세간의 관심이 집중되면서 '학습과학(science of learning)'이라는 학문분야가 형성되었으며 '교육신경과학(educational neuroscience)'이라는 신조어도 생겨나고 있다. 교육신경학적 입장에서 살펴볼 때, 뇌기반 학습과학은 모든 학습은 뇌에서 이루어진다는 것을 대전제로 하고 있다. 또한, 인간의 사고 및 학습과정에 대한 보다 과학적이고 체계적인 접근방법과 이해를 통해 학습자의 뇌를 효율적으로 활용할 수 있도록 돕는 것을 최종 목표로 하고 있다(Sũzcs & Goswami, 2007).

특정 교수-학습 프로그램의 경험만으로도 학생의 인지구조나 뇌 활성 구조 자체가 물리적으로 변화한다는 연구결과들(권용주와 이준기, 2010; Kwon et al., 2009)이 제시되고 있다. 따라서, 교사 자신의 교수-학습 프로그램이 학생의 두뇌의 각 영역과 네트워크들을 적절히 자극하는 구조로 설계되어 있는지에 대하여 미리 가늠해 보는 것은 과학탐구 교수-학습에 있어 매우 중요하다고 할 수 있다. 이러한 경향을 반영하여 최근 과학교육에도 뇌기반 과학교육의 도입에 대해 그 필요성을 주장하는 연구들이 속속 등장하고 있다(권용주 등, 2006; 이일선 등, 2010; 이준기 등, 2010; 정진수 등, 2009; Kwon et al., 2009). 특히 이준기 등은 과학학습에 관련되는 두뇌의 학습 시스템을 인지, 동기, 감성 관련 시스템으로 구분하여 각각의 영역과 기능을 설명해놓은 '과학학습의 두뇌 시스템'을 그림 4.39와 같이 제안하였다.

이준기 등(2010)에 따르면, 과학수업과 관련된 뇌과학 문헌들의 다양한 두뇌활성 근거들을 분석하면 '과학학습 두뇌 시스템'은 대체로 인지, 동기, 감성별 두뇌의 해부학적 구분인 대뇌피질계(cerebral cortex system), 중뇌보상계(midbrain reward system) 그리고 엽하의 변연계(sub−lobar limbic system)로 관련되는 것을 발견할 수 있다. 그런 다음, 이들의 두뇌기능 영역을 통합하면 하나의 통합된 'CoRE(Cognition, Reward and Emotion) Brain Map'을 얻을 수 있다. 이러한 인지, 동기, 감성 관련 두뇌 시스템을 통합한 과학학습 두뇌 시스템의 각 영역에 대한 구체적인 기능은 그림 4.39에 나타나 있다.

과학 교수−학습 프로그램의 인지관련 두뇌 시스템은 대뇌피질이 핵심적인 역할을 담당하는 것으로 나타났다(이준기 등, 2010). 안와전두피질은 인지기능에서 보상판단 및 감성조

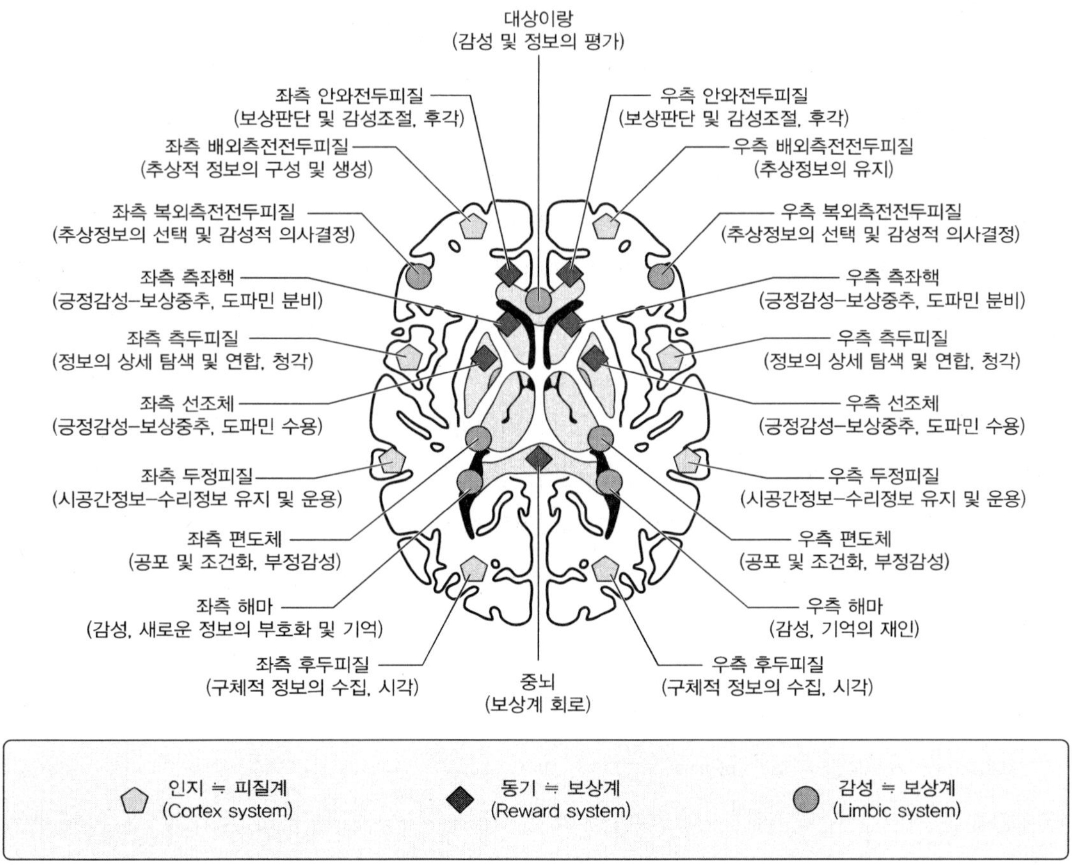

▶ **그림 4.39** 두뇌기반 과학 교수−학습 프로그램 분석을 위한 CoRE Brain Map(이준기 등, 2010)

절에 중요한 역할을 담당하는 영역으로 나타났다. 더 나아가, 추상정보의 구성 및 생성에 관여하는 좌측 배외측전전두피질, 추상정보의 유지에 관여하는 우측 배외측전전두피질, 정보의 상세 탐색 및 연합과 청각에 관여하는 양측 측두피질(temporal cortex), 시공간정보－수리정보의 유지 및 운용에 관여하는 양측 두정피질(parietal cortex), 구체적 정보의 수집 및 시각에 관여하는 양측 후두피질(occipital cortex) 역시 인지관련 두뇌 시스템의 핵심영역으로 나타났다(그림 4.39)(권용주 등, 2007b; 이준기 등, 2009). 양측 측두피질, 양측 두정피질, 양측 후두피질은 동일한 기능에 대해서 좌우측을 담당하여 수행하는 영역들로 나타났다. 이들 두뇌 영역들은 대부분 대뇌피질계(cortex system)로, 과학 교수－학습 과정에서 인지 항목 요소들이 주로 피질계 영역에서 일어나는 것을 의미한다고 볼 수 있다.

과학 교수－학습 프로그램의 동기관련 두뇌 시스템은 안와전두피질－선조체－중뇌로 연결된 동기－보상계 영역이 핵심적인 역할을 담당하는 것으로 나타났다(이준기 등, 2010). 특히, 배외측전전두피질, 복외측전전두피질, 대상이랑, 두정피질, 측두피질, 후두피질이 일부 관련되었지만, 동기－보상 기능에 핵심적으로 관련된 주요 두뇌 영역은 보상판단 및 감성조절과 후각에 관여하는 양측 안와전두피질, 긍정감성－보상 및 도파민 분비에 관여하는 양측 측좌핵과 양측 선조체, 보상중추로 알려진 중뇌로 나타났다(그림 4.39). 이들 영역들은 대부분 두뇌 보상계(reward system) 영역으로, 과학 교수－학습 과정에서 동기 항목 요소들이 주로 보상계 영역에서 일어나는 것을 나타낸다.

과학 교수－학습 프로그램의 감성관련 두뇌 시스템은 변연계 영역이 핵심적인 역할을 담당하는 것으로 나타났다(이준기 등, 2010). 물론, 배외측전전두피질, 복외측전전두피질, 두정피질, 후두피질, 선조체, 측좌핵, 중뇌영역이 일부 관련되었지만, 감성 기능에 핵심적으로 관련된 주요 두뇌 영역은 감성 및 정보의 평가에 관여하는 대상이랑, 감성 및 새로운 정보의 부호화 및 기억에 관여하는 좌측 해마, 감성 및 기억의 재인에 관여하는 우측해마, 공포 및 조건화와 부정감성에 관여하는 양측 편도체로 나타났다. 이들 두뇌 영역들은 대부분 변연계(limbic system)로, 과학 교수－학습 과정에서 감성 항목 요소들이 주로 두뇌의 변연계 영역에서 일어나는 것을 의미한다.

2) CoRE Brain Map 기반 과학학습 분석틀

그림 4.39의 CoRE Brain Map에 나타난 과학 교수－학습 관련 두뇌영역과 기능 요소를 바탕으로 두뇌기반 과학 교수－학습 활동의 분석틀을 구성해 보면 표 4.16과 같은 체계로 구성할 수 있다(이준기 등, 2010). 이 분석틀을 바탕으로 프로그램의 인지, 동기, 그리고 감성 관련 두뇌기능의 활성 정도를 분석한다면 교수－학습에서 프로그램의 효과를 두뇌기능

표 4.16 두뇌기반 과학 교수-학습 프로그램의 분석틀(이준기 등, 2010)

항목	두뇌영역	대표적 기능	정의	예시
인지	좌측 배외측전 전두피질	추상적 정보의 생성	직접 관찰할 수 없는 대상에 대한 정보를 스스로 만들어 내는 것	▪ 각 조는 먼저 크레이터의 크기가 유성체의 어떤 물리량에 어떻게 관련되어 있을지 가설을 설정하고 다음으로 가설을 검증할 수 있는 실험을 설계하도록 한다.
	우측 배외측전 전두피질	추상적 정보의 유지	직접 관찰할 수 없는 대상에 대한 정보를 보존하거나 변환 없이 지탱하는 것	▪ 쌍떡잎식물과 외떡잎식물의 특징에 대해 알려준다. ▪ 생물들 간의 먹고 먹히는 관계인 먹이그물에 대해 알려준다.
	좌측 측두피질	정보의 상세 탐색 / 정보의 연합 / 청각	관찰이나 측정을 통하여 수집한 자료를 보다 구체적으로 찾아 밝히거나 하나 이상의 자료들을 조직화하는 것 / 귀(소리)를 통해 학습자가 관찰사실을 수집하는 것	▪ 씨의 껍질을 벗기고 두 쪽으로 나누어 속의 구조를 상세히 알아보자. ▪ 음식물에 들어 있는 에너지 양이 나타나있는 표 1과 영양성분이 제시된 표 2를 이용하여 준호가 점심에 먹은 음식의 에너지 양을 구해본다. ▪ 녹음기로 자신의 목소리를 1분 정도 녹음하여 들어보자.
	우측 측두피질	정보의 상세 탐색 / 정보의 연합 / 청각		
	좌측 두정피질	시·공간 정보 유지 및 운용 / 수리 정보 유지 및 운용	사물이나 현상의 위치나 크기 혹은 시간적 속성에 대한 정보를 변환 없이 보존하거나 적절한 형태로 변환하여 활용함	▪ 가로축을 전압, 세로축을 온도의 변화로 하여 그래프를 그려보자 ▪ 전압계, 전류계, 발열량 측정 장치를 이용하여 전류에 의한 물의 온도변화를 측정할 수 있는 방법을 생각해 보자.
	우측 두정피질	시·공간 정보 유지 및 운용 / 수리 정보 유지 및 운용		
	좌측 후두피질	구체적 정보의 수집 / 시각	직접 관찰할 수 있는 대상에 대한 정보를 찾아 모음 / 눈(빛)을 통해 학습자가 관찰사실을 수집하는 것	▪ 옥수수와 강낭콩 씨앗을 관찰하여 스케치해보자. ▪ 깍지에 쌓여 있는 땅콩의 겉모양을 들여다보고, 씨를 찾아보자.
	우측 후두피질	구체적 정보의 수집 / 시각		

표 4.16 두뇌기반 과학 교수－학습 프로그램의 분석틀(이준기 등, 2010)(계속)

<table>
<tr><th>항목</th><th>두뇌영역</th><th>대표적 기능</th><th>정의</th><th>예시</th></tr>
<tr><td rowspan="7">동기</td><td>좌측 안와전두 피질</td><td>보상판단 / 후각</td><td rowspan="2">수업 중 학습자의 행위를 촉진하거나 학습 분위기를 조성하기 위하여 주는 물질이나 칭찬에 대하여 스스로 가늠해 봄 / 수업 중 느껴지는 정서양상에 대한 조절 / 코(냄새)를 통해 학습자가 관찰사실을 수집함</td><td rowspan="2">▪ 자석 모둠왕 선정하기: 정해진 시간 안에 자석에 붙는 곳 찾기
준비물 : 개인별 자석 1개
－가장 많이 찾은 모둠을 자석 모둠왕으로 선정하기
▪ 연소되는 초에서 나는 냄새를 맡아보게 한다.</td></tr>
<tr><td>우측 안와전두 피질</td><td>보상판단 / 후각</td></tr>
<tr><td>좌측 측좌핵</td><td>내적동기 / 외적동기</td><td rowspan="4">학습자가 학습목표 달성에 쉽게 접근하도록 유인하는 수업 중 활동이나 사례의 제시 / 수업 중 학습자의 행위를 촉진하거나 학습 분위기를 조성하기 위한 물질, 칭찬, 석차 등과 같은 외적보상물의 제시</td><td rowspan="4">▪ '바윗돌 깨뜨려～' 노래 부르기
'바윗돌 깨뜨려 돌덩이, 돌덩이 깨뜨려 돌멩이, 돌멩이 깨뜨려 자갈돌, 자갈돌 깨뜨려 모래알 ~ 랄랄 랄랄라 랄랄라 랄랄 랄랄라 랄랄라 ~ ♪'
위 노래에서 바윗돌, 돌덩이, 돌멩이, 자갈돌, 모래알의 차이점은 무엇일까요?</td></tr>
<tr><td>우측 측좌핵</td><td>내적동기 / 외적동기</td></tr>
<tr><td>좌측 선조체</td><td>내적동기 / 외적동기</td></tr>
<tr><td>우측 선조체</td><td>내적동기 / 외적동기</td></tr>
<tr><td>중뇌</td><td>외적동기</td><td>수업 중 학습자의 행위를 촉진하거나 학습 분위기를 조성하기 위한 물질, 칭찬, 석차 등과 같은 외적보상물의 제시</td><td>▪ 교실(필통)에서 가장 많은 물질로 이루어진 물체 찾기 / 아동들에게 주어진 상황을 잘 설명하고, 주어진 시간 내에 빨리 찾는 사람에게 보상해준다.
－예: 교실－게시판, 시계, 컴퓨터, 프린터
필통－샤프 등</td></tr>
</table>

표 4.16 두뇌기반 과학 교수-학습 프로그램의 분석틀(이준기 등, 2010)(계속)

<table>
<tr><th>항목</th><th>두뇌영역</th><th>대표적 기능</th><th>정의</th><th>예시</th></tr>
<tr><td rowspan="7">감성</td><td>좌측 복외측전전두피질</td><td>추상정보의 선택 / 감성적 의사결정 / 긍정감성 / 부정감성</td><td rowspan="2">직접 관찰할 수 없는 대상에 대한 정보의 선택 / 학습자의 정서 상태에 기반을 두고 행위나 태도를 정함 / 학습자에게 수업 중 유발된 정서</td><td rowspan="2">▪ 대륙이동설을 뒷받침할 수 있는 여러 증거들 중 가장 유력한 증거 하나를 선택해 설명하도록 한다.
▪ 자신이 관찰한 나비들 중에 제일 마음에 드는 한 가지를 고르도록 한다.</td></tr>
<tr><td>우측 복외측전전두피질</td><td>추상정보의 선택 / 감성적 의사결정 / 긍정감성 / 부정감성</td></tr>
<tr><td>대상이랑</td><td>감성의 평가 / 정보의 평가</td><td>학습자가 자신의 정서적 상태와 수업과정에서 제시되거나 생성한 지식에 대해 스스로 가늠함</td><td>▪ 학생들에게 워크시트를 나누어주고 질문을 한다.

아래의 표는 식물이 산발적으로 나 있는 황갈색의 모래로 된 해변에 살고 있는 네 마리의 암컷 쥐에 대한 설명이다. 어떤 쥐가 생물학적으로 가장 적합한가? 왜 이 쥐가 적합한지 설명해 보자.
<table><tr><th>털 색깔</th><td>검은색</td><td>황갈색</td><td>진한갈색</td><td>흰색</td></tr><tr><th>수명</th><td>2개월</td><td>8개월</td><td>4개월</td><td>2개월</td></tr><tr><th>각각이 낳은 새끼 수</th><td>0</td><td>11</td><td>3</td><td>0</td></tr><tr><th>달리는 속도</th><td>8 m/min</td><td>6 m/min</td><td>7 m/min</td><td>5 m/min</td></tr></table></td></tr>
<tr><td>좌측 편도체</td><td>공포 및 조건화 / 부정감성</td><td rowspan="2">학습자에게 느껴지는 두렵고 무서운 정서 / 수업 중 학습자의 자극과 반응을 적절히 연합시켜줌 / 학습자에게 수업 중 유발된 나쁜 혹은 불쾌한 정서</td><td rowspan="2">▪ 약물의 오·남용이 인체에 미치는 영향을 표 2를 보며 설명한다.
▪ 세계 곳곳에서 발생한 생물농축에 의한 피해사례 사진을 보고, 각 사례에서 생물농축이 일어나기까지의 경로를 설명하게 한다.</td></tr>
<tr><td>우측 편도체</td><td>공포 및 조건화 / 부정감성</td></tr>
<tr><td>좌측 해마</td><td>긍정감성 / 새로운 정보의 부호화 및 기억</td><td>학습자에게 수업 중 유발된 정서 / 학습자가 기존에 알고 있지 못하던 정보를 변환하고 기억함</td><td>▪ 고체가 액체를 거치지 않고 바로 기체로 승화되는 것을 보여준다.
- 준비물 : 드라이아이스</td></tr>
<tr><td>우측 해마</td><td>긍정감성 / 부정감성 / 기억의 재인</td><td>학습자의 기억과 연관된 수업 중 유발된 정서 / 학습자가 자신의 기억내용에 대하여 재차 인식하게 됨</td><td>▪ 선수학습 확인
- 뿌리가 드러난 식물의 사진을 보여주면서 뿌리의 역할에 대한 질문에 답하도록 한다.</td></tr>
</table>

기반에서 체계적으로 과학적으로 평가할 수 있을 것이다. 또한, 두뇌기반 과학 교수-학습 프로그램 분석틀의 항목을 통해 학습 프로그램들을 분석한 뒤, CoRE Brain Map에 pointing하여 분석대상 학습 프로그램의 두뇌 활성화 자극 정도를 표현한다면 그 프로그램의 두뇌활성 정도를 더욱 용이하게 분석할 수 있다.

3) 과학학습 두뇌맞춤지수 산출식

두뇌기반 과학 교수-학습 프로그램 분석틀인 'CoRE brain map'을 실제 과학 교수-학습 프로그램 분석에 적용해 보면 다음과 같다(이일선 등, 2010). 그림 4.40은 교사 L의 중학교 과학 단원 중 물질의 특성(용해도)에 대한 교수-학습 프로그램과 이에 대한 CoRE Brain Map 분석을 예시한 것이다.

먼저, 교수-학습 프로그램의 상황에 대한 연관된 대표적 두뇌 기능과 영역은 두뇌기반 과학탐구 교수-학습 분석을 위한 CoRE Brain Map(이준기 등, 2010)의 정의와 예시에 의하여 분석하였다. 이러한 두뇌기반 과학탐구 교수-학습 프로그램에 대한 CoRE Brain Map의 정성적 분석 결과는 그림 4.40과 같이 연관 두뇌기능을 중심으로 전체 22개 대표 두뇌영역 중 해당되는 영역 위에 맵핑(Mapping)된다. 분석된 결과에 따르면 이 교수-학습 프로그램은 인지-피질계의 8개 영역, 감성-변연계의 3개 영역을 자극하는 것으로 맵핑된다. 그러나 이 프로그램은 동기-보상계의 두뇌 영역은 자극하지 못하는 것으로 맵핑된다.

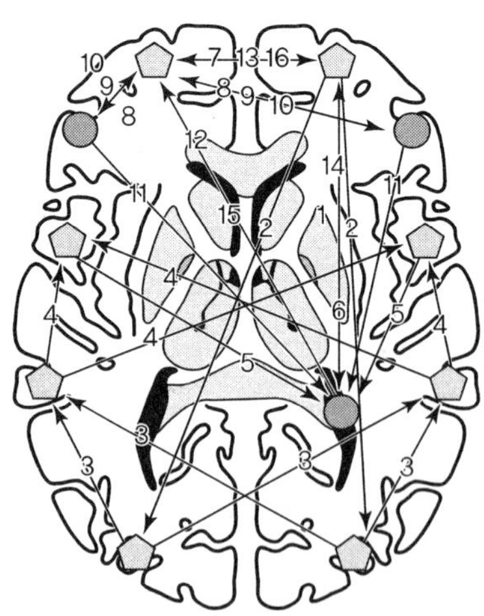

▶ **그림 4.40** 교사 L의 교수-학습 프로그램에 대한 CoRE Brain Map 분석 예시(이일선 등, 2010)
[화살표 위의 숫자는 교수-학습프로그램의 흐름에 의한 경로 네트워크 순서를 의미하고 서로 다른 색깔의 노드는 서로 다른 계를 나타냄.]

더 나아가, 이 교수−학습 프로그램에서 학생의 두뇌는 교수−학습의 시간적 순서에 따라 순차적 자극을 경험하게 된다. 즉, 표 4.17에 제시된 교수−학습 활동의 시간적 순서에 의한 두뇌 영역의 자극 순서를 분석하면 그림 4.40과 같이 두뇌 영역의 자극 순서가 표시된 두뇌 맵핑 분석 결과를 얻을 수 있다. 따라서 개별 두뇌 영역은 고립되어 존재하는 것이 아니고 그림 4.40과 같이 순차적 흐름에 따른 경로 연결망을 지니는 네트워크를 형성하게 된다. 표 4.17에 제시된 교사 L의 교수−학습 프로그램을 분석하면 그림 4.40과 같은 형태의 두뇌 활성 연결망으로 이루어진 맵핑을 도식화할 수 있다.

표 4.17 중학교 과학 물질의 특성에 대한 교사 L의 교수-학습 프로그램 예시(이일선 등, 2010)

<table>
<tr><th colspan="2">일 시</th><th>2010. 04. 06. 3교시</th><th>장소</th><th>과학실</th><th>차시</th><th>15</th></tr>
<tr><th colspan="2">단원명</th><td colspan="5">물속에도 산소가 있을까?</td></tr>
<tr><th colspan="2">학습목표</th><td colspan="5">온도와 압력에 따른 기체의 용해도 변화를 알 수 있다.</td></tr>
<tr><th rowspan="2">단계</th><th rowspan="2">학습 과정</th><th colspan="2">교수-학습 활동</th><th colspan="2" rowspan="2">학습 자료 / 유의점</th><th rowspan="2">시간</th></tr>
<tr><th>교사 활동</th><th>학생 활동</th></tr>
<tr><td rowspan="4">도입</td><td rowspan="2">선수 학습 확인</td><td>• 용해도의 개념 질문</td><td>• 용해도에 대하여 답한다.</td><td colspan="2" rowspan="4">파워포인트를 이용</td><td rowspan="4">5분</td></tr>
<tr><td colspan="2">▶ 기억의 재인 − 우측해마</td></tr>
<tr><td rowspan="2">학습 목표</td><td>• 본시의 학습 목표 제시</td><td>• 학습 목표 인지</td></tr>
<tr><td colspan="2">▶ 추상정보 유지 − 우측 배외측전전두피질</td></tr>
<tr><td rowspan="7">전개</td><td rowspan="2">준비물 점검</td><td>• 실험대 위의 준비물 확인 및 유의 사항을 전달</td><td>• 실험 보고서를 보면서 설명을 듣고 유의 사항 숙지</td><td colspan="2" rowspan="7">[준비물]
시험관, 비커, 사이다, 얼음, 고무마개, 초시계
[유의사항]
실험기구 파손주의
사이다는 실험직전 개봉</td><td rowspan="4">2분</td></tr>
<tr><td colspan="2">▶ 구체적 정보의 수집, 시각 − 양측 후두피질</td></tr>
<tr><td rowspan="2">탐구 활동 도입</td><td>• 안전수칙에 대한 설명</td><td>• 안전수칙을 경청</td></tr>
<tr><td colspan="2">▶ 구체적 정보의 수집, 시각 − 양측 후두피질</td></tr>
<tr><td rowspan="3">탐구 활동 전개</td><td>• 실험안내서를 참고하여 실험을 실시하도록 지시</td><td>• 실험순서에 따라 실험 진행</td><td rowspan="3">13분</td></tr>
<tr><td>• 20초 동안 시험관에 발생한 기포의 양 비교하기
• 얼음물의 시험관을 실온과 50 °C의 물에 넣을 때의 변화 확인하기</td><td>• 기포의 양을 비교해 보고 상대적인 개수를 그림으로 그려본다.
• 어떤 현상이 일어나는지 확인한다.</td></tr>
<tr><td colspan="2">▶ 구체적 정보의 수집, 시각 − 양측 후두피질
▶ 시공간정보 및 수리정보 유지 및 운용 − 양측 두정피질
▶ 정보의 상세 탐색 및 연합 − 양측 측두피질</td></tr>
</table>

표 4.17 중학교 과학 물질의 특성에 대한 교사 L의 교수-학습 프로그램 예시(이일선 등, 2010)(계속)

단계	학습 과정	교수-학습 활동: 교사 활동	교수-학습 활동: 학생 활동	학습 자료 / 유의점	시간
전개	결과 토의	▪ 기포가 가장 많이 발생하는 시험관이 무엇인지 질문	▪ 약 50°C의 물속에 넣어 둔 시험관에서 가장 많이 발생	지적 받은 모듬조의 조장이 결과를 발표한다.	5분
		▪ 실온의 물에 담근 두 시험관 중 기포가 더 많이 발생하는 시험관은 무엇인지 질문	▪ 고무마개를 막지 않은 시험관에서 기포 발생이 많았다.		
		▶ 기억의 재인 – 우측 해마			
		▪ 기체의 용해도에서 압력과 온도의 영향을 설명	▪ 기체의 용해도가 압력과 온도의 영향을 받음을 이해함.	온도, 압력 관계를 상기시킴	5분
		▶ 추상정보의 유지 – 우측 배외측전전두피질			
		▪ 어항속의 금붕어가 물위로 나와 뻐끔거리는 이유는?	▪ 여름에는 온도가 따뜻하므로 산소의 용해도가 줄어들기 때문이다.		
		▶ 추상적 정보의 구성 및 생성 – 좌측 배외측전전두피질 ▶ 추상정보의 선택 – 양측 복외측전전두피질			
	결과 고찰	▪ 탄산음료를 마시고 트림이 나는 이유는?	▪ 몸속에서 압력은 낮아지고 온도가 높아지므로	▪ 충분히 생각할 여유를 준다.	5분
		▶ 추상적 정보의 구성 및 생성 – 좌측 배외측전전두피질 ▶ 추상정보의 선택 – 양측 복외측전전두피질			
		▪ 일상생활 속에서 이러한 특성이 나타나는 것을 2~3개 정도 찾아봅시다.	▪ 생활에서 이용할 수 있는 예를 생각함		
		▶ 기억의 재인 – 우측해마 ▶ 추상적 정보의 구성 및 생성 – 좌측 배외측전전두피질			
정리 및 평가	학습 내용 정리	▪ 기체의 용해도는 압력이 증가하면 커지고, 온도가 증가하면 감소함을 설명	▪ 설명을 듣고 숙지	▪ 파워포인트 제시	3분
		▶ 추상정보의 유지 – 우측 배외측전전두피질			
	형성 평가	▪ 실험 보고서의 평가 문항을 각자 풀게 함	▪ 스스로 확인하고 풀어 봄	▪ 파워포인트로 정리 확인	5분
		▶ 기억의 재인 – 우측 해마 ▶ 추상적 정보의 구성 및 생성 – 좌측 배외측전전두피질			
차시 예고	차시 예고	▪ 차시 학습내용 예고한다.	▪ 차시 학습 준비	▪ 과학실 주변을 정리시킨다.	2분
		▶ 추상정보의 유지 – 우측 배외측전전두피질			

더 나아가, 그림 4.40과 같이 교사 L의 과학탐구 교수−학습 프로그램을 정성적으로 분석해보면 교수−학습프로그램이 자극하고 있는 것으로 나타난 실제 네트워크상의 노드(node)의 수를 No라고 표현할 수 있다(이일선 등, 2010). 여기서 No(Observed node)는 정성적 분석 결과 얻어낸 관측치를 의미한다. CoRE Brain Map에서 이론적으로 가능한 전체 노드의 수는 22개이다.

22개의 전체 노드 중 N개의 노드를 가지는 네트워크는 최대로 $\frac{N(N-1)}{2}$의 링크(link)를 가질 수 있다(Erdös & Rényi, 1960). 그리고 과학탐구 교수−학습 프로그램이 자극하고 있는 것으로 나타난 실제 네트워크상의 링크의 수를 L_o라 하자. 그리고, 네트워크 효율성을 알아내려면 해당 네트워크의 포화도를 파악해야 한다. 이는 이 네트워크의 노드 및 링크가 이론적으로 가질 수 있는 전체 노드 및 링크인 이론치에 대한(saturated model) 실제 관측된 노드 및 링크 개수인 관측치의 비율로 표현할 수 있다(McIntosh & Gonzalez-Lima, 1994).

이러한 원리를 바탕으로 두뇌맞춤지수(BCI = Brain Compatibleness Index) 산출식을 1차적으로 정리하면 다음과 같다(이일선 등, 2010).

$$BCI = \frac{N_o}{22} \cdot \frac{L_o}{\frac{N_o(N_o-1)}{2}}$$

그러나 'CoRE Brain Map'에서 나타나는 두뇌 영역 간 네트워크의 링크는 하나의 유형이 아니므로 가중치를 통해 표 4.18과 같이 구분해 주는 것이 필요하다(Milo et al., 2002).

두뇌의 활성네트워크는 정보전달의 효율성에 있어서 단방향보다 양방향 회로에서 우수성을 지닌다(Sporns & Kötter, 2004). 아울러 네트워크가 형성되는 과정에서 피질계, 변연계, 보상계와 같은 두뇌의 거대 시스템 내에서의 물리적 섬유다발이나 뉴런의 직접적 연결에 의한 링크도 형성되지만 보다 추상적이고 고차원적인 인지과정일수록 시스템들 간을 넘나드는 동조과정이 중요한 것으로 알려져 있다. 따라서 네트워크 내의 개별 링크는 이들이

표 4.18 두뇌맞춤지수 산출을 위한 네트워크 유형과 가중치(이일선 등, 2010)

네트워크상의 링크 유형(i)	링크의 가중치 값(w)
계내(intra−system) 단방향 링크($i=1$)	1점
계내(intra−system) 양방향 링크($i=2$)	2점
계간(inter−system) 단방향 링크($i=3$)	3점
계간(inter−system) 양방향 링크($i=4$)	4점

연결해주는 시스템이나, 연결의 방식(방향성)에 따라 가중치를 보유할 수 있다. 이를 하나의 항으로 정리하면 다음과 같다(이일선 등, 2010).

$$\sum_{i=1}^{4} l_{in} w_i \ (\ l_{in}\text{: } i \text{ 유형 링크의 개수, } w_i\text{: } i \text{ 유형 링크의 가중치})$$

이러한 논리를 바탕으로 최종적으로 과학탐구 교수−학습 프로그램의 두뇌맞춤지수를 정량적으로 산출하는 식을 정리해보면 다음과 같다(이일선, 2010).

$$BCI = \frac{N_o}{22} \cdot \frac{L_o}{\frac{N_o(N_o-1)}{2}} \cdot \sum_{i=1}^{4} l_{in} w_i \ = \ \frac{L_o}{11(N_o-1)} \cdot \sum_{i=1}^{4} l_{in} w_i$$

5.3 과학학습에서 두뇌 동기보상 시스템 이론

1) 두뇌 동기보상 시스템

동기는 학습에서 가장 중요한 요소 중 하나다. 이러한 동기를 학습에 적용시키기 위한 다양한 전략 연구들이 수행되어 왔다. 그러나 이러한 전략들은 동기전략에 대한 연구는 포괄적이면서 그 효과성에 초점을 둔 것이지 구체적으로 어떻게 영향을 주고받는지에 대한 분석은 찾아보기 어렵다(Ansari & Coch, 2006). 그러나 최근 신경과학적 연구 방법의 발달에 의해 학습과정에 동기의 영향이 뇌과학적 측면에서 구체적으로 설명될 수 있음이 가능함을 보여주었다. 이러한 연구 방법의 발달로, 과학학습에서도 두뇌의 동기보상 시스템을 규명하고, 이를 기반으로 과학학습 동기 증진에 효과적인 두뇌 기반 학습모형이 제안되었다(이일선 등, 2012).

과학학습의 학습동기와 관련된 최근의 두뇌 영상 측정결과에 따르면, 과학학습 동기와 관련된 두뇌 활성 영역은 안와전두피질(orbitofrontal cortex)을 포함하는 전전두엽과, 선조체를 포함하는 기저핵(basal ganglia) 및 뇌간의 중뇌(midbrain) 영역이 포함된다(이일선 등, 2012). 과학학습에서의 학습동기 관련 두뇌 활성 영역은 대부분 피질 하 영역이 관여하고 있다. 이러한 결과는 동기적인 측면과 깊은 관계가 있는 감성의 주된 두뇌 영역이 변연계 영역이라는 것과 같은 맥락으로 볼 수 있다. 이러한 두뇌의 기능적 네트워크 결과에 기반하여 과학학습에서 나타나는 두뇌 동기보상 시스템은 그림 4.41과 같이 나타낸다(이일선 등, 2012).

이일선 등(2012)에 따르면, 과학학습에서 두뇌 동기보상 시스템은 좌우측 안와전두 피질, 좌우측 선조체와 중뇌 영역이 네트워크를 이루는 것으로 나타났다. 이 영역들은 서로

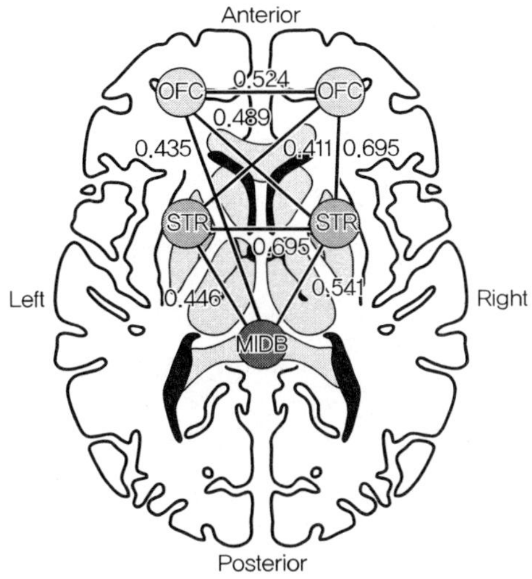

▶ **그림 4.41** 생명과학 학습에서의 두뇌 동기보상 시스템(이일선 등, 2012)
OFC: 안와전두피질, STR: 선조체, MIDB: 중뇌

9쌍의 연결을 만들며 네트워크를 형성하였다. 즉, 안와전두피질, 선조체, 중뇌가 서로 네트워크를 이루며 생명과학 학습에서 학습동기와 관련된 두뇌 동기보상 시스템을 이루고 있다.

안와전두피질의 경우 인지적인 사고 처리 과정에서 의사결정과 같은 판단과정에 매우 핵심적인 역할을 수행한다(Damasio, 1994). 특히 이 영역은 주어진 상황에서 동기보상에 대한 다양한 정보를 통합하여 보상에 대한 가치를 판단하게 된다. 또한 동기보상에 대한 판단에 앞서 어떠한 동기보상이 주어지게 될지에 대한 보상기대 및 보상예측 과정에 의해 많은 활성을 나타낸다. 특히 외적인 동기보상뿐만 아니라 내적인 동기보상에 대한 기대와 예측 그리고 판단 과정으로 이어지는 과정에서 내적동기가 점차 강화될 수 있다.

기저핵의 일부분으로 조가비핵과 미상핵을 포함하는 선조체 영역도 여러 동기보상 관련 연구에서 그 기능이 나타나는 영역이다(Izuma et al., 2008). 선조체의 동기보상과 관련된 기능에는 중뇌 도파민 회로와 관련되어 물질적인 보상과정에 관여하기도 하며, 안와전두피질영역과 함께 보상에 대한 기대 및 예측과정에도 관여하는 것으로 연구되었다. 특히 선조체는 물질적인 보상 외에도 평가보상이라는 동기보상을 받을 때 중요하게 관여하는 것으로 알려져 있다. 특히 이 영역은 다른 사람이 자신에 대하여 평가를 하거나, 자기 스스로 자신에 대하여 평가를 하는 과정에서 스스로 동기부여가 지속적으로 일어나게 되고 이는 동기의 유지로 이어지는 과정에 깊게 관여하고 있다.

중뇌의 경우 두뇌 동기보상 신경 회로의 핵심적인 역할을 하는 지역으로 도파민의 분비에 매우 중요한 역할을 한다(Schultz, 1999). 중뇌는 게임, 돈과 같은 물질적인 강력한 외적 보상에 강하게 반응하며 중독 행동에서 깊이 관여하는 지역이다. 특히 이러한 물질적인 외적보상은 동기가 쉽게 유발될 수 있도록 해준다.

두뇌 동기보상 시스템 영역들과 관련된 동기보상 신경회로(neural reward circuit)를 살펴보면, 중뇌와 기저핵 간의 동기보상 신경 회로, 중뇌에서 안와전두피질로 이어지며 이후 기저핵으로 들어오게 되는 동기보상 신경 회로, 중뇌와 변연계 간의 동기보상 신경 회로 등이 있다. 특히, 과학학습에서 학습동기와 관련된 두뇌 동기보상 시스템은 관련 '중뇌-안와전두피질-선조체'로 연결되는 회로를 갖는 시스템이다. 이를 정리하면 다음 표 4.19와 같다(이일선 등, 2012).

표 4.19 두뇌 동기보상 시스템 기반 학습요소 분석틀(이일선 등, 2012)

두뇌 영역	분석기준			
	동기보상 자극 종류	동기보상 자극 제시 방법	동기보상 신경학적 반응	동기보상 신경 회로
안와전두피질	금전적 동기보상 자극 비금전적 동기보상 자극 모두에 반응	긍정적, 무작위적 동기보상 제공	보상기대, 보상예측, 내적보상 등에 의한 내적동기 강화 관련 두뇌 동기보상 시스템 작동	중뇌-전전두피질-기저핵 동기보상 신경 회로
선조체	금전적 동기보상 자극 비금전적 동기보상 자극 모두에 반응	긍정적, 무작위적 동기보상 제공	외적평가보상, 내적평가보상 등에 의한 동기유지 관련 두뇌 동기보상 시스템 작동	중뇌-전전두피질-기저핵 동기보상 신경 회로
중뇌	금전적 동기보상 자극 비금전적 동기보상 자극 모두에 반응	긍정적, 무작위적 동기보상 제공	외적보상에 의한 동기유발 관련 두뇌 동기보상 시스템 작동	중뇌-전전두피질-기저핵 동기보상 신경 회로

2) 두뇌 동기보상 시스템 기반 과학학습 모형

두뇌 동기보상 시스템의 연구 결과에 의하면 중뇌는 주로 외적보상에 의한 동기유발과 관련되며, 안와전두피질은 내적보상 및 판단을 통한 동기강화와 관련되어 있다. 또한 선조체는 평가 형태의 외적보상과 관련되어 있다. 이러한 분석결과를 토대로 이일선 등(2012)은 과학학습에서 두뇌 동기보상 시스템 기반 학습 모형(The MOSt Model)을 그림 4.42와 같이 제시하였다.

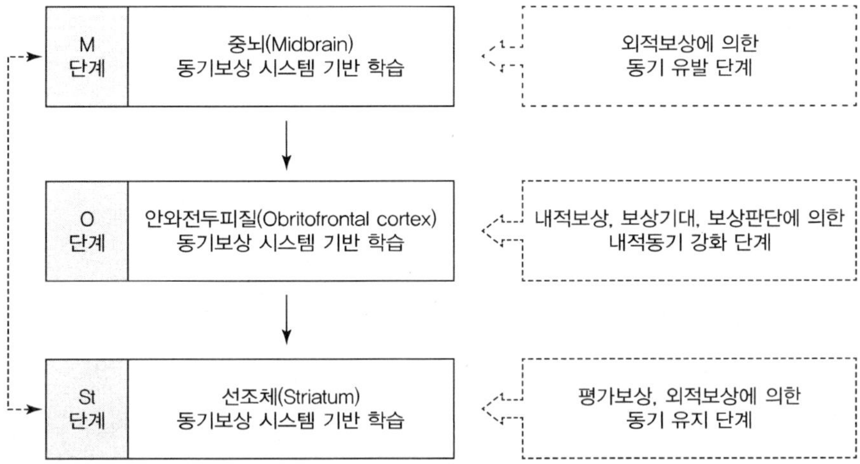

▶ **그림 4.42** 두뇌 동기보상 시스템 기반 학습 모델: The MOSt Model(이일선 등, 2012)

The MOSt 학습모형에서 학습의 단계는 M 단계(중뇌 동기보상 시스템 기반 학습), O 단계(안와전두피질 동기보상 시스템 기반 학습), St 단계(선조체 동기보상 시스템 기반 학습)의 세 단계로 구성된다(이일선 등, 2012). 이 모델에서 중뇌는 구성 요소 분석 과정에서 나타났듯이 주로 외적인 동기보상 자극에 반응한다. 즉, 중뇌 학습 단계에는 돈과 같은 물질적인 외적 동기보상 자극에 의해 쉽고 자연스럽게 동기 유발전략이 효과적일 것이다. 이러한 학습전략은 학생들의 학습동기를 보다 쉽고 자연스럽게 유발시킬 수 있을 것이다(이일선 등, 2012).

안와전두피질의 경우, 동기보상 시스템 영역의 경우 주로 동기보상에 대한 기대, 예측, 판단 과정에 깊게 관여하며, 외적 동기보상 자극뿐만 아니라 내적동기의 강화 과정과도 관련이 깊다. 즉, 안와전두피질 학습단계에서는 동기보상을 기대・예측하고 판단하면서 지속적인 동기의 강화가 이루어질 수 있도록 학습전략을 제시해야 한다. 이를 위한 전략에는 학생들 스스로 목표를 설정하는 과정, 목표달성을 위한 과제수행 과정, 과제수행 결과를 발표하는 과정 등의 전략이 있다(이일선 등, 2012). 목표를 설정하고 실제 과제를 수행하는 과정에서 학습에 대한 내적보상을 기대하고 예측하게 된다. 이후 과제 수행하는 과정에서 결과가 나오고 이를 발표하면서 학생들은 내적보상을 제공받을 수 있게 된다. 이러한 학습 과정을 거치며 학생들의 학습에 대한 내적동기는 더욱 강화될 것이다. 기대나 예측이 항상 교사나 다른 급우들에게서 주어지는 외적보상만은 아니다. 오히려 학습과정에서 학생들은 스스로 과제를 풀어나가면서 얻는 성취감이나, 자신이 알아낸 지식을 발표하면서 얻는 자신감 등과 같은 내적인 보상에 학습동기는 더욱 강화된다.

선조체는 외부에서 주어지는 평가와 자기 스스로가 부여하는 평가보상 자극에 주로 반응한다. 또한 동기보상 자극에 대한 자동적·습관적 반응이 일어나게 함으로써 보상에 대한 동기가 지속적으로 유지될 수 있도록 한다(Rangel et al., 2008). 즉, 선조체 학습단계는 내적·외적 평가 보상전략을 제시하여 학습이 끝난 후에도 지속적으로 유지시키도록 한다. 동기 관련 연구들에서 외적보상은 내적동기를 떨어트릴 수 있는 것으로 보는 견해가 있지만 외적보상의 타깃에 따라 달라질 수 있다. 즉 보상물을 주는 원인이 무엇인가에 따라 내적동기의 향상을 불러올 수도 있다. 예를 들어, 개인별, 조별, 학급 전체에 대하여 학습과정 동안의 긍정적이었던 점에 대한 피드백과 평가를 제공해줄 수 있다. 이러한 경우 학생들은 자신이 받은 긍정적인 평가 자체로 동기가 유지되거나 다음 학습에서는 더 좋은 평가를 받을 수 있다는 생각으로 인하여 학습동기를 유지할 수 있을 것이다.

5.4 신경주의 학습이론의 과정

학습과정은 학습에 영향을 미치는 학습자의 내적·외적 변인들에 의해 차이를 보일 수 있다. 이러한 차이에 대한 설명을 통해 학습이 이루어지는 전반적인 과정에 대한 설명체계를 학습 패러다임으로 볼 수 있으며, 통시적 관점에서 패러다임은 지속적인 변화의 선상에 놓여있다. 그러나 학습의 궁극적인 목표는 학습에 영향을 미치는 요인들을 파악하고 이에 적절한 학습과정을 제공함으로써 학습자의 내적영역 변화를 이끌어내는 것이다. 이러한 측면에서 행동주의, 인지주의, 구성주의 패러다임은 공통점을 지니고 있으나, 학습자의 내적영역에 대한 명확한 설명에는 아직까지도 많은 제한점을 지니고 있다.

반면, 인간의 두뇌에서 이루어지는 기능들에 대한 연구결과들은 이전의 연구방법으로 확인하기 어려웠던 많은 것을 명확하게 보여줄 수 있다. 앞서 살펴본 바와 같이, 학습에 있어 영향을 미치는 인지영역, 동기영역, 감성영역에 대한 두뇌 시스템에 대한 연구의 결과들은 학습자의 학습이 어떻게 이루어지는지에 대한 실마리를 제공할 수 있다. 20여 년 동안 많은 신경학적 연구결과를 바탕으로 다양한 연구자들이 학습과정을 설명하려고 시도하고 있으며, 이러한 설명체계들은 실제로 학습에 대한 많은 사실들을 설명해내고 있다. 그러므로 두뇌의 기능적 시스템에 기반을 두고 학습에 대한 다양한 과정을 설명하는 이론체계를 신경주의(Neuronalism) 패러다임으로 통칭할 수 있을 것이다.

앞 절에서 살펴본 바와 같이, 인간의 학습과 관련된 두뇌 시스템은 고차적 사고를 포함하는 인지시스템, 자극에 대한 결과가 보상으로 작용할지 여부를 결정하는 동기시스템, 보상의 가치와 인지적 사고에 영향을 미치는 감성시스템으로 구분될 수 있다. 각각의 두뇌 시스템이 독립적이지만, 무엇보다도 학습의 측면에서 중요한 것은 각 시스템의 상호작용 균형에 있다.

신경학적 연구결과에 따르면, 어떤 시스템이 작용하여 학습이 이루어질지는 도파민 보상시스템에 영향 아래 놓여 있으며, 과학학습에서 궁극적으로 지향하는 장기적인 개념의 변화는 인지적 시스템의 변화에 있다. 또한 각 학습 시스템은 개별적인 두뇌 영역들의 기능적 상호작용을 통해 강한 네트워크를 구상함으로써 상호작용하지만, 독립적인 연결망을 지니고 있다. 따라서 학습의 결과로 나타날 수 있는 일반화된 정보 혹은 개념은 연결망의 상호작용 구조로써 두뇌 시스템 내에 존재할 것이다.

학습의 과정적 측면에서 학습자에게 제공된 정보인 학습내용은 학습자의 내적영역에 존재하는 두뇌 시스템인 인지 시스템, 동기 시스템, 감성 시스템의 상호작용을 통해 두뇌에 기능적인 연결망을 형성하게 된다. 새로이 형성된 연결망은 두뇌 시스템에 존재하는 기존 연결망과의 관련성이 평가됨으로써 새로운 정보를 받아들이는 과정에 영향을 미치며, 새로운 연결망 형성을 유발할 수 있게 된다. 이러한 과정을 거쳐 일반화된 연결망은 경험으로써 존재할 수 있으며, 학습자의 두뇌 시스템 상호작용에 영향을 미칠 수 있게 됨으로써 궁극적인 학습의 결과가 이루어지게 될 것이다. 따라서 두뇌 시스템의 상호작용과 연결망의 형성을 바탕으로 학습에 대해 설명하는 신경주의 패러다임에서 제시하는 학습의 과정과 요소는 그림 4.43과 같이 모식화할 수 있을 것이다.

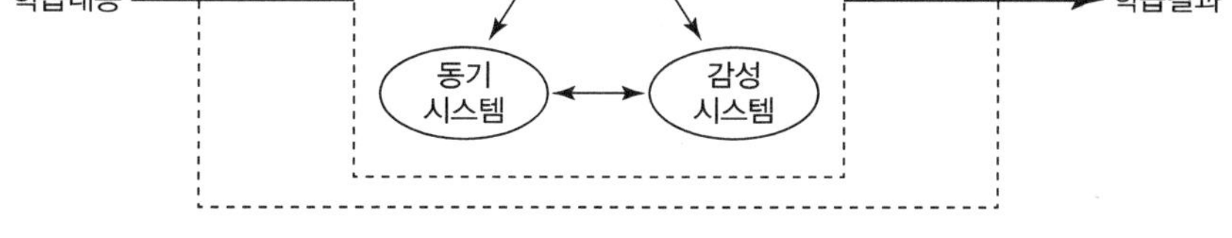

▶ **그림 4.43** 신경주의 패러다임에서 제시하는 학습의 요소와 과정

요약 | 4장 과학 교수 – 학습 이론

1 과학학습이란 무엇인가?

1.1 학습자의 학습과정 분석

1) 거울보고 글씨쓰기 학습 활동
2) 거울보고 글씨쓰기 활동의 분석

1.2 과학학습이란 무엇인가?

1) 과학학습의 과정

설명 범주	설명 내용
학습결과	1. 종이에서는 바른 글씨로 보이지만, 거울에서는 거꾸로 된 글씨로 나타남 2. 종이에서는 틀리게 보이지만, 거울에서는 '바른 글씨'로 나타남 등
학습전략	1. 처음에는 평소 종이에 쓰던 방식대로 글씨를 쓰는 전략 2. 거울에서 사물이 바르게 보일 수 있도록 글씨를 거꾸로 쓰는 전략 등
학습요소	1. 글씨 쓰는 방법, 거울에서 사물이 거꾸로 보인다는 현상의 개념, 문제해결 전략의 새로운 고안 등에 대한 인지 기능 2. 문제해결에 실패했을 때 바르게 수행하려는 학습 의욕 3. 학습재료나 학습환경 등
학습과정	1. 익숙한 해결 전략의 적용(e.g., 'A' 전략) 2. 이 전략의 효과 검증(e.g., 검증결과: 비효과적) 3. 새로운 해결 전략의 탐색과 고안(e.g., 'B' 전략의 고안) 4. 새롭게 고안한 해결 전략의 효과 검증 5. 검증된 전략의 적용과 정교화 6. 이러한 과정의 순환을 통한 학습

2) 학습을 보는 다양한 관점

범주	행동주의	인지주의	구성주의	신경주의
학습의 결과	행동으로 표출	인지구조 변화	개념의 변화	신경 연결망 변화
학습의 주된 과정	자극의 체계적 제공	성숙과 물리적 경험	사회적 상호작용	뇌 기능 기반 학습 활동

2 행동주의 학습이론

2.1 파블로프의 고전적 행동주의

1) 학습은 자극과 반응에 의한 조건형성

2.2 신행동주의

1) 손다이크의 시행착오 이론(연합이론)
2) 스키너의 작동적 조건화 이론

2.3 가네의 위계학습 이론

1) 학습의 의미와 형태

대범주	소범주	학습의 정의
기본적 학습	신호 학습	학습자의 타고난 반사기능을 통해 자극에 대한 무조건적 반응으로 유발되는 학습
	조작 학습	보상 및 강화에 의해 유발되는 행동 결과로 표현되는 학습
	언어연합 학습	단어나 언어로 주어지는 자극에 의해 언어적 반응이 일어남으로써 언어와 언어가 연합되어 일어나는 학습
	연쇄 학습	신체적 반응의 연쇄적 연합에 의해서 일어나는 학습
고차원적 학습	변별 학습	일련의 자극들 중 한 자극의 독특한 특징을 지각하고, 특징에 따라 다르게 반응하는 학습
	개념 학습	일련의 자극을 같은 부류의 자극으로 인식하고 어느 자극에나 동일하게 반응하는 학습으로, 구체적 개념학습과 정의적 개념학습으로 구분 ① **구체적 개념학습**: 피상적으로는 다르게 보이는 일군의 현상적 사물에 대해 그 사물에 공통적 속성에 따라 동일하게 반응할 때의 학습 ② **정의적 개념학습**: 정의에 의해 개념이 획득되어 일어나는 학습
	규칙 학습	학습자가 행동을 통제한 다음 현상들 사이의 관계를 파악하는 여러 단계의 과정으로 이루어지는 학습
	문제해결 학습	이미 학습한 몇 개의 규칙을 이용하여 새로운 상황에서 문제를 해결하고, 상위적 규칙을 획득하는 학습

2) 학습의 내적 과정
3) 학습의 단계별 외적 상황

2.4 켈러의 ARCS 동기전략 이론

1) ARCS 모델에서 학습동기에 대한 설명

2) ARCS 모델의 동기전략

주요소	하위요소	주요 동기전략
주의집중	지각적 각성	학습자의 흥미나 호기심을 불러일으킬 수 있는 내용이나 전략
	탐구적 각성	학습자의 탐구 태도를 자극할 수 있는 방법
	다양성	학습자의 주의를 끌고 유지시킬 수 있는 다양한 방법
관련성	목표 지향성	학습자가 가장 필요로 하는 무엇을 제공하는 것
	동인 맞추기	학습환경을 학습자의 개인적인 동인 구조에 맞추어 가는 것
	친밀성	학습환경을 학습자의 경험 및 환경에 친밀하게 만드는 것
자신감	학습 조건	성공에 대한 긍정적인 기대감 형성을 도와주는 것
	성공 기회	성공에 대한 학습자의 믿음을 강화시켜주는 학습 경험을 제공하는 것
	개인적 통제	학습자의 성공이 노력을 통한 성취라는 인식을 깨닫게 해주는 것
만족감	내적강화	학습에 대한 성취가 좋은 결과를 가져온다는 것을 알게 하는 것
	외적보상	성공에 대해서는 보상이 제공되는 것
	공정성	성취에 대해서는 공정한 평가가 제공된다는 것을 알게 하는 것

3) 과학학습에서 ARCS 동기전략 모델의 적용

2.5 행동주의 학습이론의 과정

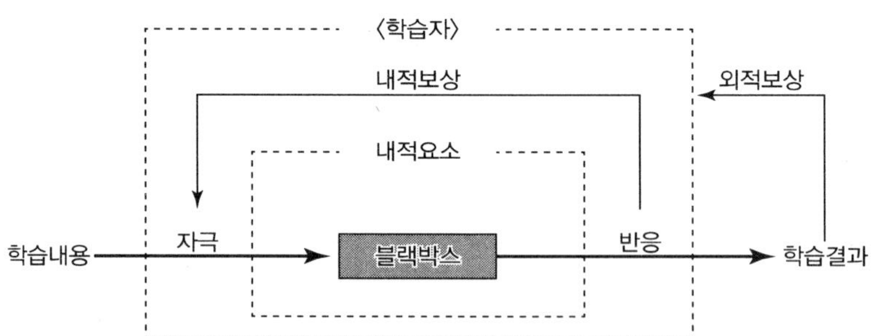

〈학습환경〉

3 인지주의 학습이론

3.1 톨만의 기호학습 이론

3.2 피아제의 인지발달 이론

1) 인지발달과 평형화 과정
2) 과학학습에서 동화의 과정
3) 과학학습에서 조절의 과정

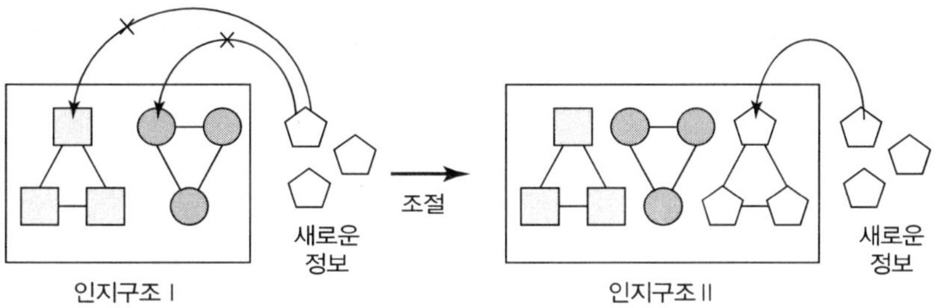

3.3 오수벨의 유의미 학습이론

1) 학습의 요소와 범주
2) 유의미 학습의 조건
3) 유의미 학습의 원리와 과학교육적 적용
   (1) 설명선행조직자를 통한 과학학습 과정
   (2) 비교선행조직자를 통한 과학학습 과정

4) 유의미 학습의 형태와 과학교육적 적용
   하위적 학습(파생적 포섭, 상관적 포섭), 상위적 학습, 병위적 학습

3.4 브루너의 학습이론

1) 지식의 구조의 의미
   (1) 지식을 구성하는 요소
   (2) 요소들 간의 상호작용

2) 지식의 구조의 표현 방식
   (1) 작동적, 영상적, 상징적 표현양식

3) 발견학습의 특성

4) 나선형 교육과정과 과학교육적 적용

3.5 인지주의 학습이론의 과정

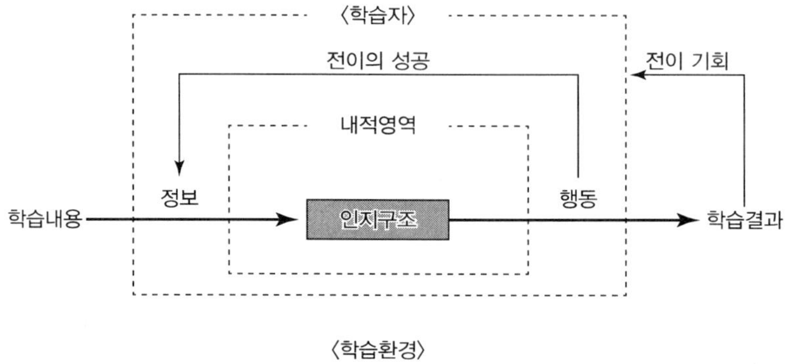

4 구성주의 학습이론

4.1 학습의 구성주의적 관점

요소	급진적 구성주의	사회적 구성주의
학습의 주체	능동적 개인	능동적 개인과 사회
학습의 수단	개인의 인지적 상호작용	개인의 사회/문화적 상호작용
학습의 결과	개인의 경험을 통한 지식의 구성	공동체 문화와 사회적 과정을 통한 지식의 구성
상호작용 요소	개인의 인지적 요소 간의 상호작용	개인의 문화적 요소와 사회의 문화적 요소 간의 상호작용
효과적 학습 형태	인지적 갈등과 갈등해소를 통한 개별 학습	사회적 상호작용을 통한 협동 학습
바탕 이론	피아제의 인지발달 이론	비고츠키의 사회/문화적 인지발달 이론

4.2 비고츠키의 학습이론

1. **기본 가정**
   (1) 문화 내에서의 사회적 관계 구조가 개인의 정신 구조를 결정한다.
   (2) 학습은 발달에 선행하며, 발달에 최대의 영향을 미친다.
   (3) 학교는 상호작용을 통해 아동의 정신 기능을 발달시키는 데 결정적인 역할을 한다.

2. **고등정신 기능의 발달을 위한 학습이론**
   (1) **근접발달영역** : 좋은 학습은 발달을 앞당기는 것이며, 아동이 독자적으로 문제를 해결할 수 있는 실제적인 발달 수준과 안내를 받아 완수할 수 있는 문제해결 수준 사이의 거리이다.
   (2) **스캐폴딩(비계)** : 아동이나 초보자가 개인의 노력으로는 가능하지 않은 문제를 가능하게 하는 교사의 역할을 나타내며, 복잡한 과제 수행 시 꼭 필요한 도움의 정도를 감소시켜 주며 초기 학습단계에서 실수를 줄일 수 있도록 하는 '조형'의 개념과 유사하다.

1) 근접발달영역

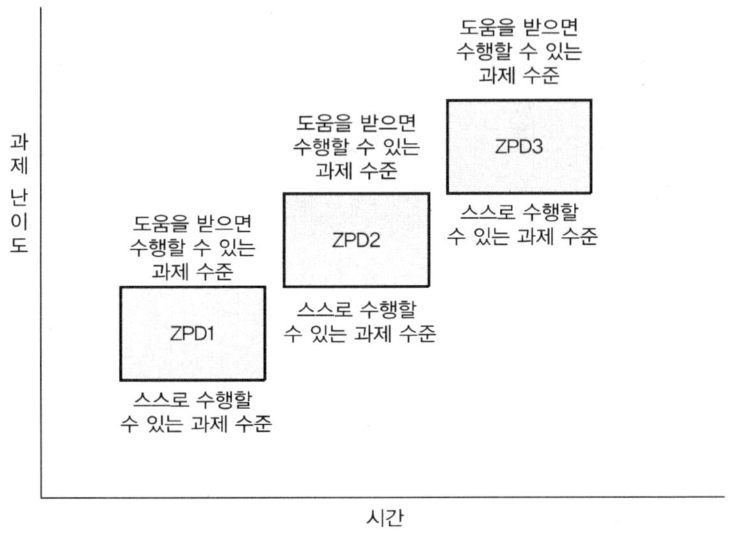

2) 비계 설정

3) 비계 설정의 유형

4.3 개념변화 학습이론

1) West와 Pines의 개념변화 과정 모형

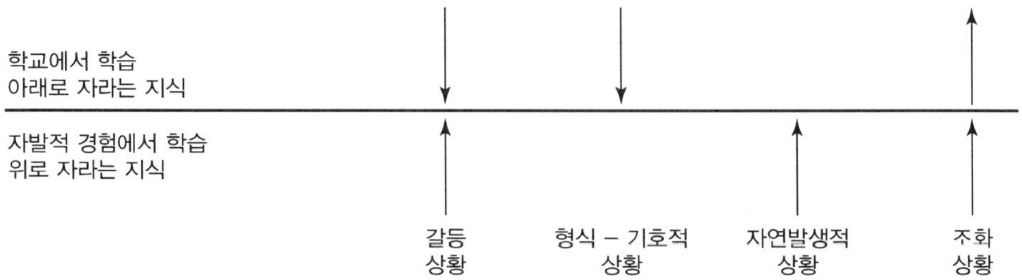

2) 하슈웨의 인지갈등 모형

4.4 구성주의 학습이론의 과정

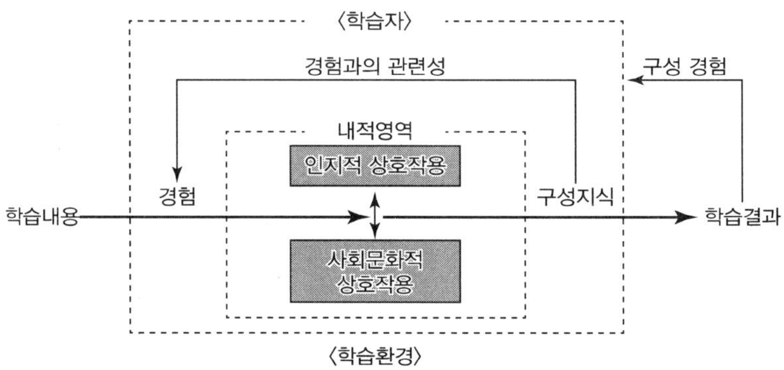

5 신경주의 학습이론

5.1 뇌의 시냅스 연결망 발달

1) 뉴런의 시냅스 연결망

2) 시냅스 연결망 발달의 과정

3) 두뇌 가소성 발달

5.2 두뇌의 학습 시스템

1) 과학학습의 두뇌 시스템: CoRE Brain Map
   인지–피질계, 동기–보상계, 감성–변연계

2) CoRE Brain Map 기반 과학학습 분석틀

3) 과학학습 두뇌맞춤지수 산출식

$$BCI = \frac{N_o}{22} \cdot \frac{L_o}{\frac{N_o(N_o - 1)}{2}}$$

5.3 과학학습에서 두뇌 동기보상 시스템 이론

1) 두뇌 동기보상 시스템

2) 두뇌 동기보상 시스템 기반 과학학습 모형

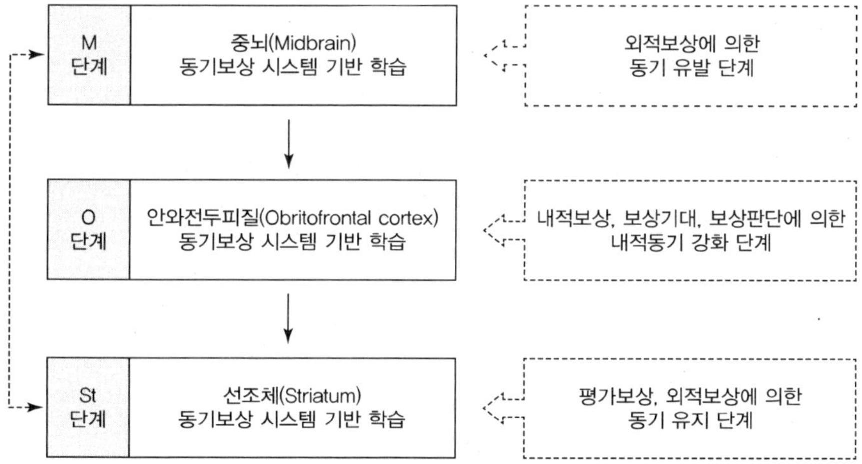

5.4 신경주의 학습이론의 과정

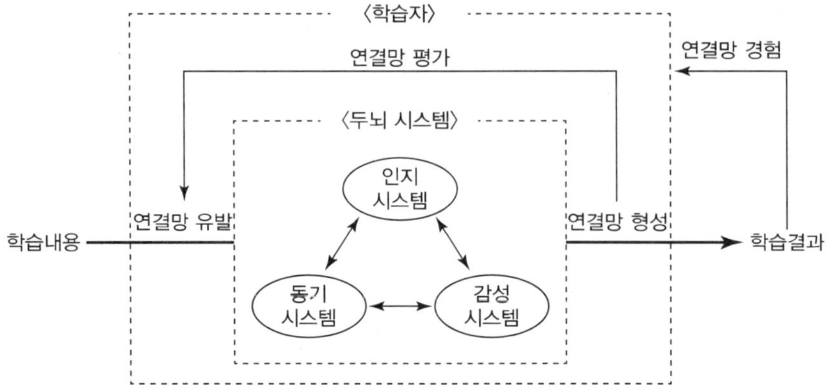

기출문제

1. 어느 생물교사가 개구리와 관련된 내용을 지도하기 위해 개념도를 이용하고자 한다. 다음 물음에 답하시오. (2003 생물)

1) 생물교사는 개구리에 관한 구체적인 내용을 지도하기 전에 수업의 도입부에서 양서류의 일반적인 특징을 먼저 설명하였다. 이렇게 구체적인 수업 내용보다 먼저 도입되는 포괄적인 개념을 오수벨(Ausubel)의 유의미 학습이론에서는 무엇이라고 하는지 쓰시오.

2) 다음은 개구리의 특징을 설명하기 위해서 생물교사가 그리고 있는 개념도이다. 개념도에 나타난 물갈퀴, 체외수정을 다른 상위개념과 추가로 연결하고자 한다. 굵은 글씨로 나타낸 개념(개념도의 세 번째 줄) 중 적합한 것과 선으로 연결(crosslink)하여 나타내시오.

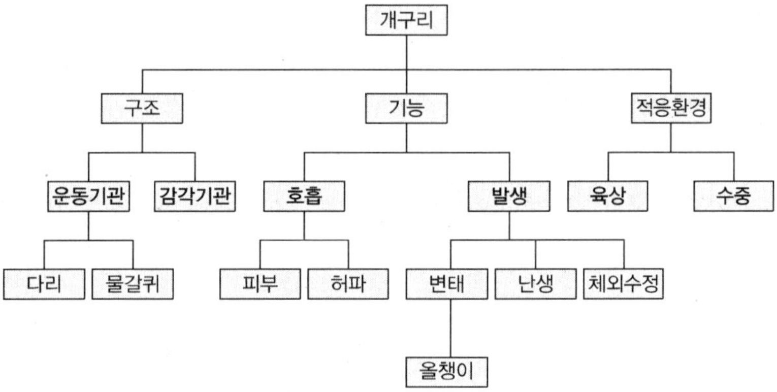

3) 위 개념도에서 굵은 글씨로 나타낸 개념(개념도의 세 번째 줄) 중 점진적 분화가 가장 많이 일어난 것을 쓰시오.

2. 다음은 어느 학생이 지니고 있는 관성의 법칙에 대한 오개념이다. (2004 물리)

"책상 위에서 책을 밀면, 조금 가다가 곧 힘이 빠져서 멈춘다."

이런 오개념을 변화시키기 위하여 교사는 책상 위에서 드라이아이스 토막을 밀었을 때, 드라이아이스가 책상 끝까지 가는 시범실험을 보여주었다. 다음 물음에 답하시오.

1) 포스너(Posner) 등은 개념 변화를 위한 조건을 다음과 같이 제시하였다.

㉮ 현재의 개념에 불만족해야 한다. ㉯ 새로운 개념은 이해될 수 있어야 한다. ㉰ 새로운 개념은 그럴듯해야 한다. ㉱ 새로운 개념은 유용성을 가져야 한다.

위에서 교사가 보여준 시범 실험은 개념 변화의 조건 ㉮~㉱ 중에서 어느 조건을 충족시키기 위한 것인가?

2) 다음은 드라이아이스 실험을 한 뒤에 이루어진 교사와 학생의 대화 중 일부이다.

교사: "물체를 밀어서 움직이면 원래는 계속 운동해야 하는데, 방해하는 힘이 있어서 멈추게 됩니다. 만일 바닥이 아주 미끄럽다면 그 물체는 계속 운동할 것입니다. 학생: "그건 그렇지만, 정말로 계속 가는 물체를 본 적이 있습니까? 어떤 물체도 가다가 결국은 멈추게 됩니다.

이 학생의 개념을 변화시키지 못한 이유는 위의 개념 변화 조건 ㉮~㉱ 중에서 어느 조건이 충족되지 않아서인가?

3. 행동주의 학습이론을 적용하여 밀도 개념을 가르칠 때에는 학생들에게 밀도 공식을 외우게 한 다음, 다양한 물질의 부피와 질량 값을 주고, 밀도 값을 반복하여 구하게 한다. 한편, 구성주의 학습이론을 적용한다면 이와 다른 방법으로 교수-학습할 수 있다. 구성주의 학습이론을 적용한 밀도 개념의 교수-학습 절차를 3줄 이내로 쓰고, 그것이 구성주의 학습이론에 따른 교수-학습 절차인 이유를 2줄 이내로 설명하시오. (2005 생물)

■ 교수 – 학습 절차 :

■ 이유 :

4. 오수벨(Ausubel)은 학습될 내용이 인지구조의 선행 개념에 연결되는 과정을 정착(anchoring)이라 하고, 이 과정을 통해 일어나는 유의미 학습의 유형을 3가지로 나누었다. 다음의 유의미 학습 사례를 보고, 각 사례별로 적절한 유의미 학습의 유형을 ( ) 안에 쓰시오. (2005 생물)

학습 사례	학습 유형
식물의 줄기, 잎, 뿌리의 구조와 기능을 차례대로 학습한다.	( )
뼈, 혈액, 근육, 신경을 학습한 다음, 기관의 정의와 특성을 학습한다.	( )
간, 위, 소장, 대장만을 소화기관으로 학습한 학생이 이외에 항문도 소화기관임을 학습한다.	( )

5. 다음은 식물의 기공 관찰 수업이다. (2006 생물)

> 준비물 : 현미경, 면도칼, 슬라이드 글라스, 커버 글라스, 스포이트, 핀셋, 고사리 잎, 소나무 잎, 강아지풀잎, 대추나무 잎 등
>
> 과정 1. 교사는 기공을 관찰하는 방법과 실험 과정을 설명한다.
>
> 과정 2. 학생들에게 주어진 실험 절차에 따라 각 식물의 기공 형태와 배열을 관찰하고 스케치하게 한다.
>
> 과정 3. 학생들의 관찰이 끝난 후, 교사는 각 식물의 기공 형태와 배열의 다양한 규칙성에 대해서 체계적으로 정리한 자료를 전체 학생들에게 설명해준다.
>
> 과정 4. 학생들에게 관찰 결과를 바탕으로 보고서를 작성하여 제출하게 한다.

구성주의 관점에서 볼 때, 과정 2와 과정 3은 학습자의 지식 구성을 제한하는 활동으로 평가할 수 있다. 이러한 평가에 대해서 그 근거를 제시하고, 학습자의 지식 구성을 향상시킬 수 있도록 두 과정의 수업 내용 및 방법을 구성주의 관점에서 수행하는 교사 역할에 적합하게 구체적으로 재구성하시오.

■ 제한하는 근거

- 과정 2 : ....

- 과정 3 : ....

■ 구체적 수업내용과 방법

- 과정 2 : ....

....

- 과정 3 : ....

....

6. 다음은 지구 계절 변화의 원인을 설명하는 학생들의 말이다. (2007 지구과학)

> 학생 A : 지구의 공전 궤도가 타원이기 때문에 계절 변화가 생깁니다. 지구가 태양에 가까워질 때가 여름이고, 멀어질 때가 겨울입니다.
>
> 학생 B : 지구의 자전축은 북반구에서 여름에는 태양 쪽으로 기울어지고, 겨울에는 태양의 반대쪽으로 기울어지도록 요동하기 때문입니다.
>
> 학생 C : 지구가 공전축에 대하여 23.5° 기울어진 자전축을 가지고 태양 주위를 공전하기 때문입니다.

학생 A, B, C 중 계절 변화의 원인에 대한 오개념을 가진 사람을 모두 고르고, 해당 학생이 오개념을 갖게 된 원인을 각각 쓰시오.

....

....

....

7. (가)는 반응속도에 관한 개념을 알아보기 위한 평가문항이고, (나)는 이 문항에 대한 두 학생의 대화 내용이다. (2007 화학)

> (가) 200 ℃, 1기압에서 다음 화학반응이 평형 상태에 있다.
>
> $$CO(g) + Cl_2(g) \rightleftarrows COCl_2(g) + \text{열}$$
>
> 이 평형계의 온도를 올린 직후, $COCl_2(g)$의 생성속도는 어떻게 변하겠는가?
>
> (나)
>
> 학생 A: 온도가 올라가면 반응속도는 증가하잖아. 그러니까 $COCl_2(g)$의 생성속도는 증가하겠지?
>
> 학생 B: 이건 발열반응이니까 온도가 올라가면 $COCl_2(g)$의 생성속도는 감소할 거야.

위 두 사람 중 반응속도에 대하여 오개념을 지닌 사람을 고르고, 위 대화에서 나타나는 오개념 형성 원인을 관련 개념을 포함하여 2줄 이내로 쓰시오.

■ 오개념을 지닌 사람 : ....

■ 오개념 형성 원인 : ....

8. 다음은 '인간 배아 복제 연구의 허용 여부'에 대한 토론 수업 내용이다. (2008 생물)

> 모둠 A : 저희는 인간 배아 복제 연구를 허용해야 한다는 입장입니다. 난치병 환자와 그 가족들에게 인간 배아 복제 연구는 질병의 고통에서 벗어날 수 있다는 희망을 주기 때문에, 하루라도 빨리 연구 성과를 올려야 합니다.
>
> 모둠 B : 인간 배아 복제 연구의 결과가 난치병 환자의 치료에 기여할 수 있을지는 모르지만, 무분별한 연구는 생명 경시 풍조를 유발할 수 있기 때문에 확실한 제도적, 법적 안전장치를 마련하기 전까지는 허용하지 말아야 합니다.
>
> 모둠 A : 난치병 환자 문제만이 아니더라도 세계 각국이 배아 복제에 대해 경쟁적으로 연구를 하고 있는 시점에서 우리나라만 뒤떨어질 수는 없습니다.
>
> 모둠 B : 아무리 물질적인 풍요를 이룰 수 있다고 하더라도 초기 배아도 인간으로 인정해야 합니다. 인간 배아 복제 연구는 다른 인간의 생명을 위해 또다른 인간의 생명을 희생해야 한다는 윤리적인 문제가 발생할 수 있기 때문에 연구를 막아야 합니다.
>
> 모둠 A : 초기 배아는 인체 기관이 아직 형성되지 않았기 때문에 인간으로 볼 수 없습니다.
>
> 교 사 : 초기 배아의 지위를 어떻게 정의할 것인가에 대해서는 아직 많은 논란이 있어요!
>
> 학생 A : 그렇다면, 인간 배아 복제 연구에 대해서 어떤 입장이 옳은 건가요?

위의 찬반 토론에서 두 모둠의 인간 배아 복제 연구 허용 여부에 대한 논쟁의 초점이 무엇인지 쓰고, 두 모둠의 논쟁을 정리하면서 교사가 학생 A의 마지막 질문에 대해 어떤 답을 하면 좋을지 사회적 구성주의 관점에서 2줄 이내로 쓰시오.

■ 논쟁의 초점 : ....

■ 교사의 대답(설명) : ....

....

....

9. 다음은 교사와 학생이 나눈 대화이다. (2008 화학)

> 교　사 : 고체가 무엇인지 구체적인 사례를 통하여 알아봅시다.
> 학생 A : 단단하고 일정한 모양과 크기가 있는 것을 고체라고 하면, 가루 물질은 고체가 아니에요.
> 학생 B : 돋보기로 보면 결정 모양을 볼 수 있어요. 결정은 단단하고 일정한 모양과 크기가 있으므로 가루 물질은 고체입니다.
> 학생 A : 그럼, 결정이 있는 것만 고체라고 하는 건가요? 책에는 유리를 비결정형 고체라고 했는데요?
> 학생 B : 결정이 있어야 고체니까, 유리는 고체가 아니라고 생각해요.
> 학생 A : 하지만 유리는 단단하기 때문에 고체죠.
> 교　사 : 오랜 시간이 지나면 유리의 아랫부분이 두꺼워지는데, 이것은 유리가 흐르는 성질을 가지고 있기 때문이에요. 유동성이 있으면 액체라고 할 수 있어요.
> 학생 A : 선생님, 저는 유리를 고체라고 생각했는데, 그러면 제 생각이 틀린 건가요?
> 교　사 : ______________________________

유리의 고체 여부를 놓고 학생 A와 학생 B 사이에 논쟁이 벌어지게 된 이유를 1줄로 쓰시오. 또한 교사가 논쟁을 정리하면서 학생 A의 질문에 어떤 답을 하면 좋을지 사회적 구성주의 관점에서 2줄 이내로 쓰시오.

■ 이유 : ....

■ 교사의 설명 : ....

....

10. '빛과 그림자'에 대한 다음 수업 과정을 PEOE(예상－설명1－관찰－설명2) 모형으로 재정리할 때, 각 단계에 해당하는 내용을 2줄 이내로 쓰시오. 단, '설명2'는 마지막 학생이 답해야 하는 내용 A를 포함하여 쓰시오. (2008 물리)

> 교사 : 빛은 공기 중에서 어떻게 나아간다고 생각해요?
> 학생 : 휘어지지 않고 직진해요.
> 교사 : 그럼, 그것을 어떻게 알 수 있을까요
> 학생 : 빛이 지나가는 길에 물체를 놓았을 때 생기는 그림자로 알 수 있을 것 같아요.

교사 : 그럼, 그림자에 대해서 좀 더 이야기해 보죠. 점광원이 아닌 광원으로 물체를 비추면 그림자의 모양은 어떨까요?

학생 : 그림자의 모양은 물체의 모양과 똑같을 거라고 생각합니다.

교사 : 왜 그렇게 생각해요

학생 : 그림자는 빛이 지나가는 것을 물체가 가려서 생기니까, 그림자의 모양은 물체의 모양과 같겠죠.

교사 : 그럼, 직선 모양의 광원으로 원형인 물체를 비추면, 그림자의 모양이 어떻게 되는지 살펴봅시다.

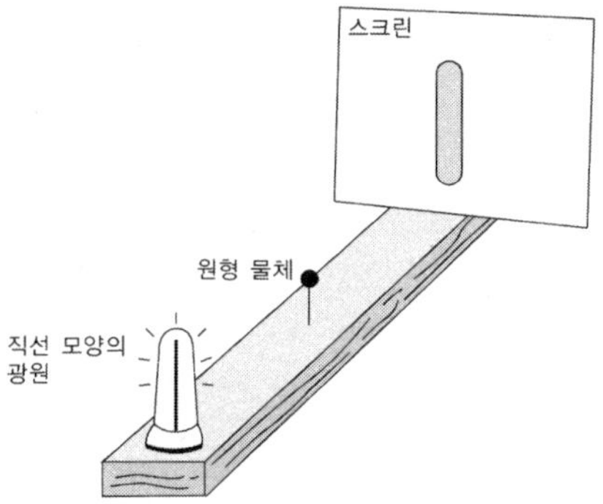

학생 : 제 예상과는 달리 직선 모양의 그림자가 나오네요. 왜 그렇죠?

교사 : 만약 꼬마전구와 같이 점광원으로 원형의 물체를 비추면 원형의 그림자가 나와요. 그런데 꼬마전구가 위아래로 2개가 있다고 하면 그림자가 어떻게 될까요?

학생 : 동그란 그림자가 위아래로 2개가 나오겠죠. 아! 이제 알겠어요. 직선 모양의 광원은 점광원이 위아래로 연속해서 붙어 있는 것이라고 생각할 수 있겠네요.

교사 : 그래요. 그럼, 이제 어떤 것들이 그림자의 모양에 영향을 주는지 알겠지요?

학생 : 예! (　　　　A　　　　)

05장 과학 교수-학습 모형

과학 수업을 할 때 어떻게 가르치는 것이 가장 효율적인가? 이 질문에 대한 답을 쉽게 할 수 있는 교사는 없을 것이다. 과학 수업은 가르치려는 과학개념의 특성, 학생들의 수준, 선개념 여부, 학교의 여건 등에 따라 달라진다. 특히 교사 자신의 전문성에 따라 수업 방법이 달라지기 때문이다. 위의 사진은 달의 위상 변화와 관련된 과학 수업을 촬영한 것이다. 교사는 태양, 달, 지구의 상대적인 위치와 운동에 따라 변하는 달의 위상을 쉽게 설명하기 위해 '입체월령판'이라는 교구를 통해 수업을 진행하고 있다. 교사가 선택한 이 수업 방법이 가장 효과적일까? 과학 수업은 다양한 요인과 관련되어 있지만 가장 중요한 것이 교사 변인이다. 교사는 어느 누구보다도 학생을 잘 알고 있기 때문에 학생을 잘 파악하고 가르칠 내용에 알맞은 교수전략이나 학습방법을 선택하고 적용하면 가장 효율적인 과학 수업이 이루어질 수 있을 것이다.

이 장에서는 과학의 특성을 반영한 교수-학습 모형에 대해 다룬다. 학습 모형에 대한 지식은 과학 교사가 효율적인 과학 수업을 계획하는 데 도움을 줄 수 있으며, 체계적인 계획은 효율적인 수업이 될 수 있도록 기여할 것이다.

과학 수업은 학교 과학교육에서 가장 핵심적인 활동이며 교사와 학생들이 함께 수업목표를 달성하기 위해 진행되는 모든 과정이라고 할 수 있다. 과학 수업에서는 과학 개념의 통합적인 이해, 자연에 대해 탐구하는 능력의 배양, 일상생활의 문제들을 과학적으로 해결하는 태도와 능력의 신장, 과학지식과 탐구방법을 활용한 합리적 의사결정 능력의 함양을 의도하므로 과학 교사는 이러한 과학 수업 목표달성을 위해 다양한 수업 능력을 갖추고 있어야 한다. 2009년 12월에 개정되어 고시된 고등학교 과학과 교육과정을 살펴보면 '과학' 교과의 목표는 크게 네 가지로 진술되어 있다(교육과학기술부, 2009, p.1).

- 우주와 생명, 그리고 현대 문명과 사회를 이해하는 데 필요한 **과학 개념을 통합적으로 이해**한다.
- 자연을 과학적으로 탐구하는 능력을 기르고, **과학지식과 기술이 형성되고 발전하는 과정을 이해**한다.
- **자연현상과 과학학습에 대한 흥미와 호기심**을 기르고, **일상생활의 문제를 과학적으로 해결하려는 태도를 함양**한다.
- **과학·기술·사회의 상호 작용을 이해**하고, 과학 지식과 탐구 방법을 활용한 **합리적 의사결정 능력**을 기른다.

위에 기술된 것처럼 과학교육 목표의 핵심적인 내용은 '과학 개념과 과정의 통합적인 이해', '과학학습 동기와 흥미 향상', '일상생활의 문제해결력 증진'이라는 것을 쉽게 알 수 있다. 과학교사는 학생들에게 과학 개념, 탐구 능력, 과학적 사고력 등을 어떻게 학습시킬 것인가를 고민해야 하며, 이를 바탕으로 일상생활의 문제에 대해 통합적으로 이해하고 합리적인 의사결정을 바탕으로 과학적으로 해결할 수 있도록 교수하는 것이 중요하다.

과학교사의 수업 능력은 다양한 과학 수업 목표달성을 위해 수업상황에 맞는 과학 교수-학습 모형을 선정하고 활용할 수 있는 것을 의미한다. 가장 적합한 교수-학습 모형을 효과적으로 적용하기 위해서는 수업 모형에 대해 충분히 이해하고, 가르칠 과학 개념의 특성을 잘 파악할 수 있어야 한다. 이러한 점에서 과학교사들에게는 과학교육에 적합하고 중요하게 다루어지는 교수-학습 모형에 대해 학습하는 것이 필요하다.

교수-학습 모형은 수업 모형, 교수 모형 또는 학습 모형 등으로 불리지만 여기에서는 교수-학습 모형이라 사용한다. 과학 교수-학습 모형은 교실 혹은 특정한 상황에서 이루어지는 과학 수업을 주요 특징과 내용을 간추려 체계화시킨 형태 또는 전략이다. 교수-학습 모형은 기저를 이루는 배경 이론에 따라 다른 특징을 가지고 있으며, 모형별로 유사점과 차이점을 가지고 있다. 이 장에서는 과학교육에서 중요하게 다루어지고 활용되는 대표적인 과학 교수-학습 모형을 중심으로 그 모형의 이론적 배경, 특징, 내용, 그리고 예시를 제시한다.

1 발견 학습 모형

1.1 배경 및 특징

과학자들은 다양한 관찰과 측정 등을 통해 관심 있는 분야에 대한 자료를 수집한 후, 분석하여 이들이 암시하고 있는 특성이나 경향성을 찾아본다. 실제 과학자들이 과학 개념이나 원리 등을 발견하게 되는 것은, 이와 같이 자료에 대한 탐색활동을 통해서 이루어진다(권재술 등, 2012).

발견 학습 모형은 구체적인 물체를 대상으로 한 경험 수업이 이루어진 후에 투입할 수 있는 수업 모형이라고 볼 수 있다. 이 모형에서 학생들은 제시된 자료를 통하여 귀납적인 방법으로 개념을 형성하거나 일반화하는 과정이 나타난다. 귀납적 방법이란 구체적인 자료를 토대로 그들 간에 존재하는 규칙성을 찾아 기술하는 것을 말한다. 발견 학습 모형은 학생이 자료 속에 내재되어 있는 어떤 논리적 특성을 찾는 것이므로, 구체적 조작 능력을 가진 학생들에게 적용할 수 있는 수업 모형이다. 발견 학습 모형은 피아제(Piaget)의 인지 발달이론의 구체적 조작기는 물론 형식적 조작기로 넘어가는 학생들에게도 적합하다. 그러나 다른 발달 단계의 학생들에게도 학습 내용의 특성을 고려하여 얼마든지 효과적으로 이루어질 수 있다(정완호 등, 1996, 1997).

발견 학습 모형의 특성을 정리하면 다음과 같다(교육과학기술부, 2010; 김찬종 등, 2001).

첫째, 이 모형에서는 규칙성의 발견이나 개념 형성을 주요 목표로 두고 있다는 점이다. 그러나 학습목표로서의 규칙성 발견이나 개념 형성은 표면적으로만 드러나 있다는 점을 유의해야 한다. 수업이 교사 중심의 주입식 교육으로 진행된다면, 이때 획득된 지식은 학습되었다고 볼 수 없다. 즉, 규칙성의 발견이나 개념 형성은 기초 탐구 과정을 통해 학생 중심으로 수집되고 분석된 결과로서 이루어져야 함을 전제로 한다.

둘째, 발견 학습 모형은 학습 안내를 위한 계획과 준비가 상대적으로 철저해야 한다. 이 모형에서는 탐구과정을 통하여 자연스럽게 규칙성의 발견이나 개념 형성이 유도되어야 하기 때문에, 이를 위한 전략적인 자료 준비가 사전에 잘 이루어져야 한다. 교사는 기본적으로 제시될 자료와 추가로 제시될 자료를 구분할 뿐만 아니라, 각 자료들을 어떤 순서로 어떤 상황에서 효과적으로 제시할 것인가를 구체적으로 계획해야 한다. 이를 위해서는 우선 학습목표가 단순하고 명확해야 하며, 학습목표를 확대 해석해서는 안 된다. 교사는 모든 수업 진행 과정이 목표를 향해 체계적으로 진행될 수 있도록 준비해야 한다.

셋째, 교사는 학습 과정에서 추상적인 과학 개념을 학생 스스로 획득하도록 안내해야 한다. 이를 위해 교사는 불필요한 설명을 줄이고, 질문을 통하여 학습 안내를 수행해야 한다. 특히, 주어진 자료를 자세히 설명하기보다는 학습목표에 비추어 강조되어야 할 자료의 특성을 암시함으로써 개념 형성을 촉진시켜야 한다.

1.2 모형의 절차(단계별 내용)

발견 학습 모형의 단계는 일반적으로 다음과 같은 흐름을 보인다(그림 5.1).

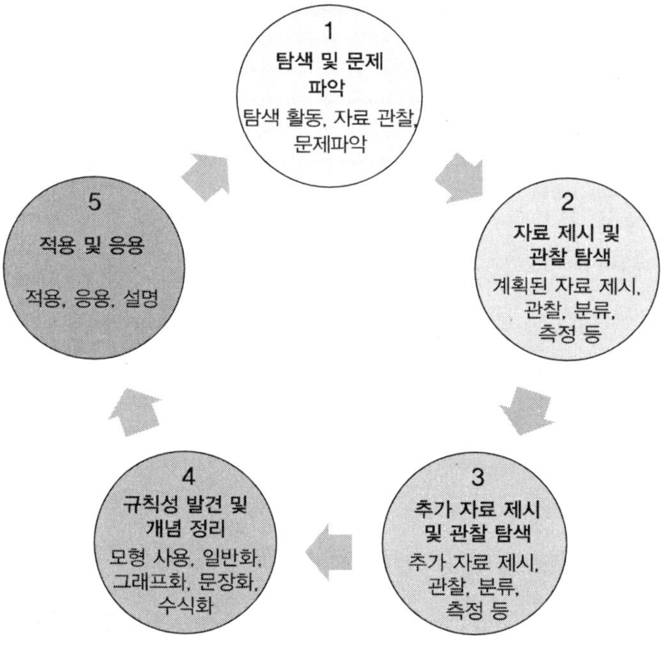

▶ **그림 5.1** 발견 학습 모형의 단계

1) 탐색 및 문제 파악

학생들은 학습목표와 관련된 학습자료를 탐색하고 학습문제가 무엇인지 파악한다. 교사는 학생들이 자연스럽게 학습문제를 스스로 파악할 수 있도록 안내한다. 학습목표와 관련된 학습자료는 다양한 방법으로 제시될 수 있어야 하며, 학습에 대한 흥미와 원활한 수업 환경을 조성할 수 있어야 한다. 또, 학습자의 상황이나 발달 단계에 따른 자료의 적합성도 충분히 고려해야 한다.

2) 자료 제시 및 관찰 탐색

교사는 학습문제 해결을 위해 필요한 자료를 선택적으로 제시하고, 학생은 주어진 자료를 자유롭게 관찰하고 탐색한다. 자료는 자연현상과 관련된 것으로서 자료의 맥락이 학생들에게 친근한 것일수록 좋다. 학생은 주어진 자료를 활용하여 가능한 모든 관찰을 하고 그 결과를 기술한다. 교사는 학생들에게 관찰 결과를 정리할 수 있는 시간을 부여하고, 얼마 동안의 시간이 지나면 관찰 결과를 발표시켜 모든 학생들이 공유할 수 있는 시간을 가진다. 이때 교사는 관찰 결과가 의도했던 학습 결과와 차이가 있더라도 수용하고 이해하는 개방적인 자세가 필요하다.

3) 추가 자료 제시 및 관찰 탐색

이전의 단계에서 행한 학생의 관찰이 과학 개념을 형성하거나 일반화하는 데 부족하다고 생각될 때 보충자료를 제시하여 관찰 탐색을 하도록 한다. 관찰 사례를 증가시킬 수 있고 다양한 조건에서 관찰이 가능하므로 학생들로 하여금 정확한 개념을 형성하도록 도움을 준다. 이 단계는 학생들로 하여금 스스로 더 많은 관찰을 하고 개념을 유도하는 기회를 마련해 주게 된다. 이미 주어진 자료보다 구체화시킨 자료를 제시할 수도 있으며, 오히려 정반대 개념의 자료를 제시할 수도 있다. 처음에 했던 관찰과 새로운 관찰 간의 공통점과 차이점을 학생들이 생각해볼 수 있도록 하면 학생들에게 도움이 될 수 있다. 이러한 과정에서 교사는 지식의 직접적인 전달보다는 질문 기법을 통하여 학생들의 탐구를 유도하는 것이 바람직하다.

4) 규칙성 발견 및 개념 정리

지금까지의 관찰 탐색 결과를 발표하고 토의를 통하여 일반화하고 규칙성을 발견하도록 한다. 교사는 학생들로 하여금 관찰된 사실들로부터 어떠한 경향성이나 형태(pattern)를 발견하고 기술하도록 안내해야 한다. 이렇게 기술한 것을 '개념' 또는 '일반화된 추리'라고 한다. 이 단계에서는 특히 학생들이 의미 있는 과학 개념을 형성하는 데 있어서 교사의 역할이 중요하다. 그것은 학생들이 관찰 결과를 토의한다고 해서 단시간 내에 정확한 개념을 획득하기란 쉬운 일이 아니며, 토의 기법의 특성상 동일한 개념에 대해서도 학생 개개인의 표현이 다를 수 있기 때문이다. 그러므로 교사는 토의 과정에서 학생들의 생각을 질문이나 요약 등의 기법을 활용하여 학생들이 동의할 수 있는 표현으로 정리하여야 한다.

관찰 결과를 통해 과학 개념을 발견하는 과정은 학생 중심으로 진행될 수 있도록 해야 하며, 교사가 직접적으로 개념을 제시하는 일은 학생들의 탐구를 제한할 수 있으므로 주의

해야 한다. 이 단계에서 학생들이 규칙성을 발견하지 못하거나 개념을 형성하지 못할 경우에는 피드백 과정을 통하여 좀 더 새롭거나 구체적인 자료를 제시하여 학습목표를 달성할 수 있도록 한다.

5) 적용 및 응용

관찰 결과를 통해 발견한 규칙성이나 토의 과정을 거쳐 형성된 과학 개념을 새로운 환경이나 사실에 적용함으로써 개념에 대한 활용 범위를 넓히고 인지적인 정착을 유도하는 단계이다. 효과적인 정착을 위해 교사는 지금까지 제시된 자료와는 다른 새로운 자료를 제시한다. 형성 평가로 활용될 수 있으며, 이를 통해 교사는 학생들이 학습목표에 충분히 도달했는지 여부를 파악할 수도 있다.

1.3 적용과 예시

1) 화학영역: 2012학년도 중등임용시험 화학(1차) 출제 문항

<table>
<tr><th>단계</th><th>교사 - 학생 활동</th></tr>
<tr><td>탐색 및 문제 파악</td><td>• 교사는 "자전거에 짐을 많이 실으면 바퀴는 어떤 변화가 나타날까요?"라고 학생들에게 질문한다.
• 학생들은 이에 대한 여러 가지 경험을 이야기하고, 교사는 그 내용과 관련시켜 본시 학습주제로 유도한다.</td></tr>
<tr><td>자료 제시 및 탐색</td><td>• 교사가 시범실험을 진행한다.
• 풍선이 들어 있는 밀폐된 용기 안의 공기를 빼낸다. 교사는 "풍선의 부피가 달라졌나요?"라고 질문한다.
• 용기 안에 공기를 다시 넣고, 풍선의 부피 변화를 관찰하게 한다. 잠시 후, "풍선의 부피가 변한 원인은 무엇일까요?"라고 질문한다.</td></tr>
<tr><td>추가 자료 제시 및 탐색</td><td>• 학생들이 모둠별 실험을 진행한다.
- 피스톤을 50 mL 눈금에 놓고, 주사기의 끝을 압력계에 연결한 후 압력을 측정한다.
- 피스톤을 눌러 부피를 줄여가면서 압력을 측정한다.
<table><tr><td>주사기 안의 기체와 부피(mL)</td><td></td><td></td><td></td><td></td><td></td></tr><tr><td>주사기 안의 기체의 압력(기압)</td><td></td><td></td><td></td><td></td><td></td></tr><tr><td>기체의 부피(mL) × 기체의 압력(기압)</td><td></td><td></td><td></td><td></td><td></td></tr></table>
• 교사는 시범실험과 모둠별 실험결과 사이의 공통점을 찾아보게 한다.</td></tr>
</table>

규칙성 발견 및 개념 정리	• 학생들은 토의를 통해 실험 결과로부터 발견한 규칙성을 발표한다. • 교사는 학생들이 규칙성을 제대로 발견하지 못하면 피드백(feed-back)을 통해 규칙성을 찾을 수 있도록 지도한다.
적용 및 응용	• 교사는 일상생활에서 발견할 수 있는 '보일의 법칙'의 예를 찾아보게 한다.

2) 지구과학 영역: 2012학년도 중등임용시험 지구과학(1차) 출제 문항

단계	교사 - 학생 활동
탐색 및 문제 파악	• 교사는 학생들에게 복사 안개와 풀잎에 맺힌 이슬 사진을 보여 주면서 이러한 현상들이 생기는 과정에 공통점이 있는지를 물어본다. • 학생들은 이에 대한 여러 가지 경험을 이야기하고, 교사는 그 내용과 관련시켜 본시 학습주제로 유도한다.
자료 제시 및 탐색	• 학생은 불포화 공기가 들어 있는 밀폐된 플라스크 표면에 얼음물을 부은 후, 플라스크 안에 일어나는 현상을 관찰한 후 발표한다.
추가 자료 제시 및 탐색	• 학생은 상온의 물을 담은 유리컵에 얼음을 넣어 저으면서 유리컵 표면에 나타나는 현상을 관찰하고, 물의 온도를 측정한다. • 학생은 수조에 뜨거운 물을 넣고 밀폐시킨 수조 내부의 공기가 뿌옇게 되는 현상을 관찰한다. • 교사는 학생들에게 앞 단계의 실험에서 관찰한 것과 새로운 관찰 사이의 공통점과 차이점을 찾도록 한다.
규칙성 발견 및 개념 정리	• 학생들은 관찰을 통해 발견한 규칙성을 기술하고 발표한다. • 교사 활동: 학생들이 규칙성을 제대로 발견하지 못하면 피드백(feed-back)을 통해 규칙성을 찾을 수 있도록 지도한다.
적용 및 응용	• 교사는 학생들에게 다음의 과제를 제시하고 '냉각에 의한 안개 생성'의 원리를 적용하여 설명하게 한다. - 거울의 표면에 맺힌 물방울을 제거하는 방법

3) 지구과학 영역*

주 제	해수의 성분과 운동
학습목표	염분비 일정의 법칙을 이해하고 적용할 수 있다.
준비물 및 자료	비커 1000 mL 2개, 물, 소금(천일염), 유리막대, 전자저울, 약포지, 약숟가락, 계산기

* 김경화(2007). 발견 학습 모형에 근거한 수업모형의 예시. 서울대학교 과학교육연구소(http://serc.snu.ac.kr)을 수정하였음.

탐색 및 문제 파악 단계

- 바닷가에 놀러갔던 경험 되살리기
- 수영장이나 강가에서와 바닷가에서 수영할 때의 차이점 발표하기
- 서해, 동해, 남해의 바닷물의 차이점을 아는 대로 발표해 보기

자료 제시 및 탐색 단계

- 1000 mL 비커 두 개를 준비하여 A, B 표시를 한다.
- 각각의 비커에 물을 500 mL씩 채우고 A 비커에는 15 g, B 비커에는 30 g씩 소금을 넣어 잘 저어준다.
- 두 비커에 들어 있는 용액의 차이점과 공통점에 대해 알아본 후에 발표하도록 한다.

추가 자료 제시 및 관찰 탐색 단계

- 동해와 황해, 남해의 해수의 성분비를 적은 자료를 학생들에게 제시한다.
- 위에서 만든 A, B 비커의 공통점에 대해서 이 자료와 비교하여 유추하게 한다.

규칙성 발견 및 개념 정리 단계

- 우리가 만든 두 바닷물 A, B의 공통점에 대해서 정리하도록 한다.

적용 및 응용 단계

- 실제 과학자들이 조사한 해양 연구의 자료를 제시한다.
- 제시된 추가 자료를 검색하여 실시간 염분비를 비교해 본다.
- MBL을 이용한 염분비를 측정하는 방법을 시범실험을 통해 보여준다.
- 사해에서 관광 상품으로 파는 비누가 있다. 이것이 미용이나 여드름에 특히 효과가 있다는 근거로 사해 속의 염분비를 표시해두었다. 과학적으로 적절한 것인지 판단해서 그 이유를 설명해보게 한다.

2 탐구(가설 검증) 학습 모형

2.1 배경 및 특징

탐구 학습 모형은 대부분의 과학자들의 실제 연구 과정을 모형화한 것으로서 학생들이 과학 하는 것(doing science)을 실천하도록 안내하는 수업 모형이라고 볼 수 있다. 따라서 이 모형에 따른 수업에서는 과학의 전반적인 본성을 체득할 수 있고, 이를 위해서 학생들은 반드시 실험 과정에 직접 참여해야 한다(김찬종 등, 2001).

발견 학습 모형에서는 자료가 먼저 제시되고 이를 탐색하도록 안내하는 데 반하여, 탐구 학습 모형에서는 문제를 인식하고 문제 해결을 위한 가설을 설정하는 일이 먼저 진행된다. 모든 절차는 가능한 과학자의 실제 과학 연구를 수행하는 과정에 따라 진행되며, 이를 통해 학생들은 그들의 수준에서 보다 세련된 지식을 획득하게 된다. 탐구 학습 모형은 기초 탐구 과정만이 아니라 인지적 부담이 큰 통합 탐구 과정을 경험해야 한다. 따라서 형식적 조작 단계의 학생들에게 적합한 모형이라고 볼 수 있다(정완호 등, 1996).

탐구 학습 모형의 특성에 대해 살펴보면 다음과 같다(교육과학기술부, 2010; 정완호 등, 1997).

첫째, 이 모형은 학습을 통하여 과학의 본질적인 과정인 가설－검증 절차를 체득하는 모형이다. 대부분의 과학자들이 연구하는 것과 같은 과정을 거침으로써 과학적인 방법과 그 결과물인 세련된 지식을 배울 수 있게 한다.

둘째, 문제를 해결하기 위한 자료 조사가 수행되기 전에 그 문제의 잠정적 해답인 가설의 설정이 먼저 이루어져야 하므로 가설을 세울 수 있는 상당한 기존 지식이 필요하다. 가설의 근거가 직접 수집된 데이터에 의한 것이 아니므로 여러 개의 가설이 가능하고, 잘못된 가설을 세울 확률이 상당히 높다. 그러나 틀린 가설도 옳은 가설 못지 않게 중요하다. 왜냐하면 가설이 틀린 이유를 검토함으로써 결정적인 문제 해결의 실마리를 얻을 수 있기 때문이다. 따라서 학생들은 자신의 지식에 기초한 가설을 세우는 훈련이 필요하다. 이러한 훈련을 통하여 잘못 설정된 가설에 대해서는 그 부당성을 검토하게 함으로써 문제 인식을 분명히 할 수 있고, 가설의 올바른 특성을 탐구할 수 있는 계기로 안내할 수 있다.

셋째, 가설의 검증 과정에서 실험의 설계가 매우 중요하다. 실험 설계의 과정이 변인 통제와 관련되어 있기 때문에 신중을 기하지 않으면 검증을 위한 적절한 자료를 수집할 수 없고, 잘못된 결론을 내릴 가능성이 있다. 그러므로 실험을 계획하고 설계할 때는 창의력과 아이디어가 필요하며, 논리적이고 세밀하게 진행해야 한다.

넷째, 실험 결과에 영향을 미칠 수 있는 최대한의 많은 변인을 고려해야 한다. 즉, 변인 통제가 정확해야 한다. 실험에서의 변인들은 일반적으로 독립변인, 종속변인, 통제변인으로 구별된다. 독립변인이란 우리가 관심을 가진 실험에 영향을 미치는 요인, 즉 원인에 해당하는 것이며, 종속변인은 실험에서 영향을 받아 변화하는 요인, 즉 결과에 해당하는 요인이다. 통제변인이란 실험에서 합리적인 결과를 얻기 위하여 독립변인 외에 다른 실험 조건을 일정하게 유지시키는 변인을 말한다.

2.2 모형의 절차(단계별 내용)

탐구 학습 모형의 단계는 일반적으로 다음과 같은 흐름을 보인다(그림 5.2).

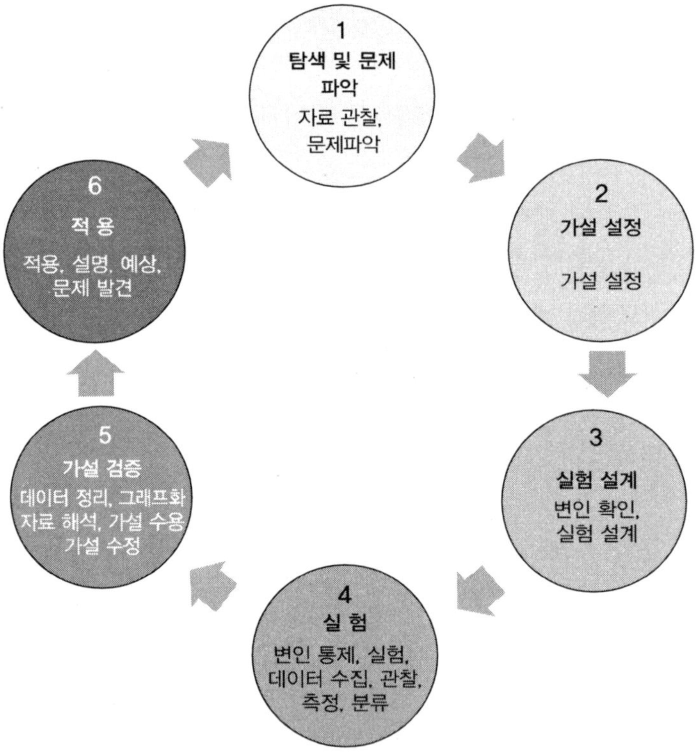

▶ **그림 5.2** 탐구 학습 모형의 단계

1) 탐색 및 문제 파악

이 단계는 학생들이 주어진 자료를 탐색하고 탐구할 문제를 파악하는 단계이다. 자연현상에 대한 의문이나 문제를 해결하기 위해서는 우선 그 문제를 정확하게 파악하는 것이 중요하다. 문제를 파악하기 위해 학생들은 자료를 탐색하게 되며, 현재 학생들이 주어진 자료에 대한 지식을 어느 정도 가지고 있느냐에 따라 문제의 수준과 방향이 결정된다. 경우에 따라서는 교사가 탐구 문제를 직접 제기하거나 질문 기법을 통하여 문제를 인식하도록 할 수도 있다. 그러나 자연현상을 통해 자연스럽게 문제 상황을 발견하고 스스로 의문을 제기할 수 있도록 교사는 학생들의 사전 지식에 대해 정확히 파악하고 있어야 한다.

2) 가설 설정

제기된 문제 상황에 대한 잠정적인 해답을 설정하는 단계이다. 문제가 제기되면 교사는 학생들에게 그 문제를 해결할 수 있는 방안에 대해 고민해 볼 수 있는 기회를 주어야 한다. 이때 설정된 가설은 그 해결 방안이 현실적으로 검증이 가능한 것으로서 옳고 그름을 판단할 수 있어야 한다. 즉, 학생들이 가지고 있는 지식수준에 근접해야 하며, 해결 과정에서 수행될 자료의 수집 과정에 대해 방향을 제시할 수 있어야 한다는 의미이다. 그리고 가설은 변인들 사이의 관계가 명확히 드러나 있어야 한다. 가설에 포함된 조작 변인과 그에 따른 종속변인은 탐구 과정의 큰 틀을 제시하므로 명확히 제시되어야 한다.

가설은 학생들 각자가 형성할 수도 있고 모둠별로 형성할 수도 있으나 개인의 차원보다는 모둠별로 토의 과정을 거쳐 형성해 보는 것이 타당한 가설을 찾는 데에 도움이 될 수 있다. 가설을 설정하는 과정은 상당히 어려운 능력을 필요로 하는 과정이므로 학생들이 가설을 잘 설정하지 못할 때에는 교사의 적절한 안내가 필요하다.

3) 실험 설계

이 단계는 설정된 가설을 검증하기 위한 실험 과정을 구체적으로 결정하는 단계이다. 검증 과정에 관여하는 변인에는 어떤 것들이 있고, 그 변인들을 어떻게 조작하고 통제할 것인지 계획을 세우는 단계이다. 아울러, 실험에 사용되어야 할 도구를 결정하고 그에 대한 적절성과 구체적인 실험 절차의 논리성에 대한 판단의 과정을 거쳐야 한다. 학생들의 실험이 설계 과정을 거치지 않고 단순히 다른 학생이나 교사가 제시하는 실험을 따라하는 과정에 그친다면 그것은 진정한 의미의 탐구 학습이 될 수 없다. 그러므로 교사는 학생들이 실험 설계 과정에 적극적으로 참여하고 자신의 생각을 자율적인 토의를 통해 제시할 수 있도록 유도해야 한다. 그리고 학생들이 설계하는 실험 과정이 학생들의 과학 탐구 능력을 최대한 이끌어 내어 창의적인 실험 설계를 할 수 있도록 안내하도록 한다.

4) 실험

설계한 실험절차에 따라 실제로 활동을 수행하는 단계이다. 직접 실험을 수행하면서 관찰, 측정, 분류 등과 같은 과학적 탐구 능력과 기술을 획득할 수 있다. 학생들은 변인 통제를 철저히 하여 적합한 실험과정을 거쳐 유의미한 자료를 얻을 수 있도록 해야 한다.

5) 가설 검증

실험 단계에서 얻은 자료를 바탕으로 그것을 해석하여 문제의 잠정적인 해답, 즉 가설이 성립할 수 있는지에 대해 판단하는 단계이다. 이 단계를 거쳐 가설의 옳고 그름이 결정되며 그 후에 그것은 적용되거나 또는 수정될 수 있다. 이 단계에서는 학생의 자료 해석 능력이 요구되며 논리적, 비판적 사고가 큰 기능을 하게 된다. 교사는 학생들이 자료를 해석하는 데 있어서 학생들 나름대로의 기호나 논리적 체계를 사용할 수 있도록 유도해야 한다. 예를 들면, 그래프를 이용하여 자료의 특성을 규명한다든지, 실험을 통해 얻은 자료의 특성을 수식화하는 등 자료에 조작적인 방법을 가하여 그 가치를 논리적으로 표현해줄 수 있어야 한다. 이와 같은 자료 해석을 통해 실험 결과와 가설이 잘 부합된다면 가설은 수용될 수 있다. 그러나 그 결과가 가설과 잘 맞지 않을 경우에는 가설을 수정하거나 새로운 가설을 설정하여 실험 설계 단계부터 다시 시작하여 수정된 가설을 검증할 수 있도록 해야 한다.

6) 적용

이 단계는 검증된 가설을 바탕으로 알게 된 지식이나 법칙을 실제로 새로운 상황에 적용해 보고 응용하는 단계이다. 학생은 획득한 지식이나 법칙에 대한 이해를 바탕으로 그것이 적용되는 원리를 설명할 수 있어야 한다. 적용 단계를 통해 학생들은 검증된 지식의 유용성을 확인하고, 그 지식을 바탕으로 새로운 탐구 대상에 대해 문제를 발견할 수 있는 능력을 기르게 된다. 이렇게 얻게 된 과학 지식이나 법칙에서 오류가 발견될 때에는 가설 설정 단계로 돌아가 탐구과정을 다시 반복하여 수행할 수도 있다.

2.3 적용과 예시*

목표: 탐구활동을 통하여 공기가 무게를 가지고 있음을 설명할 수 있다.

탐색 및 문제 파악 단계

- 책상 위에 자를 걸쳐 놓고 손으로 가볍게 쳐보거나, 신문지로 자를 덮고 쳐보는 활동을 해본다.
- 어떤 차이가 있는지와 차이가 생긴 이유에 대해 발표한다.
- '공기가 무게를 가지고 있는지를 알아본다'라는 학습문제를 확인한다.

가설 설정 단계

- 제시된 문제에 대해 학생들이 문제해결 방안을 고안하도록 한다.
- 가설을 잘 세울 수 있도록 자료 제공, 질문과 토의 등을 실시한다.
- 실험에서 검증하기 힘든 가설 등은 제외시킬 수 있도록 유도한다.
- 가설을 설정하도록 한다(예: 공기는 무게를 가지고 있을 것이다).

실험 설계 단계

- 교사의 발문 또는 토의를 통해 실험 변인과 설계의 중요한 내용을 이해시킨다.
  - 공기가 무게가 있다면 어떤 일이 일어날까?
  - 공기가 무게가 있다는 사실을 알아보려면 어떻게 하면 될까?
- 가설을 검증하기 위해 변인에 대한 내용(예: 독립변인, 종속변인, 통제변인, 변인과의 관계 등)을 다룬다.
- 실험 재료, 기구에 따라 실험을 어떻게 수행할지에 대한 계획을 세운다.
  (실험 재료의 예: 고무풍선, 간이 양팔 저울, 셀로판테이프, 핀, 고무찰흙, 천칭 등)

실험 단계

- 실험 방법을 설계하면 다음과 같다.
  - 크기가 같은 두 개의 풍선에 공기를 가득 넣는다.

* 교육과학기술부(2010). 과학 3-2 초등학교 교사용 지도서. 금성출판사, pp. 56-57을 수정하였음.

- 한 풍선의 가운데에 셀로판테이프를 붙인다.
- 양팔 저울의 양쪽 접시에 풍선을 올려놓는다.
- 양팔 저울이 수평이 되도록 접시 위치를 바꾼다.
- 한쪽 풍선의 셀로판테이프를 붙인 곳을 바늘로 찔러 뚫어서 공기를 뺀다.
- 양팔 저울이 어느 쪽으로 기울어지는지 확인한다.

▶ 학생들이 모둠별로 실험 자료를 잘 기록하고 수행하는지 점검한다.

가설 검증 단계

▶ 실험 결과를 확인하고 수집된 자료의 해석을 통해 가설이 맞는지의 여부를 판단한다.

▶ 필요시 실험 단계별로 결과를 확인하고 토의하여 처음에 세웠던 가설 내용과 비교하여 수정 또는 채택하도록 한다.

- 양팔 저울은 어느 쪽으로 기우는가? – 공기가 빠지지 않은 풍선 쪽으로 기운다.
- 이런 현상이 나타나는 이유는 무엇인가? – 풍선 속에 공기가 들어 있기 때문에 더 무겁다.
- 공기가 빠진 풍선의 모양은 어떠한가? – 부피가 줄어 쭈글쭈글하다.
- 이 사실로 무엇을 알 수 있는가? – 공기가 무게를 가지고 있다.

▶ 실험 결과와 가설이 잘 부합되지 않으면 실험 설계 단계부터 다시 시작하여 수정된 가설을 검증하도록 한다.

적용 단계

▶ 학생들이 알게 된 지식을 실제 상황에 적용하고 설명해보게 한다.

- 기압, 날씨와 관련지어 설명한다.

▶ 관련된 사례를 가지고 새로운 과학 탐구 문제를 진행할 수 있다.

- '산에 올라가면 끓는점이 낮아져 밥이 설익는다'와 관련된 탐구 활동을 진행할 수 있다.

3 귀추적 탐구 학습 모형

3.1 배경 및 특징

귀추법은 현상이나 사건의 관찰 결과인 특수한 사실로부터 시작하는 추론 방법이다. 귀납법이 다양한 사례와 많은 사건들 속에서 통계적인 규칙성을 찾아 과학 법칙으로 일반화하는 것이라면, 귀추법은 발견된 현상이나 관찰된 사건에 대해 의문을 가지고 그 원인이나 형성 과정에 대해 해석하고 설명하는 데 초점을 두고 있다. 지구과학에서 귀추적 방법을 사용하여 추론한 예로는 다음과 같은 것을 들 수 있다(Engelhardt & Zimmerman, 1982, pp. 81-82).

- (놀라운) 현상의 관찰 결과: 남아프리카의 화도(volcanic pipe)에서 다이아몬드가 발견되었다.
- 관련된 법칙(규칙): 다이아몬드는 오직 탄소로부터 만들어지며, 온도가 적어도 1000 ℃에 달하고 압력이 적어도 55 kbar일 때 탄소가 다이아몬드로 합성된다.
- 현상의 설명(해석): 화도가 형성될 당시 압력이 적어도 55 kbar에 이르고 온도가 적어도 1000 ℃에 달하는 지하 심부에서 형성된 다이아몬드가 상부로 옮겨 왔을 것이다.

귀추법은 어떤 현상이나 사건을 관찰 또는 경험한 후 이러한 현상(사건)과 관련된 특정한 사실, 원리, 법칙, 경험 등을 추리해 내고 그것을 규칙으로 삼아 그 현상을 설명하는 과정이라고 할 수 있다(Magnani, 2001). 그래서, 귀추법은 새로운 과학적인 문제에 직면하였을 때 과학자들이 그 문제를 해결하기 위하여 새로운 가설을 형성하는 과정에 적용된다. 이러한 귀추법은 물리, 생물, 지구과학 등 다양한 영역에서 적용되어 새로운 가설을 설정하고 실험하여 지식의 발달을 가져왔다.

귀추법은 자연현상으로부터 탐구할 문제를 발견한 과학자들이 그 문제를 해결하기 위하여 처음 가설을 형성하는 과정에서 사용하는 과학적 방법이다. 귀추법은 과학자들이 가설을 제안하는 것이 기존의 지식과 경험을 바탕으로 합리적이고 이해 가능한 사고 과정을 통해 설정된다는 것을 보여준다. 가설이 처음 형성되는 상황에 대해서는 침묵하고 있는 연역적 방법이나 가설-연역적 방법과는 구별된다. 우리 학교 현장에서도 실험을 이용한 탐구 수업에서 가설 설정에 고민하지 않고 그냥 제시하는 경우가 있다(오필석, 2006).

귀추법은 형식 논리의 관점에서 일반적인 형태로 표현해보면 다음과 같다.

○ 결과(result)　　　　　　　　　　　Q
○ 규칙(rule)　　　　　　　　　　　$P \rightarrow Q$
○ 경우 또는 조건(case or condition)　　　P

- 단계 1: 어떤 현상 Q가 관찰되었다(결과).
- 단계 2: 만일 규칙(가설) P가 참이라면, 현상 Q가 설명된다.
  (만일 규칙(가설) P가 옳다면 Q와 같은 현상이 관찰될 만한 충분한 이유가 있다.)
- 단계 3: 그러므로 규칙(가설) P가 참일 가능성이 있다.

즉, 귀추법은 P→Q라는 규칙에서 필요조건 Q가 주어졌을 때 충분조건 P를 Q에 대한 설명으로 이끌어 내는 것이므로 결론의 진실성이 논리적으로 보장되지 않을 수 있다. 다시 정리하면, 이러한 추론 방식에서는 전제들이 결론의 타당성을 부분적으로 지지할 따름이고, 결론은 단지 개연적으로 참일 가능성이 있을 뿐이다. 결과적으로 귀추법은 전제들이 논리적으로 보장할 수 있는 내용을 넘어서는 결론을 도출하게 한다는 점에서 확장적인 (ampliative) 추론 방법으로 여겨진다(Magnani, 2001). 아울러, 어떤 사건의 원인과 결과가 모두 과거에 발생하였거나 그것들이 결과는 현재에 있지만 그 과정의 관찰이 불가능하여 그 가설적 상태를 미루어 짐작해야 하는 후진적 추론(retrodiction)이 많이 다루어지는 학문 분야의 탐구에서도 자주 활용되고 있다(오필석, 김찬종, 2005; Engelhardt & Zimmerman, 1982; Kim, 2003). 이 점에서 귀추법은 역사 과학(historical science)으로서 학문적 특성이 잘 반영된 과학적 방법 중의 하나라고 할 수 있다. 예를 들어, 우리 주위의 현상을 다루고 있는 지구과학 분야에서는 현재 남아 있는 제한적인 증거로부터 지구의 과거 역사를 재구성하거나 직접적인 관찰과 통제된 실험이 불가능한 환경에서 발생하는 현상의 원인을 추정해야 하는 지구과학 탐구에서는 귀추적 방법에 의해 설득력 있는 가설을 제안하는 것이 매우 중요하다(오필석, 김찬종, 2005; Engelhardt & Zimmerman, 1982; Kim, 2003).

과학적 방법으로서 귀추법은 Lawson(1995)의 '경험귀추적 순환 학습 모형(empirical-abductive learning cycle)'을 통해 과학 수업 모형으로 응용되었다. 최근에는 과학 탐구의 고유한 특징을 고려하여 학교 수업에서 귀추법을 기반으로 탐구 활동을 수행하고자 할 때 적용할 수 있는 '귀추적 탐구 모형(AIM: abductive inquiry model)'이 제안되었다(오필석, 김찬종, 2005; Kim, 2003). 귀추적 탐구 모형은, 다른 과학 탐구 모형에서와 마찬가지로, 활동이 진행되는 동안 교사와 학생들이 어떤 역할을 수행하는지에 따라 안내된 탐구 수업과 열린 탐구 수업에 모두 적용될 수 있다.

3.2 모형의 절차(단계별 내용)

귀추적 탐구 학습 모형은 탐색(exploration) → 조사(examination) → 선택(selection) → 설명(explanation)이라는 순환적으로 얽혀진 네 가지 단계로 이루어져 있다(오필석, 김찬종, 2005). 귀추적 탐구 학습 모형의 학습 단계는 다음과 같은 절차를 가진다(그림 5.3).

1) 탐색

학생들이 자연현상을 관찰하고 관찰 내용을 기술하는 활동을 실시하며, 교실 밖에서 관심 있는 대상을 직접 경험할 수도 있지만 인터넷의 실시간 데이터나 조사 활동을 통해 수집된 자료(예: 기상 자료) 등을 이용할 수도 있다. 관찰된 사실(현상)이나 결과로부터 의문을 갖고 해결해야 할 문제가 무엇인지 확인하고 인식하는 단계이다. 자연현상을 탐색하는 동안 학생들은 개인적으로나 모둠별로 무엇을 과학적으로 설명해야 되는지를 생각해 본다. 이 단계에서는 귀추적 방법을 통해 문제를 해결할 탐구 문제를 결정한다. 예를 들어, 관찰한 현상 속에서 일정한 규칙을 새로 발견하였다면, 그 원인을 설명하는 것이 학생들의 과제가 될 수 있다.

2) 조사

조사 단계에서 학생들은 귀추적 추론에 사용할 규칙(원리, 법칙 등)들을 추리해 내고 그 규칙들 속에 함의된 가설로부터 문제에 대한 임시적인 설명을 시도한다. 이때 학생들은 자신의 경험과 지식을 바탕으로 관련된 규칙을 찾을 수 있고, 관련 문헌이나 다른 종류의 정보원에서 규칙으로 활용할 수 있는 과학적인 사실이나 원리, 법칙들을 다양하게 이용할 수 있다. 아울러, 학생 자신의 배경지식 및 관련 경험을 바탕으로 새로 얻은 정보를 창의적으로 재구성하여 새로운 규칙을 만들어 낼 수도 있다.

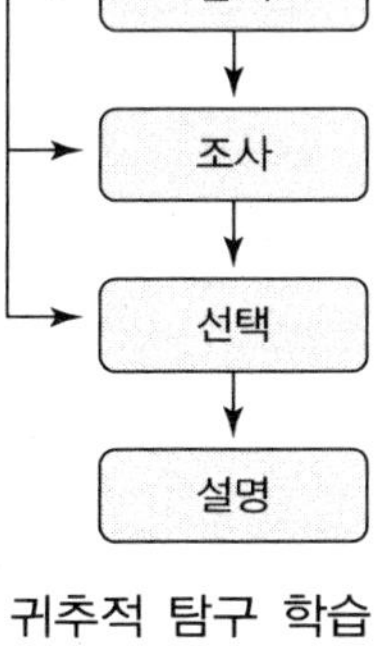

▶ **그림 5.3** 귀추적 탐구 학습 모형의 단계

이 단계에서는 현상을 설명하는 데 적용할 수 있는 가능한 규칙들을 다양하게 조사하는 것이 이 단계의 주된 목표이다. 이 과정에서는 특히 교사의 역할이 중요한데, 교사는 학생들이 적절한 배경지식을 떠올릴 수 있는 질문을 던지거나 새로운 규칙을 창안하는 데 필요한 과학적인 정보와 사고 전략의 예를 제공함으로써 학생들의 규칙 추리 활동을 도울 수 있다.

3) 선택

선택 단계에서는 학생들이 이전 단계에서 추리해 낸 대안적인 규칙들을 평가하여 가장 설득력 있는 설명을 제공한다고 믿어지는 것을 선택하게 된다. 교사는 학생들이 다양한 관점에서 대안적인 규칙들을 평가할 수 있도록 학생들 간의 토론을 유도할 수 있다. 아울러, 과학적으로 타당한 가설들을 구별할 수 있도록 적합한 기준과 정보를 제공할 수 있다. 이미 탐구하고 있는 현상으로부터 새롭게 설명되어야 할 문제가 발견될 경우에는 학생들이 그 문제를 해결하기 위해 탐색과 조사 단계로 다시 돌아갈 수도 있다.

4) 설명

설명 단계에서는 학생들이 전 단계의 과정을 통해 선택한 규칙을 이용하여 탐구의 관심이 되고 있는 현상에 대한 최종적인 설명을 제안하게 된다. 때때로 학생들은 몇 가지 서로 다른 설명들을 함께 제시할 수 있는데, 유일하게 옳은 답변을 상정하기 어려운 경우에는 복수의 가설을 허용하는 것이 학생들의 창의적이고 자유로운 사고를 유발하는 데 도움이 될 것이다. 학생들이 다양한 표현 방식을 이용하여 설명을 제안하고 서로 의사소통할 수 있도록 유도하는 것이 필요하다.

3.3 적용과 예시

1) 지구과학 영역*

주제	지하수
학습목표	염분 분포가 위도 30도 부근에서 가장 높음을 이해하고 증발암의 위도별 분포와 관련한 자료를 파악해서 그 이유를 설명할 수 있다.
준비물 및 자료	인터넷이 사용가능한 실험실(과학실)이나 전산실

* 박평헌(2007). 귀추학습모형(염분분포). 서울대학교 과학교육연구소(http://serc.snu.ac.kr)을 수정하였음.

탐색 단계

▸ 증발암은 위도 30도 부근에서 주로 많이 분포한다(증발암의 위도별 분포도 제시).

조사 단계

▸ 위도 30도 부근에서는 바람이 강해서 증발이 잘 될 것이다.
 - 기상청 홈페이지에 가서 위도별 각국의 풍속을 검색한다.
▸ 사막이 중위도 30도 부근에 분포한다.
 - 사막지역과 위도별 분포 관계를 찾아본다.
▸ 위도 30도 부근에는 강수량이 적다.
 - 위도별 강수량 분포를 찾아본다.
▸ 위도 30도 부근이 기온이 높다.
 - 위도별 기온 분포를 찾아본다.
▸ 위도 30도 부근에는 증발량이 크다.
 - 위도별 증발량 분포를 찾아본다.

선택 단계

▸ 위도 30도 부근에서는 증발량이 크고 강수량이 적기 때문에 증발암이 많이 분포한다.

설명 단계

▸ 증발암은 기온이 높고 강수량이 증발량보다 적은 지역에서 만들어진다. 따라서 증발량과 강수량의 차이가 큰 위도 30도 부근에서 증발암이 많이 분포한다.

2) 생물 영역: 2008학년도 중등임용시험 생물 1차 2번 문항

※ 다음은 식물의 생태에 대한 탐구 내용을 나타낸 것이다.

여러 지역의 다년생 식물을 조사한 결과, 지역에 따라 일부 다년생 식물이 서식하지 않음을 알게 되었다. 그래서 그 원인을 알아보기 위하여 관찰한 지역의 월평균 기온과 강수량을 조사하였다.

지역	서식 식물	월 / 기온/강수량	1	3	5	7	9	11
A	㉠	기온(℃)	27	27	26	24	28	28
		강수량(cm)	25	21	5	1	5	15

지역	서식 식물	월 / 기온/강수량	1	3	5	7	9	11
B	–	기온(℃)	8	7	5	3	5	7
		강수량(cm)	4	9	30	26	2	8
C	㉠, ㉡	기온(℃)	25	26	31	31	31	27
		강수량(cm)	2	1	3	0	3	3
D	㉡	기온(℃)	−10	−4	7	15	10	−5
		강수량(cm)	2	1	1	2	7	2

B 지역에서 식물 ㉠과 ㉡이 서식하지 않는 이유를 추리하여 쓰고, 위 탐구 내용을 아래의 과학 가설 생성 단계에 맞추어 정리하시오. [4점]

단계 1: 어떤 현상 P가 관찰되었다.
단계 2: 만일 가설 H가 참이라면, 현상 P가 설명된다.
단계 3: 그러므로 가설 H가 참일 가능성이 있다.

■ 이유:

■ 단계 1 :

■ 단계 2 :

■ 단계 3 :

3) 지구과학 영역: 2009학년도 중등임용시험 지구과학 1차 3번 문항

※ 다음은 지구과학에서 귀추적(abductive) 추론을 적용한 탐구 방법의 예를 나타낸 것이다.

어느 지질학자가 제주도에 야외 답사를 갔다가 바닷가에서 그림과 같이 초염기성 물질이 포함되어 있는 현무암을 발견하였다.

일반적으로 현무암은 염기성 마그마로부터 만들어지는데 어떻게 이런 현상이 생겼는지 의문을 가진 지질학자는 다음과 같은 방식으로 그 생성 과정을 추리하였다.

(가) 현무암 속에 초염기성 물질이 포함되어 있는 놀라운 현상이 관찰되었다.
(나) (다)의 내용이 옳다면 (가)와 같은 현상이 관찰될 만한 충분한 이유가 있다.
(다) ______________________________

이에 대한 설명으로 옳은 것을 〈보기〉에서 모두 고른 것은?

〈보 기〉

ㄱ. 지질학자는 (가)의 관찰 사실로부터 규칙성을 찾아 (다)의 내용으로 일반화하고 있다.
ㄴ. 지질학자는 배경지식을 이용하여 (가)를 설명하기 위한 가설을 추리해내고 있다.
ㄷ. (다)에는 '마그마가 올라오면서 맨틀 물질을 포획하였을 것이다'가 포함될 수 있다.

① ㄱ ② ㄴ ③ ㄷ
④ ㄱ, ㄴ ⑤ ㄴ, ㄷ

4 순환 학습 모형

4.1 배경 및 특징

카플러스(Kakplus)에 의하여 주도된 과학교육과정개선연구(SCIS: Science Curriculum Improvement Study) 프로그램에서 개발된 순환 학습 모형은 경험주의와 피아제의 발달 원리에 바탕을 둔 일종의 개념 변화 모형으로서 학습자가 가지고 있는 개념의 분화와 교환 과정을 잘 설명한다. 카플러스는 피아제의 지능발달 이론의 동화·조절·평형화 또는 동화·조절·조직화의 세 과정에 맞추어 탐색·창안·발견으로 이루어진 순환 학습 모형을 개발하였다. 수업 방법으로는 환경과의 상호작용, 개인의 직관을 통한 문제 접근과 시행착오를 통한 지식의 발견을 중요시하였다. 최초의 순환 학습 모형의 탐색, 창안, 발견이 현재는 각각 탐색, 용어 도입·개념 적용으로 불린다(김찬종 등, 2008).

로슨(Lawson, 1989)은 오개념에 대한 연구를 바탕으로 순환 학습을 적절히 활용하면 선개념의 표출과 이에 대한 토론 및 논쟁 기회를 제공하며, 또 인지적 비평형을 유발시켜 더 적절한 개념과 사고를 발달시킨다고 보았다. 로슨은 기존의 순환 학습을 수용하면서 직관적 신념의 표출과 인지 갈등의 유발, 대안 가설에 대한 체계적인 검증, 학생들 간의 사회적 상호작용을 더욱 부각시켰다. 따라서 인지적 비평형과 인지 구조의 자율 조정, 직관을 통한 문제 해결 접근, 선개념의 고려, 환경과의 상호작용 등은 순환 학습의 주요 개념에 해당된다. 순환 학습은 활동의 특성에 따라 여러 가지가 있고 각 형태에 따라 효과가 다른 것으로 밝혀졌다. 로슨에 의하면 순환 학습 모형은 구체적인 활동의 속성에 따라 서술적, 경험귀납적, 가설연역적 순환 학습의 3가지로 나눌 수 있다. 이들 3가지 형태는 대체적 개념의 확인, 지적 갈등 유발, 사고력 변화 측면에서 효과가 다르다. 그 외에도 새로운 지식에 대한 발견과 응용에는 가장 보편적이라고 말하는 SCIS에서 개발한 탐색·용어도입·개념 적용 모형이, 선행 지식의 분화·발달에는 POE나 PEOE 모형이, 학생들의 오개념을 과학적 개념으로 바꾸어 주는 데에는 4E, 5E, 7E 모형이 비교적 효과적이다(조희형 등, 2011).

4.2 모형의 절차(단계별 내용)

순환 학습 모형은 세 단계, 즉 탐색(exploration), 용어 도입(term introduction), 그리고 개념 적용(concept application)으로 구성되어 있다(그림 5.4).

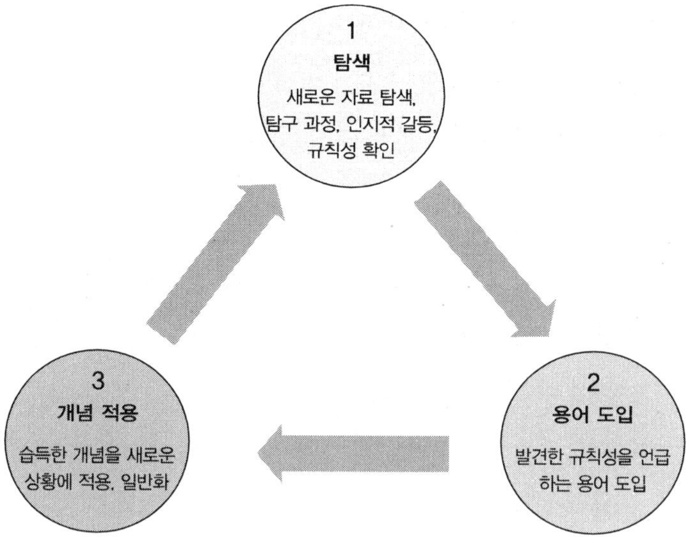

▶ **그림 5.4** 순환 학습 모형의 단계

1) 탐색(exploration)

학생들이 새로운 상황에서 직접적인 경험을 통해 제시된 학습자료를 탐색하는 단계이다. 교사의 안내를 최소로 하고 학생 스스로 문제와의 상호작용을 유도한다. 새로운 경험은 익숙한 사고방식으로 해결하기 어려운 문제, 인지적 갈등 상황이나 자료를 제시하고, 그것에서 규칙성을 확인할 수 있어야 한다. 그렇다고 지나치게 생소한 것은 좋지 않다. 탐색 단계에서는 학생들에게 인지적 갈등을 유발하는 것이 중요하다. 인지적 갈등을 통해 그 문제를 해결하고자 하는 내적 욕구를 느낄 수 있기 때문이다. 탐색 활동을 통해서 학생들은 나름대로 관찰하고 발견한 것을 자신의 언어로 기술하고 표현하는 과정을 거치게 된다. 교사는 학생의 기존 지식과 새로운 지식을 암시를 통하여 연결할 수 있도록 도와주고 가능한 한 많은 새로운 규칙성을 발견할 수 있도록 학생들을 격려해 줄 필요가 있다. 탐색 과정은 개인별 혹은 모둠별 활동을 통하여 다양한 관점과 질문을 경험하게 한다.

2) 용어 도입(term introduction)

학생들이 탐색 단계에서 경험하고 느낀 일들을 설명하거나 기술하기 위한 과학적인 용어 또는 개념을 도입하는 교사 주도의 교수 활동 단계이다. 이는 발견한 규칙성을 언급하는 새로운 용어를 도입하면서 시작된다. 교사는 학생들이 사용하고 표현한 언어나 명칭을 발표하게 하고, 이를 과학 개념과 연결시켜 주도록 한다. 이때 학생들의 표현과 과학적 개념 사이의 공통점과 차이점도 명확하게 설명해 준다.

3) 개념 적용(concept application)

도입된 개념을 활용하여 새로운 상황이나 현상을 이해하고 설명하는 단계로 개념의 적용 범위를 확장시키는 활동을 제공한다. 학생들은 개념을 심화시키고, 새로운 상황과 문제에 적용하여 일반화할 수 있는 기회를 가진다.

탐색, 용어 도입, 개념 적용 단계는 나선형적인 특성을 가지며, 어느 단계가 생략되거나 순서가 바뀌지 않는다. 개념 적용 단계는 학생들이 학습한 내용과 연계된 새로운 탐색의 출발점 역할을 할 수 있다(그림 5.5).

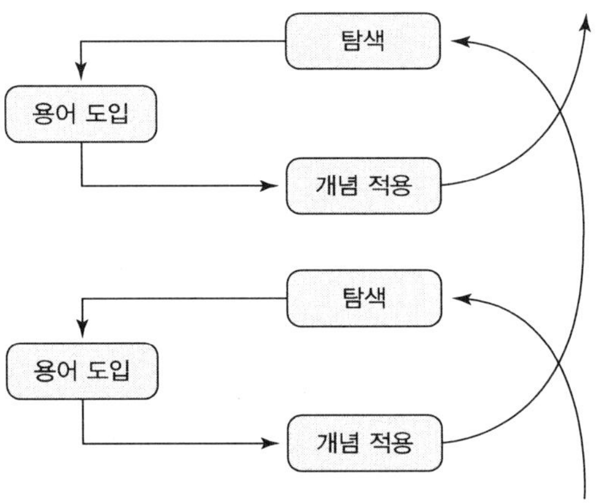

▶ 그림 5.5 순환 학습 모형의 나선적 구조

4.3 순환 학습 형태

순환 학습은 탐색 단계의 수업 형태에 따라서 크게 서술적 순환 학습(descriptive learning cycle), 경험귀추적 순환 학습(empirical−abductive learning cycle), 가설연역적 순환 학습(hypothetical−deductive learning cycle)으로 구분된다. 세 가지 유형의 근본적인 차이는 학생들로 하여금 서술적 형태의 자료만 수집하게 하느냐, 아니면 경험적, 귀납적 형태에서 대안 개념을 검증(가설 검증)하는 경험을 제공하느냐에 있다. 다시 말하면, 탐구활동(실험)에서 순수하게 서술적인 형태(예: 역사적 탐구) 혹은 가설을 검증하기 위해 통제된 형태(예: 지구과학에서 인과적 탐구)의 자료를 수집하는 정도에 따라 차이점을 가진다.

세 형태의 순환 학습 과정은 학습할 주제와 내용(개념)이 서술적인 과학(서술적 탐구 실험)에서부터 실험 과학(가설−연역적 탐구 실험)까지의 연속선상에서 어느 곳에 더 적합한지에 따라 구별하여 적용할 수 있다. 세 가지 형태의 차이점을 학생 활동의 측면에서 보면 학생들이 단순히 현상을 기술하느냐, 가설을 제안하느냐, 가설을 검증하느냐에 달려 있다. 세 가지 유형에 따라 학생들에게 조금 다른 지식과 탐구 기능이 필요하다.

무엇(What)이란 질문에 대한 답을 찾는 서술적 순환 학습에는 일반적으로 배열, 분류, 계열화 등의 기초적인 탐구 기능이 필요한 반면 인과적 질문(Why)의 답을 찾는 가설 연역적 순환 학습에서는 높은 수준의 통합 탐구 기능(예: 변인 통제, 관계 추리 및 해석, 가설연역적 추리)이 필요하다. 서술적이고 인과적인 문제들을 모두 제기하는 경험귀추적 순환 학습에는 기초적이고 통합적인 탐구 기능과 높은 수준의 사고력도 필요하다. 세 가지 형태의 순환 학습의 특징과 단계별 내용을 비교, 정리하면 다음과 같다(교육과학기술부, 2010, 2011b).

1) 서술적 순환 학습

(1) **탐색**: 학생은 탐구를 통하여 현상을 탐색하고 규칙성을 발견하여 기술한다.

(2) **용어 도입**: 학생들은 탐색 단계에서 수집한 자료를 발표하며, 교사는 자료에 나타난 규칙성을 기술하고 관련 용어를 설명한다.

(3) **개념 적용**: 학습된 개념이 관련된 새로운 상황에 개념을 응용하고 인지 구조에 정착시킨다.

주로 변인들 사이의 양적 관계를 기술하기 때문에 '기술적'이라고 부르며, 교사나 학생의 관찰 사실에 대한 설명 없이 단지 서술, 계열화, 분류의 과정을 거친다. 경험을 통한 귀납적 추리 능력을 요구한다. 이 형태의 순환 학습에서는 학생들의 지적인 갈등은 전혀 일어나지 않으며, 자신이 이전에 가지고 있던 잘못된 개념이 잘못된 것이라는 것을 깨닫지 못한다.

2) 경험귀추적 순환 학습

(1) **탐색**: 학생은 현상을 관찰, 탐색하여 규칙성을 발견하고 서술하며 인과율적 의문을 제기한다. 그리고 수집한 자료를 바탕으로 가설을 제시하여 인과율적 의문에 잠정적으로 답한다.

(2) **용어 도입**: 탐색한 현상 또는 가장 바람직한 가설에 의한 대체적 설명과 관련된 용어를 설명한다.

(3) **개념 적용**: 인과율적 의문에 대한 답이 수집한 자료와 일치하는지, 그리고 동일한 개

념이 다른 상황에서도 적용되는지 면밀히 조사한다.

관찰이나 측정 등에 의해 수집된 증거에 바탕을 두고 가설을 설정하여 제시하는 귀추법을 따른다. 그러므로 귀납적 추리와 고차원적 사고가 요구된다. 이러한 형태의 순환 학습에서는 학생들로 하여금 자연현상이나 사실을 기술하게 함으로써, 개념적 오류를 드러나게 하고 논증적 갈등을 유발하며 형식적 사고 패턴의 발달을 자극하게 된다.

3) 가설연역적 순환 학습

(1) **탐색**: 학생은 인과관계에 관한 의문을 제기하는 현상을 탐색하고, 교사는 인과율적 의문을 던진다. 학생들은 토의 과정을 거쳐 가설을 세우고 이를 검증하기 위한 실험을 계획, 수행한다.

(2) **용어 도입**: 실험 수행을 통해 얻은 자료를 비교하고 분석하여 결론을 도출한다. 그리고 이와 관련된 용어를 설명한다.

(3) **개념 적용**: 동일한 개념이 관련된 새로운 현상을 토의하고, 탐색한다.

이 형태의 순환 학습에서는 자연현상을 설명하는 즉각적이고도 명료한 대안 개념이나 가설을 설정하도록 하고, 그 대안 개념이나 가설 검증 과정(실험 설계, 수행 등)에서 형식적 사고 패턴의 발달을 촉진함으로써 오개념을 해소하고 과학적으로 타당한 개념이나 지식이 발달하게 한다(정완호, 정진수, 1995).

일반적으로 순환 학습을 활용한 수업을 구성할 때 교사가 제일 먼저 해야 할 일은 가르칠 내용(개념)이 세 가지 모형 중에서 어느 형태에 합당한지 판단하는 것이고, 이어서 교사는 가르칠 개념에 대하여 학생들의 사전 개념 또는 오개념 유형을 파악하는 것이다. 세 가지 유형 모두 탐색 단계의 과정이 다르지만, 탐색 단계에서 학생들의 사전 개념이 노출되어야 하며, 노출된 개념이 논의되고, 변화되어야 하기 때문이다. 그러므로 탐색 단계는 학생이 중심이 되어 능동적으로 활동하도록 구성되어야 하며, 교사는 조력자의 역할을 한다. 이어서 용어 도입 단계에서 교사가 주도적으로 관련된 과학적 용어를 소개하면서 학생들이 올바르게 개념을 형성하도록 도와주면 된다. 개념 적용 단계에서는 다시 학생 중심이 되어 개념이 응용 또는 적용되는 여러 가지 다른 상황들을 제시하고 학생으로 하여금 해당 개념이 일반화 또는 내면화되도록 한다. 순환 학습의 세 가지 모형을 세 단계에 따른 교사 활동과 학생 활동으로 구분하여 제시하면 다음과 같다(그림 5.6).

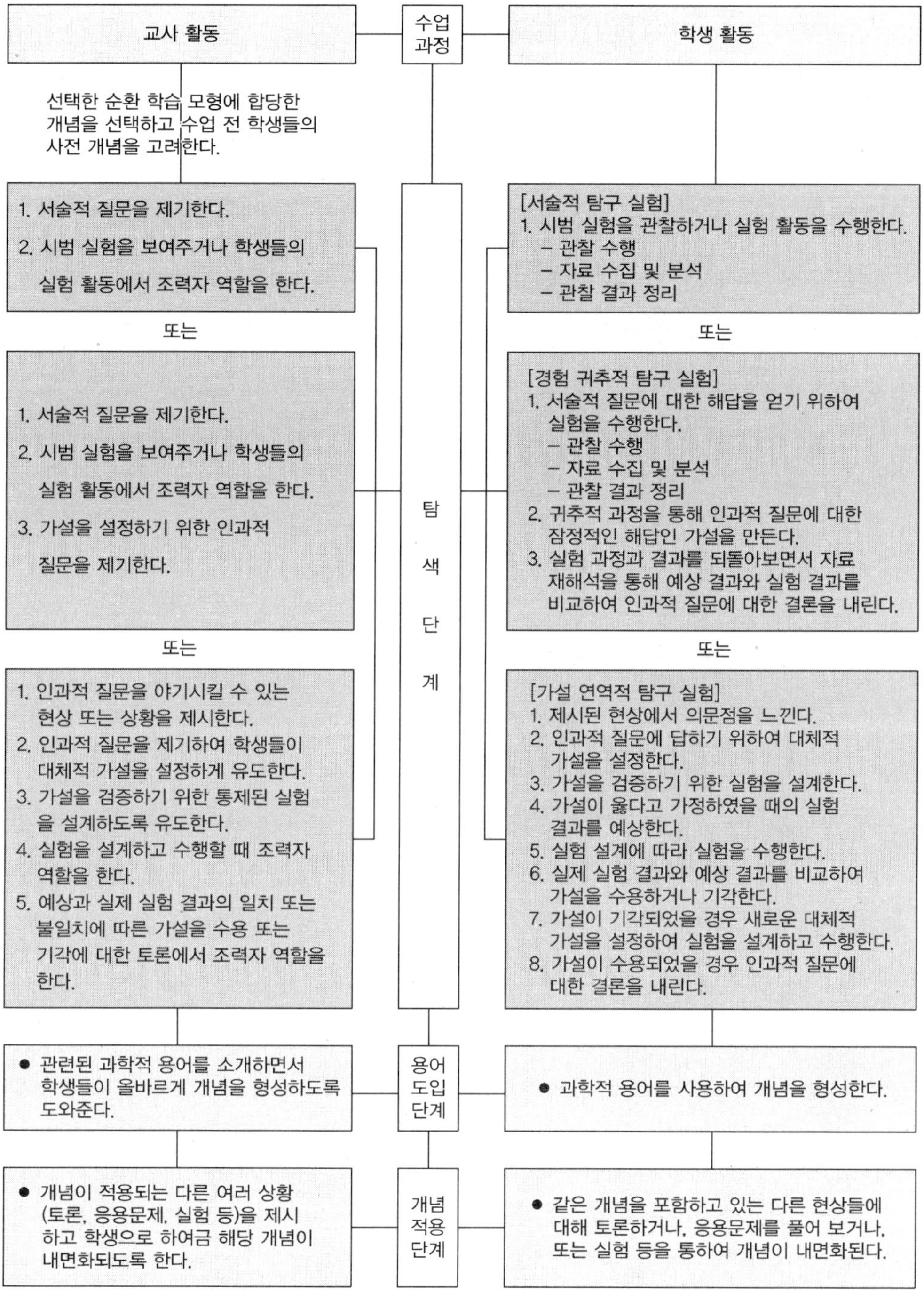

▶ **그림 5.6** 서술적, 경험 귀추적, 가설 연역적 순환 학습 모형(강순희 등, 2006, p. 6)

4.4 순환 학습의 변형 확장 형태

순환 학습은 과학 교수-학습 현장에서의 효과를 검증하는 과정에서 4E 모형, 5E 모형, 7E 모형, POE 모형, PEOE 모형 등 다양한 형태로 변형되고 확장되었다(교육과학기술부, 2010).

1) 4E 모형

순환 학습의 4E 모형은 '탐색(exploration) → 설명(explanation) → 확장(expansion) → 평가(evaluation)' 단계로 이루어진다. 이론적 배경은 마찬가지로 피아제의 인지 발달 이론과 구성주의 심리학에 있다(그림 5.7).

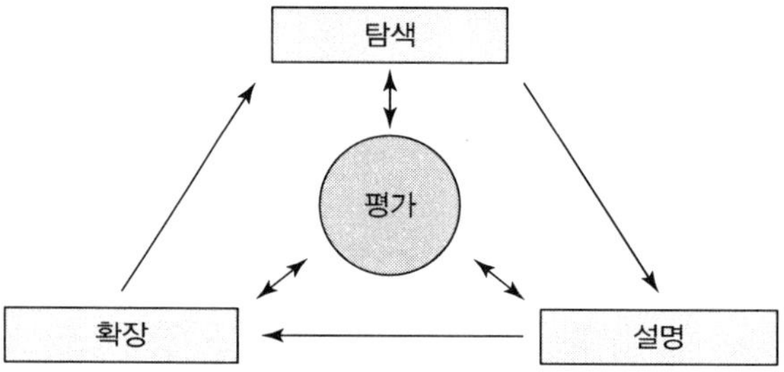

▶ **그림 5.7** 4E 순환 학습 모형

4E 모형은 순환 학습 수업 모형의 3단계를 기본으로 하여 평가 단계를 추가한 것이다. 이 세 단계는 각각 순환 학습의 기본 형태인 '탐색 → 용어 도입 → 개념 적용'과 본질적으로 동일하다. 4E 모형에서 추가된 평가 단계는 탐색, 설명, 확장의 세 단계 모두에 걸쳐서 지필, 관찰, 포트폴리오, 수행 평가 등 다양한 방법으로 이루어질 수 있다.

(1) 탐색(exploration)

학생이 자료나 다른 학습자와 상호작용하도록 한다.

(2) 설명(explanation)

교사가 탐색 단계에서 다룬 내용과 관련된 개념을 도입하여 설명한다. 학생은 개념에 대해 새로운 의미를 형성하게 된다.

(3) 확장(expansion)

학생들이 학습한 개념을 새로운 상황에 적용해 보고 응용하여 분화 또는 확장할 수 있도록 한다.

(4) 평가(evaluation)

탐색, 설명, 확장 세 단계 모두에 대해 이루어질 수 있으며 각각의 단계에 대한 학생의 활동을 다양한 기법을 통해 판단할 수 있다.

2) 5E 모형

5E 모형은 '탐색 → 용어 도입 → 개념 적용' 모형을 기본으로 하여 '참여(engage) → 탐색(explore) → 설명(explain) → 정교화(elaborate) → 평가(evaluate)'로 구성된 5단계 모형으로 개선한 것이다. BSCS(1989)에서는 구성주의 학습 이론과 원리에 따라 탐색 단계를 참여와 탐색으로 나누고, 용어 도입 단계를 설명 단계로 수정하였으며, 개념 적용 단계를 정교화 단계로 보완하고, 마지막에 평가 단계를 추가하였다. 5E 모형에 따른 과학 교수-학습은 과학 지식의 구성과 과학적 개념의 변화에 목표를 둔다. 이 모형의 일반적인 특징을 살펴보면 다음과 같다(교육과학기술부, 2010; 조희형 등, 2011).

(1) 참여(engage)

학습 내용과 관련된 질문, 주요한 용어의 정의, 학생들의 선행 지식과 상충되는 현상의 제시 등으로 학생들의 관심과 흥미를 수업에 끌어들인다. 학생들은 주어진 질문, 용어, 선행 지식 등에 관하여 생각해 보고 자신들의 생각을 말할 수 있고, 그로 인해 학생들이 알고 있는 것과 할 수 있는 것을 촉진시켜 주는 연결 고리를 제공한다.

(2) 탐색(explore)

학생들은 개인이나 모둠으로 문제를 설정하고, 그에 대한 가설을 제시한 다음, 자료를 수집, 정리, 해석, 분석, 평가하는 과정을 통하여 제시된 가설을 검증한다. 주어진 문제에 대한 답이나 해결책에 관한 대안을 토의하는 과정을 거치며, 교사는 내용을 직접적으로 설명하거나 학생들의 토의를 일방적으로 이끌어서는 안 된다.

(3) 설명(explain)

학생들은 문제에 대한 자신이나 모둠의 해답, 가설 검증 과정 등을 증거를 이용하여 설명한다. 문제에 대한 다른 학생들의 해답이나 가설 검증 과정에 대한 설명도 들어볼 기회를 가진다. 이러한 과정에서 교사는 학생들이 같은 문제에 대해 다른 해답이 나올 수 있다는 것을 인정하도록 하고 개방적인 분위기에서 진행될 수 있도록 유도해야 한다.

(4) 정교화(elaborate)

교수-학습한 내용에 대한 결론을 도출하고 그 결과를 유사하거나 새로운 상황에 적용해 볼 수 있는 기회를 가진다. 그리고 처음에 생각하였던 것을 다시 설명하고, 지금의 생각과 비교해 본다.

(5) 평가(evaluate)

학생들이 학습한 기능과 지식을 평가하고 학생들의 인지 구조가 변한 증거를 찾는다. 후속되는 교수－학습 내용과 관련된 질문을 한다.

5E 모형에 따른 과학 교수－학습의 각 단계는 학습 주제에 따라 1~2차시 이상이 소요될 수도 있다. 즉, 각 단계를 하나의 교수－학습 과정으로 구성할 수도 있다. 또한, 1차시 안에 1~2단계를 연이어 실시할 수도 있다. 실제로 BSCS에서 개발하여 제시한 과학 기술 및 생물 교과서에서는 참여와 탐색을 한 차시에 실시하도록 구성되어 있는 단원이 많고, 탐색, 설명, 정교화 단계가 여러 차시에 걸쳐 진행되는 단원도 많다.

3) 7E 모형

인간이 학습하는 방식에 관한 연구와 그 연구 결과를 수업 계획과 교육과정 개발에 적용하는 과정에서 5E 순환 학습 모형은 7E 모형으로 확장되었다(Eisenkraft, 2003). 7E 모형은 5E 모형의 참여 단계를 '사전 개념 활성화(elicit)'와 '참여(engage)' 단계로 확장시키고, 정교화, 평가 두 단계를 '정교화(elaborate)', '평가(evaluate)', '확장(extend)' 단계로 세분하였다(교육과학기술부, 2010). 5E 모형에서 7E 모형으로 변화된 내용을 도식적으로 나타내면 다음과 같다(그림 5.8).

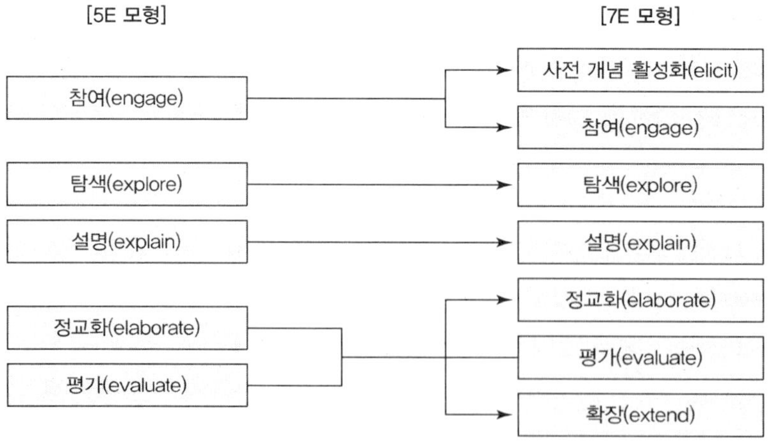

▶ **그림 5.8** 5E－7E 순환 학습 모형의 단계 비교(Eisenkraft, 2003)

(1) 사전 개념 활성화(elicit)

학생들이 사전에 가지고 있는 개인 개념을 이끌어 낸다는 점에서 이 단계는 '유도'라고도 불린다. '여러분은 이것에 대하여 어떻게 생각하는가?'와 같은 질문을 통해 탐색할 개념과 기능에 관한 학생의 관념을 찾는 활동이 이루어진다.

(2) 참여(engage)

학생들의 흥미를 이끌어내기 위한 다양한 활동을 통해 동기를 유발한다.

(3) 탐색(explore)

학생들에게 예상하게 하거나 가설을 설정하고, 실험을 설계하여 데이터를 수집·분석하게 하며, 결론을 도출하게 한다. 이 단계의 활동에서는 다루는 주제와 상황에 따라 교사와 학생의 주도권을 다양하게 변화시킬 필요가 있다.

(4) 설명(explain)

학습 내용과 관련된 개념, 용어, 법칙 등을 도입하고 이러한 용어를 사용하여 탐색 단계에서 얻은 결과들을 요약한다.

(5) 정교화(elaborate)

학생들에게 학습 내용을 새로운 상황에 전이시킬 수 있는 기회를 제공한다. 관련된 문제를 해결하게 하거나, 유사하지만 다른 질문을 제기하고 그 질문을 탐색하도록 한다.

(6) 평가(evaluate)

학생 스스로가 학습한 내용에 대해 평가해 본다. 형성 평가와 총괄 평가를 포함하여 다양한 방법들이 활용될 수 있다. 학습 경험의 전체적인 측면들(예: 실험 설계, 유사한 실험에서 얻은 데이터의 해석, 실험에 관한 질문, 항목의 확장 등)을 다루는 문항을 활용한다.

(7) 확장(extend)

새로운 개념을 적용할 수 있는 다양한 상황을 경험하여 그 기능이 더욱 더 분화되고 확장될 수 있도록 한다.

4) POE 모형

실제 과학에서는 어떤 대상이나 현상을 직접 관찰하거나 실험해 보는 것이 중요한데, 직접 해보는 것뿐만 아니라 그 실험 전과 후에 이루어지는 활동도 중요하다. 그러므로

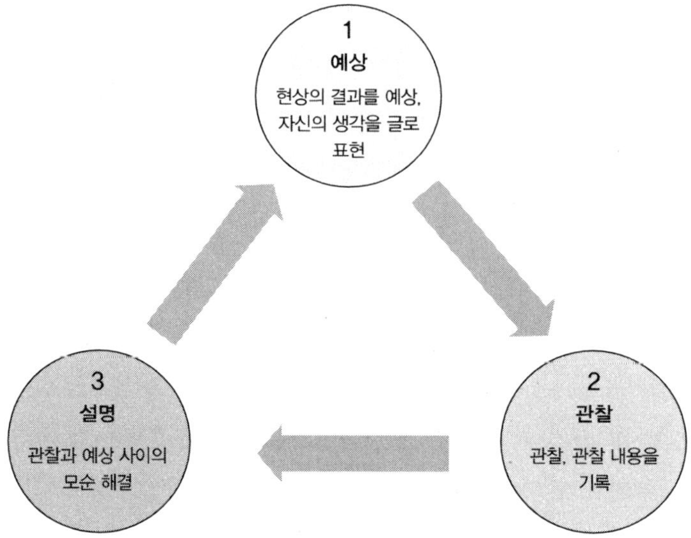

▶ **그림 5.9** POE 모형의 단계

과학 교수－학습 상황에서도 해보기 전과 후에 이루어지는 활동들에 주목할 필요가 있다.

POE 모형은 관찰할 현상의 결과를 예상하고 그 예상을 나름대로 정당화하는 '예상(prediction)', 실제로 관찰한 사실이나 실험을 통하여 얻은 결과를 서술하는 '관찰(observation)', 예상과 관찰 사이의 불일치를 해결하는 '설명(explanation)'의 3단계로 구성된다(조희형 등, 2010).

POE 모형을 사용하면 학생들이 수업 전에 가지고 있는 생각이나 이해 정도를 직접 확인할 수 있으므로, 수업을 학생들의 수준에 맞도록 진행할 수 있는 장점이 있다(교육과학기술부, 2010). 또한, 예상과 관찰 사이의 불일치를 해결하는 설명 단계에서 학생들의 활발한 토의를 적절히 활용하면 학생들에게 과학 개념을 효과적으로 이해시킬 수 있다(그림 5.9).

(1) 예상(prediction)

예상 단계에서는 학생들이 현상의 결과를 예상하고 자신의 예상을 정당화시킬 수 있는 이유를 제시하게 한다. 예상을 위해서는 학생들이 상황의 성격을 정확히 이해해야 하므로, 주어진 상황을 이해하는 데 필요한 질문을 충분히 할 수 있도록 허락해야 한다. 자신의 생각을 글로 써 보면 학생들의 사고가 더 정교해지기 때문에, 예상이나 그 근거는 가능한 한 글로 표현하게 하는 것이 좋다. 이때, 예상하면서 생각하거나 쓰는 것으로 인해 관찰을 하지 못하는 일이 없도록 예상이 끝난 것은 반드시 확인한 후 관찰 단계로 진행되어야 한다.

(2) 관찰(observation)

관찰 단계에서 학생들은 각자 자신의 관찰 결과를 기록한다. 자신의 기존 생각과 모순되는 현상을 접할 경우, 학생들은 사례 자체를 무시하거나 오히려 기존의 생각을 지지하는 증거로 왜곡하여 받아들일 수도 있다. 따라서, 관찰 내용을 개별적으로 작성하게 함으로써 관찰한 현상에 대한 학생들의 다양한 반응과 생각을 명확히 알 수 있다. 관찰하면서 그때마다 기록하지 않게 되면 동료 학생에 의해 관찰 내용이 바뀔 수도 있다.

(3) 설명(explanation)

설명 단계에서는 관찰한 것과 예상한 것 사이의 모순을 해결한다. 이 단계에서 교사는 학생들이 가능한 한 모든 가능성을 고려하도록 도와야 한다. 교사는 학생들의 의미를 정확히 파악해야 하며, 다양한 질문을 통하여 학생들이 자신의 생각을 분명히 할 수 있도록 유도해야 한다. 학생들이 제시한 설명은 관련된 개념에 대한 이해도를 파악하는 데 유용한 자료가 될 수 있다. 개념 이해를 위한 수업에 POE 모형을 적용할 경우, 학생들 간의 토론(협의)으로 설명 단계를 진행하는 것도 효과적이다.

과학 수업에서 POE 모형을 활용하면 학생들의 이해 정도를 알 수 있고, 결과를 토대로 수업 자체에 대한 내용 제시 및 계열화에 활용할 수 있는 장점이 있다. 아울러, POE 모형을 시범 실험과 연계하여 활용하면 학생들의 수업 전 개념을 분명하게 확인할 수 있다. 예상할 때 경험하는 정교한 추론의 과정이 학습에 동기를 부여하는 역할을 할 수 있으며, 갈등 해결 과정에서의 진정한 토의(협의)를 통해 올바른 개념을 효과적으로 이해할 수 있다. 그리고 생활에서 쉽게 접할 수 있는 상황들을 이미 알고 있는 지식으로 설명할 수도 있다.

5) PEOE 모형

관찰이 이루어지기 전의 초기 설명의 중요성을 강조하기 위하여 POE 모형에서 설명 단계를 구체화하여 구분한 PEOE[예상(Prediction) → 설명(Explanation) → 관찰(Observation) → 설명(Explanation)] 모형이 제안되었다. PEOE 모형에 따른 과학 교수-학습에서는 교사가 교수-학습할 내용과 관련된 대상이나 현상을 학생들에게 간단히 소개하면, 학생들은 일어날 현상이나 사건을 예상하고 그 이유를 설명한다. 그리고 그 현상이나 사건을 실제로 관찰하고 그렇게 일어난 것에 대하여 설명하며, 다른 예를 제시하는 과정을 통하여 이루어진다(조희형 등, 2011). 이처럼 PEOE 모형에 따른 교수-학습에서는 POE 모형에 따른 교수-학습보다 학생들의 설명을 더 강조한다. 직접 해보기 단계 전의 설명 단계에서 토론 활동을 적절히 활용하면 과학 교수-학습 활동에 잘 참여하지 않거나 꺼리는 학생들을 참여시키는 데 효과적이다. POE 모형과 PEOE 모형의 차이를 도식적으로 나타내면 다음과 같다(그림 5.10).

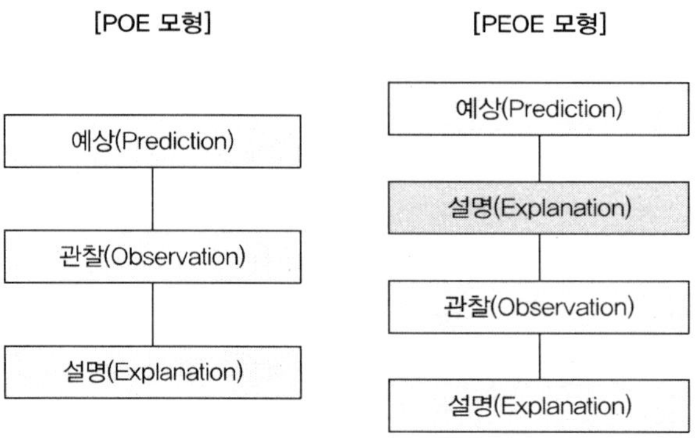

▶ **그림 5.10** POE와 PEOP 모형의 단계 비교

4.5 적용과 예시

1) 경험 귀추적 순환 학습 모형*

학습 주제	건습구 습도계로 습도를 측정할 수 있는 이유는?
학습목표	• 습도와 이슬점의 개념을 이해하고 말로 표현할 수 있다. • 건구와 습구 온도계의 관계를 기온과 이슬점온도의 관계로 파악하고 포화수증기압과 현재 수증기압의 관계로 습도를 설명할 수 있다. • 실생활에서 경험적으로 접해 볼 수 있는 건습구 온도계와 같은 상황을 찾아 기온, 이슬점, 포화수증기압 등의 용어를 가지고 설명할 수 있다.
준비물 및 자료	건습구 온도계, 수조 2개, 흡습제, 분무기

단계	교 사	학 생
탐색	1. 건습구 온도계의 구조를 보여준다(조별 1개씩). 2. 밀폐된 플라스크에 물을 약간 붓고 밀폐한 다음에 알코올램프로 가열하여 물을 완전히 증발시킨다. 그리고 알코올램프를 끄고 식히면 어느 시점에 물방울이 플라스크 벽면에 이슬이 맺히면서 원래 상태로 되돌아오게 된다. 3. 벽면에 물방울이 맺히는 시점을 어떻게 알아낼 수 있으며 이것이 의미하는 바가 무엇인지 알아보게 한다. 4. 벽면에 물방울이 맺히는 시점을 쉽게 알아낼 수 있는 방법을 고안해 보도록 한다.	1. 건습구 온도계의 구조를 분해해서 만져본다. 2. 교사의 시범실험과 동일한 실험을 수행하면서 이슬이 맺히는 시점을 쉽게 알아낼 수 있는 방법에 대해 토의한다. 3. 이슬이 맺히는 시점은 수증기가 많을수록(많은 물을 증발시키면) 금방 맺히고 적을수록(적은 물을 증발시키면) 더욱 낮은 온도에서 맺힌다는 것을 실험을 통해 확인한다.

* 박평헌(2007). 순환학습모형(건습구). 서울대학교 과학교육연구소(http://serc.snu.ac.kr)을 수정하였음.

개념 도입	1. 습도, 온도, 이슬점 온도의 개념을 설명한다. 2. 현재 상태의 실제 수증기의 양(압)은 이슬점온도로 알아낼 수 있음을 이해시킨다. 3. 습구 온도계는 의도적으로 이슬점의 상황을 맞추어놓은 온도계임을 이해시킨다. 4. 실험을 통하여 건조한 상황에서는 증발이 매우 활발하여 습구 온도계가 더욱 낮아짐을 이해시킨다.	1. 덮개가 있는 수조 두 개를 준비하여 한 수조에는 흡습제를 장착하여 수증기를 최대한 제거된 상태로 준비하여 두고 다른 수조에는 바닥에 물을 뿌려 충분히 수증기를 공급해주자. 2. 각각의 수조에 습구 온도계를 넣어 충분히 시간이 지난 후 온도를 측정해보자. 3. 어느 쪽의 온도가 더 낮으며 더 낮은 이유가 무엇인지 토의해 보자. 4. 습구 온도계의 온도가 어떻게 현재 습도를 나타낼 수 있는지 토의해 보자.
개념 적용	1. 실생활에서 이슬점 이하로 내려간 상태에서 이슬이 맺힌 경우를 계절별로 찾아보자. 2. 이러한 현상을 이용하여 습도를 잴 수 있는 방법을 토의해 보자.	1. 계절별로 이슬점을 알아낼 수 있는 대표적인 현상을 찾아 이야기해보고 이러한 현상에서 습도라는 개념을 어떻게 알아낼 수 있는지 토의해 보자. 2. 좀 더 효율적인 습도계를 고안해 보고 그 이유를 설명해보자.

2) 5E 순환 학습 모형: 2013학년도 중등임용시험 지구과학(1차) 출제 문항

단계	교사 – 학생 활동
참여	• 파도가 해안가로 밀려오는 현상에 대한 학생들의 경험을 말하게 한다. • 지진 해일을 다룬 최근의 영화를 보여 주면서 "해파가 먼 바다에서 해안으로 접근할 때 파도의 높이가 어떻게 변할까?"를 질문하여 관심을 유발한다.
탐색	• 수심에 따라 파도의 높이가 어떻게 변할지에 대해 가설을 설정하고 이를 알아보기 위한 탐구 활동을 실시한다. • 바닥에 경사가 있는 수조의 한쪽 끝에서 파도를 발생시키면서 수심에 따라 파도의 높이가 어떻게 달라지는지 실험해 보고, 해안 쪽으로 파도가 다가오면서 파도의 높이가 왜 높아지는지에 대해 토의한다.
설명	• 학생들은 탐색 단계의 실험 결과를 종합하여 발표한다. • 교사는 파도가 해안에 접근함에 따라 파도의 높이가 높아지는 이유를 수심과 파의 속도와의 관계로 설명한다. 이때 교사는 학생들이 알고 있는 속도 개념을 파의 속도와 의미 있게 연결하여 준다. • 심해파, 천해파의 특성에 대해 설명한다.
정교화	• 학습한 개념을 적용하여 지진 해일의 성질, 영향, 피해 및 최근 사례에 대해 알아보게 한다.
평가	• 파도의 특성과 해파의 전파에 대한 이해 정도를 개념도를 그리게 하여 평가하고, 피드백을 제공한다.

3) 5E 순환 학습 모형: 2013학년도 중등임용시험 생물(1차) 출제 문항

단계	교사 - 학생 활동
참여	• 교사는 겉껍질이 녹아 없어진 날달걀을 물에 담갔을 때 달걀의 크기가 점점 커지는 동영상을 제시하여 호기심을 유발시킨다. • 학생은 주어진 현상에 흥미를 갖고 주의를 집중한다.
탐색	• 교사는 양파 세포를 저장액, 등장액, 고장액에 각각 담그는 실험을 하게 한다. • 학생은 각 양파 세포에서 나타나는 변화를 현미경으로 관찰하고, 왜 물이 세포막을 사이에 두고 용액의 농도에 따라 다르게 이동하는지에 관해 토의한다.
설명	• 학생은 탐색 단계에서 실험한 결과를 종합하여 발표한다. • 교사는 '삼투' 용어를 도입하여 물이 반투과성 막을 사이에 두고 용액의 농도가 낮은 쪽에서 높은 쪽으로 이동하는 이유를 설명한다. 이때 교사는 학생이 이미 알고 있는 '확산 개념'과 새롭게 학습하는 '삼투 개념'을 의미 있게 연결시켜 준다.
정교화	• 교사는 적혈구를 저장액, 등장액, 고장액에 감감 담갔을 때 나타날 현상을 예상하고 확인하는 실험을 하게 한다. • 학생은 각각의 용액에서 나타날 현상을 예상하고 실험을 통해 확인한다.
평가	(생략)

4) POE 모형을 적용한 수업 예시: 2013학년도 중등임용시험 생물(1차) 출제 문항

예상

교사 : 변의 길이가 8 cm인 페놀프탈레인이 포함된 한천 덩어리를 세 조각 준비하여, 하나는 그대로 두고 나머지는 변의 길이가 각각 4 cm와 2 cm인 정육면체로 잘라 그림과 같이 A, B, C 세 개의 비커에 각각 넣고, 같은 양의 4 % 수산화나트륨 용액을 부어 봅시다.

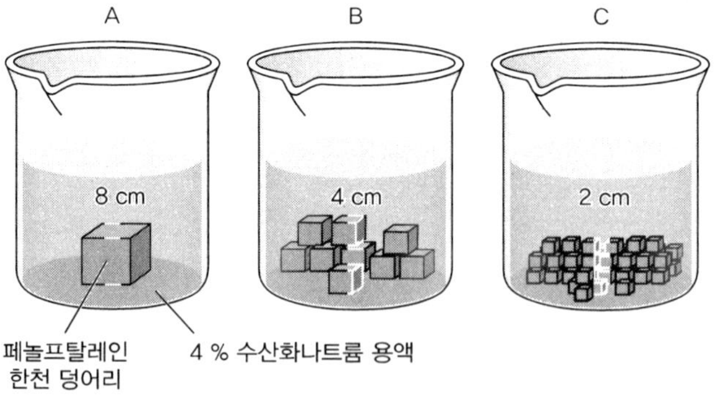

10분 후 세 비커에 있는 한천 덩어리들을 꺼내 칼로 자른 후 붉은색으로 변한 전체 부피를 비교해 보면 어떤 차이가 있을까요?

예상	학생 : 비커 A의 한천 덩어리에서 붉은색으로 변한 부피가 가장 클 것 같습니다.
관찰	교사 : 그럼, 실험을 통해 확인해 봅시다! 학생 : (실험을 한 뒤) 이상하게도 결과는 처음 생각과는 다르네요. 세 비커에 들어 있던 한천 덩어리에서 붉은색으로 변해 들어간 깊이는 0.5 cm로 동일한데 계산을 해 보니 비커 C에 들어 있는 전체 한천 덩어리에서 붉은색으로 변한 부분의 부피가 가장 커요.
설명	교사 : 부피와 표면적은 어떤 관계가 있을까요? 학생 : 크기가 작을수록 부피에 대한 표면적의 비율은 더 커요. 교사 : 그래요. 세포를 한천에 비유해 보면, 세포의 크기가 작을수록 표면적이 커지므로 세포는 더 효과적으로 주변 환경과 물질을 교환할 수 있겠지요.

5 발생 학습 모형

5.1 배경 및 특징

발생 학습은 오스본(Osborn)과 위트록(Wittrock)에 의해 제안되었는데 발생 학습(정진우, 정병석, 1992) 또는 생성 학습(권재술, 김준태, 1992)으로 부르기도 한다. 오스본과 위트록은 과학학습을 자신의 기억, 지식, 경험과 입력되는 정보로부터 의미를 구성하는 '생성적 과정'이라고 기술하였다. 학습자가 이러한 정보를 가지고 어떤 것을 한다면, 그 '어떤 것'은 바로 '생성' 혹은 '발생'이라고 할 수 있다. 즉, 학생의 지식, 논리, 경험들을 진술이나 설명의 일부와 능동적으로 관련시키는 것이고 의미를 구성하는 것이다. 이를 토대로 교사가 학생의 아이디어, 함양시켜야 할 과학적 관점, 개념을 변화시킬 수 있는 활동의 유형, 이에 관련된 상호작용적 교수 순서를 인식하고 수업을 진행하는 발생 학습 모형이 제안되었다. 이 이론의 핵심은 인간의 인지 과정에서의 정보 처리적 접근에 근거를 두고 이루어진 이론으로서 인간은 능동적 조직체로서 이미 가지고 있는 경험과 지식을 토대로 적극적 활동을 통하여 새로운 개념구조를 발생시킨다는 데 그 초점을 두고 있다(조희형 등, 2010).

발생 학습은 새로운 지식과 기존 지식 간의 연결, 혹은 새로운 아이디어들이 개인이 이미 알고 있는 개념 망에 어떻게 부합되는가에 대한 개인적 이해를 구축하는 과정이다. 발생 학습 모형의 핵심은 마음 혹은 뇌가 정보의 수동적 소비자가 아니라, 정보에 대한 자신의 해석을 능동적으로 구성하고 그들로부터 추론한다는 것이다. 학습은 정신적 활동, 즉 사고를 수반한다. 예를 들어, 학생이 과학책을 읽는 경우, 그 책에 있는 부분들이나 책의 내용과 개인적 지식 사이의 관계를 능동적으로 구축하지 않으면 단어들을 읽더라도 그 의미를 파악할 수 없다.

발생 학습에서 정신적 활동은 기억에 의하여 좌우된다고 할 수 있다. 위트록은 단기 기억 내용과 우리의 지식 베이스, 즉 장기 기억 간의 연결이 생성되어야 발생 학습이 일어난다고 주장하였다. 기억할 것을 자기 스스로 제공하면 기억이 크게 향상된다는 것이다. 사실, 새로운 지식을 구성할 토대가 되는 기존의 연결 고리를 스스로 제공하면, 그 새로운 지식을 기존의 구조에 더 효과적으로 합체시킬 수 있다. 단기 기억은 새로운 아이디어늘이 위치하고 지워지는 곳이기도 하지만, 기존 지식에 연결되기도 하는 장소이기도 하다. 이러한 연결 관계가 생성되면, 그 아이디어들은 더 이상 그 개인의 단기 기억에서 유리된 채로 존재하지 않으며, 해결책을 회상해 내는 데 사용되지 않고 해결책을 구성해 내는 데 사용될 수 있다(정완호 등, 1997).

단기 기억에 저장된 새로운 정보와 장기 기억에 저장된 사전 지식 간의 연결 관계를 생성하는 것이 수업의 관건이라고 한다면, 어떻게 이러한 연결 관계를 생성해 낼 것인가의 문제는 매우 중요하다.

발생 학습 모형은 다음과 같은 가정을 전제로 교수－학습 과정을 설명한다(정완호 등, 1996).

- 지식은 수동적으로 습득되지 않는다.
- 하나의 경험으로부터 발생되는 것(내용)은 매우 다양할 것이다.
- 새로운 생각의 발생은 사소한 동기화라 하더라도 학습자 쪽에서 이루겠다는 가정하에 발생된 생각에 기초된다.
- 학습자는 투입 그리고 기억장소와 학습자에 의해 숙고되어 기억된 부분과의 사이에 결합이 발생한다.
- 학습자의 기억저장으로부터 정보를 찾고 어떤 정보는 감각기로부터 들어와 능동적으로 구성된 의미이다.
- 학습자는 들어오는 감각 중 그에게 유용한 새 의미와 개념을 생성할 것이다.

그리고, 발생 학습 모형이 교수－학습 과정에서 효과적으로 적용되기 위해서는 몇 가지 조건들을 잘 충족시켜야 한다.

첫째, 교사는 가르치는 내용과 관련된 관점, 과학자의 관점, 학생들의 관점을 잘 이해해야 한다.

둘째, 학생들의 학습 동기를 유발하고 동시에 그들이 학습의 가치를 인식할 수 있도록 학습 내용을 일상적 상황에서 도입해야 한다.

셋째, 학습의 초기 단계에서 학생들이 자신의 생각이 다른 사람(혹은 과학자)의 생각과 어떻게 다른지 비교하며, 자신의 생각이 제시된 현상을 설명하는 데 어떤 장단점이 있는지 논의하는 시간을 가져야 한다.

넷째, 학생들은 새로 형성한 개념을 정교화하고 공고히 하는 기회를 가져야 한다.

이러한 발생 학습 모형을 '구성주의적 모형'이라고도 한다. 앞에서도 언급한 바와 같이, 학생들의 개념은 학생들의 뇌 속에서 만들어져 간다는 것을 중요시하는 견해로 학생들의 선개념을 중시한다.

5.2 모형의 절차(단계별 내용)

발생 학습 모형의 절차를 모식화 하면 그림 5.11과 같다.

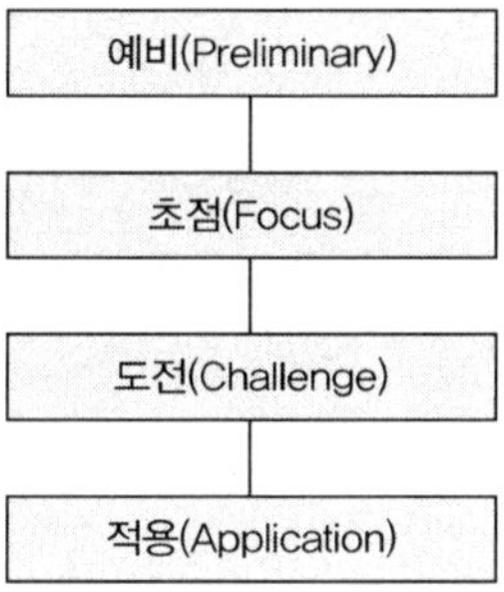

▶ **그림 5.11** 발생 학습 모형의 단계

1) 예비(Preliminary)

가르칠 내용과 관련된 학생들의 지배적인 선개념을 조사하고 분류한다. 주제에 따라서는 개념의 발달에 관한 역사적인 고찰도 큰 도움이 된다. 교사는 사용할 질문과 독특한 형태의 안내 자료(예: 과학사적 자료, 문헌, 그 밖의 다양한 자료)를 사전에 준비해야 한다.

2) 초점(Focus)

학생들이 개념의 탐구에 사용할 학습 소재에 친숙해지도록 하는 단계이다. 학습 동기를 유발하기 위해 흥미가 있으면서도 도전적인 현상이나 활동을 제시해야 한다. 학습 내용과 관련하여 어떤 현상을 보여주거나, 직접 활동에 참여하게 하여 그에 관한 학생들의 생각을 이끌어 낸다. 또한, 개방적인 질문을 활용하여 학생들이 자신들의 생각을 명료하게 인식할 수 있도록 해야 하며, 그러한 학생들의 반응을 해석하고 그 의미를 분명히 파악한다.

3) 도전(Challenge)

학생들이 자신의 견해를 모둠이나 학급 전체에 발표할 수 있는 토론의 장을 통해 의견을 교환하는 단계이다. 학생들은 자신의 생각이 다른 사람의 생각과 어떻게 다른지 비교하게 되고, 제시된 현상을 설명하는 데 누구의 생각이 보다 효과적인지를 논의하게 된다. 교사는 과학자적 관점을 학생들에게 도입할 수 있으며, 서로 다른 견해의 옳고 그름을 판단할 수 있는 방법을 학생들이 직접 고안하도록 격려하며, 과학자적 관점을 지지하는 증거를 찾도록 유도할 수 있다. 활동이 효율적으로 진행되면, 새로운 개념에 학생들의 자신을 조절시키는 과정 중에 관련된 질문이 나올 수 있다.

4) 적용(Application)

학습한 과학 개념을 이용하여 문제를 해결하거나, 새로운 상황에 보다 쉽게 효과적으로 적용해 보는 단계이다. 교사는 학습된 개념과 관련된 다양한 문제 상황을 제시하고, 새로운 해결 방법을 모색하도록 격려한다. 또, 학생이 제시된 상황을 새로운 관점에서 생각해 보도록 자극하고, 자신의 생각을 재고하도록 분위기를 조성한다.

이와 같이, 발생 학습 모형에 따른 과학 교수－학습 과정을 통해서는 개념변화 모형에 따른 수업에서와 마찬가지로 학습자에 의해 과학지식이 구성된다. 발생 학습 모형은 피아제의 이론과 구성주의에 이론적 배경을 둔 4E 또는 5E 모형과 달리 정보처리설에 그 이론적 근거를 두어 과학의 교수－학습을 그 요소들의 전체적 집합으로 다룬다.

5.3 적용과 예시

1) 화학 영역: 2012학년도 중등임용시험 화학(1차) 출제 문항

수업목표	화학적 변화에서 질량이 보존되는 것을 설명할 수 있다.
단계	교사-학생 활동
예비	• 화학적 변화에서의 질량 변화에 대한 학생의 선개념을 조사한다.
초점	• 교사는 아래 자료를 제시하고 학생으로 하여금 자신의 생각을 발표하게 한다. 공기 중에서 나무 조각을 태웠을 때와 밀폐된 유리병 속에서 나무 조각을 태웠을 때, 각각의 질량 변화를 예상하고 그렇게 예상한 까닭을 발표해 봅시다. • 교사는 학생들의 발표를 장려한다.
도전	• 교사는 학생들에게 다음의 실험을 수행하게 한다. - 염산이 들어있는 유리병을 마개로 막고, 이 유리병과 대리석 조각을 저울에 함께 올려놓고 전체 질량을 측정한다. - 대리석 조각을 염산이 들어있는 유리병에 넣고 마개로 막은 다음 질량 변화를 관찰한다. • 학생들이 실험을 마친 후 교사는 토론을 통하여 학생들이 자신의 개념을 과학적 개념과 비교할 수 있도록 지도한다.
적용	• 교사는 앞 단계에서 학습한 과학적 개념이 적용되는 사례(예, 공기가 들어있는 밀폐된 용기 속의 철 못이 녹슬 때의 질량 변화)를 제시하고, 이를 설명한다.

2) 지구과학 영역*

주제	지하수
학습목표	1. 지하수가 동굴과 같은 지하의 넓은 공간을 흐르는 것이 아니라는 것을 이해할 수 있다. 2. 지하수는 지층 속에서 모래, 자갈 등의 공극 사이에 저장되어 있거나 흐를 수 있다는 것을 말할 수 있다.
준비물 및 자료	투명한 플라스틱 컵이나 페트병, 점토, 가는 모래, 굵은 모래 조금씩, 굵은 빨대, 송곳이나 드릴, 체크리스트

* 김현빈(2007). 발생 학습 모형(지하수). 서울대학교 과학교육연구소(http://serc.snu.ac.kr)을 수정하였음.

예비 단계

▶ 체크리스트 만들기

학생들이 땅속의 지하수에 대하여 어떤 오개념을 가지고 있는지 체크리스트를 이용하여 학생들의 오개념을 점검해보도록 한다.

▶ 체크리스트 하기

체크리스트 이용 학생들은 자신의 개념을 점검해 본다.

지하수는 이런 것이다.	옳은 것에 ○ 하세요.
1. 지하수는 낮은 곳에만 있다.	
2. 지하수는 우물처럼 고여 있을 것이다.	
3. 지하수는 온천처럼 솟아 나온다.	
4. 지하수는 반드시 땅을 파야만 나온다.	
5. 지하수는 땅속의 통로로만 흐른다.	
6. 약수도 지하수이다.	
7. 지하수면은 수평면이다.	

초점 단계

▶ 교사의 질문

지하수는 땅속에서 어떻게 흐르는가?

▶ 모둠별 토의 및 그리기

모둠별로 땅속을 그리고 지하수가 흐르는 모습을 그리게 한다.

도전 단계

▶ 발표하기

토의가 끝난 후 모둠별로 그려진 그림을 가지고 지하수가 땅속에서 어떻게 존재하는지 설명하도록 한다.

▶ 교사

① 화분에 물을 부어 보면 물은 어디로 가는가?

② 화분 속의 점토나 모래 사이에는 빈틈이 있으며 공극이라 한다.

③ 공극을 따라 물은 스며들어 있다.

▸실험 구성하기

아래 주어진 준비물을 가지고 학생 스스로 화분에 물을 주는 것과 같은 상황을 재현해본다.

준비물: 투명한 플라스틱 컵이나 페트병, 점토와 모래 조금씩, 굵은 빨대

① 투명한 플라스틱 컵이나 페트병 바닥에 구멍을 뚫어 준비한다.

② 플라스틱 컵이나 페트병에 점토, 가는 모래와 굵은 모래를 깔고 물을 부어본다.

③ 물은 어떻게 되는가?

④ 굵은 빨대로 지층을 뽑아내서 모래나 점토 사이 사이가 젖어 있는 것을 확인한다(시추과정).

⑤ 굵은 빨대를 지층에 꽂고 잠시 후 빨대의 끝을 손으로 막은 다음에 뽑아낸다.

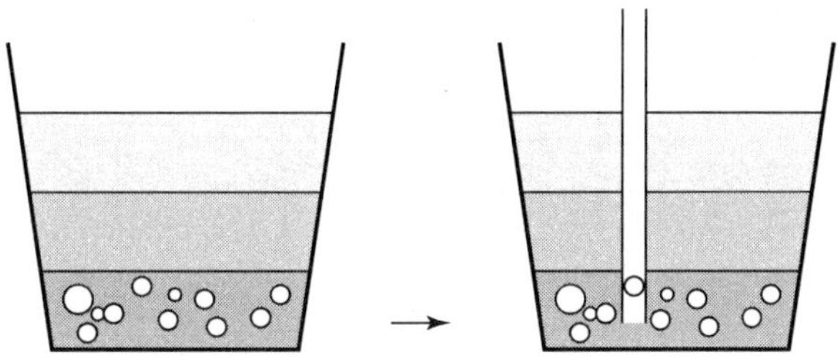

⑥ 빨대를 잘라서 안의 토양을 꺼내보고 사이사이에 물이 있음을 느끼게 한다.

적용 단계

▸실험 후 지하수가 어떻게 땅속에 있는지 설명하도록 한다.

실제 땅속에도 모래, 자갈 등이 지층이 있다. 이 지층 속의 진흙, 모래, 자갈 사이의 공극으로 물이 스며들거나 저장되어 있을 수 있다.

▸새로운 문제 제시

석유는 지층 속에 존재하는가?

▸학생들이 석유가 지층 속에 어떻게 저장되어 있는지 설명하도록 한다.

3) 생물 영역: 2012학년도 중등임용시험 생물(1차) 출제 문항

단계	교사-학생 활동
예비	• 봉숭아와 벼의 기공 배열 구조에 대해서 자신의 생각을 그림으로 그려보도록 한다. • 학생들의 그림을 바탕으로 학생들이 봉숭아와 벼의 기공 배열 구조에 대해 어떤 개념을 갖고 있는지 파악한다.
초점	• 봉숭아와 벼의 기공 배열 구조에 대한 자신의 생각을 발표하고, 다른 사람과의 토론을 통하여 자신의 선개념을 명료화하도록 한다. • 봉숭아와 벼를 직접 관찰하고 이들의 기공 배열 구조에 대한 의문을 갖게 한다.
도전	• 봉숭아, 명아주, 벼, 강아지풀의 기공 배열 구조에 대해서 현미경으로 관찰하도록 한 후, 이를 바탕으로 다른 학생과 의견을 교환하도록 한다. • 현미경 관찰 증거를 바탕으로 쌍떡잎식물과 외떡잎식물의 특징적인 기공 배열 구조에 대한 과학적 개념을 구성하도록 토론하게 한다.
적용	• 쌍떡잎식물과 외떡잎식물의 기공 배열 구조에 대한 과학적 개념을 장미와 백합에 적용하여 설명하도록 한다. • 자신의 설명에 대해서 토론하도록 한다.

6 개념 변화 학습 모형

6.1 배경 및 특징

1980년대 이후 활발하게 진행된 학생들의 선개념에 대한 연구는 여러 측면에서 매우 충격적인 결과를 보여 주었다. 그것은 학생들이 과학을 배운 후에도 여전히 많은 오개념 또는 오인(misconceptions)을 가지고 있으며, 이러한 오인은 과학 학습에 심각한 장애 요인이라는 사실이다(권재술 등, 2012).

학생의 오인은 일반적인 학습을 통해 쉽게 과학 개념으로 대체되거나 변화되지 않으므로 이를 위하여 특별히 고안된 수업 모형이 개념 변화 학습 모형이다. 포스너 등(Posner ea al., 1982)은 학생들의 생각을 바꾸기 위해서는 특정 조건이 만족되어야 한다고 생각하고 다음과 같은 개념 변화의 조건을 제안하였다.

첫째, 자신의 생각에 불만을 가진다(dissatisfaction).

둘째, 새로운 개념을 이해할 수 있다(intelligent).

셋째, 새로운 개념이 옳은 것 같다(plausible).

넷째, 새로운 개념이 활용 가능성이 많다(fruitful).

이 네 가지 조건은 이후 개발된 개념 변화 학습 수업 모형의 기초를 이루었다. 그동안 제안된 여러 개념 변화 학습 수업 모형들은 다음과 같은 공통점이 있다(교육과학기술부, 2011b). 우선 학생들이 자신의 생각을 충분히 인식하도록 하기 위하여 자신의 생각을 표현할 수 있는 기회를 초기에 제공하고, 인지적 갈등을 일으켜서 자신의 생각에 불만을 갖도록 한 다음, 생각을 변화시킬 수 있도록 과학 개념을 이해 가능하고, 그럴듯하고, 활용 가능성이 많음을 보여 주도록 제시하는 과정을 포함하고 있다는 점이다(그림 5.12).

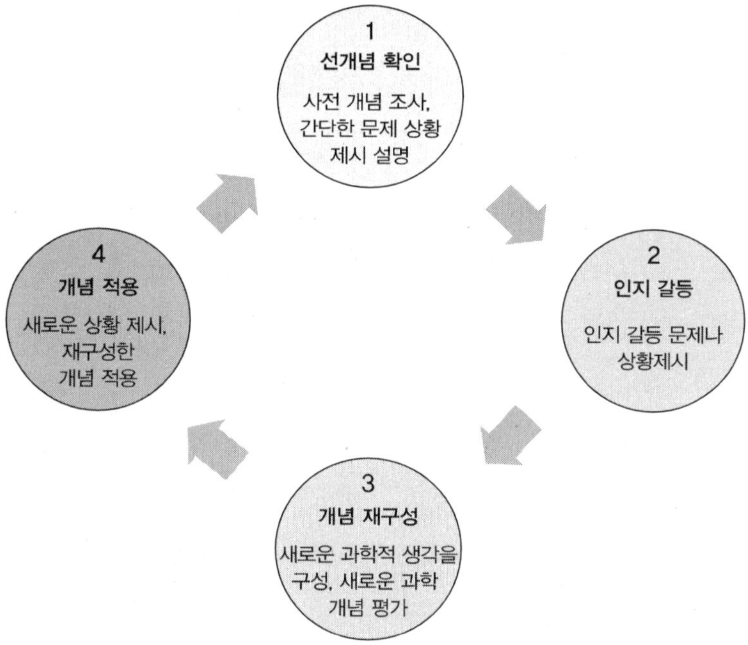

▶ **그림 5.12** 개념 변화 학습 모형의 절차

일반적인 개념 변화 학습 모형의 절차는 위에 제시된 모식도와 같은 절차를 거친다. 개념 변화 학습 모형은 자연 사물이나 현상에 대해 학생들이 수업 전에 가지고 있는 선개념 중 오개념을 인지적 갈등을 통해 올바른 과학적 개념으로 변화시켜 주는 것을 목표로 한다. 따라서 학생들의 수업 전 오개념을 파악하는 것이 매우 중요하다(김찬종 등, 2011).

6.2 모형의 절차(단계별 내용)

개념 변화 학습 모형에는 반성적 모형, 인지 갈등 수업 모형, 구성주의 학습 수업 모형 등이 있으며, 여기에서는 드라이버의 구성주의 학습 수업 모형을 중심으로 살펴본다. 드라이버의 개념 변화 학습 모형은 학생들이 자신들의 생각을 표현하고, 재구성하며, 재구성한 생각의 타당성을 평가하고, 재구성된 생각을 응용하고 검토하는 단계로 이루어진다(그림 5.13).

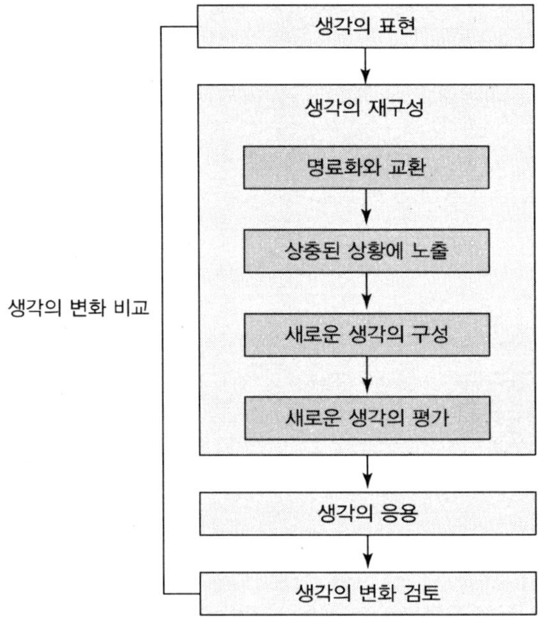

▶ **그림 5.13** 드라이버의 개념 변화 학습 모형의 절차

1) 생각의 표현

학생들이 학습할 내용과 관련된 각자의 생각(오개념)을 표현한다. 교사는 학습 내용과 관련된 현상이나 예를 제시하고, 학생들은 이를 관찰하고 자신의 생각을 정리하여 공책에 적거나 자신의 언어로 설명하도록 한다.

2) 생각의 재구성

(1) 명료화와 교환

학생들이 자신의 생각을 서로 발표하도록 한다. 학생들은 다른 학생들의 생각에 비추어 자신들이 가지고 있는 생각의 의미를 명료화한다. 또한, 서로의 생각이 가지고 있는 장점과 단점을 생각해 볼 기회를 가질 수 있다.

(2) 상충된 상황에 노출

학생들의 생각과 상충되는 현상이나 사건을 제시한다. 학생들은 자신의 생각으로 제시된 상황을 잘 설명할 수 없다는 것을 깨닫게 됨으로써 자신의 생각이 부족함을 인식하고 불만을 갖게 된다. 이 과정은 자신의 생각을 바꾸려는 동기를 제공한다.

(3) 새로운 생각의 구성

자신의 부족한 생각을 대체할 수 있는 새로운 생각을 구성한다. 학생들이 스스로 새로운 과학적 생각을 구성할 수 있다면 바람직한 일이지만, 이러한 경우는 쉽지 않을 것이다. 따라서 학생들이 스스로 구성하기 어려운 과학 개념을 교사가 제시해 줄 수도 있다. 이때 제시되는 과학 개념은 학생들이 쉽게 이해할 수 있어야 하며, 학생들의 생각과 비교할 때 어떤 장점이 있는지 잘 드러나도록 계획을 세워야 한다.

(4) 새로운 생각의 평가

새로운 생각이 얼마나 타당한지를 평가하는 단계이다. 유의해야 할 점은 학생이 얼마나 성취하였는지를 알아보는 것이 아니라 새로운 생각이 얼마나 적절한지를 평가하는 것이다. 다시 말해 그것은 사람을 평가하는 것이 아니라 새로운 생각을 평가한다는 뜻이다. 평가를 위해서 특정한 상황을 이용할 수 있으며, 새로운 생각이 그 상황을 설명하는 데 얼마나 적절한지를 느껴 볼 수 있는 기회를 제공하여야 한다. 새로운 생각의 평가 단계를 통하여 학생들은 새로운 생각이 옳다는 것을 충분히 인식해야 한다.

3) 생각의 응용

학생들에게 새로운 소재나 상황을 제시하여 재구성한 생각을 적용하게 한다. 이 과정에서는 새로운 생각이 얼마나 활용 가능성이 많은지를 인식하게 한다. 다양한 상황에서도 새로운 생각이 충분히 적용될 때 학생들은 새로운 생각에 대해 만족감을 얻으며 과학적 개념으로 인정하고 인지 구조에 정착시킬 수 있는 것이다.

4) 생각의 변화 검토

학생들의 생각이 어떻게, 어느 정도 변화되었는지를 검토한다. 이는 재구성한 생각을 처음 생각과 비교하여 알 수 있다.

개념 변화 학습 수업 모형은 과학의 모든 내용에 적용 가능한 것은 아니며, 비교적 많은 학생들이 오개념을 가지고 있는 내용을 가르칠 때 사용해야 한다. 일상생활에서 자주 접하는 자연현상과 관련된 내용에 대하여 학생들은 오개념을 갖고 있는 경우가 많다.

6.3 적용과 예시

1) 물리 영역: 2013학년도 중등임용시험 물리(1차) 출제 문항

단계	교사 - 학생 활동
생각의 표현	그림과 같이 용수철저울이 양쪽에 연결되어 있고, 나무 도막은 정지해 있다. 양쪽의 용수철저울 부분을 천으로 가려 나무 도막만 보이게 한 상태에서, 나무 도막에 힘이 작용하는지에 대한 학생들의 생각(예: '정지해 있는 물체에는 힘이 작용하지 않는다.')을 말하게 한다. 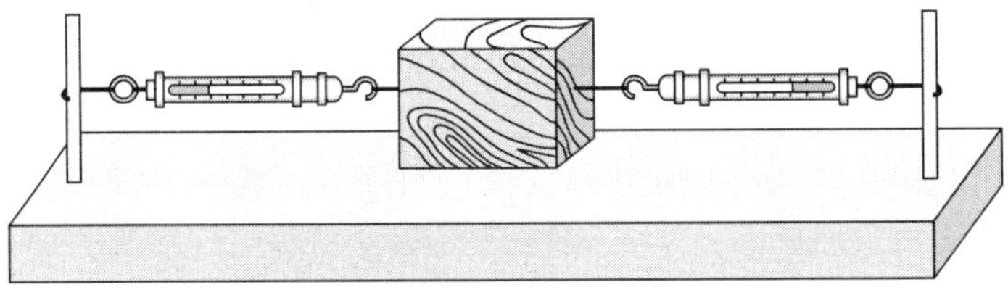
생각의 재구성	가렸던 천을 치워 용수철저울이 보이게 하고 용수철저울의 눈금을 읽게 하여 실제로 힘이 작용하고 있음을 알게 한다.
생각의 응용	합력이 0이 되어 나무 도막이 움직이지 않음을 설명하고 힘의 평형 개념을 도입한다.
생각의 변화 검토	줄다리기 상황에서 힘의 평형을 어떻게 설명할 수 있는지 질문한다.

2) 화학 영역: 2013학년도 중등임용시험 화학(1차) 출제 문항

<table>
<tr><td colspan="2">생각의 표현</td><td>교사 : 여러분, 삼각 플라스크 안에 공기 입자가 어떻게 존재하는지를 그림으로 나타내 보세요.
학생 : (그림을 그린다.)

학생이 그린 공기 입자 모형의 예시</td></tr>
<tr><td rowspan="3">생각의 재구성</td><td>명료화와 교환</td><td>교사 : 여러분이 공기 입자 모형을 그렇게 그린 이유를 발표하고, 다른 학생들의 생각과 비교하여 공기 입자 모형의 장단점을 토의해 보세요.
학생 : (공기 입자 모형에 관하여 발표하고 토의한다.) [공기 입자 분포에 대한 자신의 생각을 명료화하고 교환]</td></tr>
<tr><td>상충된 상황에 노출</td><td>교사 : 자! 삼각 플라스크 안에 공기 입자들이 바닥에만 모여 있다면, 삼각 플라스크는 어떻게 모양을 그대로 유지하나요?
학생 : 삼각 플라스크는 딱딱한 유리로 되어 있어서 모양이 변하지 않아요.
교사 : (부푼 풍선을 보여주며) 딱딱하지 않은 풍선 안에 입자가 어떻게 존재할지를 여러분이 생각하는 공기 입자 모형으로 설명해 보세요.
학생 : 어, 이상해요. 풍선 안의 공기 입자들이 바닥에 모여 있다면, 풍선이 찌그러질 텐데 어떻게 부푼 모양으로 있을 수 있나요?</td></tr>
<tr><td>새로운 생각의 구성</td><td>교사 : 공기 입자들이 풍선 안의 모든 공간에 고르게 퍼져 있기 때문에, 풍선이 부푼 모양으로 있을 수 있어요.
학생 : 네, 공기 입자들이 모든 공간에 고르게 퍼져 있기 때문에 풍선이 이렇게 부푼 모양을 가지게 되는군요. 그렇다면 삼각 플라스크 안의 공기도 고르게 퍼져 있겠네요.</td></tr>
</table>

(이하 단계 생략)

7 STS 학습 모형

7.1 배경 및 특징

교육계에서는 1980년대에 들어서면서 인간 중심 교육 사조를 받아들였다. 이러한 인간 중심 교육 사조는 과학교육에서 과학, 기술, 사회, 인간의 관계 및 상호작용에 대한 이해를 강조하고 있다. 학문 중심의 교육 사조가 지배적인 1960년대에는 과학 교육에서 과학의 사회성을 강조할 필요가 없었다. 그러나 현대 사회는 고도로 발달된 과학 및 과학적 기술 사회이다. 따라서 과학과 과학적 기술만으로 해결할 수 없는 사회적 문제를 일상생활에서 쉽게 접하게 되고, 과학의 학문적 본질보다는 과학과 과학적 기술 발달에 수반되는 사회적 문제에 더 영향을 받게 되었다. 이에 모든 과학 및 과학적 기술의 본성과 아울러 과학, 과학적 기술, 사회의 상호 관계에 대한 이해가 학교 과학 교육의 목적으로 제기될 필요성이 대두되었다(최경희, 1996).

STS를 학교 교육에서 다룸으로써 학생들이 배운 과학 내용이 실생활과 어떻게 연관되며, 또한 과학 및 기술과 관련된 사회 문제를 어떻게 해결할 것인가를 생각하게 해야 한다. STS 교육은 과학과 기술, 사회의 상호 관련성을 강조한다. 그리고 인간의 경험적 상황에 근거한 과학 학습을 중요시하며, 과학적 소양의 함양을 추구한다(교육과학기술부, 2010; 김찬종 등, 2001). 소수의 과학자나 과학 관련자들뿐만 아니라 모든 사람을 위한 과학 학습을 추구하는 것이다. STS 수업을 전통적 수업과 비교하면 다음과 같다(표 5.1).

표 5.1 전통적 수업과 STS 수업의 비교(교육과학기술부, 2010, p. 70)

전통적 수업	STS 수업
• 교사 중심	• 학생 중심
• 평균 정도의 학생들에게 맞추는 수업	• 개인화, 개별화, 학생들의 다양성을 인식
• 교과서에 의하여 지시됨.	• 자료의 다양한 이용
• 실험실에서 주로 그룹 학습	• 문제와 논쟁에 대한 협동적인 학습
• 학생은 수업을 받는 것으로 본다.	• 학생은 수업에 능동적으로 참여한다.
• 교사는 학생이 경험에 의지하지 않고, 보다 쉽게 조직화되어 제공된 정보에 의하여 더 효율적으로 학습한다고 여긴다.	• 교사는 학생의 경험에 의지하여, 학생의 경험으로부터 최선의 학습을 한다는 태도를 취한다.
• 교사는 교육과정 안내서와 교과서로써 수업을 계획한다.	• 교사는 문제와 현재의 논쟁과 관련지어 수업을 계획한다.

STS 수업은 전통적인 수업에 비하여 다음과 같은 특징을 포함하고 있다. 첫째, 학생들은 문제 해결에 사용할 수 있는 정보를 찾는 활동에 능동적으로 참여한다. 둘째, 교사들은 학생들의 활동을 격려하고, 학생 개개인에 대한 과학과 기술의 영향에 관심을 가지고 그들이 미래에 선택할 직업이나 시민으로서의 책임감에 대한 인식을 강조한다. 따라서 토론, 역할놀이, 조사 활동, 현장 실습, 문제 해결법, 협동학습, MBL을 이용한 모의 실험 등 전통적인 수업과 비교하여 다양한 형태의 수업이 진행될 수 있다(최경희, 1997).

Yager(1993)는 과학 교육의 목표를 개념, 과정, 태도, 창의성, 적용의 5개 영역으로 나누어 학문 중심의 전통적인 과학 교육과 STS 중심의 과학 교육의 차이점을 비교하였다. 위에 제시된 것처럼 전통적 과학 교육과 STS 교육의 특징은 뚜렷한 차이가 있음을 알 수 있다. STS 교육이 전통적인 과학 교육과 다른 점은, STS 교육에서는 학생들이 중심이 되고 적극적인 활동을 통하여 획득한 개념과 과학 과정을 일상생활과 연결시키며 문제 해결에 유용하게 이용하고, 이러한 과정에서 학생들은 긍정적인 태도를 갖는다는 점이다.

STS 교육은 수업 현장에서 학생들이 중심이 되어 지역 사회에서 찾을 수 있는 다양한 소재와 자료를 사용하고 제한된 교실의 상황을 벗어나 행해질 수 있는 학생들의 다양하고 직접적인 경험을 중시한다. 교사는 학생 중심 수업으로 진행하며, 교과서뿐만 아니라 다양한 수업 자료를 이용해서 수업을 진행하는 등 훌륭한 지휘자로서의 역할을 수행한다. 획일적이고 평균 지향의 수업을 벗어나 다양성을 인정하는 수업을 지향하고, 과학적 지식뿐만 아니라 과학과 기술에 관련된 사회적인 문제와 논쟁, 그리고 과학·기술 관련 직업에 대한 인식과 분야를 다룬다. 인지적 영역뿐만 아니라 정의적, 심체적 영역도 중요시한다. 무엇보다도 STS 교육은 문제 해결과 의사 결정을 중요시하며, 다가올 미래의 세계에 초점을 둔 점이 가장 두드러진 특징이라고 할 수 있다. 이와 같은 특징을 가진 STS 교육은 수업 현장에서 교사가 중심이 되어 교과서에 제시된 지식을 나열하고 학생들에게 이해시킴으로써 상급 학교 진학에 주목적을 두었던 전통적인 과학 교육과는 확실히 구분됨을 알 수 있다(교육과학기술부, 2010; 김찬종 등, 2001).

7.2 모형의 절차(단계별 내용)

미국 아이오아 대학에서 개발된 아이오아 쉬토커 프로그램(Iowa Chautauqua program)은 미국과학교사협회(NSTA)와 미국 과학재단(NSF)의 협력을 받아 개발된 실험적 프로젝트로서 모형을 개발하였다. STS 수업 모형의 절차는 그림 5.14와 같다.

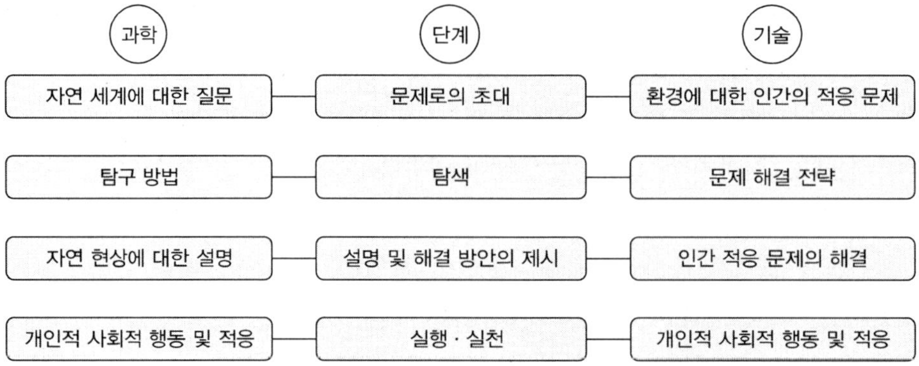

▶ **그림 5.14** STS 학습 모형의 단계(교육과학기부, 2010, p. 72)

1) 문제로의 초대

과학과 관련된 일상생활이나 사회 문제를 제기하고, 문제의 심각성을 인식한다. 학생들은 호기심을 가지고 주변 환경을 관찰함으로써 문제를 발견하고, 그에 대한 다양한 관점에서의 의문을 제기한다. 교사는 질문에 대하여 가능한 한 많은 반응들을 고려해야 하며 학생들의 인식의 다양성을 확인한다.

2) 탐색

문제에 대한 이해를 심화하고, 관련된 과학 이론이나 개념을 조사한다. 학생들은 문제에 대한 가능한 대안들에 대해 다른 사람과 토의하고, 자료를 수집하며 그것을 바탕으로 해결 방안을 모색한다. 이때, 적절한 자원을 선택하여 모형이나 실험을 설계하고 수행할 수도 있다.

3) 설명 및 해결 방안의 제시

앞에서 모색한 해결 방안을 구체화하고 그것에 대해 의사소통한다. 동료들과 토의를 통하여 여러 가지 대안 중에서 가장 좋은 대안을 공동으로 모색한다. 서로의 정보와 관념을 개방적으로 수용하고 가장 적절한 결론을 맺는다. 결과적으로 학생들은 이 단계의 활동을 통하여 이미 존재한 지식과 경험에 해결책을 통합하는 과정을 거치게 된다.

4) 실행·실천

지금까지 아무리 좋은 대안이나 해결 방안을 모색하였다고 해도 이를 실행하지 않으면 소용이 없다. 따라서 실행 단계에서는 직접 실천에 옮기거나 실행과 관련이 있는 사람들에게 영향력을 행사할 수 있는 활동을 하게 된다. 지식이나 가능을 응용하거나 전달할 수 있으며, 결과를 발달시키거나 생각을 촉진하는 활동을 한다. 더 나아가 초기의 문제와 관련된 또 다른 새로운 의문점에 대해서도 생각해 볼 수 있다.

7.3 적용과 예시

1) 지구환경 영역*

주제	화석 연료와 관련된 에너지 자원 문제
학습목표	지구의 에너지 자원 문제에 대한 우리의 생각을 정리한다.
준비물 및 자료	인터넷 실시간 자료, 계산기, 두꺼운 도화지, 색사인펜

문제로의 초대 단계

- 국제 유가 관련 신문 기사나 뉴스 기사를 선택하여 에너지 부분의 흐름을 이해한다.
- 오일피크에 관련된 동영상을 제시한다.

탐색 단계

- 석유로만 한정시켜서 화석연료의 정의와 중요성을 제시한다.
- 석유 탐사 방법을 살펴본다.
- 인터넷 관련 사이트를 제시한다.

설명 및 해결 방안의 제시 단계

- 석유개발공사 관련 사이트의 우리나라 석유 자급률 50 %의 이유 살펴보기
- 자료를 토대로 하여 국제 유가의 상승이 계속될 경우 우리나라의 경제에는 어떠한 영향을 미치게 될까에 대하여 조별로 토론한다.
- 역사상 에너지 자원의 차지가 원인이 되어 일어난 전쟁이나 분쟁(예: 이라크 전쟁 등)에는 어떤 것들이 있었는지 찾아본다.

---

* 김경화(2007). STS 학습 모형에 근거한 수업모형의 예시. 서울대학교 과학교육연구소(http://serc.snu.ac.kr)을 수정하였음.

실행 · 실천 단계

- ▶ 에너지 자원 문제를 다루는 모둠별 작업을 통하여(수준별 선택) STS적 접근을 통한 학습목표를 달성한다.
- ▶ 개인수준: 에너지 자원 문제를 다루는 8컷짜리 만화를 그리기
- ▶ 지역수준: 우리 동네에 에너지 관련 업체가 입주하려 할 때 찬성과 반대의 입장에서의 광고문 작성하기
- ▶ 국가수준: 산유국들이 원유 생산량 조절을 통하여 국제 유가를 급등시키려 할 때 산유국, 선진국, 개발도상국, 후진국의 입장을 대변하는 역할극 구성하기

8 과학과 교수-학습 모형의 비교 분석 및 선택

8.1 과학과 교수-학습 모형의 비교

표 5.2 학습 모형의 주요 특징(정완호 등, 1996)

교수-학습 모형	주요 특징
발견 학습 모형	• 규칙성 발견을 통해 개념을 형성하고 일반화하는 것이 목적임. • 학습지도의 계획 단계가 중요하며, 적절한 자료준비가 필요함. • 학습 주제가 귀납적으로 과학 법칙이나 원리를 습득할 때 유용함. • 모두 가능하나 구체적조작기 학습자에게 효과적임.
탐구 학습 모형	• 과학의 본성을 체득시키기 위함이 목적임. • 과학의 본질적인 과정인 가설-검증 절차를 체득하는 모형임. • 가설을 세울 수 있는 상당한 기존 지식이 필요함. • 실험 설계가 중요하고, 변인 통제를 정확히 해야 함. • 형식적 조작 단계의 학생들에게 적합함.
순환 학습 모형	• 과학의 기본 개념 학습 및 인지 발달 촉진이 목적임. • 학생들의 개방된 활동과 교사의 교수 활동이 적절하게 결합함. • 관찰, 실험을 통하여 새로운 개념을 발견할 수 있도록 유도함. • 인지적 갈등을 일으키는 문제 상황으로의 유도가 중요함.
개념 변화 학습 모형	• 학생의 오개념을 과학 개념으로 변화시키는 것이 목적임. • 학생의 생각을 충분히 표현할 수 있는 기회 제공함. • 인지적 갈등을 일으켜 학생의 생각에 불만을 갖도록 함. • 많은 학생들이 오개념을 가지고 있는 내용을 가르칠 때 효과적임.

교사가 과학과 학습 지도를 잘하기 위해서는 내용이나 활동에 적합한 과학과 교수–학습 모형을 선택하는 것이 매우 중요하다. 내용이나 활동의 특성에 적합한 과학과 수업 모형을 선택하고 이를 바르게 적용하기 위해서는 각 모형의 철학적·심리학적 배경과 내재된 가정, 모형이 사용될 수 있는 환경과 조건, 그리고 모형 자체에 대한 정확한 이해가 필요하다(김한호, 권재술, 1995; 정완호 등, 1996). 각 학습 모형의 주요 특징을 정리하면 표 5.2와 같다.

교수–학습 모형을 학습자에 대한 가정, 학습 활동의 특성, 바람직한 학습의 결과로 분류하면 다음 표 5.3과 같다(교육과학기술부, 2011b; 김찬종, 1996).

표 5.3 교수–학습 모형의 분류(교육과학기술부, 2011b, p. 48)

교수-학습 모형	학습자에 대한 가정	학습 활동의 특성	바람직한 학습 결과
발견 학습 모형	학습목표를 스스로 발견 가능	귀납적 활동	새로운 과학 지식의 발견
탐구 학습 모형	스스로 탐구 가능	가설–검증 활동	과학의 본성에 대한 바른 이해와 과학 지식의 습득
순환 학습 모형	학습목표를 스스로 발명하기 어려움	인지적 평형화	인지 구조의 변화
개념 변화 학습 모형	학습 내용에 대하여 근본적인 오개념 보유	인지적 갈등을 통한 개념 변화	오개념을 과학적 개념으로 변화

8.2 과학과 교수-학습 모형의 선택

김찬종(1996)은 적절한 과학 수업 모형 선택을 위하여 위와 같은 교수–학습 모형 선택을 위한 절차를 개발하였다(그림 5.15).

우선, 학습 내용이나 활동을 검토한 다음, 1단계로 학습목표를 학습자 스스로 달성할 수 있는지를 묻는다. 여기에서 그렇다고 판단되면, 학습자 중심 모형군으로, 그렇지 않다고 판단되면 학습자 지원 모형군으로 옮겨간다(김찬종 등, 2001).

학습자 중심 모형군일 경우에는 학생들의 활동이 주요 학습활동을 이루게 된다. 이때, 학습활동이 주로 경험을 요구하는 경우에는 경험 학습 모형, 귀납적일 경우에는 발견 학습 모형, 가설 검증일 때에는 탐구 학습 모형을 선택하게 된다. 학습자 지원 모형군일 경우에는 학습자 중심 모형군보다 교사의 직접적인 개입이 증가하므로, 학습활동보다는 내용의 특성을 바탕으로 판단하게 될 가능성이 높다. 학습할 내용에 대하여 학생들이 근본적인 오인을 보유하고 있는 경우에는 개념 변화 학습 모형, 교사에 의한 개념 도입이 필요한 경우에는 순환 학습 모형을 선택할 수 있다(김찬종 등, 2001).

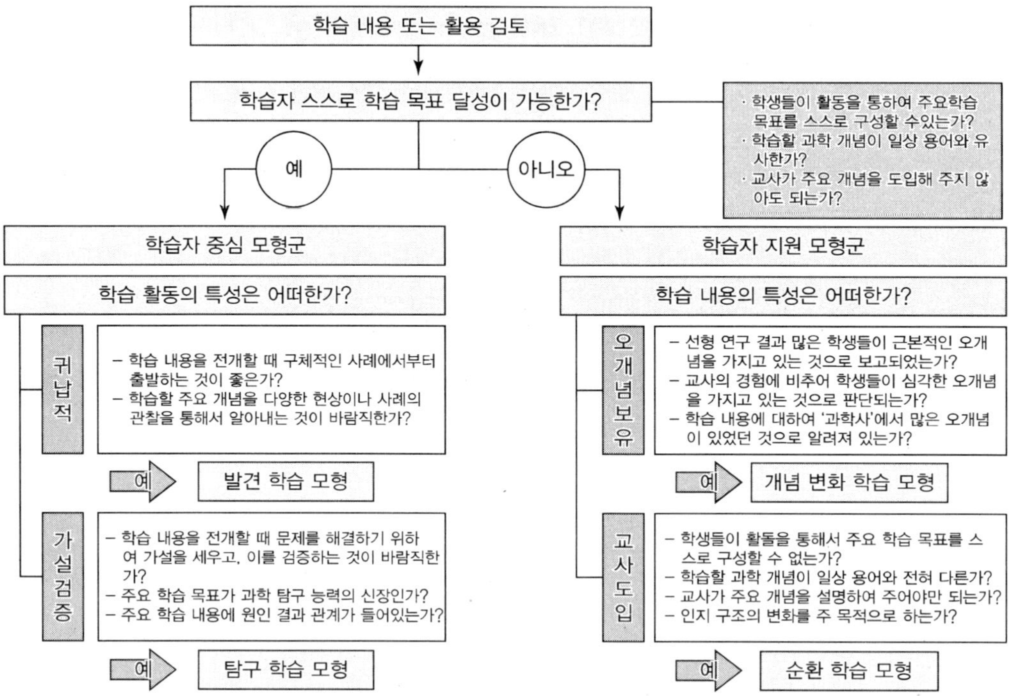

▶ **그림 5.15** 과학과 교수–학습 모형의 선택 절차(교육과학기술부, 2011b, p. 49)

요약 | 05장 과학 교수 – 학습 모형

이 장에서는 다양한 과학 교수−학습 모형이 제시되었다. 과학 교수−학습 모형은 시대에 따라 그 초점이 달라졌다. 학문중심 교육사조의 영향에 따라 발견이나 탐구 중심의 학습 모형이 개발되었고, 구성주의 영향에 따라 학습자의 특성을 반영하는 순환 학습이나 개념변화 교수−학습 모형이 개발되어 적용되고 있다. 최근에는 과학의 사회성과 과학적 소양을 강조하고 있다. 현장 교사들이 시대에 따라 다른 배경과 특징을 지닌 교수−학습 모형을 효과적으로 적용하기 위해서는 모형의 특징과 단계별 내용에 대한 명확한 이해가 없이는 실제 수업에 올바로 적용하기 힘들다. 현장에서 수업 모형이 잘 활용되지 않는 이유 중 한 가지는 많은 사전 준비와 노력이 필요하기 때문이다. 수업 모형의 적용은 학생들에게 의미 있는 학습 기회를 제공할 수 있기 때문에 교사는 과학과 교수−학습 모형의 유사점과 차이점을 잘 이해하고, 독특한 적용 환경과 적용 가능한 학습 소재인지 여부를 판단할 필요가 있다. 아울러, 학생의 선개념, 능력 및 수준, 자료의 특성, 실험환경, 수업목표 등을 면밀히 검토하여 그에 적절한 수업 모형을 선정해야 한다. 또한 한 가지 모형만을 그대로 적용할 수 있지만, 교사가 학생의 인지적 수준, 수행 능력, 선개념 여부 등을 잘 파악하여 융통성 있게 적용하고 운영하는 것이 효율적인 수업의 지름길이다.

1 발견 학습 모형

1.1 개요

발견 학습 모형은 과학자들이 탐구활동을 통해 개념이나 법칙을 발견해내는 귀납적인 방법을 기초로 하고 있다. 귀납적인 방법은 구체적인 사물이나 현상의 관찰을 통해서 그들 사이에 존재하는 공통점, 차이점 등을 바탕으로 규칙성을 찾아내는 것에 초점을 두고 있다. 따라서 학습 내용이 주변의 구체적인 사례로부터 일반적인 과학 개념이나 법칙을 이끌어 내는 귀납적인 사고 과정을 경험해 보는 교수−학습 모형이다.

1.2 모형의 특징

- 학생들은 주로 관찰을 통해 수집된 자료를 분석하여 규칙성을 발견하고 개념이나 법칙을 이끌어 내는 데 초점을 두고 있다.
- 수업 방법은 과정 중심 학습 지도의 형태여야 한다. 다양한 탐구 과정(예: 관찰, 추리, 예상,

분류 등)에 학생들이 직접 참여해서 학습하는 것이 중요하다.

- 교사는 이 학습 모형을 적용하기 위해 적합한 학습 자료를 준비하는 것이 중요하다. 학습 자료는 학생들이 과학 개념을 이끌어 내는 바탕이 되므로 단계별로 다른 자료를 준비하는 것이 중요하다.

1.3 단계별 특징

- 발견 학습 모형은 5단계로 구성되어 있다.
- **탐색 및 문제 파악 단계:** 학습 자료를 탐색하고 학습 문제가 무엇인지 파악하거나 문제를 알아내기 위하여 자료를 탐색하는 단계이다.
- **자료 제시 및 관찰 탐색 단계:** 학습 문제와 관련된 학습 자료를 제시하여 탐색시키는 단계이다.
- **추가 자료 제시 및 관찰 탐색 단계:** 탐색 활동을 통해 규칙성을 발견하여 일반화하는 단계이다.
- **규칙성 발견 및 개념 정리 단계:** 관찰 결과로부터 규칙성을 발견하는 단계이다.
- **적용 및 응용 단계:** 수업에서 발견한 규칙성이나 형성된 개념을 이제까지 접하지 않았던 새로운 사례나 사실에 적용함으로써 활용의 범위를 넓히는 단계이다.

2 탐구(가설검증) 학습 모형

2.1 개요

탐구 학습 수업 모형은 과학자가 과학 활동을 하는 과정을 따라해 볼 수 있도록 고안된 수업 모형이다. 과학적 탐구 방법은 다양하기 때문에 발견 학습이나 가설검증적 탐구 학습 모두 탐구 학습에 포함될 수 있다. 여기서 다루는 탐구 방법은 과학자들이 가설을 검증하기 위하여 실험을 계획하고 수행하여 검증해 가는 것을 경험해보는 수업 모형이다. 이 수업 모형에서는 기초탐구 과정에서부터 통합탐구 과정에 이르기까지 다양하게 적용할 수 있다.

2.2 모형의 특징

- 학생들에게 과학의 본성을 체득시키기 위하여 고안된 학습 모형이다.
- 이 학습 모형은 가설 설정, 일반화 등과 같은 고차원적인 사고 능력을 요구하기 때문에 형식적 조작 단계의 학생들에게 적합하다.
- 수업 내용이 자연현상에 대한 문제를 가설검증 방법으로 해결하는 데 적합한 경우에 효과적이며, 과학자가 연구하는 과정을 경험함으로써 과학적인 방법을 학습하고 과학 지식을

얻는 방법까지 다룬다.

- 발견 학습에서의 실험은 자료 수집이 목적이지만, 탐구 학습에서의 문제 해결은 실험 결과가 중요하므로 실험을 설계하고 계획하는 데 창의적인 아이디어가 요구된다.
- 학생들은 실험에 관련된 독립, 종속, 통제 변인을 잘 알고 적용하는 것이 중요하다.

2.3 단계별 특징

탐구(가설검증) 학습 모형은 6단계로 구성되어 있다.

- **탐색 및 문제 파악 단계**: 학생들이 관찰 및 자료 탐색을 통하여 탐구할 문제를 파악하는 단계이다.
- **가설 설정 단계**: 제기된 문제에 대하여 문제 해결 방안을 찾아 가설을 설정하는 단계이다.
- **실험 설계 단계**: 전 단계에서 세운 가설을 검증하기 위해 어떤 변인이 있고 어떻게 통제할 것인지를 판단하며, 실험 기구 사용 등 실험 과정에 대해 계획을 세우는 단계이다.
- **실험 단계**: 실험 설계에 따라 변인을 통제하면서 실험을 하여 자료를 수집하는 단계이다.
- **가설 검증 단계**: 실험 단계에서 얻은 자료를 해석하여 문제의 잠정적인 해답을 찾는 단계이다. 실험 결과와 가설이 잘 부합되면 가설을 그대로 수용하고, 그렇지 않으면 가설을 수정하여 실험 단계부터 다시 시작하여 수정된 가설을 검증할 수 있도록 한다.
- **적용 단계**: 위의 과정을 통해 알게 된 법칙이나 지식을 실제 상황에 적용하고 설명하며 응용하는 단계이다.

3 귀추적 탐구 학습 모형

3.1 개요

과학자들은 관찰된 현상이나 사건을 설명하기 위해 그들의 지식과 경험을 바탕으로 문제 현상을 설명하기에 적절하다고 판단되는 것들을 가지고 이를 규칙으로 삼아 귀추적으로 추론한다. 아울러, 기존에 알려진 규칙들을 통해서는 잘 설명되지 않는 현상들을 접하게 되었을 때나 어떤 현상을 설명할 수 있는 이론이나 법칙이 따로 있지 않은 경우에 과학자들은 새로운 규칙을 창안하여 그 현상에 대한 설명을 시도하기도 한다. 귀추적 탐구 학습 모형에서는 새로운 과학적인 문제(예: 관찰된 현상, 조사된 결과 등)에 직면하였을 때 의문을 가지고 그 문제의 해결을 위해 귀추적 추론 방법을 적용한다. 학생의 배경지식, 경험 및 추가적인 조사 등을 통해 그 현상(결과)를 잘 설명할 수 있는 규칙을 찾아 선택하여 새로운 가설 설정 또는 그 현상(사건)을 설명하는 데 중점을 두고 있다.

3.2 모형의 특징

- 귀추법을 기반으로 탐구 활동을 수행하고자 할 때 적용할 수 있는 탐구 모형이다.
- 학생들은 관찰된 현상이나 조사된 결과로부터 의문을 가지고 그 문제의 해결을 위해 지식, 경험 및 추가적인 조사 활동을 통해 현상(결과)을 잘 설명할 수 있는 다양한 규칙들을 찾아 목록을 작성하고 그 중에 가장 잘 설명할 수 있는 규칙을 평가하고 선택하여 새로운 가설 설정 또는 그 현상(사건)을 설명하는 데 초점을 두고 있다.
- 귀추법은 특이한 사실을 바탕으로 그 관찰 사실의 원인이 된 가설(모형, 원리)을 추론하는 기능이기 때문에 최선의 설명 추론으로 불리기도 한다.
- 귀추법은 과학적 발견이 가설에서 출발하지 않고 관찰 자료나 사실에서 출발한다고 가정하며, 그 때문에 역행 추리로 불리기도 한다.

3.3 단계별 특징

귀추적 탐구 학습 모형은 4단계로 구성되어 있다.

- **탐색 단계**: 학생들이 자연현상을 관찰하고 관찰 내용을 기술하는 활동으로 이루어진다. 직접 관찰 이외에도 인터넷의 실시간 데이터나 조사 활동을 통해 수집된 자료를 이용하여 알게 된 결과로부터 시작될 수 있다. 관찰된 사실(현상)이나 결과로부터 의문을 갖고 해결해야할 문제가 무엇인지 확인하고 인식하는 단계이다.
- **조사 단계**: 조사 단계에서 학생들은 귀추적 추론에 사용할 규칙들을 추리해 내고 그 규칙들 속에 함의된 가설로부터 문제에 대한 임시적인 설명을 시도한다. 교사는 학생들이 적절한 배경지식을 떠올릴 수 있는 질문을 던지거나 새로운 규칙을 창안하는 데 필요한 과학적인 정보와 사고 전략의 예를 제공함으로써 학생들의 규칙 추리 활동을 도울 수 있다.
- **선택 단계**: 학생들은 조사 단계에서 추리해 낸 대안적인 규칙들을 평가하여 가장 설득력 있는 설명을 제공하는 것을 판단하고 선택하게 된다. 교사는 학생들이 다양한 관점에서 대안적인 규칙들을 평가할 수 있도록 학생들 간의 토론을 유도할 수 있고, 과학적으로 타당한 가설들을 구별할 수 있도록 적합한 기준과 정보를 제공할 수 있다. 만약 새롭게 설명되어야 할 문제가 발견될 경우에는 다시 조사 단계를 밟을 수도 있다.
- **설명 단계**: 학생들이 앞의 단계를 통해 선택한 규칙을 이용하여 관찰된 사실(현상)이나 결과에 대한 최종적인 설명을 제안하게 된다. 유일하게 옳은 답변을 상정하기 어려운 경우에는 복수의 가설을 허용할 수 있다. 교사는 학생들의 창의적이고 자유로운 사고를 유도하며, 다양한 표현 방식을 이용하여 설명을 제안하고 서로 의사소통할 수 있도록 돕도록 한다.

4 순환 학습 모형

4.1 개요

순환 학습 모형은 피아제의 인지 발달 이론과 경험주의에 바탕을 둔 일종의 개념 변화에 초점을 두고 있는 모형이다. 로슨 등의 연구 결과를 바탕으로 순환 학습 모형이 다양화 되었고, 그 이후에 순환 학습 모형은 확장되거나 변형되었다. 로슨에 의하면 순환 학습 모형은 구체적인 활동의 속성에 따라 서술적, 경험귀납적, 가설연역적 순환 학습의 3가지로 구분하였다. 이들 3가지 형태는 대체적 개념(선개념)의 확인, 지적 갈등 유발, 사고력 변화 측면에서 효과가 다르다. 그 외에도 순환 학습의 단계는 선행 지식의 분화・발달에 효과적인 POE나 PEOE 모형으로 변형되었고, 학생들의 오개념을 과학적 개념으로 바꾸어 주는 데에는 효과적인 4E, 5E, 7E 모형 등으로 확장되었다.

4.2 모형의 특징

- 이 모형은 개방된(open-ended) 학생 중심의 활동과 교사의 교수활동이 적절하게 결합된 것이다.
- 각 단계에서 이루어지는 활동들은 연속적으로 유의미하게 이어지며 나선형적 형태를 나타낸다. 특히, 탐색 단계에서의 관찰이나 실험을 통하여 학생 스스로 새로운 개념을 발견할 수 있도록 유도함으로써 탐구능력 신장에 기여할 뿐만 아니라, 교사가 과학 개념을 도입하여 다음 단계에서는 올바른 과학개념을 학습하도록 돕는다.
- 학생들은 적절한 인지적 갈등을 일으키는 문제 상황을 경험하여 그 문제해결에 적극 참여하게 되며, 문제해결력 신장과 더불어 과학적 사고력 발달에 기여할 수 있다.

4.3 단계별 특징

순환 학습 모형은 3단계로 구성되어 있다.

- **탐색 단계**: 제시된 학습 자료에 대하여 자유롭게 탐색하는 단계이다. 이 단계에서 학생은 최소한으로 교사의 안내를 받으며 학습 자료와 친숙하게 상호 작용한다. 이러한 탐색활동을 통한 새로운 학습경험은 학생에게 인지갈등을 유도하고 규칙성을 발견하게 한다.
- **개념 도입 단계**: 탐색 단계에서 발견한 규칙성과 관련된 새로운 용어를 도입한다. 용어는 다양한 매체나 방법을 통해 제시될 수 있으며, 탐색 활동에서 발견한 규칙성과 직접 관련지어야 한다.
- **개념 적용 단계**: 새로운 개념을 적용시키고 확장시키는 활동을 포함한다. 이 단계는 새로운 탐색의 출발점 역할을 한다.

- 로슨에 의해 순환 학습 모형은 활동의 속성에 따라 서술적, 경험귀추적, 가설연역적 순환 학습으로 구분한다.

5 발생 학습 모형

5.1 개요

발생 학습 모형은 과학 학습을 자신의 기억, 지식, 경험과 입력되는 정보로부터 의미를 구성하는 '생성적 과정'이라고 기술하였다. 학생의 지식, 논리, 경험들을 진술이나 설명의 일부와 능동적으로 관련시키는 것이고 의미를 구성하는 것이다. 이를 토대로 교사가 학생의 아이디어, 함양시켜야 할 과학적 관점, 개념을 변화시킬 수 있는 활동의 유형, 이에 관련된 상호작용적 교수 순서를 인식하고 수업을 진행하는 데 초점을 두고 있다.

5.2 모형의 특징

- 이 모형은 인간의 인지 과정에서의 정보 처리적 접근에 근거를 두고 이루어진 이론으로서 인간은 능동적 조직체로서 이미 가지고 있는 경험과 지식을 토대로 적극적 활동을 통하여 새로운 개념구조를 발생시킨다는 데 그 초점을 두고 있다.
- 교사는 가르치는 내용과 관련된 과학자의 관점, 학생들의 관점을 잘 이해하고 적용해야 한다.
- 학생들의 학습 동기를 유발하고 동시에 그들이 학습의 가치를 인식할 수 있도록 학습내용을 일상적인 상황에 도입해야 한다.
- 학습의 초기 단계에서 학생들이 자신의 생각이 다른 사람(혹은 과학자)의 생각과 어떻게 다른지 비교하며, 자신의 생각이 제시된 현상을 설명하는 데 어떤 장단점이 있는지 논의하는 시간을 가져야 한다.
- 학생들은 새로 형성한 개념을 정교화하고 공고히 하는 기회를 가져야 한다.

5.3 단계별 특징

발생 학습 모형은 4단계로 구성되어 있다.

- **예비 단계**: 가르칠 내용과 관련된 학생들의 지배적인 선개념을 조사하며, 질문과 독특한 형태의 안내 자료(예: 과학사적 자료, 문헌, 다양한 자료)를 준비한다.
- **초점 단계**: 학생들이 개념 탐구에 사용할 학습 소재에 친숙해지도록 하는 단계이다. 제시하는 현상이나 학습 활동은 흥미 있으면서도 도전적이어서, 학생들의 학습 동기를 유발하고 사고를 자극하는 것이 바람직하다. 학습 내용과 관련하여 어떤 현상을 보여 주거나, 직접 활동에 참여하게 하여 그에 관한 학생들의 생각을 이끌어 낸다. 교사는 자신의 생각을

명료하게 인식하도록 도와준다. 또한 교사는 학생들의 반응을 해석하고 그 의미를 분명히 파악한다.

- **도전 단계**: 학생들이 자신의 견해를 모둠이나 학급 전체에 발표할 수 있는 토론의 장을 통해 의견을 교환하는 단계이다. 학생들은 자신의 생각이 다른 사람의 생각과 어떻게 다른지 비교하게 되고, 제시된 현상을 설명하는 데 누구의 생각이 보다 효과적인지를 논의하게 된다. 교사는 과학자적 관점을 학생들에게 도입할 수 있으며, 서로 다른 견해의 옳고 그름을 판단할 수 있는 방법을 학생들이 직접 고안하도록 격려한다.
- **적용 단계**: 학습한 과학 개념을 이용하여 문제를 해결하거나, 새로운 상황에 보다 쉽게 효과적으로 적용해 보는 단계이다. 교사는 학습된 개념과 관련된 다양한 문제 상황을 제시하고, 새로운 해결 방법을 모색하도록 격려한다. 또, 학생이 제시된 상황을 새로운 관점에서 생각해 보도록 자극하고, 자신의 생각을 재고하도록 분위기를 조성한다.

6 개념 변화 학습 모형

6.1 개요

개념 변화 학습 모형은 학생들이 가지고 있는 대체적 개념 또는 선개념(conceptions)을 인지적 갈등을 통해 옳은 과학적 개념으로 변화시키기 위해 개발되었다. 드라이버(1986)는 오수벨이 말하는 선행 개념을 과학 지식이 아닌 일종의 오개념으로 보고 학생들의 이러한 개념들을 개념적인 구조와 그 체계(대체적 개념)로 보았다. 이 모형은 학생들이 자신의 생각을 표현하고 재구성하며, 재구성한 생각의 타당성을 평가하여, 재구성된 생각을 응용하고 검토하는 단계로 구성되어 있다.

6.2 모형의 특징

- 학생들이 자신의 생각(대체적 개념)을 충분히 인식할 수 있도록 표현할 수 있는 기회를 제공하고, 인지적 갈등을 일으켜서 자신의 생각에 불만을 갖도록 한다. 다음으로 학생들의 생각을 변화시킬 수 있도록 과학 개념을 이해 가능하고, 그럴듯하고 활용 가능성이 많음을 보여 주도록 제시하는 과정을 포함한다.
- 학생들의 오개념을 과학적 개념으로 변화시키기 위해 포스너 등이 제시한 개념 변화를 위한 4가지 조건을 기초로 하고 있다.

6.3 단계별 특징

- 드라이버의 개념 변화 학습 모형은 4단계로 구성되어 있다.

- **생각의 표현 단계**: 학생들이 학습할 내용과 관련된 각자의 생각(오개념)을 표현하는 단계이다.
- **생각의 재구성**: 이 단계는 여러 가지 하위 단계로 세분된다.
  - **명료화와 교환**: 학생들이 자신의 생각을 발표함으로써 다른 학생들의 생각과 비교할 수 있고 자신들이 가지고 있는 생각의 의미를 명료화한다.
  - **상충된 상황의 노출**: 학생들의 생각과 상충되는 현상(사건)을 제시하여 학생의 생각이 부족하다는 것을 인식하고 불만을 갖게 한다.
  - **새로운 생각의 구성**: 학생들 자신이 부족한 생각을 대처할 수 있도록 하며, 학생들이 스스로 구성하기 어려운 과학 개념은 교사가 제시한다.
  - **새로운 생각의 평가**: 새로운 생각이 얼마나 타당한지 평가하는 단계로 새로운 생각을 평가한다.
- **생각의 응용**: 학생들에게 새로운 소재나 상황을 제시하여 재구성한 생각을 적용하게 한다. 새로운 생각이 얼마나 활용 가능성이 많은지를 인식하게 하는 단계이다.
- **생각의 변화 검토**: 학생들의 처음 생각이 어떻게 어느 정도 변화되었는지를 검토한다.

06장 과학 교수-학습 방법

과학교사는 기본적으로 과학에 대한 풍부한 지식을 가지고 있어야 하지만 지식이 많다고 해서 반드시 잘 가르칠 수 있는 것은 아니다. 수업은 교사와 학생의 상호작용으로 만들어지는 교수-학습 과정이다. 따라서 성공적인 교수-학습을 위해 교사는 교과지식뿐 아니라 학생의 지적 수준, 상태, 주변 환경까지 고려해야 하며 그러한 학습 상황에 가장 적합한 교수-학습 방법이 무엇인지 알고 적재적소에 활용할 수 있어야 한다.
학생에게 보여줄 멋진 시범실험을 계획했는데 실제 시연에서 예상했던 결과가 아닌 엉뚱한 결과가 나온다면, 이 난처한 상황을 어떻게 해결하는 것이 좋을까? 이런 상황에 처했을 때 교사는 흔히 "원래 결과는 이러이러하다."라고 알려주는 것으로 상황을 종료시킨다. 시범실험의 목적을 지식의 전달에 둔다면 이 또한 하나의 해결책이 될 수 있을 법하다. 그러나 이러한 방법이 과학 탐구능력의 향상과 과학태도 함양의 측면에서도 여전히 좋은 해답이 될 수 있을까?

1 강의법

강의법(lecture method)은 역사적으로 가장 오래된 고전적 교수방법으로서 고대 그리스 시대에는 웅변술을 이용한 교수법이 강의법에 활용되기도 하였다. 소크라테스식 교수법, 스콜라주의의 화해법 등도 강의법을 이용한 교수방법으로 볼 수 있다. 강의법은 학생 수가 많은 경우, 또는 구체적인 사물을 이용하기 어렵거나 신체적 · 조작적 활동으로 조직하기 어려운 상황에서도 효율적으로 지식전달을 가능하게 한다. 이러한 이유로, 많은 제한점에도 불구하고, 면대면 교수법 중에서 가장 일반적으로 활용되고 있다.

강의법은 가장 보편화된 교수방법임에도 불구하고 한편으로는 교사 중심의 일방적인 교수방식으로 인해 많은 비판이 제기되고 있는 것도 사실이다. 그러나 강의 중심의 수업이라고 해서 반드시 일방적으로 정보를 전달할 필요는 없다. '좋은 강의'는 관객의 참여를 유도하는 연극과 같이 일방향의 의사전달을 양방향의 의사소통으로 변화시킴으로써 만들어질 수 있다. 배우들이 연기를 하다가 관객에게 질문을 한다거나 관객들을 무대에 끌어들여 같이 춤을 추는 등 관객의 참여를 유도함으로써 연극은 더욱 활기를 띠게 된다. 마찬가지로 교사도 학생의 참여를 유도하고 다양한 상호작용을 제공함으로써 '좋은 강의'를 만들어 낼 수 있다(김신자, 2000).

〈1350년대 중세대학〉
[출처: http://psychology.wikia.com]

〈2000년대 대학〉
[출처: http://www.donga.com]

* 해설: 시대가 변함에 따라 대학 강의실의 시설이나 학급 규모는 달라졌지만 수업모습에는 별다른 변화가 없다.

▶**그림 6.1** 중세와 현대의 강의식 수업

1.1 강의법의 특성

학교교육에서 활용되는 교수-학습 방법에는 언제 어디서나 효과적인 교수법이란 존재할 수 없다. 다만 주어진 상황에 따라 적합한 교수법이 있을 뿐이다. 강의식 교수법은 사실적 정보나 이론, 개념 등 지식을 설명하는 데는 효과적이지만 학생들의 적극적인 참여를 필요로 하거나 수업의 목표가 실험과 같은 기능의 숙달인 경우에는 적절하지 않다. 강의법이 특히 효과적인 경우는 짧은 시간 내에 많은 양의 정보를 전달해야 하거나 교과서에 없는 새로운 내용과 정보 등을 설명해야 할 때이다. 또한 단원을 소개할 때나 내용을 명확하게 이해시키려할 때, 과학적 용어를 정의할 때 사용하면 좋다. 강의식 수업의 대표적인 장단점을 정리하면 표 6.1과 같다.

게이지와 벌리너(Gage & Berliner, 1979)는 정보를 특정 집단에게 전해야 할 때나 정보를 제공받을 곳이 교사밖에 없을 때, 그리고 한 주제에 대한 흥미를 불러일으켜야 하거나 다른 학습과제를 설명해야 할 경우 등에는 강의식 수업이 적합하다고 강조하였다. 또한 나치노 등(Nacino et al., 1982)은 학습단원을 마친 후에 중요한 내용을 요약하고 짧은 시간 안에 많은 자료를 소개하고자 할 경우 등에 유용하다고 하였다.

표 6.1 강의식 수업의 장단점(이화여자대학교 교육공학과, 2002)

장 점	단 점
• 짧은 시간에 많은 학생들에게 학습내용을 체계적으로 전달할 수 있으므로 학습경제상 효과적이다.	• 일방적인 강의방식으로 학생의 개성이나 능력, 학습동기 등을 고려하지 못한다.
• 문자, 어구, 문장 등의 해석을 통한 정보전달과 개념 설명에 많이 사용되므로 새로운 단원을 도입할 때 사용하는 것이 효과적이다.	• 수동적인 학습 분위기로 인해 창의성 발달을 저해할 수 있으며 학생 스스로 학습하는 태도를 갖기 어렵다.
• 교과서에 없는 사실을 전달하거나 학생들이 어려워하는 사실을 쉽게 이해할 수 있도록 학생의 수업태도에 따라 강의를 진행하므로 학습효과를 높일 수 있다.	• 언어적 피드백이나 질문을 위한 기회가 잘 주어지지 않으므로 잘못된 정보를 제공할 경우 수정이 어렵다.
• 교사와 학생이 직접 대면하고 학생의 수업태도에 따라 강의를 진행하므로 학습효과를 높일 수 있다.	• 강의내용을 받아 적는 데 열중하게 되면 내용에 대한 비판과 이해가 부족하게 된다.
• 학생은 강의내용을 들으면서 사실에 대하여 생각하고 요점을 정리할 수 있는 힘을 기를 수 있다.	• 학생의 욕구보다는 교사의 욕구에 의존하며, 학생의 능력이 크게 차이가 날 경우 학습욕구를 충족시키기 어렵다.

강의식 수업에서는 학생들이 교사를 신뢰하는 정도, 교수내용의 양과 순서 및 범위, 설명 자료의 조직 정도, 그리고 학급의 크기 등이 강의의 효율성에 영향을 미친다(이성호, 1999). 강의를 통해 새로운 정보를 제공할 때 한 번에 너무 많은 양의 정보를 제공하면 학습의 효과가 떨어지게 된다(Rosenshine & Stevens, 1986). 학급의 크기는 대체로 규모가 작을수록 학생의 수업 만족도가 높고 교사도 좀 더 적극적으로 수업에 임하게 된다(권영성, 2001; 장수명, 최형주, 2004). 그러나 효율성을 고려한다면 교실수업에 적합한 강의식 수업의 학급 크기는 20~40명 정도로 볼 수 있다(Gage, 1978).

강의법이 특히 효과적이라고 보고되는 학습 상황이나 학습자의 특성도 있다. 소규모 학습 집단을 위한 학습 여건이 마련되지 않았거나, 교사가 수업내용을 명확히 전달해 주어야 심리적으로 안정감을 느끼는 학생이나 내성적이고 순종형의 학생에게는 다른 교수방법보다 강의법이 효과적이라는 것이다(강태용, 2007). 그러나 강의식 수업에서 유의할 점은 먼저 수업에 참여하는 학생과 교사 본인에 대한 이해가 있어야 하고, 교과서 내용에 대해 정확히 알고 있어야 하며, 시간에 끌려가지 않으면서 융통성 있고 주도적인 강의를 전개할 수 있어야 한다.

1.2 수업전략 및 실제

강의법을 사용한 수업에서는 교사가 목표한 지식과 정보 등을 학생에게 전달하거나 이해시키면 학생들은 듣고 생각하며 때로는 필기하면서 학습하게 된다. 교사와 학생의 활동이 분리될 수 있기 때문에 다른 교수-학습 방법에 비해 학생의 참여가 제한되고 수동적인 학습으로 이어질 수 있다. 따라서 교사는 수업내용에 대한 철저한 분석을 통해 학생들의 사전 지식과 연결시킬 수 있는 주제 및 소재, 사례 등을 파악해야 한다. 이를 활용하여 학생들을 적극적으로 수업에 참여시킴으로써 유의미한 학습을 유도하는 것이 강의식 수업의 주요 전략이 될 수 있다.

강의 중심 수업은 크게 도입-전개-정리의 단계로 진행되며 수업에 앞서 먼저 철저한 준비 단계가 요구된다.

1) 준비 단계

강의식 수업에서는 원활한 강의 진행을 위해 교과내용에 대한 준비와 함께 학습목표와 수업내용을 학습순서에 따라 체계적으로 정리한 강의노트를 작성하는 것이 도움이 된다. 학습내용을 서술적으로 기술하거나 핵심 용어를 순차적으로 나열하는 등 교사 자신이 쉽게 이해하고 기억할 수 있도록 작성하는 것이 중요하다. 프레젠테이션, 차트, 그림 등의 학습매체를 적절한 형태와 순서로 제작하여 활용하는 것 역시 가능하다. 특히 학생들이 이해하기 어려운 개념을 설명할 경우 도입자료를 준비해 두는 것이 좋다(조희형, 최경희, 2008). 도입 자료는 새로운 학습과제를 제시하기 전에 먼저 제시하는 자료를 의미하며 오수벨이 제안한 선행조직자의 개념으로 학습할 과제보다 추상성, 포괄성, 일반성이 높은 자료가 제시되어야 한다. 서술적 문장, 사진이나 그림, 모형, 도표 등이 보편적으로 사용되며 학습목표에 따라 개념도나 질문지 등도 유용하게 활용될 수 있다.

교실 수업 중 강의식 수업의 지루함을 달래고 강의효과를 높이기 위해서는 학습자의 인지발달 수준을 고려하여 주제와 관련된 배경지식을 제공하거나, 설득력이 있는 예를 제시하여야 하는데(강태용, 2007) 몇 가지 예를 미리 생각해 두는 것이 좋다. 특히 논쟁의 소지가 있는 주제에 대해서는 구체적이고 현실적인 예들을 조사하여 준비해야 한다. 서로 상반되거나 대립되는 주장에 대해 각각의 과학적 근거가 포함된 사례를 찾고, 사례별 제시 형식과 양, 길이 등을 고려하여 자료를 제작하도록 한다. 학생이 이해하기 어려운 부분이 있을 때에는 모형과 비유법을 적절하게 활용한 학습자료를 제작할 수 있다. 특히 수업의 주제가 시·공간적으로 직접 경험할 수 없는 가상현실이거나 미래에 대한 예측 상황일 경우, 설명에 효과적인 모형을 제작하거나 주제를 적절하게 비유하는 사례를 조사하여 학습자료로 활용할 수 있다(최석진 외, 2001).

강의식 수업에서는 학습내용을 가능한 한 자세하고 명확하게 전달하는 것이 중요하지만 자칫 교사 혼자의 독백이 되지 않도록 주의해야 한다. 학습자의 연령대별 주의집중 능력을 파악하고 이에 맞추어 강의내용을 적절히 전환할 수 있도록 일정 시간대별로 수업 계획을 세우는 것이 바람직하다. 중학교의 경우는 도입 5분, 전개 30~35분, 정리 5~10분 정도를 배정하고 고등학교의 경우 도입 5분, 전개 35~40분, 정리 5~10분 정도로 운영하는 것이 적절하며 수업의 목표, 내용, 형태 등에 따라 도입과 정리를 융통성 있게 조절하는 것도 효과적이다(이지연, 2008). 이와 함께 수업의 효율적 운영을 위해서는 교수-학습 과정안을 작성할 필요가 있다. 교수-학습 과정안에는 반드시 일정한 형식이 필요한 것은 아니지만 질문이나 시청각 자료를 사용할 시점이 표시되어 있는 것이 좋다. 교실 수업을 중심으로 작성한 개요 형태의 교수-학습 과정안의 예를 표 6.2에 실었다.

2) 도입 단계

학생과 교사가 처음으로 대면하게 되는 도입 단계에서는 학습내용을 전개하기 전에 먼저 학생을 동기화할 필요가 있다. 본 수업의 시작 전에 학습자의 긴장을 해소시키고 수업

표 6.2 강의식 교수-학습 과정안 예시(김찬종 외, 2002)

<table>
<tr><th>단원</th><td colspan="2">II. 일과 에너지</td></tr>
<tr><th>소단원</th><td colspan="2">2. 역학적 에너지</td></tr>
<tr><th>학습목표</th><td colspan="2">위치에너지와 운동에너지의 개념을 알 수 있다.</td></tr>
<tr><th>학습단계</th><th>교수-학습 과정</th><th>자료 및 지도상의 유의점</th></tr>
<tr><td>도입</td><td>• 현대의 인간 생활과 사회 발전의 원동력이 에너지임을 설명하면서 생활 속에서 위치에너지와 운동에너지와 관련된 예를 제시한다.</td><td>• 위치에너지와 운동에너지 관련 자료를 제시</td></tr>
<tr><td>전개</td><td>〈보고 생각하기〉 일상생활 속에서의 위치에너지와 운동에너지의 종류
• 수력발전소, 돛단배, 자동차, 조상들이 사용한 물레방아와 디딜방아 등 물체의 움직임을 설명한다.
• 주어진 자료 외에 다른 종류는 무엇이 있는지 잠시 생각할 기회를 준다.

〈함께 해보기〉 에너지 표현하기
• 일상생활의 대부분은 물체가 가지고 있는 에너지를 이용하고 있음을 설명하고 에너지가 어떻게 이용되는지 학생들의 생각을 발표하도록 유도한다.</td><td>• 학습자료(교과서에 수록된 사진, 별도제작물)를 보면서 설명
• 초등학교에서 배운 에너지의 개념을 상기

• 수행평가로 활용 가능</td></tr>
<tr><td>정리</td><td>• 위치에너지와 운동에너지에 대한 개념을 정리하고 다음 차시를 예고한다.</td><td></td></tr>
</table>

에 능동적으로 참여하고자 하는 동기를 유발시키는 것은 학생뿐 아니라 교사가 수업을 진행하는 데에도 큰 도움을 주기 때문이다. 이를 위해 학생의 이름을 부르거나 그날의 날씨, 수업과 관련된 유머 등을 통해 학생과의 관계를 부드럽게 정립하며 학습의 전개방향이나 절차를 제시할 수 있다. 그런 다음 학생의 주의를 집중시키는 것이 필요하다. 미리 준비해 놓은 서술적 문장이나 사진, 그림, 모형, 도표 등의 멀티미디어 자료, 개념도, 질문지 등의 도입자료를 활용하여 강의할 주요 개념에 대한 학습자의 사전 지식을 파악하면서 동시에 주의집중을 유도할 수 있다. 이때 자료제시와 함께 적절한 질문을 활용하는 것이 도움이 된다. 도입자료를 통해 학습자의 동기유발과 주의집중이 이루어지면 학습목표와 학습개요를 제시하도록 한다(윤광보 외, 2003).

3) 전개 단계

전개 단계는 도입 단계의 동기화와 주의집중을 통해 형성된 학습 분위기를 바탕으로 학습개요에서 제시한 순서에 따라 수업내용을 구체적으로 제시하는 단계이다. 사전에 준비한 강의노트나 학습계획에 따라 적절한 예시와 사례, 모형, 비유, 멀티미디어 자료 등을 활용하여 강의를 진행한다. 학생들에게 일반화나 결론을 유도하기 위한 귀납적 수업에서는 일정한 패턴을 보여주는 서로 다른 자료를 활용하며, 특정 전제나 결과를 제시한 다음 이에 따른 구체적인 현상을 제시하거나 예측하게 하는 연역적 수업에서는 모형, 비유, 개념도 등의 자료를 활용할 수 있다. 다양한 자료를 활용하여 학습하는 것이 학습의 흥미를 유도하는 데 도움이 될 수 있지만 전체 수업의 흐름이 끊기지 않도록 유의해야 한다. 강의식 수업에서는 또렷하고 명확한 목소리로 설명을 전달하는 것이 논리적인 설명을 제공하는 것에 못지않게 중요하다. 설명을 제공한 다음에는 학생의 반응을 살피고 질문을 통해 이해 정도를 파악해야 한다. 학생의 이해 정도에 따라 추가 설명을 제공하거나 심층 질문, 교사 대 학생 간의 짧은 토론 등을 진행할 수 있다.

전개 단계에서는 특히 내용전달과 함께 학생의 참여를 유도하기 위한 교수능력이 요구된다. 수업내용은 논리적이고 체계적으로 조직되어야 하며 전체에서 부분으로, 간단한 것에서 복잡한 것으로, 가장 간단한 사례에서 점차 변형된 사례로 전달하는 것이 효과적이다. 수업내용의 각 부분들은 연관성 있게 제시해야 하며 중요한 부분을 강조하되 부수적인 사항은 덜 강조되도록 하여 중요한 정보가 제대로 부각될 수 있도록 유의해야 한다. 강의는 쉽게 지루해질 수 있기 때문에 수업 중간에 지속적으로 동기부여와 흥미유발을 유도할 수 있도록 일정 시간 이후에 장면이나 소재를 적절히 전환하는 것이 좋다. 이를 위해 별도의 읽기 자료나 멀티미디어 자료 등을 활용할 수 있다. 멀티미디어 자료를 활용하여 수업의 지루함을 줄이고 교사의 적절한 움직임과 위치 이동을 통해 학생들의 시선을 끌어들여 간접적으로 수업에 참여하게 하는 것도 하나의 방법이 될 수 있다(나승일, 2004). 또한 질의응답 시간을 두어 학생이 궁금해 하는 점을 해결해 주고 이해도를 측정할 수 있도록 하는 것이 중요하다(김신자, 2000).

4) 정리 단계

정리 단계는 강의의 마지막 단계로서 학습내용을 정리하고 종합하는 단계이다. 강의노트를 활용하여 주요개념들을 요약하여 말하고, 강의한 내용을 일반화시키거나 수사적 질문을 던져 학생이 학습내용을 반성적으로 사고할 수 있는 성찰(reflection)의 시간을 줄 수 있다. 요약은 달리 말하면 전개 단계에서 학습된 내용 중 특히 강조할 만한 내용만 간추려 복습하는 것이라고 할 수 있다. 가장 흔히 사용되는 것이 말로 하는 요약이며 그 외, 프레젠테이션이나 차트로 요약하는 방법과 질문을 통해 학생 스스로 요약하도록 하는 방법이 있다.

정리 단계는 학습 성취도를 평가하고 다음 차시를 예고함으로써 마무리되며 강의를 들은 학생에 대한 감사의 표시를 하거나 개인적인 이야기 등을 할 수 있다. 정리 단계에서 주의할 점은 전개 단계에서 언급하지 않은 새로운 사실을 제시하지 않아야 하며 긴 시간을 할애하여 지루하게 해서는 안 된다는 것이다(윤광보 외, 2003; 이지연, 2008).

강의법은 보통 학습자에게 일방적으로 정보를 전달하는 교수방법이기는 하지만 학생이 수업에 참여하는 정도에 따라 형식적 강의(formal lecture)와 대화식 강의(interactive lecture)가 될 수 있다(Chiappetta & Koballa, 2006). 형식적 강의는 기본적으로 교사의 독백이며 대화식 강의는 강의 도중에 교수자의 질문과 학생의 답변이 오고가는 형식이다. 형식적 강의에서 학습자가 수업에서 집중할 수 있는 시간은 중학생들의 경우 대개는 10여 분, 고등학생들의 경우 20여 분이므로 강의의 목적을 효과적으로 달성하기 위해서는 다른 교수－학습 전략과 병행하는 것이 바람직하다. 교사와 학생 간에 질문을 자주하는 대화식 강의 과정에서는 질문을 통해 학습주제나 문제에 학습자의 관심을 유도할 수 있다. 학생의 질문이나 응답은 학생이 강의내용을 이해하고 있는 정도를 확인하는 좋은 수단이 된다(조희형, 최경희, 2001).

최근 학습자 중심의 능동적 학습활동 형태가 강조되면서 강의식 수업에 대해 부정적인 견해를 가지게 되는 경우가 많다. 그러나 강의법을 교육현장에서 배제하는 것은 현실적으로 불가능하며, 강의법이 가진 단점을 개선하고 장점을 살려 교실 수업에 맞게 재구성할 필요가 있다. 강의 중심의 수업에서는 질의응답, 토론, 사례분석 등의 방법을 선택적으로 활용할 수 있는데, 강의법의 단점을 보완할 수 있는 방법을 적시적소에 투입하여 적용하면 다른 어떤 교수법의 조합보다 높은 교육효과를 가져올 수 있다(조희형, 최경희 2008).

2 질문법

질문법은 문답법 또는 발전법(developing method)이라고도 하며 교사와 학생이 상호 질의응답을 통해 교수－학습 과정을 전개하는 방법이다(류윤석 외, 2006; 조승제, 2006). 교실에

〈선생님의 질문에 발표하는 초등학생들〉
[출처: http://e-cen.co.kr]

〈호주 USC대학 광고과목의 질문식 수업〉
[출처: http://www.naeilshot.co.kr]

▶그림 6.2 우리나라와 호주의 질문식 수업모습

서 주고받는 질문은 교사가 의식적으로나 무의식적으로 자주 쓰는 수업의 수단이자 학생이 자주 적용하는 학습방법으로서 교사와 학생 간, 학생들 사이의 의사소통을 증진시킨다.

교사의 질문은 고대 그리스까지 거슬러 올라가야 할 만큼 그 역사가 깊은데 그 당시 소크라테스의 문답법과 산파법은 학문 탐구와 전수의 수단으로 발전되었다. 이는 교사와 학생 사이의 질의응답 과정을 통해 학습이 이루어지도록 하는 방법으로서 플라톤(Platon)의 '대화법'으로 이어졌으며 현대에는 교수-학습 과정에서 핵심적인 역할을 수행하고 있다(조승제, 2006). 실제로 교사의 질문은 상호작용하는 교실환경을 조성하고 학생의 참여를 이끌어내는 주요한 수단이 되고 있다(Brown, 2001). 그리고 학생의 질문은 학습자와 지식, 교사와 학생 간의 상호작용을 활성화시키며 학생에게 보다 많은 책임감을 부여함으로써 자신이 모르는 것이 무엇인지에 대하여 스스로 느끼게 해준다. 따라서 학생의 질문은 다른 방식에 비해 이해의 질을 높일 수 있는 강력한 교수-학습 방법이 될 수 있다(White & Gunstone, 1992).

그러나 많은 연구는 수업시간에서 질문이 차지하는 비율이 4 %에 불과하며 교사나 학생이 대게 체계적으로 정리되지 않은 상태에서 질문을 함으로써 학생의 반성적 사고를 요구하지 못한다고 지적한다. 대부분의 교사는 "질문 없습니까?"하고 물은 다음 "질문이 없으면 다음은..." 하는 식으로 수업을 진행함으로써 질문법이 가지는 중요성에 비해 학교 현장에서 효과적으로 활용하지 못하고 있는 실정이다. 학생의 능동적인 참여를 위해서는 학생에게 질문을 할 수 있는 기회를 제공해야 하며 학생이 질문하지 않는 것을 지적하기보다는 질문을 했을 때 칭찬해 주는 것이 바람직하다. 따라서 교사는 학생이 자신 있게 질문할 수 있는 분위기를 만들어 주고 교사에 대한 신뢰감을 심어줌으로써 학생의 질문을 활성화하도록 노력해야 할 것이다(이지연, 2008).

2.1 질문의 효과와 유의점

질문은 일반적으로 학생의 이해 정도를 알아보거나 새로 학습할 주제에 관련된 정보를 이미 알고 있는지 측정하는 경우에 이루어진다. 이때 단순지식을 묻는 질문보다는 학생의 사고를 자극하는 질문이 효과적이다. 질문법은 학습한 내용을 정리하고 정착시키는 데 유리하며 학습에 자극을 주어 학습자가 스스로 생각하고 해결할 수 있는 기회를 제공한다. 또한 교사와 학생 간의 분명한 의사소통이 가능하게 하기 때문에 학생의 현재 수준을 정확히 파악하여 적절한 지도를 가능하게 한다(류윤석 외, 2006). 이처럼 교사는 다양한 이유에서 질문을 사용하는데 질문법이 가지는 장점을 10가지로 제시하면 다음과 같다(Kissock & Lyortsuun, 1982).

- 사고 과정을 개발하고, 탐구와 의사결정을 안내한다.
- 정보를 획득하거나 명료화하고, 관심을 표현하고, 지능을 개발한다.
- 학생들의 욕구를 충족시킬 수 있는 수업이 되도록 하기 위해 학생들을 끌어들일 수 있다.
- 학습에 적극적으로 참여하도록 격려하고 동기를 부여한다.
- 새로운 아이디어를 생각하게 하고 이미 학습한 개념을 이용하게 한다.
- 자신이 가지고 있는 생각을 명료화 할 수 있도록 도와주고, 학습을 구조화하여 학생들의 관심사를 학습하도록 한다.
- 학생들이 자기 자신에 대해 질문하도록 촉진한다.
- 학생의 성취와 이해 정도를 판단하기 위한 정보를 획득한다.
- 교사와 학생들이 가지고 있는 생각을 공유하도록 자극한다.
- 수업 효과에 대한 교사 자신의 평가에 도움을 준다.

교실 수업의 목적 중 하나는 학생이 자신의 인지구조를 스스로 깨닫고 올바른 개념으로 변화시키는 데에 있으므로 교사는 이러한 과정을 도울 수 있는 적절한 질문을 준비해야 한다. 수업의 목표를 바탕으로 내용 및 형식 등을 고려한 질문은 수업이 이루어지는 중에 학생의 논리적인 사고 과정에 영향을 준다. 학생에게 탐구질문을 생성하고 해답을 구할 수 있도록 했을 때는 학생의 자발적 학습능력을 향상시킬 수 있으며(Marbach-Ad & Sokolove, 2000), 이러한 과정을 통해 의사결정이 이루어지도록 하면 지식을 근거로 능동적으로 참여하는 능력을 함께 향상시킬 수 있다(Dori & Herscovitz, 1999). 즉, 질문을 생성하고 답하는 활동은 학생으로 하여금 대화에 참여하여 스스로 답을 찾을 수 있게 함으로써 자아개념을 강화시키고, 다양한 지적기능의 발달과 학습장면에서 정교화를 촉진시킨다.

질문은 수업의 어느 단계에 제시되느냐에 따라 그 형태와 목적이 달라진다. 도입 단계에서는 학생의 주의를 환기시키고 학습의 흥미를 유발시킬 수 있는 질문을, 전개 단계에서는 교수–학습의 목적에 도달하는 데 밀접한 관련이 있는 질문을 해야 한다. 정리 단계에 제시되는 질문의 목적은 수업시간에 학습한 내용을 정리하고 확인하며 발전시키는 데에 있다(이주행 외, 2003). 이 외에도 질문의 목적은 학생이 공부한 내용과 이해 정도의 점검, 비판적 사고와 창의력 발달의 촉진 등 여러 가지 기능에서 비롯된다. 특히 집중, 확장, 상승(Mayer, 1978)이라는 세 가지 기능은 오늘날에도 중요시된다. 집중기능은 "영상 자료에서 본 개구리의 행동에 영향을 미치는 요인은 무엇인가?"와 같은 질문을 통해 수업의 내용과 인지적 조작의 관계를 확립하는 기능이다. 둘째, "연못에서 일어난 변화에 관하여 또 다른 질문이 있는가?"와 같은 질문은 같은 수준에서 사고의 범위를 확장하는 것이다. 셋째, "어떤 자료 때문에, 그렇게 해석하였는가?"와 같은 질문은 사고의 수준을 높이는 것이다(조희형, 최경희, 2001).

그러나 학습내용에 대한 학생의 사전지식이 부족하거나 학습에 대한 참여동기가 낮을 때에는 특정한 목적의 질문이 주어진다고 하더라도 교사 중심의 수업이 되기 쉽다. 이런 경우 자칫 수업이 질문에 잘 응답하는 우수한 학생 중심으로 이루어져 다른 학습자에게 좌절감과 패배감을 안겨줄 수도 있다(류윤석 외, 2006). 따라서 질문법을 사용할 때에는 유의해야 할 점이 따르는데 이를 교사가 질문을 제기할 때와 학생의 질문에 대응할 때로 나누어 보면 표 6.3과 같다(이지연, 2008).

많은 교육학자는 교사가 수업에서 학생의 학습활동을 조성하고 학생의 사고활동을 유발시켜주기 위해서 던지는 문제제기 즉, 발문과 일상생활에서 광범위하게 사용되는 질문과는 차이가 있다고 주장한다. 따라서 교사는 질문법을 효과적으로 활용하기 위해 질문의 분류와 유형을 살펴볼 필요가 있다.

표 6.3 질문법의 유의점

교사가 질문을 제기할 때	학생의 질문에 대응할 때
• 핵심적인 질문을 미리 준비해 둔다. • 질문의 목적과 방법을 생각해 둔다. • 얼굴 표정이나 몸동작에 주의한다. • 학습자가 명확히 이해할 수 있도록 질문한다. • 개방형 질문으로 시작한다. • 발산형 질문을 한다. • 다양한 사고수준의 질문을 한다. • 간접적이고 단일한 질문을 한다. • 다양한 형태의 질문을 고려한다. • 끼워 맞추기식 사고를 요구하는 질문은 자제한다. • 질문한 후에는 생각할 시간을 준다. • 힌트를 주면서 답을 유도한다. • 호명한 후 질문을 하는 것은 피한다.	• 학습자의 말을 경청한다. • 질문을 하거나 정답을 말한 경우 칭찬을 아끼지 않는다. • 질문을 반복하고, 쉬운 말로 바꿔 모든 학습자에게 말해준다. • 질문을 이해하지 못한 경우에는 다시 질문하도록 요청한다. • 가능한 바로 답변해 준다. • 오답은 기술적으로 수정해 준다. • 학습자가 자신의 질문에 대한 답을 스스로 찾을 수 있도록 격려한다. • 답변을 적절히 연기하는 것도 필요하다. • 질문에 대한 답을 모르는 경우에는 이를 인정한다. • 학습자에게 당혹감을 주지 않는다.

2.2 질문의 유형과 분류

질문의 유형은 학생의 인지적 수준, 수업목표, 제시방법과 반응형태, 기능 등 다양한 준거에 의해 여러 가지로 분류될 수 있다. 이러한 분류는 일반적으로는 학생의 학습을 돕기 위해 교사가 사용하는 발문을 분류한 것이지만 이 중 일부는 학생의 질문에도 적용 가능하다.

질문에서 나타나는 사고 유형은 블룸(Bloom, 1956)이 제시한 교육목표 분류(인지적 영역) 단계에 기초한다. 블룸은 인지적 영역 간에 누적적, 위계적 관계가 있다고 보고, 인지 영역의 수준(질문에서 나타나는 사고 유형)에 따라 질문 수준이 낮은 지식, 이해, 적용 단계와 질문 수준이 높은 분석, 종합, 평가의 6단계로 구분하였다(조희형, 최경희, 2001). 이 중 지식(knowledge)은 단순한 회상 수준에 해당되며, 이해(comprehension)는 비교 등과 같이 다른 형태로 정보를 얻고자 하는 질문에 해당하는 수준이다. 특정 문제에 대한 사실, 원리, 일반화, 적용 등을 선택하여 물으면 적용(application) 수준에 해당되며, 과정, 의사소통, 일련의 사건들의 부분 또는 요소를 이해, 정의하는 물음은 분석(analysis) 수준이다. 원형적인 사고에 참여시키기 위한 질문은 종합(synthesis)이며 가치의 표준이 어떤 관계의 개념과 생각에 가깝게 결정될 수 있는지에 관련된 질문은 평가(evaluation) 수준에 해당된다고 볼 수 있다. 교사는 학생의 인지적 수준을 파악하고, 여러 수준에서 인지적 복합성이 나타내는 질문을 형성할 수 있어야 하는데, 그 예는 표 6.4에 제시된 바와 같다. 최근에는 수업의 목표에 따라 기억과 이해 수준은 낮은 수준의 질문으로, 응용, 분석, 종합, 평가는 높은 수준의 질문으로 분류하기도 한다.

수업과정에서 활용되는 질문은 학생의 대답 수준에 따라서 수렴적 질문과 발산적 질문으로 구별하기도 한다(Trowbridge, Bybee, & Powell, 2000). 폐쇄적 질문으로 일컬어지기도 하는 수렴적 질문은 그 대답의 수가 비교적 한정되어 있으며, 토의의 끝 또는 결론에 이르게 하는 기능을 한다. 수렴적 질문은 학생이 비판적으로 사고해 볼 수 있는 기회를 주지 않기 때문에, 비판적 사고력, 창의적 행동, 다중적 재능을 개발시키거나 자극시키기 위한 수단으로는 효과적이지 않다. 이에 비해 나올 수 있는 대답의 수가 많은 질문을 통틀어 발산적(divergent) 질문이라고 한다. 발산적 질문이 학생의 과거 경험과 관련되어 있을 때에는 개방적 질문으로 불리기도 한다. 이때의 발산적 질문은 발산적 사고를 요구한다(Martin, 1997). 특히, 탐구적 과학수업에서는 발산적 질문에 대한 답보다 그 과정이 더 중요할 때도 있다. 학생들은 발산적 질문에 관하여 비록 오답을 얻을지라도 그 질문에 답하기 위해 생각하는 과정을 거치면서 문제를 해결할 수 있는 능력을 키울 수 있으며, 이것은 곧 창의적 사고의 핵심적 속성이 된다. 수렴적, 폐쇄적 질문과 발산적, 개방적 질문은 표 6.5와 같이

표 6.4 학생의 인지적 사고에 따른 발문(Dawson, 1994; Martin et al., 1997)

인지적 사고 수준	학생의 반응	주요 발문 용어
지식(기억하기)	정보를 기억해내거나 회상할 수 있으며 사실, 용어, 법칙 등을 인지할 수 있다.	정의할 수 있는가? 확인할 수 있는가?
이해(이해하기)	읽거나 들은 내용을 번역하거나 달리 말함으로써 표현 방식을 바꿀 수 있다.	요약할 수 있는가? 다르게 말할 수 있는가?
적용(전이하기)	이미 배운 정보를 학습 상황과는 다른 맥락에서 응용할 수 있다.	적용할 수 있는가? 활용할 수 있는가?
분석(관련짓기)	어떤 문제를 구성하는 부분들로 나눌 수 있고 부분들 사이의 관련성을 도출해 낼 수 있다.	관련지을 수 있는가? 구별할 수 있는가?
종합(창조하기)	부분들을 결합하여 독특하거나 새로운 문제해결 방안을 형성할 수 있다.	공식화할 수 있는가? 산출할 수 있는가?
평가(판단하기)	주어진 기준에 따라 어떤 방법, 아이디어, 산출물의 가치를 결정할 수 있다.	평가할 수 있는가? 정당화할 수 있는가?

표 6.5 질문의 형태와 사고 수준(조희형, 최경희, 2001)

질문 형태	수준	요구하는 사고 형태
폐쇄적 질문	낮음	인지적 기억, 수렴적
개방적 질문	높음	발산적, 평가적 사고

각각 고차원적 질문과 저차원적 질문으로 불리기도 하는데(Chiappetta, Koballa, & Colltte, 1998), 고차원적 질문은 복잡한 사고를, 저차원적 질문은 단순한 사고를 유발한다.

학생의 응답에 대한 교사의 반응 역시 중요하다. 학생이 다양한 사고를 할 수 있도록 돕기 위해서는 교사의 응답기술이 의도적이고 목적성을 띠고 있어야 한다. 조지 등(George et al., 1974)은 학생의 응답에 대한 교사의 반응을 수용(accepting), 거부(rejecting), 명료화 요구(asking for clarification), 응답에 대한 증거 요구(asking for evidence), 다른 학생에게 질문(asking another person) 등의 5가지 유형으로 분류하였으며 표 6.6에 제시된 내용과 같다.

표 6.6 학생의 응답에 대한 교사의 반응 유형 분류 체계

교사의 반응 유형	반응의 의미
수용	학생의 대답이 옳거나 틀린 경우에도 받아들여 주는 것
거부	학생의 대답을 부정하는 것
명료화 요구	학생에게 자신의 대답을 더 자세히 설명하도록 요구하는 것
증거 요구	학생에게 대답을 한 이유를 말하게 하는 것
다른 학생에게 질문	한 학생의 대답에 대해 다른 학생이 반응하고 평가하거나 다른 의견이 있는지 듣는 것

학생이 하는 질문의 유형을 회상, 자료수집, 자료처리, 평가적 질문으로 분류할 수 있는데 그 유형에 따라 교사의 반응 유형도 달라져야 한다(George et al., 1974). 회상 질문의 경우에는 수용이나 거부가 적절하며 자료수집 발문의 경우에는 수용이 적절하다. 또한 자료처리나 평가적 질문은 수용과 거부 이외의 반응이 적절하며 자료처리 질문의 가장 좋은 반응은 증거를 요구하도록 하는 것이다. 이외에도 여러 학자는 질문의 형태로 인지적 기억 질문, 평가적 질문, 목적론적 질문, 명료화 질문, 집중 질문 등을 들고 있다.

2.3 질문의 원리와 수업의 실제

교수-학습 과정에서 효과적으로 질문을 사용하기 위해서는 질문의 원리에 대한 이해가 필요하다. 질문의 원리는 질문의 내용, 방법, 응답으로 나누어 생각해볼 수 있다(Cole & Chan, 1987; 1994). 질문의 내용 면에서는 계획된 수업목표의 전영역에 걸쳐 학생의 지식, 경험, 능력을 고려하여 다양한 질문을 하여야 하며, 모든 학생에게 질문에 응답할 기회를 주어야 한다. 이때, 질문에 사용되는 용어는 직접적이고 명료해야 하며, 학생들이 잘 아는 어휘를 사용해야 한다. 질문의 방법 면에서는 질문을 할 때 한 번에 한 가지씩 쉬운 것부터 점점 어려운 순으로 하고, 질문 후 답할 적당한 시간과 골고루 대답할 기회를 주어야 한다.

질문과 대답 사이에 걸리는 시간을 대기시간(wait time)이라고 하는데(Arends, 1998), 교사의 질문에 학생이 대답할 때까지 걸리는 시간을 대기시간 I이라 하며, 학생의 대답에 교사가 다시 반응할 때까지 소요되는 시간을 대기 시간 II라고 한다. 대기 시간 I은 교사의 질문에 학생이 생각할 기회를 주고 대기 시간 II는 학생의 응답을 정교화해 주는 기회를 준다(Blosser, 1991). 대기시간 I을 3~5초 이상 주고, 대기시간 II를 0.5초 이상 주었을 때 교수-학습 전략으로서 질문법은 과학에 대한 태도 향상과 개념 이해에 긍정적인 효과를 낼 수 있다(조희형, 최경희, 2001; Rowe, 1974). 대기시간이 길어지면 단순 기억 질문보다는 평가적이고 창의성을 자극하는 질문이 많아지고, 복잡한 질문을 해결하는 데 더욱 효과적이다. 대기시간이 지난 후에도 대답이 없는 경우에는 해답을 제공하는 대신 단서와 힌트를 주거나, 문제를 쉽게 설명해 주고 비슷한 문제를 제시함으로써 반응을 유도한다(유현경, 2006).

실제 과학수업에서 적용할 수 있는 교수-학습 전략으로서 질문의 효과는 질문하는 형태에 따라서도 달라진다. 질문은 학생에 의한 과학적 탐구뿐만 아니라, 탐구적 과학의 교수-학습에도 필수적 수단이 된다. 탐구적 과학수업을 위한 질문은 탐구의 과정과 기능을 향상시킬 뿐만 아니라 창의적이고 비판적인 사고를 할 수 있게 하는데, 실제로 표 6.7에 제시된 것처럼 사용될 수 있다. 또한 표 6.8과 같이 질문강화 수업 전략(White & Gunston, 1992)과 지식구성을 위한 킹의 제안(King, 1994)을 고려한 질문 전략을 사용하면 심층적 접근(deep approach) 방식에 긍정적인 효과를 나타낸다.

교사의 질문에 대한 학생들의 응답 뒤에는 교사의 피드백이 뒤따르는데 교사의 질문뿐 아니라 피드백 역시 교사와 학생의 언어적 상호작용의 활성화에 중요한 역할을 하게 된다(Black & William, 1998; Tunstall & Gipps, 1996). 질문과 피드백을 활용한 수업 모형에는 교사-학생 상호작용 강화 수업 모형이 있는데 미첼(Michael, 1997)의 형성평가 수업 모형(5E 모형)을 기초로 한다. 미첼의 5E 모형은 바이비(Bybee) 등이 개발한 5단계 순환 학습 모형

표 6.7 과학의 과정 기능과 비판적 사고력을 습득시키기 위한 질문(Trowbridge et al., 2004)

과학의 과정	질문의 예시
관찰	주변 풍경에서 무엇을 보고 있는가?
가설 설정	이 용액에 열을 가하면 어떤 변화가 일어날까?
실험 설계	파장이 다른 빛이 물속에 흡수되는 것을 어떻게 알아낼 것인가?
그래프 그리기	이 데이터들을 어떻게 도표화할 것인가?
실험 기구 설치	다음의 실험 기구를 찾아서 지시대로 설치하라.
실험 오차 감소	정확한 데이터를 보고하기 위해 얼마나 많은 측정을 해야 할까?
추리	이 데이터로부터 어떤 결론을 이끌어낼 수 있는가?

표 6.8 심층적 접근 수업을 위한 질문 전략(황혜령, 2005)

질문 전략 순서	질문 형식	질문의 예
1	사고를 유도하는 특정 형식의 의문사를 제시하여 이를 이용한 질문을 만든다.	............부피는 어떻게 되는가?
2	촉진자의 역할을 하는 표, 그림, 다이어그램을 제시한 후 이에 초점을 둔 질문을 만든다.	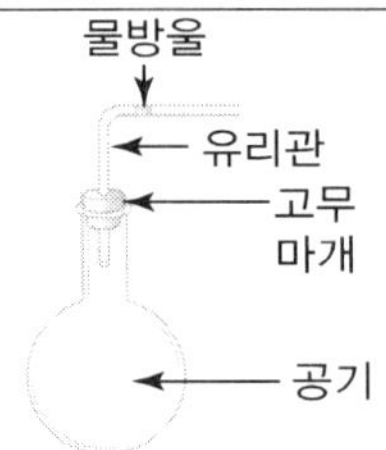 ※다음 그림을 보고 문제를 만들어 보자. 아래 그림은 공기가 든 플라스크의 유리관에 물방울을 넣고, 물방울의 움직임을 관찰하는 실험을 나타낸 것이다. 플라스크를 뜨거운 물에 넣으면 물방울은 어떻게 될까?
3	답을 먼저 제시하고 이에 해당하는 질문을 작성한다. 필요에 따라서 '왜'라는 질문을 하도록 한다.	〈보기〉와 같이 주어진 답이 나오도록 일상생활의 경험과 관련해서 질문을 만들어 보자. 〈보기〉 답: 압력이 커져서 부피가 작아지기 때문에 질문: 풍선을 들고 수영장 물속으로 들어가면 부피가 작아지는 이유를 압력과 부피의 관계로 설명해 보자. ⇒답: 압력이 작아져서 부피가 커지기 때문에 질문:
4	단원 내용을 복습하는 핵심 내용을 설명하는 평가 질문을 작성한다.	※ 〈보기〉와 같이 이번 시간에 배운 내용을 전에 배운 것과 관련지어 평가 문항을 만들어 보자. 〈보기〉 과망간산칼륨을 물에 녹인 실험은 액체에서 고체의 확산 현상을 보여 준다. 액체에서 액체의 확산을 보여주는 예는 무엇이 있는가?

에 기초한 것으로, 참여하기(engage), 탐구하기(explore), 설명하기(explain), 정교화하기(elaborate), 확장하기(extending)의 각 단계에서 형성평가를 수업의 과정에 포함시킨 것이 특징적이다. 교사의 질문과 피드백을 활용한 미첼의 5E 모형은 표 6.9에서 제시된 예와 같이 실제 수업에서 사용할 수 있다.

표 6.9 질문과 피드백을 활용한 교사－학생 상호작용 강화 수업 과정안 예시(박종윤 외, 2006)

<table>
<tr><th>중단원</th><td>3. 물질의 구성</td><th>소단원</th><td>물질을 이루는 입자</td></tr>
<tr><th>학습 주제</th><td colspan="3">연소 이론의 성립 과정</td></tr>
<tr><th>학습 목표</th><td colspan="3">자연현상에 대한 원인을 과학자들이 서로 다르게 주장하는 이유를 설명할 수 있다.
새로운 아이디어를 제시함으로써 과학 발전에 지대한 공헌을 한 경우가 어떠한 것이 있는지 설명할 수 있다.</td></tr>
<tr><th>단계</th><th colspan="2">교사－학생 상호작용</th><th>질문 전략 및 피드백 전략</th></tr>
<tr><td>참여하기</td><td colspan="2">• 학습목표를 주지시키고 우리 주변에서 볼 수 있는 물질을 태웠을 때 어떠한 일이 벌어질 것인가에 대해 생각해 보는 것을 시작으로 수업을 진행하도록 한다.</td><td>• 즉각적인 피드백
• 철수의 입장이든 영미의 입장이든 연소에 대한 자신의 입장을 다른 학생들에게 설명할 수 있도록 유도한다.</td></tr>
<tr><td>탐구하기</td><td colspan="2">• 토의할 자료를 읽게 한 후 학생들 각자가 생각해 볼 수 있는 시간을 주고, 모둠별 토의를 진행할 수 있도록 한다.
• 토의를 하는 동안 순회하면서 모둠별로 토의가 잘 이루어질 수 있도록 지도한다.
• 토의가 끝나면 모둠별로 합의한 내용을 발표하도록 한다.</td><td>• 지연피드백(자료를 읽은 후에 스스로 생각하여 대화 내용을 완성하도록 한다.)
• 물질의 연소 시에 질량이 어떻게 달라지는지 밝혀낼 수 있도록 하고, 그 이유를 라부아지에의 주장을 통하여 생각할 수 있도록 한다.
• 연소설이 형성되는 과정에서 라부아지에가 어떠한 역할을 하였는지 생각해 보도록 한다.</td></tr>
<tr><td>설명하기</td><td colspan="2">• 교사는 각 모둠별로 플로지스톤설이 옳은지, 아니면 라부아지에의 주장이 옳은지 토의할 수 있도록 한다.
• 학생은 각 모둠별로 토의한다.</td><td>• 지연 피드백(모둠별 토의를 통하여 오늘날의 연소이론이 확립되는 과정에 대하여 생각해 보도록 한다.)
• 각 모둠별로 발표한 내용을 듣고 자신의 생각과 비교해 본 후, 옳다고 생각하는 주장을 구별해 보도록 한다.</td></tr>
<tr><td>정교화하기</td><td colspan="2">• 교사는 프톨레마이오스가 주장한 천동설과 코페르니쿠스가 주장한 지동설에 관한 읽기자료를 제시하고 연소설의 성립과 비교하여 생각해 보도록 한다.
• 학생은 자료를 읽고 생각해 본 후, 자신의 생각을 발표한다.</td><td>• 천동설과 지동설의 자료를 바탕으로 연소설과 지동설 모두 기존 이론에 대한 사고의 전환을 가져왔음을 생각할 수 있도록 유도한다.</td></tr>
</table>

3 시범실험

시범실험은 교사가 일련의 절차에 따라 실험을 직접 수행하거나 각종 시청각 매체를 활용하여 학생에게 실험의 과정을 보여주는 교수－학습 방법의 하나이다. 교사가 시범을 보이는 동안 실험의 원리 및 실험에 관련된 각각의 기능에 대한 설명도 함께 제공하기 때문에, 학습자는 실험을 직접 수행하지 않고서도 실험과정의 변화를 관찰하거나 실험결과를 학습할 수 있으며, 실험의 정확한 기능을 익히기 위한 기본적인 절차나 표본이 되는 동작을 배울 수 있다(류윤석 외, 2006).

시범실험은 과학적 현상과 주제에 대한 구체적인 예시를 보여줌으로써 학생의 흥미와 관심을 불러일으키거나 새로운 문제에 대한 갈등을 야기하기 위해 주로 사용된다(Gunstone & Champagne, 1990). 또한 탐구학습에서 문제 인식 상황을 제공하고(남정희, 1996) 문제해결 과정의 시작을 위한 수단, 주요 개념과 이론을 예시하거나 적용하기 위한 수단 등 과학 교수－학습 과정에서 효과적으로 사용되고 있다(정진우, 김현정, 2003; Callahan, Clark & Kellough, 1998; Trowbridge & Bybee, 1986, 1996). 그러나 시범실험은 보통 한 차례 수행되고 끝나버리기 때문에 실수를 범하게 되는 경우 학생에게 잘못된 탐구습관을 길러줄 수도 있다. 따라서 교사는 시범실험의 특성을 이해하고 어떠한 점에 유의해야 하는지 알아 둘 필요가 있다.

〈선생님의 시범실험을 관찰하는 학생들〉
[출처: http://e－cen.co.kr]

〈2008 세계과학축전에서 스모그 머신으로 시범을 보이는 디즈니의 과학자〉
[출처: http://www.zimbio.com]

▶그림 6.3 과학 시범실험

3.1 시범실험의 특성

시범실험은 실험실 수업이나 교사의 강의와는 분명히 구별되는 방법으로 독특한 형태를 지니고 있다. 동시에 다른 교수-학습 방법과 마찬가지로 특정한 절차에 따라 수행되며 종류도 다양하다. 시범실험의 방법은 시범을 행하는 대상(조희형, 최경희, 2001; Trowbridge, Bybee & Powell, 2000), 시범실험의 목적(Falk, 1980)에 따라 표 6.10과 같이 구분할 수 있다.

과학수업의 경우 설명만으로는 이해하기 어려운 학습주제에 대해서는 관련된 현상이나 실례를 구체적으로 제시할 필요가 있다. 이때 시범실험은 매우 유용한 학습전략으로 활용될 수 있다(Trowbridge & Bybee, 1986). 시범실험의 장점은 구체적인 자료와 계획된 질문을 사용하여 학습의 내적 조건과 외적 조건을 만족시키면서 학생의 사고를 안내할 수 있다는 것이다. 교사가 사전 준비를 하기 때문에 수업시간을 단축할 수 있으며 실제 실험수업보다 수업을 통제하기 쉬워 대규모의 학급에도 효과적으로 적용할 수 있다. 특히, 특정 주제와

표 6.10 시범실험의 형태

구분	시범실험의 형태	
대상에 따른 구분	교사 시범실험	교사가 준비하고 직접 실험한다. 다른 방법보다 조직적이고 세련되게 실시할 수 있다.
	교사-학생 시범실험	학생들이 교사를 돕는 형식으로 진행되는 팀 접근법이다. 학생들은 교사가 하는 실험보다 친구가 하는 실험에 더 관심을 기울이는 경향이 있다.
	학생-단체 시범실험	학급을 몇 개의 분단으로 나누고, 각 분단이 실험하는 형식으로 학생들을 적극적으로 참여시킬 수 있다.
	개별 학생 시범실험	학생이 대표로 실험하는 방법으로, 상급 학생이 하급 학생 앞에서 실험하는 것이 효과적이다.
	초청 인사 시범실험	시범실험에 전문적인 자질을 지닌 다른 과학교사나 전문가(과학자)가 실험하는 방법으로서, 타성적인 교수-학습 방법을 벗어날 수 있다.
목적에 따른 구분	예시 시범실험	실제 예시나 관련된 현상을 구체적으로 확인하지 않고는 이해시키기 어려운 학습주제의 경우이거나, 학생들이 수행하기 어렵거나 위험한 조작적 기능 혹은 기술을 예시하기 위해 이루어지는 시범실험이다. 이러한 예시 시범실험은 특정한 행동의 변화를 기대하지 않으므로 목표를 행동 동사로 진술하기 어렵다.
	조사 시범실험	탐구기능을 함양하고 개념적 이해를 증진하며, 새로운 문제에 대한 흥미와 관심을 유발하기 위해 이루어지는 시범실험이다. 학생들은 학습 이전에 이미 경험을 통하여 학습내용과 관련된 오개념을 가지고 있는 경우가 많으며, 이를 변화시키기 위한 인지갈등 전략을 사용하는 수업에서 조사 시범실험이 활용될 수 있다.

관련 있는 사건이나 현상을 시연하면서 질의응답과 설명을 적절히 병행하여 수업에 대한 학생의 흥미와 관심을 불러일으킬 수 있고, 구체적인 예시를 보여주기 때문에 언어보다 효과적인 설명이 가능하여 학생의 이해도를 높일 수 있다. 따라서 학습자의 성취 수행을 위한 표준이나 모형을 제공할 수도 있다(Simpson & Anderson, 1981). 그리고 모든 학생이 값비싼 실험 도구나 시약을 사용할 필요가 없기 때문에 비용이 저렴하고 사고의 위험성도 적다.

콜레트와 치아피타(Collette & Chiappetta, 1989)는 시범실험이 가지는 기능을 다음의 네 가지로 제시하였다. 첫째, 시범실험은 학생의 사고를 촉진한다. 학생은 자신의 인지구조로 설명할 수 없는 시범실험을 관찰하게 되면 그러한 현상을 설명하기 위해 탐색적인 사고 활동을 하게 된다. 둘째, 시범실험을 통해 이론적으로 배운 개념, 원리, 법칙 등을 확인할 수 있다. 셋째, 시범실험은 학생이 자발적으로 질문을 유발하고 답할 수 있도록 한다. 새로운 현상을 접하였을 때 학생은 다른 경우에는 어떻게 될 것인지 스스로 생각하고 그 다음 실험의 결과를 눈으로 확인해 볼 수 있다. 마지막으로, 시범실험은 학습자가 학습내용을 회상하고 정리하여 오랫동안 파지하는 데에도 도움을 줄 수 있다.

반면 시범실험은 학생이 직접 실험을 수행하는 것이 아니기 때문에 몇 가지 제한점이 따른다. 실험도구와 실험과정을 자세히 살펴보기 어려운 경우 과정적 지식이 소홀해질 수 있으며 실험에 대한 주의집중이 떨어질 수도 있다. 특히 실험기구나 절차가 복잡한 경우, 그리고 실험이 빨리 진행될 경우에는 실험과정이나 변화를 제대로 이해하지 못하여 혼란스러워 할 수도 있으며 실험의 목적을 잘못 이해하고 질문조차 유발되지 않을 수 있다. 따라서 교사가 시범을 보일 때에는 먼저 시범의 목적은 무엇이고 어디서 시작하고 어디서 끝낼 것인지를 사전에 결정해 두어야 하며 시범에 필요한 기구를 사전에 준비해 두어야 한다. 또한 시범을 참관하는 학생에게 신체적으로 부자연스러운 일이 없도록 해주어야 하며 학생이 시범의 동작과 설명을 명확하게 보고 들을 수 있게 해주어야 한다(류윤석 외, 2006). 이처럼 시범실험을 보다 효율적으로 실행하기 위해서는 교사의 철저한 사전 준비가 필요하며 학생의 흥미를 유지시키기 위한 질문 등 실제적인 방법을 강구해야 한다(진위교 외, 1998; Collette & Chiappetta, 1989; Trowbridge & Bybee, 1986).

표 6.11의 사례처럼 과학실험에서는 예상치 못한 변인으로 인해 원치 않는 결과가 나타나는 경우가 흔히 있다. 목표가 분명한 시범실험이라면 교사가 의도한 결과를 보여주기 위해 세심한 변인통제가 필요하다. 가장 바람직한 해결책은 교사가 사전에 미리 실험을 해보고 동일한 시료와 도구로 시범을 보이는 것이다. 그러나 시범실험에서 예상치 못한 결과가 나타난 경우 이를 간과하기보다는 의도한 목표에서 조금 벗어나더라도 왜 그러한 현상이 벌어졌는지를 탐색해 보는 것이 오히려 더 바람직할 수 있다.

표 6.11 신임 과학교사의 시범실험 이야기

아래에 제시된 신임 과학교사의 이야기를 읽고 이 교사의 행동이 학생의 과학지식 획득, 과학적 탐구 방법의 학습, 과학적 태도 형성에 각각 어떠한 영향을 미칠지 생각해 보고 바람직한 대응 방법에 대해 토론해 보자.
강유미 교사는 교직 2년차의 과학교사로 올해 처음으로 중학교 3학년의 수업을 맡았다. '전해질과 이온' 단원의 탐구활동인 '미지 이온 확인'에 앞서 학생들에게 6학년 때 학습한 지시약인 BTB 용액의 색깔 변화를 상기시키기 위한 시범실험을 준비하였다. [준비물] 비커 3개, 식초, 샴푸를 탄 물, 가루비누 녹인 물, 스포이트, BTB 용액 [시범실험] 3개의 비커에 BTB 용액 떨어뜨리기 강교사: 자, 선생님이 3개의 비커에 각각 산성, 중성, 염기성 용액을 담아왔어요. 이 용액들은 우리 주변에서 쉽게 구할 수 있는 것들이에요. 산성 용액은 어떤 것으로 준비했을까요? 음, 냄새를 맡아보니... 네, 식초네요. 그 다음 중성 용액은 샴푸를 탄 물, 염기성은 가루비누를 녹인 물이에요. 여기에 BTB 용액을 떨어뜨리면 각각 무슨 색으로 변할까요? 학생들: 노랑, 초록, 빨강이요. 아니, 노랑, 초록, 파랑이었나? 어... 뭐였더라? 강교사: 자... 궁금하죠? 그럼, 어떻게 변하는지 빨리 한번 확인해 볼까요? 각 용액에 BTB 용액을 떨어뜨리자 식초는 노란색, 가루비누는 푸른색으로 바뀌었다. 그러나 샴푸를 탄 물은 색의 변화가 거의 없었지만 연한 노란색으로 변한 듯이 보였다. 이러한 결과에 대해 강교사는 다음과 같이 반응하였다. "음... 색이 잘 안 변하네요. 선생님이 샴푸를 너무 조금 섞어왔나 봐요. 원래는 초록색으로 변해야 하죠." 샴푸를 탄 물의 색이 잘 변하지 않은 것은 강교사의 생각대로 적은 양을 섞었기 때문이었다. 그러나 용액의 색이 연하지만 노란색을 띠었다는 것은 강교사가 준비한 샴푸가 중성이 아니라 약산성이었다는 것을 의미한다.

3.2 수업 모형과 실제

시범실험은 그 자체가 하나의 수업이 될 수도 있고 수업의 한 부분으로 활용될 수도 있다. 시범실험을 이용한 학습전략에서 사용되는 학습 모형은 예상－관찰－설명(Champagne et al., 1980; Gunstone & White, 1981)의 과정을 거치도록 한 선형적 모형과 그림 6.4처럼 관찰－탐색－토의(Miller, 1993)의 과정이 이루어지는 순환적 모형이 있다(정민선, 2007). 선형적 학습 모형에서는 교사와 학생 간의 문답을 통해 관찰한 현상 및 현상에 대한 변화로부터 과학적 개념을 도출하므로 교사와 학생 간의 상호작용의 질과 양이 학습목표 성취의 관건이 된다. 순환적 학습 모형에서도 교사와 학생 간의 문답은 이루어지지만, 그보다는 탐색과 토의활동을 통하여 학습자 스스로 특정 개념에 대한 이해를 구성할 수 있는 기회를 제공한다.

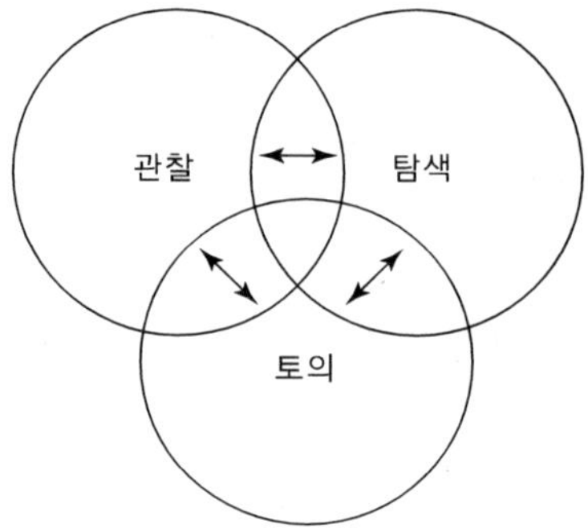

▶ **그림 6.4** 시범실험을 이용한 순환적 학습 모형(Miller, 1993)

따라서 순환적 학습 모형이 보다 학습자 중심적인 모형이라고 볼 수 있다(변영우, 2000).

순환적 학습 모형의 관찰 활동 단계에서 교사는 학습주제나 특정 개념과 관련 있는 시범실험을 시연하고 학생은 현상을 관찰한다. 탐색 단계에서 교사는 학생의 사고(예상하기, 안내하기)를 안내하여 학습주제나 특정 개념에 대한 이해에 도움이 되는 효과적인 질문을 제공하고, 학생은 이 질문에 대한 답을 생각하면서 학습해야 할 개념에 대해 스스로 목표를 구성한다. 토의 활동 단계에서 학생은 모둠별 또는 전체 토론을 통해 개인의 생각을 발표하면서 자신의 생각과 다른 사람의 생각을 비교하여 구성원 간의 합의된 결론을 도출한다. 시범실험에 대한 관찰－탐색－토의 과정이 끝난 다음 교사는 학습주제나 목표한 개념에 대해 설명하고, 개념을 적용할 수 있는 질문이나 추가적인 활동을 제공한다(정민선, 2007).

시범실험의 수업 성공 여부는 교사의 역할에 크게 영향을 받기 때문에 시범실험의 적용에 대한 교사의 교육학적 내용 지식 정도가 매우 중요하다. 클레몽 등(Clermont, 1993)은 시범실험을 이용한 수업을 실시할 때 필요한 교육학적 내용 지식으로 다음과 같은 10가지 지식이나 능력이 필요하다고 주장하였다.

- 목표하고 있는 개념을 나타내기 위해 사용할 수 있는 시범실험의 종류
- 시범실험을 변형시킬 수 있는 능력
- 시범실험과 학습주제와의 연관성 인식
- 처음 시행해 보는 시범실험의 복잡성과 사용 방법에 대한 이해
- 시범실험의 효과에 대한 비판 능력
- 시범실험을 탐구적으로 적용하는 능력
- 시범실험을 설명하는 질
- 관찰한 시범실험에 대한 개선점을 제안하는 능력

- 개념을 시연하기 위한 표현 능력
- 시범실험 수행에 대한 비판적 사고 능력

교사가 시범실험을 이용한 수업전략을 효과적으로 활용하기 위해서는 계획 단계에서부터 철저한 준비가 이루어져야 하며, 그림 6.5에 제시된 바와 같이 수업의 각 단계에서 반드시 고려해야 하는 사항이 있다(Collette & Chiappetta, 1989; Shepardson et al., 1994; O'brien, 1991; Trowbridge & Bybee, 1986). 시범실험은 학교 현장에서 교사가 빈번하게 이용하는 교수－학습 방법 중 하나로 주로 강의식 수업과 병행되지만 수업의 목적과 특성에 따라 다양한 교수－학습 방법과 결합이 가능하다(정진우, 김현정, 2003). 교사의 시범실험에 학생의 조별 토론을 병행한 시범실험 교수－학습 과정의 예시를 표 6.12에 제시하였다.

계획 단계

- 시범실험의 목적을 명확히 한다.
- 시범실험을 어느 시점에서 어떠한 계열성을 가지고 제시할 것인가를 고려한다.
- 시범실험이 시작되기 전에 어떠한 학습 활동이 이루어졌는지를 고려한다.
- 주어진 자료를 어떻게 설계할 것인가를 고려한다.
- 한 개념에 대하여 이용할 만한 시범실험이 다수일 경우 흥미를 유발할 수 있는 것, 인지적 갈등을 일으킬 수 있는 것, 비용이 적게 드는 것, 안전한 것을 선택한다.
- 시범실험이 진행되는 동안 시범실험에 학생들이 자발적으로 참여할 수 있도록 유도하는 과정을 포함한다.

⬇

시연 단계

- 학생들의 시야를 확보하기 위해 테이블을 정리하고, 필요한 경우 보안경, 환풍기, 소화기 등의 안전장치를 사용한다.
- 학생들이 무엇에 주목해야 할 것인가, 이전에 논의되었던 내용과 시범실험이 어떠한 연계성을 갖는가를 이해시킬 수 있도록 간단한 도입 단계를 진행한다.
- 시범실험을 실시할 때에는 너무 많은 과학 용어를 사용하지 않도록 하며 학생들이 대답을 하기 전에 감각적으로 충분히 느낄 수 있을 정도의 시간(3초 이상)을 제공한다.
- 학습자가 협동적 대화에 참여할 수 있는 분위기를 조장하여 교사와 학생 간에 이해를 공유한다.

⬇

시연 후 활동 단계

- 학생들이 시범실험 과정에서 일어난 것과 학습한 주제 또는 개념을 요약하게 하여 수업의 결과를 평가한다.
- 시범실험의 관찰을 통한 개념의 이해를 견고히 하기 위해 추가적인 용어, 수학적 관계식, 실험활동 등을 제공한다.

▶ **그림 6.5** 시범실험의 단계별 고려 사항

표 6.12 시범실험 교수-학습 과정안 예시

소단원	Ⅱ-2. 도구와 일의 원리	
탐구주제	도르래를 이용할 때의 힘과 일	
탐구목표	도르래를 이용하여 일을 하면 힘의 크기가 어떻게 변화하는지 알 수 있다. 도르래를 이용하여 일을 할 때 힘과 일의 관계를 말할 수 있다.	
학습단계	교수-학습 활동 내용	
	교 사	학 생
선수학습 내용확인	• 일상생활의 일과 과학에서의 일에 대해 질문한다.	• 질문에 답한다.
시범실험 제공	• 일을 하는 데 드는 힘과 물체가 이동한 거리와의 관계, 일을 구하는 식에 대해 질문한다. **[시범실험 실시]** **1. 힘의 실험** • 무게 8 N의 물체를 들어 올리면 용수철저울의 눈금은 몇 N을 가리키는지 질문한다. 조원들끼리 토의한 후 결론을 예상해 발표하도록 한다.	• 일은 물체에 준 힘의 크기와 힘의 방향으로 이동한 거리에 비례합니다. • 토의 후 결론을 발표한다. (같은 8 N을 나타낼 것입니다.)
	• (가), (나)와 같이 실험할 경우 저울의 눈금은 몇 N을 가리키는지 질문한다. 토의 후 예상 결론을 발표하도록 한다. • 어떤 결과가 나오는지 모두가 관찰하도록 하고, 결과에 대한 이유를 토의 후 발표하도록 한다. **2. 이동 거리 실험** • 물체를 ○ cm 높이로 들어 올리는 데 줄을 몇 cm 당겨주어야 할지 질문하고, 토의 후 결과를 발표하도록 한다.	• 토의 후 결론을 발표한다. (가) 줄이 한 가닥이므로 8 N입니다. (나) 줄이 두 가닥이므로 4 N입니다. (가) 10 cm 당겨야 합니다. (나) 20 cm 당겨야 합니다.
학습내용 설명	• 실험을 통해 얻은 자료를 이용해 일의 양을 구해보게 한다. • 사람이 도구에 해준 일을 구해보게 한다. • 물체에 한 일은 힘 × 힘의 방향으로 물체가 이동한 거리임을 설명한다.	• 조별로 토의한 결과를 발표한다.
결과정리	• 도르래를 이용할 때, 드는 힘과 이동거리의 변화에 대해 질문한다. • 도르래를 이용하는 이유에 대해 질문한다. • 주위에서 도르래의 원리를 이용한 예를 찾아보게 한다.	• 조별로 토의한 결과 발표한다. • 조별로 생각하여 발표한다.

4 실험수업

실험수업은 학생이 실제적인 현상과 직접적으로 상호작용하는 경험을 통해 학습하게 하는 교수–학습 방법이다. 과학자의 실험이 새로운 사실을 발견하거나 이미 알려진 지식을 증명하고 가설을 검증하기 위한 자연과학의 고유한 탐구방법이라면, 실험수업은 학교에서 과학교육 활동의 하나로 행해지는 인위적인 학습 경험(Hofstein & Lunetta, 2004)으로서 과학수업의 고유한 활동이다(Chiappetta & Koballa, 2006).

학교 과학교육에서 실험활동은 1667년 영국 옥스퍼드(Oxford)에서 시작되어 18세기 초 프리스틀리(Priestley)와 라부아지에(Lavoisier) 같은 화학자들에 의해 중등학교에 도입되었다. 19세기에 접어들어 프랑스의 푸앵카레(Poincare)가 과학의 방법으로 실험활동을 강조하면서 실험수업이 학생들에게 자연현상을 관찰하고 이를 바탕으로 추리할 수 있도록 도와준다고 알려졌다(Lock, 1988; Lunetta, 1998). 20세기 초 암스트롱(Armstrong)의 발견학습법(heuristic method)에 의해 학생들의 실험활동의 중요성은 더욱 부각되었고 진보주의 교육운동의 일환으로 탐구적 접근이 강조되면서 실험 매뉴얼이 실용화되기 시작하였다. 과학교육에서 실험의 중요성은 많은 연구자들에 의해 강조되어 왔으며(Eggleston & Kelly, 1970; Hofstein & Lunetta, 1982, 2004; Millar, 2004; Okebukola, 1984), 우리나라 현행 과학과 교육과정 역시 실험활동 중심의 과학수업을 권장하고 있다(교육과학기술부, 2011b).

〈라부아지에의 실험〉
[출처: http://scienceworld.wolfram.com]

〈현미경을 사용한 학교 과학실험〉

▶그림 6.6 과학자의 실험과 학교 과학실험

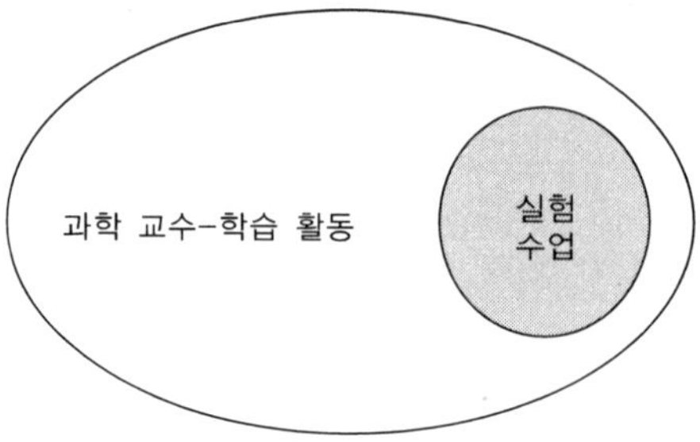

▶ **그림 6.7** 실험수업의 영역(Millar et al., 1998)

다른 교수-학습 방법과 마찬가지로 실험수업 역시 교사의 철저한 수업 준비가 요구된다. 교사는 수업이 진행되는 동안 학생이 학습목표를 달성할 수 있도록 세심하게 안내할 수 있어야 하며(Chiappetta & Koballa, 2006), 이를 위해서는 실험수업의 효과와 목적 그리고 제한점 등에 대해 잘 알고 있어야 할 것이다.

4.1 실험수업의 효과와 목적

실험수업은 과학을 다른 교과와 차별화할 수 있게 하는 과학교과만의 특징적인 활동으로, 학생이 사고과정과 탐구로서의 과학을 직접적으로 경험할 수 있도록 한다. 또한 과학의 내용과 방법을 동시에 학습할 수 있는 통합적인 학습 경험을 제공함으로써 과학교육에서는 필수적인 요소로서 작용한다(Ertepinar & Geban, 1996). 즉, 학생은 실험수업을 통해 과학적 개념과 원리, 이론 등을 더 잘 이해할 수 있게 되며 수업시간에 학습하는 과학현상에 대한 구체적이고 실제적인 경험을 획득할 수 있다는 것이다.

실험수업에서는 체감각-시각-청각적 감각 경로를 통해 정보의 전달이 이루어지기 때문에 언어적 설명 수업에서보다 과학학습이 효율적으로 일어난다(권용주, Lawson, 1999). 추상적인 과학지식을 전달하는 데 효과적일 뿐 아니라 과학의 본질에 대한 이해와 과학에 대한 태도의 함양에도 유용하다. 실험수업은 학생들의 자연에 대한 호기심을 촉진시켜 학습동기를 유발할 수 있으며, 문제를 제시하고 그 해결책을 찾도록 구성된 실험인 경우 탐구학습을 촉진한다. 과학과 관련이 있는 문제를 해결하기 위한 접근법으로서 과학적 방법의 실례를 보여주며, 과학적 방법의 문제해결 능력을 키워준다. 또한 학생이 과학실험에 참여함으로써 과학에 대한 신념과 자신감을 얻고 과학의 사회적인 문제에 관한 의사결정에 능동적 태도를 보일 수 있는 가치관을 형성할 수 있게 돕는다. 과학실험은 단 하나의 해답만을 요구하지 않으며, 어떤 문제에도 다양한 접근법과 해결책이 있음을 보여준다(박승재, 2002; Lazarowitz & Tamir, 1994; Foster & Lock, 1987; Tamir, 1976).

실험수업의 목적을 살펴보면 그 특성과 장점을 더욱 잘 알 수 있다. 양일호와 조현준(2005)은 1963년부터 최근까지 실험수업의 목적을 제시한 문헌을 수집·종합하여 표 6.13과 같이 '과학지식의 습득', '과학의 본성 이해', '과학 태도 함양', '과학적 탐구능력 신장'이라는 4개의 상위 항목으로 범주화하였다.

학생들은 실험수업을 통해 과학적 개념, 법칙 이론을 포함하는 개념적 지식과 탐구과정에 대한 절차적 지식을 획득할 수 있으며 과학지식의 본성과 발전 과정에 대한 관점을 포함하는 과학의 본성에 대한 이해를 증대시킬 수 있다. 또한 과학에 대한 관점 및 자아효능감과 관련된 과학에 대한 태도나 자연현상을 과학적으로 탐구하려는 태도를 함양하고 과학적 탐구능력 역시 신장시킬 수 있다. 물론 이러한 목표가 실험수업을 통해서만 달성될 수 있는 것은 아니며 한두 가지의 실험을 통해서 이들 목적이 종합적으로 배양되기도 어렵다. 그러나 학생의 성향과 교사의 신념에 따라서는 한 차례의 실험만으로 몇 가지의 목표가 동시에 달성되는 경우도 있다.

치아페타와 코발라(Chiappetta & Koballa, 2006)는 실험수업의 일반적인 목적이 '과학에 대한 태도', '과학적 태도', '과학적 탐구', '개념 발달', '기술적 기능'의 함양이며 학생과 교사 요인 등이 학습의 결과에 영향을 미친다고 보았다. 학생이 듣기만 하는 강의식 수업보다 활동적인 학습경험을 선호한다면 학생은 다른 교수-학습보다 실험수업을 좋아하고 선호할 것이다. 그리고 과학교사가 학생을 실험수업에 참여시키는 것을 중요하게 생각한다면 실험수업이 개념 발달을 강화하고 과학적 태도를 함양한다는 신념을 갖게 될 것이다. 이들은 실험실 활동이 수업의 구성을 바꾼다는 것 역시 깨닫게 되는데, 이는 강의의 양을 줄이고 수업에 다양성을 제공해줄 수 있다.

표 6.13 실험수업의 목적(조희형, 박승재, 1999; 조희형, 최경희, 2000)

범주	항목
과학지식 습득	개념적 지식: 과학적 개념, 법칙, 이론 등의 이론적 지식 절차적 지식: 탐구의 절차와 문제해결 과정에 관련된 과정적 지식
과학의 본성 이해	과학적 지식의 불확정성, 과학지식의 발전 과정, 과학자의 기능과 역할 등
과학 태도 함양	과학에 대한 태도: 과학에 대한 흥미, 자신감, 만족감 등 과학적 태도: 협동심, 개방성, 객관성, 책임감 등
과학적 탐구능력 신장	조작적 기능: 기초탐구능력, 통합탐구기능 등 과학적 사고력: 과학적 추론능력, 창의성, 문제해결능력, 합리적 의사소통 과정, 과학·기술·사회의 상호관계 이해 등

그러나 과학교육을 향상시키는 데 있어 실험수업이 만병통치약이 될 수는 없다. 많은 과학교육자는 실험수업을 권장하지만 기대한 만큼 학습결과를 반드시 만들어 내는 것은 아니기 때문에(Blosser, 1980; Hegarty－Hazel, 1990) 실험수업에 대한 재고가 요구된다(Lunetta, 1998; National Research Council, 1996). 실험수업은 학생의 과학적 사고를 자극하는 활동을 강조해야 하고(Gunstone, 1991) 학생의 생각에 대한 충분한 피드백을 제공해 주어야 하지만(Barron et al., 1998), 대다수의 학교에서는 이러한 기회가 주어진다는 증거를 제대로 보여주지 못하고 있다(Tobin, 1990). 학생들은 마치 일련의 절차에 따라 수행만 하면 되는 '요리책 식' 실험을 하고 있으며(Germann et al., 1996; Germann & Odom, 1996; Roth, 1994; Wellington, 2000) 심지어는 실험 학습을 위한 설계가 적절히 이루어지지 않아 인지능력 개발과 향상의 기회가 제공되지 않을 때도 있다(Baird, 1998; Keys et al., 1999).

과학실험은 특정한 목적에 따라 수행되는 탐구방법이기 때문에 실험수업 역시 대체로 의도적이고 계획적이다. 이로 인해 실험에 의한 관찰과 측정은 객관적이기 어렵고, 실험자의 지적 수준이나 탐구 의도에 크게 좌우된다는 한계를 가지게 된다. 따라서 실험수업이 그 목적을 효과적으로 달성하기 위해서는 실험수업에서 교사가 자신의 역할을 인식하고 언제 어떤 상황에서 어떤 종류의 실험수업을 적용해야 할지 분석해볼 필요가 있다.

4.2 실험수업의 유형

실험수업의 성공 여부에 결정적인 역할을 하는 것은 과학수업에서 실험의 빈도, 중요성, 목적 등을 결정하는 교사의 능력과 경험이다. 만일 교사가 어떤 수업을 진행하는데 실험실 활동이 적합하고 용이하다고 믿으면 학생들은 유의미한 직접적 경험에 참여할 기회를 훨씬 더 많이 가지게 된다. 교사가 과학수업의 기능이 정보의 전달이라고 믿으면 실험은 자연히 교과서의 학습이나 토론학습 이후에 따르는 연역적 실험이 되어 기존의 지식을 단지 확인하는 데에만 활용될 것이며, 과학수업이 탐구적이어야 한다고 믿으면 교과서의 학습이나 교사의 강의가 이루어지기 전에 수행하는 귀납적 활동이 될 것이다(Pella, 1961).

심슨과 앤더슨(Simpson & Anderson, 1981)은 실험의 목적과 사례, 교사의 역할을 기준으로 실험수업의 유형을 표 6.14와 같이 분류하였다. 이 분류는 실험수업의 목적과 유형의 관계를 잘 나타내고 있어 많이 활용되고 있다. 확인 실험과 연역적 실험은 주로 교실에서 이론을 학습한 다음에 이루어지는 것으로서 확인 실험은 이론이나 현상의 확인을 목표로, 연역적 실험은 학습한 이론을 근거로 사건을 설명하거나 예상하기 위해 사용된다. 탐색 실험과 귀납적 실험은 주로 교실 수업이 이루어지기 전에 수행되는데, 탐색 실험이 학생의

표 6.14 학습목표에 따른 실험수업의 유형(Simpson & Anderson, 1981)

유형	목적	사례	교사의 역할
확인 실험	학생들에게 추상적 지식에 대한 구체적인 경험을 제공한다.	산소가 어떻게 만들어지는지 학습한 후 실험을 수행한다.	학습한 내용을 직접 확인할 수 있는 기회를 제공한다.
탐색 실험	새로운 소재나 현상을 인식하여 흥미를 불러일으킨다.	학생들에게 애벌레가 행동하는 모습을 관찰하여 기술하게 한다.	개방적인 분위기에서 학생들이 새로운 물질과 현상을 조사할 수 있도록 격려한다.
귀납적 실험	사실을 일반화하거나 원리로 조직한다.	학생들이 진자의 주기에서 실의 길이와 추의 질량 사이의 관계를 조사한다.	답을 주기보다는 질문을 하고 중요한 개념 또는 관계를 발견하도록 유도한다.
연역적 실험	주요 개념이나 원리를 활용하여 현상을 설명한다.	초파리를 교배하여 유전학적으로 표현적 비율을 예측한다.	사건을 설명, 예측, 기술할 때 사전에 학습한 지식을 적용할 수 있도록 한다.
기술개발 실험	실험활동에 필요한 기술을 습득한다.	윗접시 저울을 사용하거나 광물의 경도를 발견한다.	학생들이 정해진 기술을 습득할 때까지 실제적, 효과적인 피드백을 제공한다.
과정개발 실험	과학에서 문제해결 과정을 위한 능력을 개발한다.	마시멜로가 진공 상태에 있을 때 나타나는 현상을 학생들이 예측하고 검증할 수 있다.	학생들이 문제해결방법 및 과정에 관심을 가질 수 있도록 직접적으로 도와준다.

흥미와 관심에 초점을 둔다면 귀납적 실험은 관찰 사실로부터 일반화할 수 있는 법칙의 발견을 목표로 하여 보다 고차원적인 사고를 요구하게 된다. 마지막으로 기술개발 실험과 과정개발 실험은 모두 과학탐구의 과정을 학습하기 위한 실험으로서, 기술개발 실험은 실험에 필요한 기술을 기능적으로 연습하게 해주며 과정개발 실험은 과학에서 문제를 해결하는 방법과 과정을 학습하게 한다(조희형, 최경희, 2001).

실험수업은 실험결과의 개방성, 접근(추론) 방식, 실험절차의 제시 여부라는 세 가지 분류 기준의 조합에 따라 표 6.15와 같이 분류되기도 하는데, 이 경우 설명, 탐구, 발견, 문제해결이라는 네 가지 유형의 실험으로 나뉠 수 있다(Domin, 1999). 도민(Domin, 1999)의 분류에 의하면 실험활동을 수행하는 접근 방식에는 연역적 방식과 귀납적 방식이 있는데, 설명과 문제해결 활동의 유형은 전통적으로 학생들이 독특한 현상을 이해하기 위해서 일반적인 원리를 적용하는 연역적인 접근을 따른다. 반면 발견과 탐구 유형은 학생들이 특수한 사례를 관찰하는 활동을 통하여 일반적인 원리를 끌어내는 귀납적인 접근 형식을 취하게

표 6.15 실험수업의 분류 기준(Domin, 1999)

유형	분류 기준		
	결과	접근 방식	절차
설명	예정됨	연역적	주어짐
탐구	예정되지 않음	귀납적	학생이 생성함
발견	예정됨	귀납적	주어짐
문제해결	예정됨	연역적	학생이 생성함

된다. 이 중 학생들이 스스로 절차를 찾아내도록 하는 유형은 탐구와 문제해결 실험이며, 설명 및 대부분의 발견 실험에서는 구체적인 절차가 학생들에게 주어진다(Domin, 1999).

이 밖에도 실험의 유형은 '과학과정 기술', '연역 또는 확인', '귀납', '기능적 기술', '문제해결' 등 다양하게 분류되며(Chiappetta & Koballa, 2006) 그 유형에 따라 학습효과가 달라질 수 있다(양일호 외, 2007; Domin, 1999; Miller, 1993). 따라서 실험수업에서 실험과제와 교수전략을 설계할 때는 목표로 하는 학습결과를 분명히 하고, 어떠한 유형의 실험수업이 자신이 정한 목표를 달성하는 데 가장 적절한 것인지 결정하는 것이 중요하다(Hodson, 1996). 실험수업이 효과를 거두기 위해서는 교사의 수업설계뿐 아니라 교사–학생 또는 학생–학생의 적극적인 상호작용도 필요하다. 교사는 실험기구의 용도 및 사용법을 포함하여 실험에 대한 설명을 제공해야 하며, 학생들 사이에 관찰 결과에 대한 논의가 제대로 이루어질 수 있도록 안내해야 한다(양일호 외, 2006).

4.3 수업전략 및 실제

실험수업이 효과를 거두기 위해서는 학생을 준비시키는 과정 또한 중요하다. 학생들은 이 실험을 왜 해야 하는지, 실험을 통해서 이끌어내고자 하는 것이 무엇인지를 알아야 한다. 실험수업의 어려움을 호소하는 교사의 경우, 학생을 준비시키지 못했거나 피상적으로 준비시켰을 가능성이 높다. 경험이 부족한 교사는 흔히 실험실 활동 자체가 학생에게 경험을 제공한다거나 의도한 학습결과가 저절로 만들어질 것이라고 믿는다. 반면 경험이 풍부한 교사는 실험수업을 세심하게 계획해야 한다는 점을 알고 실험에 앞서 사전실험 토론을 제공하고 핵심적인 안내를 제공하며 사후실험 토론을 통해 수업을 마무리 한다(Chiappetta & Koballa, 2006).

사전실험 토론의 과정은 학생들이 무엇을, 왜, 어떻게 해야 하는지를 안내하며 실험활동에 대한 마음가짐을 제공한다. 물론 학생이 발견해야 할 것이 무엇인지를 항상 알려줄 필요는 없으며 이 단계에서는 실험활동이 수업시간에 학습하는 주제와 어떻게 연관되어 있는지를 설명해야 한다. 수업시간에 원리에 대한 논의가 이루어졌다면 실험의 목적이 원리의 검증임을 명확히 해야 하며, 귀납적 실험을 설계한 경우에는 학생들이 발견해야 할 원리나 법칙을 설명하지 않도록 주의한다.

실험에 대한 안내는 실험의 절차나 실험을 통해 관찰할 내용 등을 포함하며 명확하게 제공해야 한다. 이를 위해 구두 설명이나 설명서, 사전실험 토론의 형식 또는 이들을 조합해서 사용할 수 있다. 구두 설명은 한 단계로 수행되는 실험활동이나 안내할 내용이 단순한 경우 사용하며 구두로 설명한 안내를 판서해서 요약하는 것도 유용하다. 설명서는 복사하여 나누어 주거나 실험매뉴얼에 포함시킬 수 있다.

사후실험 토론은 실험수업에서 중요한 요소이기 때문에 성급히 적용해서는 안 된다. 전체 실험에 배정된 시간이나 토론에 할당된 시간의 부족으로 사후실험 토론이 별 성과 없이 끝나게 되는 경우가 종종 있다. 바람직한 접근 방법은 토론을 다음 수업시간까지 지체시키지 않고 그 시간에 다 소화해내는 것이다. 실험실 경험을 유용하게 만들기 위해서는 사후실험 토론시간에 중요한 생각, 반성적 사고, 발상, 분석에 필요한 시간을 제공해야 한다. 사후실험 토론은 실험실 활동과 관련된 중요한 학습경험을 중심으로 학생들의 사고를 심화·확장시킬 수 있는 좋은 기회를 제공해 준다.

이 외에도 성공적인 실험실 활동을 위해서는 교실수업과 실험수업의 연관성, 실험실 활동의 구조화 정도, 학생의 실험결과 기록 및 보고, 실험실 활동 관리와 훈련, 평가 등을 함께 고려해야 한다. 과학실험실에서 학생의 수행을 위한 지침을 개발하는 데 사용될 수 있는 몇 가지 원칙을 제시하면 표 6.16과 같다.

일반적으로 과학과 교수−학습 모형은 교실 수업이나 실험실 수업 모두에 적용이 가능하지만 그 중 실험수업의 특성을 가장 잘 나타내 주는 것은 가설검증 수업모형이다. 가설검증 수업모형은 발견한 문제에 대한 잠정적인 설명인 가설을 설정하고 이를 검증하는 구조를 가짐으로써 탐구 영역에서 가장 효과적일 뿐 아니라 학생들의 토의 및 의사소통 능력과 탐구적 행동에 긍정적 변화를 가져온다(김한호, 1995). 다음 표 6.17은 중학교 '상태변화와 질량' 단원의 실험을 가설검증 수업모형으로 구성한 교수−학습 과정안이다.

표 6.16 과학 실험실 안전 수칙(서울특별시교육청, 2005)

1	실험실 내에서는 잡담을 하거나 장난을 하지 말아야 한다.
2	모든 실험은 지도교사의 지시에 따라 해야 하며 무리한 실험을 하지 않는다.
3	화학 물질을 맛보는 것은 절대 금한다.
4	실험대 주변은 정리정돈을 철저히 한다.
5	젖은 손으로 전기기기 및 전기배선에 접촉하지 않는다.
6	냄새를 맡을 때에는 팔 거리 정도의 거리에서 손으로 부채질하여 냄새를 맡아야 한다. 절대로 직접 시험관 입구나 시약병 입구에 얼굴을 대어서 냄새를 맡지 말아야 한다.
7	가열장치 사용 중에는 절대로 실험대를 떠나지 말아야 한다.
8	어떤 물질이든지 완전히 밀폐된 용기에 넣고 가열해서는 안 된다.
9	실습실에서는 가능한 한 실험복, 보안경, 마스크 등 안전장구를 착용하도록 한다.
10	특별한 경우를 제외하고는 쓰다 남은 시약은 본래 시약병에 다시 담지 않는다.
11	시약병을 실험실 내에서 들고 다니지 않고 시약병이 비치된 실험대에 가서 적당량을 받아 써야 한다.
12	산이나 알칼리에 의해 화상을 입었을 때는 즉시 그 부위를 수돗물로 씻은 후, 교사에게 보고하도록 한다.
13	화재가 발생했을 때는 침착하게 학생들을 대피시키고 인화성인 물질을 먼 곳으로 옮긴 후 소화기를 써서 불을 꺼야 한다.
14	실험실 기기의 작업 및 조작은 지정된 순서를 정확히 따라서 한다.
15	산을 묽힐 때 진한 산에 물을 부어서는 안 된다. 물에 산을 천천히 저어주며 넣어야 한다.
16	눈금이 새겨진 유리 기구(눈금실린더, 뷰렛, 피펫 등)는 절대로 불로 가열해서는 안 된다.

표 6.17 가설검증 수업모형에 기반한 실험수업 교수-학습 과정안 예시

소단원	Ⅶ-3. 얼음을 가열하거나 물을 냉각시키면 어떻게 될까?		
탐구주제	물질의 세 가지 상태와 질량		
탐구목표	물질이 어떠한 경우에 상태가 달라지는가를 안다. 물질의 상태가 변하면 질량은 어떻게 되는지 설명할 수 있다.		
학습단계	학습내용	학습활동	
		교사	학생
현상제시	물질의 상태와 질량	• 양손에 똑같은 양의 물과 얼음을 담은 비커를 보여주고, 질량을 예상하는 질문을 한다.	• 질문에 답한다.
문제발상	학습목표 제시	• 어떤 물질의 상태가 변하면 그 물질의 질량은 어떻게 될까 질문한다. • 학습목표를 알려준다.	• 학생들이 자기 생각을 발표한다.
가설설정	물질의 상태와 질량에 관한 가설 설정	• 물질의 상태변화와 질량과의 관계에 대해서 어떤 가설을 세울지 질문한다. • 두 가설을 판서한다.	• 가능한 가설을 발표한다. 1. 물질의 상태가 변해도 질량은 변하지 않는다. 2. 물질의 상태가 변하면 질량도 변한다.
실험설계	실험 방법 및 재료	• 가설을 확인할 수 있는 실험 방법에 대해 질문한다. • 실험 재료로 사용할 수 있는 물질에 대해 질문한다.	• 실험방법에 대해 대답한다. • 실험재료에 대해 대답한다.
자료수집 및 정리	실험도구와 과정	• 제시된 재료로 실험할 수 있는 방법을 질문한다. • 실험방법을 정리하여 실험한다. • 실험이 끝난 조는 조장이 칠판에 그 결과를 적게 한다.	• 실험방법에 대해 대답한다. • 실험방법대로 실험한다. • 실험을 끝낸 뒤 결과를 적는다.
자료분석 및 해석	실험결과 발표	• 실험결과를 발표하여 가설과 비교하게 한다.	• 조별로 발표한다.
결과종합	개념 정리	• 물질의 상태가 변해도 질량은 변하지 않음을 알려준다. • 실험 결과 보고서 제출시간을 알린다.	• 새로운 개념을 정리하며 기록한다.

5 협동학습

협동학습은 공동의 목표를 달성하기 위해 학생들이 함께 학습해 나가는 것(윤광보 외, 2003)으로서, 소집단을 구성하는 모든 구성원 간의 상호의존성을 바탕으로 주어진 학습과제나 학습목표를 협력하여 달성해 나가는 교수－학습 방법이다(Johnson & Johnson, 1993; Slavin, 1989, 1996). 협동학습에서는 구성원 사이의 단순한 업무 분담이 아닌 책임의 분담 및 공유가 전제되기 때문에(Towns & Grant, 1997), 학생들이 자신의 행동과 학습에 책임감을 가질 수 있는 환경이 조성된다.

협동학습은 듀이(Dewey, 1912)의 교육철학 사상과 비고츠키(Vygotsky, 1978)의 인지발달에 대한 사회－역사적 이론에 근거를 두고 있다. 듀이는 《민주주의와 교육》이라는 저서에서 학생들이 활동을 통해 협동하는 방법을 직접적으로 학습하는 것을 바람직한 교육의 목적 중 하나로 제시하였다. 특히 학생이 공동의 협동생활에 필요한 수단과 공동활동에 참여할 수 있는 기회를 더 많이 제공하는 것을 학교가 가지는 의무로 보았다. 이러한 이론을 바탕으로 듀이는 교수－학습 방법 중 프로젝트 과정의 일부로 협동학습의 사용을 권장하였다(Johnson & Johnson, 1987). 비고츠키는 개인의 성장이 사회적 변화 과정의 일부라는 관점에서 개인의 인지발달이 개인과 사회 사이의 상호작용에 의존한다고 보고 동료 간 상호작용의 중요성을 강조하였다(조희형, 최경희, 2001). 즉 학생은 자신보다 수준이 높은 어른이나 동료와 상호 작용을 통해 근접발달영역(ZPD: Zone of proximal development)을 발달시킬 수 있다는 것으로서 이러한 과정은 협동학습을 통해 얻어질 수 있다.

〈교실에서의 협동학습〉

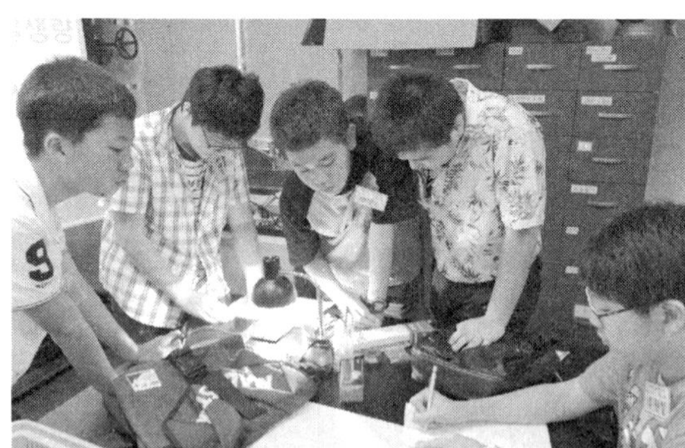

〈실험실 협동학습〉

▶그림 6.8 과학 협동학습

과학수업은 실험기구의 사용이나 실험 과정의 특성상 소집단 활동이 많이 행해지기 때문에 협동학습이 필수적으로 고려되어야 하며 이로 인해 과학교육에서 중요한 의미를 가진다. 협동학습은 학생들의 다양성과 형평성에 대한 문제, 개념 이해와 문제해결력 증진이라는 과학교육의 목표를 충족시킬 수 있는 효과적인 교수－학습 방법으로 인식되고 있다 (Bianchini, 1997).

5.1 협동학습의 원리와 유의점

협동학습은 소집단 구성원 간의 긍정적인 상호작용을 극대화함으로써 인지발달을 촉진시킨다(이지연, 2008). 협동학습의 다양한 유형은 각각의 특징을 갖지만 몇 가지 공통적인 핵심 원리가 있다. 존슨과 존슨(Johnson & Johnson, 1993)은 성공적인 협동학습의 기본요소로서 '긍정적 상호의존성', '면대면 상호작용', '개별적 책무성', '사회적 기술', '집단과정'의 다섯 가지를 제시하였다.

첫째, 긍정적 상호의존성은 소집단의 구성원이 공동의 과제달성을 위해 서로 도와야 한다는 원리이다. 킹(King, 1999)은 협동학습 과정에서 학생들 사이에 교사－학습자 관계와 유사한 형태가 관찰된다고 하였으며 길리스와 애쉬먼(Gillies & Ashman, 2000)은 그러한 관계가 초등학교 1학년 학생과 같이 어린 학생들의 협력 집단 사이에서도 관찰된다고 하였다. 특히 학생들은 공동의 협력과제에서 상호적인 관계로 참여하기 때문에 다른 학생의 학습과 이해를 적극적으로 촉진할 수 있다(Cowie & Berdondini, 2001; Palincsar & Herrenkohl, 2002).

둘째, 면대면 상호작용은 구성원 상호 간에 관심을 가져주고 개방적이며 허용적인 태도를 보여줌으로써 성공을 촉진하고 격려하는 것이다. 구성원들은 과제수행과 관련된 공통된 어려움을 경험함으로써 상호 간 유대감과 이해력을 높일 수 있다(이지연, 2008; Slavin, 1996). 학생들은 협력하는 과정에서 다른 사람이 말하는 것을 듣고, 도움을 주고 받으며, 생각을 공유하고, 차이를 명확히 하고, 새로운 견해를 구성한다(Johnson & Johnson, 2003; Slavin, 1996; Webb et al., 1995).

셋째, 협동학습을 적용한 수업에서는 학생 개개인에게 구체적인 역할과 책임이 부과되는 개별책무성의 원칙이 적용된다. 따라서 학생들에게 각자의 과제수행이 집단 전체의 수행결과에 직접 영향을 준다는 인식을 심어 주도록 해야 한다(김신자, 2000). 이러한 과정에서 구성원 개개인은 상호 도움을 주고받는 집단 보상성을 경험하게 된다.

넷째, 협동학습은 집단의 공동목표를 달성하기 위하여 서로 경계하면서도 신뢰하며, 도움을 주고받고, 정확한 의사소통을 하며, 협동적으로 문제를 해결할 수 있도록 독려되어야 한다. 이러한 사회적 인간관계 형성의 기술을 통해 인지적 영역뿐 아니라 정의적 영역에도 긍정적인 영향을 미치게 되며 이는 종종 과목에 대한 태도, 자기효능감, 학습동기, 동료들에 대한 이해 등의 면에서 오히려 경쟁학습이나 개별학습보다 효과적인 것으로 보고되기도 한다(Cohen, 1994; Qin, Johnson, & Johnson, 1995).

마지막으로, 집단의 학습과제를 수행하는 과정에서 개별 학생의 역할이 도움이 되는지 그리고 학습활동이 집단과제 해결에 도움이 되는지에 따라 과제 수행을 계속할지, 아니면 수정할지의 여부가 결정된다. 협동학습으로 얻어진 성과는 그림 6.9와 같이 상호적으로 관련되어 있다(Johnson & Johnson, 1989). 함께 학습하는 과정에서 학생들이 더 노력할수록 구성원에 대해 긍정적으로 인식하며 그럴수록 더 열심히 일하는 경향이 있다. 함께 일할수록 사회적인 수행 능력이나 자아존중감, 일반적인 심리적 건강에 긍정적인 영향을 미친다. 이러한 복합적인 성과들은 학습공동체를 창조하는 중심이 되는 형태를 형성한다.

한편, 협동학습의 많은 긍정적인 측면에도 불구하고 몇몇 연구결과에서는 협동학습이 유의미한 차이를 만들어내지 않는 경우가 보고되고 있다. 특히 협동학습의 효과는 과제의 특성, 집단의 구성방법, 집단의 상호작용성 등에 따라 그 결과가 달라질 수 있다. 협동학습에서 집단의 이질적 · 동질적 구성방법 및 남녀의 구성비와 성적 상위에 따라서도 다른 결과를 가져오는데 어떤 환경에서 어떤 방식이 가장 효율적인지에 대한 연구가 많이 이루어지고 있다. 이처럼 협동학습의 효과는 여러 변인에 따라 영향을 받고 달라질 수 있기 때문

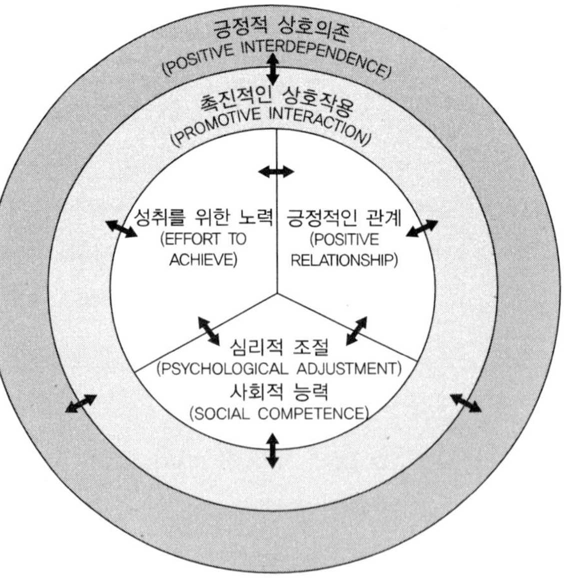

▶ **그림 6.9** 협동학습의 산출물(Johnson & Johnson, 1989)

에 협동학습 유형의 특징과 단계를 알면 실제 수업현장에서 유용하게 적용할 수 있을 것이다.

5.2 협동학습의 유형과 모형

협동학습은 일반적으로 집단 간 협동을 중요시하는지, 집단 내 협동을 중요시하는지에 따라 '협동적 프로젝트(CP: Cooperative Project)' 유형과 '학습자 팀 학습(STL: Student Teams Learning)' 유형으로 구분된다. 여기서는 CP 유형에 해당하는 모둠 조사(GI), 직소 I 모형과, STL 유형에 해당하는 직소 II, 학생모둠성취분담(STAD), 팀 토너먼트식 게임법(TGT), 팀 보조 개별 학습(TAI)의 여섯 가지 모형에 대해 살펴보고자 한다.

협동학습 모형의 특징을 집단목표와 개별 책임, 균등한 성공 기회 등으로 나누어 비교하면 표 6.18과 같다. 협동학습의 유형과 방법은 다양하기 때문에 학습주제와 집단의 규모 및 특성에 맞는 방법을 적절하게 선택하여 사용하는 것이 중요하다(Slavin, 1989).

표 6.18 협동학습 모형의 분류 및 특징

	집단 목표	개별적 책임	균등한 성공 기회	집단 경쟁	전문화	개별화 적용
GI	×	○	×	×	○	×
직소 I	×	×	×	×	○	×
직소 II	○	○	×	×	○	×
STAD	○	○	○	△	×	×
TGT	○	○	○	○	×	×
TAI	○	○	○	×	×	○

1) 모둠 조사(GI: Group Investigation)

GI 모형은 샤론(Sharan)과 그의 동료들에 의해 개발된 비교적 단순한 모형으로 그룹 사이의 경쟁이 없이 학습자 주도하에 진행되는 개방적인 협동학습 모형이다(이지연, 2008). GI에서는 학습할 과제를 집단 수에 맞추어 여러 개의 하위 범주로 나눈 후, 3~6명으로 구성된 집단에게 할당한다. 각 집단은 할당받은 하위 범주를 다시 몇 가지 세부 주제로 나누어 개인에게 할당하며, 개별 학생은 자신이 맡은 주제에 대해 학습한다. 개별 작업이 완료되면 집단은 할당받은 하위 범주 전체에 대해 토의를 실시하여 다양한 정보를 얻게 된다. 집단별 조사학습 이후에는 전체 학급을 대상으로 발표하는 과정을 통해 다른 집단에게 학습할 기회를 제공한다. 이때 교사와 학생은 각 집단의 전체 학습에 대한 기여도를 평가하여 개별적인 평가와 집단 평가를 실시한다.

GI 모형의 특징은 소집단의 구성원들이 두루 참여할 수 있는 기회를 제공하며 학생들이 무엇을 공부할 것인지, 어떻게 조사할 것인지 등에 대한 결정을 한다는 점이다. 이미 결정된 사실이나 기술을 학습하기 위해 개발하는 것이 아니라 학생들에게 학습주제에 대한 다양한 학습경험의 기회를 제공한다. GI의 목적은 집단 프로젝트 수행을 통해 응용력과 종합력과 같은 높은 수준의 인지적 기능을 발달시키는 것이다.

2) 직소 I(Jigsaw I) 모형

직소 모형은 협동학습의 대표적인 모형으로서 1978년 텍사스 대학의 아론슨(Aronson)과 그의 동료들이 다민족으로 구성된 미국 학교에서 민족 간의 갈등과 학교 교육의 문제를 해결하기 위한 목적으로 개발하였다. 직소 모형의 명칭은 모집단이 전문가집단으로 갈라졌다가 다시 모집단으로 돌아오는 모습이 마치 직소 퍼즐(조각난 그림 끼어 맞추기)과 같다고 하여 붙여졌다(이지연, 2008).

직소 I 모형은 한 학급을 5~6명의 이질적인 구성원으로 팀을 나눈 후, 모든 집단에게 하나의 동일한 주제를 제시하고 주제내용을 팀 구성원의 수대로 나누어 할당한다. 한 학급은 여러 팀의 과제분담 집단으로 나뉘게 되고, 각 집단에서 같은 부분(동일한 소주제)을 담당한 학생들끼리 따로 모여 하나의 전문가 집단을 구성한다. 이 전문가 집단은 동일한 내용의 소주제에 대해 정보를 수집, 교환하여 학습한 후 다시 원래 집단으로 돌아가 전문가 집단에서 학습한 내용을 원래 속해 있던 집단 구성원에게 가르친다. 평가는 소집단의 집단 점수나 향상 점수가 아닌 개별 점수로 이루어진다.

직소 I 모형은 각 구성원의 역할과 책임이 뚜렷하고 개별 구성원이 소주제에 대한 전문가가 되어 팀에 기여할 수 있기 때문에 자신감과 긍지를 가지게 한다. 집단 간, 집단 내 경쟁이 없고 협동만이 존재하기 때문에 상호의존성이 보장되며 학생 간 교우관계의 증진 등 다른 방법에 비해 정의적인 영역에 대한 효과가 크다는 것이 장점이다.

3) 직소 II(Jigsaw II) 모형

직소 II 모형은 슬라빈(Slavin, 1983)이 직소 I 모형을 수정하여 제시한 것이다. 이는 직소 I 모형이 집단 목표가 없고 개별 점수로 평가가 이루어지기 때문에 성취에 따른 집단보상을 받지 못해 보상 의존성이 낮을 수 있다는 점을 보완한 것이다. 직소 II 모형에서는 모든 학생이 전체 학습자료와 과제를 학습하고 특히 관심 있는 주제를 선택한다. 그리고 전문가 집단에서 학습한 후 자기 팀으로 돌아와 가르치는 형태로 진행되기 때문에 집단 공동의 목표가 부여되고 집단의 성공이 개별적 능력의 합으로 측정된다. 학생들은 개별보상뿐 아니라 집단보상도 받을 수 있으며 인지적, 정의적 영역에서 높은 효과를 나타낸다.

직소 II 모형의 자세한 절차를 4개의 소집단을 예로 들어 설명하면 다음과 같다(윤광보 외, 2003).

(1) **주제 선정**: 교과서에서 한 단원을 선택하여 이를 네 가지 기본 주제로 나눈 후, 4~5명으로 구성된 4개 소집단을 조직한다. 이때 집단의 이름을 정하고 정체성을 유도하도록 하는 것이 좋다.

(2) **소집단 활동**: 각 집단에 질문의 형식으로 적혀 있는 네 가지 주제의 전문가 용지(expert sheets)를 배포하고 소집단 구성원에게 주제를 하나씩 할당한다. 이때 각 구성원은 자신이 맡은 주제의 전문가가 된다. 모든 학생이 단원 전체를 읽되, 특히 자신이 맡은 주제를 중심으로 읽는다. 이는 자신이 선택한 주제를 전체적인 맥락에서 이해할 수 있게 한다. 구성원이 5명일 경우에는 한 주제에 대해 두 명이 맡는다.

(3) **전문가 집단 활동**: 각 전문가 집단이 모여서 맡은 주제에 대해 토론한다. 전문가 집단이 모일 때는 4~5명이 넘지 않도록 하는 것이 좋다. 전체 학생 수가 많은 경우 가칭 동부리그와 서부리그의 형식으로 나누어 운영할 수 있다.

(4) **소집단 활동**: 자신의 소집단으로 돌아가 단원 전체를 학습한다. 이때 전문가가 되어 돌아온 구성원이 자신이 맡은 주제를 돌아가면서 다른 동료에게 가르친다.

(5) **개별 평가**: 단원 전체에 대해 개별 평가를 실시한다.

(6) **집단 평가**: 개별 점수를 합산한 소집단 점수를 공개한다. 학급신문이나 게시판에 팀의 성적을 게시한다.

(7) 앞의 여섯 단계를 계속해서 반복한다. 단, 집단 평가 단계에서는 개인의 향상점수에 기초한 소집단 점수를 다시 계산한 뒤 새로운 소집단 순위를 게시한다.

직소 II 모형의 학습과정을 도식적으로 나타내면 그림 6.10(최영재, 안미경, 2001)과 같다.

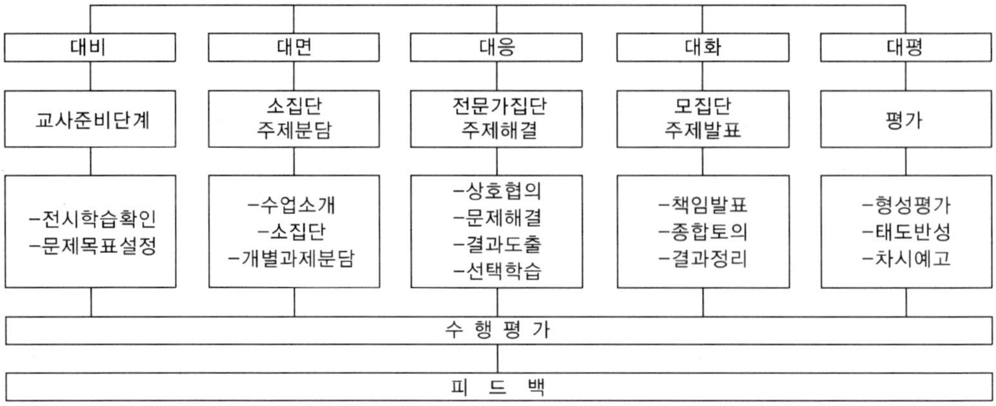

▶ **그림 6.10** 직소 II 학습과정 모형(최영재, 안미경, 2001)

4) 학생모둠성취분담(STAD: Student Teams-Achievement Division)

STAD는 협동학습 모형 중 가장 역사가 깊고 널리 사용되고 있으며 협동학습을 처음 시작하는 교사에게 가장 적합한 모형 중 하나로 알려져 있다(Slavin, 1989). 수업 절차는 표 6.19에 제시된 바와 같이 일반적으로 5단계로 진행된다. STAD는 독특한 평가방식으로도 유명하다. 각 소집단은 학습능력의 차이가 존재하는 4~5명으로 구성되는데 매주 교사가 수업을 하고 소집단별로 연습 문제지를 학습한다. 소집단 활동이 끝난 후의 평가는 개별적으로 이루어지지만 자신의 이전 시험의 평균 점수를 초과한 점수만큼 팀 점수에 기여하게

표 6.19 STAD 수업의 단계(이지연, 2008)

1단계	수업소개	교사는 학생들에게 단원의 개요를 안내한다. 이는 활동의 기본 방향을 제시해 주려는 목적이 있다.
2단계	소집단 활동	소집단 구성원 수는 보통 4~6명으로 한다. 이때 소집단 구성원은 성별, 성적, 성격 등을 고려하여 최대한 이질적으로 구성한다. 구성원 전원은 서로 가르치고 배우면서 동료의 학습을 지원하고 교정해 준다.
3단계	평가	소집단 학습이 끝난 이후에 학생을 개별적으로 평가한다. 평가 도중에는 팀 구성원 간에 협조할 수 없으며, 개인 점수로 산출된다.
4단계	개별 및 소집단 향상 점수	개별 향상 점수는 각 학생마다 자신의 기본 점수에 비해 얼마나 향상되었는지를 측정한다. 소집단 점수는 구성원 각자의 향상 점수에 의해 결정된다.
5단계	소집단 점수 게시와 보상	학습이 끝난 후, 향상 점수와 소집단 점수를 게시하고 정한 규칙에 따라 보상한다.

된다. 이러한 특징으로 인해 STAD는 팀 구성원의 역할이 구분되지 않은 공동학습의 형태이면서 동시에 개인의 성취에 대한 개별보상이 이루어질 수 있다. STAD는 다음에 소개되는 TGT와 함께 협동학습에서 가장 효과적인 모형으로 평가되고 있다(이지연, 2008).

5) 팀 토너먼트식 게임법(TGT: Teams-Games-Tournaments)

TGT 협동수업은 STAD와 마찬가지로 집단 내에서는 협동을, 집단 간에는 경쟁을 유도하는 학습자 팀 학습(STL) 유형으로 성취도가 다른 학생 4~5명으로 팀을 구성한다(김신자, 2000). STAD와 유사하지만 개인별 퀴즈(형성평가) 대신 각 팀에서 사전 성취도가 비슷한 수준의 학생들을 모아 토너먼트식 퀴즈게임을 가진다는 점에서 다르다. 먼저 교사가 일정한 학습내용에 대해 팀별로 평가한다. 그리고 그 다음 주부터는 팀 성적이 가장 높은 팀부터 순서대로 자리에 앉힌 후 낮은 팀이 높은 팀에게 도전하면서 자신의 자리의 위치를 높여가는 방식으로 진행된다. 이렇게 함으로써 모든 구성원은 동등한 조건에서 게임에 임할 수 있고 팀에 기여할 기회를 동등하게 가질 수 있다. 구성원 각자가 토너먼트에서 얻은 점수는 팀의 총점으로 합산되며 향상 점수는 반영되지 않는다.

TGT는 평가가 게임 형식으로 진행되기 때문에 학습자의 흥미를 유발하는 데 매우 효과적이며, 토너먼트 테이블은 개인의 성적에 따라 변화되므로 학습동기를 부여할 수 있다. 그러나 토너먼트 테이블을 구성하는 과정에서 학생들의 학습능력이 공개되어 하위 수준 학생들의 자존감을 떨어뜨릴 수 있다. 또한 많은 수의 학생이 있을 경우 토너먼트 과정의 시간 소모가 많아지고, 토너먼트 테이블 구성원이 많아져서 효과가 감소할 수도 있다.

6) 팀 보조 개별학습(TAI: Team Assisted Individualization)

TAI는 슬라빈(Slavin, 1985)과 그의 동료들이 초등학교 3~6학년을 대상으로 개발한 것으로서, 비교적 학습능력의 차이가 많이 나는 수학과목에서 활용하기 위해 개별학습과 협동학습을 결합한 모형이다. STAD나 TGT와 구성 방법이나 학습 절차면에서 동일하지만, 개별화 학습을 결합하였다는 점이 다르다. TAI는 4~6명의 성취수준이 다른 학생으로 팀이 구성되는데, 수업을 시작하기 전 사전검사를 하고 이를 통해 각 학생의 수준에 적합한 개별화 프로그램이 먼저 주어진다. 개별화 프로그램은 안내, 기능 및 훈련, 형성평가, 단원평가, 정답 등과 같은 교육과정 자료로 구성된다. 개별학습이 이루어진 후에는 평가 문제지를 풀고 팀 구성원들이 짝을 지어 문제지를 상호 교환하여 채점한다. 채점결과가 목표한 점수 이상이면 그 단원의 최종적인 개별 시험을 보게 된다. 각 팀의 점수는 개별 시험 점수의 합으로 계산되고 미리 설정해 놓은 팀 점수를 초과했을 때에는 팀이 보상을 받게 된다. TAI는 현재 다양한 과목과 학년 수준에서도 폭넓게 이용되고 있다.

5.3 수업전략 및 실제

협동학습이 효과적으로 수행되기 위해서는 학생의 활동을 안내하는 교사의 역할이 중요하다. 교사는 수업 전에 미리 학습 집단의 크기와 학생들을 배정하는 방법, 수업에 활용할 자료 등을 결정해야 한다. 학생에게는 수업목표와 학습과제를 구체적으로 세시하고 협동학습에 있어서의 긍정적 상호의존성을 설명한다. 일반적으로 교사는 학생의 활동에 참여하지 않지만 과제수행을 지원하기 위해 그리고 학생들의 대인관계나 집단 기능을 향상시키기 위해 필요한 경우 집단에 참여하기도 한다. 교사는 집단 구성원의 학습과정을 관찰하고 적절한 피드백을 제공한다. 또한 학생의 학습을 평가하고, 집단이 잘 기능할 수 있도록 조력자의 역할을 수행한다. 협동학습에서 교사의 활동을 협동학습의 단계별로 제시하면 표 6.20과 같다(윤광보 외, 2003).

표 6.20 협동학습의 단계와 교사의 활동

단계	교사 활동
1. 수업목표 제시 및 학습태세	수업목표를 검토하고 학습태세를 확립한다.
2. 학습내용 제시	언어 또는 교재의 형태로 제시한다.
3. 학습자 팀 구성	팀 구성에 대해 설명하고 팀을 구성한다.
4. 팀워크나 학습활동 전개	팀 활동을 도와준다.
5. 평가	팀별 결과 발표 후 교사의 평가가 이루어진다.
6. 학업성취의 인정	학습자 개인과 팀의 노력, 성취를 인정할 수 있는 방법을 모색한다.

김창완(2005)은 직소 II 모형을 응용하여 생물 I의 호흡 단원에 대한 교수−학습 과정안을 표 6.21과 같이 작성하였다.

표 6.21 직소 II 교수-학습 과정안 예시

소단원	IV-1. 호흡 기관과 호흡 운동		
탐구주제	호흡 기관		
탐구목표	호흡 기관의 구조를 설명할 수 있다.		
지도단계	교수-학습 과정		자료 및 지도상의 유의점
	교사	학생	
도입	• 선수학습 내용을 확인한다. • 본시 학습목표를 제시하면서 4가지 소주제를 설명한다.	• 4명의 이질적 소모둠을 구성한다.	
전개	• 4가지 주제가 질문의 형식으로 적혀 있는 전문가 학습지를 배포한다. - 각 주제들을 모둠 구성원 각자에게 하나씩 할당한다. • 단원 전체를 읽기 시작한다. • 같은 주제를 선택한 학생들을 손들게 해서 전문가 모둠 구성원들이 누구인지 얼굴을 알 수 있도록 해준다. • 각자 맡은 전문가 주제에 해당하는 전문가 모둠으로 이동을 지시한다. - 학생 자신이 맡은 주제에 관하여 전문가가 되도록 독려한다. • 전문가 활동 후 원래 모둠으로 돌아가도록 지시한다. • 모둠 내에서 조원 모두가 활발하게 협동할 것을 강조한다. • 내용을 보충 설명한다. • 이해가 어려웠던 부분의 질문에 대한 설명을 한다.	• 모둠 구성원끼리 의논하여 각자가 전문가 학습지 한 장씩을 선택한다. • 자신이 맡은 주제를 중심으로 단원 전체를 읽는다. - 자신이 선택한 주제를 전체적인 맥락에서 이해한다. • 이동한 후 맡은 주제에 한하여 전문가가 된다. - 전문적 주제에 대해 명확하게 이해한 후, 교수전략을 세운다. • 원래 모둠 내에서 협동학습을 한다. - 각 주제의 전문가가 차례로 돌아가며 동료들을 책임 있게 가르친다. - 모든 구성원이 단원 전체를 학습한다. • 이해가 어려웠던 부분이 있으면 모둠별로 질문한다. • 경청한다.	• 전문가 학습지 4가지: - 호흡 기관의 구조 - 폐포와 폐 - 폐의 구조 - 호흡 기관의 특징 • 프로젝션 TV
정리	• 일렬 대형으로 앉도록 지시한다. • 퀴즈지를 배포한다. - 퀴즈지를 회수한다. • 개인별 향상 점수를 토대로 모둠 점수를 산출하여 다음 수업 시작 전에 보상한다.	• 일렬 대형으로 앉는다. • 개인적 시험을 치른다. - 퀴즈지를 제출한다.	• 퀴즈지

6 토의법

토의라는 말은 학자마다 다양하게 정의되는데 토의를 단순한 대화로 보는 사람이 있는가 하면, 보다 형식적이며 진지한 대화로 보는 사람도 있다. 구성주의적 관점에서 보면 토의법은 교사가 학생에게 인식의 발전을 촉진할 수 있는 가장 강력한 교수-학습 방법이라고 할 수 있다.

토의법은 교사와 학습자 또는 학습자들 간의 상호작용을 통하여 정보와 의견을 교환하고 문제를 해결해나가는 수업방법으로서, 여러 사람으로 구성된 집단이 지정된 시간과 장소에 모여 사회자-지도자-참여자의 역할을 수행하고, 상호 의사소통하며, 언어·비언어 및 청취의 과정을 통해 수업목표를 성취하는 것을 목적으로 한다(Gall & Gall, 1990). 또한 참여자는 일반적인 경험으로부터 누구나 자신의 생각을 제시할 수 있고, 상대방의 생각을 평가, 기각, 선택할 수 있기 때문에 참여자의 역할에 의해 생각이 변화하는 것이 특징이다(Bentley & Watts, 1989). 이러한 토의 수업을 위해서는 우선적으로 개방적인 의사소통과 협조적인 분위기, 민주적인 태도가 요구된다. 따라서 교사는 토의법의 효과와 활용상의 유의점을 숙지하고 언제 어떤 상황에서 토의법을 활용할 수 있는지 토의법의 다양한 유형에 대해서 살펴볼 필요가 있다.

〈교사와 학생 간의 토의 수업〉

〈학생들 사이에 이루어지는 토의 모습〉

▶그림 6.11 토의식 수업

6.1 토의법의 효과와 유의점

토의는 문제를 해결하고, 의견을 발표하며, 다른 사람의 생각을 확인하고, 자신의 견해를 밝히기에 효과적인 방법이다. 토의의 과정은 특히 개념 변화에 효과적이고 개념에 대한 보다 자세하고 깊은 이해를 개발할 수 있기 때문에, 과학교과에서는 지적 기능을 기르는 데 필수적인 수단이 된다(최경희 외, 2000). 학생들은 토의의 과정을 통해 학습에 대한 내재적 보상을 얻을 수 있고 수업에 적극적으로 관여할수록 그 수업에 흥미를 느끼게 되며 수업에 참여하려는 의욕은 더욱 증가하게 된다(조희형, 박승재, 1999; 최경희 외, 2000). 또한 토의 · 토론은 교사와 학생 간의, 학생과 학생 간의 상호작용을 증대시키고 과학교과에 대한 긍정적인 태도를 가지게 한다.

토의식 수업은 학업성취도와 수업태도 면에서 긍정적인 변화를 가져온다. 국내 연구결과에 의하면 중학교 과학의 관성의 법칙, 작용 · 반작용의 법칙, 정전기에 대한 개념 만화 학습지를 개발하여 토의식 수업으로 적용했을 때 학생들의 문제해결 능력이 향상되었으며(김성원, 김은미, 2001), 초등학교 과학의 날씨 관련 수업에서 신문을 활용한 토의학습은 적극적인 수업태도를 지닌 학생들의 학업성취도 향상에 효과가 있는 것으로 나타났다(박미애 외, 2006). 또한 중학생의 개념학습에도 적절한 학습자료를 개발하여 교과서 내용에 따라 토의 수업을 진행한 경우 강의식 수업보다도 효과를 나타내었다(최경희 외, 2000).

그러나 이러한 토의법도 실제 수업에 적용하는 경우 다음과 같은 제한점이 따를 수 있으므로 주의해야 한다(조희형, 최경희, 2008; Wellington, 2000).

- 토의 경험이 없는 학생은 불편함을 느낄 수 있다.
- 전통적 교실과 실험실 등의 학습 환경은 토의 수업에 적절하지 않다.
- 토의 수업을 통해 습득된 기술은 전통적 방식으로 평가하기 어렵다.
- 논쟁이 되는 문제에 관하여 편견이나 가치관을 벗어나기 어렵다.
- 교사와 학생과의 관계가 수직적일 경우 토의 수업의 진행이 어렵다.

따라서 효과적인 토의 수업을 위해서는 이러한 한계를 고려한 교사의 철저한 사전준비가 요구된다. 토의를 위한 준비를 할 때 먼저 교사는 주제의 특징, 물리적 환경, 그룹의 크기, 그리고 학생들이 토의를 준비하기 위해 그들 스스로 어떻게 준비해야 하는가를 고려해 주어야 한다.

토의에서 주제란 '의문시 되는 어떤 것'으로 과거에 많이 생각해 보지 않았기 때문에 이해가 필요하며, 평가가 필요한 대상이므로, 토의할 사람이 누구인지, 그리고 그들이 왜 그것을 토의하는지에 따라 달라진다(변홍규, 1997). 따라서 교사는 학생들의 수준을 기초로

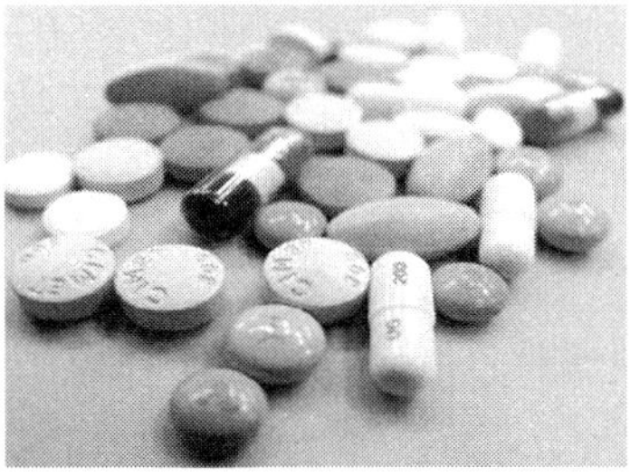

〈약물 오남용〉
[출처 : www.twar.co.kr]

〈환경오염〉
[출처 : k.daum.net]

〈유전자 복제 반대시위〉
[출처 : www.hani.co.kr]

▶ **그림 6.12** 토의 수업 주제의 예

하여 학생들이 흥미를 가질 수 있는 주제를 주의 깊게 선택해야 한다. 예를 들면 흡연, 약물중독, 마약, 성 문제, 입시 문제, 환경오염과 같이 사회적으로 논쟁할 여지가 있는 것이 주제로 적합하다. 사회적 논쟁거리를 주제로 하게 되면 학생들은 자신의 가치관을 분명히 할 수 있게 되고 사회적 문제에 대하여 다른 학생들과 의견을 서로 주고받음으로써 올바른 판단을 내릴 수 있는 방법과 기회를 갖게 된다. 이를 통해 다른 학생들에 대한 이해와 의사결정력을 기를 수 있으며 관련 지식을 획득할 수 있다(조희형, 최경희, 2008).

학생들이 토의에 빠짐없이 참여하기 위해서는, 서로 충분히 의견을 서로 주고받을 수 있도록 자리를 배열해야 한다. 학생들의 목소리가 충분히 잘 들리고 다른 학생들의 얼굴 표정을 자세히 관찰할 수 있도록 얼굴을 마주 대하고 앉도록 하는 것이 가장 좋다. 토의 집단을 위한 최적의 조원 수는 10~20명 사이이다. 10명보다 적으면 작은 집단의 학생들이 접할 수 있는 정보의 양이 한정되기 때문에 토의가 제한될 수 있다. 반면 집단이 너무 크면 설명이나 강의식의 수업이 될 수 있으므로 최대한 참여자를 제한해야 한다. 대집단으로 수업을 하다가 학생들의 질문이 더 이상 없을 때가 수업내용을 이해했는지에 대해 평가할 수 있는 가장 좋은 때이다. 바로 이때에 작은 토의 집단으로 나누어 진행하면 효과적이다(권낙원, 1996).

6.2 토의의 유형과 분류

토의법은 학생 활동의 개방성 정도, 토의 운영방식, 집단의 크기 등을 기준으로 몇 가지 유형으로 나누어 볼 수 있다. 학습주제나 물리적 환경, 교사와 학생의 토의 기술 등을 고려하여 적절한 유형을 사용하는 것이 효과적이다.

토의법을 학생 활동의 개방성 정도에 따라 분류하면 교사 중심 토의와 학생 중심 토의로 나눌 수 있다. 교사 중심 토의는 교사가 토의를 안내하는 형태로 학생들이 흥미 있어 하는 주제에 대해 토의할 때 사용할 수 있다. 학생 중심 토의는 교사의 개입이 최소한이 되는 형태로서 학생 상호 간의 존경심, 자부심, 협동심, 의사소통 기능 등을 강화시켜 준다는 장점이 있다. 각 유형의 수업이 갖는 특징을 살펴보면 표 6.22와 같다(조희형, 박승재, 1999; 조희형, 최경희, 2008).

표 6.22 학생 활동의 개방성 정도에 따른 토의의 종류

종류	특징
교사 주도 토의	안내된 토의의 일종이며, 주로 학생들이 흥미와 지식을 가지고 문제를 선정하는 것이 바람직하다. 이 수업에서는 교사가 학생들이 알고 있는 것을 스스로 기억하고 새로운 의미를 분석하는 것을 도와주는 일이 가장 중요하다. 교사 주도 토의 수업은 그 과정 내내 학생들의 주의와 관심을 집중시키기 어렵다는 단점이 있다.
학생 주도 토의	사회적인 논쟁거리의 해결책을 찾고자 할 때, 복잡하고 어려운 과학 문제를 해결하기 위한 방법을 모색하려 할 때, 이미 수행한 실험의 결과로 얻어진 자료의 해석에 관한 논의 등에 적당하다.

토의법은 운영방식 따라 패널 토의(배심 토의), 포럼 토의, 심포지엄식 토의, 버즈(buzz) 분단 토의, 브레인스토밍(brainstorming) 토의 등으로 분류할 수 있다. 각 유형이 가지는 특징을 살펴보면 표 6.23과 같다.

표 6.23 운영 방식에 따른 토의의 종류(김철주, 1999)

종류	운영 방식
패널 토의	집단의 구성원이 많아서 학생에게 발언의 기회를 주기 곤란할 경우 사용하며, 특정 주제에 대한 상반된 견해를 대표하는 배심원들 간의 토의가 먼저 시작되고, 그 후 청중과의 질의·응답 시간이 마련되는 방식으로 진행된다.
포럼 토의	청중이 자주 토의에 직접 참여하며, 학교 수업에서는 한두 명의 학생이 주제 발표를 한 후, 발표 학생과 나머지 학생들 간의 질의·응답으로 진행되는데, 교사는 토의를 이끄는 역할을 한다.
심포지엄식 토의	2명 이상의 전문가가 어떤 문제에 대한 의견을 강연식으로 발표한 후, 학생들로부터 질문을 받고 답변하는 형식으로 진행되며, 교사는 발표와 질의·응답을 도와준다.
버즈 분단 토의	3~6명으로 구성되는 소집단 토의 방식으로 수업에 활용할 때에는 주제 발표자가 없고 사전연구가 이루어지지 않으므로, 문제의 발견이나 정리 단계에서 사용하거나 학생들이 특별한 준비 없이 토의할 수 있는 주제로 진행한다.
브레인스토밍 토의	6~8명 정도의 소집단 구성원들이 자유롭게 아이디어를 제출하여 최선책을 결정하는 방식의 토의로, 새로운 아이디를 만들어내는 데 유용하다.

집단의 크기에 따라서는 대집단 토의와 소집단 토의로 나눌 수 있다. 대집단 토의 활동에는 라운드 테이블, 패널, 포럼, 심포지엄, 배심원 재판 토의 등이 있다. 이러한 대집단 토의가 성공하기 위해서는 수업에서 받아들여지고 기대되는 질문을 할 수 있도록 분위기를 조성하고, 가능한 한 학생들의 흥미를 포함시키는 등 몇 가지 규칙이 존재한다.

학교수업에는 주로 소집단 토의 활동이 사용된다. 소집단 토의가 많이 사용되는 이유는 개별 수업이 가능하면서도 개인차가 고려되고, 문제해결 학습에도 효과적이며 폭넓은 주제로 연구할 수 있기 때문이다. 또한 학생들에게 사회적 기능과 태도, 집단 지도 능력을 길러주고, 학생들에게 자신감과 자기 방향감을 갖게 해줄 수 있다.

6.3 수업 전략과 모형

토의 수업 동안의 교사의 역할은 토론의 형태에 따라 다양하다. 교사는 설명하는 동안에는 매우 지시적이고, 안내된 토의를 하는 동안에는 조금 덜 지시적이며, 반성적 토의를 하는 동안에는 항상 중재자 역할을 한다. 게이지와 벌리너(Gage & Berliner, 1992)는 토의 학습 과정을 준비, 전개, 정리의 세 단계로 나누어 각 단계에서 교사의 역할을 표 6.24와 같이 제시하였다.

교사가 토의를 지도할 때 유의해야 할 사항은, 개방적인 분위기를 형성하는 데 주력하고, 계획을 세우고 계획에 따라 진행하며, 요약을 정확하게 하는 것이다. 이와 더불어 비판적인 평가를 격려하고 소수의 의견을 보호하며 주제와 관계없는 갈등을 최소화시켜야 한다. 그리고 학생들이 효과적으로 참여하도록 유도하되 불필요한 간섭은 피하는 것이 좋다(차경수, 1996). 이 외에도 토의 활동 과정에서 학생들이 자신의 의견을 적극적으로 개진하고 비판적인 사고력, 분명한 판단력을 갖추도록 하기 위해서 교사의 전략적 안내가 요구된다.

표 6.24 토의 과정에서 교사의 역할

단계	교사의 역할
준비	교사가 토의 주제나 내용을 적절하게 선정해야 하며 토의 주제와 관련된 정보나 지식을 사전에 갖추어 토의 내용과 목표를 구체화시켜야 한다.
전개	실제로 토의가 이루어지게 되므로 교사가 너무 적극적으로 토의에 참여하지 않도록 해야 하며, 학생들이 자주적으로 토의할 수 있는 분위기를 만들어 주어야 한다.
정리	토의 과정에서의 장단점에 대해 교사가 적절히 평가하거나 학생들 스스로 평가가 이루어지도록 도와줌과 동시에 교사 스스로 토의 과정에 대해 평가해 본다.

토의는 가끔 시작과 끝이 명확하지 않은 채 서로 자유롭게 생각을 주고받는 것처럼 비추어지기도 하는데, 수업전략으로서의 토의법은 수업 성취에 기여해야 하는 것이 목적이므로 단계를 유지하는 것이 효과적이다. 그러한 방법으로 킨즈바터 등(Kindsvatter et al., 1996)은 토의의 4단계를 표 6.25와 같이 제시하고 있다.

표 6.25 토의의 4단계

단계	특징
도입	교사는 토의 주제를 확인하고, 학생에게 무엇을 하고 왜 하는지를 말해준다.
명료화	학생들에게 집단 토의 참가에 필요한 지침과 토의에 관련된 용어나 개념, 또는 다른 지식을 명료화시켜 준다.
조사	토의의 가장 핵심 단계이며, 이 단계의 주요 요소들은 교사가 하는 질문과 유도된 질문 기법, 학생 참여와 학습을 격려하기 위해 의도되는 모든 것들이다.
종결	생각을 요약, 통합하고, 직접적으로 토의하지 않은 상황들에 적용해 봄으로써 의미 있는 학습이 나타나도록 해야 한다.

토의 수업을 전개하는 데 많이 사용되는 모형으로는 개념 토의 모형, 탐구 훈련 토의 수업 모형, 경험 토의 수업 모형 등이 있다. 개념 토의 모형은 개념 학습에 관련되는 아이디어나, 명칭, 규칙이나 정의, 속성 및 본보기 등을 통해 해당 개념들을 학생들에 분명하게 가르치는 데 유용하며, 모든 교과와 모든 학년에서 사용할 수 있는 모형이다(권낙원, 1996). 이 수업 모형의 절차는 표 6.26에 제시된 바와 같다.

표 6.26 개념 토의 수업 모형의 절차

단계	내용	활동
1단계	• 개념의 선정과 진술	• 학습해야 할 개념을 선정하여 진술하기
2단계	• 개념이 사용되는 전형적인 예 생각하기	• 개념이 사용되는 예를 찾아 열거하기 • 생활과 관련시키기
3단계	• 유사 개념 또는 반대 개념 찾아보기	• 두 개념의 유사점과 다른 점 찾기 • 관련 개념 또는 두 개념이 모순되는 사례 찾기
4단계	• 개념을 명료화 하기	• 개념의 적용이 애매한 경우 찾기 • 가치 갈등 장면 제시 • 두 반대 의견에 대한 토의
5단계	• 가상적인 경우 생각하기	• 개념을 새로운 상황에 적용하기 • 결과에 대한 예상 • 합리적인 방향 탐색

탐구 훈련 토의 모형은 슈크만(Schuchman, 1962)에 의해 개발된 모형으로 학습자의 자발적인 학습을 돕는 것을 목적으로 하기 때문에 탐구 과정을 강조한다. 이 모형의 경우, 과학과 사회 과목에서 적용할 수 있다. 탐구 훈련 토의 수업 모형의 절차는 표 6.27과 같다.

표 6.27 탐구 훈련 토의 수업 모형의 절차

단계	활동
1단계	교사는 학생들에게 문제 상황을 제시하고 탐구 절차를 설명한다.
2단계	학생들은 관찰하고 경험한 현상과 상황에 대해 정보를 수집함으로써 관찰 및 경험의 대상이 무엇이고, 대상의 속성과 조건, 상황에 대한 입증을 한다.
3단계	학생들은 수집된 자료를 토대로 실험을 수행한다. 변인 통제를 통해 인과 관계를 검증한다.
4단계	교사는 학생들에게 자료를 조직하여 규칙이나 설명을 구성하도록 한다.
5단계	학생들은 탐구 형태를 분석함으로써 탐구 과정을 명확하게 이해하고 향상시킬 수 있다.
6단계	교사는 탐구활동이 계속적인 연구활동으로 이어지도록 이끈다.

경험 토의 모형은 논리적 사고 기능을 계발시키고자 하는 수학, 과학 교과에서 적절히 활용할 수 있다(권낙원, 1996). 주로 인지적, 지적 영역에 많은 비중을 두는 모형이지만 정의적 영역에도 도움이 된다. 경험 토의 수업 모형의 절차는 표 6.28과 같다.

표 6.28 경험 토의 수업 모형의 절차

단계	활동
준비	교사는 학생이 선택하는 활동이나 자료를 참고로 하여 자신의 교수 양식을 점진적으로 변화시키면서 경험 학습이 이루어지도록 한다.
교육과정 계획	학생들이 질문을 자유스럽게 할 수 있는 분위기를 조성하고, 교사는 학생이 적극적으로 참여할 수 있도록 학습 환경을 조성한다.
평가 계획	교사가 진단적 평가 자료와 과정을 개발하는 단계이다.

위의 모형들을 바탕으로 하여 실제 수업에 사용할 수 있는 패널 토의 수업을 활용한 교수-학습 과정안의 예를 제시하면 표 6.29와 같다.

표 6.29 토의 수업 교수-학습 과정안 예시

단 원	Ⅲ. 에너지
중단원	에너지 전환
학습목표	원자력 발전의 긍정적, 부정적 측면을 알고 의사결정을 할 수 있다.
학습단계	**교수-학습 과정**
토론 과제 제시 (사전)	• 수업 전에 교사는 학생들에게 우리나라에서 사용하는 발전 방식과 원자력 발전의 필요성 및 문제점에 대해 조사해 오도록 한다.
도 입	• 교사는 토론의 주제를 제시하고 학생들이 토의한 내용을 1조부터 발표를 하도록 한다. • 일정한 시간 내에 내용을 발표하되, 학생들이 원자력연구소 설립 찬반 토의의 필요성을 느끼도록 한다.
전 개 (패널 토의)	1. 사회자 소개: 사회자는 토론 주제를 제시한다. 2. 패널 소개: 사회자는 찬성 측과 반대 측 의견을 제시할 패널을 각각 소개한다. 3. 각 측 입장 소개 및 논의: 찬성 측과 반대 측의 입장을 발표하고, 그 후에 각 패널들은 청중들의 질문에 답하는 시간을 갖는다. 4. 사회자의 정리 발언: 사회자는 패널의 의견과 청중과의 질의·응답 내용을 정리하여 이야기한다.
정 리	• 교사는 토론 내용을 중심으로 학생 자신의 생각과 근거를 정리해 보도록 한다. • 교사는 앞으로 우리가 나가야 할 방향에 대하여 학생들이 정리해 보도록 한다.

[출처: http://www.chemed4u.net/sciedu/lesson12/lesson12-f.html]

7 역할놀이

역할놀이는 여러 가지 상황을 모의적으로 만들어 내어 각 역할에 해당하는 사람의 입장을 체험하는 것으로, 제시된 문제 사례에 대해 보다 깊게 인식할 수 있는 교수-학습 방법 중 하나이다. 역할놀이의 시초는 1963년 스폴린(Spolin)이 즉각적인 반응, 실제성, 자연스러움 등을 목적으로 실시하였던 배우 훈련에서 찾을 수 있다. 이후 샤프텔 부부(Fannie Shaftel & George Shaftel, 1967)에 의해 저학년 아동의 사회화를 위한 역할놀이가 개발되면서 학교교육에 적용되기 시작하였다. 샤프텔 부부는 역할놀이를 '사회적 문제해결 과정의 하나로서 학생들이 주어진 가상의 문제 상황 속에서 인물의 역할을 대신 수행해보고 이 같은 행동 과정과 결과에 대해 평가해 봄으로써 문제해결 방법에 도달할 수 있도록 하는 것'으로 정의하였다. 역할놀이를 수업 과정에서 구현하는 것을 역할놀이 수업이라 하는데, 인간관계의 문제 상황을 자발적으로 실연해 보고 다른 연기자의 행동과 관찰자의 토의 내용을 중심으로 역할 연기를 분석해 보는 수업으로 정의할 수 있다(Levit & Jennings, 1955).

과학수업에서 역할놀이는 과학과 기술에 관련된 사회적 문제를 다룰 경우에 효과적으로 적용될 수 있는 교수-학습 방법으로 권장되고 있다(김찬종 외, 2001; Cherif & Somervill, 1995). 역할놀이를 통해 서로 다른 이해관계에 있는 여러 입장에서 생각해 보고, 자신의 입장을 수정해 나가는 일련의 과정을 거침으로써 문제해결을 위해 실천할 수 있는 방안을 모색할 수 있다.

7.1 역할놀이의 특성

폴스톤과 브루더(Paulston & Bruder, 1976)는 언어의 문법이나 구조를 연습하기 위한 목적으로 역할놀이를 연구하였으며, 특정한 행동을 연기하는 역할놀이를 상황, 역할, 유용한 표현의 세 영역으로 나누어 설명하였다. 상황은 장면과 줄거리를 설정하는 문화적인 정보를 소개하는 것이고, 역할은 등장인물에 대한 가상적인 설정이다. 그리고 유용한 표현은 역할 연습 전에 학습자들이 알아두어야 할 정보를 말한다. 이들은 이 세 영역을 반영하여 단계적으로 기계적 연습, 유의적 연습, 의사소통 연습을 통해 언어를 연습하도록 하였다.

▶ **그림 6.13** 역할놀이 수업

역할놀이에서 나타나는 교사의 통제와 학생의 창의성 발휘 사이의 연관관계를 리틀우드(Littlewood, 1981)는 그림 6.14와 같이 5단계로 구분하였다.

통제(Control)

↕

창의성(Creativity)

· 암기한 대화의 재연(Performing memorized dialogue)
· 상황에 맞는 역할 연습(Contextualized drills)
· 정보가 제공된 역할 연습(Cued dialogue)
· 역할놀이 연습(Role-playing)
· 즉흥극 연습(Improvisation)

▶ **그림 6.14** 역할놀이에 나타난 통제와 창의성의 연계 단계

역할놀이에서는 학생들이 역할에 전적으로 참여하기 때문에 인지적, 정의적, 신체적 영역을 포함한 총체적인 학습이 이루어지게 된다. 그리고 역할놀이를 수업에 적용할 경우 단답형 대답을 해야 하는 상황보다 학생들의 불안감이 줄어들고, 실수가 허용되기 때문에 학업성적이 부진한 학생도 성공을 경험하게 되며, 모든 학생의 창의력이 표출될 수 있다(Partin, 1995). 역할놀이는 특히 초등학교 3학년에서 중학교 2학년까지의 학생에게 적용하면 효과적이라고 알려져 있다. 이 시기의 학생들은 자기중심적 사고 단계를 완전히 벗어나지 못했으므로 역할놀이를 통해 자신의 감정뿐만 아니라 다른 사람의 감정에 대한 민감성을 발달시키고, 사회적 상호작용을 경험하게 되면서 다른 사람에 대한 관심이 증진되고 책임 있게 개인적, 집단적 행동을 하는 토대가 형성되기 때문이다. 그러나 시간상의 제약과 수업 준비, 수업 과정의 원활한 진행 등이 문제로 작용할 수 있다. 학생들이 역할놀이에 참여하는 과정에서 얻게 되는 장점과 효과적인 실행을 위한 유의점을 정리하면 표 6.30(조희형, 박승재, 1995; Collette & Chiappetta, 1989; Fannie Shaftel & George Shaftel, 1967)과 같다.

과학교과에서 역할놀이는 사람이 아닌 다른 생명체나 무생물에도 적용되어 활용되기도 하는데 이때의 효과는 사회적인 문제를 주로 다루는 기존의 형태와는 차이가 있다. 세포분열이나 신경계 등과 같이 복잡한 구조와 과정을 지니고 있는 소재를 역할놀이를 통해 표현했을 때에는 학업 성취도나 과학에 대한 태도 부분에서 긍정적인 영향을 미치는 것이 확인되었으며(김명숙, 2002; 유정희, 2008) 예비 초등 교사를 대상으로 달의 역할놀이 학습을 시행했을 때에는 개념을 명확하게 이해하는 데 유의미한 효과가 보고되었다(채동현, 최영완, 2002).

표 6.30 역할놀이의 장점과 유의점

장점	유의점
• 학습내용을 말로 표현할 수 있는 기회를 제공한다.	• 느리게 진행되거나 실제적이지 못한 경우가 많아 수업목표를 달성하지 못할 수도 있다.
• 다양한 문제해결 방안을 탐색하는 능력을 기른다.	• 교수-학습보다 오락적 연기로 여겨질 수 있다.
• 분명하고 자유롭게 자신의 의견을 표현함으로써 자신감을 갖게 된다.	• 과학지식의 논리적 구조를 이해시키거나 과학적 탐구력을 신장시키는 데는 효과적이지 않다.
• 실생활과 관련된 현명한 판단력과 의사결정 능력 향상에 도움이 된다.	• 많은 시간과 노력이 필요하다.
• 능동적이고 적극적으로 참여하는 학습태도의 향상에 효과적이다.	• 주제와 관련 있는 자료를 충분히 확보하기 어렵거나 적절한 배역을 정하기 어렵다.
• 다른 사람의 의견을 이해하고 존중하게 됨으로써 협동적인 활동을 가능하게 한다.	• 학생들이 자유롭게 의견을 말할 수 있는 학습 환경을 조성해야 한다.

7.2 수업의 절차 및 전략

역할놀이의 효과적인 적용을 위해서는 체계적인 수업 계획이 필요하다. 역할놀이를 수업화한 샤프텔 부부(Fannie Shaftel & George Shaftel, 1982)는 역할놀이 수업 모형의 적용 절차를 표 6.31과 같이 8단계로 나누었다. 이러한 단계들은 복잡한 사고 과정의 활동을 통해 추구되어야 하며 충분한 준비시간이 마련되어야 한다. 또한 사전에 역할놀이의 목적이 규명되어야 하며 후속 토론은 단순히 반응의 합산에 그쳐서는 안 된다(김종석 외, 1992). 그러나 교실에서 교사가 역할놀이 수업을 적용할 때 반드시 이 순서를 지킬 필요는 없으며 어떤 단계는 학생들과 반복하거나 복습하는 등 변형이 가능하다. 각 단계에 필요한 시간 그리고 학생의 능력이나 흥미에 따라 유연하게 적용할 필요가 있다(권낙원, 1989).

역할놀이를 실제 수업 상황에 적용하기 위해서는 사전에 치밀한 수업전략을 세우고 그 전략에 따라 수업을 전개해 나가야 한다. 역할놀이 수업전략은 학급구성과 집단조직, 시간계획, 학습내용, 문제 상황 등 네 가지 측면에서 고려해 볼 수 있다(Bank et al., 1981).

첫째, 학습 활동에 따라서 학급 구성(classroom organization)을 변화시켜야 할 때가 있다. 소집단에서는 전체 구성원이 모두 타인의 역할까지 연기해 볼 수 있지만, 대집단에서는 가능하지 않기 때문에 각 집단별로 개인에게 주어진 상황을 연기하고 타인의 역할은 관찰을 통해 학습하는 형태로 진행하는 것이 바람직하다.

둘째, 역할놀이의 시간 계획(schedule)은 융통성 있게 이루어질 수 있다. 예를 들어 학생들의 감성을 계발할 필요가 있거나 아이디어를 탐구해야 할 경우, 여러 가지 대안과 해결'

표 6.31 역할놀이 수업 모형의 적용 절차

단계	설명
집단 집중	학생들에게 주제를 소개하고 문제를 민감하게 느끼도록 한다.
참여자 결정	교사는 학생들과 함께 배역을 기술하고, 자유롭게 배역을 선택하도록 한다.
무대 준비	연극 공연 무대와 같이 사실에 가까운 무대를 꾸밀 필요가 없으며 교실에 비치된 소품을 활용한다.
관찰자 준비	교사가 역할놀이를 호평하고 행동의 효율성과 순서에 대해 적극적으로 참여한다.
실연	배역을 맡은 학생들이 정해진 역할을 구체적으로 표현한다.
토의 및 평가	행동의 결과와 행위자의 동기에 초점을 맞추어 토론을 하고 평가를 한다.
재연	학생과 교사는 역할을 새로운 방법으로 해석할 수 있으며 역할을 재분담한다.
토의 및 평가	마지막 단계로 경험을 교환하고 일반화한다.

방법을 탐구해야 할 경우에는 토의와 재연을 위해 수업시간을 연장할 수 있다.

셋째, 역할놀이는 인간관계 문제를 다루기 때문에 특정 학습 내용(contents)을 문제 상황으로 선택함으로써, 학생들이 문제를 탐구하고 해결하는 과정을 경험할 수 있다. 개인적 갈등, 개인 간의 갈등, 집단 간의 관계, 역사적 또는 현대적 문제 등이 역할놀이의 상황으로 제시될 수 있다. 학습내용은 수업의 목표에 부합하면서도 학생들에게 충분한 상상력을 줄 수 있는 것이어야 한다. 따라서 실제 학생들에게 관찰되는 갈등 상황을 수집하여 재구성하는 것이 효과적일 수 있다.

넷째, 문제 상황(problem situation)의 선정에서 주제의 적절성은 학생들의 연령, 문화적 배경, 문제 상황의 복잡성, 주제의 민감성, 역할놀이에 대한 학생들의 경험 등과 같은 많은 요소에 달려있다. 일반적으로 학생과 교사 간에 공감대가 형성되어 있고 학생들이 역할놀이의 경험을 가지고 있을 경우 더 민감한 주제를 다루는 것도 가능하다. 또한 집단의 응집력이 강하고, 다른 사람에 대한 개방성이 계발되어 있는 경우에도 주제의 선정 폭을 넓힐 수 있다. 문제 상황을 선택하는 데 고려해야 할 또 다른 점은 문제의 복잡성으로, 등장인물의 수나 문제의 추상성과 관련된 것이다.

역할놀이 상황은 실생활, 신문, 잡지, 영상 매체 등 다양한 출처에서 선정할 수 있다. 실제 수업에서는 주로 교사가 선정한 상황을 주제로 이용하지만 학생들이 제안한 사건이나 현상을 주제로 이용하는 것도 가능하다. 일반적으로 역할놀이 상황을 설정할 때에는 가능한 많은 학생들에게 친숙한 것을 선택해야 하는데, 여러 가지 의미로 해석할 수 있는 반면 결말이 있고 해결 가능한 것이 좋다.

역할놀이 교수−학습 자료로 활용할 수 있는 주제는 무수히 많다. 역할놀이의 주제는 발달단계에서 생기는 문제, 윤리적·사회적·경제적 측면에서 드러나는 문제, 가치문제, 감정적 문제, 사회적 논쟁거리, 지역사회 문제 등과 관련되어 설정할 수 있다. 이 가운데 현대의 과학기술과 관련 있는 사회적 문제점만을 범주화하면 그림 6.15와 같다(Bank et al., 1981).

역할놀이는 과학 분야에서 어려운 개념을 효과적으로 이해하기 위한 하나의 수단으로 활용되기도 하는데 표 6.32는 이러한 예시의 하나로 생물의 신경계에 대한 역할놀이 교수−학습 과정안이다. 학생들은 신경계의 구조와 각 역할을 표현함으로써 학업 성취도나 과학에 대한 태도 부분에서 긍정적인 결과를 나타낸 것으로 보고되었다(유정희, 2008).

개인적 갈등	➡	개인이 두 가지 상충되는 가치관 사이에 놓이거나 자신과 남의 이익이 모순될 때 생겨난다. 이런 문제와 같이 역할놀이는 동료 학생들의 상충된 요구, 부모들의 요구, 집단 압력 등이 가해지는 문제해결 방법으로 적절하다.
개인 간의 갈등	➡	사람들 사이의 갈등을 노출시켜 학생들로 하여금 갈등을 해결할 방법을 모색하게 하는 데 목적이 있다.
집단 간의 관계	➡	사회계층 간의 관계나 권위적 신념으로부터 발생된 문제도 역할놀이를 통해 해결할 수 있다. 이런 문제는 분명하게 밝히기 어려운 충돌과 관련되어 있을 수 있는데, 역할놀이를 통하여 편견을 규명하고 다른 생각을 받아들이게 할 수 있다.
역사적 또는 현안 문제	➡	정책 입안자, 판사, 정치가 또는 보통 사람들이 문제에 직면하여 있고, 그에 관하여 의사결정을 내려야 할 현재와 과거의 비판적 상황을 포함한다.

▶ **그림 6.15** 과학기술과 관련된 사회적 문제의 범주

표 6.32 역할놀이 교수-학습 과정안의 예시(유정희, 2008)

대단원	5.4 내 몸 안에 통신망		
학습목표	신경계를 이해하고 설명할 수 있다.		
학습자료	핸드아웃 자료, 신경계 역할놀이를 위한 그림, 평가지		
학습전개	**학생활동**	**교사활동**	**유의사항**
도입	• 우리 몸에서 어떻게 외부자극에 대해서 반응을 하게 되는지 발표한다. • 신경계의 구성단위를 간단하게 발표한다.	• 조건반사와 무조건반사를 설명하여 역할놀이 전에 질문의 유형을 설명한다.	핸드아웃 자료 제시
내용전개	• 신경계를 이루는 학생들이 모두 앞에 나온다. • 각자 역할에 맞는 것을 들고 있다. • 자극, 감각뉴런, 운동뉴런, 자율신경계의 방향으로 배열한다. • 학생들이 역할별로 배열한다. • 그림의 내용 살펴보기	• 학생들이 서로 뉴런의 방향으로 칠판 위치에 일렬로 서도록 한다. • 신경계를 이루는 몸을 구성요소로 배열하게 한다. • 자극과 감각뉴런과 운동뉴런의 방향을 지시한다. • 조건반사와 무조건반사 문항 중 한 가지 질문한다.	조건반사와 무조건반사의 문항을 칠판에 적는다.

내용전개	• 그림1: 주어진 역할로 역할놀이 표현하기 • 그림2: 자극에서 감각뉴런, 연합뉴런, 운동뉴런의 순서대로 표현하기 • 조건반사와 무조건반사에 대한 질문에 해당하는 반응으로 학생들이 뉴런이 되어 직접 움직인다. • 뉴런으로 말과 행동을 한다. 뉴런의 전달방향과 일치하게 행동을 한다. • 전체 정리하는 학생이 신경계에 대해서 정리한다.	• 손이 가시에 찔렸을 때 아픔을 느끼고, 그 가시를 손에서 빼내는 반응이 나타날 때까지의 반응 등 무조건반사와 조건반사 중 한 가지를 질문한다. • 말과 행동이 잘못 되었을 경우 수정, 정리하여 설명한다. • 뉴런의 방향을 지시하여 학생들이 순서대로 역할극을 실연하게 한다. • 전체적인 신경계를 다시 언급하여 정리한다.	
정리 및 평가	• 신경계와 관련된 10문항을 푼다.	• 준비한 평가지 10문항을 풀게 한다. • 문제풀이를 한다.	평가지 제시

8 현장학습

현장학습은 학습자가 학교 외의 지역사회나 특정 현장을 방문하여 관찰, 실험 등을 통해 구체적이고 풍부한 경험을 갖도록 하는 형태의 교수–학습을 일컫는다. 데커(Decker, 1976)는 현장학습을 교내에서 외부로 나가는 '계획된 여행'이라고 하였으며, 챠드(Chard, 1994)는 장소 제한이 없으며 학생들이 학습과 직접적인 관련을 가지면서 교육의 목적 및 목표를 달성할 수 있는 교육적인 활동이라고 정의하였다.

STS 학습이 특히 강조하는 실생활의 문제해결이나 학생의 직접적인 참여와 실천은 좁은 교실 공간을 벗어나 자연을 접하고 지역사회의 문제점을 직접 인식함으로써, 문제해결을 위해 스스로 참여할 수 있는 현장학습의 기회를 통해 가

▶ **그림 6.16** 교실 밖의 학습 체험

능하다(최경희, 1997; Henriksen & Froyland, 2000). 미국의 국가과학교육기준에서도 고등교육기관이나 국립연구소, 산업체, 과학연구소, 박물관 등의 지역사회의 자원을 학교수업과 학생들을 위한 자원으로 활용하는 것을 과학적 소양인을 기르기 위한 하나의 방안으로 제시하고 있다(National Research Council, 1996).

8.1 현장학습의 효과

현장학습은 교실 이외의 장소에서 얻을 수 있는 학습 경험을 목적으로 하며(Trowbridge & Bybee, 1996), 현장학습의 경험 뒤에는 현장과 관련된 주제를 통해 지식을 얻고 정서적인 영향을 받게 된다(Lucas, 2000). 많은 연구결과가 현장학습과 같은 비형식적인 과학교육이 인지적인 측면에서 긍정적인 영향을 미친다는 사실을 뒷받침하고 있다(Bitgood, 1989). 예를 들어, 초등학생을 대상으로 생물 현장학습을 평가한 결과 인지적인 학습과 유지 부분에서 매우 높은 효과가 확인되었다(Falk & Balling, 1982). 학생들은 현장학습을 통하여 생물체, 현상, 활동 등에 대해 이해하며, 과학과 실제 세계가 서로 연관되어 있다는 것을 인식하게 된다. 현장학습을 통해 습득한 과학지식과 탐구기능 및 기술은 다른 형태의 교수-학습 방법을 통해 학습된 것보다 오랫동안 파지된다. 또한 학생들이 가지고 있는 과학, 과학자, 과학수업에 대한 태도를 변화시켜줄 수 있으며 과학적 태도의 함양에도 효과적이다. 이와 같은 현장학습의 장점과 실제 학습 상황에서의 유의점을 정리하면 표 6.33과 같다(Simson & Anderson, 1981).

현장학습이 과학학습에 효과적으로 적용되기 되기 위해서는, 외부세계에서 얻어지는 경험이 과학적 흥미를 고무시키고 학생들의 과학 관련 직업에 대한 포부를 증진시킬 수 있

표 6.33 현장학습의 장점과 유의점

장점	유의점
• 생활 주변의 문제에 대하여 관심과 흥미를 가지게 한다. • 자연의 세계에 대한 새로운 경험을 제공하고, 환경과 인간의 관계에 대해 생각하도록 한다. • 과학적인 태도 함양에 도움이 된다. • 과학지식을 효과적으로 획득하는 수단이 된다.	• 비용과 시간이 많이 소요될 수 있다. • 한정된 공간이 아니기 때문에 교사의 즉각적인 통제가 어려울 수 있다. • 사전 답사가 반드시 필요하다. • 안전사고 예방을 위해 학생들에게 적절한 행동 규칙을 알려주고 주지시켜야 한다. • 필요한 보험에 가입하고 구급약을 충분히 준비해야 한다.

어야 한다(Rudman, 1993). 실제로 이공계 분야 교수들이 과학을 직업으로 선택한 요소가 무엇이었는지 조사하였을 때, 중요한 요소 중 하나가 현장 학습 경험이었다고 한다(Naizer, 1993).

그러나 이러한 긍정적인 효과에도 불구하고, 국내의 현장학습 실태는 아직 미흡하다. 7차 교육과정 초등학교 과학 교과서를 연구한 결과에 따르면, 현장학습은 3학년부터 6학년까지 학기당 평균 4.25건 제시되어 있으며 지구와 생명 영역에 집중되어 있었다. 현장학습 장소 역시 학교와 주변 지역의 자연환경으로 한정되어 있었으며 학습의 목적도 기본 개념의 습득이 주를 이루었다(장현숙, 최경희, 2005). 또한 초등학교 교사들의 현장학습에 대한 인식을 조사한 결과, 과학 현장학습의 필요성을 인식하고는 있으나 이를 실행하지 못하고 있었으며 이러한 원인으로 행정절차의 어려움과 주변환경의 부적절 등을 지적하였다(김은진, 임채성, 2003). 특히 저학년의 경우 학생통제의 부담감이, 고학년의 경우 수업시간의 부족이 가장 큰 원인으로 작용한다. 이 외에도 현장학습 공간으로서 특성화된 시설과 프로그램의 부족이 언급되고 있다. 이러한 문제를 해결하기 위해서는 보조교사 제도나 학부모 참여 등을 통해 현장학습에서 학생에 대한 통제력을 높이고, 사전에 미리 학생들에게 지켜야 할 규칙을 숙지시켜야 한다. 학교 주변 환경이 현장학습에 적합하지 않을 경우에는 학교 내에 유사한 활동이 가능한 공간을 구성하는 것도 생각해볼 수 있다. 또한 장거리 현장학습을 위해서는 학교나 행정기관의 행정적인 지원 역시 필요할 것이다(이성호, 김헌숙, 2000).

8.2 수업전략 및 실제

오리온(Orion, 1993)은 현장학습의 교육과정 모형을 구성하면서 이전의 연구들을 참고하여 다음과 같은 사항들이 현장학습 과정에 반드시 포함되어야 한다고 설명하였다.

- 현장학습의 주요 교수 전략은 교실이나 실험실에서 지도할 수 없는 활동들을 실제 체험하고, 집중할 수 있도록 하는 것이다.
- 과정 지향적인 접근은 체험 학습의 목적을 성취하기 쉽다. 이러한 접근은 관찰, 접촉, 확인, 측정, 분류 등의 활동들을 지도하는 과제를 포함한다. 해석과 결론도출 등의 활동이 기본적인 과정에 기반을 두고 진행되어야만 한다.
- 학생들은 반드시 현장학습을 위한 준비를 해야 한다. 학생들이 과제(인지적인 준비)와 현장학습의 장소(지리적 준비), 참여할 활동의 종류(심리적인 준비) 등에 더 많이 친숙해질수록 더 효과적인 학습이 이루어질 수 있다.
- 현장학습은 구체적인 활동이 의미 있는 학습의 기본을 제공하기 때문에 특정한 차원에서 통합이 이루어져야만 한다.

오리온(Orion, 1989)은 현장학습과 관련하여 새로운 경험 공간을 정의하는 세 가지 요소를 그림 6.17과 같이 심리적 요소, 지리적 요소, 인지적 요소로 제시하였으며, 새로운 경험의 공간이 큰 학생들일수록 현장학습에서 학습과제를 수행하는 데 어려움이 있다고 하였다. 이 경우 현장학습을 하기 전에 학생의 새로운 경험 공간을 줄임으로써 현장학습의 효율성을 높일 수 있다.

인지적 요소에 포함되는 사전지식은 교실수업에서 직접적인 영향을 받으며, 나머지 두 요소는 수업에서 간접적으로 다루어질 수 있다. 사전지식은 현장학습 전에 교실에서 현장학습과 관련된 과제를 해결하는 데 필요한 기본적인 개념과 기능을 학습함으로써 획득될 수 있으며, 현장학습 지역에 대한 친숙도는 해당 지역의 사진, 인터넷 사이트, 관련 서적 등을 이용하여 높일 수 있다. 현장학습 경험이 부족한 학생에게는 현장학습의 목적, 각 학습장소의 특징 및 활동시간 등의 정보를 사전에 상세히 설명해줌으로써 심리적으로 안정시킬 수 있다.

현장학습을 계획할 때는 토의를 거쳐 학습주제와 관련된 곳으로 견학 장소를 선정하여야 하며, 선정 시에는 학습에서 그 주제가 가지는 가치, 학생들의 흥미와 관심, 호기심을 고려해야 한다. 또한 교육과정에서 필수적으로 요구되는 부분에서 현장학습을 할 수 있는 기회와 그 지역에서 이용할 수 있는 직접적인 정보 자원에 대해 미리 생각하여야 한다. 거리가 멀거나 복잡하고 시끄러운 곳은 현장학습 장소로 좋지 않으며 학생들이 경험하고 활동할 수 있는 것들을 충분히 검토해 보아야 한다(Chard, 1994).

이와 같은 단계로 개발된 현장학습 프로그램은 그림 6.18에 제시된 것처럼 준비 단계, 현장학습 단계, 정리 단계의 절차를 거쳐 순환학습 형태로 진행된다. 각 단계는 다음 단계의 가교 역할을 하며 내용은 구체적인 단계에서 추상적인 단계로 진행하게 된다(Orion, 1993).

과학 교과에서의 현장학습은 과학 개념을 효과적으로 구현한 과학관에서 많이 이루어진다. 표 6.34는 초등학생들이 별자리에 대한 학습을 위해 과학관을 견학하는 교수-학습 과정안의 예이며, 학생들은 직접 체험을 통해 과학과 실제 세계의 연관성을 인식하게 된다.

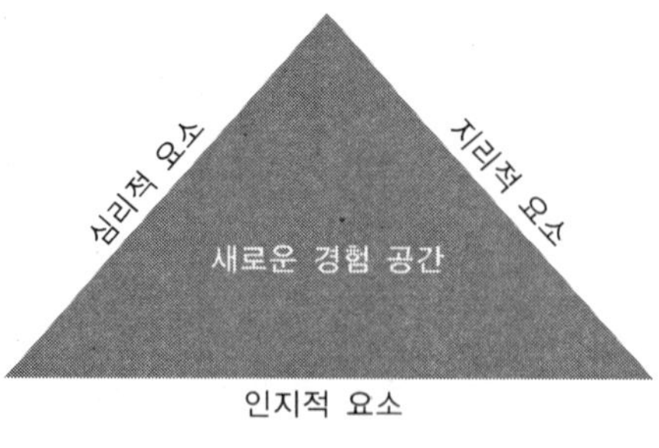

▶ **그림 6.17** 현장학습 환경의 새로운 공간을 정의하는 세 가지 요소

준비 단계	➡	현장학습을 위한 준비 단계로 구체적인 학습활동을 한다. 이 단계는 새로운 경험 공간의 3요소를 최소화시키는 것이다. 인지적 요소는 교실과 실험실 활동으로, 지리적 요소나 심리적 요소는 슬라이드나 영상 자료 등으로 자세한 정보를 제시하여 감소시킬 수 있다.
현장학습 단계	➡	준비 단계와 함께 현장학습도 독립적인 단위를 구성하며, 더 추상적인 단계로 나아가는 가교 역할을 한다.
정리 단계	➡	교육과정상 내용이 어려운 부분이며 더 수준 높은 추상적인 능력과 집중력을 요구한다. 이러한 어려움은 현장학습에서 얻은 경험과 지식을 통해 극복될 수 있다.

▶ **그림 6.18** 현장학습의 진행 단계

표 6.34 현장학습 교수-학습 과정안 예시

<table>
<tr><th>대단원</th><td colspan="4">지구의 운동</td></tr>
<tr><th>학습
목표</th><td colspan="4">계절에 따라 다른 별자리가 보이는 이유를 알 수 있다.</td></tr>
<tr><th>일시</th><td>2013. 6. ○○</td><th>장 소</th><td colspan="2">○○ 과학관</td></tr>
<tr><th>활동 구분</th><th colspan="3">활동 내용</th><th>준비물 및 유의점</th></tr>
<tr><td>출발</td><td colspan="3">• 인원 점검 및 주의 사항 확인하기
• 출발 및 이동</td><td>질서 유지 및 안전 사고 유의</td></tr>
<tr><td>과학관
견학
(개별학습)</td><td colspan="3">• 과학관 내 별자리 코너 견학하기
• 봄철의 대표 별자리 알기
• 여름철의 대표 별자리 알기
• 가을철의 대표 별자리 알기
• 겨울철의 대표 별자리 알기</td><td>활동지
필기도구</td></tr>
<tr><td>과학관
견학
(전체학습)</td><td colspan="3">• 안내자의 설명 듣기
• 계절에 따라 다른 별자리가 보이는 이유 알아보기
• 별이 밤에만 보이는 이유 알아보기
• 계절별 대표 별자리의 전설 알아보기</td><td>질서 유지 및 안전 사고 유의</td></tr>
<tr><td>학습 정리</td><td colspan="3">• 견학보고서 조별 정리
• 활동지에 계절별 대표 별자리 그리기</td><td>견학보고서
활동지
필기도구</td></tr>
<tr><td>평가</td><td colspan="4">• 견학 과정에서 질서 있게 이동하면서 안내 내용에 집중하였는가?
• 활동지에 제시된 활동을 성실하게 수행하였는가?
• 양식에 맞게 견학보고서를 작성하였는가?</td></tr>
</table>

9 문제중심학습

▶ 그림 6.19 학생 중심의 문제중심학습

문제중심학습(PBL: Problem Based Learning)은 실제 생활과 관련된 문제를 학습자가 주도적으로 해결하는 과정을 통해 관련 지식과 방법을 습득하는 교수-학습 방법이다. 이 교수법은 1960년대 맥마스터(McMaster) 의과대학에서 학습해야 할 지식의 급증, 교육과정의 분절, 학생들의 문제해결능력과 비판적 사고 능력의 부족에 대한 반성으로 시작되어 여러 의과대학으로 확산되었다(Savery & Duffy, 1995). 현재는 의학 외에도 경제학, 건축학, 간호학, 교육행정, 교사 교육 등 다양한 분야에서 활용되고 있으며, 초중등 교육에도 적용되고 있다(강인애, 1998; 최욱, 2001; 황선영, 장금성 2005; Stepien & Gallagher, 1993; Torp & Sage, 2002). 문제중심학습은 학습내용 중심의 교육과정인 동시에 학생이 학습의 주체가 되는 학습환경을 제공한다는 점에서 학습자 중심의 교수-학습 방법이라고 볼 수 있다(조연순, 2006; IMSA, 1999; Torp & Sage, 2002). 따라서 문제중심학습은 관점에 따라 조금씩 다르게 정의될 수 있는데 일반적으로 사용되는 몇 가지 대표적인 정의는 다음과 같다.

- 문제중심학습은 학생들이 학습과정에 능동적으로 참여하기 위해 문제상황을 사용하는 학습방법 혹은 교수방법이다(Barrows, Tamblyn, 1980).
- 문제중심학습은 학생들에게 문제해결 능력과 지식을 가르치기 위해 문제를 활용하는 교수방법이다(Albanese, Mitchell, 1993).
- 문제중심학습은 문제를 기반으로 일어나는 학습상황이며, 특별한 학습방법이기보다는 교과의 특성이나 프로그램의 목표에 따라 달라질 수 있다(Boud, 1985).
- 문제중심학습은 학습되어야 할 내용 중심의 관점에서 바라보아야 하며, 교수방법보다는 교육과정으로 정의할 수 있다(Savin-Baden, Major, 2004).

문제중심학습은 실제적인 문제를 기반으로 한 자기 주도적인 학습 방법이며 동시에 협동학습적인 성격을 띤다. 따라서 가능한 실제 상황에 가까운 문제를 다루어야 하며, 각 교과를 뛰어넘는 통합적인 접근이 이루어져야 한다(Delisle, 1997). 또한 학습에 대한 학생들의 책임과 자율성, 자기주도적 학습을 중요시(Lambros, 2002)하기 때문에 문제 상황에 학생들을 투자자(stakeholder)처럼 능동적으로 끌어들일 때 효과적으로 적용될 수 있다(Torp & Sage, 2002).

9.1 문제중심학습의 요소와 효과

문제중심학습의 기본이 되는 구성 요소는 문제, 학생, 교사이다. 여러 연구에서 나타나는 이 요소들의 공통적인 특징을 정리하면 표 6.35와 같다(김경희, 조연순, 2008).

문제중심학습은 능동적이고 의미 깊은 탐구를 통해 학습자에 의해 지식이 구성되는 교수-학습 과정으로써 구성주의적 관점에 입각하고 있다. 실생활에서 접하게 되는 문제와 유사한 문제 상황을 제시하면서 수업이 시작되는 문제중심학습은 학생들이 문제를 해결하기 위해 스스로 필요한 지식과 정보를 탐색하여 적절한 해결 방안을 찾는 교육적 접근이다(조연순, 2006). 이러한 과정에 의해 학생들은 자기 주도적 학습 능력과 문제해결력을 기르고, 소집단 활동을 통해 협동 능력과 의사소통 능력을 키울 수 있게 된다(Hmelo-silver, 2004; Savin-baden & Major, 2004; Stepien & Gallagher, 1993; Torp & Sage, 2002). 또한 학생들은 문제중심학습을 통해 복합적인 시각의 고려, 해결 방안의 정당성, 결론에 대한 평가, 결정의 반영 등을 포함하여 실제 세계의 의사 결정에 대한 훈련을 하게 된다(Brown, Collins, & Duguid 1989).

문제중심학습은 저학년에서 고학년에 이르기까지 넓은 연령층에서 다양한 방법으로

표 6.35 문제중심학습의 구성 요소

구분	특징
문제	• 문제의 제시를 통해 수업이 시작된다. • 문제는 비구조화되고 실제적인 상황을 반영한다. • 문제에는 학습의 핵심내용과 맥락이 포함되어 있다.
학생	• 능동적, 적극적으로 문제해결 활동에 참여한다. • 실제 상황과 유사한 문제의 맥락 속에서 지식을 습득한다. • 자기 주도적인 학습과 집단 협동학습을 병행한다. • 자신의 학습에 대한 주인 의식과 책임감을 갖는다.
교사	• 문제 상황을 제시한다. • 인지적인 조력자 역할과 함께 안내자, 촉진자 역할을 수행한다. • 학습과정과 결과를 평가한다.

시도되고 있으며, 대부분의 영역에서 특정한 효과를 나타내고 있다. 관련 연구기관 중 IMSA(Illinois Mathtatics & Science Academy)는 1993년에 설립된 일종의 과학영재고등학교로서 문제중심학습 센터의 역할을 하며 유치원에서부터 고등학교 학생을 대상으로 문제중심학습 방법을 설계하고 교육 자료를 제공한다. IMSA에서는 교사들이 직접 문제중심학습 단원을 설계하고 시행하고 있다. 이러한 경험과 그에 따른 반영이 문제중심학습의 효과를 분석한 여러 문헌과 연구들에서 나타나고 있다(Gallagher, Stepien, & Rosenthal., 1992; Stepien & Gallagher, 1993; Barell, 1998). 이러한 연구 자료를 기반으로 문제중심학습의 효과를 정리하면 다음과 같다.

첫째, 학생들의 학습동기를 증진시킨다. 문제중심학습은 문제 상황의 불일치에 의해 학생들에게 긴장과 집중이 일어나도록 하며, 이는 학생들이 학습에 적극적으로 참여하는 결과를 가져온다. 그리고 학생들은 연구의 산출물에 개인적인 노력을 기울여 더 깊이 탐구하게 된다.

둘째, 실제 세계와 연관되어 학습이 이루어진다. 문제중심학습은 학생에게 “이 정보를 학습하는 것이 왜 필요한가?”와 “내가 학교에서 학습하는 것은 실제 세계와 어떠한 연관이 있는가?”에 대해 명백한 답을 제공한다.

셋째, 학생의 고차원적인 사고를 증진시킨다. 인지적인 코칭 전략과 더불어, 비구조화된 문제 상황은 “교사가 찾기를 원하는 옳은 답은 무엇인가”를 추측하지 않도록 함으로써 비판적이고 창의적인 사고를 요구한다. 학생은 문제에서 중요한 정보를 모으고, 이것의 신뢰도와 다양성을 평가한다. 의견을 지지하기 위한 증거를 바탕으로 수용할 수 있는 결론을 이끌어내기 위해 학생들은 높은 수준의 사고를 활성화하게 된다.

넷째, 학습하는 방법에 대한 학습을 촉진한다. 문제중심학습은 메타인지와 자기주도적인 학습을 증진시킨다. 학생은 문제해결을 위해 정보를 모으고, 자료를 분석하고, 가설을 설정하고 검증하는 과정에서 전략을 생성하게 된다. 그리고 나서 이러한 전략들을 다른 학생 및 멘토와 함께 분류하고 구분한다. 이러한 작업은 전체적인 수준에서 계속 진행된다.

다섯째, 평가에 대한 신뢰성이 요구된다. 문제중심학습에서 학생은 실제 세계와 유사한 방법으로 학습이 이루어지게 되며, 누군가를 따라하는 것이 아니라 자신이 이해한 것을 설명할 수 있도록 하는 방식으로 학습이 진행되고 평가된다. 이 때, 교사는 확실한 상황과 평가를 제공하여 결과를 보고하게 된다.

최근 국외에서 문제중심학습 수업의 효과에 대한 연구를 종합한 연구에 의하면(Prince, 2004), 문제중심학습은 여러 가지 변형이 존재함에도 불구하고 학생의 학습 태도(수업 만족도, 도전 의식, 동기 부여 등)에 긍정적인 영향을 미치는 것으로 나타났다(Albanese & Mitchell,

1993; Norman & Schmidt, 2000; Vernon & Blake, 1993). 국내에서 2000년부터 2007년까지 문제중심학습을 활용하여 교수-학습의 효과를 검증한 논문들을 메타분석한 손미와 하정문(2008)의 연구에 따르면, 문제중심학습을 활용한 교수-학습 방법이 학습 효과에 미치는 효과는 큰 편이었으며, 사회 · 과학 · 실과 등 비교적 여러 영역에 초등교육에서 성인교육에 이르기까지 전반적으로 효과를 나타내고 있었다. 또한 문제중심학습의 종속변인에 대한 평균 효과의 크기는 인지적, 정의적 학습 모두에 긍정적인 영향을 미치며 인지적 영역보다 정의적 영역에서 더 큰 효과를 나타내고 있다.

그러나 문제중심학습의 긍정적인 효과에도 불구하고 실제 교육 현장에서는 활용이 미비한 실정이다. 문제중심학습 시행의 장애 요인은 크게 교육과정을 변화시켜야 하는 데 따르는 어려움, 적합한 문제 제작과 평가의 어려움, 많은 시간의 소요, 자기주도식 학습에 익숙하지 않은 학습자 등을 들 수 있다(이향연, 최경희, 2008). 이러한 장애 요인을 극복하기 위해서는 특히 교사의 역할이 중요하다. 교사는 학생에게 문제해결의 직접적인 근거가 될 수 있는 정답은 제공하지 않으면서 다양한 사고를 경험할 수 있는 문제해결에 관한 질문을 통해 초인지적 코치 역할을 하여야 한다(Savery & Duffy, 1995). IMSA(2001)에서도 문제중심학습 과정에서 학생의 생각에 대해 묻기, 학습 모니터링하기, 생각에 도전하기, 지속적으로 참여하게 하기, 도전 수준 조정하기, 모둠의 활발한 토의 관리하기, 과정이 지속되도록 하기 등 교사의 안내자, 코치로서의 역할에 대해 자세히 설명하고 있다.

9.2 교수-학습 과정과 실제

문제중심학습의 모형에는 버로우와 마이어스의 모형(Barrow & Myers, 1993)이 일반적으로 많이 활용되고 있으며(표 6.36), 대학을 비롯한 초 · 중등학교에서는 이 모형의 기본 철학과 과정을 근거로 하여 학습자에게 적절하도록 수정 · 보완하여 사용되고 있다(Torp & Sage, 2002; Delisle, 1997).

이 모형은 문제중심학습 과정에서 소집단을 대상으로 하며 튜터(tutor)가 집단에 포함되어 있어 효과적인 학습이 이루어질 수 있다. 그러나 주로 의과대학에서 많이 사용되는 모형이기 때문에 토의하고 가설을 생성하고 학습내용을 공유하는 등의 활발한 의사소통이 이루어지기 위해서는 사전 지식이 필수적이라는 단점을 가지고 있다.

이후에도 여러 학자들이 문제중심학습을 연구하는 과정에서 학습 단계를 체계화하여 제시하였다. IMSA 모형(IMSA, 1999)은 문제중심학습의 초기 단계에서 학생들이 문제에 쉽게 접근할 수 있도록 하기 위해 문제중심학습에 대해 소개하는 내용을 포함하였다. 이와

표 6.36 문제중심학습의 교수-학습 모형

<table>
<tr><th colspan="4">수업 소개</th></tr>
<tr><td colspan="4">1. 안내
2. 수업 분위기 조성(교사의 역할 소개)</td></tr>
<tr><th colspan="4">문제 제시</th></tr>
<tr><td colspan="4">1. 문제 제시
학생들이 문제를 내재화하여 주인 의식을 느낄 수 있도록 한다.
최종 제출할 과제물에 대해 안내한다.
2. 과제
모둠 내 각자의 역할을 분담시킨다.</td></tr>
<tr><th>생각(가설)</th><th>사실</th><th>학습 과제</th><th>향후 계획</th></tr>
<tr><td>주어진 문제에 대한 학생들의 생각(원인과 결과, 가능한 해결 방안 등)을 기록한다.</td><td>개인 혹은 모둠 학습을 통해 제시된 가설을 뒷받침할 지식과 정보를 종합한다.</td><td>주어진 과제를 해결하기 위해 학생들 자신이 더 알아야 하거나 이해해야 할 사항을 기록한다.</td><td>주어진 과제를 해결하기 위해 취해야 할 구체적 실천 계획</td></tr>
<tr><td colspan="4">3. 주어진 문제의 해결 방안에 대해 생각한다.</td></tr>
<tr><th>생각(가설)</th><th>사실</th><th>학습 과제</th><th>향후 계획</th></tr>
<tr><td>확대・집중시킨다.</td><td>종합・재종합한다.</td><td>규명화・정당화한다.</td><td>계획을 공식화한다.</td></tr>
<tr><td colspan="4">4. 가능한 해결 방안에 대한 생각을 정리하다.
5. 학습 과제를 규명하고 분담한다.
6. 학습 자료를 선정 및 선택한다.
7. 다음 모임을 결정한다.</td></tr>
<tr><th colspan="4">문제 재확인</th></tr>
<tr><td colspan="4">1. 활용된 학습 자원을 종합하고 그에 대한 의견을 교환한다.
2. 주어진 문제에 대해 새로운 접근을 시도한다.</td></tr>
<tr><th>생각(가설)</th><th>사실</th><th>학습 과제</th><th>향후 계획</th></tr>
<tr><td>수정한다.</td><td>새로 얻은 지식을 활용하여 재종합한다.</td><td>필요한 경우 새로운 과제를 규명하고 분담한다.</td><td>이전에 세웠던 실천 방안에 대해 재설계한다.</td></tr>
<tr><th colspan="4">발표</th></tr>
<tr><th colspan="4">문제 결론</th></tr>
<tr><td colspan="4">1. 학습한 지식의 추상화(일반화)하고, 도표, 목록, 개념, 원칙 등을 개발하여 정리한다.
2. 지식의 획득, 문제해결, 자기 주도 학습, 협동학습 등에 대해 평가한다.</td></tr>
</table>

달리, 멜로-실버(Hmelo-Silver, 2004)가 제시한 모형에서는 문제를 제시한 후, 사실·아이디어·학습문제·자료수집 방법 등과 같은 내용이 정리될 수 있는 도표를 이용하여 문제해결에 대한 가설을 세운다. 국내에서는 조연순 등(2004)이 여러 학자들이 제시한 모형들을 종합하고 핵심적인 요소만을 추출하여 초등학생에게 적용 가능한 모형을 구성하였다. 이모형은 5단계로 구성되어 있으며, 처음의 '문제 만나기' 단계에서 동기 유발, 문제 제시, 문제 파악 등을, '문제해결 계획' 단계에서는 알고 있는 것, 알아야 할 것, 알아내는 방법 등과 같은 세분화된 하위 과정 항목들을 제시하였다. 학자들이 제안한 문제중심학습 모형의 학습단계를 정리하면 표 6.37과 같다.

문제중심학습이 효과적으로 적용되기 위해서는 이러한 모형들을 실제 수업 상황에 적용하여 구체적인 학습 목표를 달성하기 위해 구조화하는 단계가 필요하다. 표 6.38은 문제중심학습의 학습단계에 기반을 두어 교수-학습 과정안을 설계한 예이며, 과학의 빛 단원에서 핵심 개념과 연관되어 제시된 문제와 이를 해결하기 위한 학생들의 모둠 학습 과정을 나타내고 있다.

표 6.37 학자별 문제중심학습 모형의 단계

학자	학습단계
버로우 & 마이어스 (1993)	수업 전개 - 문제 제시 - 개별 학습 - 결과물 제시 - 요약 및 평가
IMSA (1999)	학생 준비 - 문제 만나기 - 알고 있는 것, 알아야 할 것, 아이디어 찾기 - 문제 진술 - 정보 수집 및 공유 - 해결책 제시 - 최적의 해결책 결정 - 해결책 발표 - 반성
멜로-실버 (2004)	문제 시나리오 제시하기 - 문제로부터 관련사실 파악(표 이용) - 문제 재진술 - 가능한 해결책에 대한 가설 세우기 - 더 알아야 할 것 파악하기 - 새로운 지식을 적용하여 가설 평가하기 - 요약하기
조연순 등 (2004)	문제 만나기 - 문제해결 계획 세우기 - 탐색, 재탐색하기 - 해결책 고안하기 - 발표 및 평가하기

표 6.38 문제중심학습 교수-학습 과정안의 예

대단원	[7학년] 2. 빛		
소단원	2-1. 빛의 반사와 굴절	〈문제〉 2009 세계 물리의 해	
학습목표	물체를 볼 수 있는 까닭과 빛이 어떤 경로로 눈에 들어오는지를 안다. 빛의 반사 법칙을 이해하고, 빛이 다른 물질을 지날 때 굴절함을 이해한다.		
단계별 학습 활동			
단계	**교수-학습 활동**		**자료 및 유의점**
도입 단계	• 수업의 특징, 학습방법 소개 - 교사와 학습자의 역할 안내 • 수업 분위기 조성 및 동기 유발 - 거울을 사용하여 햇빛을 반사시켜 전달하여 어느 줄이 가장 먼저 도착하는 지 시합한다. - 빛의 반사와 굴절에 관련된 현상과 유사한 현상을 비디오로 제시하고 어떠한 현상인지 맞춰본다.		반사와 굴절 현상 및 착시현상 자료 모음집 VTR
학습 문제 제시 단계	• 문제 제시하기 • 우리 마을에서는 세계적인 빛의 축제 행사에 맞추어 우리 마을을 빛이 한 바퀴 돌게 하는 행사를 마련 중이다. 실제 행사에 대비해 모형 제작회를 가질 예정이며 모형 제작회에서 선발된 팀의 설계에 따라 행사를 진행할 예정이다. 우리 모둠도 이 행사에 참여하여 모형을 제작해 보자. - 문제를 소개하고 기록지 작성법에 대해 안내한다.		학습 순서도 제시
잠정적 문제해결 시도 단계 (모둠별 협동학습)	• 전체 학습의 진행 순서 알아보기 • 제출할 과제와 기한 등을 안내하기 • 모둠 구성하고 이동하기 • 토의 규칙을 정하고, 역할 분담하기 • 모둠별 학습 목표를 정하기 • 문제해결을 위한 아이디어 제시 • 개별 과제 정하기		정보수집의 참고자료 및 인터넷 사이트명의 기록 안내
학습정리 및 평가	• 조원간 평가지 작성 • 개별 학습 기록지 작성		직접적인 활동에 대한 평가 강조

요약 | 06장 과학 교수-학습 방법

1 강의법

1.1 강의법의 특성

1) 강의법의 정의

- 교사 중심의 교수-학습 형태로서 교사가 학생들에게 가르칠 내용을 자세하고 체계적으로 설명하거나 주입시키는 방법.
- 사실적 정보나 이론, 개념 등을 제시하고 설명하여 학습자에게 효과적으로 이해시키는 교수-학습 방법.

2) 강의법의 장점

- 짧은 시간에 많은 학습자들에게 학습내용을 체계적으로 전달.
- 정보의 전달 및 개념의 설명으로 새로운 단원을 도입할 때 사용하면 효과적.
- 교과서에 없는 사실을 전달하거나 학습자들이 어려워하는 사실을 학습자의 수업태도에 따라 강의 진행.
- 학습자는 강의내용을 들으면서 사실에 대하여 생각하고 요점을 정리할 수 있음.

3) 강의법의 단점

- 학습자의 개성이나 능력, 학습동기 등을 고려하지 못하는 일방적인 강의방식.
- 학습자가 수동적인 학습분위기로 인해 창의성 발달 저해.
- 언어적 피드백이나 질문을 위한 기회의 부족으로 잘못된 정보전달시 수정이 어려움.
- 강의내용 필기에 열중하게 되면 내용에 대한 비판과 이해의 부족 초래.
- 학습자의 욕구보다는 교사의 욕구에 의존, 학습자 능력의 차이가 클 경우 학습욕구 충족 어려움.

4) 강의법의 효과

- 교수자가 유일한 정보의 제공처이거나 정보를 특정 집단에게 전해야 할 경우.
- 한 주제에 대한 흥미를 불러일으켜야 하거나 다른 학습과제를 설명해야 할 경우.
- 학습 단원을 마친 후에 중요한 내용을 요약하고 짧은 시간 안에 많은 자료를 소개하고자 할 경우.
- 대규모 학습집단을 대상으로 한 강의일 경우.

• 특정성향의 학습자를 대상(명확히 전달해 주어야 심리적으로 안정감을 느끼는 학습자나 내성적이고 순종형의 학습자 등)으로 한 경우.

5) 강의법의 유의점

• 수업에 참여하는 학생과 교수자 본인에 대한 이해.

• 교과서 내용에 대해 정확히 알고 있어야 하고, 시간에 끌려가지 않으면서 융통성 있고 주도적인 강의를 전개.

1.2 수업전략 및 실제

1) 준비 단계

• 강의 목표와 내용을 체계적으로 정리한 강의 노트 작성필요.

• 강의할 내용에 포함되어 있는 어려운 개념 설명을 위해 도입자료 준비.

• 교실수업 중 학습자의 인지발달 수준을 고려하여 주제와 관련된 배경지식을 주거나, 설득력 있는 예 제시.

• 학습자가 학습하기 어려워하는 부분을 고려하여 모형과 비유법을 적절히 활용한 학습 자료 제작.

• 효율적인 수업운영을 위한 교수−학습 과정안 작성.

2) 도입 단계

• 학생이 수업에 능동적으로 참여할 수 있도록 동기유발.

• 미리 준비한 도입자료를 활용하여 강의와 관련된 개념 질문과 학습목표 및 학습개요 제시를 통한 주의집중.

3) 전개 단계

• 학습개요에서 제시한 순서에 따라 수업의 내용을 구체적으로 제시.

• 강의노트와 여러 가지 시청각 학습 매체들을 이용하여 강의 내용을 제시하고 설명.

• 강의의 목적을 효과적으로 달성하고 학생들이 능동적으로 수업에 참여할 수 있도록 다른 교수−학습 전략과 병행.

• 수업은 전체에서 부분으로, 간단한 것에서 복잡한 것으로, 가장 간단한 사례에서 점차 변형된 사례로 전달하는 것이 효과적.

4) 정리 단계

• 강의노트를 활용하여 주요 개념들을 요약하여 말하고, 강의한 내용을 일반화.

• 질문을 통해 학생들이 학습내용을 반성적으로 사고할 수 있도록 유도.

• 학습 성취도 평가 및 다음 차시 예고.

2 질문법

2.1 질문법의 효과와 유의점

1) 질문법의 정의

- 질문은 교사와 학생이 상호 질의응답을 통해 교수-학습 과정을 전개하는 방법.
- 교사의 질문은 상호 작용하는 교실환경을 조성하고, 학생들의 참여를 이끌어내는 주요한 수단이 됨.
- 학생 질문은 다른 방식에 비해 이해의 질을 높일 수 있는 강력한 방법.

2) 질문법의 장점

- 사고 과정을 개발하고, 탐구와 의사결정을 안내함.
- 자신이 가지고 있는 생각을 명료하게 할 수 있도록 도와주고, 학습을 구조화하여 학생들의 관심사를 학습하도록 함.
- 교사와 학생들이 가지고 있는 생각을 공유하도록 자극함.
- 새로운 아이디어를 생각하게 하고 이미 학습한 개념을 이용하게 함.
- 학습에 적극적으로 참여하도록 격려하고 동기를 부여함.

3) 질문법의 목적

- 수업의 도입 단계에서는 학생들의 주의를 환기시키고 학습의 흥미를 유발시키기 위하여 질문함.
- 수업의 전계 단계에서는 교수-학습의 목적에 도달하는 데 밀접한 관련이 있는 질문을 하여야 함.
- 수업의 정리 단계에서는 수업 시간에 학습한 내용을 정리하고 확인하며 발전시키는 데 목적이 있음.
- 질문이 갖는 목적 중 집중, 확장, 상승 기능을 오늘날에도 중요시 됨.

4) 질문법 사용 시 유의점

- 교사가 질문을 제기할 때에는 질문의 목적과 방법을 미리 생각하여, 학습자가 명확히 이해할 수 있도록 함.
- 교사는 개방형 질문으로 시작하여 다양한 사고 수준의 질문을 함.
- 교사는 질문을 한 후에는 반드시 생각할 시간을 주어야 하며, 잘 대답을 하지 못하는 경우에는 힌트를 주면서 답을 유도함,
- 학생의 질문에 대응할 때에는 학생의 말을 충분히 경청하고, 질문을 반복하고 쉬운 말로 바꾸어 학생들에게 말해줌.
- 학생이 자신의 질문에 대한 답을 스스로 찾을 수 있도록 격려해 주고, 당혹감을 주지 않도록 함.

2.2 질문의 유형과 분류

1) 인지적 영역에 따른 질문 유형

- 블룸은 인지적 영역 간에 누적적, 위계적 관계에 있으며, 인지 수준에 따라 질문 수준이 낮은 지식 · 이해 · 적용 단계와 질문 수준이 높은 분석 · 종합 · 평가의 단계로 구분함.
- 교사는 학생의 인지적 수준을 파악하고, 여러 수준에서 인지적 복합성이 나타나는 질문을 형성할 수 있어야 함.

2) 수업 목표에 따른 질문 유형

- 수업 목표에 따라 기억 · 이해 수준은 낮은 수준의 질문으로, 응용 · 분석 · 평가 · 창의는 높은 수준의 질문으로 분류함.

3) 학생들의 대답 수에 따른 질문 유형

- 폐쇄적 질문(수렴적 질문)은 대답의 수가 비교적 한정되어 있으며, 비판적 사고력, 창의적 행동, 다중적 재능을 개발시키거나 자극시키기 위한 수단으로 비효과적임.
- 개방적 질문(발산적 질문)은 대답의 수가 많으며, 문제해결과 창의적 사고력을 향상시키는 데 핵심적 속성이 됨.

4) 학생의 응답에 대한 교사의 반응 유형

- 학생 응답에 대한 교사의 반응은 매우 의도적이고 목적성을 띠고 있어야 하며, 수용, 거부, 명료화 요구, 응답에 대한 증거 요구, 다른 학생에게 질문 등의 다섯 가지 유형으로 분류할 수 있음.

2.3 질문의 원리와 수업의 실제

1) 질문의 원리

- 질문의 내용 면에서는 교사가 계획된 수업 목표의 전 영역에 걸쳐 학생의 지식, 경험, 능력을 고려하여 다양한 질문을 하여야 하며, 모든 학생에게 질문에 응답할 기회를 주어야 함.
- 질문의 방법 면에서는 질문 시에는 한 번에 한 가지씩 쉬운 것부터 점점 어려운 순으로 하고, 질문 후 답할 적당한 시간 즉 대기시간과 골고루 대답할 기회를 주어야 함.

2) 질문 수업의 실제

- 탐구적 과학수업을 위한 질문은 탐구의 과정 기능을 향상시킬 뿐만 아니라, 창의적이고 비판적인 사고를 할 수 있게 함.
- 질문 강화 수업전략과 지식 구성을 위한 킹(king)의 제안을 고려하면, 심층적 접근 방식에 긍정적인 효과를 나타냄.

- 미첼(Michael)의 5E 모형을 이용하여 질문과 피드백을 활용한 수업을 하면, 교사－학생의 상호작용을 강화할 수 있음.

3 시범실험

3.1 시범실험의 특성

1) 시범실험의 정의

- 시범실험은 교사가 일련의 절차에 따라 실험을 직접 수행하면서 학생들에게 실험의 과정을 보여주는 교수－학습 방법 중 하나임.
- 과학적 현상과 주제에 대한 구체적인 예시를 보여줌으로써 학생들의 흥미와 관심을 불러일으키거나 새로운 문제에 대한 갈등을 야기하는 데 주로 사용됨.

2) 시범실험의 기능

- 시범실험은 학습자의 사고를 촉진함.
- 시범실험은 통해 이론적으로 배운 개념, 원리, 법칙 등을 확인할 수 있음.
- 시범실험은 학습자에게 자발적으로 질문을 유발하고 답을 할 수 있도록 함.
- 시범실험은 학습자가 학습내용을 상기시키고 정리하여 오랫동안 기억하는 데 도움을 줄 수 있음.

3) 시범실험의 장점

- 구체적인 자료와 계획된 질문을 사용하여 학습의 내·외적 조건을 배열함으로써 학생들의 사고를 안내할 수 있음.
- 모든 학생이 값비싼 실험 도구나 시약을 사용할 필요가 없기 때문에 비용이 저렴하고 위험성이 적음.
- 수업 시간을 단축할 수 있으며 실제 실험수업보다 수업을 통제하기 쉬워, 대규모의 학급에도 효과적으로 적용 가능함.
- 구체적인 예시를 보여줌으로써 언어보다 효과적인 설명이 가능하여 학생들의 이해도를 높일 수 있음.

4) 시범실험의 유의점

- 시범실험을 효율적으로 실행하기 위해서는 교사의 철저한 사전 준비(시범실험의 목적 및 내용, 실험 기구 준비 등)가 필요하며 학생들의 흥미를 유지하기 위한 실제적인 방법을 강구해야 함.

3.2 수업 모형과 실제

1) 선형적 학습 모형

- **과정**: 예상－관찰－설명
- 교사와 학생 간의 문답을 통해 관찰한 현상 및 현상에 대한 변화로부터 과학적 개념을 도출함.

2) 순환적 학습 모형

- **과정**: 관찰－탐색－토의
- 탐색과 토의 활동을 통하여 학습자 스스로 특정 개념에 대한 이해를 구성할 수 있는 기회를 제공함.

4 실험수업

4.1 실험수업의 효과와 목적

1) 실험수업의 정의

- 학생들이 실제적인 현상과 상호작용하는 직접적인 경험을 통해 학습하게 하는 교수－학습 방법.
- 학교에서 과학교육 활동의 하나로 행해지는 인위적인 학습 경험.

2) 실험수업의 장점

- 학생들의 자연에 대한 호기심을 촉진시켜 학습동기를 유발.
- 문제를 제시하고 그 해결책을 찾도록 구성된 실험인 경우 탐구 학습을 촉진함.
- 과학과 관련이 있는 문제를 해결하기 위한 접근법으로서 과학적 방법의 실례를 보여줌.
- 과학적 방법으로서의 문제해결 능력을 키워줌.
- 학생들이 과학실험에 참여함으로써 과학에 대한 신념과 자신감을 얻게 도와 줌.
- 과학의 사회적인 문제에 관한 의사결정에 능동적 태도를 보일 수 있는 가치관을 형성할 수 있게 도움.
- 단 하나의 해답만을 요구하지 않으며, 어떤 문제에도 다양한 접근법과 해결책이 있음을 보여줌.

3) 실험수업의 단점

- 대부분의 학교 현장에서 일련의 절차에 따라 수행만 하면 되는 '요리책 식' 실험이 행해짐.
- 실험 학습을 위한 설계가 적절히 이루어지지 않을 경우 인지 능력 개발과 향상의 기회가 제공되지 않음.

- 특정한 목적에 따라 수행되는 탐구방법이므로 실험수업에 의한 관찰과 측정은 객관적이기 어려움.
- 실험자(학생)의 지적 수준이나 탐구 의도에 결과가 크게 좌우됨.

4) 실험수업의 효과

- 과학을 다른 교과와 차별화하는 특징적인 활동.
- 학생이 사고과정과 탐구로서의 과학을 직접적으로 경험할 수 있도록 함.
- 과학의 내용과 방법을 동시에 학습할 수 있는 통합적인 학습 경험을 제공함.
- 체감각-시각-청각적 감각 경로를 통해 정보의 전달이 이루어지기 때문에 언어적 설명 수업에서보다 과학학습이 효율적으로 일어남.

4.2 실험수업의 유형

- **확인 실험**: 학생들에게 추상적 지식에 대한 구체적인 경험을 제공함.
- **탐색 실험**: 새로운 소재나 현상을 인식하여 흥미를 불러일으킴.
- **귀납적 실험**: 사실을 일반화하거나 원리로 조직함.
- **연역적 실험**: 주요 개념이나 원리를 활용하여 현상을 설명함.
- **기술 개발 실험**: 실험활동에 필요한 기술을 습득함.
- **과정 개발 실험**: 과학에서 문제해결 과정을 위한 능력을 개발함.

4.3 수업전략 및 실제

- 실험수업이 효과를 거두기 위해서는 학생을 준비시키는 과정이 중요.
- 학생들에게 이 실험을 왜 해야 하는지, 실험을 통해서 이끌어내고자 하는 것이 무엇인지를 안내함.
- 실험의 절차, 실험을 통해 관찰할 내용 등 실험에 대한 안내를 명확하게 제공.
- 교실 수업과 실험수업의 연관성, 실험실 활동의 구조화 정도, 학생들의 실험결과 기록 및 보고, 실험실 활동 관리와 훈련, 평가 등을 고려해야 함.

5 협동학습

5.1 협동학습의 원리와 유의점

1) 협동학습의 정의

- 공동의 목표를 달성하기 위해 학생들이 함께 학습해 나가는 것.
- 소집단을 구성하는 모든 구성원 간의 상호의존성을 바탕으로 주어진 학습과제나 학습목표

를 협력하여 달성해 나가는 교수–학습방법.

2) 협동학습의 장점

- 학생들이 자신의 행동과 학습에 책임감을 가질 수 있음.
- 의사소통과 협력 등 현대의 과학자들이 연구하는 방식을 경험하게 함.
- 다양성과 형평성, 개념 이해와 문제해결력 증진이라는 과학교육의 목표를 충족.

3) 협동학습의 단점과 유의점

- 과제의 특성, 집단의 구성방법, 집단의 상호작용성 등에 따라 결과가 달라질 수 있음.
- 모든 과제가 협동학습에 유용하지는 않음.

4) 협동학습의 원리

- **긍정적 상호의존성**: 소집단의 구성원이 공동의 과제달성을 위해 서로 도와야 한다는 원리.
- **면대면 상호작용**: 구성원 상호 간에 관심을 가져주고 개방적이며 허용적인 태도를 보여줌으로써 성공을 촉진하고 격려.
- **개별적 책무성**: 학생 개개인에게 구체적인 역할과 책임이 부과됨.
- **사회적 기술**: 집단의 공동목표를 달성하기 위하여 서로 경계하면서도 신뢰하며, 도움을 주고받고, 정확한 의사소통을 하며, 협동적으로 문제를 해결할 수 있도록 독려되어야 함.
- **집단 과정**: 집단의 학습과제를 수행하는 과정에서 개별 학생의 역할이 도움이 되는지 그리고 학습활동이 집단과제 해결에 도움이 되는지에 따라 과제 수행을 계속할지, 아니면 수정할지의 여부를 결정.

5.2 협동학습의 유형과 모형

- **모둠조사**(GI): 학습할 과제를 집단 수에 맞추어 여러 개의 하위 범주로 나눈 후, 3~6명으로 구성된 집단에게 할당함. 각 집단은 할당 받은 하위 범주를 세부 주제로 나누어 개인에게 할당하고 개별 학생은 자신이 맡은 주제에 대해 학습함. 집단별 조사 학습 이후에는 전체 학급 발표를 통해 다른 집단에게도 학습할 기회를 제공.
- **직소** I (Jigsaw I): 한 학급을 5~6명의 구성으로 이루어진 여러 개의 팀으로 나누고 모든 집단에게 하나의 동일한 주제를 제시한 뒤, 주제 내용을 팀 구성원의 수대로 나누어 할당함. 각 집단에서 같은 부분을 담당한 학생들이 따로 모여 하나의 전문가 집단을 구성.
- **직소** II(Jigsaw II): 모든 학생이 전체 학습 자료와 과제를 학습하고 특히 관심 있는 주제를 선택한 뒤 전문가 집단에서 학습하고 자기 팀으로 돌아와 가르치는 형태로 진행됨.
- 학생모둠성취분담(STAD): 수업소개 ➡ 소집단 활동(서로 가르치고 배우면서 동료의 학습을 지원) ➡ 평가(개별적 평가) ➡ 개별 및 소집단 향상 점수(구성원 각자의 향상 점수에 의해 소집단 점수가 결정됨) ➡ 소집단 점수 게시와 보상(정한 규칙에 따라 보상을 함).

- **팀 토너먼트식 게임법**(TGT): 성취도가 다른 학생 4~5명으로 팀을 구성하고 사전 성취도가 비슷한 수준의 학생들을 모아 토너먼트식 퀴즈 게임을 진행. 성적이 가장 높은 팀부터 순서대로 자리에 앉힌 후 낮은 팀이 높은 팀에게 도전하면서 자신의 자리의 위치를 높여가는 방식으로 진행.
- **팀보조개별학습**(TAI): STAD나 TGT와 구성 방법이나 학습 절차에서 동일하지만, 개별화 학습을 결합했다는 점에서 다름.

5.3 수업전략 및 실제

1) 교사의 역할
- 협동학습이 효과적으로 수행되기 위해서는 학생의 활동을 안내하는 교사의 역할이 중요.
- 교사는 수업 전에 학습 집단의 크기와 학생들을 배정하는 방법, 수업에 활용할 자료 등을 결정해야 함.
- 학생들에게 수업의 목표와 학습 과제를 구체적으로 제시하고 협동학습에 있어서의 긍정적 상호의존성을 설명.
- 집단 구성원의 학습과정을 관찰하고 적절한 피드백을 제공.
- 학생들의 학습을 평가하고, 집단이 잘 기능할 수 있도록 조력자의 역할을 수행해야 함.

6 토의법

6.1 토의법의 효과와 유의점

1) 토의법의 정의
- 교사와 학습자 또는 학습자들 간의 상호작용을 통하여 정보와 의견을 교환하고 문제를 해결해 나가는 수업 방법이라고 볼 수 있음.
- 교사가 학생에게 인식의 발전을 촉진할 수 있는 교수-학습이라는 면에서 구성주의와 같은 견해를 가짐.

2) 토의법의 장점
- 토의는 교과 내용 학습에 효과적임.
- 토의는 문제해결력을 향상시킴.
- 윤리적 주제에 대한 토의는 도덕적 발달을 이끎.
- 토의는 수업에 대한 태도를 긍정적으로 변화시킴.
- 토의는 의사소통 기술을 발달시킴.

3) 토의법의 단점

- 토의 경험이 없는 학생은 불편함을 느낄 수 있음.
- 전통적 교실과 실험실 등 학습 환경이 토의 수업에 적절하지 않음.
- 토의 수업을 통해 습득된 기술은 전통적 방식으로 평가하기 어려움.
- 논쟁이 되는 문제에 관하여 편견이나 가치관을 벗어나기 어려움.
- 교사와 학생과의 관계가 수직적일 경우 토의 수업의 진행이 어려움.

4) 성공적인 토의를 위해 고려해야 할 점

- 사회적으로 이슈가 되는 주제를 이용하여 토의 수업을 하면, 학생들은 사회적 문제에 대한 올바른 판단을 내릴 수 있는 방법과 기회를 갖게 되고, 의사결정력을 기르게 됨.
- 학생들이 서로 충분히 의견을 주고받을 수 있도록 자리를 배열해야 함.
- 토의를 위한 최적의 조원 수는 10명에서 20명 사이이며, 작은 집단은 수업 내용을 이해했는지에 대해 평가하기 위해 좋으며, 전문가가 있을 때 특히 유용함.
- 토의의 성공 여부는 학생들의 준비 정도와 학생과 교사가 토의할 주제에 대한 '정보, 전망, 또는 이해를 제공하는 경험'을 어느 정도 공유했는가에 달려 있음.

6.2 토의의 유형과 분류

1) 학생활동의 개방성 정도에 따른 분류

- 학생활동의 개방성 정도에 따라 학생 중심 토의와 교사 중심 토의로 나누어 볼 수 있음.
- 개방성 정도가 큰 토의는 상호 간의 존경심, 자부심, 협동심, 의사소통 기능 등을 강화시켜 줌.

2) 운영 방식에 따른 분류

- 패널 토의(배심 토의), 포럼 토의, 심포지엄식 토의, 버즈(Buzz) 분단 토의, 브레인스토밍(brainstorming) 토의 등이 있음.

3) 집단의 크기에 따른 분류

- 집단의 크기에 따라 대집단 토의와 소집단 토의로 나눌 수 있음.
- 대집단 토의는 라운드 테이블, 패널, 포럼, 심포지엄, 브리티시 디베이트 등이 있음.
- 대집단 토의가 성공하기 위해서는 수업에서 받아들여지고 기대되는 질문을 할 수 있도록 분위기를 조성하고, 학생들의 흥미를 포함시키는 몇 가지 규칙이 존재해야 함.
- 소집단 토의는 문제해결 학습에 효과적이고 폭넓은 주제로 연구할 수 있고, 학생들에게 사회적 기능과 태도, 집단 지도 능력 및 자신감 등을 길러줌.
- 소집단 토의에는 브레인스토밍법, 개별 지도 토의, 과제 집장 토의, 탐구 집단 토의 등이 있음.

6.3 수업 전략과 모형

1) 토의 과정에서 교사의 역할

- 교사의 역할은 설명하는 동안에는 매우 지시적이고, 안내된 토의를 하는 동안에는 조금 덜 지시적, 그리고 반성적 토의를 하는 동안에는 항상 중재자 역할을 함.
- 토의 지도 시 유의할 점은 개방적인 분위기를 형성해야 함으로써, 비판적인 평가를 격려하고 고수의 의견을 보호하며, 학생들이 효과적으로 참여하도록 유도해야 함.

2) 토의 수업 모형

- 토의를 위해서는 도입, 명료화, 조사, 종결의 네 단계로 이루어 짐.
- 토의 수업을 전개하는 데 많이 사용되는 모형으로는 개념 토의 모형, 탐구 훈련 토의 모형, 경험 토의 수업 모형 등이 있음.

7 역할놀이

7.1 역할놀이의 특성

1) 역할놀이의 정의

- 여러 가지 상황을 모의적으로 만들어 내어 각 역할을 맡은 사람들의 입장을 체험하는 것으로, 문제에 대해 보다 깊게 인식할 수 있는 방법으로 제시.

2) 역할놀이의 장점

- 학습내용을 말로 표현할 수 있는 기회를 제공함.
- 다양한 문제해결 방안을 탐색하는 능력을 기름.
- 분명하고 자유롭게 자신의 의견을 표현함으로써 자신감을 갖게 됨.
- 실생활과 관련된 현명한 판단력과 의사결정 능력 향상에 도움이 됨.
- 능동적이고 적극적으로 참여하는 학습 태도의 향상에 효과적.
- 다른 사람의 의견을 이해하고 존중하게 됨으로써 협동적인 활동을 가능하게 함.

3) 역할놀이의 유의점

- 느리게 진행되거나 실제적이지 못한 경우가 많아 수업 목표를 달성하지 못할 수도 있음.
- 교수-학습보다 오락적 연기로 여겨질 수 있음.
- 과학지식의 논리적 구조를 이해시키거나 과학적 탐구력을 신장시키는 데 효과적이지 못함.
- 많은 시간과 노력이 필요함.
- 주제와 관련 있는 자료를 충분히 확보하기 어렵거나 적절한 배역을 정하기 어려움.
- 학생들이 자유롭게 의견을 말할 수 있는 학습 환경을 조성해야 함.

7.2 수업의 절차 및 전략

1) 역할놀이 수업 모형의 적용 절차

- **1단계(집단 집중)**: 학생들에게 주제를 소개하고 문제를 민감하게 느끼도록 함.
- **2단계(참여자 결정)**: 교사는 학생들과 함께 배역을 기술하고, 자유롭게 배역을 선택하도록 함.
- **3단계(무대 준비)**: 연극 공연 무대와 같이 사실에 가까운 무대를 꾸밀 필요가 없으며 교실에 비치된 소품을 활용함.
- **4단계(관찰자 준비)**: 교사가 역할놀이를 호평하고 행동의 효율성과 순서에 대해 적극적으로 참여함.
- **5단계(실연)**: 배역을 맡은 학생들이 정해진 역할을 구체적으로 표현함.
- **6단계(토의 및 평가)**: 행동의 결과와 행위자의 동기에 초점을 맞추어 토론하고 평가함.
- **7단계(재연)**: 학생과 교사는 역할을 새로운 방법으로 해석할 수 있으며 역할을 재분담함.
- **8단계(토의 및 평가)**: 마지막 단계로 경험을 교환하고 일반화함.

2) 역할놀이의 수업전략

- **학급구성**: 개인에게 주어진 상황을 연기하고, 타인의 역할을 관찰을 통해 학습할 수 있도록 함.
- **시간계획**: 역할놀이의 시간은 매우 융통성 있게 계획되어야 함. 여러 가지 대안과 해결 방법을 탐구해야 할 경우에는 토의와 재연을 위해 수업시간을 연장해야 함.
- **학습내용**: 인간관계 문제를 다루기 때문에 특별한 종류의 문제 맥락이 선택될 수 있음. 문제의 형태는 개인적 갈등, 개인 간의 갈등, 집단 간의 관계, 역사적 또는 현대적 문제 등이 될 수 있음.
- **문제상황**: 문제상황 선정에서 주제의 적절성은 학생들의 연령, 문화적 배경, 문제상황의 복잡성, 주제의 민감성, 역할놀이에 대한 학생들의 경험 등과 같은 많은 요소에 달려있음.

8 현장학습

8.1 현장학습의 효과

1) 현장학습의 정의

- 학습자가 학교 외의 지역사회나 특정 현장을 방문하여 관찰, 실험 등을 통해 구체적이고 풍부한 경험을 갖도록 하는 교수-학습 방법.

2) 현장학습의 장점

- 생활 주변의 문제에 대하여 관심과 흥미를 갖게 함.
- 자연의 세계에 대한 새로운 경험을 제공하고, 환경과 인간의 관계에 대해 생각하도록 함.
- 과학적인 태도 함양에 도움이 됨.
- 과학지식을 효과적으로 획득하는 수단이 됨.

3) 현장학습의 유의점

- 비용과 시간이 많이 소요될 수 있음.
- 한정된 공간이 아니기 때문에 교사의 즉각적인 통제가 어려울 수 있음.
- 사전 답사가 반드시 필요함.
- 안전사고 예방을 위해 학생들에게 적절한 행동 규칙을 알려주고 주지시켜야 함.
- 필요한 보험에 가입하고 구급약을 충분히 준비해야 함.

8.2 수업전략 및 실제

1) 현장학습 과정 내용

- 현장학습의 주요 교수 전략은 교실이나 실험실에서 지도할 수 없는 활동들을 실제 체험하고 집중할 수 있도록 하는 것임.
- 과정 지향적인 접근은 체험 학습의 목적을 성취하기 쉬움.
- 학생들은 현장학습을 위한 준비를 해야 함.
- 현장학습은 구체적인 활동이 의미 있는 학습의 기본을 제공하기 때문에 특정한 차원에서 통합이 이루어져야 함.

2) 현장학습의 진행 단계

- **준비 단계**: 구체적인 학습 활동을 함. 인지적 요소는 교실과 실험실 활동으로 지리적 요소나 심리적 요소는 슬라이드나 영상 자료 등으로 자세한 정보를 제시하여 새로운 경험 공간의 3요소를 최소화시킬 수 있음.
- **현장학습 단계**: 준비 단계와 함께 현장학습도 독립적인 단위를 구성하며, 더 추상적인 단계로 나아가는 가교 역할을 함.
- **정리 단계**: 수준 높은 추상적인 능력과 집중력을 요구하지만 현장에서 얻은 경험과 지식을 통해 극복될 수 있음.

9 문제중심학습

9.1 문제중심학습의 요소와 효과

1) 문제중심학습의 정의

- 실생활과 관련된 문제를 학습자가 주도적으로 해결하는 과정을 통해 관련 지식과 방법을 습득하는 교수-학습 방법.

2) 문제중심학습의 구성요소

- 문제-비구조화되고 실제적인 상황을 반영함.
- 학생-능동적, 적극적으로 문제해결 활동에 참여함.
- 교사-인지적인 조력자 역할과 함께 안내자, 촉진자 역할을 수행함.

3) 문제중심학습의 효과

- 학생들의 학습동기를 증진시킴.
- 실제 세계와 연관되어 학습이 이루어짐.
- 학생들의 고차원적인 사고를 증진시킴.
- 학습하는 방법에 대한 학습을 촉진함.
- 평가에 대한 신뢰성이 요구됨.

4) 문제중심학습의 장애요인

- 교육과정을 변화시켜야 하는 데 따르는 어려움, 적합한 문제 제작과 평가의 어려움, 많은 시간의 소요, 자기주도식 학습에 익숙하지 않은 학습자 등이 있음.

9.2 교수-학습 과정과 실제

1) 교수-학습 모형

- **수업 소개**: 수업 분위기 조성
- **문제 제시**: 학생들이 문제를 내재화하도록 하고 최종 제출할 과제물을 안내함.
- 생각(가설)-사실-학습 과제-향후 계획
- **문제 재확인**: 학습 자원을 종합하고 의견을 교환함.
- 발표 및 문제 결론

2) 단점

- 토의하고 가설을 생성하고 학습내용을 공유하는 등의 활발한 의사소통이 이루어지기 위해서는 사전 지식이 필수적임.

기출문제

1. 다음은 '신장의 구조와 기능'에 대한 과학 수업 과정을 나타낸 것이다. (2002 공통과학)

> 단계 1. 소집단 활동을 하기에 좋도록 기구나 좌석을 배치하고, 수업 방법에 관해 안내한다. 이 수업은 모둠원이 과제를 분담하여 공동 목표를 달성하도록 하고 있으므로, 모둠원 각자가 자신의 책임을 다해야 모둠의 학습이 성공적으로 이루어질 수 있음을 알도록 한다.
>
> 단계 2. 5명으로 구성된 소집단을 한 모둠으로 한 후, 모둠원은 각각 다음의 전문가 중의 하나를 선택한다.
>
> - 모둠장: 모둠의 토의를 진행한다.
> - 전문가 1: 환자
> - 전문가 2: 인공신장 전문가
> - 전문가 3: 신장 이식 전문가
> - 전문가 4: 장기 기증 본부장
>
> 단계 3. 각 모둠에서 전문가 1을 선택한 사람은 따로 전문가 집단을 만들고, 주어진 교재나 활동지에 따라 학습한다. 다른 모둠원들도 마찬가지로 자신이 선택한 전문가 집단에서 학습한다. 전문가 집단에서 따로 학습한 사람은 모둠으로 돌아와서 전문가로서 지식을 다른 모둠원에게 전달한다.
>
> 단계 4. 각 모둠에서는 각 전문가의 지식을 활용하여 토의를 통해 과제를 해결한다.
>
> 단계 5. 학생들의 발표를 평가한 후, 모둠원이 모두 같은 점수를 받도록 한다.

1) 위에 제시한 역할 놀이 수업은 어떤 교수 방식을 적용하고 있는가?

2) 단계 5에서 모둠별로 구성원들에게 같은 점수를 주는 이유는 무엇일까?

3) 이 수업을 통해 성적이 하위인 학생들이 얻을 수 있는 심리적 장점을 하나만 쓰시오.

2. 다음은 A교사가 말한 자신의 수업에 대한 견해이다. (2006 지구과학)

> 중학교 과학 교과의 '구름의 생성 과정'에 대한 수업을 할 때는 <u>설명 중심으로 하는 것</u>이 매우 중요합니다. 설명을 잘하고 나오면 기분이 매우 좋아요. 설명은 학급 전체를 대상으로 하는 것이 좋아요. 시간도 절약되잖아요. 내가 담당하는 학급은 학생이 35명이나 되거든요. <u>아이들의 반응이나 피드백은 크게 중요하지 않아요.</u> 수업을 시작할 때 동기 유발도 참 중요하지요.

수업에 대한 A교사의 견해에서 구성주의 관점과 부합되지 않는 3부분을 찾아서 밑줄을 긋고 순서대로 번호를 쓰시오. 또한 밑줄 친 각 부분에 대해서 구성주의 관점에서 수업의 질을 높일 수 있는 방안을 1가지씩만 제시하시오.

① ....

② ....

③ ....

3. 다음은 S교사가 실시한 철새 관찰 야외 학습의 전 과정이다. (2006 생물)

> **[야외 학습 활동]**
>
> 과정 1. 야외 학습 출발 전에 철새 관찰 장비를 점검하고 철새 관찰 관련 지식을 학생들에게 알려주었다.
>
> 과정 2. 관찰 장소에 도착해서 철새를 관찰할 수 있는 위치를 선정하여 주고, 철새의 형태, 다양한 비행, 먹이 사냥 등을 체계적으로 관찰하도록 안내하였다.
>
> 과정 3. 관찰이 끝난 후 교사가 작성하여 미리 나누어준 보고서에 관찰 결과를 기록하여 제출하게 하고 야외 학습을 마쳤다.
>
> **[야외 학습에 대한 교사의 평가]**
>
> (가) 철새와 철새의 관찰에 대한 학생들의 관심과 흥미가 높아졌다.
>
> (나) 보고서는 양식에 맞게 작성되어 있었으나, 야외 학습 실시 전·후에 평가한 철새에 대한 학생들의 지식은 향상되지 않았다.

야외 학습을 실시한 S교사는 (나)의 결과에 실망하였다. 이에 대한 이유를 생각하던 S교사는 야외 학습 실시 이후의 사후 활동이 미흡하다고 생각하였다. 야외 학습의 효과를 높이기 위해 S교사가 보완해야 할 사후 활동을 야외 학습내용과 관련지어 3가지만 제시하시오.

4. '빛의 굴절'을 주제로 한 수업을 시작하면서 교사는 다음과 같은 질문을 하였다. (2007 물리)

> 교사: 김영희, 굴절이 뭐죠? 얼른 대답해 봐요.
> 김영희: 굴절이란 꺾이는 것을 말합니다.

교사가 한 질문의 문제점을 1가지 더 쓰고, 위에 제시된 교사의 질문을 학생들의 발산적 사고를 유발할 수 있는 질문으로 바꿔 쓰시오.

- 문제점: ① 발산적 사고 억제

  ② ....

- 발산적 사고를 유발할 수 있는 질문:

  ....

  ....

5. 다음은 '과산화수소수와 감자의 반응'을 탐구하는 수업과정이다. (2007 생물)

> 과정 1. '과산화수소수에 감자 조각을 넣으면 어떤 반응이 일어날까?'라는 질문으로 수업을 시작한다.
> 과정 2. 다음과 같은 통제된 실험과정을 고안하여 실험을 실시한다.
> 첫째, 얼음물, 35℃의 물, 끓는 물이 담긴 비커에 3 mL의 과산화수소수를 넣은 시험관을 각각 2개씩 담근다.
> 둘째, 각각의 시험관에 생감자 조각과 삶은 감자 조각을 넣어 기포가 발생하는지 관찰하고, 기포가 발생하는 정도를 기록한다.
> 과정 3. 실험 결과를 그래프로 변환하여 해석한다.
> 과정 4. 이 해석을 바탕으로 결론을 내리고, 관련된 과학지식으로 일반화한다.

제7차 과학과 교육과정의 통합탐구과정 요소 중 위의 수업에서 명시되지 않은 것을 쓰시오. 또한 이 요소에 해당하는 탐구내용을 위 실험의 학습내용과 관련지어 구체적으로 제시하시오.

■ 명시되지 않은 탐구과정 요소: ....

....

■ 학습내용과 관련된 탐구내용: ....

....

6. 다음은 '진자의 주기에 영향을 미치는 요인'을 알아보기 위한 탐구 과정을 나타낸 것이다.

(2008 공통과학)

교사: 이 탐구 문제의 변인을 찾아보세요.
학생: 저는 실의 길이, 추의 질량, 진자의 주기, 추를 놓는 위치(진폭) 등을 찾았어요.
교사: 그럼, 이 변인들을 이용해서 가설을 세워보세요.
학생: 네, 저는 (..................A..................)라고 가설을 세웠어요.
교사: 그러면 100g, 200g, 300g, 400g의 추 4개와 10cm, 20cm, 30cm, 40cm 길이의 실 4개를 가지고 실험을 설계해보세요.
학생: 추가 4개이고, 실이 4개니까, 각각의 추에 실을 연결하여 진자 4개를 만들 거예요. 즉, 100g−10cm, 200g−20cm, 300g−30cm, 400g−40cm의 4개 진자를 만들어 주기를 측정하려고 합니다.
교사: 그렇게 하면 문제가 있어요. 추의 질량을 통제변인으로 해야 되겠죠.

학생이 세운 가설 A를 종속변인을 포함하여 쓰고, 학생이 설계한 실험에서 잘못된 부분을 고치시오.

■ 가설: ....

....

■ 수정된 실험 설계: ....

....

7. 다음은 두 가지 유형의 수업과정이다. (2009 화학)

수업 A	(가) 교사는 공기를 채운 풍선을 액체 질소에 넣었다가 꺼내면서 풍선의 부피 변화를 보여준다. 학생은 이를 관찰하고, 학습문제를 파악하기 위해 자료를 탐색한다. (나) 교사는 추가 자료를 제시한다. 학생은 기체의 온도와 부피의 관계에 대한 개념을 발표한다. (다) (㉠) (라) 다른 상황에 개념을 적용한다.

수업 B	(가) 교사는 물리변화와 화학변화에 대해 간단히 설명한다. (나) 능력과 수준이 다른 학생 4명씩으로 모둠을 구성한다. 모둠별로 물리변화와 화학변화에 대해서 함께 학습한다. (다) 개인별로 평가문제를 푼다. (라) 개인별 향상 점수를 합하여 모둠별 점수를 구한 후 시상한다.

이에 대한 설명으로 옳은 것을 〈보기〉에서 모두 고른 것은?

〈보 기〉

ㄱ. 수업 A를 발견 학습 모형에 따라 구성할 때, ㉠에서 교사는 학생들이 일반화를 도출할 수 있도록 지도한다.
ㄴ. 수업 B는 서로 다른 모둠 사이의 협동을 통해 학습의 효과를 높인다.
ㄷ. 수업 B에서는 긍정적 상호의존성, 개인별 책무성 등을 강조한다.

① ㄱ ② ㄴ ③ ㄱ, ㄷ
④ ㄴ, ㄷ ⑤ ㄱ, ㄴ, ㄷ

8. 다음은 야외학습 계획의 일부이다. (2009 지구과학)

• 야외학습의 목적
 - 지층에 나타나는 퇴적구조와 화석을 관찰한다.
 - 지층의 주향과 경사를 측정한다.
 - 현생 조간대의 연흔을 관찰한다.

• 야외학습의 목적
  - 지층에 나타나는 퇴적구조와 화석을 관찰한다.
  - 지층의 주향과 경사를 측정한다.
  - 현생 조간대의 연흔을 관찰한다.
• 야외학습 장소의 개요: 이 지역에는 중생대 경상누층군이 주로 분포하며, 퇴적구조와 화석을 관찰할 수 있는 노두와 갯벌은 간조 시에 드러난다.
• 교사의 지도 계획
  - 준비 단계
  - 실행 단계

(생략)

이에 대한 설명으로 옳은 것을 〈보기〉에서 모두 고른 것은?

〈보 기〉

ㄱ. 야외학습 일정을 결정할 때는 조석표를 활용하여 조차와 간조 시간을 확인한다.
ㄴ. 준비 단계에서 퇴적구조, 화석 등에 대하여 학습하는 내용은 야외에서 학습할 내용들이 학생들의 인지구조에 정착되도록 하는 포섭자 역할을 한다.
ㄷ. 이 지역이 학생들에게 낯설면 학생들의 '생소한 경험 공간(novelty space)'이 커진다.

① ㄱ ② ㄷ ③ ㄱ, ㄴ
④ ㄴ, ㄷ ⑤ ㄱ, ㄴ, ㄷ

07장 과학교육과 평가

교육에 있어서 평가는 어떤 의미일까? 위의 그림에서 보는 것처럼 평가에는 다양한 의미가 있다. 이러한 평가의 다양한 의미는 평가의 목적과 기능이라는 말로 표현할 수 있다. 평가는 교수-학습과 분리해서 생각할 수 없는 내용이다. 따라서 교육에서 교수-학습의 중요성만큼 평가의 중요성도 크다고 볼 수 있다. 교수-학습과 평가의 관계는 넓게는 교육과정에서부터 좁게는 단위 수업에서도 나타나며 이들은 서로 상호작용하며 영향을 미친다. 따라서 평가의 역할과 기능에 대한 이해는 곧 교수-학습에 대한 개선으로 이어질 수 있다.

1 평가란 무엇인가?

평가는 학교생활에서 큰 이슈일 뿐만 아니라 학교와 학교교육이 학교 밖의 세상에 의해서 인식되는 방식에 큰 영향을 미치는 중요한 이슈이다. 이처럼 평가는 학교교육에서 매우 중요한 위치를 차지한다. 어쩌면 학교교육 활동을 결정짓는 결정적인 요소라고 볼 수 있을 것이다. 즉 평가가 교육과정을 이끈다 해도 무리가 아닐 만큼 교육과정에서 다른 교육과정 요소에 가장 큰 영향을 미치는 것이 평가라고 볼 수 있다. 과학교육에서 평가에 대한 다양한 논의와 연구가 진행되어 왔으며, 이와 더불어 평가의 목적과 방법이 교수와 학습의 과정에 미치는 영향에 대해서도 많은 논쟁이 있어 왔다. 다음에서는 일반적인 평가의 의미와 역할, 그리고 구성주의 학습관에 바탕을 둔 평가에 대해 알아보고 과학교육에서의 다양한 평가 영역과 방법에 대해서 알아보고자 한다.

▶ **그림 7.1** 평가의 목적은 무엇인가?

1.1 평가의 의미

우리가 어떤 새로운 분야에 대한 고찰을 시작할 때 접근하기 쉬운 방법 중의 하나가 그 어원에서부터 시작하는 것이다. 이러한 방법은 단지 하나의 출발점을 제시하는 데 불과하지만 기대 이상으로 많은 정보를 줄 수 있다. 어원에 대한 고찰을 통해서 그 분야의 선구자들이 어떤 생각을 가지고 이를 시작했는지, 이것의 진정한 의미는 무엇인지 등을 돌이켜 볼 수 있는 기회를 제공한다.

일반적으로 평가라고 하면 영어의 evaluation과 assessment를 혼동하여 사용한다. 그러나 엄밀히 구분할 때 영어의 evaluation과 assessment는 그 의미가 다르게 이용된다. 학교 교육에서 학생과 관련된 평가는 일반적으로 assessment를 의미한다.

assessment는 학생과 그들의 성취도에 대한 것을 기술하는 것으로 정의할 수 있다. assessment는 학생에 관한 정보를 알려주는 것으로, 어떤 것이 집단이나 개인을 위한 가장 적절한 교육과정인가를 결정하게 해주는 것이다. 이는 교수－학습 프로그램이 얼마나 효과적으로 그 목표를 성취하는가의 정도를 측정하는 과정이다. 이 장에서 평가라 함은 영어의 assessment를 지칭하는 것으로 한정하여 서술해 나갈 것이다.

'assessment'라는 단어는 라틴어의 'assidere'에서 유래되었다. 이것은 영어로 'to sit beside'라고 표현되며, 우리말로 번역하면 '옆에 앉아 있는' 정도의 의미로 번역될 수 있을 것이다(Satterly, 1989), 그러면 학생 옆에 앉아 있다는 것은 무엇을 의미하는가?

▶ **그림 7.2** 평가의 의미

학생 옆에 앉아 있다는 것은 밀접한 관계와 경험의 나눔을 제안한다. 교육에서의 평가란 아동의 학습의 본질과 정도를 묘사하는 모든 과정과 산물을 포함하는 폭넓은 용어이다. 즉 교수의 목적과 목표와의 일치 정도, 학습을 촉진시키기 위해 설계된 교육환경과의 관계 등을 다룬다. 그러나 앞의 평가의 정의에서 밝혔듯이 평가의 전반적 목적은 평가 결과에 대한 기술에 그치는 것이 아니라 의사결정을 위한 정보를 제공하는 것이다(최병순 등, 2011). 앞으로 이 장에서는 평가의 의미를 위에서 제시한 평가의 본질적인 목적을 위해 행해지는 형식적이든 비형식적이든 학생의 수행에 대한 정보를 얻기 위한 방법을 모두 지칭하기로 할 것이다.

1.2 평가의 기능과 역할

평가의 기능(function)과 역할(role)은 엄밀하게 다른 의미일 수 있으나 여기에서는 같은 의미로 사용할 것이다. 평가의 기능(function)은 이의 의도된 사용 혹은 목적에 관련된 것이다. 평가의 기능은 실제 평가의 과정에 부정적인 영향을 주는 것은 아니지만 평가의 변수를 선택하는 데 영향을 미칠 수 있다. 따라서 평가를 수행할 때, 목적, 기준, 준거 등이 어느 정도 이러한 평가의 기능의 선택에 의해 영향을 받을 수 있다. 이러한 평가의 기능과 역할은 교사, 학생, 사회의 측면에서 살펴볼 필요가 있다.

1) 교사측면에서 평가의 역할

교사는 평가를 조직하고 실행하는 주체이며 평가의 결과를 가장 잘 활용할 수 있는 위치에 있다. 교사가 평가의 결과를 활용할 수 있는 방법은 1) 교수목표에 대한 점검, 2) 교수실행에 대한 조사, 3) 교육과정의 계획, 4) 학습자의 자기주도적인 학습 조장, 5) 학생의 발달에 대한 보고 등을 들 수 있다.

평가는 교수활동에서 없어서는 안 되는 활동이다. 평가가 없다면 교수방법의 효과를 판단할 수 없다. 학생들의 학습결과에 대한 지식은 교사에게 자신의 교수방법의 문제점을 발견하고 이를 개선할 수 있는 정보를 제공한다. 그러나 평가가 의미 있는 활동이 되기 위해서는 교사가 분명한 교수목적과 목표를 가지고 있어야 하고, 평가를 하기 전에 미리 학생들의 목표성취 여부를 확인할 수 있는 준거가 준비되어야만 평가가 시간 낭비가 아닌 효과적인 교수 계획의 통합적인 부분이 된다. 이를 위해서는 평가에 앞서 교수목표가 무엇이었는지에 대한 확인이 필요하다. 교수목표는 교사의 교수행위를 이끄는 지침으로써 교수의 방향을 제공한다. 이는 곧 학생측면에서는 학습목표에 대한 확인이 된다.

계획한 교수목표에 학생들이 도달하지 못했을 때 교사는 딜레마에 부딪힌다. 즉, 이 교수 목표가 좀 더 효과적인 교수방법에 의해 성취될 수 있는 것인가? 아니면 이 교수목표가 학생들에게 비현실적인가? 등의 문제에 부딪히게 된다. 이것은 해결하기 어려운 문제이지만, 교수활동도 다른 인간행동과 마찬가지로 이상적인 목표설정에 의해 동기화 되고, 또한 교사들은 끊임없이 학생들이 이상적인 목표의 수준에 도달하도록 유도한다. 그러므로 평가는 교사로 하여금 학생에게 적당한 능력과 태도에 균형을 맞춘 목표를 정하고 이를 가르치기 위한 도구로써의 기능을 제공한다.

교수방법에 대한 진단 측면에서 볼 때, 교사는 학생의 반응 즉 학생의 목표 성취정도에 비추어서 자신의 교수방법을 끊임없이 고려해야 한다. 평가의 결과가 교육환경의 개선에 이용되지 않는다면 평가행위 자체가 무의미하다.

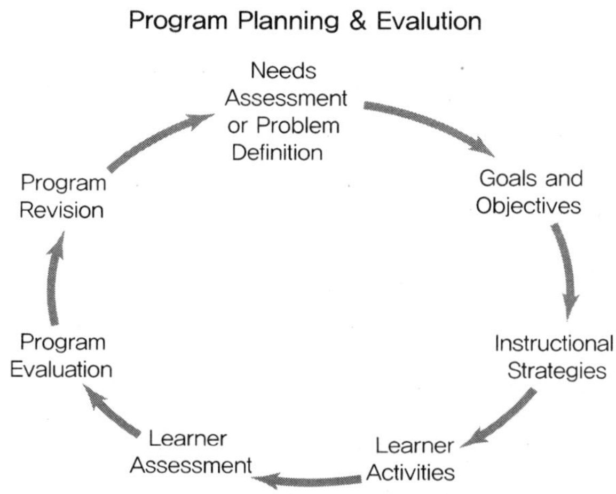

▶ **그림 7.3** 평가의 과정

2) 학생측면에서 평가의 역할

학습의 주체는 학생이므로 학생에 미치는 평가의 영향은 훨씬 더 많은 의미를 갖는다. 평가가 학생에게 미치는 영향은 목표의 결정, 형성피드백, 총괄피드백 등으로 구분하여 생각해 볼 수 있다.

학습자는 스스로 학습목표를 설정함으로써 이에 도달하려는 노력을 지속적으로 하게 된다. 학습자가 자신의 평가결과를 가지고 스스로 목표를 설정하고 목표달성 여부를 판단하여 자신이 학습의 궤도에서 어떤 위치에 있는지를 생각하도록 한다면 바람직한 평가가 될 것이다. 이는 또한 학습자가 자기주도적인 학습자가 될 수 있는 기회를 제공하는 방법이 된다. 학습자로 하여금 자신의 학습에 대해 끊임없이 되돌아보게 하는 방법은 학습의 과정에 학습자를 참여시키는 것이다. 이를 위해서는 평가는 학습의 과정에서 일어나는 평가여야 한다. 이처럼 학습의 과정에서 일어나는 것이 바로 형성평가이며 이에 대한 결과로 이루어지는 것이 형성피드백이다.

형성피드백의 측면에서 볼 때, 평가는 학습자의 현 위치가 어디인가? 학습자가 옳은 학습궤도에 있는가? 등의 문제를 파악하게 하는 데 절대적이다. 이를 통해 학생은 자신감을 갖게 되고 이는 학습동기를 확장시키고, 학습방법의 문제점을 재고하고, 올바른 학습전략을 설정하는 데 도움을 받는다. 이러한 측면에서 형성피드백은 학습자가 반성적 학습자가 되도록 함으로써 자신의 학습을 조절하여 자기주도적 학습을 하게 한다. 이러한 형성 피드백은 외적으로는 교사에 의해 조절되고, 내적으로는 학습자 자신이 학습을 유도하도록 해준다.

총괄피드백은 학습의 과정에서 실시되는 것이라기보다는 학습의 최종 단계에서 얻어지는 결과물로 생각할 수 있다. 이러한 평가는 학생들 사이의 비교에 이용되고, 평가결과는 학습자의 자기평가에 강력한 영향을 미친다.

3) 사회측면에서 평가의 역할

사회적 측면에서 평가의 기능은 사회 통제의 도구로써 기존 사회질서의 지속을 위해 필요하다. 즉 평가는 사회에서 요구하는 인원, 즉 진학이나 입사 등에서 필요한 인원을 선발함에 있어서 기회 균등을 위한 가장 공정한 기준을 제공한다. 또한 어떠한 체제를 후원하는 사람들에 대한 책임감, 교수와 학습의 기준의 유지 등에 영향을 미친다.

이와 같이 평가는 교사의 교수활동, 학생의 학습, 사회의 유지 등과 같은 측면에 영향을 미친다.

2 평가의 목적과 기능

평가의 목적에 대한 고찰은 학습에 대한 정의로부터 출발하는 것이 바람직하다. 학습에 대해 여러 학자들이 다양하게 정의하고 있지만 일반적인 학습의 정의는 학습을 능동적이고 적극적인 활동으로 보는 구성주의 학습의 관점을 취하는 것이 바람직하다고 본다. 학습이 능동적이고 적극적인 활동이라면, 교수(teaching)는 이러한 학습을 향상시키기 위한 활동이라고 볼 수 있다. 그렇다면, 과연 학습이 활동적으로 이루어졌는지, 교수활동이 학습을 향상시켰는지 어떻게 판단할 수 있는가? 여기서부터 평가의 목적을 생각하는 것이 바람직하다.

평가는 학습이 어떻게 이루어지고 있는지를 판단하여 학생 개개인에게 자신의 학습의 문제점을 파악하여 이를 향상시킬 수 있는 기회를 제공하고, 교사에게는 학생 개개인에 대한 정보와 더불어 교사 자신의 교수방법에 대한 재고를 제공한다.

평가목적에 따라 평가의 시기와 도구 등이 달라진다. 그러므로 평가를 하기에 앞서 학습의 목표가 무엇인지를 분명히 하고, 이에 따라 학습목표를 가장 객관적이고 정확하게 평가할 수 있는 방법을 고려해야 한다. 이러한 다양한 목적에 따라 진단(diagnostic), 형성(formative), 총괄(summative) 평가로 구분된다.

2.1 평가의 의미와 목적에 따른 구분

1) 진단평가(diagnostic assessment)

진단평가는 특정 학습주제를 시작하기 전에 실시하는 것으로 교사와 학생들이 이전 학습목표에서 부딪혔던 특별한 어려운 점들을 확인하고, 학생들이 현재 가지고 있는 지식수준과 이해해야 할 학습주제와의 차이를 확인하기 위해서 이용한다. 평가의 형태는 학생들이 새로운 학습주제를 시작하기 이전에 요구되는 지식과 기능의 점검표(check list)의 형태로 주어질 수도 있다. 진단평가는 학생에 따라, 어떤 학생에게는 새로운 주제를 학습할 준비가 되어 있다는 것을 보여주고, 다른 학생들에게는 그들이 아직 습득하지 못한 지식이나 기술을 재고시켜주기 위한 것이 되어야 한다.

또한 학습의 연계성의 측면에서 볼 때, 즉 선수학습과 후속학습의 연계성의 측면에서 진단평가에서는 후속학습을 위해 사전에 필요한 요소를 평가한다. 이러한 진단평가는 학생 개개인에 따라 다른 결과가 주어지므로 그 처방도 달라야 한다. 그러므로 학생에 따라 다른 방식으로 이전에 학습한 주제에 대해 재고해야 한다. 이러한 점들을 무시하면 학생들이 학습에 흥미를 잃고 좌절하게 되며, 결과적으로 학습에 대한 동기를 잃게 된다. 이를 위해서 평가는 끊임없이 학습의 과정 속에서 이루어져야 하며 학습의 결과만을 측정하는 것이 되어서는 안 된다.

2) 형성평가(formative assessment)

형성평가는 교수가 행해지는 중간에 이루어지는 것으로, 학생들이 성취해야 할 목표와 실제 수준 사이의 차이(gap)가 존재하는지의 여부에 따라 형성평가의 결과는 교수-학습과정에 피드백을 제공한다. 여기에서 피드백(feedback)은 Ramaprasad(1983)가 다음과 같이 정의했듯이, 성취해야 할 목표와 실제 수준 사이의 차이(gap)에 대한 정보이며, 이러한 차이를 교정하기 위해 이용된다.

> "Feedback is information about the gap between the actual level and the reference level of a system parameter which is used to alter the gap in some way."
> (Ramaprasad, 1983, p. 4)

형성평가의 결과는 교수-학습 과정에 피드백을 제공한다. 이를 통해서 교사는 학생에 대한 정보를 얻고 자신의 교수방법에 대한 문제점을 파악하여 개선하는 데 이용할 수 있다. 학생은 자신의 평가결과를 통해 목표수준에 도달했는지, 혹은 학습에서의 문제점을 인식하고, 부족한 부분을 보충할 수 있는 기회를 갖는다.

형성평가의 방법으로 일반적으로 단위 수업의 끝 부분에 이루어지는 짧은 형태의 테스트를 생각하는 데 앞서 정의한 형성평가의 정의와 연결 지어 생각하면 수업과정에서 이루어지는 모든 형태의 질문도 형성평가라고 볼 수 있다. 또한 이전 수업주제에 대해 수업의 시작 부분에서 행하는 질문 및 대답의 과정도 형성평가 피드백을 제공하는 좋은 방법 중의 하나이다. 수업의 끝부분에서 실시하는 짧은 필기시험이나 문제해결 연습은 단위수업에 대한 좋은 피드백을 제공한다. 효과적인 형성평가의 열쇠는 피드백이 주어지는 시기에 있다. 즉, 평가가 이루어진 직후에 피드백이 즉각적으로 주어져야 하고, 학생들이 어떠한 수정조치에 대한 필요성을 분명하게 인식하도록 해야 한다.

3) 총괄평가(summative assessment)

총괄평가는 교수−학습 과정에서 진단평가나 형성평가와는 다른 기능을 갖는다. 총괄평가는 주로 학습결과와 교수의 효과를 판단하는 데 이용된다. 총괄평가와 형성평가의 가장 큰 차이점은 총괄평가는 교수−학습 활동을 향상시키기 위한 피드백을 제공하지 않는다는 것이다. 총괄평가에서는 무엇을 배우고 이해했는지, 습득한 기능의 수준은 어떠한지, 지식을 응용하는 능력은 어느 정도인지를 측정한다. 따라서 총괄평가의 결과는 학생의 목표도달 수준에 대한 판단뿐만 아니라 비교에도 활용된다.

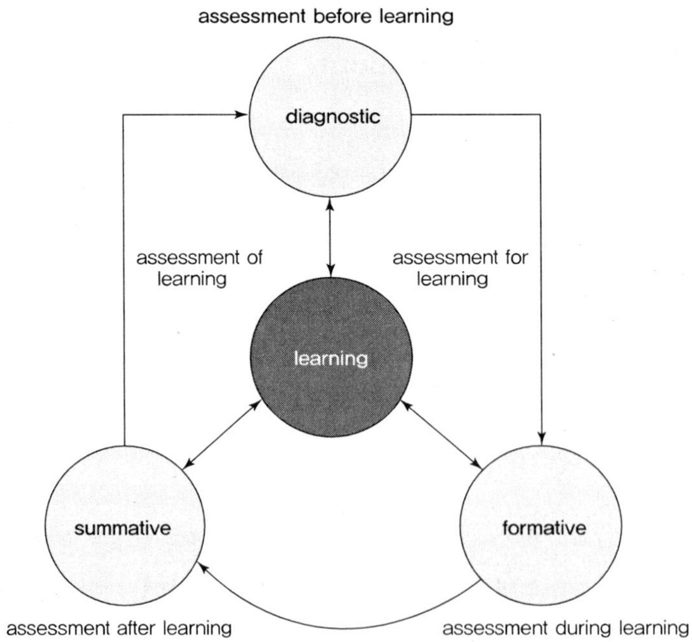

▶ 그림 7.4 평가와 학습의 관계

2.2 평가의 형태

평가는 형태가 무엇이든지 관계없이 학생을 위한 것이어야 한다. 즉 학습자에게 있어서 학습과정에서 현재 자신의 위치는 어디인가? 지금까지 학습한 것은 무엇인가? 다음 단계에는 어디로 갈 것인가? 왜 이것을 하고 있는가? 등에 대한 답을 제공할 수 있어야 한다. 다음은 평가를 하는 주체에 따른 평가의 3가지 형태에 대한 것이다.

1) 자기평가(self-assessment)

일반적으로 평가라 하면 교사에 의한 평가나 외부 평가를 말한다. 그러나 학습의 효과 측면에서 볼 때 평가의 과정에도 학생이 적극적으로 참여할 수 있는 기회가 제공되어야 한다. 이는 학습자가 학습의 주체일 뿐만 아니라 평가의 주체가 되어야 함을 의미한다. 이러한 의미에서 학습자 자신에 의한 평가야말로 가장 강력한 평가형태가 된다.

자기평가는 학습자가 교수-학습 중이나 그 이후에 자기가 학습한 결과에 대해 교사가 제시한 관점이나 내용에 따라 자기 자신이 평가의 과정에 참여하여 자신의 수행 결과물에 대한 반성적 사고와 함께 자신의 장단점을 파악하도록 하는 자기주도적 학습의 평가 활동이다. 자기평가를 통해 학습자는 학습하기 전과 비교해서 어떤 변화가 있고, 무엇을 알게 되었는지, 다른 경험들과는 어떻게 다른지 등을 경험할 수 있다. 또한 자기평가는 학습자로 하여금 그들 스스로 보다 지각 있고, 계획적이며, 호기심을 자극하며, 그들 자신이 배우는 것에 대한 명확한 목표를 갖게 할 수 있다.

자기평가는 학생들에게 학습과제의 목표를 분명하게 제공하는 평가형태이다. 어린 학생들은 자신들이 할 수 있는 것과 할 수 없는 것, 이해하는 것과 이해할 수 없는 것을 분명히 인식한다. 그러므로 자기평가를 함으로써 교사는 학생들에게 자신의 학습에 대한 주체성을 제공할 수 있으며, 이렇게 함으로써 동기를 유발시키며 학습수준을 향상시킬 수 있다. 또한 자기평가는 학습자를 수동적인 평가의 대상이 아닌 능동적인 평가의 주체로써 평가의 과정에 포함시킬 수 있는 좋은 방법이다. 학생들에게 수업의 마지막에 점검표를 나누어주고 스스로 학습목표에 어느 정도 도달했는지 점검하도록 하는 기회를 제공하면 교사들의 평가부담을 줄일 수 있으며, 이를 통해 교사는 그들이 선택한 교수전략의 효과를 재고할 수 있다(Torrance, 1995).

자기평가를 하기 위해서는 교사는 자기평가 점검표를 작성해야 한다. 이 점검표에는 각 기능의 주요 부분에 대한 언급이 있어야 하며, 점검표의 형태는 개방적인 것과 구조화된 것으로 구성될 수 있다. 개방적인 점검표는 학생들에게 1) 이 단원에서 무엇을 배웠는가?

2) 어떤 기능이 발달되었다고 생각하는가? 3) 어떤 기능을 더 공부할 필요가 있다고 생각하는가? 등 성취한 것에 대해 직접적으로 질문하는 방법이다.

이와 같은 질문을 통해서 학생들이 자신의 학습결과를 되돌아볼 수 있는 기회를 제공할 수 있다.

자기평가를 위한 구조적인 점검표의 예시는 다음과 같다.

단원: 2. 역학적 에너지 (2) 운동 에너지

지난 시간에 위치에너지에 대해 배웠습니다. 그 내용을 오늘 수업한 내용과 연관시켜 생각해 보고, 여러분 각자가 오늘 수업한 내용을 얼마나 이해하고 있는지 솔직하게 스스로를 평가해 봅시다.

학습목표
1. 운동에너지의 뜻을 알고 운동에너지를 가진 물체를 예를 들어 설명할 수 있다.
2. 운동에너지와 물체의 질량 및 속력과의 관계를 설명할 수 있다.
3. 운동에너지를 식으로 나타낼 수 있다.
4. 운동에너지를 측정하는 방법을 제시할 수 있다.

항목	얼마나 아는지 빈칸을 채우고 자기가 아는 내용을 써 봅시다.	선생님의 조언
1. 운동에너지의 뜻을 알고 운동에너지를 가진 물체를 예를 들어 설명할 수 있다.	□□□□□	
2. 운동에너지와 물체의 질량 및 속력과의 관계를 안다.	□□□□□	
3. 운동에너지를 식으로 나타낼 수 있다.	□□□□□	
4. 운동에너지를 측정하는 방법을 안다.	□□□□□	

평가 목표	학습목표 이해도					내용
	1	2	3	4	5	
1. '물의 기화와 액화' 실험을 통하여 물의 상태변화를 알 수 있다.						
2. 우리 생활에서 기화 현상과 액화 현상을 예를 들어 설명할 수 있다.						

위의 두 가지 자기평가 점검표를 보면, 두 가지 모두 제시된 학습목표에 대한 자신의 이해정도를 체크하도록 하고 있다. 첫 번째 자기평가지는 여기에 교사의 조언까지 첨가하여 학생의 평가에 대한 교사의 피드백까지 제공하는 형태이다.

2) 동료평가(peer assessment)

동료평가는 친구나 학습동료에 의한 평가로, 주로 형성평가의 목적으로 이용된다. 동료평가는 다른 평가 형태와 비슷한 교육적 효과를 주지만 훨씬 다른 의미를 갖는다. 학생들이 동료평가에 참여함으로써 자신의 학습에 대한 평가를 하게 되고 평가준거에 대한 이해가 되어야 함으로 동료평가는 평가자와 평가되는 학생 모두에게 동등한 가치를 두어야 한다. 평가자에게는 비슷한 연령과 이해수준에 있는 동료 학생의 학습을 비판적으로 분석함으로써 자기 자신의 지식과 기능에 대한 재고를 할 수 있는 기회를 제공한다. 이러한 과정은 학생들에게 어느 정도 평가 과정의 소유권을 전이할 수 있고, 그렇게 함으로써 잠정적으로 학습동기를 증가시키고 참여도를 증가시킬 수 있다. 그러나 평가자인 학생이 평가할 수 있는 능력이 부족하거나 평가를 심각하게 받아들이지 않는다면 불이익이 발생할 수도 있다는 것을 인식해야 한다.

동료평가를 수행하기 위해서는 학생들에게 이를 행하는 이유를 분명히 설명해야 하며, 평가를 위한 명확한 준거를 제공해야 한다.

3) 교사평가(teacher assessment)

교사평가는 교사에 의해 이루어지는 학생에 대한 평가로, 평가받는 대상에 따라 집단에 대한 평가와 개인에 대한 평가로 구분된다. 이를 위한 평가 방법으로 지필, 인터뷰, 관찰을 이용할 수 있다. 지필과 인터뷰는 인지기능을 평가하기 위해 고안한 질문으로 구성되며, 관찰은 수공적인 기능을 평가하기 위한 방법으로 이용된다. 어떤 평가인지에 관계없이 평가에 앞서 교사는 특정 평가방법을 선정한 이유가 무엇인지, 무엇을 평가해야 하는지, 대상은 어떻게 할 것인지, 시간은 어느 정도 소요될 것인지에 대해 고려해야 한다.

또한 교사평가를 통해서 교사는 계속적으로 학생들의 발전 상황을 점검해야 한다. 즉 학생의 성취결과를 통하여 교사는 교수전략의 성공 혹은 실패를 재고할 수 있다.

3 평가의 영역

평가는 학습목표와 밀접한 관련이 있다. 원칙적으로 평가는 의도하는 학습결과에 어느 정도 도달했는지를 평가하는 것이다. 의도하는 학습결과는 곧 학습목표를 말한다. 이제까지 다양한 평가의 목적 및 기능에 대해서 논의해왔고 이를 위한 평가방법 및 평가의 형태에 대해 설명하였다. 여기에서는 학습목표 영역, 즉 인지적 영역과 정의적 영역에 따른 평가에 대해 알아보고자 한다.

3.1 인지적 영역의 평가

인지적 영역의 평가는 블룸(Bloom)의 인지적 목표에 대한 교육목표 분류에 따라 지식(knowledge), 이해(comprehension), 적용(application), 분석(analysis), 종합(synthesis), 평가(evaluation)의 여섯 개의 수준으로 구분된다. 이 여섯 개의 수준은 인지과정의 차이에 의한 것으로 지식(knowledge)이 가장 낮은 수준인 수준 1이라면 평가는 가장 높은 수준인 수준 6에 해당한다. 지식은 이미 학습한 사실을 기억하는 것을 요구한다. 반면에 이해는 이미 학습한 사실을 선택하고, 조직화하고, 배열하고, 해석하는 것을 요구한다. 지식을 묻는 문항은 언제, 어디에서, 누가, 무엇을, 정의 등과 같은 단어를 포함한다. 반면에 이해를 묻는 문항은 비교, 대조, 진술, 제시, 설명 등과 같은 단어를 포함한다. 더 높은 수준인 적용, 분석, 종합, 평가는 고차원적 사고와 관련이 있다. 적용은 적절한 정보와 규칙을 확인하여 문제를 해결하는 것이고, 분석은 어떤 아이디어를 그에 속해 있는 요소로 분리하고, 전체 속에서 부분의 관계에 대한 이해를 보여주는 것이다. 종합과 평가는 창의적인 사고를 향상시키고 복합적인 사고를 요구한다. 종합은 패턴을 분석하고 이를 설명하기 위한 가설을 생성하는 과정에서 이용되며, 평가는 아이디어, 목적, 문제에 대한 해결, 과정, 방법, 산물 등의 가치나 장점에 대한 판단을 하도록 한다(Chiappetta et. al., 2006).

3.2 정의적 영역의 평가

대부분 학교의 과학 프로그램에서는 인지적 영역에 대한 평가만을 강조해 왔으며 정의적 영역에 대한 평가는 도외시되어 왔다. 정의적 영역의 평가는 태도, 흥미, 가치 등에 대한 평가를 위한 것으로 인지적 영역의 평가와는 달리 성향이나 경향을 파악하려는 의도로 이용된다. 최근에 와서야 초·중등 과학교육에서 정의적 영역에 대한 목적을 확인하여 정립하는 데 관심을 기울이고 있다.

우리의 과학교육과정에서 강조되고 있는 정의적 영역과 관련되는 평가에 대한 진술을 살펴보면,

> "과학에 대한 흥미와 가치 인식, 과학학습 참여의 적극성, 협동성, 과학적으로 문제를 해결하는 태도, 창의성 등을 평가한다.(p. 70)"

이러한 변화는 학습에 대한 관점의 변화와 관련된다. 학습환경과 학습과정에서 학생들의 흥미와 태도가 매우 중요한 역할을 한다는 것이 명백해졌기 때문이다. 이러한 이유 때문에 비록 정의적 영역에 대한 결과가 측정하기 어렵다 할지라도 결코 무시되어서는 안 될 것이다. 정의적 영역에 대한 평가를 위해서는 크라트홀 등(Krathwohl et al., 1964)이 제시한 교육목표 분류에서 정의적 영역을 살펴보아야 한다. 이들이 제시한 정의적 영역에 대한 분류는 다섯 개의 수준(Level), 즉 수용(receiving), 반응(responding), 가치(valuing), 정리(organizing), 특징(characterization)으로 나누어진다. 그러나 이러한 분류와 용어들은 과학에 적용할 때 문제점들을 낳는다. 이들의 정확한 설명이 무엇이며, 어떻게 구분 지을 수 있을지도 모호한 부분이 많다. 따라서 과학교과에 이를 적용하는 데는 무리가 따른다. 다음에서는 과학교과에 적용가능한 정의적 영역의 평가방법에 대해 알아볼 것이다.

3.3 정의적 영역 평가 척도

정의적 영역을 평가하는 한 가지 방법은 척도(scale)를 이용하는 것이다. 척도는 적용하기가 수월하고 학생 및 학급 간 비교가 가능하도록 정량적인 점수를 제공해준다. 가장 흔하게 쓰이는 척도의 형태가 의미차별화 척도(semantic differential scales)와 리커트 척도

(Likert scales)이다.

1) 의미차별화 척도(semantic differential scales)

의미차별화 척도는 오스굿 등(Osgood et al., 1967)이 어떤 상황이나, 아이디어, 학교 교과목 등에 대해 적절하거나 묘사하는 대립 형용사를 사용하여 판단하도록 하는 방법을 시도하였다. 측정에 사용되는 형용사는 서로 대립되는 의미를 갖는 것으로, good/bad, right/wrong, heavy/light, fast/slow 등과 같은 것이다. 이러한 형태의 측정법은 학생들의 선호를 알아보기 위해서 이용된다. 보통 대립 형용사나 구절을 두 개의 열로 나열하면 학생들은 두 개의 열 사이에 체크를 하거나 숫자를 써서 응답하게 된다. 이와 같은 대립 형용사를 사용하는 척도를 의미차별화 척도라 한다. 의미차별화 척도의 사용 예시는 다음과 같다.

여러분이 과학에 대해서 갖고 있는 생각을 서술해 주기 바랍니다. 여기에는 정답이나 오답이 없습니다. 다음에 제시되는 문장의 나머지 부분에 대한 것을 아래의 예시에서처럼 두 단어 사이의 번호에 표시하면 됩니다. 예시에서 보듯이, 과학에 대한 여러분이 갖는 감정을 가장 잘 나타내는 숫자에 동그라미 표시를 하면 됩니다.

과학이 ....

좋다	7	6	5	4	3	2	1	싫다
유용하다	7	6	5	4	3	2	1	쓸모없다
중요하다	7	6	5	4	3	2	1	중요하지 않다
흥미롭다	7	6	5	4	3	2	1	흥미롭지 않다

2) 리커트 척도(Likert Scales)

과학에 대한 태도는 리커트(Renis Likert, 1932)가 개발한 척도를 이용하여 측정할 수 있다. 리커트 척도는 알아보고자 하는 영역이나 주제, 대상 등에 적절한 긍정적이거나 부정적인 용어가 포함된 명제적 진술문을 사용하여 쉽게 이용할 수 있다. 일반적으로 5단계 척도가 사용된다. 단어를 사용할 경우, 일반적으로 사용되는 단어는 '매우 긍정, 긍정, 모르겠다, 부정, 매우 부정'이며, 숫자를 사용할 경우, '5, 4, 3, 2, 1'과 같이 표현한다.

4 과학교육과 실험평가

과학교육에서 구성주의 학습관이 강조됨에 따라 교수-학습 방법에도 변화가 나타났으며 평가를 보는 관점에도 변화가 있다. 교수-학습 측면에서 학생주도적인 학습에 대한 강조가 더해졌으며 평가는 학생들의 학습을 향상시키는 목적으로 이루어져야 한다는 것이다. 이를 위해서는 학생들의 지식구성 과정을 다양한 측면에서 평가해야 한다. 과학교육에서 평가는 다양한 방법으로 이루어진다. 앞서 설명했듯이 평가의 형태는 평가의 목적에 따라 달라져야한다. 이러한 관점에서 이루어지는 평가가 대안적인 평가(alternative assessment)이다(Trowbridge et al., 2009). 대안적인 평가(alternative assessment)는 기존에 이루어지던 선택형 평가를 제외한 다른 평가라는 의미로 수행평가(performance assessment)라고도 한다. 수행평가는 엄격한 의미로 학생들이 산출물뿐만 아니라 이를 만들어 내는 과정까지 평가하는 것이다. 따라서 이러한 과정을 평가하기 위한 여러 가지 방법이 제안되는데, 그 예로 관찰, 인터뷰, 개념도, 포트폴리오, 문제해결 등이 있다. 특히 과학에서는 실험을 수행한 후 이에 대한 평가가 중요하기 때문에 다른 교과 영역보다 이러한 수행평가가 중요하다고 볼 수 있다. 따라서 다음에서는 실험평가의 측면에서 수행평가에 대해 알아보고자 한다.

4.1 실험평가

과학교육의 목표 중에서도 특히 탐구능력, 문제해결력 등이 중요한 목표로 자리 잡고 있다. 이러한 과학교육의 목표에 비추어 과학교육에서 실험의 중요성은 다양한 이유에서 일관되게 주장되어왔다. 과학교육에서 실험은 과학지식과 개념의 이해, 지적 능력의 습득, 과학적 과정과 기능의 습득, 과학의 본성에 대한 이해, 과학적 태도의 습득 등의 목적으로 이용될 수 있다. 그러나 이러한 실험의 중요성에도 불구하고 학교현장에서는 실험에 대해 매우 부담스럽게 생각하고 있는 것도 또한 사실이다. 이에 대한 원인은 여러 가지가 있으나 그 중에서도 가장 큰 원인은 이에 대한 평가라고 볼 수 있다.

1) 실험평가 방법

실험활동을 평가하는 방법으로 주로 이용되어온 방법은 전통적인 지필평가 문항을 이용한 검사에 의한 것이다. 그러나 이러한 지필평가는 복잡한 실험이나 실험과제를 평가하는데는 매우 부적당하다. 실험능력은 탐구적인 상황에서만 타당성이 있으므로 실제적인 탐구실험 상황에서 해야 한다. 다음에서는 탐구능력의 실기 실험평가를 실험활동에 대한 평가와 관련지어 알아보고자 한다.

탐구능력을 평가하는 방법과 관련하여, '어떻게 하면 학생들을 격려할 수 있는 실험활동 평가의 타당한 형태가 될 수 있을까?'를 생각해야 한다. 실험활동은 점차 학교 과학교육과정에서 중요한 위치를 차지해 가고 있다. 따라서 실험활동이 단순히 과학개념을 확고히 해주는 것을 도와주는 부수적인 것이 아닌 교수과정의 중심으로 자리 잡게 되었다. 그러면서 발견과 탐구라는 용어가 새로운 학교 실험과정과 연관되게 되었다.

탐구능력의 평가는 실험 시험이나 학생들의 수행을 관찰함에 의해서 평가하는 것이 가장 바람직하다. 흔히 실험평가는 수행 검사(performance test)라고 하는데 이것은 학생들이 그들의 지식과 기능을 보여주는 답이나 생산물을 만들도록 요구하는 검사방법이다. 수행평가는 학생들의 내용과 과정적 지식뿐만 아니라 추론이나 문제해결에서 지식을 이용하는 능력을 평가하는 수단으로써 기구와 실험장치 등을 포함하는 통합적이고 실제적인 과제를 이용한다. 따라서 이러한 평가과제는 단순한 기구조작에서부터 고차원적인 인지기능을 요구하는 것에 이르기까지 다양하다.

타미르(Tamir)는 실험 시험을 손으로 어떤 재료나 어떤 사건을 조작하고 관찰하는 직접 경험을 포함하는 시험이라고 정의하였으며, 과학 실험에 대한 평가를 하기 위한 5가지 접근법으로, 1) 체계적인 관찰과 기록에 기초한 교사에 의한 계속적인 평가, 2) 학생들의 실험 경험에 바탕을 두고 학생들에 의해 작성된 실험 보고서의 평가, 3) 실험 기능에 기초한 학생 개개인의 프로젝트에 의한 평가, 4) 실험 경험과 실험 관련 주제에 대한 지필평가 문항을 이용한 평가, 5) 실기시험 평가를 제안했다.

위에서 보듯이 탐구능력 평가는 지필평가 문항을 이용한 평가와 실제 실험상황에서의 실험평가로 구분할 수 있으며, 실험평가는 다시 관찰법과 실험시험, 프로젝트, 실험보고서를 이용한 평가방법으로 구분된다. 관찰에 의한 방법은 탐구과정 기능의 평가를 위한 가장 바람직한 방법이기는 하지만 우리나라와 같이 학급당 인원수가 많은 상황에서는 이용하기가 어렵다. 실험보고서를 이용한 평가방법은 흔히 결과 중심평가를 말하지만 실험의 형태가 탐구적으로 구성된다면 실험과정에 대한 평가에도 이용할 수 있다.

타미르는 실험평가를 수행하는 대상의 수에 따라 다음과 같이 실험평가의 형태를 구분하였다.

첫째는 개인별 수행시험의 형태이다. 여기에는 과제를 수행하는 학생과 이를 관찰하고 등급을 매기는 관찰자가 포함되며, 이것을 다시 다음의 3가지로 구분하였다.

· 점검표(check list)를 이용하여 시험관이 학생의 행동을 관찰하고, 질문은 하지 않되 지

시문을 따라 하도록 돕기만 하는 방법이다. 따라서 평가는 관찰된 행동에만 한정된다.

- **임상적 인터뷰**(clinical interview) 방법으로, 다양한 현상에 대해 학생들에게 질문을 하고 학생들의 응답에 따라 질문의 방향이 수정되는 방법이다.
- **구두시험**(Oral test)으로 구체적인 현상이나 재료에 기초해서 조사하거나 프로젝트, 보고서를 작성함에 의해 수행된다.

그러나 이와 같은 개인별 평가는 대부분의 학교에서는 수행하는 데 너무 많은 비용이 들어가고, 시간이 많이 소요되므로 특별한 목적 이외에는 현실적으로 이용되기가 어렵다.

두 번째 평가방법으로 집단평가가 이용되는데, 이러한 집단평가는 순환(station or circuit) 실험평가와 같은 형태가 많이 이용되고 있다. 순환 실험평가는 실험실의 실험테이블에 서로 다름 실험과제를 설치해 놓고, 학생들이 정해진 시간 안에 실험을 수행하고 시간이 지나면, 다른 실험 과제가 설치된 테이블로 이동하여 실험을 수행하는 방법으로 각 테이블에서 학생들은 지시문을 읽고, 실험을 수행하면서, 시험지에 답을 적는 형태로 구성된다. 이와 같은 순환 실험평가는 학생들이 실험을 수행하면서 작성한 보고서를 평가할 수 있기 때문에 효율적으로 실험과정에 대해 평가할 수 있는 방법이다(최병순 등, 2011).

2) 실험평가 루브릭

루브릭은 주로 수행평가에서 사용되는 평가척도로서 학생의 수행 결과를 점수로 표현하지 않고 학생의 수행 수준과 특징을 기술어 또는 안내어를 사용하여 서술적으로 진술한다. 전통적인 평가에서 점수나 등급이 학생의 수행에 대해 구체적인 정보를 제공하지 못한 반면에 루브릭은 기술적인 평가 항목에 근거해 그 수준과 장단점을 정확하게 특징화시킬 수 있는 장점이 있다. 최상의 단계에서 최하의 단계까지 무엇이 어떻게 평가될지를 세분화하여 기술하기 때문에 학생의 수행이 어느 수준에 해당하는가를 결정해 현재 상태와 발달의 가능성, 방향을 제공할 수 있다. 루브릭은 다양한 교과 영역에서 학생들의 과제 수행 과정과 결과를 분석할 수 있도록 안내해주고 학생들의 작품의 질을 판단할 수 있게 쉬운 언어로 기술된 준거 척도이며, 세밀하게 개발된 수행 준거를 통해 수업 목표의 재정립을 돕는 도구로 이해될 수 있다(송윤미, 2012).

루브릭은 기본적으로 평가 영역, 각 영역의 수행 수준(척도), 각 수준별 수행준거에 대한 기술로 이루어져 있다. 다음은 탐구실험 상황에서 제시된 문제 상황으로부터 학생들의 의문생성 능력을 평가하기 위한 루브릭 예시이다.

표 7.1 루브릭 예시

	수준	준거
의문 만들기	4	문제 상황을 모두 포함하고 정확한 과학적 용어를 사용하여 변인관계를 진술한다.
	3	문제 상황, 과학적 용어, 변인관계 중 두 가지를 진술한다.
	2	문제 상황, 과학적 용어, 변인관계 중 한 가지를 진술한다.
	1	문제 상황, 과학적 용어, 변인관계를 진술하지 않는다.

다음은 실제상황에서 실험평가를 위한 평가기준이다. 여기에는 실험평가를 위한 평가요소, 평가기준, 평가방법이 제시되어 있다. 평가내용 요소를 보면, 실험실습 기능과 탐구과정 기능으로 구분하였고, 탐구과정 기능의 하위 평가내용 요소는 계획 및 설계, 탐구수행, 분석 및 결론, 평가, 보고서 작성 및 발표로 구분하였다. 각 평가내용 요소에 대한 평가내용 기준을 살펴보면, 해당 평가내용 요소에 대한 성취기준이라고 볼 수 있다. 평가자가 제시된 평가내용 기준에 따라 체크리스트, 수준, 혹은 점수로 평가결과를 제시할 수 있다.

표 7.2 실험평가 기준

평가 영역	평가내용 요소	평가내용 기준	평가 방법
실험 수행 능력	1. 실험 실습 기능	1-1. 실험기구 조작, 설치 및 수행 – 다양한 실험기구 및 장치의 용도를 아는가? – 다양한 실험기구 및 장치의 사용법을 아는가? – 특정 실험을 위한 장치를 꾸밀 줄 아는가? – 실험을 위한 재료를 만들 수 있는가? – 실험기구 및 실험장치의 장단점을 파악하고 있는가? – 측정에 대한 오차 처리 방법을 아는가? – 자료의 처리 방법을 아는가? – 제시된 실험지침을 잘 따라하는가? – 주어진 시간 내에 실험을 수행하는가?	면담 관찰,
		1-2. 관찰 및 측정 – 특성에 따라 분류하는가? – 유사점과 차이점을 찾아내는가? – 정확한 관찰 및 측정을 하는가? – 알맞은 단위나 척도를 사용하는가?	관찰, 보고서

표 7.2 실험평가 기준(계속)

평가 영역	평가내용 요소		평가내용 기준	평가 방법
실험 수행 능력	1. 실험 실습 기능		1-3. 기록 – 자료의 기록이 정확한가? – 자료의 성격이나 대상에 따라 효과적인 방법으로 기록하는가? – 표, 그래프, 다이어그램 등의 형태로 변환시키는가? – 표, 그래프, 다이어그램이 올바르게 표현되었는가? – 얻은 자료에서 경향성이나 규칙성을 확인할 수 있는가? – 변인들 사이의 관계를 확인할 수 있는가?	관찰, 보고서
			1-4. 실험안전 – 실험활동에서 요구되는 안전에 대해 충분히 인지하고 있는가? – 실험활동에서 발생하는 폐기물의 처리 방법을 아는가?	면담, 관찰, 보고서
			1-5. 과학 지식 – 탐구활동에 관련된 과학 개념을 제대로 파악하고 있는가? – 관련 과학 개념들 사이의 관계를 파악하고 있는가?	면담, 지필, 보고서
	2. 탐구 과정	1. 계획 및 설계	2-1-1. 문제 인식 및 가설 설정 – 제시된 현상이나 사물, 사건을 바탕으로 의문(문제)을 만드는가? – 정확한 관찰을 근거로 하는가? – 변인 간의 관계가 제시되어 있는가? – 의문(문제)을 해결하기 위한 검증 가능한 가설을 세우는가?	관찰, 보고서
			2-1-2. 실험설계 – 변인을 확인하는가? – 변인을 독립변인과 종속변인으로 구분하는가? – 변인을 통제하는가? – 관찰 및 측정에 적합한 도구를 선정하는가? – 적절한 실험도구를 선정하는가? – 실험절차는 적절한 순서로 배열되었는가? – 적절하고 안전한 실험 절차를 세웠는가?	관찰, 보고서

표 7.2 실험평가 기준(계속)

평가 영역	평가내용 요소		평가내용 기준	평가 방법
실험 수행 능력	2. 탐구 과정	2. 탐구 수행	2-2-1. 자료수집 및 기록 – 정확한 관찰 및 측정을 하는가? – 알맞은 단위나 척도를 사용하는가? – 실험기구 및 장치의 사용법이 올바른가? – 가설검증에 필요한 자료를 수집하는가? – 반복측정을 하는가? – 얻은 자료가 가설검증을 위해 충분한가? – 적절한 실험장치를 꾸미는가? – 자료의 기록이 정확한가?	관찰, 보고서
		3. 분석 및 결론	2-3-1. 자료변환 및 해석 – 자료의 성격이나 대상에 따라 효과적인 방법으로 기록하는가? – 표, 그래프, 다이어그램 등의 형태로 변환시키는가? – 표, 그래프, 다이어그램이 올바르게 표현되었는가? – 얻은 자료에서 경향성이나 규칙성을 확인할 수 있는가? – 변인들 사이의 관계를 확인할 수 있는가?	관찰, 보고서
			2-3-2. 결론도출 – 변인들 간의 정성적 관계를 인식하는가? – 실험결과(증거)를 바탕으로 결론을 이끌어내는가? – 자신의 가설을 검증할 수 있는 형태로 제시하는가?	관찰, 보고서
		4. 평가	2-4-1. 평가 – 자신의 세운 가설과 결론을 연결 짓는가? – 탐구수행 과정에서의 문제점을 파악하는가? – 문제점에 대한 해결 방안을 제시하는가? – 제시하는 해결 방안이 적절한가?	관찰, 보고서
		5. 보고서 작성 및 발표	2-5-1. 보고서 작성 – 탐구의 전 과정이 논리적으로 잘 나타나 있는가? – 다른 사람들에게 탐구의 결론을 잘 전달하고 있는가?	보고서
			2-5-2. 발표 – 논리적이고 분명하게 말하는가? – 자신의 탐구활동에 기초해서 발표하는가? – 다른 사람의 비판에 논리적으로 대응하는가? – 실험결과에 기초해서 논리적으로 논의하는가?	관찰, 보고서

4.2 실험평가의 예시

실험평가를 위해서는 일련의 단계를 거쳐야 한다. 우선적으로 실험평가가 이루어질 실험의 상황을 결정해야 한다. 과학의 과정은 목적이 아니라 수단이다. 그러므로 이를 평가할 때 상황과 독립적이어서는 무의미하다고 하겠다. 따라서 어떤 상황 속에서 탐구능력을 이용하여 문제를 해결해 나가는가의 문제가 평가를 할 때 고려해야 할 점이다. 상황은 일상적 상황에서부터 과학적 상황에 이르기까지 다양하므로 교사는 실험평가를 하기에 앞서 실험이 행해질 상황을 설정해야 한다. 다음 단계는 실험주제의 선정이다. 실험주제의 선택은 학생이 자신의 실제 능력을 보여줄 수 있는지의 여부가 결정적 요소이다. 실험과제의 선정 시 실험이 설정되는 상황(일상적 · 과학적), 실험이 다루고 있는 개념수준, 실험에 포함되는 변인의 특성, 수, 복잡성, 실험으로 얻어지는 결과의 복잡성 등과 같은 요인이 난이도의 결정에 중요한 요인이 된다. 다음 단계는 수행할 탐구과정의 선정으로, 안내된 탐구의 형태인지 개방된 탐구의 형태인지를 결정한다. 여기에서 제시하는 탐구의 형태에 따라 평가할 요소가 추출되고 이에 대한 평가 루브릭이 개발된다.

다음 표 7.3은 위의 절차에 따라 개발된 실험평가의 예시이다.

표 7.3 실험평가의 예시

<table>
<tr><th>영역</th><th colspan="4">평가내용</th></tr>
<tr><td rowspan="2">내용</td><td rowspan="2">고체의 용해도</td><td>물질에 따른 용해도</td><td rowspan="2">평가 목표</td><td>▸물질에 따라 용해도가 다름을 안다.
▸용해도가 물질의 특성이 됨을 안다.</td></tr>
<tr><td>용해도에 영향을 미치는 요인</td><td>▸물질의 용해도를 실험을 통하여 측정할 수 있다.
▸물질의 용해도에 미치는 온도가 영향을 실험을 통해 검증할 수 있다.</td></tr>
<tr><td rowspan="2">탐구</td><td colspan="2">탐구과정</td><td>평가 요소</td><td>계획 및 설계, 탐구수행, 분석 및 결론, 평가</td></tr>
<tr><td colspan="2">탐구활동수준</td><td colspan="2">개방형 탐구</td></tr>
<tr><td colspan="5">동원이는 다음과 같은 현상을 관찰하였다.

(현상 1) 물이 반쯤 들어 있는 컵에 설탕을 반 스푼 정도 넣었더니 모두 녹았다.
(현상 2) 물이 반쯤 들어 있는 컵에 소금을 반 스푼 정도 넣었더니 일부는 녹고 일부는 녹지 않고 남아 있었다.
(현상 3) 두 컵에 설탕과 소금을 각각 1스푼씩 더 넣은 다음 뜨거운 물이 들어있는 비커에 넣고 잘 저어 주었더니 설탕은 모두 녹았는데 소금은 일부만 녹고 일부는 그대로 남아 있었다.</td></tr>
</table>

위의 현상에 대한 이유를 알아보기 위해 다음에서 주어진 재료를 이용하여 실험을 해보고자 한다.

[재 료] 질산칼륨, 소금, 물, 약포지, 알코올램프, 온도계, 시험관, 시험관대, 비커, 삼발이, 쇠철망, 메스실린더, 윗접시 저울, 약숟가락, 뜨거운 물, 실온의 물, 얼음

1. 우선 실험에 앞서 세울 수 있는 가설은 어떤 것이 있는가?

2. 자신이 세운 가설을 검증하기 위한 실험을 설계해보자.

3. 설계한 실험에 따라 실험을 수행하고 결과를 기록하자.

4. 이 실험으로부터 얻은 결과는 무엇인가?

5. 이로부터 얻을 수 있는 결론은 무엇인가?

6. 자신이 수행한 실험에 대해 평가해보자.

평가 내용		평가 기준	배점	평가 방법
계획 및 설계	문제 인식 및 가설 설정	– 물질에 따라 녹는 정도가 다르다는 것을 인식하고 있는가? 1점 – 같은 물질이라도 온도에 따라 녹는 정도가 다름을 인식하고 있는가? 1점 – 온도와 용해도(녹는 양)가 나타나 있는가? 각 1점 – 온도에 따른 용해도(녹는 양)의 관계가 나타나 있는가? 각 1점	6	보고서
	실험 설계	– 변인을 확인하는가? 각 1점 물질의 종류(소금, 질산칼륨), 온도(뜨거운 물, 실온의 물, 얼음물) – 변인을 독립변인과 종속변인으로 구분하는가? 각 1점 독립변인(물의 온도, 물질 종류) 종속변인(용해도) – 변인을 통제하는가? 각 1점 온도변화 이외에 녹이는 물의 양 일정 온도 일정하게 유지 – 관찰 및 측정에 적합한 도구를 사용하는가? 1점 – 실험절차는 적절한 순서로 배열되었는가? 1점 – 적절하고 안전한 실험 절차를 세웠는가? 1점	9	보고서

평가 내용		평가 기준	배점	평가 방법
탐구 수행	자료 수집 및 기록	– 온도, 녹는 양, 부피 측정방법이 올바른가? 각 1점 – g, mL, °C의 단위 사용이 올바른가? 각 1점 – 온도계, 저울, 메스실린더 눈금을 정확히 읽는가? 각 1점	6	관찰
분석 및 결론	자료 변환 및 해석	– 표로 나타내는가? 1점 – 질산칼륨과 소금에 대한 표가 올바르게 표현되었는가? 각 1점 – 표를 그래프의 형태로 변환시키는가? 각 1점 – 그래프의 x축과 y축이 올바르게 표시되었는가? 1점 – 그래프로부터 온도와 질산칼륨과 소금의 용해도 사이의 관계를 확인할 수 있는가? 각 1점	8	보고서
	결론 도출	– 물질의 종류에 따라 용해도의 차이를 기술하는가? 각 1점 – 온도에 따른 용해도의 차이를 기술하는가? 각 1점 – 자신이 얻은 실험결과에 바탕을 두고 결론을 제시하는가? 각 1점 – 자신이 세운 가설과 관련지어 결론을 이끌어내는가? 1점	7	보고서
평가	평가	– 자신의 세운 가설과 결론을 연결 짓는가? – 탐구수행 과정에서의 문제점을 파악하는가? – 문제점에 대한 해결방안을 제시하는가? – 제시하는 해결 방안이 적절한가?	4	보고서

위의 예시는 문제 상황 제시 후 실험기구와 재료를 제공하여 탐구의 계획 및 설계부터 평가에 이르기까지 탐구의 전 단계를 수행하도록 하는 개방형 탐구 문항의 형태이다. 평가에 소요되는 시간은 약 90분으로 추정된다. 계획 및 설계 25분, 탐구수행 35분, 분석 및 결론 15분, 평가 5분, 정리 5분 등의 시간소요가 예상된다. 그러나 평가 상황에 따라 위의 탐구과정에서 특히 중요하다고 판단되는 부분만을 추출하여 평가하는 것도 가능하다. 이를 위해서는 계획 및 설계, 탐구 수행까지 평가하는 경우를 생각해 볼 수 있다. 이 경우 평가에 소요되는 시간은 60분이므로 시간이 절약되는 이점이 있다. 또 다른 대안으로는 실험문제와 실험방법을 모두 제시하고 탐구수행과 분석 및 결론, 평가를 평가하는 방안을 고려할 수 있다. 이 경우에도 소요시간이 60분이기는 하나 실험결과에 바탕을 두지 않고 수험생들이 자신이 알고 있는 과학적 지식만을 이용하여 답을 할 가능성이 있기 때문에 이에 대한 대책이 필요하다.

다음은 위의 예시를 제시한 것처럼 부분 탐구형으로 수정했을 때의 예시이다. 여기에서는 문제상황을 제시한 후 탐구과정 요소 중 탐구의 계획 및 설계, 즉 가설 및 이를 검증하기 위한 실험설계를 제시하고, 탐구수행과 분석 및 결론, 평가의 요소만을 평가하도록 하고 있다. 평가는 탐구수행은 실제 실험과정을 관찰하여 가능하고, 나머지 탐구과정 요소인 분석 및 결론, 평가는 보고서를 이용하여 평가할 수 있다.

<table>
<tr><th>영역</th><th colspan="4">평가내용</th></tr>
<tr><td rowspan="2">내용</td><td rowspan="2">고체의 용해도</td><td>물질에 따른 용해도</td><td rowspan="2">평가 목표</td><td>▸물질에 따라 용해도가 다름을 안다.
▸용해도가 물질의 특성이 됨을 안다.</td></tr>
<tr><td>용해도에 영향을 미치는 요인</td><td>▸물질의 용해도를 실험을 통하여 측정할 수 있다.
▸물질의 용해도에 미치는 온도가 영향을 실험을 통해 검증할 수 있다.</td></tr>
<tr><td rowspan="2">탐구</td><td colspan="2">탐구과정</td><td>평가 요소</td><td>탐구수행, 분석 및 결론, 평가</td></tr>
<tr><td colspan="2">탐구활동수준</td><td colspan="2">부분 탐구</td></tr>
</table>

동원이는 다음과 같은 현상을 관찰하였다.

(현상 1) 물이 반쯤 들어 있는 컵에 설탕을 반 스푼 정도 넣었더니 모두 녹았다.
(현상 2) 물이 반쯤 들어 있는 컵에 소금을 반 스푼 정도 넣었더니 일부는 녹고 일부는 녹지 않고 남아 있었다.
(현상 3) 두 컵에 설탕과 소금을 각각 1스푼씩 더 넣은 다음 뜨거운 물이 들어있는 비커에 넣고 잘 저어 주었더니 설탕은 모두 녹았는데 소금은 일부만 녹고 일부는 그대로 남아 있었다.

위의 현상에 대한 이유를 알아보기 위해 다음에서 주어진 재료를 이용하여 실험을 해보고자 한다.

[재 료] 질산칼륨, 소금, 물, 약포지, 알코올램프, 온도계, 시험관, 시험관대, 비커, 삼발이, 쇠철망, 메스실린더, 윗접시 저울, 약숟가락, 뜨거운 물, 실온의 물, 얼음

1. 우선 실험에 앞서 세운 가설은 다음과 같다.
   [가 설]: 질산칼륨의 용해도와 소금의 용해도는 온도가 증가함에 따라 증가할 것이다.
2. 위의 가설을 검증하기 위한 다음의 실험절차는 다음과 같다.
   [실험절차]
   ① 뜨거운 물(60 °C), 실온의 물(25 °C), 얼음물(0 °C)과 3개의 비커를 준비한다.
   ② 각 비커에 뜨거운 물(60 °C), 실온의 물(25 °C), 얼음물(0 °C)을 같은 양 담는다.
   ③ 각 비커에 질산칼륨이 더 이상 녹지 않을 때까지 녹인다.
   ④ 남아 있는 질산칼륨의 질량을 측정한다.
   ⑤ 실제로 녹아들어간 질산칼륨의 양을 측정한다.
   ⑥ 소금을 이용하여 위와 같은 방법으로 실험한다.
3. 실험절차에 따라 실험을 수행하고 결과를 기록하자.
4. 이 실험으로부터 얻은 결과는 무엇인가?
5. 이로부터 얻을 수 있는 결론은 무엇인가?
6. 자신이 수행한 실험에 대해 평가해보자.

<table>
<tr><th colspan="2">평가 내용</th><th>평가 기준</th><th>배점</th><th>평가 방법</th></tr>
<tr><td>탐구 수행</td><td>자료 수집 및 기록</td><td>– 온도, 녹는 양, 부피 측정방법이 올바른가? 각 1점
– g, mL, °C의 단위 사용이 올바른가? 각 1점
– 온도계, 저울, 메스실린더 눈금을 정확히 읽는가? 각 1점</td><td>6</td><td>관찰</td></tr>
<tr><td rowspan="2">분석 및 결론</td><td>자료 변환 및 해석</td><td>– 표로 나타내는가? 1점
– 질산칼륨과 소금에 대한 표가 올바르게 표현되었는가? 각 1점
– 표를 그래프의 형태로 변환시키는가? 각 1점
– 그래프의 x축과 y축이 올바르게 표시되었는가? 1점
– 그래프로부터 온도와 질산칼륨과 소금의 용해도 사이의 관계를 확인할 수 있는가? 각 1점</td><td>8</td><td>보고서</td></tr>
<tr><td>결론 도출</td><td>– 물질의 종류에 따라 용해도의 차이를 기술하는가? 각 1점
– 온도에 따른 용해도의 차이를 기술하는가? 각 1점
– 자신이 얻은 실험결과에 바탕을 두고 결론을 제시하는가? 각 1점</td><td>6</td><td>보고서</td></tr>
<tr><td>평가</td><td>평가</td><td>– 탐구수행 과정에서의 문제점을 파악하는가?
– 문제점에 대한 해결방안을 제시하는가?
– 제시하는 해결 방안이 적절한가?</td><td>3</td><td>보고서</td></tr>
</table>

요약 | 07장 과학교육과 평가

1 평가란 무엇인가?

1.1 평가의 의미

1) 평가의 의미

- 학생과 그들의 성취도에 대한 것을 기술하는 것으로 정의되는 assessment.
- 아동의 학습의 본질과 정도를 묘사하는 모든 과정과 산출을 포함.
- 학생의 수행에 대한 정보를 얻기 위한 방법.

2) 평가의 기능과 역할

- 교사 측면에서 평가의 역할: 교수방법의 효과를 판단, 학생에게 적당한 능력과 태도에 균형을 맞춘 목표를 정하고 이를 가르치기 위한 도구로써의 기능 제공.
- 학생 측면에서 평가의 역할: 목표의 결정, 형성피드백, 총괄피드백 역할. 평가 결과를 가지고 스스로 목표를 설정하고 목표달성 여부를 판단하여 자신의 학습궤도에서 현 위치를 파악하는 자기주도적 학습의 기회 제공. 학습에 대해 끊임없이 되돌아보게 하는 방법.
- 사회 측면에서 평가의 역할: 사회 통제의 도구로써 기존 사회질서의 지속을 위해 필요.

2 평가의 목적과 기능

2.1 평가의 의미와 목적에 따른 구분

1) 진단평가(diagnostic assessment)

- 특정 학습주제를 시작하기 전에 실시.
- 교사와 학생들이 이전 학습목표에서 부딪혔던 특별한 어려운 점을 확인하고, 학생들의 현재 지식수준과 이해해야 할 학습주제와의 차이를 확인하기 위해 이용.

2) 형성평가(formative assessment)

- 교수가 행해지는 중간에 이루어지는 것.
- 학생들이 성취해야 할 목표와 실제 수준 사이의 차이의 존재 여부에 따라 평가결과는 교수-학습 과정에 피드백 제공.

• 교사는 학생에 대한 정보를 얻고 교수방법의 문제점을 파악하고 개선하는 데 이용.
• 학생은 평가결과를 통해 목표수준의 도달 여부, 학습에서의 문제점 인식, 부족한 부분의 보충 기회를 가짐.

3) 총괄평가(summative assessment)
• 학습결과와 교수의 효과를 판단하는 데 이용.
• 교수－학습 활동을 향상시키기 위한 피드백을 제공하지 않음.
• 무엇을 배우고 이해했는지, 습득한 기능의 수준은 어떠한지, 지식을 응용하는 능력은 어느 정도인지를 측정.

2.2 평가의 형태

1) 자기평가(Self-assessment)
• 학습자가 학습한 결과에 대해 교사가 제시한 점검표에 따라 수행 결과물에 대한 반성적 사고와 함께 자신의 장단점을 파악하도록 하는 자기주도적 학습의 평가 활동.
• 학습자들에게 학습과제의 목표를 분명하게 제공하는 평가형태.
• 학생들에게 자신의 학습에 대한 주체성을 제공할 수 있으며, 동기를 유발시키며 학습수준을 향상시킬 수 있음.
• 학습자를 능동적인 평가의 주체로써 평가과정에 포함시킬 수 있는 좋은 방법.
• 자기평가를 하기 위해서는 교사는 자기평가 점검표를 작성해야 함.

2) 동료평가(Peer assessment)
• 친구나 학습동료에 의한 평가로, 주로 형성평가의 목적으로 이용.
• 평가자에게는 동료학생의 학습을 비판적으로 분석함으로써 자신의 지식과 기능에 대한 재고의 기회를 제공.
• 평가자인 학생이 평가 능력이 부족하거나 이를 심각하게 받아들이지 않는다면 불이익이 발생할 수 있다는 것을 인식해야 함.
• 교사는 학생들에게 이를 행하는 이유를 분명히 설명해야 하며, 평가를 위한 명확한 준거를 제공해야 함.

3) 교사평가(teacher assessment)
• 교사에 의해 이루어지는 학생에 대한 평가.
• 평가받는 대상에 따라 집단에 대한 평가와 개인에 대한 평가를 구분.
• 평가방법으로 지필, 인터뷰, 관찰을 이용.
• 교사는 평가 방법의 선정 이유, 무엇을 평가하는지, 평가 대상, 평가 소요 시간 등을 고려해야 함.

3 평가의 영역

3.1 인지적 영역의 평가

- **지식:** 가장 낮은 수준의 평가, 학습한 사실의 기억을 요구.
- **이해:** 이미 학습한 사실을 선택, 조직화, 배열, 해석을 요구.
- **적용:** 적절한 정보와 규칙을 확인하여 문제를 해결하는 것.
- **분석:** 아이디어를 그에 속해 있는 요소로 분리하고, 전체 속에서 부분의 관계에 대한 이해를 보여주는 것.
- **종합:** 패턴을 분석하고 이를 설명하기 위한 가설을 생성하는 과정에서 이용.
- **평가:** 가장 높은 수준의 평가. 아이디어, 목적, 문제에 대한 해결, 과정, 방법, 산물 등의 가치나 장점에 대한 판단.
- 종합과 평가는 창의적인 사고를 향상시키고 복합적인 사고를 요구.

3.2 정의적 영역의 평가

- 태도, 흥미, 가치 등에 대한 평가를 위한 것으로 성향이나 경향을 파악하려는 의도로 이용.
- 정의적 영역에 대한 분류는 다섯 개의 Level(수용, 반응, 가치, 정리, 특징)로 나누어짐.

3.3 정의적 영역 평가 척도

1) 의미차별화 척도

- 대립 형용사(good/bad, right/wrong, heavy/light, fast/slow 등)를 사용하는 척도.
- 대립 형용사나 구절을 두 개의 열로 나열하면 두 개의 열 사이에 체크를 하거나 숫자를 써서 응답.

2) 리커트 척도

- 알아보고자 하는 영역이나 주제, 대상 등에 적절한 긍정적이거나 부정적인 용어가 포함된 명제적 진술문을 사용하여 이용.
- 일반적으로 5단계 척도를 사용

4 과학교육과 실험평가

4.1 실험평가

- 기존에 이루어지던 평가를 제외한 다른 평가라는 의미.
- 산출물뿐만 아니라 이를 만들어내는 과정까지 평가하는 것.
- 관찰, 인터뷰, 개념도, 포트폴리오, 문제해결 등의 방법이 제안.

1) 실험평가 방법

- **탐구능력 평가:** 지필평가 문항을 이용한 평가와 실제 실험 상황에서의 실험평가로 구분. 실험 시험이나 학생들의 수행을 관찰함에 의해 평가하는 것이 바람직.
- **지필평가 검사:** 주로 이용되어 왔으나 복잡한 실험이나 실험과제를 평가하는 데는 부적당.
- **수행검사(실험평가):** 학생들이 그들의 지식과 기능을 보여주는 답이나 생산물을 만들도록 요구하는 검사방법, 관찰법과 실험시험, 프로젝트, 실험보고서를 이용한 평가방법으로 구분.
- **평가과제:** 단순한 기구조작에서부터 고차원적 인지기능을 요구하는 것까지 다양.
- **타미르의 실험평가 형태 구분:** 개인별 수행시험의 형태(점검표를 이용, 임상적 인터뷰 방법, 구두시험), 집단 평가(순환 실험평가).

2) 실험평가 루브릭

- 수행평가에서 사용되는 평가척도.
- 학생의 수행결과를 점수로 표현하지 않고 학생의 수행 수준과 특징을 기술어 또는 안내어를 사용하여 서술적으로 진술.
- 기술적인 평가 항목에 근거해 그 수준과 장단점을 정확하게 특징화시킬 수 있는 장점이 있음.
- 기본적으로 평가 영역, 각 영역의 수행 수준(척도), 각 수준별 수행준거에 대한 기술로 구성.

기출문제

1. 다음은 10학년 기말고사 문항과 답지 반응 분포이다. (2009 화학)

[문항]

다음은 염산과 수산화나트륨의 반응이다.

(가) 묽은 염산 10mL를 비커에 넣고 BTB 용액을 2~3방울 떨어뜨린다.
(나) 용액의 색이 녹색이 될 때까지 스포이트로 수산화나트륨 수용액을 조금씩 넣는다.

이 실험에 대한 설명으로 옳은 것은? (　　　)

① 과정 (가)의 용액은 파란색이다.
② 과정 (나)에서 H^+과 OH^-은 구경꾼이온이다.
③ ……………………………………
④ 과정 (나)의 용액은 전류가 흐르지 않는다.

[답지 반응 분포] 정답 ③

답지	①	②	③	④
반응 분포(%)	9	20	40	31

이에 대한 설명으로 옳은 것을 〈보기〉에서 모두 고른 것은?

〈보 기〉

ㄱ. 이 문항은 '중화반응의 양적 관계를 몰 개념으로 이해하고 있는가'를 평가한 것이다.
ㄴ. 답지 ③에 '과정(나)에서 비커 안에 존재하는 총 이온수는 일정하다'는 적절하다.
ㄷ. 위의 답지 반응 분포에서 문항의 변별도를 산출할 수 있다.

① ㄱ　　② ㄷ　　③ ㄱ, ㄷ
④ ㄴ, ㄷ　　⑤ ㄱ, ㄴ, ㄷ

2. 다음은 교사가 학생의 과학에 대한 태도를 알아보기 위하여 제작한 설문지의 일부이다. (2010 화학)

다음 설문지를 읽고 자신의 생각과 가장 가깝다고 느껴지는 항목에 ✔표시를 하시오.

영역	문항	매우 그렇다	그렇다	보통이다	아니다	전혀 아니다
(가) 과학적 태도	1. 나는 친구들의 의견이 내 의견과 다르더라도 주의 깊게 듣는다.					
	2. 나는 남들이 다 옳다고 하더라도 증거가 불충분하면 다른 의견을 제시한다.					
	3. 나는 조별 실험을 할 때 내가 직접 하기보다 친구들이 하는 것을 지켜본다.					
	…					
(나) 과학에 대한 태도	1. 나는 과학자들이 우리의 생활을 편리하게 하는 데 기여한다고 생각한다.					
	2. 나는 과학을 공부하는 것이 실생활에 도움이 된다고 느낀다.					
	…					

이 설문지에 대한 설명으로 옳은 것을 〈보기〉에서 모두 고른 것은?

〈보 기〉

ㄱ. 이 설문지는 자기보고서 방식으로 제작되었다.

ㄴ. 각 문항에 대한 응답을 점수화할 때 (가) 영역에는 역배점을 해야하는 문항이 포함되어 있다.

ㄷ. "나는 집에 있는 물건이 고장 나면 그 원인이 궁금하다."는 (나) 영역에 해당한다.

① ㄱ　　② ㄷ　　③ ㄱ, ㄴ

④ ㄴ, ㄷ　　⑤ ㄱ, ㄴ, ㄷ

3. 다음은 자동차 부동액에 관한 수업 활동지이다. (2010 화학)

[과정]

(가) 증류수와 에틸렌글리콜을 1:1의 부피비로 섞은 부동액을 만든다.

(나) 하나의 시험관에는 증류수 20mL를, 다른 시험관에는 부동액 20mL를 넣는다.

(다) 잘게 부순 얼음과 굵은 소금을 3:1의 비율로 섞어서 만든 한제를 비커에 넣은 후, 그 비커에 (나)의 두 시험관을 넣는다.

(라) 두 시험관에 온도계를 꽂고 3분 간격으로 증류수와 부동액이 얼 때까지의 온도를 측정하면서 각 물질의 상태를 관찰한다.

[결과]

(가) 시간에 따라 증류수와 부동액의 온도를 측정하고 두 물질의 상태를 관찰한다.

	시간(분)	0	3	6	9	12	15	18	21
증류수	온도(°C)								
	물질의 상태								
부동액	온도(°C)								
	물질의 상태								

(나) 온도가 변함에 따라 증류수와 부동액의 상태는 각각 어떻게 달라지는가?

(다) 증류수와 부동액이 얼기 시작하는 온도는 차이가 있는가?

[고찰]

얼음과 소금의 혼합비를 달리하여 한제를 만들고, 한제의 최저온도를 측정하여 얻은 자료는 아래와 같다. 아래 표를 해석하여 어떠한 결론을 내릴 수 있는가?

얼음(g)	60	70	75	80	90
소금(g)	40	30	25	20	10
최저온도(°C)	−17	−20	−21	−18	−13

수업이 끝난 후에 학생이 작성한 활동지를 평가하기 위해 만든 평가 준거로 옳은 것을 〈보기〉에서 모두 고른 것은?

〈보 기〉

ㄱ. 부동액의 어는점 측정을 위한 실험 과정을 설계할 수 있는가?
ㄴ. 증류수와 부동액의 어는점을 비교할 수 있는가?
ㄷ. 한제의 온도를 가장 낮게 만드는 얼음과 소금의 혼합 비율을 찾아낼 수 있는가?

① ㄱ　② ㄴ　③ ㄱ, ㄷ
④ ㄴ, ㄷ　⑤ ㄱ, ㄴ, ㄷ

4. 다음은 [문항]과 학생들의 성취 수준에 따른 [응답 분포]이다. (2011 화학)

[문항]

그림은 두 물질의 용해도 곡선이다. 이 곡선에 대한 설명으로 옳은 것만을 (다음)에서 모두 고른 것은?

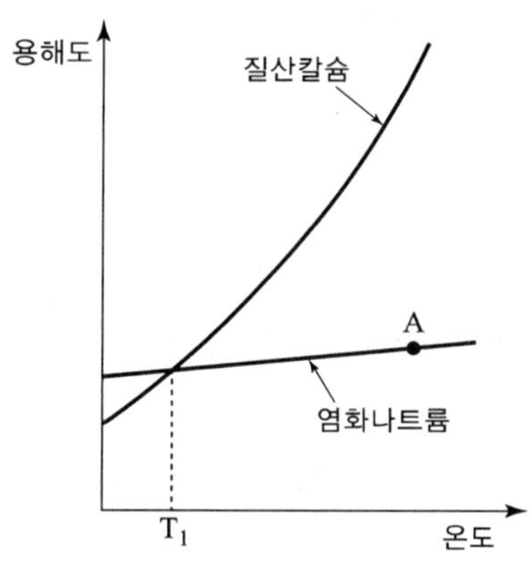

〈다 음〉

a. 온도 변화에 따른 두 물질의 용해도는 서로 다르다.
b. A 상태의 염화나트륨 수용액에 염산을 떨어뜨리면 염화나트륨 결정이 석출된다.
c. T_1보다 높은 온도에서 두 물질의 혼합물을 분별결정으로 분리할 수 있다.

① a　② b　③ c
④ a, b　⑤ a, b, c

[응답 분포] 답: ⑤

성취 수준	①	②	③	④	⑤
상위(100명)	5명	10명	10명	35명	40명
중위(100명)	10명	5명	30명	25명	30명
하위(100명)	10명	15명	15명	25명	40명

이 [문항]과 [응답 분포]에 대한 설명으로 옳은 것만을 〈보기〉에서 모두 고른 것은?

〈보 기〉

ㄱ. 정답률은 40% 미만이고, 변별도는 높다.

ㄴ. (다음) b는 제7차 과학과 교육과정에 따르면, 중학교에서 평가하는 내용으로 적절하지 않다.

ㄷ. (다음) c를 "T1보다 낮은 온도에서 두 물질의 혼합물을 분별결정으로 분리할 수 있다."로 바꾸어도 문항의 답은 달라지지 않는다.

① ㄱ ② ㄷ ③ ㄱ, ㄴ
④ ㄴ, ㄷ ⑤ ㄱ, ㄴ, ㄷ

5. 다음은 학생 A가 작성한 화학 II 과목의 용액 단원에 대한 수행 평가 활동지이다. (2012 화학)

수행 평가 활동지

1 다음 준비물을 적절하게 사용하여 0.10 M 아세트산 수용액 250 mL를 만드는 과정을 적고, 그 과정에 따라 정확한 농도의 아세트산 수용액을 만드시오.

[준비물] 1.0M 아세트산 수용액, 증류수, 부피 플라스크(250mL), 눈금 실린더(250mL), 비커(250mL), 증류수병, 스포이트, 피펫, 유리막대

(1) 만드는 과정

(가) 필요한 1.0M 아세트산 수용액의 부피를 계산한다.
(나) 피펫을 이용하여 (가)에서 계산한 부피의 1.0M 아세트산 수용액을 취한 후, 눈금 실린더에 넣는다.
(다) 증류수를 눈금 실린더의 250mL 눈금선까지 채우고 용액을 잘 섞는다.

(2) (1)의 과정에 따라 0.10M 아세트산 수용액 250mL를 만드시오.

2 아세트산의 ㉠ 이온화 상수(Ka)가 1.8×10^{-5}일 때 여러분이 만든 묽은 용액의 pH를 계산하시오.

(생략)

이에 대한 설명으로 옳은 것만을 〈보기〉에서 있는 대로 고른 것은?

〈보 기〉

ㄱ. 학생 A가 0.10M 아세트산 수용액을 만드는 활동에는 클로퍼(L. Klopfer)의 과학 교육 목표 분류로 볼 때 '수공적 실험 기능'이 포함된다.

ㄴ. 학생의 수행 평가에 대한 평가 준거로 '적절한 기구를 사용하였는가?'를 포함하는 것은 적절하다.

ㄷ. 약산의 표준 용액으로부터 묽은 용액을 제조할 때, 묽은 용액의 pH를 계산하기 위해서 교사는 ㉠보다 표준 용액의 이온화도를 제시해 주는 것이 더 적절하다.

① ㄱ　② ㄷ　③ ㄱ, ㄴ
④ ㄴ, ㄷ　⑤ ㄱ, ㄴ, ㄷ

08장 과학교육과 글쓰기

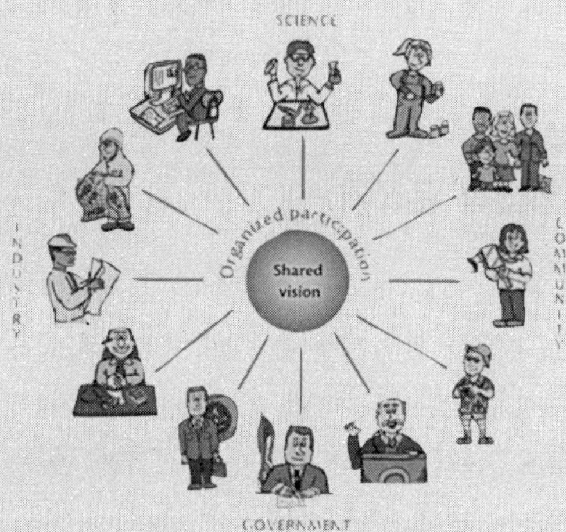

Writing is the representation of language in a textual medium through the use of a set of signs or symbols.

글쓰기란 무엇인가? 글쓰기는 무엇을 위한 것인가? 과학에서 글쓰기는 어떤 의미를 갖는가? 이 장에서는 과학 글쓰기에 대한 고찰 및 과학교육에서 글쓰기가 갖는 의미와 목적에 대해 살펴보고, 현재 과학 글쓰기가 우리 교육과정에서 어떻게 이용되고 있는지를 살펴볼 것이다. 또한 과학 글쓰기가 과학 교수–학습에 어떻게 활용될 수 있는지 살펴보고 이의 평가방법에 대해 알아볼 것이다.

1 글쓰기란 무엇인가?

글쓰기는 글을 쓰는 사람으로 하여금 어떤 현상이나 상황에 대한 개인의 반응을 생성하여 학습에 능동적으로 참여하게 하고(Emig, 1977), 개념들 간의 체계적인 관계를 형성하며, 사고를 명료화하거나 아이디어의 발견과 검토를 통한 지식의 생성 및 검증, 개선을 하게 함으로써 여러 교과 및 학문 영역의 중요한 지식과 기술을 습득하는 강력한 학습의 도구이다.

1.1 학습과 글쓰기

학습은 언어를 매개로 이루어진다. 과학학습에서도 과학에 대한 이해는 과학의 고유한 언어를 통해서 발달시킬 수 있으며, 이를 이용해서 새로운 지식을 이끌어낼 수 있다(Norris & Philips, 2003). 그렇다면 과학학습에서 언어의 사용은 어떤 형태로 이루어질까?

그림 8.1에서 보듯이 과학자들이 과학 활동을 하면서 접하는 다양한 상황에서 다양한 대상과 의사소통을 하게 된다. 이러한 의사소통의 과정에서 언어는 매우 중요한 역할을 한다.

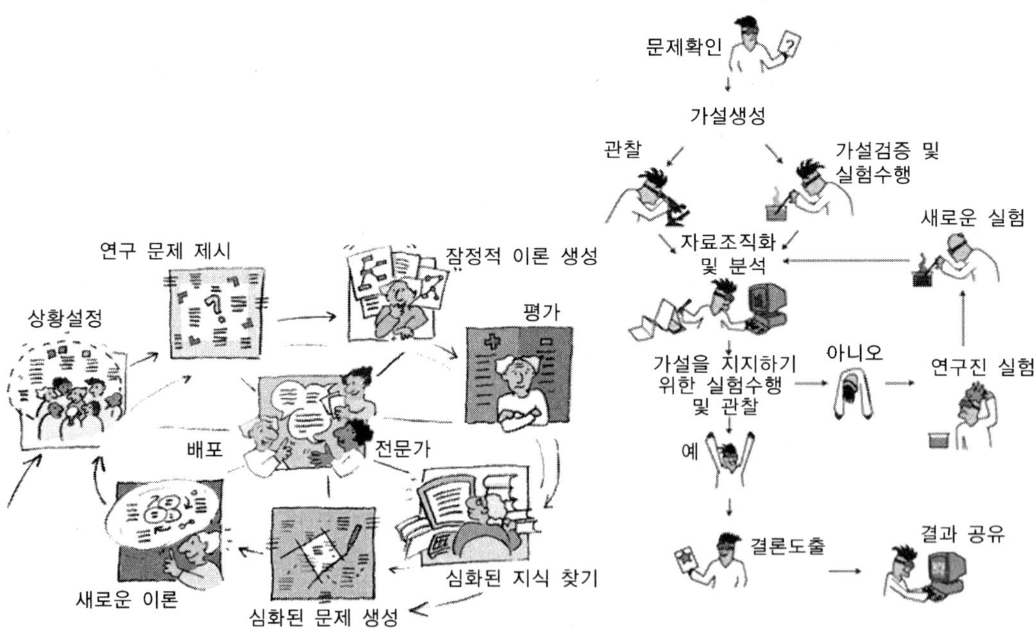

▶ **그림 8.1** 과학 활동에서 언어의 역할

언어의 사용은 말하고 쓰는 활동으로 정의되며, 최근 들어 언어의 한 형태인 쓰기는 학습에서 중요한 활동으로 부각되고 있다. 말하기와 비교하여 학습도구로써 글쓰기의 특징은 다음과 같이 나타낼 수 있다(Hodson, 1998).

첫째, 글쓰기는 말하기보다 더 추상적이며 복잡하고 어려울 뿐만 아니라 이해하는 데 더 많은 지적 노력이 요구된다.

둘째, 글쓰기는 말하기보다 오랜 시간에 걸쳐 만들어지므로 핵심을 재고하고 오류를 발견, 제거할 기회와 편집 형태를 좀 더 세밀하고 신중하게 할 기회를 제공한다.

셋째, 글쓰기는 비판적 사고를 지지하기 위한 기회를 제공할 뿐만 아니라 새로운 이해를 개발하고, 기존의 지식을 탐색, 검증 및 강화, 개량하는 사고 도구로 사용될 수 있다.

넷째, 말하기는 과정, 행위, 사건의 용어로 실재가 묘사되는 좀 더 동적인 양식인 데 비해 글쓰기는 실재와 경험이 사물, 정의, 설명의 용어로 묘사되는 개괄적 관점을 취한다.

다섯째, 말하기가 협상과 행위의 언어라면 글쓰기는 상징적 재현과 관계의 언어로 세밀한 가르침과 정보를 제공하는 이상적인 매체이다.

글쓰기의 이러한 특징으로 인해 과학에서 글쓰기는 학습에 대한 이해를 평가하는 수단일 뿐만 아니라 과학을 학습하는 방법으로 강조되어 왔다(Connally & Vilardi, 1898). 글쓰기는 학습자들을 학습에 보다 능동적으로 참여하게 한다. 또한 개념 간의 체계적인 연관을 짓게 하고, 과학개념에 대한 지식을 구성하게 해줌으로써 과학개념 이해를 발달시킬 수 있으며, 사고를 확장시키고, 반성하게 한다(Osborne, 2002). 또한 과학 글쓰기는 학생들이 배운 것에 대해 대화하고, 비판적으로 생각하고, 자신들의 실험 데이터의 의미에 대하여 추론한 기회를 제공하며, 탐구문제 진술, 증거와 설명 사이의 관련성을 찾기 위해 비판적이고 논리적으로 생각하도록 함으로써 과학적 소양을 갖게 하는 데 도움이 된다(Keys et al., 1999). 글쓰기 과제를 수행했을 때 과학개념 이해뿐만 아니라 과학의 본성 및 과정에 대한 학생의 이해, 과학과 쓰기에 대한 학생의 태도, 논의와 고차원적 사고 기술의 향상을 가져온다(Prain & Hand, 1996).

1.2 과학 글쓰기

과학 글쓰기는 글쓰기의 주제, 글의 대상 및 소재, 글의 서술방식 및 용도 등에 따라 다양하게 정의된다. 가장 넓은 의미에서 과학 글쓰기는 '일반 대중을 대상으로 과학에 대해 쓰는 글'로 정의된다. 이러한 과학 글쓰기의 목적은 일반 대중을 이해시키기 위한 것으로, 보통 저널리즘(journalism)이나 창의적인 비소설의 형태로 쓰여지는 글이다.

과학 글쓰기에 대한 다양한 정의를 살펴보면 아래와 같다.

- 이공계 사람들이 쓰는 실험노트, 메모, 실험보고서, 제품설명서, 제안서와 같은 업무용 문서(김성수 역, 2006)
- 감정에 호소하여 느낌을 전달하는 것이 아니라 주요 사실을 알기 쉽고 간결하게 기술하는 글쓰기(임재춘, 2006)
- 과학 기술 전문가, 과학 기술 전공 학생들이 쓰는 글(서정수 등, 2008)
- 과학 현상에 대해 관찰하거나 사유한 과정, 그리고 공학 기술적 문제를 개인적인 의견이나 판단에 근거하지 않고 객관적으로 정확하게 기록한 모든 양식의 글쓰기(신형기 등, 2006)
- 과학과 관련된 내용을 과학 분야의 학문적 글쓰기 관습의 영향권 아래에서 과학적 맥락과 형식에 따라 행해지는 글쓰기(신선경, 2008)
- 과학적 방법을 통하여 얻은 자료를 근거로 하여 과학적 현상이나 대상에 대하여 사고한 내용이나 과정 등을 논리적으로 표현한 글쓰기(송윤미, 2012)
- 자연현상에 대해 관찰하거나 생각한 과정, 과학적 논쟁 요소가 있는 문제를 객관적으로 정확하게 기록한 모든 양식의 글쓰기(길현정, 2011)

위의 과학 글쓰기에 대한 다양한 정의로부터 볼 때, 과학 글쓰기는 과학 관련 내용에 대해 다른 사람을 이해시키거나 설득할 목적으로 행해지는 글쓰기라고 요약할 수 있다.

1.3 과학교육과정에서 나타나는 과학 글쓰기

현 과학교육과정(2009 개정 교육과정)에 제시된 과학 글쓰기와 관련된 내용을 보면 아래와 같이 의사소통 능력의 함양을 위한 방법으로 과학 글쓰기를 강조하고 있다.

> "과학 및 과학과 관련된 사회적 쟁점에 대한 자료를 읽고, 이를 활용한 과학 글쓰기와, 토론을 통하여 과학적 사고력, 창의적 사고력 및 의사소통 능력을 함양할 수 있도록 지도한다."
>
> (교육과학기술부, 2009, p. 68)

이러한 과학 글쓰기에 대한 강조는 과학교육과정의 평가방법에도 나타난다.

> "과학적 글쓰기와 토론을 통해 생명과학과 관련된 자료를 토대로 자신의 생각을 논리적・탐구적으로 표현하는 능력을 평가한다." (교육과학기술부, 2009, p. 68)

위에서 보듯이 과학교육과정에서 제시하는 과학 글쓰기는 의사소통 능력 함양을 위한 수단으로 활용될 수 있고 또한 평가의 방법으로 활용될 수 있음을 시사한다. 이는 과학교육에서 과학 글쓰기가 과학 교수 방법 및 평가의 방법으로 쓰일 수 있음을 의미한다.

글쓰기는 2009 교육과정에 앞서 2007 개정 과학과 교육과정에서 이미 과학 교과서에 도입되었다. 2007 개정 과학과 교육과정에서는 종래의 지식 확인 성격의 문제를 탈피하여 개념도, 내용 연계표, 짧은 글짓기, 상상하여 쓰기, 과학 콩트, 생활 속의 과학, 생각하여 쓰기, 추리해 보기 등 다양한 글쓰기를 제시하고 있다.

- 상상하여 쓰기는 실제 상황에서 일어날 수 없는 일들을 가정하고 그 안에서 겪게 되는 과학적 현상들에 대한 이해 정도를 쓰는 것
- 과학 콩트는 과학적인 사실에 바탕을 두고 창의적인 아이디어를 내어 흥미로운 이야기를 쓰는 것

표 8.1 글쓰기 유형 및 주제(길현정, 2011)

유형	주제
상상하여 쓰기	‣ 자신이 우주 비행사가 되어 우주왕복선을 타고 대기권을 여행한다고 상상해 보자. 위로 올라가면서 창밖으로 보이는 대기권의 여러 현상과 온도의 변화를 200자 내외로 써 보자. ‣ 자신이 공상 과학 영화를 만든다고 가정하고, 다음 이야기의 줄거리를 완성해 보자. "2050년, 주인공은 자연 상태에서 만들어진 얼음 결정이 붕괴할 때의 변화를 생생하게 보기 위하여 모험을 떠난다. 자신의 몸을 물 분자 크기로 줄인 후……" ‣ 교실 한구석에 향수병을 두고 뚜껑을 열어 놓았다. 향수 분자는 공기를 이루는 분자보다 약 10배 정도 무겁다. 이 향수 분자가 공기 중에서 어떤 일들을 겪게 될지 상상하여 200자 내외의 이야기로 써 보자.
과학 콩트	‣ 자신이 암석 표본 중의 하나가 되었다고 가정하자. 그 암석이 어떻게 만들어져서 교실에까지 오게 되었는지 상상하여, 200자 내외로 이야기를 써 보자.
짧은 글짓기	‣ 다음의 과학용어를 사용하여, 우리 주변에서 볼 수 있는 자연현상을 설명하는 짧은 글을 지어 보자(열에너지, 분자운동, 승화, 방출). ‣ 다음 용어를 포함하여 아래에 있는 10개의 칸을 '끝말 이어가기'로 채워 보자. 다 채운 후에는 나열된 용어를 이용하여 짧은 글을 지어 보자(인공신장, 소변, 혈액).
생각하여 쓰기	‣ 우리가 우주 비행사들처럼 무중력 상태에서 생활한다고 가정할 때, 경험하거나 발견할 수 있는 현상들에 대해 써 보자.

- 짧은 글짓기는 몇 개의 과학개념을 이용해 과학적 현상을 설명하는 문장을 만들도록 하는 글쓰기
- 생각하여 쓰기는 실제 일어날 수 있는 일이지만 경험해 보지 않은 일을 과학 이론과 연결시켜 서술하는 글쓰기

이와 같은 다양한 글쓰기는 실제 과학 수업에서 표 8.1에서 제시한 주제와 같이 단원의 마무리에서 이용할 수 있다.

2 과학학습과 언어

과학학습에서 언어를 이용한다는 것은 말하고 쓰는 활동으로 과학을 정의하는 것이다(Kelly & Chen, 1999). 과학학습에서 읽기와 쓰기의 중요성은 요리책 같은 실험과 단순한 수학과 같은 과학학습에서 탈피하자는 생각에서 강조되었다(Norris & Phillips, 2003). 언어를 통해 과학에 대한 이해를 발달시킬 수 있고 새로운 지식을 이끌어낼 수 있다(Norris & Philips, 2003). 또한 언어는 이미 알고 있는 것을 더 심도 있게 할 뿐만 아니라, 다른 사람들과의 의사소통을 위한 과정에서도 중요한 역할을 한다. 비고츠키(Vygotsky)는 학생이 성인이나 자신보다 나은 동료 학습자와의 상호작용을 통한 매개 학습의 경험을 가짐으로써 보다 발전할 수 있으며, 이때 가장 중요한 매개체는 언어임을 강조하였다(한순미, 1999).

과학학습에서 사용할 수 있는 언어는 크게 일상 언어와 과학적 언어로 구별할 수 있다. 학생들은 새로운 내용을 이해하기 위하여 일상 언어와 과학적 언어를 함께 사용하여 새로운 개념을 탐색하고 용어의 의미를 명확히 할 수 있다(Christie, 1981). 일상 언어는 그 자체로 새로운 과학학습과 일상생활에서 중요하지만(Halliday & Martin, 1993; Lemke, 1990; Wellington & Osborne, 2001) 수업을 통하여 적합한 과학 용어로 전환될 때 과학학습이 이루어졌다고 볼 수 있다.

이처럼 학습은 언어를 매개로 하여 이루어지기 때문에 언어와 학습은 불가분의 관계에 있고 언어의 한 형태인 쓰기 역시 학습에서 중요한 활동이라는 점이 부각되었다. 글을 쓰는 것은 텍스트를 구성하는 것인데 텍스트는 과학적 언어만큼 과학적 이론의 존재와 형성에 필수적이다(Norris & Phillips, 2003). 여기서 말하는 텍스트는 글로 된 문장뿐만 아니라 수학적 기호, 그래프 등의 모든 기록을 말한다. 과학지식을 설명하거나 정교화하는 데 텍

스트를 이용하지 않으면 학생들은 과학을 제대로 이해하지 못하게 되므로 텍스트는 과학지식을 사회적으로 구성하는 데 중요한 요소가 되며(NRC, 1996), 의사소통에 필수적이다. 과학학습에서 텍스트 쓰기 즉, 글쓰기는 무엇보다 중요한 역할을 한다(Halliday & Martin, 1993).

과학학습에서 쓰기 활동의 중요성은 결과물 자체보다 쓰기를 통한 과학학습의 향상 측면에서 살펴볼 수 있다. 이 장에서는 학습도구로써의 쓰기와 과학학습에 적용될 수 있는 쓰기 모델에 관해 알아보고자 한다.

2.1 학습도구로써의 쓰기

학생들이 글을 쓰면서 새로운 과학지식을 구성한다는 생각은 1970년대 초에 제시되었다(Kelly et al., 2002). 글쓰기 활동을 통해 그 주제에 대해 더 잘 알 수 있게 된다는 연구가 제시되었고(Applebee, 1984), 1990년대에는 학습을 위한 쓰기의 개념이 나타나기 시작했다(Holliday, Yore & Alvermann, 1994).

글쓰기를 이용한 과학학습은 전통적인 강의식 접근방식에서 벗어나 과학적 증거를 바탕으로 지식을 재구성하고 개념을 획득할 수 있는 과학의 한 방법으로(Kelly et al., 2002), 조사 연구, 읽기, 강연, 실험 실습처럼 과학학습의 한 양식이다.

과학에서 학습도구로써 쓰기의 특징은 다음과 같이 요약할 수 있다.

첫째, 과학 글쓰기는 학생들이 배운 것에 대해 대화하고 과학개념에 대한 지식을 구성하게 해준다. 글쓰기를 통해 정보를 조직하고 과학적 현상을 묘사하고 지식 주장을 생성하고 논의를 형성하는 추론적인 기술을 발달시킬 수 있다. 따라서 글쓰기는 내용 학습을 강화하여 개념 이해를 발달시킬 수 있는 학습 생성 도구로 활용될 수 있다.

둘째, 과학 글쓰기는 학생들에게 비판적으로 생각하고 자신들의 실험 데이터의 의미에 대하여 추론할 기회를 제공하고, 탐구 문제 진술, 증거와 설명 사이의 관련성을 찾기 위해 비판적이고 논리적으로 생각하도록 함으로써 과학적 소양을 갖게 하는 데 도움된다(Keys et al., 1999).

셋째, 글을 쓰는 과정은 논리적, 창의적, 비판적 문제 해결과정이며 단순한 지식만으로 되지 않는 종합적 사고 과정으로 학습자의 인지적 과정을 통제하고 강화하며, 학습의 최종 단계를 확정하는 역할을 한다(박영목, 2008).

넷째, 과학 글쓰기는 의사소통 행위로 학생의 의사소통 능력 발전에 도움을 주고 자신의 생각을 되돌아볼 수 있는 기회를 제공하고 다른 사람과의 아이디어 공유, 설득 등 학습의 하나의 방법이 될 수 있다. 학생은 글을 쓰면서 글을 읽게 되는 사람들을 의식하게 되며, 그들을 이해시킬 수 있는 가장 적합한 단어를 선택하여 적용하게 된다. 이런 과정은 다른 사람과의 협의, 소통을 강조하는 행위이며 쓰기가 하나의 사회적 행동으로 쓰기 활동을 통해 다른 사람과 협동하는 법을 배울 수 있다(Klein, 1999; Prain & Hand, 1996; Prain, 2006).

글쓰기는 국어뿐만 아니라 모든 과목에서 학문 탐구의 결과물을 만들어내는 최종의 과정일 뿐만 아니라 기초학문 탐구능력의 하나이다(하병학, 2006). 글을 쓰면서 자신의 생각을 가다듬고, 새로운 아이디어를 창출하고, 필요한 자료가 무엇인지 판단하여 자료를 보관하고, 자신의 생각에서 부족한 점을 수정할 수 있다. 또한 글쓰기 활동은 자신의 사고에 대한 반성을 통해 자신을 성찰하고, 자신의 의사를 다른 사람에게 전달하는 과정을 통해 다른 사람의 생각을 이해하고, 다른 사람의 의견을 존중하는 태도를 길러줌으로써 과학적 소양의 밑거름이 된다.

이상과 같이 과학학습에서 쓰기는 개념구성, 문제해결, 의사소통에 중요한 역할을 하며 과학적 소양을 함양시킬 수 있는 학습도구로써 유용하다.

2.2 구성주의와 과학 글쓰기

1960년대 이전 행동주의 관점에서 쓰기는 학생의 작문 능력에 의미를 둔 결과중심 접근방식으로 진행되었다. 결과중심 쓰기는 의미를 전달하거나 나열하는 전통적인 방식으로 학생은 주어진 주제에 대해 자신이 알고 있거나 하고 싶은 이야기를 문법에 맞추어 바른 철자법으로 쓰고 교사는 학생의 글에서 잘못된 점을 지적해 주었다. 이와 같이 결과중심 쓰기에서는 단순히 수사적 영역만을 평가했는데 이에 대한 비판으로부터 과정중심 쓰기가 대두되었다.

1960년대 중반 이후부터 강조된 쓰기의 한 방법인 과정중심 쓰기는 지식을 구성하는 주요 요인을 개인의 인지적 작용으로 보는 인지적 구성주의에 바탕을 두고 있으며 완성된 글 자체보다는 그 글을 완성하기까지의 일련의 과정을 강조한다.

과정중심 쓰기의 본질을 살펴보면 첫째, 쓰기를 통해 의미를 구성한다는 것이다. 쓰기는 학습의 평가나 결과물이 아니라 곧 탐구의 과정이며, 지식이 구성되어 가는 과정이다(이호진과 최경희, 2005). 둘째, 쓰기는 학생의 장기 기억 창고에 저장된 여러 정보들 중에서 목적과 의도에 맞는 내용들을 판별, 설정, 조직하는 과정으로 사고력이 요구되며 동시에 사고력을 키울 수 있는 활동이다(이재승, 2002).

글쓰기 교육이 결과보다는 과정중심으로 전환되면서 교사의 역할도 일방적인 강의보다는 자율적인 교육 환경을 제공해 주고 학생의 글쓰기를 도와주는 협력자의 역할로 변모되었다.

1980년대 이후에는 사회적 구성주의 관점을 받아들여 학습 과정을 학습자 개개인의 인지적 활동이라기보다는 동료 구성원들과의 상호작용을 통해 사회적으로 합의된 지식을 각 개인이 내면화하는 활동으로 보았다(Driver et al., 1994). 우리나라에서도 제7차 교육과정부터 문제해결 능력의 신장 및 과학지식 체계와 탐구방법의 습득을 위하여 사회적 상호작용이 강조된 탐구활동과 토의수업, 글쓰기가 강조되고 있다.

현재 과학수업에서 이루어지고 있는 가장 일반적인 글쓰기는 주로 보고서 쓰기라고 할 수 있다. 과학 보고서 쓰기를 강조한 학자들은 보고서 양식이 과학적 아이디어를 연결시키고 정확하게 전달할 수 있도록 고안한 특별한 글쓰기라고 주장한다(Prain, 2006). 과학보고서 쓰기에 동료나 교사와의 상호작용이 강화된 활동이 제공된다면 학습도구로써 글쓰기는 좋은 방법이 될 수 있다.

학생들이 쓰기 활동을 할 때 과학지식이 변형될 수도 있고 형성될 수도 있는데, 지식 생성과 구성에 대한 기회를 제공하기 위해 학생들의 수준에 맞는 체계적인 글쓰기 과제를 제시하고, 글쓰기에 관련된 개념을 명료화하도록 해야 한다. 학생에게 적절하게 제공된 쓰기 과제는 학생들의 지식구성 과정을 촉진시킬 수 있다. 따라서 어떤 종류의 글쓰기 유형이 이해를 향상시키는 인지적 활동에 도움이 되고 과학학습에 효과적인지가 중요한 관심사가 되었다. 과학교육에서 읽고 쓰는 능력에 대해 학생이 겪는 어려움을 지적하면서 과학 글쓰기에 친숙해질 수 있도록 상상이나 허구를 활용한 픽션 형식의 이야기식 글쓰기를 제안하고 있다(Wellington & Osborne, 2001). 우리나라에서도 제7차 교육과정에서 학생의 이해를 돕는 저널, 만화, 간단한 이야기 등의 비형식적 글쓰기가 활용되고 있다. 그러나 과학학습에 이용되는 다양한 글쓰기 과제가 모두 학습으로 연결되는 것은 아니며, 학생의 개념 이해를 증가시키며 개념을 통합하고 사고력을 기를 수 있는 글쓰기 과제를 설계해야 한다.

3 과학 교수-학습 방법과 과학 글쓰기

과학 교수-학습의 방법으로 과학 글쓰기를 이용하기 위해서는 학생들이 과학자와 같이 실제 과학 활동의 과정을 경험하면서 글쓰기를 수행하는 것이 필요하다. 이러한 관점에서 전통적인 과학실험 형태를 이용하기보다는 학생들이 탐구를 수행하면서 동료들과 논의를 하는 활동을 통한 글쓰기를 이용해야 한다(Hand, Wallace, & Yang, 2004). 여기에서는 논의에 기반한 과학 탐구활동을 수행하면서 글쓰기를 하는 것을 강조하는 탐구적 과학 글쓰기(SWH: Science Writing Heuristic)에 대해서 살펴보기로 한다.

3.1 탐구적 과학 글쓰기(SWH: Science Writing Heuristic)

탐구적 과학 글쓰기 언어를 매개로 수업 시간 전체에 걸쳐 논의와 탐구과정을 바탕으로 한 글쓰기이다. SWH 활동이 진행되는 동안 학생은 지속적으로 동료와 논의를 하고, 논의 후에 자신의 주장과 주장을 지지하기 위한 증거를 제시해야 한다(남정희 등, 2008). 이런 과정은 과학적 탐구에서 중요한 과정 중의 하나로 쿤(Kuhn, 1989)이 말한 설명과 증거를 연결하고 둘 간의 관계를 조정하는 과정이다. 기존의 과학 수업에서 학생은 데이터를 수집하고 해석하는 탐구 과정을 수행했으나 결과를 바탕으로 한 논의가 포함된 진정한 과학적 경험과 글쓰기를 하지 못했다.

학생들은 논의와 탐구과정이 강조된 SWH 활동을 통해 의문을 만들고, 의문을 해결하기 위한 실험활동을 하며, 그 결과를 이용해 주장하고, 주장에 대한 근거를 제시하는 과학자의 연구과정을 경험하게 되는 것이다. 글쓰기 논의는 과학자들이 주로 이용하는 방식으로, 지식을 주장하는 의사소통에 중요한 역할을 한다(Gross, 1990; Myers, 1990). 학생들이 과학자처럼 글쓰기 논의에 참여할 때 개인적·사회적인 의미 만들기의 과정에 참여하게 된다. 기존 국어 교과 등에서 강조되었던 글쓰기 활동을 과학에 적용함으로써 전통적인 강의식 방법에서 벗어나 과학적 증거를 바탕으로 지식을 구성하고 개념을 획득할 수 있게 하며(Kelly et al., 2002), 쓰기 활동을 논의와 연계시켜 생각이나 주장을 펼칠 수 있도록 함으로써 학생들의 반성적, 비판적 사고를 발달시키는 데 도움이 될 수 있도록 한다(김희경, 2003).

1) 탐구적 과학 글쓰기의 구성

SWH는 의문 만들기, 실험과정, 관찰 및 결과, 주장과 근거, 읽기, 반성의 여섯 단계로 이루어진다.

(1) 의문 만들기

의문 만들기는 교사가 교수목표에 따른 문제 상황을 제시하면 학생들이 주어진 문제상황 속에서 의문을 만들어내는 단계이다. 학생들이 만드는 의문은 이미 알고 있는 것, 그들이 알고 싶어 하는 것에 기초하기 때문에 학습자의 흥미와 관련되어 있다. 학습자의 흥미는 학습자의 능동적인 참여를 유도하기 때문에 이 수업의 전체적인 진행을 위해서 매우 중요한 역할을 한다.

의문 만들기는 나의 의문, 조의 의문, 학급의 의문의 3단계로 구성되어 있다. 학생들이 개별적으로 문제상황으로부터 나의 의문을 만들고 나면 이것을 바탕으로 협상을 통해 조의 의문을 정하고 다시 학급논의를 통해 학급의 의문을 만든다. 이러한 과정을 통해 만들어진 학급의 의문은 학습목표와 같은 역할을 하는 것으로 이후 진행되는 수업의 과정은 이것을 해결하기 위한 과정이므로 계속적으로 재확인하도록 강조한다.

(2) 실험과정

학급의 의문을 해결하기 위한 실험과정을 설계하고 수행하는 과정이다. 기존의 과학 실험보고서에는 이미 무엇을 써야 하는지, 어떻게 써야 하는지가 정해져 있어서(Keys, 1999) 학생들은 실험이 끝난 후에도 실험결과로부터 어떤 결론에 도달할 수 있는지에 대한 생각을 거의 하지 않을 뿐만 아니라, 실험에서 무엇을 알아보려고 했는지에 대해서도 반성해보지 않는다. 그러나 SWH에서는 학생들이 전통적인 실험과 달리 실험과정이나 방법에 대한 교사의 명시적 지시 없이 자기 주도적으로 실험을 설계하도록 한다.

이때 교사는 학생들의 실험설계를 돕고 탐구과정을 돕기 위해 다음과 같은 질문을 할 수 있다.

- 무엇을 측정해야 하는가?
- 어떻게 측정하는가?
- 무엇을 변화시켜야 하는가?

(3) 관찰 및 결과

관찰 단계는 실험을 통해 관찰한 사실과 데이터를 바탕으로 자료를 수집하고 기록하는 단계이다. 수집된 자료는 가장 효과적인 형태로 변환하고 해석하여 결론을 도출하게 된다. 자료변환의 과정에서 학생들은 관찰 내용을 그래프나 도표, 그림 등 다양한 방법을 사용해 자신의 주장을 가장 효과적으로 나타내어 다른 사람을 설득하는 데 효과적인 형태로 만드는 경험을 하게 된다. 학생들은 변환된 자료를 해석하여 도출된 결론이 의문을 해결하는데 타당한지 평가하여 자신의 주장과 증거를 이끌어 내게 된다.

(4) 주장과 근거

주장과 근거의 단계는 실험을 통해 수집한 자료의 분석으로부터 도출된 결론을 바탕으로 주장과 이를 뒷받침하는 근거를 제시하는 단계이다. 이 단계는 먼저 나의 주장과 근거를 만들고 그 후 우리 조의 주장과 근거를 만드는 두 단계로 구성된다.

나의 주장과 근거는 개인이 자신의 주장과 근거를 만드는 과정으로 모든 조원이 개인의 주장과 근거를 만든 후 의문의 해결에 가장 타당한 주장과 근거를 만들기 위한 협상의 과정으로 조별 논의가 실시된다. 조별 논의과정을 통해 형성된 주장과 근거가 우리 조의 주장과 근거가 된다. 각 조에서 정해진 주장과 근거는 칠판에 게시되고 조별 대표자끼리의 논의과정을 통해 전체 학급의 주장과 근거를 결정하게 된다.

(5) 읽기

읽기는 정보나 지식 등을 일방적으로 수용하는 것이 아니라 자신의 선지식과 경험을 기초로 하여 의미를 새롭게 구성하는 과정이다. 따라서 읽기는 단순히 글자를 읽는 것이 아니라, 내용에 대한 이해와 그 내용에 의미를 부여하여 자신의 기존 장기기억 체계에 통합시키는 중요한 사고 과정이다. 책이나 잡지, 인터넷 등을 이용하여 읽기 활동을 하는데 이 과정에서 자신의 생각을 정리하고 다른 사람들의 의견을 받아들이게 된다.

읽기를 통해 학습의 big idea에 대한 개념적 이해를 명확히 할 수 있어서 읽기 활동 자체를 협상의 도구라고 볼 수 있다. 협상은 자기 자신, 전문가, 다른 사람들과 의사소통하는 과정으로 읽기를 통해 자료에서 의미를 찾아낼 수 있을 뿐만 아니라 비판적인 독자가 될 수 있다.

(6) 반성

SWH 활동에서 반성은 학습의 전 과정에 대해 스스로 생각하고 학습내용에 대해 다른 차원의 의미를 부여하는 단계이다. 학생은 반성 단계에서 학습과정을 스스로 통제하게 되는데, 이 과정에서 학습을 통해 새롭게 알게 된 것, 바뀐 생각, 앞으로 더 알아보고 싶은 점들에 대해 생각할 기회를 갖게 된다. 반성 과정을 쓰게 함으로써 자신의 활동 과정을 되돌아보고, 이 과정에서 경험한 다양한 인지적이고 정의적인 사건들을 기록하는 과정에서 개념 및 사고력의 발달을 유도한다(성화목 등, 2012).

학생들은 자신의 사고에 어떤 변화가 있었는지 지속적으로 되돌아봄으로써 과학학습뿐만 아니라 다른 영역에도 학습을 전이시킬 수 있다.

다음은 탐구적 과학 글쓰기 활동을 수행하면서 학생들이 실제 작성한 글쓰기 사례이다.

다음은 여러 전자 제품, 손전등 속에 들어있는 전지의 연결 모습과 랜턴용 건전지의 포장을 벗겼을 때의 전지의 연결 모습들이다.

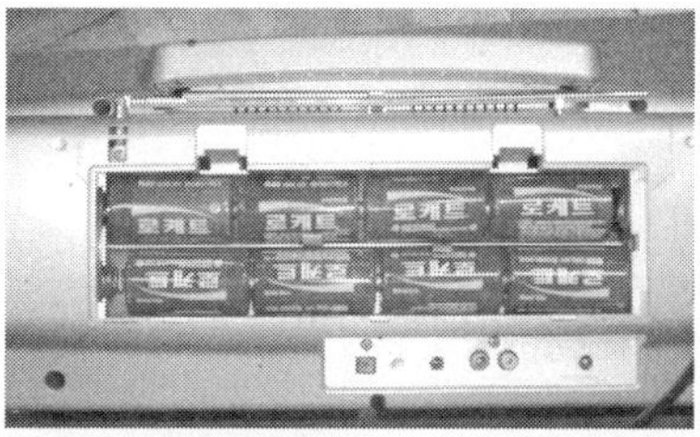

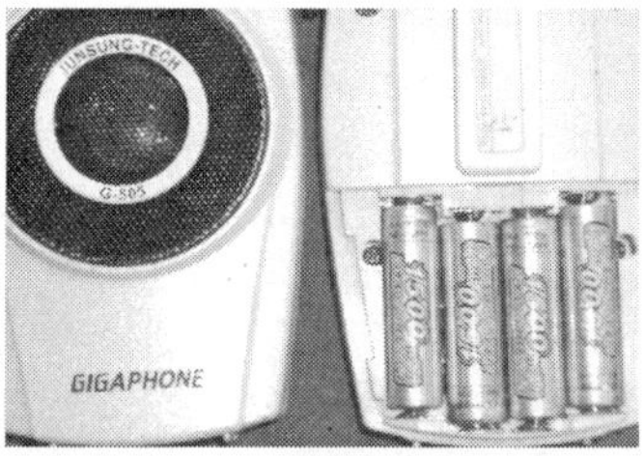

건전지 8개 포함 – 6V

건전지 4개 포함 – 6V

1. 의문 만들기 (나의 의문은 무엇인가?)

나의 의문	우리조의 의문	학급의 의문
왜 건전지 크기와 전류가 다 다를까?	전자제품에 사용된 건전지의 크기나 개수가 다른 이유는?	건전지의 연결법과 개수가 달라지면 전압은 어떻게 달라질까?

2. 실험 (어떻게 실험할까?)

준비물: 건전지, 전지 끼우개, 전압계, 전구, 도선, 스위치

① 건전지 개수를 다르게 해 직렬연결(건전지)한다 → 건전지 3개 직렬 1개 → 전압비교
② 건전지 개수를 다르게 해 병렬연결한다 → 전지 3개 병렬 1개 → 전압비교

3. 관찰 (뭘 봤는가?)

직렬·병렬을 했을 때 전지 수를 줄여나가니 직렬은 전지 수가 많을수록 (4개 6V → 2개 3V) 전압이 컸지만, 병렬연결을 했을 때에는 전지 수에 상관없이(4개, 1.5V → 2개 다 1.5V) 전압은 일정했다.

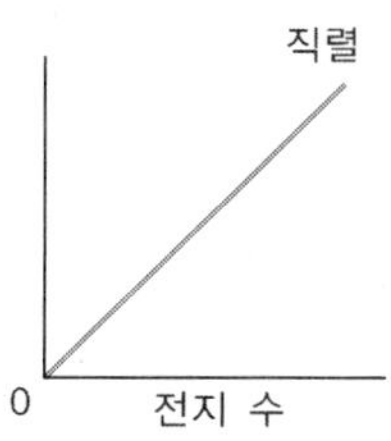

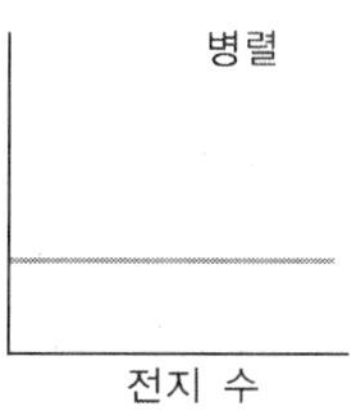

4. 나의 주장 (뭘 주장할 수 있는가?)

건전지를 직렬연결하면 전압은 전지 개수에 비례하고, 병렬연결은 전지 개수에 상관없이 전압이 일정하다.

5. 나의 증거 (그러한 주장을 한 이유는 무엇인가? 왜냐하면)

실험에서 전지를 직렬연결해 전지 개수를 4개에서 한 개씩 줄여나가면서 전압을 쟀을 때 각각 6 V, 4.5 V, 3 V, 1.5 V로 전압은 전지 개수에 비례했고, 전지를 병렬 연결해 전지 개수를 4개에서 하나씩 줄여나가면서 전압을 쟀을 땐 전부 1.5 V로 전압은 전지 개수에 상관없이 일정했다.

6. 우리 조의 주장

건전지를 직렬연결하면 전지 개수가 많을수록 전압이 세지고, 건전지를 병렬연결하면 전지 개수에 상관없이 전압이 일정하다.

7. 우리 조의 증거

실험에서 직렬연결을 하면 전압은 전지 개수에 비례

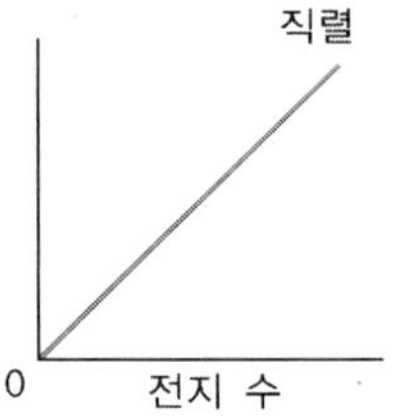

병렬연결하면 전압은 전지 개수에 상관없이 일정

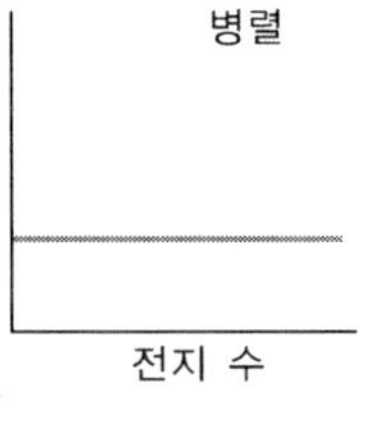

앞에서 설명했듯이 제시된 여러 개의 문제 상황을 보고 개인의 의문을 만들고, 이를 바탕으로 조별 논의를 거쳐 조의 의문을 결정한 다음 전체 학급 논의를 거쳐 학급의 의문을 결정한다. 이 과정에서 학생들은 다양한 형태의 협상을 하게 되고 자신의 개념을 구성하게 된다.

3.2 과학 글쓰기 평가

과학 글쓰기에 대한 평가를 위해서는 전통적으로 이루어져왔던 평가방식에서 벗어나서 수행평가의 관점에서 평가를 고려해야 한다. 이러한 평가방법으로 이용될 수 있는 것이 바로 루브릭이다. 루브릭은 학생들의 수행능력 향상을 도모하는 객관적인 평가체계 중 하나로, 평가 준거를 바탕으로 최상의 수준에서부터 최하의 수준까지 무엇이 어떻게 평가될 수 있는지를 세분화하여 기술함으로써 학생들의 수행 수준과 장단점을 정확하게 보여줄 수 있는 평가 체계로서 뿐만 아니라, 앞으로의 발달 가능성과 방향성을 제공하는 유용한 학습 도구로 사용되고 있다(송윤미, 2012).

1) 과학 글쓰기 평가 루브릭

과학 글쓰기 평가를 위한 루브릭을 개발하기 위해서는 평가준거를 추출해야 한다. 평가준거는 평가과제에서 학생에게 기대하는 바가 무엇인지 정확히 전달해야 한다. 과학 글쓰기 루브릭의 평가준거는 과학 글쓰기의 목표를 반영해야 하며 학생들의 성취 수준을 설명하고, 교사가 측정하고자 하는 모든 중요한 수행결과가 반영되어야 한다. 또한 평가자와 학생이 모두 명확하게 이해할 수 있도록 기술해야 한다.

과학 글쓰기 평가를 위한 루브릭을 개발하기 위해서는 글쓰기 과제에 대한 분석이 우선되어야 한다. 이에 대한 과정을 제시하면 다음과 같다.

- 글쓰기 과제의 주제는 무엇인가?
- 글쓰기 과제에 포함되는 핵심 과학개념은 무엇인가?
- 글쓰기 대상은 누구인가?
- 글의 형식은 무엇인가?
- 글의 논리적 구조는 어떻게 구성되는가?

글쓰기 과제의 주제(big idea)가 파악되면, 이에 포함되는 핵심개념을 추출한 후 주어진 글의 형식에 따라 글이 진술되었는지, 대상에 적합한 용어로 구성되었는지, 논리적으로 구성되었는지를 평가하기 위한 평가기준이 개발되어야 한다. 이러한 과정을 거쳐 개발된 루브릭은 평가요소, 평가기준, 수준 등으로 구성된다. 다음은 과학 글쓰기 과제 및 제시된 과제에 대한 루브릭 예시이다.

과학 글쓰기 과제: 물질의 상태 및 상태변화에 대하여 알지 못하는 친구에게 이에 대해 설명하는 편지를 써 봅시다.

위의 글쓰기 과제의 주제(big idea)는 물질의 상태 및 상태변화는 어떻게 일어나는가이다. 따라서 이와 관련된 핵심개념으로 고체, 액체, 기체, 융해, 기화 액화, 승화, 응고, 열에너지, 분자운동을 추출할 수 있다. 글쓰기의 대상은 친구이고, 글의 형식은 설명하는 편지글이다. 아래의 평가 루브릭은 이러한 요소를 고려하여 개발한 것이다.

[평가 루브릭]

<table>
<tr><td rowspan="5">big idea 가 제시되었는가?</td><td colspan="2">기 준</td><td>배점</td><td>채점기준</td></tr>
<tr><td colspan="2">없다</td><td>0</td><td>big idea가 나타나지 않음.</td></tr>
<tr><td colspan="2">부적절하다</td><td>5</td><td>물질의 상태 또는 상태변화를 설명하고 있다.
⇒ 열에너지 또는 분자운동 없이 상태변화를 설명한 경우</td></tr>
<tr><td colspan="2">적절하다</td><td>10</td><td>물질의 '상태를 분자운동으로 설명'하거나 '상태변화를 열에너지 출입 또는 분자운동'과 연관하여 설명하고 있다.</td></tr>
<tr><td colspan="2">매우 적절하다</td><td>15</td><td>물질의 '상태를 분자운동으로 설명'하고 '상태변화를 열에너지 출입 또는 분자운동'과 연관하여 설명하고 있다.</td></tr>
<tr><td rowspan="3">과학적 개념을 명확하게 설명하는가?

※틀린 내용, 개념은 채점에서 제외함.</td><td colspan="2">용 어</td><td>배점</td><td>채점기준</td></tr>
<tr><td>물질의 상태 (3점)</td><td>고체, 액체, 기체</td><td>3</td><td>1) 고체의 특성(1점), 액체의 특성(1점), 기체의 특성(1점)
⇒ 모양, 부피, 흐르는 성질, 퍼지는 성질, 분자에 관한 특성 등 1개라도 있으면 인정함. 밀도는 특성으로 인정하지 않음.
2) 고체, 액체, 기체의 종류(or 예)를 모두 나열하고, 고체의 성질만 설명하면 2점
3) 고체, 액체, 기체의 종류(or 예)만 나열하면 1점
⇒ (예) 물질의 상태는 고체, 액체, 기체가 있어. (1점)
고체는 책상, 액체는 물, 기체는 공기가 있어. (1점)</td></tr>
<tr><td>물질의 상태 변화 (12점)</td><td>액화, 기화, 융해, 응고, 승화, 승화</td><td>12</td><td>1) 액화, 기화, 융해, 응고, 승화(고→기), 승화(기→고)를 열에너지 출입이나 분자운동과 연관하여 설명 (각 2점)
⇒ 열흡수(가열), 열방출(냉각)의 용어를 써 명확한 설명이 있으면 열에너지로 인정함.
⇒ 분자 사이의 거리(간격)가 멀어진다, 분자가 활발해진다 등도 분자운동으로 인정함.
2) 액화, 기화, 융해, 응고, 승화(고→기), 승화(기→고)를 설명 (각1점)
⇒ 용어가 없어도 개념에 관한 내용이 있으면 인정함.</td></tr>
</table>

<table>
<tr><th rowspan="4">논의 구조가 사용되었는가?
※ 틀린 내용, 개념은 채점에서 제외함.</th><th>기 준</th><th>배점</th><th>채점기준</th></tr>
<tr><td>주장</td><td>1</td><td rowspan="3">1) 주장, 근거, 보장/보강의 수를 각각 센다.
2) 문단 수준에서 근거(or 예)가 먼저 제시되더라도 주장으로 본다.
3) 그림, 도표 등도 주장, 근거가 될 수 있으며 단순 반복 요약이면 점수를 부여하지 않는다.
4) 보장/보강은 근거에 대한 심화된 내용이 있어야 인정, 예는 보장/보강은 될 수 없다.
5) 한 문장 속에 여러 내용으로 쓴 경우는 개념별로 끊어서 채점하나 뒤에 추가적인 근거설명이 있는 경우 하나로 채점. ⇒ (예) 고체는 액체나 기체로 변할 수 있다. (주장 1개) / 고체는 액체로 변할 수 있고, 액체는 기체로 변할 수 있다. (주장 2개)
6) 녹는점, 어는점, 끓는점은 개념점수는 없으나 논의점수는 부여함. ⇒녹는점, 어는점, 끓는점 중 몇 개가 나오더라도 주장 or 근거 1개로 인정함.
7) 주장과 근거가 분리되면 근거로 보지 않는다.</td></tr>
<tr><td>근거</td><td>1</td></tr>
<tr><td>보장/보강</td><td>2</td></tr>
</table>

<table>
<tr><th rowspan="10">내용을 어떠한 방법으로 제시했는가?
※틀린 내용, 개념은 채점에서 제외함.</th><th>기 준</th><th>배점</th><th>채점기준</th></tr>
<tr><td>그림</td><td>1</td><td rowspan="9">※ 주장이나 근거가 아니더라도 [그림], [예]로 볼 수 있다.
[그림]
• 분자배열 그림은 고, 액, 기 각각에 점수를 부여하고, 상태변화 그림은 1개의 그림으로 본다.
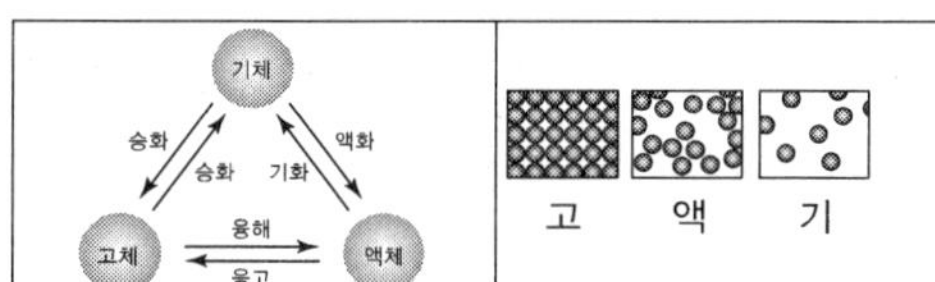

그림 1개 / 그림 3개
• 그림에 대한 설명이 불충분한 경우 그림(1점)으로 한다.
• 그림이 글과 직접적으로 연관이 있을 경우에는 근거이면서 설명있는 그림(2점)이 된다.
• 그림이 글과 직접적인 연관이 없으면 근거 점수는 받지 않고, 그림 점수(1점)만 줄 수 있다.
[예]
예가 단순나열이면 1개로 묶고, 예를 들고 그에 해당하는 설명이 정교하면 나누어 채점
고체의 예를 여러 개 적더라도 1개로 인정
(예) 고체는 책상, 연필, 지우개가 있다. → 예 1개
책상은 고체, 물은 액체이다. → 예 2개</td></tr>
<tr><td>그림에 대한 설명을 포함</td><td>2</td></tr>
<tr><td>그래프</td><td>1</td></tr>
<tr><td>그래프에 대한 설명을 포함</td><td>2</td></tr>
<tr><td>도표</td><td>1</td></tr>
<tr><td>도표에 대한 설명을 포함</td><td>2</td></tr>
<tr><td>수식</td><td>1</td></tr>
<tr><td>수식에 대한 설명을 포함</td><td>2</td></tr>
<tr><td>예
(비유, 일상적 경험, 인용자료)</td><td>1</td></tr>
</table>

<table>
<tr><td rowspan="12">수사적 구조는 적절한가?</td><td rowspan="4">편지글의 형식에 부합하는가?</td><th>기 준</th><th>배점</th><th>채점기준</th></tr>
<tr><td>부적절하다</td><td>0</td><td>받는이, 인사 or 글쓴 목적, 본론(대화체), 끝인사, 날짜, 보낸이 중 4가지 이상 없을 경우(편지글 형식에 맞추어 생각.)</td></tr>
<tr><td>적절하다</td><td>2</td><td>위 6가지 조건 중 2~3가지 이상 없을 경우</td></tr>
<tr><td>매우 적절하다</td><td>4</td><td>위 6가지 조건 중 1가지가 없을 경우</td></tr>
<tr><td rowspan="4">글쓰기가 대상에게 적합한가?</td><th>기 준</th><th>배점</th><th>채점기준</th></tr>
<tr><td>부적절하다</td><td>0</td><td>2가지 모두 만족하지 않음</td></tr>
<tr><td>적절하다</td><td>2</td><td>2가지 중 하나를 만족하지 않음</td></tr>
<tr><td>매우 적절하다</td><td>4</td><td>이해하기 쉬운 용어를 사용하고, 어려운 용어는 쉬운 말로 설명한 경우.(단순히 글의 양과는 관계짓지 않는다.)</td></tr>
<tr><td rowspan="4">문맥이 논리적인가?</td><th>기 준</th><th>배점</th><th>채점기준</th></tr>
<tr><td>부적절하다</td><td>0</td><td>2가지 모두 만족하지 않음.
or 서론, 결론이 전혀 없고 본문만 존재</td></tr>
<tr><td>적절하다</td><td>2</td><td>2가지 중 하나를 만족하지 않음.</td></tr>
<tr><td>매우 적절하다</td><td>4</td><td>서론·본론·결론이 존재하고, 흐름이 자연스러움. (갑자기 다른 내용으로 빠지지 않아야 함.)</td></tr>
</table>

위의 과학 글쓰기 평가 루브릭은 특정 주제에만 한정되므로 활용 면에서는 한계가 있다. 이러한 문제를 해결하기 위해서는 일반적인 관점에서 제시된 과학 글쓰기 평가 루브릭이 필요하다.

다음은 송윤미(2012)가 개발한 과학 글쓰기 평가 루브릭이다.

범주	평가 준거		우수	보통	노력 필요
내용	주제	명확성	□글의 주제나 전달하고자 하는 내용이 분명하게 파악된다.	□글의 주제가 어느 정도 파악되지만, 일부 내용이 주제에서 벗어난다.	□글의 주제나 전달하고자 하는 내용이 파악되지 않는다.
		적절성	□주어진 과제의 요구사항을 이해하여 과제에 적절한 주제나 내용이 제시된다.	□글의 주제나 일부 내용이 과제의 내용과 다소 관련이 낮다.	□주어진 과제의 요구사항을 이해하지 못하여 주제나 내용이 과제와 관련되어 있지 않다.

범주	평가 준거		우수	보통	노력 필요
내용	주제	독창성	□ 글의 주제나 아이디어, 해결방법이 매우 참신하고 독창적이다.	□ 글의 주제는 일반적이고 상식적이나 일부 아이디어나 해결방법이 참신하다.	□ 글의 주제나 아이디어, 해결방법이 매우 상식적이고 상투적이다.
	과학 내용 지식	정확성	□ 제시된 과학 내용 지식(과학 단위, 용어, 개념, 원리, 법칙, 이론 등)이 과학적으로 정확하게 해석되고 적용된다.	□ 제시된 과학 내용 지식(과학 단위, 용어, 개념, 원리, 법칙, 이론 등) 중의 일부가 과학적으로 정확하지 않다.	□ 제시된 과학 내용 지식(과학 단위, 용어, 개념, 원리, 법칙, 이론 등)의 대부분이 과학적으로 정확하지 않다.
		관련성	□ 제시된 과학 내용 지식(용어, 단위, 개념, 원리, 법칙, 이론)이 과제의 내용과 관련이 높다.	□ 과학 내용 지식(용어, 단위, 개념, 원리, 법칙, 이론)이 제시되었지만, 제시된 과학 내용 지식이 과제의 내용과 일부분 관련있다.	□ 과제의 내용과 관련된 과학 내용 지식(용어, 단위, 개념, 원리, 법칙, 이론)이 제시되지 않거나, 제시된 과학 내용 지식의 대부분이 과제의 내용과 관련성이 매우 낮다.
	과학적 논증	근거	□ 설명이나 주장을 뒷받침할 수 있는 다양한 근거들이(일상적 경험, 사실, 연구 결과, 이론 등) 제시되고, 제시된 근거가 검증된 자료로서 믿을 수 있다.	□ 설명이나 주장을 뒷받침할 수 있는 근거들이 제시되지만, 제시된 근거의 신뢰성을 검증하기 어렵다.	□ 설명이나 주장만 제시하고 그것을 뒷받침할 수 있는 근거가 제시되지 않는다.
		추론	□ 제시된 근거나 데이터가 어떻게 주장을 뒷받침하는지 충분히 설명함으로써 제시된 근거로부터 주장이나 결론이 논리적으로 타당하게 도출된다.	□ 근거나 데이터로부터 주장이나 결론을 도출하지만, 논리적인 연결이 약하거나 다소 비약이 있다.	□ 주장이 없이 사실들만 나열하거나, 근거나 데이터를 이론과 구별하지 못하여 근거와 주장이 논리적으로 연결되지 않는다.

범주	평가 준거		우수	보통	노력 필요
내용	과학적 논증	반증	□ 자신의 주장이나 관점과 다른 주장, 대안을 제시하고 그에 대한 논리적인 대응이나 반박이 체계적으로 이루어진다.	□ 자신의 주장이나 관점과 다른 주장, 대안을 제시하지만, 그에 대한 논리적인 대응이 없거나, 부적절하거나, 명확한 근거 없이 부정한다.	□ 자신의 주장이나 관점과 다른 주장, 대안을 제시하지 않는다.
			□ 글 전체의 문단이 적절하게 나눠지고, 적절한 논리접속사를 이용하여 문장이나 문단들이 글의 주제와 논리적으로 일관성 있게 연결된다.	□ 문단이 나누어져 있으나, 그 비중이 균형적이지 못하거나 일부 문단이 논점에서 벗어난다.	□ 문단이 나누어져 있지 않고 문단 내용의 두서가 없다.
구성	조직		□ 글 전체의 문단이 적절하게 나눠지고, 적절한 논리접속사를 이용하여 문장이나 문단들이 글의 주제와 논리적으로 일관성 있게 연결된다.	□ 문단이 나누어져 있으나, 그 비중이 균형적이지 못하거나 일부 문단이 논점에서 벗어난다.	□ 문단이 나누어져 있지 않고 문단 내용의 두서가 없다.
	형식		□ 글의 형식이 과제에서 요구하는 유형(장르)에 적합하다.	□ 글의 형식이 과제에서 요구하는 유형(장르)에 다소 적합하지 않다.	□ 글의 형식이 파악되지 않는다.
표현	자료 표현 (다중 표상)		□ 자료의 의미를 효과적으로 전달하기 위해 적절한 자료의 유형(수식, 각주, 표, 사진, 그래프, 그림 등)을 선택하여 오류 없이 정확하게 제시한다.	□ 적절한 자료의 유형(수식, 각주, 표, 사진, 그래프, 그림 등)을 선택하였으나, 자료의 제목 및 라벨, 단위 누락 등과 같은 자료 표기 방법에서 약간의 오류들이 나타난다.	□ 효과적인 의미 전달을 하는 데 자료의 유형(수식, 각주, 표, 사진, 그래프, 그림 등)이 적합하지 않거나, 자료의 제목 및 라벨, 단위 누락 등과 같은 자료 표기에서 오류들이 많아 자료의 의미를 이해하기 어렵다.

범주	평가 준거	우수	보통	노력 필요
표현	인용표기	□ 참고 문헌과 인용표기를 표준 형식에 따라 바르게 표기한다.	□ 참고 문헌을 제시하거나 인용 표기가 이루어졌으나 참고 문헌 작성 및 인용 표기방식에서 오류들이 조금 나타난다.	□ 참고 문헌이나 인용표기가 전혀 제시되어 있지 않다.
	어휘·어법	□ 명확한 개념과 이해를 돕기 위해 분명하고 구체적인 어휘를 사용하며 맞춤법·띄어쓰기와 같은 어법의 오류가 없거나 일부 오류가 있더라도 의미 파악에 어려움이 없다.	□ 의미가 모호한 어휘들이 일부 사용되고, 맞춤법·띄어쓰기와 같은 어법의 오류가 있지만 단어나 문장의 의미를 파악하는 데 어렵지 않다.	□ 은어, 다의어, 모호한 표현, 불필요한 약어, 주어와 서술어의 불일치 등으로 단어나 문장의 의미가 파악되지 않으며, 맞춤법·띄어쓰기와 같은 어법의 오류가 많아 의미 파악이 매우 어렵다.
	독자 인식	□ 독자의 수준, 배경지식, 관심, 요구 등을 고려하여 적절한 어휘 선택과 비유 및 묘사적인 표현 등의 서술이 이루어진다.	□ 독자의 배경지식, 관심, 요구 등을 인식하지만, 어휘 선택 및 서술 방식이 다소 적절하지 않다.	□ 독자의 수준, 배경지식, 관심, 요구를 고려하지 않은 어휘 선택이나 서술 방식이 이루어진다.

위의 과학 글쓰기 평가 루브릭은 과제의 주제에 관계없이 이용할 수 있는 일반적인 평가 루브릭이라는 점에서 활용도가 크다. 이 루브릭에서는 과학 글쓰기의 평가 영역으로 내용, 구성, 표현의 세 개 영역으로 구분하였고, 각 영역 내에서 평가준거를 정한 후 이에 대한 수준에 따른 평가기준을 진술하고 있다. 이러한 일반적인 관점에서의 평가 루브릭은 주제에 따라 평가자가 구체적인 평가 루브릭을 개발하여 평가해야 한다.

요약 | 8장 과학교육과 글쓰기

1 글쓰기란 무엇인가?

1.1 학습과 글쓰기

1.2 과학 글쓰기

- '일반 대중을 대상으로 과학에 대해 쓰는 글'로 정의.
- 과학 관련 내용에 대해 다른 사람들을 이해시키거나 설득할 목적으로 행해지는 글쓰기.

1.3 과학교육과정에서 나타나는 과학 글쓰기

- 2009 교육과정에 앞서 2007 개정 과학과 교육과정에서 이미 과학교과서에 글쓰기가 도입됨.
- **상상하여 쓰기:** 실제 상황에서 일어날 수 없는 일들을 가정하고 그 안에서 겪게 되는 과학적 현상들에 대한 이해 정도를 쓰는 것.
- **과학 콩트:** 과학적인 사실에 바탕을 두고 창의적인 아이디어를 내어 흥미로운 이야기를 쓰는 것.
- **짧은 글짓기:** 몇 개의 과학개념을 이용해 과학적 현상을 설명하는 문장을 만들도록 하는 글쓰기.
- **생각하여 쓰기:** 실제 일어날 수 있는 일이지만 경험해 보지 않은 일을 과학 이론과 연결시켜 서술하는 글쓰기.

2 과학학습과 언어

2.1 학습도구로써의 쓰기

- 학생들이 배운 것에 대해 대화하고 과학개념에 대한 지식을 구성하게 해 줌. 정보를 조직화, 과학적 현상 묘사, 지식 주장을 생성, 논의를 형성하는 추론적 기술을 발달시킴.
- 학생들에게 비판적 사고와 실험 데이터의 의미에 대해 추론할 기회를 제공. 탐구문제 진술, 증거와 설명 사이의 관련성을 찾기 위해 비판적이고 논리적으로 생각하게 함으로써 과학적 소양을 갖게 함.

• 글쓰기 과정은 논리적, 창의적, 비판적 문제 해결과정이며, 종합적 사고 과정으로 학습자의 인지적 과정을 통제하고 강화하며, 학습의 최종 단계를 확정하는 역할.
• 글쓰기는 다른 사람과의 협의, 소통을 강조하는 의사소통 행위이며, 쓰기 활동을 통해 다른 사람과 협동하는 법을 배울 수 있음.
• 과학학습에서 쓰기는 개념구성, 문제해결, 의사소통에 중요한 역할을 하며 과학적 소양을 함양시킬 수 있는 학습도구로써 유용.

2.2 구성주의와 과학 글쓰기

1960년대 이전 행동주의 관점에서 쓰기

• 학생의 작문 능력에 의미를 둔 결과중심 접근 방식
• 수사적 영역만을 평가
• 이에 대한 비판으로 과정중심 쓰기 대두

1960년대 중반 이후의 과정중심 쓰기

• **본질:** 쓰기를 통해 의미를 구성, 쓰기가 학습의 평가나 결과물이 아닌 탐구의 과정이며, 지식이 구성되어 가는 과정. 학생들의 목적과 의도에 맞는 내용을 판별, 설정, 조직하는 과정으로 사고력이 요구되며 이를 키울 수 있는 활동.
• **교사의 역할:** 자율적인 교육 환경을 제공해 주고 학생의 글쓰기를 도와주는 협력자 역할.
• 우리나라 제7차 교육과정부터 문제해결 능력의 신장 및 과학지식 체계와 탐구방법의 습득을 위한 사회적 상호작용이 강조된 탐구활동과 토의수업, 글쓰기가 강조됨.
• 과학수업에서 이루어지는 일반적인 글쓰기는 주로 보고서 쓰기.

3 과학 교수-학습 방법과 과학 글쓰기

3.1 탐구적 과학 글쓰기(SWH: Science Writing Heuristic)

• 언어를 매개로 수업 시간 전체에 걸쳐 논의와 탐구과정을 바탕으로 한 글쓰기
• 설명과 증거를 연결하고 둘 간의 관계를 조정하는 과정

1) 탐구적 과학 글쓰기의 구성

의문 만들기	· 교사가 교수목표에 따라 제시한 문제 상황 속에서 학생들이 의문을 만들어내는 단계 · 이 단계는 학습자의 흥미와 관련됨 · 나의 의문, 조의 의문, 학급의 의문의 3단계로 구성

실험과정	· 학급의 의문을 해결하기 위한 실험과정을 설계하고 수행하는 과정 · 실험과정이나 방법에 대한 교사의 명시적 지시 없이 자기 주도적으로 실험 설계 · 교사는 무엇을, 어떻게 측정하는가? 무엇을 변화시켜야 하는가?와 같은 질문으로 학생들의 실험 설계를 돕고, 탐구과정을 도울 수 있음
관찰 및 결과	· 실험을 통해 관찰한 사실과 데이터를 바탕으로 자료를 수집하고 기록하는 단계 · 자료 변환 과정에서 학생들은 관찰 내용을 그래프, 도표, 그림 등의 다양한 방법을 사용해 다른 사람을 설득하는 데 효과적인 형태로 나타낼 수 있음
주장과 근거	· 실험을 통해 수집한 자료의 분석으로부터 도출된 결론을 바탕으로 주장과 이를 뒷받침하는 근거를 제시하는 단계 · 나의 주장과 근거를 만든 후, 조원들의 협상과정인 논의를 실시하여 이를 통해 형성된 주장과 근거를 우리 조의 주장과 근거로 정함
읽기	· 자신의 선지식과 경험을 기초로 하여 의미를 새롭게 구성하는 과정 · 읽기를 통해 학습의 big idea에 대한 개념적 이해를 명확히 할 수 있어 이 자체를 협상의 도구라고 볼 수 있음
반성	· 학습의 전 과정에 대해 스스로 생각하고 학습 내용에 대해 다른 차원의 의미를 부여하는 단계 · 자신의 활동 과정을 되돌아보고, 이 과정에서 경험한 다양한 인지적이고 정의적인 사건들을 기록하는 과정에서 개념 및 사고력의 발달을 유도

3.2 과학 글쓰기 평가

1) 과학 글쓰기 평가 루브릭

평가준거

- 평가 과제에서 학생에게 기대하는 바가 무엇인지 정확히 전달
- 과학 글쓰기의 목표를 반영
- 학생들의 성취 수준 설명
- 교사가 측정하고자 하는 모든 중요한 수행 결과 반영
- 평가자와 학생이 모두 명확하게 이해할 수 있는 수준

과학 글쓰기 평가 루브릭 개발 순서

- 글쓰기 과제 주제 파악
- 글쓰기 과제에 포함된 핵심 과학개념 추출
- 글쓰기 대상, 글의 형식, 글의 논리적 구성 분석
- 평가요소 추출
- 평가요소에 대한 기준 제시

참고문헌

강석진, 김영희, 노태희(2004). 과학사를 이용한 소집단 토론 수업이 학생들의 과학의 본성에 대한 이해에 미치는 영향. 한국과학교육학회, 24(5), 996-1007.

강순희, 김덕희, 김효진, 박인숙, 윤이진, 이선향, 이윤하, 이은주, 홍혜인(2006). 물질 변화에서의 규칙성: 중학교 3학년 과학 탐구수업 지도자료 5. 서울: 교육인적자원부·서울대학교 과학교육연구소.

강인애(1998). 문제중심학습(Problem-Based Learning): 또 하나의 구성주의적 교수-학습 모형. 서울: 교육과학사.

강태용(2007). 교실수업 개선을 위한 차별화된 강의법. 부산교육, 321, 56-64.

교육과학기술부(2000). 초·중·고등학교 과학과 교육과정 기준(1946~1997). 서울: 교육과학기술부.

교육과학기술부(2009). 과학과 교육과정. 서울: 교육과학기술부.

교육과학기술부(2010). 과학 3-2 초등학교 교사용 지도서, 금성출판사.

교육과학기술부(2011a). 과학 6-2 초등학교 교사용 지도서. 금성출판사.

교육과학기술부(2011b). 과학과 교육과정. 고시 제2011-361호[별책 9]. 서울: 교육과학기술부.

권낙원(1989). 기본수업모형의 개관: 기본수업모형의 이론과 실제 I. 서울: 한국교원대학교 교육연구원.

권낙원(1996). 토의 수업의 이론과 실제. 서울: 교육과학사.

권영성(2001). 대학의 학급 규모가 학생의 수업 평가에 미치는 영향 연구. 연세대학교 대학원 석사학위 논문.

권용주 외(2008). 과학지식의 생성과 평가. 메이드, 266-272.

권용주, 고경태, 정진수(2003). 생물학 가설의 검증에서 연역적 과학지식의 구조와 생성과정. 한국생물교육학회지, 31(3), 236-245

권용주, 양일호, 정원우(2000). 예비 과학교사들의 가설 창안 과정에 대한 탐색적 분석. 한국과학교육학회지. 20(1), 29-42.

권용주, 이준기(2010). 분류 지식의 생성과 이해 형태 학습을 통한 학생들의 두뇌활성 변화. 한국과학교육학회지, 30(4), 487-497.

권용주, 이준기, 신동훈, 이효녕(2006). 생명현상의 관찰과 명화감상에서 나타나는 생물교육학자들의 두뇌활성: fMRI 연구. 중등교육연구. 54(3), 475-502.

권용주, 이준기, 정진수(2007). 과학고등학교 학생들이 전분실험에서 생성한 생물학 가설의 설명 경향 분석. 중등교육연구, 55(1), 271-298.

권용주, 정진수, 강민정, 김영신(2003). 과학적 가설 지식의 생성 과정에 대한 바탕 이론. 한국과학교육학회지, 23(5), 458-469.

권용주, 정진수, 고경태, 박윤복(2004). 과학지식 생성력 측정 도구의 개발. 한국생물교육학회지. 32(1), 67-78.

권용주, 정진수, 박윤복, 강민정(2003). 선언적 과학 지식의 생성 과정에 대한 과학철학적 연구－귀납적, 귀추적, 연역적 과정을 중심으로－. 한국과학교육학회지, 23(3), 215-228.

권용주, 정진수, 이준기(2006). 생명현상에 대한 과학교사들의 잠정적 설명의 유형. 한국생물교육학회지, 34(2), 297-305.

권용주, 정진수, 이준기, 신동훈, 양일호(2007). 생명 현상에 대한 가설 검증 방법의 고안 과정에서 나타나는 초등 예비 교사의 두뇌 활성－fMRI 연구. 한국생물교육학회지, 35(2), 212-224.

권용주, 최상주, 박윤복, 정진수(2003). 대학생들의 귀납적 탐구에서 나타난 과학적 사고의 유형과 과정. 한국과학교육학회지, 23(3), 286-298.

권용주, Lawson. A. E. (1999). 과학 교수－학습 과정에서 실험활동 중심 수업의 효율성에 대한 신경학적 설명. 한국과학교육학회지, 19(1), 29-40.

권재술, 김범기, 우종옥, 정완호, 정진우, 최병순(1998). 과학교육론. 교육과학사.

권재술, 김범기, 최병순, 김효남, 백성혜, 양일호, 권용주, 차희영, 우족옥, 정진우(2012). 과학교육론. 교육과학사.

길현정(2010). 학습도구로써 과학 글쓰기가 과학학습에 미치는 효과. 부산대학교 대학원 박사학위논문.

김경순, 노정아, 서인호, 노태희(2008). 중학교 과학 ‘물질의 구성’ 단원에서 과학사 소재를 활용한 명시적·반성적 과학의 본성 수업의 효과. 한국과학교육학회, 28(1), 89-99.

김경희, 조연순(2008). 문제중심학습(PBL)의 수업 단계별 학습활동의 특성과 교육적 의미 탐색－초등 과학 수업을 중심으로. 초등교육연구, 21(1), 269-296.

김명숙(2002). 역할놀이 학습을 통한 세포분열의 이해도에 관한 연구. 건국대학교 교육대학원.

김선영(2001). 과학 불일치자료에 대한 중학생의 반응유형. 한국교원대학교 석사학위논문.

김성수(역)(2006). 과학 글쓰기 핸드북: 이공계를 위한 글쓰기 10계명. 木下是雄의 理科系の作文技術. 서울: 사이언스북스(원본발간일, 1981).

김성원, 김은미(2001). 개념 만화를 이용한 토의학습이 중학생들의 과학 학습 태도와 학업 성취도에 미치는 영향. 이화여자대학교 교육대학원 석사 학위 논문.

김신자(2000). 효과적 교수설계 및 교수방법. 문음사.

김은진, 임채성(2003). 제7차 교육과정기의 초등 과학교과 현장학습 실태조사. 초등과학교육, 22(2), 173-180.

김정화, 조부경(2001). 과학, 과학자 및 과학활동에 대한 유아의 인식. 아동학회지, 22(1), 177-190.

김종석, 김언주, 백구현(1992). 교수－학습의 이론과 실제. 성원사.

김준예, 전은경, 백성혜(2007). 과학 교과서 및 과학 교사, 고등학생들의 과학의 본성에 대한 관점 분석. 한국과학교육학회, 27(9), 809-817.

김지현(2000). 비고츠키의 지식 점유 과정과 언어 매개 기능에 관한 교육학적 고찰. 서울대학교 박사학위 논문.

김찬종(1996). 수업내용이나 활동에 적합한 과학과 교수－학습 모형 선택을 위한 절차 개발 연구. 청주교육대학교 과학교육연구소 논문집, 17, 143-170.

김찬종(2008). 지구과학 교재연구 및 지도, 자유아카데미, 38-40.

김찬종, 채동현, 임채성(2001). 과학교육학개론. 북스힐.

김찬종, 김희백, 박시진, 오차환, 양재철, 장홍식, 정진문, 조현수, 최후남, 한송희, 현종오, 홍경희, 김명수(2000). 중학교 과학3: 교사용지도서. ㈜도서출판 디딤돌.

김창완(2005). Jigsaw II 협동학습에 의한 생물 I의 호흡 및 배설 단원 학습 효과. 한국교원대학교 석사학위 논문.

김철주(1999). 효과적인 교수방법의 탐구. 서울: 강남대학교 출판부.

김한호(1995). 과학수업모형들의 특성에 관한 이론적 분석. 한국과학교육학회지, 15(2), 201-212.

김헌수(2012). 우리나라 과학과 교육과정 개정 과정에 관한 연구. 서울대학교 박사학위논문.

김형자, 변정호, 권용주(2012). 창의적 과학글쓰기를 활용한 수업이 생물에 대한 흥미와 과학적 태도에 미치는 효과. 과학교육연구지.

김희경(2003). 중학생의 동료 간 논변활동을 강조한 개방적 물리탐구: 조건, 특징, 역할을 중심으로. 서울대학교 박사 학위 논문.

김희준 외(2010). 과학과 교육과정 모형 개발 및 수업내실화 연구. 대한화학회.

나승일(2004). 대학에서의 효과적인 교수법 가이드. 서울: 서울대학교 출판부.

남정희, 곽경화, 장경화, Brian Hand(2008). 논의를 강조한 탐구적 과학 글쓰기(Science Writing Heuristic)의 중학교 과학 수업에의 적용. 한국과학교육학회지, 28(8), 922-936.

남정희, 최준환, 임재항(2007). 예비 과학교사의 과학의 본성에 대한 인식. 한국과학교육학회, 27(3), 253-262.

남정희(1996). 화학 실험에서 탐구 과정기능의 평가도구 개발. 한국교원대학교 대학원 박사 학위 논문.

노석구, 최선영, 한기애, 이은정(2008). 초등과학 교수－학습 지도안 작성을 위한 수업컨설팅. 교육과학사.

노원경, 강소연(2008). 학습전략 교육 프로그램에서 루브릭 제시가 공과대학생의 학습 전략과 학업 성취도에 미치는 효과. 공학교육연구, 11(4), 115-127.

대한지구과학교육학회(2009). 지구과학 교수학습론, 교육과학사.

대한지구과학교육학회(2009). 지구과학교육론, 교육과학사.

류윤석, 이강한, 김준규(2006). 실기교육의 이해. 동문사.

박경숙, 이효녕(2010). 초등학생이 생각하는 과학자와 공학자의 이미지. 실과교육연구, 16(4), 61-82.

박미애, 오창호, 김효남, 박국태(2006). 신문을 활용한 토의학습 활동이 초등학교 5학년 학생들의 과학 학업성취도와 정의적 특성에 미치는 효과. 초등과학교육, 25(1), 59-69.

박성익(2007). 교수설계이론. 교육과학사.

박승재(2002). 초중등학생의 과학 선호도 실태 분석과 증진 방안. 서울대학교 사범대학 물리학습연구실 · 과학문화재단.

박영목(2008). 쓰기 평가 연구의 주요 과제. 작문연구, 6, 1-37.

박종원, 김두현(2008). 과학의 본성 지도자료 개발과 과학영재를 대상으로 한 시험적용. 한국과학교육학회, 28(2), 169-179.

박종윤, 정인화, 남정희, 최경희, 최병순 (2006). 중학교 과학 수업에서 질문과 피드백을 활용한 교사-학생 상호작용 강화 수업 전략의 개발 및 적용. 한국과학교육학회지, 26(2), 239-245.

변영우(2000). 시범실험을 이용한 과학수업이 중학생의 분자운동 개념 형성에 미치는 효과. 한국교원대학교 교육대학원 석사학위 논문.

변정호, 이일선, 권용주(2011). 시선추적기(Eye-Tracker)를 활용한 시선집중 및 배분 교수행동 패턴의 컨설팅 사례연구. 학습자중심교과교육연구, 11(4), 173-199.

변홍규(1997). 능률적 토의수업의 기법. 교육과학사.

서울대학교 교육연구소(1994). 교육학 용어사전. 하우.

서울특별시교육청(2005). 안전하게 실험해요. 서울: 서울특별시교육청 과학교육활성화추진단.

서정수, 신동수, 권성규, 노승백, 이병수, 임문혁, 주홍택(2008). 과학기술문 작성법. 두양사.

성지은(2008). 정책과 제도 변화의 한 유형으로서 아키텍쳐 변화: 참여정부 과학기술정책을 중심으로. 사회과학연구, 19, 1-20.

성충헌(1997). 학습자의 성격특성에 따른 과학탐구능력 및 과학관련 태도의 분석. 한국교원대학교 석사학위청구논문.

성화목, 황소영, 남정희(2012). 탐구적 과학 글쓰기 활동에서 학생들의 반성적 사고와 읽기틀의 관계에 대한 고찰. 한국과학교육학회지, 32(1), 146-159.

손미, 하정문(2008). 문제중심학습(PBL)의 학습효과에 대한 메타분석. 교육정보미디어연구, 14(3), 225-251.

송윤미(2012). 과학 글쓰기 목적에 관한 델파이 연구 및 과학 글쓰기 평가 루브릭 개발. 한국교원대학교 박사학위 논문.

신선경(2008). 과학 탐구와 과학 글쓰기에 대한 텍스트언어학적 접근. 텍스트언어학, 24, 75-99.

신중섭(1992). 포퍼와 현대의 과학 철학. 서광사.

신형기, 정희모, 김성수, 이재성, 유현재, 김현주, 한경희, 박권수, 박진영(2006). 모든 사람을 위한 과학글쓰기. 사이언스북스.

양승훈, 송진우, 김인환, 조정일, 정원우(1996). 과학사와 과학교육. ㈜민음사.

양일호, 김석민, 조현준(2007). 초 · 중등학교 과학 실험수업의 유형 분석. 한국과학교육학회지, 27(3), 235-241.

양일호, 정진우, 허명, 김영신, 김진수, 조현준, 오창호(2006). 초등학교 과학 실험수업 분석. 초등과학교육, 25(3), 281-295.

양일호, 조현준(2005). 학교 과학수업에서 실험의 목적에 대한 고찰. 초등과학교육, 24(3), 268-280.

오진곤(1996). 과학사총설. 전파과학사.

오필석(2006). 지구환경적 문제해결 과정에서 귀추적 추론을 위한 규칙 추리 전략들. 한국과학교육학회지, 26(4), 546-558.

오필석, 김찬종(2005). 지구과학의 한 탐구 방법으로서 귀추법에 대한 이론적 고찰. 한국과학교육학회지, 25(6), 610-623.

유정희(2008). 신경계의 이해를 위한 역할놀이 학습효과 분석. 건국대학교 교육대학원.

유현경(2006). 과학 수업에서 교사의 질문 방식이 학생들의 학업 성취와 태도 및 교사－학생 상호작용에 미치는 영향. 이화여자대학교 교육대학원 석사 학위 논문.

윤광보, 김용욱, 최병옥(2003). 교육방법과 교육공학의 이해. 양서원.

윤현진, 이재봉, 백성혜, 김용진, 이기영(2009). 과학과 교육 내용 개선 방안 연구: 교육과정 내용 관련 쟁점을 중심으로. 한국교육과정평가원연구보고 RRC 2009-3-4.

이명제(2001). 제7차 과학과 교육과정의 특성과 과제. 한국지구과학회지, 22(3), 248-257.

이범홍, 한국교육과정평가원(2005). 과학과 교육과정 개선 방안 연구. 한국교육과정평가원연구보고 RRC 2005-7.

이성호(1999). 교수방법의 탐구. 양서원.

이성호, 김헌숙(2000). 중학생의 현장 체험학습 공간에 관한 연구-부산시를 중심으로. 도시연구보, 10, 49-65.

이영희(2008). 과학기술민주화 기획으로서의 합의회의: 한국의 경험. 동향과 전망, 73, 294-324.

이유훈, 정동영, 정희섭, 권영민(2010). 특수학교 교육과정 적용평가 및 개선방안 연구.

이일선, 변정호, 권용주(2012). 두뇌 동기보상 시스템 기반 생명과학 학습동기 증진 학습모형 개발. 생물교육, 40, 109-120.

이일선, 이준기, 권용주(2010). 과학 교수－학습 프로그램의 두뇌기반 분석을 위한 두뇌맞춤지수 산출식 개발, 한국과학교육학회지, 30(8), 1031-1043.

이재승(2002). 글쓰기 교육 원리와 방법: 과정 중심 접근. 교육과학사.

이주행, 박경현, 민현식, 이경우, 이삼형, 박수자, 권순희(2003). 교사 화법의 이론과 실제. 역락.

이준기, 이일선, 권용주(2010). 과학 교수－학습 프로그램의 평가를 위한 두뇌기반 분석틀의 개발. 한국과학교육학회지, 30(5), 647-667.

이지연(2008). 예비교사를 위한 실제적 교육방법 및 교육공학. 서현사.

이필렬, 최경희, 송성수(2004). 과학, 우리 시대의 교양. 세종서적.

이향연, 최경희(2008). 문제중심학습(Problem-Based Learning)에 대한 중학교 과학교사들의 인식 교과교육학연구, 12(3), 747-767.

이호진, 최경희(2005). 과학 글쓰기에 나타나는 초등학생들의 선행개념 및 오개념. 교과교육학 연구,

8(3), 421-435.
이홍우(1988). Bruner: 지식의 구조. 교육과학사.
이화여자대학교 교육공학과(2002). 21세기 교육방법과 교육공학. 서울: 교육과학사.
임성만, 임재근, 최현동, 양일호(2008). 초・중・고 학생과 예비 교사 및 초등 교사가 생각하는 과학자에 대한 이미지 분석. 초등과학교육, 27(1), 1-8.
임재춘(2006). 한국의 이공계는 글쓰기가 두렵다. 서울: 북코리아.
임청환, 권성기, 송명섭, 송남희(역서)(1999). 초등과학교육: 구성주의적 접근. 시그마프레스.
장수명, 최형주(2004). 학급규모가 교사의 수업태도와 교수－학습방법의 활용에 미친 영향. 한국교육, 31(4).
장현숙, 최경희(2005). 초등 과학교과서에 제시된 현장학습의 분석. 초등과학교육, 24(4), 337-344.
정동영(2007). 장애학생의 교육성과 제고를 위한 평가전략, 정신지체연구, 9(4), 135-159.
정민선(2007). 공통 과학에서 시범 실험이 과학에 대한 태도에 미치는 영향: 공통 과학 물질 단원을 중심으로. 국민대학교 교육대학원 석사학위 논문.
정병택(1997). 관찰법과 질문지법에 의한 초등학생의 과학에 대한 정의적 특성 비교 분석. 한국교원대학교 석사학위청구논문.
정완호, 권재술, 정진우, 김효남, 최병순, 허명(1996). 과학 수업 모형의 비교 분석 및 내용과 활동유형에 따른 적정 과학 수업 모형의 고안, 한국과학교육학회, 16(1), 13-34.
정완호, 권재술, 정진우, 김효남, 최병순, 허명(1997). 과학과 수업 모형. 교육과학사.
정완호, 정진수(1995). 중학교 과학수업에서 학습자 특성에 따른 순환학습 모형의 효과, 한국과학교육학회지, 15(3), 284-290.
정은영, 홍미영(2004). 초등학교 과학과 실험 및 관찰 수업 사례에서 나타난 수업의 문제점: 도시 지역의 수업 사례를 중심으로. 초등과학교육, 23(4), 287-296.
정지숙(2011). 2009 개정 과학과 교육과정과 제7차 과학과 교육과정 비교 분석. 아주대학교 석사학위논문.
정진수, 윤성규, 김상은(2009). 세타 및 알파 상대 파워스펙트럼 분석을 통한 생물학 용어 유의미 기억의 특성 분석. 한국생물교육학회지, 37(4), 495-503.
정진우, 김현정(2003). 시범실험 수업이 초등학생들의 과학관련 태도에 미치는 효과. 청람과학교육연구논총, 13(1), 115-130.
조규성, 이광호, 장지영, 강현아(2006). 10학년 '과학' 수업에서 지구계 교육 프로그램 적용 방안 및 학생 반응: '화산 폭발과 기후의 변화'를 중심으로. 한국지구과학회지, 27(3), 251-259.
조승제(2006). 교과 교육과 교수－학습 방법론. 양서원.
조연순(2006). 문제중심학습의 이론과 실제. 학지사.
조연순, 체제숙, 백은주, 임현화(2004). 초등학교 수업을 위한 문제중심학습(PBL)의 교수학습 과정모형 연구. 교육방법연구, 16(2), 1-28.
조희형(2007). 과학교육론: 요약과 적용. 교육과학사

조희형, 김희경, 윤희숙, 이기영(2009). 과학교육의 이론과 실제. 교육과학사.

조희형, 김희경, 윤희숙, 이기영(2010). 과학 교수 모형의 특징과 적용에 대한 고찰. 한국과학교육학회지, 30(5), 557-575.

조희형, 김희경, 윤희숙, 이기영(2011). 과학교육의 이론과 실제(4판). 교육과학사.

조희형, 박승재(1995). 과학론과 과학교육. 교육과학사.

조희형, 박승재(1999). 과학 교수－학습. 교육과학사.

조희형, 최경희(1998). 과학의 윤리적 특성 교육의 필요성과 그 실태. 한국과학교육학회지, 18(4), 559-570.

조희형, 최경희(2001). 과학론과 과학교육. 교육과학사.

조희형, 최경희(2001). 과학교육총론. 교육과학사.

조희형, 최경희(2002). 구성주의와 과학교육. 한국과학교육학회지, 22(4), 820-836.

조희형, 최경희(2005). 과학교육의 이론과 실제. 교육과학사.

조희형, 최경희(2008). [제2판]과학교육의 이론과 실제. 교육과학사.

진위교, 장언효, 이종승, 김순택(1998). 현대수업의 원리. 정민사.

차경수(1996). 현대의 사회과 교육. 학문사.

채동현, 최영완(2002). 달의 운동에 대한 역할놀이 학습이 초등예비교사의 개념 변화에 미치는 효과. 초등과학교육, 21(2), 253-262.

최경희(1996). STS교육의 이해와 적용. ㈜교학사.

최경희(1997). 중학교 과학 교과서에 포함된 과학－기술－사회(STS) 내용, 활동 유형 및 포함 정도 분석. 한국과학교육학회지, 17(4), 425-433.

최경희(2005). 과학자의 사회적 역할과 책임 및 교육 방법에 대한 고찰. 과학기술학연구, 5(2), 49-67.

최경희, 조희형(2002). 연구논문: 과학의 윤리적 특성 교수－학습이 중학생들의 과학의 본성에 대한 인식에 미친 영향. 한국생물교육학회지, 30(2), 105-113.

최경희, 조희형, 김대식, 김성원(2000). 중학교 과학과 토의학습을 위한 자료개발과 적용 효과: 힘과 운동 개념을 중심으로. 한국과학교육학회지, 20(4), 510-518.

최병순, 강석진, 강순민, 강순희, 공영태, 권혁순, 김재현, 김현경, 남정희, 노석구, 박금홍, 박종석, 박현주, 백성혜, 이범홍, 이상원, 최미화, 홍미영(2011). 화학 교재 연구 및 지도. 자유아카데미.

최석진, 이용순, 박종성(2001). 환경교육 교수－학습 및 평가방법의 실제. 한국교육과정평가원 · 한국직업능력개발원, 연구자료 ORM 2001-30.

최영재, 안미경(2001). 전문가집단을 활용한 Jigsaw II 협동학습이 과학지식, 탐구능력 및 학습태도에 미치는 영향. 초등과학교육, 20(2), 177-186.

최욱(2001). 인터넷활용 문제중심 학습모형. 교육학연구, 39(3), 259-284.

최종호(1993). 과학에 대한 흥미 및 태도에 관한 종단적 조사연구. 과학교육논문집, 3(1), 357

하병학(2006). 탐구와 소통의 “논술”. 철학과 현실, 70, 123-133.

한국과학교육학회(2005). 과학교육학 용어 해설. 교육과학사.

한순미(1999). 비고츠키와 교육: 문화－역사적 접근. 교육과학사.

홍성욱(2008). 홍성욱의 과학 에세이(과학, 인간과 사회를 말한다). 동아시아.

황선영, 장금성(2005). 성찰일지에 기초한 간호학생의 문제중심학습 경험. 대한간호학회지, 35(1), 65-76.

황혜령(2005). 심층적 접근 방식(deep approach)을 적용한 학생 질문 강화 수업의 효과: 중학교 1학년 ‘물질의 세 가지 상태’, ‘분자의 운동’ 단원을 중심으로. 서울대학교 대학원 석사학위 논문.

Abd-El-Khalick, F., & Akerson, V. L. (2004). Learning as conceptual change: Factors mediating the development of preservice elementary teachers' views of nature of science. Science Education, 88(5), 785-810.

Abd-El-Khalick, F., Bell, R. L., & Lederman, N. G. (1998). The nature of science and instructional practice: Making the unnatural natural. Science Education, 82(4).

Abell, S., M. Martini, & M. George. (2001). That's what scientists have to do: Preservice elementary teachers' conceptions of the nature of science during a moon investigation. International Journal of Science Education, 23(11), 1095-1109.

Abruscato, J. (2000). Whizbangers and wonderments: science activities for young people. Allyn & Bacon.

Aikenhead, G. S. (1985). Collective decision making in the social context of science. Science Education, 69(4), 453-475.

Aikenhead, G. S., Ryan, A. G., & Fleming, R. W. (1992). Views on science-technology-society. Science Education, 76(5), 559-580.

Albanese, M. A., & Mitchell, S. (1993). Problem-based learning: a review of literature on its outcomes and implementation issues. Academic Medicine, 68(1), 52.

American Association for the Advancement of Science, [AAAS]. (1989). Science for all Americans. Washington, DC: author.

American Association for the Advancement of Science [AAAS]. (1993). Project 2061: Benchmarks for Science Literacy. New York: Oxford University Press.

American Association for the Advancement of Science, [AAAS]. (1998). BLUPRINTS for Reform. New York: Oxford University Press.

Anderson, J. R., Reder, L. M., & Simon, H. A. (1996). Situated learning and education. Educational Researcher, 25, 5-11.

Ansari, D. & Coch, D. (2006). Bridge over troubled waters: education and cognitive neuroscience. Trends in Cognitive Sciences, 10(4), 146-151.

Applebee, A. N. (1982). Writing and learning in school settings. In P. M. Nystrand(Ed), What writers know: The language, process, and structure of written discourse. New York: Academic Press.

Arends, R. I. (1998). Learning to teach, 4th Ed. NY: McGraw-Hill, Inc.

Arntson, W. W. (1975). The Effect of an Interdisciplinary Course in Futuristics on Attitudes Toward Science Among Students in a Two-year College: University of Northern Colorado, Division of Arts and Sciences.

Atkin, J. M. & Karplus, R. (1962). Discovery of invention? Science Teacher, 29(5), 45.

Ausubel, D. P. (1960). The use of advance organizers in the learning and retention of meaningful verbal materials. Journal of Educational Psychology, 51(5), 267-272.

Ausubel, D. P. (1968). Educational psychology. New York: Holt, Rinehart, & Winston.

Ausubel, D. P., Novak, J., & Hanensian, H. (1978). Educational psychology: A cognitive view. NY: Holt, Rinehart and Winstion.

Azari, N. P., & Seitz, R. J. (2000). Brain plasticity and recovery from stroke. American Scientist, 88, 426-431.

Baird, J. R. (1998). A view of quality teaching. In: B. J. Fraser & K. G. Tobin(Eds.), International handbook of science education.(pp. 153-188), Dordrecht: Kluwer Academic Publishers.

Bank, A., Henerson, M., & Eu, L. (1981). A practical guide to program planning: a teaching models approach. NY: Teachers College Press.

Barell, J. (1998). PBL: An inquiry approach. Arlington Heights: Skylight Training and Publishing, Inc.

Barron, B. J. S., Schwartz, D. L. Vye, N. J., Moore, A., Petrosino, A., Zech, L & Bransford, D. J. (1998). Doing with understanding: Lessons from research on problem and project-based learning. The Journal of the Learning Sciences, 7, 271-311.

Barrows, H. S., & Myers, A. C. (1993). Problem based learning in secondary schools. IL: Problem-Based Learning Institute.

Barrows, H. S., & Tamblyn, R. M. (1980). Problem-based learning: rationale and definition. NY: Springer Publishing Co.

Bartholomew, H., Osborne, J., & Ratcliffe, M. (2004). Teaching students “ideas-about-science”: Five dimensions of effective practice. Science Education, 88(5).

Bell, R. L., Blair, L. M., Crawford, B. A., & Lederman, N. G. (2003). Just Do It? Impact of a Science Apprenticeship Program on High School Students' Understandings of the Nature of Science and Scientific Inquiry. Journal of Research in Science Teaching, 40(5), 487-509.

Bentley, D. & Watts, W. (1989). Learning and teaching in school science: Practical alternatives. Milton Keynes, Philadelphia: Open University Press.

Berk, L. E., & Winsler, A. (1995). Scaffolding children's learning: Vygotsky and early childhood education. NAEYC Research and Practice Series, Vol. 7. Washington, D.C: The National Association for the Education of Young Children.

Bernal, J. D. (1971). Science in History, Volume 1: The Emergence of Science. Massachusetts: The M.I.T. Press Cambridge. 김상민 역(1995). 과학의 역사: 돌도끼에서 수소폭탄까지, 제1권 고대 · 중세편. 서울: 한울.

Bianchini, J. A. (1997). Where knowledge construction, equity, and context intersect: Student learning of science in small groups. Journal of research in science teaching, 34(10), 1039-1065.

Biological Sciences Curriculum Study(BSCS). (1993). Developing Biological Literacy. Dobuque, IA: Kendall/Hunt.

Bitgood, S. (1989). School field trips: An overview. School Field, 4(2), 3.

Black, P., & William, D. (1998). Assessment and classroom learning. Assessment in Education, 5(1), 7-74.

Bloom, B. S.(ed) (1956). Taxonomy of educational objectives, I. Cognitive domain. NY: David Mckay.

Blosser, P. E. (1980). A critical review of the role of the laboratory in science teaching. Columbus, OH: ERIC/SMEAC Clearinghouse.

Blosser, P. E. (1991). How to ask right questions. DC: NSTA.

Boccalettia, S., Latorab, V., Morenod, Y., Chavezf, M., & Hwang, D. U. (2006). Complex networks: structure and dynamics. Physic Reports. 424(4-5), 175-308.

Bodrova, E., & Leong, D. J. (2007). Tools of the Mind: The Vygotskian Approach to Early Childhood Education(2nd Ed.). Upper Saddle River, NJ: Pearson/Merill Prentice Hall.

Bonfantini, M. A. & Proni, G. (1983). To guess of not to guess? In U. Eco & T. A. Sebeok(Ed.), The sign of three: Dupin, Holmes, Peirce(pp. 119-134). Bloomington, IN: Indiana University Press

Boud, D. (1985). Problem-based learning in education for the professions. London: Herdsa.

Braben, D. (1994). To be a scientist: The spirit of adventure in science and technology. Oxford University Press.

Brown, H. D. (2001). Teaching by principles: An interactive approach to language pedagogy, 2nd. NY: Longman.

Brown, J. S., Collins, A., & Duguid, P. (1989). Situated cognition and the culture of learning. Educational Researcher, 18, 32-42.

Bruner, J. S. (1960). The Process of Education. Cambridge, MA: Harvard University Press.

Bruner, J. S. (1963). The Process of Education. Cambridge, MA: Harvard University Press.

Bruner, J. S., Goodnow, J. J., & Austin, G. A. (1956). A Study of Thinking: New York: John Wiley.

Brunning, R. H., Schraw, G. J., & Ronning, R. R. (1999). Cognitive Psychology and Instruction(3th Ed.). Upper Saddle River, New Jersey: Merill/Prentice Hall.

Bullock, D. H. (1982). Behaviorism and NSPI: The Erratically Applied Discipline. Performance & Instruction, 21(3), 4-8.

Bush, G. (2006). Learning about learning. Teacher Librarian, 34(2), 14-18.

Bybee, R. W. (1997). Towards an understanding of scientific literacy. Kiel, Germany: Institute for science Education.

Bynum, W. F., Browne, E. J., & Porter, R. (1982). Piaget for Education, 2nd ed. Columbus, Ohio: Charles E. Merrill Publishing Company.

Callahan, J. F., Clark, L. H., & Kellough, R. D. (1998). Teaching in the middle and secondary schools. NJ: Prentice Hall.

Campbell, N. R. (1957). Foundations of science: The philosophy of theory and experiment.

Chalmers, A. F. (1982). What is this thing called science?: An assessment of the nature and status of science and its methods. St. Lucia, Qld: University of Queensland Press.

Chalmers, A. F. (1990). Science and Its Fabrication. Minneapolis, MN: University of Minnesota Press.

Chambers, D. W. (1983). Stereotypic images of the scientist: The draw-a-scientist test. Science Education, 67(2), 255-265.

Chalmers, A. F. (1999). What is this thing called science?. Univ. of Queensland press.

Champagne, A. B., Klopfer, L. E., Solomon, C. A., & Cahn, A. D. (1980). Interactions of students' knowledge with their comprehension and design of science experiments. Pittsburgh: Learning Research and Development Center, University of Pittsburgh.

Chard, S. C. (1994). The project approach: A second practical guide for teachers. Edmonton: Instructional Technology Centre, University of Alberta.

Cherif, A. H., & Somervill, C. H. (1995). Maximizing learning: using role playing in the classroom. The American Biology Teacher, 28-33.

Chiappetta, E. L. & Adams, A. D. (2004). Inquiry-based instruction. The Science Teacher, 71, 46-50.

Chiappetta, E. L. & Koballa, T. R. Jr. (2002). Science instruction in the middle and secondary schools(5th Ed.). Upper Saddle River, NJ: Prentice Hall.

Chiappetta, E. L., & Koballa, T. R. (2006). Science instruction in the Middle and Secondary Schools: Developing Fundamental Knowledge and Skills for Teaching (6th ed.). NJ: Pearson Education, Inc.

Chiappetta, E. L., Fillman, D. A., & Sethna, G. H. (1991). A method to quantity major themes of scientific literacy in science textbooks. Journal of Research in Science Teaching, 28, 713-725.

Chiappetta, E. L., Koballa, T. R., & Collette, A. T. (1998). Science instruction in the middle and secondary schools, 4th Ed. Upper Saddle River, NJ: Merrill.

Chklovskii, D. B., Mel, B. W., & Svoboda, K. (2004). Cortical rewiring and information storage. Nature, 431(7010), 782-788.

Christie, F. (1981). The language development project. English in Australia. 58, 3-10.

Clermont, C. P., Krajcik, J. S., & Borko, H. (1993). The influence of an intensive in-service workshop on Pedagogical Content Knowledge growth among novice chemical demonstrators. Journal of Research in Science Teaching, 30(1), 21-43.

Cobern, W., & Loving, C. Investigation of Preservice Elementary Teachers' Thinking about Science. Journal of Research in Science Teaching, 39(10), 1016-1031

Cohen, E. G. (1994). Restructuring the classroom: Conditions for productive small group. Review of Educational Research, 64(1), 1-35.

Colburn, A. (2000). An inquiry primer. Science Scope, 23(6), 42-44.

Colburn, A. (2003). The lingo of learning: 88 education terms every science teacher should know. Arlington, VA: NSTA Press.

Cole, P. G., & Chan, L. K. S. (1994). Teaching principles and practice(권낙원 역, 수업의 원리와 실제). 성원사(Original work published 1987, NY: Prentice Hall).

Collea, F.P., Fuller, R.G., Karplus, R., Paldy, L.G., & Renner, J.W. (1975). Physics Teaching and the Development of Reasoning. Stony Brook: American Association of Physics Teachers.

Collette, A. T., & Chiappetta, E. L. (1989). Science instruction in the middle and secondary school(2nd ed.). OH: Merrill Publishing Company.

Conant, J. B. (1946). Public Education and the Structure of American Society. Bureau of Publications, Teachers College, Columbia University.

Conant, J. B. (1951). On understanding science: An historical approach. New American Library.

Connally, P., & Villardi, T. (1989). Writing to learn mathematics and science. NY: Teacher College Press.

Corel, J. L. (1975). The Postnatal Development of the Human Cerebral Cortex. Cambridge, MA: Harvard University Press.

Cowie, H., & Berdondini, L. (2001). Children's reactions to cooperative group work: A strategy for enhancing peer relationships among bullies, victims and bystanders. Learning and instruction, 11(6), 517-530.

Damasio, A. R. (1994). Descartes' Error: Emotion, Reason, and the Human Brain. New York:

Putnam.

Davis, J. (2001). Conceptual change. In M. Orey(Ed.). Emerging perspectives on learning, teaching, and technology.

DeBoer, G. E. (1991). A History of Ideas in Science Education: Implications for Practice. New York: Teachers College Press.

DeBoer, G. E. (2004). Historical perspectives on inquiry teaching in schools. In L. B. Flick & N. G. Lederman(Eds.), Scientific inquiry and nature of science(pp. 17-35). Dordrecht, The Netherlands: Kluwer Academic Publishers.

Decker, L. E. (1976). People helping people. An overview of community education. Michigan: Pendell Publishing Company.

Delisle, R. (1997). How to use problem-based learning in the classroom. VA: Association for Supervision & Curriculum Development.

Dewey, J. (1912). Philosophy of education. Middle works of John Dewey, 297-312.

Domin, D. S. (1999). A Review of laboratory instruction styles. Journal of Chemical Education, 76, 543-547.

Dori, Y. J. & Herscovitz, O. (1999). Question-posing capability as an alternative evaluation method: Analysis of an environmental case study. Journal of Research in Science Teaching. 36(4), 411-430.

Driver, R., Asoko, H., Mortimer, E., & Scott, P. (1994). Constructing scientific knowledge in the classroom. Educational Researcher, 23(7), 5-12.

Duit, R. (1999). Conceptual change approaches in science education. In W. Schonotz, S. Vosniadou, & M. Carretero(Eds.), New Perspectives on Conceptual Change(pp. 262-282). Oxford: Pergamon.

Edelman, G. M. (1992) Bright Air, Brilliant Fire: On the Matter of Mind. New York: Basic Books.

Eggen, P. D. & Kauchak, D. P. (2006). Strategies and models for teachers: Teaching content and thinking skills(5th Ed.). Boston, MA: Pearson.

Eggleston, J. F., & Kelly, P. J. (1970). The assessment of project work in A-level biology. Educational Research, 12(3), 225-229.

Eisenkraft, A. (2003). Expanding the 5E Model. The Science Teacher, 70(6), 56-59.

Emig, J. (1977). Writing as a model of learning. College Composition and Communication, 28, 122-128.

Engelhardt, W. von & Zimmerman, J. (1982). Theory of earth science(translated by L. Fischer). Cambridge, UK: Cambridge University Press.

Enger, S. K. & Yager, R. E. (2001). Assessing student understanding in science. Thousand Oaks, CA: Corwin Press.

Ertepinar, H., & Geban. (1996). Effect of instruction supplied with the investigative-oriented laboratory approach on achievement in a science course. Educational Research, 38(3), 333-341.

Falk, D. F. (1980). Biology teaching method. Malabar: Krieger Publishing Company.

Falk, J. H., & Balling, J. D. (1982). The field trip milieu: Learning and behavior as a function of contextual events. Journal of Educational Research, 76(1), 22-28.

Foster, D., & Lock, R. (1987). Teaching science 11-13. New South Wales: Routledge.

Furtak, E. M. (2006). The problem with answers: An exploration of guided scientific inquiry teaching. Science Education, 90, 453-467.

Gage, F. H. (2000). Structural plasticity: Cause, result, or correlate of depression. Bilo Psychiatry, 48, 713-714.

Gage, N. L. (1978). The scientific basis of the art of teaching. NY: Teachers College Press, 42-62.

Gage, N. L., & Berliner, D. C. (1979). Educational psychology. Chicago: Rand Mc Nally.

Gage, N. L., & Berliner, D. C. (1988). Education Psychology(4th ed.). Houghton Mifflin Company, USA.

Gage, N. L., & Berliner, D. C. (1992). Educational psychology: Some background. Boston: Houghton Mifflin Company.

Gagne, R. M. (1985). The Conditions of Learning, 4th ed. New York: Holt, Rinehart and Winston.

Galik, D. (2006). Induction in Aristotle's system of scientific knowledge. ORGANON F, 13(4), 495-505.

Gall, M. D., & Gall, J. P. (1990). Outcomes of the discussion method. In: W. W. Wilen, Teaching and learning through discussion: The theory, research and practice of the discussion method(pp. 25-44). Springfield, IL: Charles C. Thomas.

Gallagher, J. J. (1971). A broader base for science teaching. Science Education, 55(3), 329-338.

Gallagher, S. A., Stepien, W. J., & Rosenthal., H. (1992). The effects of problem-based learning on problem solving. Gifted Child Quarterly, 36(4), 195.

George, K. D., Dietz, M. A., Abraham, E. C., & Nelson, M. A. (1974), Elementary school science: Why and how. Lexington: D. C. Heath.

Germann, P. J., & Odom, A. L. (1996). Student performance on asking questions, identifying variables and formulating hypotheses. School Science and Mathematics, 96(4), 192-201.

Germann, P. J., Aram, R. A., & Burke, G. (1996). Identifying patterns and relationships among the responses of seventh-grade students to the science process skill of designing experiments. Journal of Research in Science Teaching, 33(1), 79-99.

Giere, R. N. (1988). Explaining science: A cognitive approach. Chicago, IL: University of Chicago Press.

Gillies, R. M, & Ashman, A. F. (2000). The effects of cooperative learning on students with learning difficulties in the lower elementary school. The Journal of Special Education, 34(1), 19-27.

Gogolin, L., & Swartz, F. (1992). A quantitative and qualitative inquiry into the attitudes toward science of nonscience college students. Journal of Research in Science Teaching, 29(5), 487-504.

Gogos, J. A., Osbome, J., Nemes, A., Mendelsohn, M., & Axel, R. (2000). Genetic ablation and restoration of the olfactory topographic map. Cell, 103, 609-620.

Gredler, M. E. (2008). Learning and Instruction: Theory Into Practice(6th Ed.). Upper Saddle River, NJ: Pearson Merrill/Prentice Hall.

Gregory, A. (2001). EUREKA! The Birth of Science. 김상락 역(2003). 왜 하필이면 그리스에서 과학이 탄생했을까. 서울: 몸과 마음.

Gribbin, J. (2004). The Scientists: A History of Science Told Through the Lives of Its Greatest Inventors. New York: Random House.

Gribbin, J. R. (Ed.). (1998). A brief history of science. East Sussex: The Ivy Press. 최주연 역(2005). 한번은 꼭 읽어야 할 과학의 역사: 화학・지구과학・생물학. 서울: 에코리브르.

Gross, A. G. (1990). The rhetoric of science. Cambridge, MA: Harvard University Press.

Gunstone, R. F. (1991). Reconstructing theory form practical experience. In: B. E. Woolnough(ED.), Practical Science.(pp. 67-77), Milton Keynes: Open University Press.

Gunstone, R. F., & Champagne, A. B. (1990). Promoting conceptual change in the laboratory: The student laboratory and the science curriculum. London: Routledge.

Gunstone, R. F., & White, R. T. (1981). Bringing students' conceptions into accord with scientists'. The Australian Science Teachers' Journal., 27(3), 5-7.

Guthrie, R. D. (1984). Mosaics, allelochemics, and nutrients: An ecological theory of late Pleistocene megafaunal extinctions. In P. S. Martin & R. G. Klein(Eds.), Quaternary extinctions: A prehistoric revolution(pp. 259-298). Tucson, AZ: University of Arizona Press.

Halliday, M. A., & Martin, J. R. (1993). Writing science: Literacy and discursive power. London: Falmer Press.

Hamers, J. M., Koning, E., & Sijtsma, K. (1998). Inductive reasoning in third grade: Intervention promises and constraints. Contemporary Educational Psychology, 23, 132-148.

Hand, B. M, Wallace, C., & Yang, E. M. (2004). Using a science writing heuristic to enhance learning outcomes from laboratory activities in seventh-grade science: Quantitative and qualitative aspects. International Journal of Science Education, 26(2), 131-149.

Hanson, N. R. (1958). Patterns of discovery. London, UK: Cambridge University Press.

Hanson, N. R. (1971). Observation and Explanation: a Guide to Philosophy of Science: A Guide to Philosophy of Science: Harper & Row.

Harms, N. C., & Yager, R. E. (1981). What research says to the science teacher(Vol. 3). Washington DC: NSTA.

Harre, R. (1970). The method of science: Taylor & Francis Ltd.

Harrowitz, N. (1983). The body of the detective model: Charles S. Peirce and Edgar Allan Poe. In U. Eco & T. A. Sebeok(Ed.), The sign of three: Dupin, Holmes, Peirce(pp. 179-197). Bloomington, IN: Indiana University Press.

Hashweh, M. (1986). Toward an explanation of conceptual change. European Journal of Science Education, 8, 229-249.

Hawking, S. W. (1988). A Brief History of Time: The Updated and Expanded Tenth Anniversary Edition. New York: Bantam.

Hawking, S. W. (1996). The Illustrated a Brief History of Time. New York: Bantam Books.

Hazen, R. M., Trefil, J. (1991). Science matters: Achieving science literacy. New York: Anchor Books.

Hegarty-Hazel, E. (1990). The student laboratory and the science curriculum. NY: Routledge.

Hempel, C. G. (1966). Philosophy of natural science: Prentice-Hall Englewood Cliffs, NJ.

Henriksen, E. K., & Froyland, M. (2000). The contribution of museums to scientific literacy: views from audience and museum professionals. Public Understanding of Science, 9(4), 393.

Herron, M. D. (1971). The nature of scientific enquiry. School Review, 79(2), 171-212.

Hewson, P. W. (1982). A case study of conceptual change in special relativity: The influence of prior knowledge in learning: European Journal of Science Education, 4(1), 61-78.

Hewson, P. W. (1991). Conceptual change instruction. Paper presented at annual meeting, National Association for Research in Science Teaching, Fontana, WI.

Hewson, P. W., & Hewson, M. G. A'B. (1988). An appropriate conception of teaching science: A view from studeis of science learning. Science Education, 72(5), 597-614.

Hmelo-Silver, C. E. (2004). Problem-based learning: what and how do students learn? Educational Psychology Review, 16(3), 235-266.

Hodson, D. (1992). Redefining and reorientating practical work in school science. School Science Review, 73(264), 65-78.

Hodson, D. (1993). Re-thinking old ways: Towards a more critical approach to practical work in school science. Studies in Science Education, 22, 85-115.

Hodson, D. (1996). Practical work in school science: exploring some directions for change. International Journal of Science Education, 18(7), 755-760.

Hodson, D. (1998). Teaching and learning science: Towards a personalized approach. Open

University Press: Buckingham & Philadelphia.

Hofstein, A. & Lunetta, V. N. (1982). The role of laboratory in science teaching: Neglected aspects of research. Review of Educational Research, 52(2), 201-217.

Hofstein, A. & Lunetta, V. N. (2004). The laboratory in science education: Foundations for the twenty-first century. Science Education, 88(1), 28-54.

Holbrook, J., & Rannikmae, M. (2007). The Nature of Science Education for Enhancing Scientific Literacy. International Journal of Science Education, 29(11), 1347-1362.

Holliday, W. G., Yore, L. D., & Alvermann, D. E. (1994). The reading-science learning-writing connection: Breakthroughs, barriers, and promises. Journal of Research in Science Teaching, 31, 877-893.

Horwitz, B., Tagamets, M., & McIntosh, A. R. (1999). Neural modeling, functional imaging, and cognition. Trends of Cognitive Science, 3, 91-98.

Hospers, J. (1997). An introduction to philosophical analysis: Routledge.

Hung, D. (2001). Theories of learning and computer-mediated instructional technologies. Educational Media International, 38(4), 281-287.

Hungerford, H. R., Bluhm, W. J., Volk, T. L., & Ramsey, J. M. (1998). Essential Readings in Environmental Education.

Illeris, K. (2002). The Three Dimensions of Learning: Contemporary Learning Theory in the Tension Field Between the Cognitive, the Emotional and the Social. Leicester, UK: NIACE.

Inhelder, B., & Piaget, J. (1958). The Growth of Logical Thinking from Childhood to Adolescence. New York: Basic Books.

Irwin, A. R. (2000). Historical Case Studies: Teaching the Nature of Science in Context. Science Education, 84(1), 5-26.

Issacs, A., Daintith, J., Martin, E. (1996). Concise science dictionary. Oxford: Oxford University Press.

Izuma, K., Saito, D. N., & Sadato, N. (2008). Processing of social and monetary rewards in the human striatum. Neuron, 58, 284-294.

Jacobson, W. & Kondo, A. (1968). SCIS elementary science sourcebook. Berkeley, California: Science Curriculum Improvement Study.

Järvelä, S., & Niemivirta, M. (1999). The changes in learning theory and the topicality of the recent research on motivation. Research Dialogue in Learning and Instruction, 1, 57-65.

Johnson, D. W., & Johnson, R. T. (1987). Learning together and alone: Cooperative, competitive, and individualistic learning. NJ: Prentice-Hall.

Johnson, D. W., & Johnson, R. T. (1989). Cooperation and competition: Theory and research. MN:

Interaction Book Company.

Johnson, D. W. & Johnson, R. T. (1993). Cooperative learning and feedback in technology-based instruction. In: J. Dempsey and G. Sale(eds.). Interactive instruction and feedback. Englewood Cliffs, NJ: Educational Technology Pub.

Johnson, D. W., & Johnson, R. T. (2003). Student motivation in co-operative groups. In: Cooperative learning: The social and intellectual outcomes of learning in groups(pp. 136-176). NY: Routledge.

Jones, B., & Butts, B. (1983). Development of a set of scales to measure selected scientific attitudes. Research in Science Education, 13(1), 133-140.

Joss, S., & Durant, J. (1995). Public participation in science: the role of consensus conferences in Europe: Science Museum.

Karplus, R. & Thier, H. D. (1967). A new look at elementary school science. Chicago: Rand McNally.

Karplus, R. (1977). Science teaching and the development of reasoning. Journal of Research in Science Teaching, 14(2), 169-175.

Karplus, R., Lawson, A.E., Wollman, W., Appel, M., Bernoff, R., Howe, A., Rusch, J. J., & Sullivan, F. (1977). Science teaching and the development of reasoning: A workshop. Berkely, CA: Regents of the University of California.

Keller, J. M. (1979). Motivation and instructional design: A theoretical perspective. Journal of Instructional Development, 2(4), 26-34.

Keller, J. M. (2010). Motivational Design for Learning and Performance. New York: Springer.

Kelly, G. J., & Chen, C. (1999). The sound of music: Constructing science as sociocultural practices through oral and written discourse. Journal of Research in Science Teaching, 36(8), 883-915.

Kelly, G. J., & Takao, A. (2002). Epistemic levels in argument: An analysis of university oceanography students' use of evidence in writing. Science Education, 86, 314-342.

Keys, C. W., Hand, B., Prain, V., & Collins, S. (1999). Using the science writing heuristic as a tool for learning from laboratory investigations in secondary science. Journal of Research in Science Teaching, 36(10), 1065-1084.

Khishfe, R., & Abd-El-Khalick, F. (2002). Influence of Explicit and Reflective versus Implicit Inquiry-Oriented Instruction on Sixth Graders' Views of Nature of Science. Journal of Research in Science Teaching, 39(7), 551-578.

Kim, C.-J. (2003). Preparing teachers for systems science methodology. In V. J. Mayer(Ed.), Implementing global science literacy(pp. 255-266). Columbus, OH: The Ohio State University.

Kindsvatter, R., Wilen, W., & Ishler, M. (1996). Dynamics of effective teaching(3rd ed.). NY: Longman.

King, A. (1994). Guiding knowledge construction in the classroom: Effects of teaching children how to question and how to explain. American Educational Research Journal., 31(2), 338-368.

King, A. (1999). Discourse patterns for mediating peer learning. In: Cognitive perspectives on peer learning(pp. 87-115). NJ: Lawrence Erlbaum Associates.

Kissock, C., & Lyortsuun, P. (1982). A Guide to Questioning: Classroom Procedures for Teachers. London: McMillan Press.

Kitchener, R. F. (1999). The conduct of inquiry: An introduction to logic and scientific method. New York: University Press of America.

Klee, R. (1997). Introduction to the Philosophy of Science: Cutting Nature as its Seams. New York: Oxford University Press.

Klein, P. (1999). Reopening inquiry into cognitive processes in writing-to-learn. Educational Psychology review, 11(3), 203-270.

Knorr-Cetina, K. (1999). Epistemic cultures: How sciences make knowledge. Cambridge, MA: Harvard University Press.

Krathwohl, D. R., Bloom, B. S., & Masia, B. B. (1964). Taxonomy of educational objectives, Handbook II. Affective domain. New York: David Mckay.

Kuhn, D. (1989). Children and adults as intuitive scientists. Psychological Review, 96(4), 674-689.

Kuhn, T. S. (1962). The Structure of Scientific Revolutions. Chicago: The University of Chicago Press.

Kuhn, T. S., Dewey, J., & Neurath, O. (1970). The structure of scientific revolutions: University of Chicago Press Chicago.

Kwon, Y., Lee, J., Shin., D., Jeong, J. (2009). Changes in brain activation induced by the training of hypothesis generation skills: An fMRI study. Brain & Cognition, 69, 391-397.

Lakatos, I. (1974). Criticism and the Growth of Knowledge: Cambridge University Press, Cambridge.

Lambros, A. (2002). Problem-based learning in K-8 classrooms: a teacher's guide to implementation. Thousand Oaks: Corwin Press.

Latour, B. (1987). Science in action. Cambridge, MA: Harvard University Press.

Lawson, A. E. (1995). Science Teaching and development of thinking. Belmont, CA: Wadsworth Publishing Company.

Lawson, A. E., Abraham, M.R., & Renner, J.W. (1989). A theory of instruction: Using the learning cycle to teach science concepts and thinking skills. NARST MONGRAPH, No. 1: National

Association for Research in Science Teaching.

Lawson, E. T. (2000). Towards a cognitive science of religion. Numen, 47(3), 338-349.

Lazarowitz, R., & Tamir, R. (1994). Research on using laboratory instruction in science. In D. Gabel(Ed.), Handbook of research on science teaching and learning,(pp. 94-128). NeY: MacMillan.

Leak, D. B. (1995). Abduction, experience, and goals: A model of everyday abductive explanation. The Journal of Experimental and Theoretical Artificial Intelligence, 7, 407-428.

Lederman, N. G. (1992). Students'and teachers' conceptions of the nature of science: A review of the research. Journal of research in science teaching, 29(4).

Lederman, N. G. (1999). Teachers' Understanding of the Nature of Science and Classroom Practice: Factors That Facilitate or Impede the Relationship. Journal of Research in Science Teaching, 36(8), 916-929.

Lederman, N. G., Abd-El-Khalick, F., Bell, R. L., & Schwartz, R. S. (2002). Views of nature of science questionnaire: Toward valid and meaningful assessment of learners' conceptions of nature of science. Journal of Research in Science Teaching, 39(6), 497-521.

Lemke, J. L. (1990). Talking science: Language, learning, and values, NJ: Ablex.

Levit, G. & Jennings, H. H. (1955). Learning through role playing: How use role playing and other tools for learning. DC: Adult Education of U. S. E.

Lewis, D. (1988). What Experience Teaches, Proceedings of the Russellian Society University of Sydney. [Reprinted in W.G. Lycan (ed.): Mind and Cognition. Blackwell: 1990. pp. 499-519.]

Lewis, R. (2000). Discovery: windows on the life sciences: Blackwell Publishing.

Littlewood, W. (1981). Communicative language teaching: An introduction. Cambridge: Cambridge University Press.

Llewellyn, D. (2002). Inquire within: Implementing inquiry-based science standards. Thousand Oaks, CA: Corwin Press.

Lock, R. (1988). A History of practical work in school science and assessment 1860-1986. School Science Review, 70(250), 115-119.

Losee, R. M. (1993). Seven fundamental questions for the science of library classification. Knowledge organization, 20(2), 65-70.

Lucas, K. B. (2000). One teacher's agenda for a class visit to an interactive science center. Science Education, 84(4).

Lunetta, V. N. (1998). The school science laboratory: Historical perspectives and center for contemporary teaching. In B. J. Fraser & K. G. Tobin(Eds.), International handbook of science education.(pp. 249-262), Dordrecht: Kluwer Academic Publishers.

Magner, L. N. (1994). A history of the life science, 2nd ed. New York: Marcel Dekker, Inc.

Magnani, L. (2001). Abduction, reason, and science: Process of discovery and explanation. New York: Kluwer Academic/Plenum Publishers.

Mahoney, M. J. (1979). Psychology of the scientist: An evaluative review. Social Studies of Science, 9(3), 349-375.

Mannoia, V. J. (1980). What is science?: An introduction to the structure and methodology of science. Lanham, MD: University Press of America.

Marbach-Ad, G., & Sokolove, P. G. (2000). Can undergraduate biology students learn to ask higher level questions? Journal of Research in Science Teaching, 37(8), 854-870.

Marco, de G., Devauchelle, B., & Berquin, P. (2009). Brain functional modeling: What do we measure with fMRI data? Neuroscience Research, 64, 12-19.

Martin, D. J. (1997). Elementary science method: A constructivist approach. Detroit: Delmar Publishers.

Martin, P. S. (1984). Prehistoric overkill: The global model. In P. S. Martin & R. G. Klein(Eds.), Quaternary extinctions: A prehistoric revolution(pp. 354-403). Tucson, AZ: University of Arizona Press.

Martin-Hansen, L. (2002). Defining inquiry. The Science Teacher, 69(2), 34-37.

Marton & Booth, 1997

Matthews, M. R. (2000). Appraising constructivism in science and mathematics education. In D. C. Phillips. Constructivism in Education: Opinions and Second Opinion on Controversial Issues. Chicago: The University of Chicago Press.

Mayer, W. V. (1978). Biology teacher' handbook, 3rd ed. NJ: John Wiley and Sons, Inc.

Mayr, E. (1982). The growth of biological thought: Diversity, evolution, and inheritance: Belknap Press.

McComas, W. F. (2002). The nature of science in science education. New York: Kluwer Academic Publishers.

McComas, W. F., & Olson, J. K. (1998). The nature of science in science education: Rationales and strategies: Kluwer Academic Publishers.

McComas, W. F., Almazroa, H., & Clough, M. P. (1998). The Nature of Science in Science Education: An Introduction. Science and Education, 7(6), 511-532.

McIntosh, A. R., & Gonzalez-Lima, F. (1994). Structural equation modeling and its application to network analysis in functional brain imaging. Human Brain Mapping, 2, 2-22.

Meesing, A. (2004). Some Selected Guidelines For Instructional Improvement. Proceedings of Annual Faculty Seminar, Assumption University, Thailand.

Mendeleev, D. (1869). The relation between the properties and atomic weights of the elements.

Journal of the Russian Chemical Society, 1, 60-77.

Michael, J. D. (1997). Formative assessment. Science Teacher, 64(6), 29-33.

Millar, R. (1988). The pursuit of the impossible. Physics Education, 23, 156-159.

Millar, R. (2004). The role of practical work in the teaching and learning of science. In: High school science laboratories: Role and vision. DC: National Academy of Science.

Millar, R., Le Maréchal., J. F., & Buty, C. (1998). A map of the variety of labwork. Working paper 1 from the European project labwork in science education(Targeted socio-econmic research programme, Project PL 95-2005).

Miller, G. A. (1956). The magical number seven, plus or minus two. Psychological Review, 63, 81-97

Miller, T. L. (1993). Demonstration-exploration-discussion: Teaching chemistry with discovery and creativity. Journal of Chemical Education, 70(3), 187-189.

Moore, T. W. (1982). Philosophy of education, an introduction. London, UK: RKP.

Moser, P. K., & Vander Nat, A. (1987). Human knowledge: Classical and contemporary approaches: Oxford University Press.

Munby, H. (1983). Thirty studies involving the scientific attitude inventory: What confidence can we have in this instrument? Journal of Research in Science Teaching, 20(2), 141-162

Myers, G. (1990). Writing biology: Texts in the social construction of scientific knowledge. Madison: University of Wisconsin Press.

Nacino, R., Brown, D. P., & Oke, F. E. (1982). Curriculum & instruction. Macmillan London.

Nagowah, L. (2009). A Reflection on the dominant learning theories: Behaviourism, cognitivism and constructivism. The International Journal of Learning, 16(2), 279-285.

Naizer, G. L. (1993). Science and engineering professors: Why did they choose science as a career? School Science and Mathematics, 93(6), 321-324.

National Academy of Sciences [NAS]. (1999). Science and creationism: A view from the National Academy of Sciences. Washington, DC: National Academy Press.

National Academy of Sciences [NAS]. (2012). A Framework for K-12 Science Education: Practices, Crosscutting Concepts, and Core Ideas. Washington: The National Academies Press.

National Research Council [NRC]. (1996). National Science Education Standards. washington, DC: National Academy Press.

National Research Council [NRC]. (2000). Inquiry and the National Science Education Standards. Washington, DC: National Academy Press.

National Science Teachers Association, [NSTA]. (2000). NSTA position statement: The nature of science. Document retrieved, 3(18), 03.

Newman Jr, W. J., Hubbard, P. D., & Abell, S. A. (2001). Examining Discourse in Elementary Science Methods: Differences Between Science Content and Pedagogy.

Norman, G. R., & Schmidt, H. G. (2000). Effectiveness of problem-based learning curricula: theory, practice and paper darts. Medical Education, 34(9), 721-728.

Norris, S., & Philips, L. (2003). How literacy in its fundamental sense is central to scientific literacy. Science Education, 87, 224-240.

Novak, J. D. (1977). A Theory of Education. Ithaca, NY: Cornell University Press.

Novak, J. D. (1998). Learning, creating and using knowledge: Concepts maps as tools in schools and corporations. Mahwah, NJ: Lawrence Erlbaum.

Novak, J. D., & Gowin, D. B. (1984). Learning How to Learn. Cambridge, UK: Cambridge University Press.

Nussbaum, J., & Novick, S. (1982). Alternative frameworks, conceptual conflict and accommodation: Toward a principled teaching strategy. Instructional Science, 11, 183-200.

O'Brien, T. (1991). The science and art of science demonstration. Journal of Chemical Education, 68(11), 933-936.

Okebukola, P. A. (1984). In search of a more effective interaction pattern in biology laboratories. Journal of Biological Education, 18(4), 305-308.

Orion, N. (1989). Development of a high-school geology course based on field trips. Journal of geological education, 37(1), 13-17.

Orion, N. (1993). A model for the development and implementation of field trips as an integral part of the science curriculum. School Science and Mathematics, 93(6), 325-331.

Osborne, J. F. (1996). Beyond Constructivism. Scinece Education, 80(1), 53-82.

Osborne, J., Collins, S., Ratcliffe, M., Millar, R., & Duschl, R. (2003). What "ideas-about-science" should be taught in school science? A Delphi study of the expert community. Journal of Research in Science Teaching, 40(7), 692-720.

Osborne, R., & Freyberg, P. (1983). Concepts, Misconceptions, and Alternative Conceptions: Changing Perspectives in Science Education. Studies in Science Education , 10, 61-98.

Osborne. J. (2002). Science without literacy. Cambridge Journal of Education, 32(2), 203-218.

Osgood, C. E., Succi, G., & Tannebaum, P. (1967). The measurement of meaning. Urbana: University of Illinois Press.

Palincsar, A. S. (1998). Social constructivist perspectives on teaching and learning. Annual review of psychology, 49(1), 345-375.

Palincsar, A. S., & Herrenkohl, L. R. (2002). Designing collaborative learning contexts. Theory into Practice, 41(1), 26-32.

Partin, R. L. (1995). Classroom teacher's survival guide. NY: Education West Nyack.

Paulston, C. B., & Bruder, M. N. (1976). Teaching English as a second language. Techniques and Procedures. London: Winthrop Publoishers.

Pavlov, P. I. (1927). Conditioned Reflexes. London: Oxford University Press.

Pella, M. O. (1961). The laboratory and science teaching. The Science Teacher, 28(5), 29.

Piaget, J. (1952). The Origins of Intelligence in Children. New York: International Universities Press.

Piaget, J. (1966). Psychology of Intelligence. Totowa, NJ: Littlefield Adams.

Piaget, J. (1970). The science of education and the psychology of the child. NY: Orion

Pintrich, P. R., & Schunk, D. H. (2002). Motivation in Education: Theory, Research and Applications. 2nd ed. Upper Saddle River, NJ: Pearson/Merill Prentice Hall.

Pintrich, P. R., Marx. R. W., & Boyle, R. A. (1993). Beyond cold conceptual change: The role of motivational beliefs and classroom contextual factors in the process of conceptual change. Review of Educational Research, 6, 167-199.

Popper, K. (1963). Conjectures and Refutations. London: Routledge and Keagan Paul, In: T. Schick, (Ed.). (2000), Readings in the Philosophy of Science, Mountain View. CA: Mayfield Publishing Company, pp. 9-13.

Popper, K. R. (1992). Realism and tha aim of science: Routledge.

Posner, G. J., Strike, K. A., Hewson, P. W., & Gertzog, W. A. (1982). Accommodation of a scientific conception: Toward a theory of conceptual change. Science Education, 66, 211-227.

Prain, V. (2006). Learning from writing in secondary science: Some theoretical and practical implications. International Journal of Science Education, 28(3), 179-201.

Prian, V., & Hand, B. (1996). Writing for learning in secondary science: Rethinking practices. Teaching and Teacher Education, 12(6), 609-626.

Prince, M. (2004). Does active learning work? A review of the research. Journal of Engineering education, 93, 223-232.

Qin, Z., Johnson, D. W., & Johnson, R. T. (1995). Copperative versus competitive efforts and problem solving. Review of Educational Research, 65(2), 129-143.

Ramaprasad, A. (1983). On The Definition of Feedback, Behavioral Science, Volume 28, Issue 1, P. 1-14.

Rangel, A., Camerer, C., & Montague, P. R. (2008). A framework for studying the neurobiology of value-based decision making. Nature Reviews Neuroscience, 9, 545-556.

Renner, J. W., & Lawson, A. E. (1973). Promoting intellectual development through science teaching. The Physics Teacher, 11, 273-276.

Resnik, D. B. (1998). The Ethics of Science: An Introduction. London: Routledge.

Riggs, P. J. (1992). Whys & Ways of science. Melbourne: Melbourne University Press.

Roehler, L. R., & Cantlon, D. J. (1997). Scaffolding: A powerful tool in social constructivist classrooms. In K. Hogan & M. Pressley(Eds.), Scaffolding Student Learning: Instructional Approaches and Issues(pp. 6-42). Cambridge, MA: Brookline.

Rosenshine, B. & Stevens, R. (1986). Handbook of research on teaching. NY: Macmillan.

Roth, W. M. (1994). Experimenting in a constructivist high school physics laboratory. Journal of Research in Science Teaching, 31, 197-223.

Roth, W. M. (1995). Authentic School Science: Knowing and Learning in Open-inquiry Science Laboratories. Boston: Kluwer Academic Publishers.

Rudman, M. K. (1993). Children's literature: Resources for the classroom. Norwood. MA: Christopher-Gordon.

Rudolph, S. (2000). Knowledge Discovery in Scientific Data. Data Mining and Knowledge Discovery: Theory, Tools, and Technology II: 24-25 April, 2000, Orlando, Florida, 250.

Satterly, D. (1989). Assessment in schools. Blackwell Ltd.

Savery, J. R., & Duffy, T. M. (1995). Problem based learning: An instructional model and its constructivist framework. Educational Technology 35(5), 31-38.

Savin-Baden, M., & Major, C. H. (2004). Foundations of problem-based learning. UK: Open University Press Berkshire.

Schaffer, R (1996). Social Development. Oxford: Blackwell.

Schneider, L. S. & Renner, J.W. (1980). Concrete and formal teaching. Journal of Research in Science Teaching, 17(6), 503-517.

Schuchman, R. J. (1962). The elementary school training program in scientific inquiry. Urbana: University of Illinois.

Schultz, W. (2000). Multiple reward signals in the brain. Nature Reviews Neuroscience, 1, 199-207.

Schunk, L. (2004). Learning Theories: An Educational Perspective(4th Ed.). Pearson Education, Inc., Upper Saddle River, NJ: Pearson/Merill Prentice Hall.

Schwab, J. J. (1963). Biology teachers' handbook. New York: Wiley.

Schwartz, R. S., & Lederman, N. G. (2002). "It's the Nature of the Beast": The Influence of Knowledge and Intentions on Learning and Teaching Nature of Science. Journal of Research in Science Teaching, 39(3), 205-236.

Science Curriculum Improvement Study(SCIS). (1970). Environments: Teacher's Guide. Chicago: Rand McNally.

Science Curriculum Improvement Study(SCIS). (1973). SCIS omnibus. Berkeley, CA: Lawrence Hall of Science.

Shaftel, F. R., & Shaftel, G. A. (1967). Roleplaying for social values. NJ: Prentice-Hall, Englewood Cliffs.

Shaftel, F. R., & Shaftel, G. A. (1982). Role playing in the curriculum. NJ: Prentice-Hall, Englewood Cliffs.

Shelly, C. (1996). Visual abductive reasoning in archaeology. Philosophy of Science, 63, 278-301.

Shepardson, D. P., Moje, E. B., & Kennard-McClelland, A. M. (1994). The impact of a science demonstration on children's understandings of air pressure. Journal of Research in Science Teaching, 31(3), 243-258.

Simpson, R. D., & Anderson, N. D. (1981). Science, students, and schools: A guide for the middle and secondary school teacher. NY: John Wiley & Sons Inc.

Skinner, B. F. (1950). Are theories of learning necessary? Psychological Review, 57, 193-216.

Skinner, B. F. (1968). The Technology of Teaching. Englewood Cliffs, NJ: Prentice-Hall.

Skinner, B. F. (1974). About Behaviorism, Penguin, London

Skinner, B. F. (1985). Cognitive science and behaviourism. British Journal of Psychology, 76, 291-301.

Slavin, R. E. (1983). When does cooperative warming increase student achievement? Psychological bulletin, 94(3), 429-445.

Slavin, R. E. (1985). Team-assisted individualization: Combining cooperative learning and individualized instruction in mathematics. In: R. E. Slavin, S. Sharan, S. Kagan, R. Hertz-Lazarowitz, C. Webb, & R. Schmuck(Eds.), Learning to cooperate, cooperating to learn(pp. 177-209). NY: Plenum.

Slavin, R. E. (1989). Research on cooperative learning: consensus and controversy. Educational Leadership, 47(4), 52-54.

Slavin, R. E. (1996). Research on cooperative learning and achievement: What we know, what we need to know. Contemporary educational psychology, 21(1), 43-69.

Smith, S., & Guthrie, E. (1922). Exhibitionism. The Journal of Abnormal Psychology and Social Psychology, 17, 206-209.

Solomon, G., Duveen, J., Scott, L., & McCarthy, S. (1992). Teaching about the nature of science through history: Action research in the classroom. Journal of Research in Science Teaching, 29(4), 409-421.

Song, M., Zhou, Y., Li, J., Liu, Y., Tian, L., Yu, C., & Jiang, T. (2008). Brain spontaneous functional connectivity and intelligence. Neuroimage, 41, 1168-1176.

Sporns, O., & Kötter, R. (2004). Motifs in Brain Networks. PLoS Biology, 2(11), 1910-1918.

Steffe, L. O., & Gale, J. (1995). Constructivism in Education. Hillsdale, NJ: Erlbaum.

Steffe, L. P., & Gale, J. E. (1995). Constructivism in education: Lawrence Erlbaum Associates.

Steiner, R. P. (1980). Encouraging active student participation in the learning process. Journal of Chemical Education, 57(6), 432-433.

Stepien, W., & Gallagher, S. (1993). Problem-based learning: As authentic as it gets. Educational Leadership, 50, 25.

Strike, K. A., & Posner, G. J. (1992). A revisionist theory of conceptual change. In R. Duschl & R. Hamilton(Eds), Philosophy of Science, Cognitive Psychology, and Educational Theory and Practice(pp.147-176). Albany, NY: SUNY.

Sũzcs, D., & Goswami, U. (2007). Educational neuroscience: Defining a new discipline for the study of mental representations. Mind, Brain and Education, 1(3), 114-127.

Taba, H. (1966). Teaching strategies and cognitive functioning in elementary school children. Washington DC: Department of Health, Education and Welfare.

Tamir, P. (1976). The role of laboratory in science teaching.(Tech. Rep. 10). Iowa City, IA: The University of Iowa, Science Education Center.

Thagard, P. (1988). Computational philosophy of science. Cambridge, MA: The MIT Press.

Thagard, P. (1992). Conceptual revolutions. Princeton, NJ: Princeton University Press.

Tharp, R. & Gallimore, R. (1988). Rousing Mind of Life: Teaching, Learning, and Schooling in Social Context. New York: Cambridge University Press.

Thorndike, E. L. (1923). Educational Psychology, Vol. Ⅱ: The Psychology of Learning. NY: Teachers College, Columbia University.

Thorndike, E. L., & Gates, A. I. (1929). Elementary Principles of Education. New York: The Macmillan Company.

Tobin, K. (1987). Forces which shape the implemented curriculum in high school science and mathematics. Teaching and Teacher Education, 3(4), 287-298.

Tobin, K. (1990) Research on science laboratory activities: In pursuit of better question and answers to improve learning. School Sciences & Mathematics, 90(5), 403-418.

Tolman, E. C. (1948). Cognitive maps in rats and men. The Psychological Review, 55(4), 189-208.

Torp, L., & Sage, S. (2002). Problems as possibilities: Problem-based learning for K-12 education. ASCD: Alexandria Virginia.

Torrance, H. (1995). Evaluating authentic assessment. Problems and possibilities in new approaches to assessment. Buckingham. Open University Press.

Towns, M. H., & Grant, E. R. (1997). "I believe I will go out of this class actually knowing something": Cooperative searning activities in physical chemistry. Journal of Research in Science Teaching, 34(8), 819-835.

Tremblay, L., & Schultz, W. (1999). Relative reward preference in primate orbitofrontal cortex. Nature, 398, 704-708.

Trowbridge, L. W., Bybee, R. W. (1986). Becoming a secondary school science teacher. Columbus, OH: Merrill Publishing Company.

Trowbridge, L. W., Bybee, R. W. (1996). Teaching secondary school science. NJ: Prentice-Hall.

Trowbridge, L. W., Bybee, R. W., & Powell, J. C. (2000). Teaching secondary school science: Strategies for developing scientific literacy(7th ed.). OH: Merrill Columbus.

Tunstall, P., & Gipps, C. (1996). 'How does your teacher help you to make your work better?' Children's understanding of formative assessment. The Curriculum Journal., 7(2), 25-31.

Vernon, D. T., & Blake, R. L. (1993). Does problem-based learning work? A meta-analysis of evaluative research. Academic medicine, 68(7), 550.

Vygotsky, L. S. (1978). Interaction between learning and development. In: T. M. Cole, Mind in society.(pp. 79-91). Cambridge, MA: Harvard University Press.

Vygotsky, L. S. (1978). Mind in Society. Harvard University Press: London.

Ward, C., & Herron, J.D. (1980). Helping student understand formal chemical concept. Journal of Research in Science Teaching, 17(5), 387-400.

Webb, N. M., & Farivar, S. (1999). Developing productive group interaction in middle school mathematics. In: Cognitive perspectives on peer learning(pp. 117-149). NJ: Lawrence Erlbaum Associates.

Webb, N. M., Troper, J. D., & Fall, R. (1995). Constructive activity and learning in collaborative small groups. Journal of Educational Psychology, 87(3), 406-423.

Wellington, J. J. (2000). Teaching and learning secondary science－Contemporary Issues and practical approaches. London& NY: Routledge.

Wellington, J., & Osborne, J. (2001). Language and literacy in science education. Buckingham: Open University Press.

West, L. H. T., & Pines, A. L. (1985). Cognitive Structure and Conceptual Change. New York: Academic Press, Inc.

White, R., & Gunstone, R. (1992). Probing Understanding. London: The Falmer Press.

Whittrock, M.C. (1974). Learning as a generative process. Educational Psychologist, 11, 87-95.

Wilson, J. T. & Stensvold, M. (1993). Using three types of outcomes to design laboratory activities. School Science and Mathematics, 93(8), 422-427.

Windschitl, M. (2004). Folk theories of "inquiry": How preservice teachers reproduce the discourse and practices of an atheoretical scientific method. Journal of Research in Science Teaching, 41(5), 481-512.

Wood, D., & Middleton, D. (1975). A study of assisted problem solving. British Journal of Psychology, 66, 181-191.

Wood, D., Bruner, J., & Ross, G. (1976). the role of tutoring in problem solving. Journal of Child

Psychology and Psychiatry, 17, 89-100.

Wood, T. (1995). From alternative epistemologies to practice in education: Rethinking what it means to teach and learn. In L. P. Steffe & J. Gale(eds.). Constructivism in Education. Hillsdale. New Jersey: Lawrence Erlbaum Associates, Publishers.

Yerkes, R. M., & Dodson, J. D. (1908). The relation of stimulus to repidity of habit formation. Journal of Comparative Neurological Psychology, 18, 459-482.

Ziman, J. M. (1980). Teaching and learning about science and society: Cambridge University Press.

Ziman, J. M. (1987). An introduction to science studies: The philosophical and social aspects of science and technology. Cambridge University Press.

Zion, M., Slezak, M, Shapira, D., Link, E., Bashan, N., Brumer, M., Orian, T., Nussinowitz, R., Court, D., Agrest, B., Mendelovici, R., & Valanides, N. (2004). Dynamic, open inquiry in biology learning. Science Education, 88, 728-753.

| 참고사이트 |

과학 (2009). 국립국어원 표준국어대사전
<http://stdweb2.korean.go.kr/search/List_dic.jsp> [검색일: 2009. 04. 01]

과학 (2013a). 위키백과
<http://ko.wikipedia.org/wiki/%EA%B3%BC%ED%95%99> [검색일: 2013. 03. 20]

과학 (2013b). Doopedia.
<http://www.doopedia.co.kr/doopedia/master/master.do?_method=view&MAS_IDX=101013000809809> [검색일:2013. 03. 20]

과학적 방법 (2009). EnCyber 두산백과사전
<http://www.encyber.com/search_w/ctdetail.php?masterno=723876&contentno=723876> [검색일: 2009. 04. 01]

물리학 (2013). Doopedia.
<http://www.doopedia.co.kr/doopedia/master/master.do?_method=view&MAS_IDX=101013000729654#MGROUP_101015000146812> [검색일: 2013. 02. 26]

지구과학 (2013). Doopedia
<http://www.doopedia.co.kr/doopedia/master/master.do?_method=view&MAS_IDX=101013000859959> [검색일: 2013. 02. 26]

biology. (2013). In Encyclopædia Britannica. Retrieved from http://www.britannica.com/EBchecked/topic/66054/biology

Earth sciences. (2013). In Encyclopædia Britannica. Retrieved from http://www.britannica.com/EBchecked/topic/176118/Earth-sciences

Galen of Pergamum. (2013). In Encyclopædia Britannica. Retrieved from http://www.britannica.com/EBchecked/topic/223895/Galen-of-Pergamum

IMSA. (1999). Comparing PBL and Traditional methods [online] Available: https://www3.imsa.edu/learning

IMSA. (2001). What of relationship between problem-based learning and other approaches [online] Available: https://www3.imsa.edu/learning

Pedanius Dioscorides. (2013). In Encyclopædia Britannica. Retrieved from http://www.britannica.com/EBchecked/topic/164412/Pedanius-Dioscorides

Pseudoscience. (2009). In WIKIPEDIA. Retrieved from http://en.wikipedia.org/wiki/Pseudo_science

찾아보기

ㅅ

ㅇ

ㅎ

기타

과학교육

사고에서 학습까지

2013년 6월 15일 1판 1쇄 발행
2014년 9월 15일 1판 2쇄 발행

저 자 ◎ 권용주 · 남정희 · 이기영
이효녕 · 최경희

발행인 ◎ 조승식

발행처 ◎ (주) 도서출판 북스힐
서울시 강북구 한천로 153길 17

등 록 ◎ 제 22-457 호

TEL (02) 994-0071(代)

FAX (02) 994-0073

E-MAIL bookswin@unitel.co.kr
www.bookshill.com

값 22,000원

ISBN 978-89-5526-529-3